Direito das Obrigações

Direito das Obrigações

VOLUME III – CONTRATOS EM ESPECIAL

2020 • 13ª Edição • Reimpressão

Luís Manuel Teles de Menezes Leitão
Doutor e Agregado em Direito
Professor Catedrático da Faculdade de Direito de Lisboa
Advogado e Jurisconsulto

ALMEDINA

DIREITO DAS OBRIGAÇÕES

AUTOR

Luís Manuel Teles de Menezes Leitão

EDITOR

EDIÇÕES ALMEDINA, S.A.

Rua Fernandes Tomás, nºs 76-80

3000-167 Coimbra

Tel.: 239 851 904 · Fax: 239 851 901

www.almedina.net · editora@almedina.net

DESIGN DE CAPA

FBA.

PRÉ-IMPRESSÃO

João Jegundo

IMPRESSÃO E ACABAMENTO

PENTAEDRO, LDA.

Agosto, 2020

DEPÓSITO LEGAL

459275/19

ALMEDINA | GRUPOALMEDINA

BIBLIOTECA NACIONAL DE PORTUGAL – CATALOGAÇÃO NA PUBLICAÇÃO

LEITÃO, Luís Meneses, 1963-

Direito das obrigações. – 13ª ed. – 3 v. - (Manuais universitários)

V. 3: Contratos em especial. - p. - ISBN 978-972-40- 8011-6

CDU 347

ABREVIATURAS

AAFDL	–	Associação Académica da Faculdade de Direito de Lisboa
AcP	–	Archiv für die civilistische Praxis
BB	–	Betriebsberater
BGB	–	Bürgerliches Gesetzbuch (Código Civil Alemão)
BGHZ	–	Bundesgerichthof Zeitung
BMJ	–	Boletim do Ministério da Justiça
CCom	–	Código Comercial
CCP	–	Código dos Contratos Públicos
CDADC	–	Código do Direito de Autor e dos Direitos Conexos
CIRE	–	Código da Insolvência e da Recuperação de Empresas
CJ	–	Colectânea de Jurisprudência
CJ-ASTJ	–	Colectânea de Jurisprudência. Acórdãos do Supremo Tribunal de Justiça.
CPC	–	Código de Processo Civil
CPI	–	Código da Propriedade Industrial
CRP	–	Código do Registo Predial,
CSC	–	Código das Sociedades Comerciais
D.	–	Digesto
EDC	–	Estudos de Direito do Consumidor
Gai Inst.	–	Institutiones, de GAIUS
Inst.	–	Institutiones, de JUSTINIANUS
JOCE	–	Jornal Oficial da Comunidade Europeia
JuS	–	Juristische Schulung
JZ	–	Juristenzeitung
LDC	–	Lei de Defesa do Consumidor, correspondente à Lei 24/96, de 31 de Julho, alterada pelo D.L. 67/2003, 8 de Abril, pela Lei 10/2013, de 28 de Janeiro, e pela Lei 47/2014, de 28 de Julho
NJW	–	Neue Juristische Wochenschrift
NssDI	–	Novissimo Digesto Italiano
NRAU	–	Novo Regime do Arrendamento Urbano
RAR	–	Regime do Arrendamento Rural, constante do Decreto-Lei 294/2009, de 13 de Outubro

RAU	–	Regime do Arrendamento Urbano
RDC	–	Rivista di Diritto Civile
RDConsum	–	Revista de Direito do Consumidor
RDE	–	Revista de Direito e Economia
RDP	–	Revista de Derecho Privado
RJOPA	–	Regime Jurídico das Obras em Prédios Arrendados, aprovado pelo D.L. 157/2006, de 8 de Agosto, alterado pelo D.L. 306/2009, de 23 de Outubro, pela Lei 79/2014, de 19 de Dezembro, pela Lei 42/2017, de 14 de Junho, pela Lei 43/2017, de 14 de Junho, e pela Lei 13/2019, de 12 de Fevereiro
RJUM	–	Revista Jurídica da Universidade Moderna
ROA	–	Revista da Ordem dos Advogados
RS	–	Rivista delle Societá
RTDPC	–	Rivista Trimestrale di Diritto e Procedura Civile
TJ	–	Tribuna da Justiça
ZHR	–	Zeitschrift für das gesamte Handels- und Wirtschaftsrecht
ZfRV	–	Zeitschrift für Rechtsvergleichung
ZvglRWiss	–	Zeitschrift für die vergleichende Rechtswissenschaft

Parte VI
DOS CONTRATOS DE ALIENAÇÃO

Secção 1
Do contrato de compra e venda

1. Noção e aspectos gerais

No âmbito do título dos Contratos em especial, constante do Livro II – Direito das Obrigações do Código Civil, aparece-nos logo à cabeça o contrato de compra e venda, referido nos seus arts. 874º a 939º[1]. No entanto,

[1] Em geral sobre o contrato de compra e venda, cfr., na doutrina portuguesa, CUNHA GONÇALVES, *Tratado de Direito Civil em Comentário ao Código Civil Português*, VIII, Coimbra, Coimbra Editora, 1934, nºs 1165 e ss., pp. 326 e ss., PIRES DE LIMA/ANTUNES VARELA, *Código Civil Anotado*, II, 4ª ed., Coimbra, Coimbra Editora, 1997, sub arts. 874º e ss., pp. 160 e ss., MANUEL BAPTISTA LOPES, *Do contrato de compra e venda no direito civil, comercial e fiscal*, Coimbra, Almedina, 1971, *passim*, PEDRO DE ALBUQUERQUE, "Contrato de compra e venda. Introdução, efeitos esenciais e modalidades", em ANTÓNIO MENEZES CORDEIRO (org.), *Direito das Obrigações*, 3º – *Contratos em especial*, 2ª ed., Lisboa, AAFDL, 1991, pp. 11-48, e *Direito das Obrigações. Contratos em especial*, I-1, Coimbra, Almedina, 2008, *passim*, MANUEL CARNEIRO DA FRADA, "Perturbações típicas do contrato de compra e venda", em ANTÓNIO MENEZES CORDEIRO (org.), *Direito das Obrigações*, 3º- *Contratos em especial*, 2ª ed., Lisboa, AAFDL, 1991, pp. 11-48 e 49-96, PEDRO ROMANO MARTINEZ, *Direito das Obrigações (Parte Especial). Contratos. Compra e venda. Locação. Empreitada.*, 2ª ed., Coimbra, Almedina, 2001, pp. 19 e ss. e "Compra e venda e empreitada", em FACULDADE DE DIREITO DA UNIVERSIDADE DE COIMBRA (org.), *Comemorações dos 35 anos do Código Civil e dos 25 anos da Reforma de 1977*, III – *Direito das Obrigações*, Coimbra, Coimbra Editora, 2007, pp. 235-263, CARLOS FERREIRA DE ALMEIDA, *Contratos*, II – *Conteúdo, Contratos de troca*, 4ª ed., Coimbra, Almedina, 2016, pp. 124 e ss., NUNO MANUEL PINTO OLIVEIRA, *Contrato de compra e venda. Noções fundamentais*, Coimbra, Almedina, 2007, *passim.*, e ANTÓNIO MENEZES CORDEIRO, *Tratado de Direito Civil*, XI- *Contratos em especial (1ª Parte). Compra e venda. Doação. Sociedade. Locação*, Coimbra, Almedina, 2018, pp. 41 e ss.
Na doutrina francesa, cfr. JACQUES GHESTIN/JERÔME HUET, *Traité de Droit Civil. Les principaux contrats spéciaux*, Paris, L.G.D.J., 1996, pp. 35 e ss., FRANÇOIS COLLART DUTILLEUL/ PHILIPPE DELEBECQUE, *Contrats civils et commerciaux*, 3ª ed., Paris, Dalloz, 1996, pp. 35 e ss.,

para além de ser um contrato previsto no Código Civil, a compra e venda é ainda um contrato regulado no Código Comercial, já que a disciplina da compra para revenda consta dos arts. 463º a 476º do Código Comercial.

A compra e venda constitui talvez o mais importante contrato regulado no Código, não apenas em virtude da função económica essencial que desempenha, mas também porque a sua regulação se apresenta como paradigmática em relação aos restantes contratos, tendo assim a maior relevância no âmbito da construção dogmática dos contratos em especial.

A compra e venda é-nos definida no art. 874º do Código Civil, onde se dispõe:

> "Compra e venda é o contrato pelo qual se transmite a propriedade de uma coisa, ou outro direito, mediante um preço".

Desta definição resulta que a compra e venda consiste essencialmente na transmissão de um direito contra o pagamento de uma quantia pecuniária, constituindo economicamente a troca de uma mercadoria por dinheiro. O Código refere como exemplo paradigmático de transmissão do direito a transferência da propriedade, mas a compra e venda não se restringe a esta situação, podendo abranger a transmissão de qualquer outro direito

ALAIN BÉNABENT, *Droit Civil. Les contrats spéciaux civiles et commerciaux*, 3ª ed., Paris, Montechrestien, 1997, pp. 13 e ss. e PAUL-HENRI ANTONMATTEI/JACQUES RAYNARD, *Droit Civil. Contrats spéciaux*, 2ª ed., Paris, Litec, 2000, pp. 21 e ss.

Na doutrina alemã, cfr. KARL LARENZ, *Lehrbuch des Schuldrechts*, II- *Besonderer Teil*, 1, München, Beck, 1986, § 39, pp. 6 e ss., WOLFGANG FIKENTSCHER / ANDREAS HEINEMANN, *Schuldrecht*, 10ª ed., Berlin/New York, de Gruyter, 2006, § 69, nºs 800 e ss., pp. 392 e ss., JOSEF ESSER / HANS-LEO WEYERS, *Schuldrecht* II – *Besonderer Teil*, 1 – *Verträge*, 8ª ed., Heidelberg, Müller, 1998, pp. 1 e ss.

Na doutrina italiana, veja-se SALVATORE ROMANO, *Vendita. Contrato estimatorio*, vol. V-1 da obra de GIUSEPPE GROSSO / FRANCESCO SANTORO-PASSARELLI (org.), *Trattato di Diritto Civile*, Milano, Francesco Valardi, 1960, pp. 3 e ss., RUGGERO LUZZATO, *La Compravendita*, Torino, UTET, 1961, pp. 1 e ss., C. MASSIMO BIANCA, *La vendita e la permuta*, Vol. VII-1, da obra de FILIPPO VASSALLI (org.), *Trattato di Diritto Civile Italiano*, Torino, UTET, 1972, pp. 1 e ss., PAOLO GRECO/GASTONE COTTINO, *Della vendita, art. 1470-1547* da obra de ANTONIO SCIALOJA/GIUSEPPE BRANCA (org.), *Commentario del Codice Civile*, IV- *Delle Obbligazioni*, 2ª ed., Bologna/Roma, Nicola Zanichelli/ Soc. Ed. Del Foro Italino, 1981, DOMENICO RUBINO, *La Compravendita*, vol. XXIII da obra de ANTONIO CICU/FRANCESCO MESSINEO (org.), *Trattato di Diritto Civile e* Commerciale, 2ª ed., Milano, Giuffrè, 1971, e ANGELO LUMINOSO, *I Contratti tipici e atipici. Contratti di alienazione, di godimento, di credito*, I, Milano Giuffrè, 1995, pp. 3 e ss.,

real[2], e inclusivamente de direitos que não sejam reais como os direitos sobre valores mobiliários, os direitos de propriedade industrial, os direitos de propriedade intelectual (direito de autor), os direitos de crédito[3], os direitos potestativos, ou situações jurídicas complexas, como a posição contratual ou as universalidades de direito[4]. Já pelo contrário, a assunção de dívidas efectuada onerosamente não pode ser qualificada como compra e venda, uma vez que a lei considera esta como um contrato translativo de direitos, mas não de obrigações. Também não constitui compra e venda a transmissão de outras situações que não possam ser consideradas como direitos subjectivos do alienante, estando-se nesse caso perante tipos contratuais diferentes[5]. Em relação à simples posse, uma vez que esta a nosso ver não constitui um direito subjectivo[6], não poderá ser objecto de compra e venda, uma vez que a sua transmissão não corresponde à transmissão de um direito[7].

Sendo um contrato translativo de direitos, a compra e venda pressupõe ainda a existência de uma contrapartida pecuniária para essa transmissão.

[2] Assim, por exemplo, o trespasse de usufruto (art. 1444º), quando realizado a título oneroso constitui uma compra e venda.

[3] Por exemplo, a cessão de créditos, instituto que consta dos arts. 577º e ss. do Código Civil, quando feita onerosamente é qualificada como compra e venda, nos termos do art. 578º do referido Código. Cfr. ROMANO, *op. cit.*, pp. 25 e ss., BIANCA, *op. cit.*, pp. 179 e ss., LUMINOSO, *op. cit.*, p. 37, e, entre nós, PEDRO ROMANO MARTINEZ, *Obrigações*, p. 22, MENEZES LEITÃO, *Cessão de créditos*, Coimbra, Almedina, 2005, pp. 289 e ss., e MARIA DE ASSUNÇÃO OLIVEIRA CRISTAS, "Dupla venda de um direito de crédito", em *O Direito* 132º (2000), I-II, pp. 197-254 (197) e *Transmissão Contratual do Direito de Crédito (Do carácter real do direito de crédito)*, Coimbra, Almedina, 2005, pp. 219-220.

[4] O trespasse de estabelecimento comercial ou industrial, referido no art. 1112º, nº 1, *a)*, constitui juridicamente uma compra e venda. Constituirá também uma compra e venda a alienação da herança ou de quinhão hereditário, prevista nos arts. 2124º e ss., quando realizada a título oneroso. Cfr., sobre este caso específico de venda, LUMINOSO, *op. cit.*, pp. 40 e ss. e 42 e ss.

[5] Como salienta LUMINOSO, *op. cit.*, p. 34 não constituirão compra e venda, ainda que por vezes sejam denominadas como tal na prática, situações como a venda de informações, de segredos, ou de produtos financeiros. Já a impropriamente designada "venda de jogadores de futebol", constitui, na verdade, uma cessão da posição contratual a título oneroso, pelo que poderá enquanto tal ser qualificada como compra e venda.

[6] Cfr. LUÍS MENEZES LEITÃO, *O Enriquecimento sem causa no Direito Civil*, Lisboa, C.E.F., 1996, p. 754, reed., Coimbra, Almedina, 2005, p. 727.

[7] É esta a posição pacífica na doutrina italiana. Cfr. BIANCA, *op. cit.*, p. 175, RUBINO, *op. cit.*, pp. 79-80 e LUMINOSO, *op. cit.*, p. 35.

Se não existir qualquer contrapartida, o contrato é qualificável como doação (art. 940º) e se a contrapartida não consistir numa quantia pecuniária o contrato já não constitui uma compra e venda, mas antes um contrato de escambo ou troca[8].

2. Características qualificativas do contrato de compra e venda

2.1. A compra e venda como contrato nominado e típico

A compra e venda é, em primeiro lugar, um contrato nominado, uma vez que a lei o reconhece como categoria jurídica, e típico porque estabelece para ele um regime, quer no âmbito do Direito Civil (arts. 874º e ss.), quer no âmbito do Direito Comercial (arts. 463 e ss. CCom). Encontra-se ainda um regime especial para a venda de bens de consumo no D.L. 67/2003, de 8 de Abril, alterado pelo D.L. 84/2008, de 21 de Maio.

2.2. A compra e venda como contrato primordialmente não formal

Para além disso, a compra e venda é, regra geral, um contrato não formal (art. 219º), ainda que a lei por vezes o sujeite a forma especial, como sucede na compra e venda de bens imóveis (art. 875º) e noutras situações específicas, que adiante se examinarão.

2.3. A compra e venda como contrato consensual

A compra e venda caracteriza-se ainda por ser um contrato consensual (por oposição a real *quoad constitutionem*), uma vez que a lei prevê expressamente a existência de uma obrigação de entrega por parte do vendedor (art. 879º *b)*), o que significa que não associa a constituição do contrato à entrega da coisa, admitindo a sua vigência antes de a coisa ser entregue. Efectivamente, é o acordo das partes que determina a formação do contrato, não dependendo esta nem da entrega da coisa, nem do pagamento do preço respectivo.

Tem sido, porém, questionado se ao abrigo da autonomia privada as partes podem estipular a compra e venda como contrato real *quoad constitutionem*, designadamente dependente da *traditio rei* ou da *traditio pretii*.

[8] O escambo ou troca era previsto no art. 1592º do Código Civil de 1867, mandando o art. 1594º do mesmo Código aplicar-lhe as regras da compra e venda, excepto na parte relativa ao preço. Actualmente, esse contrato deixou de estar previsto no Código Civil, embora continuem a ser-lhe aplicáveis as regras da compra e venda, por força do art. 939º. O contrato continua, porém, a estar previsto no Código Comercial (art. 480º CCom).

A doutrina italiana tem dado uma resposta tendencialmente afirmativa, considerando não serem propriamente contratos consensuais as vendas através de aparelhos automáticos ou as vendas em estabelecimentos *self-service*[9]. Efectivamente, da mesma forma que as partes podem estipular uma forma convencional não exigida por lei para a celebração do contrato (art. 223º), parece admissível que possam igualmente fazer depender a sua constituição da existência da tradição da coisa ou do preço. Duvidamos, porém, que os exemplos referidos representem coisa diferente que a normal celebração do contrato consensual através da declaração tácita. Da mesma forma, não parece existir nenhum contrato real *quoad constitutionem* na compra e venda com pré-pagamento, na medida em que a celebração do contrato se realiza com a solicitação do produto, havendo apenas a imposição de que o preço seja pago antes da sua entrega.

2.4. A compra e venda como contrato obrigacional e real *quoad effectum*

A compra e venda é, em primeiro lugar, um contrato obrigacional, já que determina a constituição de duas obrigações: a obrigação de entregar a coisa (art. 879º *b)*) e a obrigação de pagar o preço (art. 879º *c)*).

A compra e venda é, por outro lado, um contrato real *quoad effectum*, uma vez que produz a transmissão de direitos reais (art. 879º *a)*).

2.5. A compra e venda como contrato oneroso

A compra e venda é um contrato oneroso, uma vez que nele existe uma contrapartida pecuniária em relação à transmissão dos bens, importando assim sacrifícios económicos para ambas as partes. A compra e venda não exige, no entanto, que ocorra necessariamente uma equivalência de valores entre o direito transmitido e o preço respectivo[10], não deixando por isso de se aplicar as regras da compra e venda se o comprador consegue descontos significativos em virtude das boas relações que possui com o vendedor. No entanto, se a intenção das partes é atribuir efectivamente um enriquecimento ao alienante (aquisições de bens de baixo valor por elevado preço em leilões com fins sociais) ou ao adquirente (alienação de bens por preço simbólico ou muito inferior ao valor de mercado, com fins de liberalidade), a situação já não corresponderá a uma verdadeira com-

[9] Cfr. BIANCA, *op. cit.*, pp. 156 e ss. e LUMINOSO, *op. cit.*, pp. 17 e ss.

[10] No mesmo sentido, PEDRO ROMANO MARTINEZ, *Obrigações*, p. 24

pra e venda, mas antes a um contrato misto (indirecto) de venda e doação (*negotium mixtum cum donationem*)[11].

2.6. A compra e venda como contrato sinalagmático

Sendo oneroso, a compra e venda é também um contrato sinalagmático uma vez que as obrigações do vendedor e do comprador constituem-se tendo cada uma a sua causa na outra (sinalagma genético), o que determina que permaneçam ligadas durante a fase da execução do contrato, não podendo uma ser realizada se a outra o não for (sinalagma funcional). Aplicam-se, por isso, à compra e venda as regras relativas ao sinalagma contratual, como a excepção de não cumprimento (arts. 428º e ss.), a caducidade do contrato por impossibilidade de uma das prestações (art. 795º, nº 1) e a resolução por incumprimento (art. 801º, nº 2)[12].

2.7. A compra e venda como contrato normalmente comutativo, sendo por vezes aleatório

A compra e venda é normalmente um contrato comutativo, uma vez que ambas as atribuições patrimoniais se apresentam como certas, não se verificando incerteza nem quanto à sua existência (*an*) nem quanto ao seu conteúdo (*quantum*). No entanto, em certos casos, a lei admite que a compra e venda possa funcionar como contrato aleatório, como nas hipóteses da venda de bens futuros, frutos pendentes e partes componentes e integrantes, a que as partes atribuem esse carácter (art. 880º, nº 2), na venda de bens de existência ou titularidade incerta (881º), na venda de herança ou de quinhão hereditário (arts. 2124º e ss.)[13], ou na venda de expectativas[14].

[11] Cfr. Luminoso, *op. cit.*, p. 9 e Pedro Romano Martinez, *Obrigações*, p. 24, e nota (1).

[12] Quanto a esta, há que fazer referência ao regime especial constante do art. 886º. A este propósito Menezes Cordeiro, *Tratado*, XI, p. 101, sustenta que o sinalagma "não é, todavia e em regra totalmente, funcional, uma vez que ele postula, tipicamente, uma execução instantânea". A nosso ver, no entanto, o regime do art. 886º não põe em causa o carácter geral do sinalagma funcional na compra e venda.

[13] A venda de herança ou quinhão hereditário sem especificação de bens constitui nitidamente um contrato aleatório, já que o vendedor não responde pelos bens existentes na herança, mas apenas pela sua qualidade de herdeiro (art. 2127º) e o comprador sucede integralmente nos encargos da herança (art. 2128º). Neste sentido, cfr. Bianca, *op. cit.*, pp. 197 e ss. e Luminoso, *op. cit.*, p. 44.

[14] Cfr. Luminoso, *op. cit.*, p. 5.

2.8. A compra e venda como contrato de execução instantânea

A compra e venda é um contrato de execução instantânea, uma vez que, quer em relação à obrigação de entrega, quer em relação à obrigação de pagamento do preço, o seu conteúdo e extensão não é delimitado em função do tempo. Essa situação ocorre mesmo na venda a prestações dado que, apesar do seu fraccionamento em diversos períodos de tempo, este apenas determina a forma de realização da prestação, não influenciando o seu conteúdo e extensão.

Mas já são contratos de execução continuada os contratos de fornecimento, como o fornecimento de gás ou de electricidade. A sua natureza específica justifica, porém, que não os configuremos como verdadeiras compras e vendas, parecendo antes tratar-se de contratos atípicos, ainda que afins da compra e venda[15].

3. Forma do contrato de compra e venda

Por força do art. 219º do Código Civil, a compra e venda é um contrato essencialmente consensual, uma vez que regra geral não é estabelecida nenhuma forma especial para o contrato de compra e venda. Esta regra geral é, no entanto, objecto de múltiplas excepções, das quais a mais importante respeita à compra e venda de imóveis.

Efectivamente, se o contrato de compra e venda tem por objecto bens imóveis, o art. 875º do Código Civil (redacção do D.L. 116/2008, de 4 de Julho) determina que, sem prejuízo do disposto em lei especial ele só é válido quando for celebrado por escritura pública ou documento particular autenticado. Esta regra é aliás extensiva a todos os actos que importem reconhecimento, constituição, modificação, divisão ou extinção dos direitos de propriedade, usufruto, uso e habitação, superfície ou servidão sobre coisas imóveis e aos actos de alienação, repúdio e renúncia de herança ou legado, de que façam parte coisas imóveis (art. 22º *a)* e *c)* do D.L. 116/2008, de 4 de Julho e art. 2126º, nº 1, na redacção daquele diploma).

Esta regra sofre, no entanto, presentemente duas excepções, constantes de lei especial, em que a compra e venda de imóveis pode ser celebrada por simples documento particular.

[15] Em sentido contrário, procedendo à sua integração na compra e venda, cfr. PEDRO ROMANO MARTINEZ, *Obrigações*, p. 26 e nota (3).

A primeira é respeitante à situação da compra e venda com mútuo, com ou sem hipoteca, referente a prédio urbano destinado a habitação, ou fracção autónoma para o mesmo fim, desde que o mutuante seja uma instituição de crédito autorizada a conceder crédito à habitação (cfr. arts 1º e 2º, nº 1, do D.L. 255/93, de 15 de Julho). A segunda respeita ao procedimento especial de transmissão, oneração e registo de imóveis, constante do D.L. 263-A/2007, de 23 de Julho e da Portaria 794-B/2007, de 23 de Julho, que abrange a compra e venda (art. 2º *a)* do D.L. 263-A/2007). Conforme dispõe o art. 8º, nº 3 do D.L. 263-A/2007, os negócios jurídicos celebrados nos termos deste decreto-lei estão dispensado de formalização por escritura pública quando esta seja obrigatória nos termos gerais. Neste caso, os interessados iniciam o procedimento formulando o seu pedido junto do serviço do registo competente, manifestando a sua opção por um dos modelos de contrato (art. 6º D.L. 263-A/2007), sendo o serviço de registo que procede à elaboração dos documentos que titulam os negócios, de acordo com o modelo previamente escolhido pelos interessados (art. 8º, nº 1, *b)* D.L. 263-A/2007).

Já em relação ao contrato de contrato de compra e venda de direito real de habitação periódica, o mesmo deve ser celebrado por declaração das partes no certificado predial, com reconhecimento presencial da assinatura do alienante (art. 12º D.L. 275/93, de 5 de Agosto, na redacção do D.L. 180/99, de 22 de Maio[16]).

Em relação à transmissão de certos direitos, exige-se por vezes mesmo a escritura pública, como sucede com a transmissão total e definitiva do direito de autor (art. 44º CDADC).

Também quando tem por objecto certos bens móveis, a compra e venda é, por vezes, sujeita a forma escrita. Assim acontece, em primeiro lugar, com a alienação de herança ou quinhão hereditário, quando não abranja bens sujeitos a alienação por escritura pública ou documento particular autenticado (art. 2126º, nº 2, na redacção do 116/2008, de 4 de Julho), com o estabelecimento comercial (art. 1112º, nº 3, na redacção da Lei 6/2006, de 27 de Fevereiro) e com as quotas de sociedades (art. 228º CSC, na redacção do D.L. 76-A/2006, de 29 de Março). A redução a escrito é ainda exigida no caso de alienação de direitos sobre bens industriais, como sucede

[16] O diploma foi ainda alterado pelos D.L. 22/2002, de 31 de Janeiro, 76-A/2006, de 29 de Março, 116/2008, de 4 de Julho, 37/2001, de 10 de Março, e 245/2015, de 20 de Outubro.

com os direitos emergentes de patentes, modelos de utilidade, registos de modelos e desenhos industriais e registo de marcas, conforme se prevê no art. 30º, nº 4, do CPI. Por vezes exige-se igualmente o reconhecimento presencial da assinatura dos outorgantes no documento escrito pelo qual se procede à venda, como sucede com o contrato de compra e venda de navio, por força do art. 10º do D.L. 201/98, de 10 de Julho.

Para além disso, é exigida a redução a escrito do contrato de compra e venda em diversas situações, por razões de protecção do consumidor. Assim acontece na venda fora do estabelecimento comercial (art. 9º do D.L. 24/2014, de 14 de Fevereiro) ou na venda com crédito ao consumo que tem que ser celebrado em documento escrito ou noutro suporte duradouro (arts. 12º e 13º do D.L. 133/2009, de 2 de Junho, na redacção do D.L. 42-A/2013, de 28 de Março).

Fora destes casos, a compra e venda não necessita de revestir forma especial. Por esse motivo, a compra e venda de bens móveis sujeitos a registo, como é o caso dos automóveis, não está sujeita a qualquer forma especial. Nem era necessário o legislador o dizer, uma vez que já se sabe que os bens móveis sujeitos a registo não perdem a natureza de móveis, mas o art. 205º, nº 2 C.C. vem referir expressamente de forma redundante que às coisas móveis sujeitas a registo é aplicável o regime das coisas móveis em tudo o que não seja especialmente regulado.

Sempre que a compra e venda seja sujeita a forma, a omissão desta acarretará a nulidade do negócio jurídico (art. 220º).

Em certos casos, a compra e venda, para além da forma especial pode obrigar à realização de certas formalidades.

Assim, nos actos que envolvam a transmissão da propriedade de prédios urbanos e fracções autónomas, é necessário que se faça prova da correspondente autorização de utilização perante a entidade que celebrar a escritura ou atenticar o documento particular (art. 1º, nº 1, D.L. 281/99, de 26 de Julho, na redacção do D.L. 116/2008, de 4 de Julho). Nos actos de transmissão de imóveis é obrigatória a referência ao respectivo alvará, com indicação do número e data da emissão, ou da sua isenção (art. 1º, nº 2, do D.L. 281/99, de 26 de Julho, na redacção do D.L. 116/2008, de 4 de Julho), sendo que, no caso de prédios submetidos ao regime de propriedade horizontal, deve ser especificado se a autorização de utilização se refere ao prédio ou à fracção autónoma a transmitir (art. 1º, nº 3, do D.L. 281/99, de 26 de Julho, na redacção do D.L. 116/2008, de 4 de Julho). A apresentação desse documento é, no entanto, dispensada se a existência dessa autorização tiver sido anotada no registo predial e o prédio não tiver sofrido alterações (art. 1º, nº 4, D.L. 281/99, de 26 de Julho, na redacção do D.L. 116/2008, de 4 de Julho). A omissão desta formalidade não acarreta a nulidade do contrato, mas constitui contra-ordenação, podendo determinar a aplicação de coimas ou outras sanções acessórias (arts. 5º e 6º D.L. 281/99).

Uma outra formalidade é a exibição de certificado energético na compra e venda de imóveis, nos termos do art. 5º, nº 2, *b)* do D.L. 118/2013, de 20 de Agosto, que deve ser verificado aquando da celebração do contrato de compra e venda, e constar do contrato o número do certificado e do pré-certificado[17].

Outra formalidade é a exigida pelo princípio da legitimação, instituído no art. 9º, nº 1, do CRP que estabelece que os factos de que resulte transmissão de direitos ou constituição de encargos sobre imóveis não podem ser titulados sem que os bens estejam definitivamente inscritos a favor da pessoa de quem se adquire o direito ou contra a qual se constitui o encargo. Desta solução são apenas exceptuados: *a)* a partilha, a expropriação, a venda executiva, a penhora, o arresto, a declaração de insolvência e outras providências que afectem a livre disposição dos imóveis; *b)* os actos de transmissão ou oneração por quem tenha adquirido no mesmo dia os bens transmitidos ou onerados; *c)* os casos de urgência devidamente justificada por perigo de vida dos outorgantes (art. 9º, nº 2, CRP). Para além disso, tratando-se de prédio situado em área onde não tenha vigorado o registo obrigatório, o primeiro acto de transmissão posterior a 1 de Outubro de 1984 pode ser titulado sem a exigência prevista no nº 1, se for exibido documento comprovativo, ou feita justificação simultânea, do direito da pessoa de quem se adquire (art. 9º, nº 3, CRP). A sanção para essa omissão não é, porém, a nulidade do negócio, uma vez que se coloca apenas um problema de legitimação formal e não de legitimação substantiva. Apenas o agente que o outorgar estará sujeito a sanções[18].

[17] O diploma foi alterado pelos D.L. 64-A/2015, de 30 de Abril, 194/2015, de 14 de Setembro, 251/2015, de 25 de Novembro e 28/2016, de 23 de Junho.

[18] Neste sentido, cfr. Oliveira Ascensão, *Direito Civil. Reais*, 5ª ed., Coimbra, Coimbra Editora, 1993, p. 349, José Alberto Vieira, *Direitos Reais*, Coimbra, Coimbra Editora, 2008, p. 272, e Pedro de Albuquerque, *Obrigações*, I-1, p. 85.

4. Efeitos essenciais

4.1. Generalidades

O art. 874º estabelece:

> "A compra e venda tem como efeitos essenciais:
> *a)* A transmissão da propriedade da coisa ou da titularidade do direito;
> *b)* A obrigação de entregar a coisa;
> *c)* A obrigação de pagar o preço".

Esta norma tem que ser adequadamente interpretada. Conforme se sabe, a compra e venda é um contrato pelo qual se transmite uma coisa ou um direito contra o recebimento de uma quantia em dinheiro (preço). Assim, o resultado final do negócio consistirá na aquisição por parte do comprador do direito de propriedade sobre o bem vendido, à qual acrescerá como efeito subordinado a aquisição da posse, bem como a aquisição por parte do vendedor do direito de propriedade sobre determinadas espécies monetárias. A compra e venda só se encontrará definitivamente executada quando se verificarem estas duas alterações na situação jurídica patrimonial dos contraentes[19].

No entanto, o art. 874º vem estabelecer dois processos técnicos distintos para a obtenção desse mesmo resultado. Em relação à aquisição das quantias em dinheiro, bem como em relação à aquisição da posse da coisa vendida, a lei socorre-se do instrumento da constituição de obrigações, quer por parte do comprador, quer por parte do vendedor, apenas considerando definitiva a aquisição após o cumprimento das mesmas. Mas já em relação à aquisição da propriedade sobre o bem vendido, esse processo deixa, porém, de ser utilizado, dispensando a lei, pelo menos na venda de coisa específica, o cumprimento da obrigação, considerando a aquisição da propriedade como uma simples consequência automática da celebração do contrato (cfr. art. 879º *a)* e 408º, nº 1 C.C.)[20]. Não há assim, no âmbito da compra e venda o surgimento de uma obrigação de *dare* em sentido técnico, verificando-se o efeito translativo automaticamente com a perfeição do acordo contratual[21].

[19] Cfr. Rosario Nicolò, *L'adempimento dell'obbligo altrui*, Milano, Giuffrè, 1936, p. 168.

[20] Cfr. Nicolò, *loc. cit.*

[21] Cfr. Angelo Chianale, *Obbligazzione di dare e transferimento della proprietá*, Milano, Giuffrè, 1990, *passim*, maxime, pp. 93 e ss. e Luminoso, *op. cit.*, p. 5.

Temos, por esse motivo, que distinguir, no contrato de compra e venda, entre os seguintes efeitos:

- um efeito real (a transmissão da propriedade da coisa ou da titularidade do direito)
  e
- dois efeitos obrigacionais (que se reconduzem à constituição das obrigações de entregar a coisa e de pagar o preço).

4.2. O efeito real

4.2.1. A adopção dos princípios da consensualidade e da causalidade no Direito Português

Um dos efeitos essenciais da compra e venda é a transmissão da propriedade da coisa ou da titularidade do direito[22]. Conforme se pode verificar, é essencial à compra e venda a alienação de um direito, ou seja, uma aquisição derivada do mesmo. Daí que se as partes convencionam a aquisição originária de um direito pelo adquirente não se estará perante uma compra e venda[23]. Não há, porém, naturalmente obstáculo a que a compra e venda abranja hipóteses de aquisição derivada constitutiva como a constituição de direitos reais menores[24].

Para essa constituição ou transmissão do direito real, basta normalmente o acordo das partes, pelo que a celebração do contrato de compra e venda acarreta logo a transferência da propriedade (arts. 879º *a)* e 408º, nº 1). A transferência ou constituição do direito real é consequentemente *imediata e instantânea*. Logo no momento da celebração do contrato, o adquirente torna-se titular do direito objecto desse mesmo contrato. Assim, ao contrário do que sucede com os efeitos obrigacionais, que exigem o posterior cumprimento das respectivas obrigações, o efeito real verifica-se automaticamente no momento da formação do contrato, sendo, por isso, a propriedade transmitida apenas com base no simples consenso das partes, verificado nesse momento. Esta situação é denominada como *princípio da consensualidade*[25].

[22] Cfr. RAUL VENTURA, "O contrato de compra e venda no Código Civil", na *ROA* 43 (1983), pp. 261-318 e 587-643 (587 e ss.).

[23] Cfr. BIANCA, *op. cit.*, p. 5 e LUMINOSO, *op. cit.*, p. 33.

[24] Cfr. RUBINO, *op. cit.*, pp. 80 e ss., ROMANO, *op. cit.*, p. 25 e LUMINOSO, *op. cit.*, pp. 34 e ss.

[25] Cfr. sobre este MARIA CLARA SOTTOMAYOR, *Invalidade e registo. A protecção do Terceiro Adquirente de Boa Fé*, Coimbra, Almedina, 2010, pp. 165 e ss.

Esse *princípio da consensualidade* tem origem remota numa progressiva espiritualização da *traditio* (entrega da coisa), verificada já no Direito Romano. Neste Direito, a transferência da propriedade não dependia da celebração do contrato de compra e venda – *emptio et venditio*, considerado como *titulus adquirendi* – uma vez que este tinha efeitos meramente obrigacionais, mas antes da celebração de um segundo negócio posterior – o *modus adquirendi* – como a *mancipatio*, a *in iure cessio*, mas principalmente a *traditio*[26]. Esta era um negócio que implicava um acto real ou material, correspondente à entrega física do bem pelo *tradens*. No entanto, posteriormente admitiu-se que em lugar de ser real ou material, a *traditio* pudesse ser apenas *simbolica* (como a entrega das chaves – *traditio clavium* – ou a entrega dos documentos ou do título da propriedade – *traditio instrumentorum*) ou mesmo *ficta* (como nos casos da *traditio brevi manu* e do constituto possessório).

Esta evolução abriu o caminho a que no antigo Direito Francês se admitisse a estipulação, nos contratos de compra e venda, de cláusulas instituindo a *traditio ficta* ou *tradition feinte*, como a cláusula de *dessaisine-saisine*, ou de constituto e precário, pela qual o vendedor declarava, logo no momento da celebração do contrato, que abdicava já da propriedade e da posse a favor do comprador, ficando apenas como possuidor precário da coisa até à sua entrega. Posteriormente, considerou-se mesmo que se deveria presumir a estipulação dessa *tradition feinte*, mesmo sem qualquer declaração das partes, o que implicou considerar-se o *modus adquirendi* como compreendido no próprio *titulus*[27]. Essa evolução levou a que se passasse a atribuir à *traditio* valor meramente teórico, dado que na prática passava a ser a vontade das partes o factor determinante para a transmissão do direito real[28].

[26] Sobre a compra e venda e as formas de transmissão da propriedade no Direito Romano, cfr. MAX KASER, *Compraventa y transmission de la propriedad en el Derecho Romano y en la dogmatica moderna*, Valladolid, Universidad de Valladolid, 1962, pp. 10 e ss., ANTÓNIO A. VIEIRA CURA, "Compra e venda e transferência da propriedade no Direito Romano Clássico e Justinianeu (A raiz do «sistema do título e modo»)", em *BFD* volume comemorativo 2003, pp. 68-112 e PEDRO CARIDADE DE FREITAS, "A compra e venda no Direito Romano: características gerais", em JORGE MIRANDA (org.), *Estudos em Honra de Ruy de Albuquerque*, II, Lisboa, Faculdade de Direito da Universidade de Lisboa/Coimbra Editora, 2006, pp. 431-497.

[27] Cfr. CHIANALE, *op. cit.*, pp. 71 e ss. e DUTILLEUL/DELEBECQUE, *op. cit.*, p. 161.

[28] Cfr. KASER, *Compraventa*, pp. 31 e ss., que considera esta evolução como devida à influência dos direitos dos povos germânicos, principalmente o franco. Cfr. ainda JACQUES GHESTIN/JERÔME HUET, *op. cit.*, p. 47.

Posteriormente, a escola do jusnaturalismo racionalista (GROTIUS, PUFFENDORF) encarregou-se de teorizar dogmaticamente esta nova concepção, consagrando o princípio de que a vontade das partes, manifestada através do contrato, é só por si suficiente para produzir o efeito real. É em virtude dessa influência que o Código Civil francês de 1804 recolheu o princípio da consensualidade (cfr. arts. 1138, 1583 e 938 C. C. fr.)[29], o qual viria a ser reconhecido por outros Códigos, por ele influenciados, designadamente pelo italiano (cfr. arts. 1583 do Código de 1865 e 1376 e ss. do actual)[30] e pelo português (cfr. o art. 715º do Código de Seabra[31] e o art. 408º, nº 1, do nosso Código Civil.

Não é, no entanto, o sistema do título o único vigente no Direito Comparado[32], tendo que se efectuar a contraposição com outros sistemas existentes, tais como o *sistema do título e modo* e o *sistema do modo.*

No sistema do *título e modo,* vigente na Áustria (§ 425 ABGB) e na Espanha (art. 609 C. C. esp.) para que o efeito real se produza, é necessária a presença simultânea de um *titulus et modus adquirendi,* ou seja, não basta que exista uma justa causa ou fundamento jurídico de aquisição (como o contrato de compra e venda), sendo ainda necessária a realização de um segundo acto de transmissão (como a *traditio* ou o registo). Trata-se de um sistema de transmissão causal dos direitos reais, dado que embora o

[29] Sobre a adopção deste princípio no Direito Francês, cfr. CHIANALE, *op. cit.*, pp. 73 e ss., GHESTIN/HUET, *op. cit.*, pp. 159 e ss., BÉNABENT, *op. cit.*, pp. 84 e ss. e DUTILLEUL/DELEBECQUE, *op. cit.*, pp. 160 e ss.

[30] Cfr., por todos CHIANALE., *op. cit.*, pp. 90 e ss.

[31] Referia este artigo que "nas alienações de cousas certas e determinadas, a transferência da propriedade opera-se entre os contraentes por mero efeito do contrato, sem dependência de tradição ou de posse, quer material, quer simbólica, salvo havendo acordo das partes em contrário". Demonstra, no entanto, PEDRO DE ALBUQUERQUE, "Contrato de compra e venda"., pp. 20 e ss., nota (12), que ainda nos anos 30 do séc. XX, as escrituras notariais faziam referência expressa à prática da *dessaisine-saisine* pelo vendedor, que assim efectuaria a tradição no próprio contrato. A doutrina aceitava, porém, pacificamente a eficácia real do contrato, conforme se pode ver em CUNHA GONÇALVES, *Tratado*, VIII, pp. 346 e ss.

[32] Para uma análise de Direito Comparado sobre este tema, cfr. L. P. W. VAN VLIET, *Transfer of movables in German, French, English and Dutch Law*, Nijmagen, Ars Aequi Libri, 2000. Entre nós, pode ver-se ASSUNÇÃO CRISTAS/MARIANA FRANÇA GOUVEIA, "Transmissão da Propriedade de coisas móveis e contrato de compra e venda. Estudo Comparado dos Direitos Português, Espanhol e Inglês", em ASSUNÇÃO CRISTAS / MARIANA FRANÇA GOUVEIA /VÍTOR PEREIRA NEVES, *Transmissão da propriedade e contrato*, Coimbra, Almedina, 2001, pp. 15-137.

negócio causal e a transmissão sejam dois negócios distintos, a validade da transmissão depende do negócio causal. Assim, o título só por si é insuficiente para produzir o efeito real exigindo necessariamente um modo. Mas também o modo de aquisição só por si é insuficiente, pressupondo igualmente um título. Por isso, a realização da *traditio* só permite transmitir o direito real se tiver sido precedida de um negócio jurídico que fundamente essa transmissão (como o contrato de compra e venda). Se houver só título (como na hipótese de apenas a compra e venda ter sido celebrada), o negócio terá valor meramente obrigacional, sem produzir efeitos reais.

No *sistema do modo*, a produção do *efeito real* depende apenas do *modus adquirendi*, não sendo necessário um título de aquisição. É o sistema do Código Civil alemão (§§ 433, 873 e 929 BGB), onde o contrato de compra e venda tem valor meramente obrigacional, não produzindo qualquer efeito real. No Direito alemão, para que o comprador passe a ser proprietário do bem vendido é necessário, se o referido bem for uma coisa móvel, um segundo acordo de transmissão (*Einigung*) – acordo abstracto translativo–, seguido da *traditio* ou entrega (*Übergabe*) da coisa; se o bem vendido for uma coisa imóvel, exige-se também um novo acordo de transmissão (que toma o nome de *Auflassung*) – igualmente um acordo abstracto translativo – e, ainda, a inscrição nos registos da propriedade (*Eintragung*)[33]. Daí que se refira ser neste sistema seguido o princípio da separação, segundo o qual a celebração do contrato de alienação não coincide com a disposição[34].

Nos direitos que utilizam o sistema do título vigora, pelo contrário, o princípio da consensualidade, segundo o qual a constituição ou transferência dos direitos reais depende apenas da existência de um título de aquisição (*titulus adquirendi*), ou seja, de um acto pelo qual se revela a vontade de adquirir e transmitir em virtude de uma causa reconhecida pelo direito. Esse título é só por si suficiente para produzir o efeito real, pelo que a transmissão da propriedade se verifica logo com a celebração do contrato de compra e venda, não sendo qualquer acto posterior de entrega ou outra formalidade como, por exemplo, o registo.

[33] Cfr., por todos, KASER, *Compraventa*, pp. 34 e ss., HEINRICH HÖRSTER, "Sobre a formação do contrato segundo os arts. 217 e 218, 224 a 226 e 228 a 235 do Código Civil", na *RDE* 9 (1983), pp. 121-157 (124, nota 3), CALVÃO DA SILVA, *Cumprimento e Sanção Pecuniária Compulsória*, Coimbra, Separata do *BFD* 30, 1987, pp. 100 e ss., nota, e MENEZES LEITÃO, *O Enriquecimento*, pp. 473 e ss., nota (32), reed., pp. 457 e ss., nota (1349).

[34] Cfr. ESSER/WEYERS, II.1, § 1, p. 1.

O princípio da consensualidade tem grandes vantagens, em virtude da forma simples como se procede à transmissão dos direitos reais, fundando-a apenas na vontade das partes, em lugar de a fazer depender de posteriores formalidades.

Ligado ao princípio da consensualidade está o princípio da causalidade, nos termos do qual a existência de uma *justa causa de aquisição* é sempre necessária para que o direito real se constitua ou transmita. Como a existência de *título* é necessária para a constituição ou transmissão do direito real, a validade ou regularidade da causa de aquisição é imprescindível para que essa constituição ou transmissão se opere, pelo que qualquer vício no negócio causal afectará igualmente a transmissão da propriedade.

Vigora o princípio da causalidade no sistema do título, em virtude de a transmissão do direito real depender exclusivamente do negócio transmissivo, e no sistema do título e modo, dada a conexão causal entre o título e o modo. Diferentemente, o sistema do modo regula-se pelo princípio oposto – o princípio da abstracção – segundo o qual os vícios no negócio causal não podem afectar a transferência da propriedade[35]. Efectivamente, no sistema do modo, uma vez transferida a propriedade, a sua recuperação só pode ser obtida através de uma acção de enriquecimento sem causa.

Conforme se referiu, o art. 408º, nº 1, estabelece que a transferência dos direitos reais sobre coisa determinada se dá por mero efeito do contrato, o que naturalmente implica consagrar em pleno o sistema do título, sujeitando-se assim a transmissão da propriedade aos referidos princípios da consensualidade e da causalidade. Assim, entre nós, veio a consagrar-se a caracterização do contrato de compra e venda no âmbito da *venda real*. Neste sistema, o adquirente após a celebração do contrato adquire imediatamente a propriedade da coisa vendida que pode imediatamente opor *erga omnes*, no caso dos bens não sujeitos a registo, ficando, no caso dos bens sujeitos a registo essa oponibilidade a terceiros dependente do cumprimento do ónus registral. A transmissão da propriedade aparece assim ligada à celebração do contrato, da qual depende como efeito automático.

[35] Cfr. sobre este princípio FIKENTSCHER/HEINEMANN, *Schuldrecht*, nº 801, pp. 392 e ss.

4.2.2. Apreciação da possibilidade de existirem excepções em relação a esses princípios

Ao mesmo tempo que consagra o sistema do título, o art. 408º, nº 1 refere a possibilidade de existência de excepções a esse sistema, "previstas na lei". Cabe, por isso, perguntar se efectivamente a lei admite a possibilidade de a transferência da propriedade não estar sujeita aos princípios da consensualidade e da causalidade. Caso a resposta fosse afirmativa, teria que se concluir que ao lado da venda real, o nosso direito reconheceria também o outro tipo de venda, existente nos sistemas do título e modo e do modo, que se denomina de *venda obrigatória*[36].

A venda obrigatória corresponde ao modelo original do contrato no âmbito do direito romano e hoje existe nos direito alemão, austríaco, espanhol e brasileiro, sendo também discutida a sua admissibilidade no direito italiano[37]. Caracteriza-se essencialmente pelo facto de o contrato de compra e venda *nunca produzir efeitos reais*, apenas tendo por função *a constituição de obrigações*, resultando assim a transferência da propriedade de um segundo acto, que o vendedor se obriga a praticar, o qual produz os efeitos reais. Assim pela compra e venda a propriedade não é transferida. Apenas o vendedor obriga-se a transferi-la e o comprador a pagar o preço. O vendedor pratica então um segundo acto a transferir a propriedade que, no caso das coisas móveis, se concretiza com a tradição e, no caso das coisas imóveis, com o registo.

Ao referir-se às "excepções previstas na lei", o art. 408º, nº 1, deixa em aberto a possibilidade de se reconhecer hipóteses de venda obrigatória, designadamente nos casos em que a transferência da propriedade venha a ser temporalmente dissociada da celebração do contrato.

Ocorrem, efectivamente, no nosso direito dois tipos de situações em que se verifica uma dissociação entre a celebração do contrato e a trans-

[36] Sobre a contraposição entre a venda obrigatória e a venda real, cfr. GALVÃO TELLES, "Venda obrigatória e venda real", na *RFDUL* 5 (1948), pp. 76 a 87 e RAUL VENTURA, na *ROA* 43 (1983), pp. 588 e ss.

[37] Efectivamente, neste direito o art. 1476, al. 2) do *Codice* estabelece uma obrigação de o vendedor fazer adquirir a propriedade da coisa ou o direito, se a aquisição não é efeito imediato do contrato, questionando a doutrina se por essa via não se estabelece a admissibilidade excepcional da venda obrigatória. Cfr. ALESSANDRO RIZZIERI, *La vendita obligatoria*, Milano, Giuffrè, 2000. Reconhece-se, no entanto a diferença entre esta figura e a venda obrigatória existente no direito alemão, na medida em que não há uma obrigação de *dare* em sentido técnico. Cfr. LUMINOSO, *op. cit.*, p. 78.

missão da propriedade. A primeira ocorre sempre que a lei proceda a uma separação, mesmo que meramente cronológica, entre o momento em que se verifica a conclusão do contrato e o momento em que ocorre o fenómeno translativo. A segunda sucede quando o fenómeno translativo não se pode verificar por um impedimento originário (venda de coisa alheia)[38].

A primeira situação ocorre nos casos da venda de coisas indeterminadas, designadamente de coisas genéricas ou em alternativa, na venda de bens futuros, frutos naturais ou partes componentes ou integrantes de uma coisa, e ainda na venda com reserva de propriedade[39]. Nestes casos, apesar de a transferência da propriedade ser sempre resultante do contrato é, no entanto, manifesto que por vezes essa transmissão sucede em momento posterior ao da sua celebração, referindo expressamente o art. 408º, nº 2, alguns dos momentos em que essa transmissão se verifica. Na venda de coisa indeterminada, a transmissão da propriedade dá-se no momento em que ocorre a determinação da coisa com conhecimento de ambas as partes (art. 408º, nº 2), salvo se se tratar de uma venda genérica, em que a transferência da propriedade se dá no momento da concentração da obrigação (arts. 540º e 541º). Na venda de bens futuros (art. 880º), a transferência da propriedade ocorre no momento em que a coisa é adquirida pelo alienante. Tratando-se de venda de frutos naturais ou de partes componentes ou integrantes de uma coisa, a transferência da propriedade verifica-se no momento da colheita ou separação (art. 880º). Finalmente, na venda com reserva de propriedade, a aquisição integral da propriedade apenas ocorre no momento do pagamento do preço ou do evento em relação ao qual as partes determinaram essa verificação (art. 409º).

A segunda situação sucede na venda de coisa alheia (arts. 892º e ss.) em que o fenómeno translativo não se pode verificar em virtude de o vendedor não ser efectivamente o proprietário do bem vendido. Neste caso, também ocorre uma dissociação entre a transmissão da propriedade e o contrato de compra de venda, ainda que essa dissociação seja resultante de um valor negativo atribuído por lei ao negócio jurídico (art. 892º), que só pode ser

[38] Cfr. Nicolò, *op. cit.*, p. 169.

[39] Não se inclui a venda sob condição suspensiva ou a termo inicial em que, como se sabe, é no momento da verificação da condição ou do vencimento do termo que se verifica a transferência da propriedade. Efectivamente, nestes casos, não é apenas a transferência da propriedade que é diferida para esse momento, mas todos os efeitos do negócio jurídico.

sanado através da aquisição da propriedade (art. 895º), que constitui precisamente uma obrigação para o vendedor (art. 897º).

Em todos estes casos, o fenómeno translativo é transferido para momento posterior, mas não fica dependente do cumprimento de uma obrigação de transferir (*dare*) em sentido técnico. Ainda que possam surgir obrigações associadas a essa transmissão, não são elas que produzem o efeito translativo, mas antes este vem a ocorrer automaticamente em consequência da verificação de um facto posterior. Esse facto, aliás, vem concretizar em definitivo uma atribuição patrimonial, que já tinha sido, pelo menos, provisoriamente estabelecida com a celebração do contrato entre o alienante e o adquirente[40].

Assim, mesmo nas hipóteses em que a venda possui uma eficácia translativa não imediata ou dependente da eventual verificação de certos actos ou factos, a verdade é que o contrato integra sempre um esquema negocial translativo, situação distinta da venda obrigatória presente no Direito Romano e no actual Direito alemão. Parece, por isso, que se pode afirmar a inexistência, no Direito Português da figura da venda obrigatória[41].

4.2.3. A publicidade da transmissão da propriedade

Conforme se referiu, a compra e venda corresponde a um facto aquisitivo de direitos reais. Consequentemente, se estes direitos reais respeitarem a bens imóveis ou a móveis sujeitos a registo, a compra e venda terá que ser registada (arts. 2º *a)* do Código de Registo Predial e 11º, nº 1 *a)* do Código de Registo de Bens Móveis), sob pena de não ser oponível a terceiros nem prevalecer contra uma eventual aquisição tabular, desencadeada por uma segunda alienação do mesmo bem (cfr. arts. 5º e 17º, nº 2 do Código do Registo Predial e arts. 3º e 38º do Código de Registo de Bens Móveis)[42].

[40] Neste sentido, NICOLÓ, *loc. cit.*

[41] Neste sentido igualmente RAUL VENTURA, *ROA* 43 (1983), pp. 594 e ss., e PEDRO DE ALBUQUERQUE, "Contrato de compra e venda", pp. 24 e ss. e *Obrigações*, I-1, pp. 91 e ss.

[42] O Código de Registo de Bens Móveis ainda não entrou em vigor, aguardando a respectiva regulamentação. Em relação ao registo automóvel, continua a vigorar o D.L. 54/75, de 12 de Fevereiro, sucessivamente alterado pelos D.L. 242/82, de 22 de Junho, 461/82, de 26 de Novembro, 217/83, de 25 de Maio, 54/85, de 4 de Março, 403/88, de 9 de Novembro, 182/2002, de 20 de Agosto, pela Declaração de Rectificação 31-B/2002, de 31 de Outubro, pelos D.L. 178-A/2005, de 28 de Outubro, 85/2006, de 23 de Maio, 20/2008, de 31 de Janeiro, pela Lei nº 39/2008, de 11 de Agosto, e pela Lei 30/2017, de 30 de Maio.

O registo é hoje obrigatório, por força do art. 8º-A do Código do Registo Predial.

A imposição do registo resulta do facto de que sendo o direito real um direito absoluto com eficácia *erga omnes*, é conveniente e útil que todos os parceiros interessados possam conhecer a sua existência. Daí o *princípio da publicidade*, que está na base da sujeição a registo. No sistema do modo, a cognoscibilidade do direito real é mesmo o interesse fundamental para salvaguarda da segurança e celeridade do comércio jurídico, vigorando aí uma situação de publicidade constitutiva, segundo a qual é o próprio registo que determina a transmissão da propriedade. No sistema do título, como o nosso, atende-se pelo contrário aos interesses das partes, sacrificando-se o interesse da segurança e celeridade do comércio jurídico ao interesse da regularidade na constituição do direito real. Não deixa, porém, de se reconhecer a necessidade de publicidade adequada da transmissão do direito para defesa dos interesses de terceiros e da segurança jurídica. Essa publicidade será, no entanto, normalmente declarativa e não constitutiva, sendo apenas uma condição de eficácia relativamente a terceiros do direito real validamente constituído por mero efeito do contrato (art. 408º, nº 1). No nosso sistema o registo tem, por isso, valor meramente declarativo. A publicidade apenas será constitutiva na hipótese de aquisição tabular, caso em que a segunda venda que primeiro for registada prevalece sobre a primeira. Ao contrário do que normalmente sucede nos países que consagram o sistema do título, não se instituiu entre nós o princípio da posse vale título, que permitiria fazer funcionar também uma hipótese de publicidade constitutiva em relação às coisas móveis não registáveis, baseada na tradição do bem (cfr., por exemplo arts. 2279 e 1141 do Código Civil francês). Tal implica ter o nosso sistema optado por uma aplicação quase irrestrita dos princípios da consensualidade e da causalidade fazendo assim prevalecer o interesse do proprietário em detrimento da protecção de terceiros de boa fé.

4.2.4. O risco no contrato de compra e venda

O facto de a transferência da propriedade ocorrer logo no momento da celebração do contrato atribui um importante benefício ao comprador, uma vez que, tornando-se ele logo proprietário da coisa vendida e não apenas credor do vendedor relativamente à sua entrega, deixa de estar sujeito ao concurso de credores no património do vendedor em relação a essa coisa (art. 604º, nº 1), uma vez que tendo sobre ela a propriedade, que é o direito pleno e exclusivo (art. 1305º, nº 1), tem também a melhor das garantias[43]. No entanto, e por força do princípio *ubi commoda ibi incommoda*, se o comprador adquire esse benefício, é justo que suporte também os riscos inerentes e que, portanto, seja igualmente ele a suportar o prejuízo, caso a coisa se deteriore ou pereça após a transmissão da propriedade.

Associada à transferência da propriedade aparece assim a transferência do risco, tal como resulta do art. 796º, nº 1. A partir do momento em que é celebrado o contrato de compra e venda, mesmo que ainda não tenham sido cumpridas as obrigações resultantes do contrato, o risco fica a cargo do comprador (art. 796º, nº 1). Essa situação só não ocorrerá se a coisa tiver continuado em poder do alienante, em consequência de termo estabelecido a seu favor, caso em que a transferência do risco só se verifica com o vencimento do termo ou a entrega da coisa, salvo a hipótese de o vendedor entrar em mora, já que, como se sabe, esta produz a inversão do risco (art. 796º, nº 2). Também na hipótese de ter sido aposta uma condição ao contrato, se a condição for resolutiva, o risco corre por conta do adquirente se a coisa lhe tiver sido entregue; sendo suspensiva a condição, o risco corre por conta do alienante durante a pendência da condição (art. 796º, nº 3) .

4.3. Os efeitos obrigacionais

4.3.1. O dever de entregar a coisa

Em relação ao vendedor, a obrigação que surge através do contrato de compra e venda reconduz-se essencialmente ao dever de entregar a coisa[44]. Além de se efectuar a transmissão da propriedade por mero efeito do contrato, é assim atribuído ao comprador um direito de crédito à entrega da coisa pelo vendedor, o qual concorre com a acção de reivindicação (art. 1311º) que pode exercer enquanto proprietário da coisa. O cumprimento da obrigação de entrega corresponde a um acto material, a tradição física ou simbólica do bem, que permite ao comprador a sua apreensão física, se se trata de móveis, ou a aquisição do gozo sobre ele, se se trata de imóveis[45]. Em virtude do cumprimento da obrigação de entrega, verificar-se-

[43] Cfr. Ghestin/Huet, *op. cit.*, p. 160.

[44] Cfr. Raul Ventura, *ROA* 43 (1983), pp. 618 e ss., Pedro de Albuquerque, "Contrato de compra e venda", pp. 29 e ss., e *Obrigações*, I-1, pp. 114 e ss., e Romano Martinez, *Obrigações*, pp. 42 e ss.

[45] Cfr. Ghestin/Huet, *op. cit.*, p. 191.

-á a atribuição da posse da coisa entregue ao comprador (art. 1263º *b)*), a qual pode, porém, ocorrer previamente com a verificação do constituto possessório (art. 1263º *c)* e 1264º)[46]. No caso de a coisa vendida já estar na posse do comprador, ou de a venda respeitar a direitos sobre coisas incorpóreas, nem sequer a entrega se torna necessária, o que demonstra que, sendo esta obrigação um efeito legalmente obrigatório do contrato, não constitui um elemento essencial do contrato de compra e venda[47].

Em relação ao objecto da obrigação de entrega, este corresponde, em primeiro lugar, à coisa comprada. Neste âmbito há que distinguir, porém, consoante a venda seja de coisa específica ou de coisa genérica. Se a venda for de coisa específica, o vendedor apenas pode cumprir entregando ao comprador a coisa que foi objecto da venda, não a podendo substituir, mesmo que essa substituição não acarretasse prejuízo para o comprador. Se se tratar de uma coisa genérica, o vendedor pode cumprir o contrato, entregando ao comprador qualquer coisa dentro do género.

A obrigação de entrega de coisa específica é objecto de regulação especial no art. 882º, nº 1, onde se estabelece que a coisa deve ser entregue no estado em que se encontrava ao tempo da venda, fazendo assim recair sobre o vendedor um dever específico relativamente à custódia da coisa, dever que ele deve executar com a diligência de um bom pai de família, nos termos gerais (art. 799º, nº 2 e 487º, nº 2). Assim, caso a coisa se venha a deteriorar, adquirindo vícios ou perdendo qualidades, entre o momento da venda e o da entrega, presume-se existir responsabilidade pelo vendedor por incumprimento dessa obrigação (art. 918º), respondendo ele por esse incumprimento, a menos que demonstre que a deterioração não procede de culpa sua (art. 799º, nº 1)[48].

Já em relação à entrega de coisas genéricas, haverá que aplicar o disposto nos arts. 539º e ss., bem como as regras relativas à determinação da pres-

[46] Cfr. Romano Martinez, *Obrigações*, p. 33. É duvidoso se, quando após a venda o vendedor não procede à entrega imediata do bem, se deve presumir a verificação do constituto possessório, permanecendo o vendedor como detentor, ou se deve antes presumir a manutenção da posse no vendedor. Face à concepção objectivista da posse, consagrada no art. 1251º, parece que sempre que o vendedor exerça o poder de facto correspondente terá posse, apenas passando à situação de detentor se for convencionado que passará a possuir em nome do comprador (art. 1253º *c)*).

[47] Neste sentido, já Raul Ventura, *ROA* 43 (1983), p. 619, chamando a atenção para que na descrição do tipo legal do art. 874º não se faz referência à obrigação de entrega da coisa.

[48] No mesmo sentido, em face do Direito francês, cfr. Ghestin/Huet, *op. cit.*, p. 208.

tação referidas no art. 400º. O vendedor terá assim que entregar as coisas correspondentes à quantidade e qualidade convencionada no contrato de compra e venda e deverá escolher coisas de qualidade média, a menos que tenha sido convencionado o contrário. O desrespeito destas regras determinará a aplicação do regime do incumprimento das obrigações (art. 918º).

A lei esclarece ainda que a obrigação de entrega abrange, salvo estipulação em contrário, além da própria coisa comprada, as suas partes integrantes, os frutos pendentes e os documentos relativos à coisa ou direito (art. 882º, nº 2). Não é assim lícito ao vendedor, após a venda, proceder à separação de coisas móveis que se encontrem ligadas materialmente ao prédio vendido com carácter de permanência[49], ou proceder à colheita de frutos pendentes, ou ainda conservar quaisquer documentos relativos à coisa ou direito[50]. Exceptua-se, porém, a hipótese de tal ter sido convencionado ou, no caso dos documentos, estes contiverem outras matérias de interesse para o vendedor, caso em que ele poderá entregar apenas pública forma da parte respeitante à coisa ou direito que foi objecto da venda ou fotocópia de igual valor.

A obrigação de entrega pode ainda incluir outros objectos como, por exemplo, a embalagem necessária ao acondicionamento do bem vendido, designadamente quanto se trata de bens sujeitos a risco de deterioração ou perecimento com o transporte. Em instrumentos internacionais, como

[49] Em Itália tem sido questionado, em face da correspondente disposição do art. 1477 do *Codice*, se a obrigação de entrega das partes integrantes deveria limitar-se às existentes ao tempo da venda, ou abranger ainda as que tenham sido acrescentadas posteriormente a esse momento, propendendo a doutrina dominante para a primeira solução. Cfr. LUZZATO, *op. cit.*, p. 326, GRECO/COTTINO, *op. cit.*, pp. 148 e ss. e LUMINOSO, *op. cit.*, p. 82.

[50] Na doutrina italiana, em relação aos documentos tem-se vindo a estabelecer uma distinção entre *documentos necessários para o exercício do direito alienado*, em que se considera que o vendedor deve não apenas entregar os que estão na sua posse, mas ainda esforçar-se para os obter para o comprador, *documentos probatórios da transferência*, designadamente para efeitos de registo, em que se considerar que a sua entrega deve ocorrer por força do princípio da boa fé e *documentos demonstrativos da titularidade originária do direito*, em que o vendedor deve apenas entregar os que estão na sua posse. Um caso particular diz respeito aos *documentos que obrigatoriamente devem acompanhar o uso da coisa*, como o livrete do automóvel e o título de registo de propriedade. Neste caso, considera-se não apenas imperativa a sua entrega, mas também que o seu incumprimento deve determinar a resolução do contrato. Cfr. BIANCA, *op. cit.*, pp. 389 e ss. e 392 e ss. e LUMINOSO, *op. cit.*, p. 84. Entre nós, veja-se RAUL VENTURA, *ROA* 43 (1983), pp. 632 e ss., e na jurisprudência Ac. RG 17/5/2009 (ANTÓNIO RIBEIRO), em *CJ* 34 (2009), 3, pp. 289-291.

no art. 35º da Convenção de Viena sobre a venda internacional de mercadorias, ainda não ratificada por Portugal, encontra-se mesmo prevista a inclusão da embalagem no âmbito da obrigação de entrega. Entre nós, essa inclusão deverá considerar-se estabelecida ou não, consoante os usos relativos a esses bens. A solução mais frequente será o bem já ser vendido dentro da embalagem (ex: venda de um computador) ou esta ser fornecida acessoriamente (entrega de sacos de plástico na compra de mercadorias), podendo o comprador nestes casos legitimamente exigir a sua entrega e decidir o posterior destino da embalagem. Noutros casos, porém, a embalagem é necessária para a entrega do bem, mas não é objecto do contrato, cabendo por isso ao comprador a sua posterior devolução (ex: venda de gás em botijas). Noutros casos ainda, a embalagem pode ser objecto do contrato, mas o vendedor acordar com o comprador a sua posterior reaquisição (como pode suceder relativamente a garrafas de vidro)[51].

A obrigação de entrega por parte do vendedor é sujeita às regras gerais quanto ao tempo (arts. 777º e ss.) e lugar do cumprimento (arts. 772º e ss.).

Assim, quanto ao tempo de cumprimento, se as partes não convencionaram prazo certo para a sua realização, o comprador pode exigir a todo o tempo a entrega da coisa, assim como o vendedor pode a todo o tempo proceder a essa entrega (art. 777º, nº 1). O vendedor ficará, neste caso, constituído em mora com a interpelação do comprador (art. 805º, nº 1). No caso de ter sido convencionado prazo certo, ou este resultar da lei, como por exemplo acontece na venda comercial[52], o vendedor terá que entregar a coisa até ao fim desse prazo, sem o que incorrerá em mora (art. 805º, nº 2 *a)*), podendo, no entanto, optar pela antecipação do cumprimento, uma vez que o prazo se presume estipulado em seu benefício. A obrigação de entrega da coisa vendida está sujeita ao prazo ordinário de prescrição de vinte anos (art. 309º).

[51] Cfr. GHESTIN/HUET, *op. cit.*, pp. 196-197 e nota (171).

[52] Efectivamente, na compra e venda comercial, o art. 473º CCom vem estabelecer que "se o prazo para a entrega das coisas vendidas não se achar convencionado, deve o vendedor pô-las à disposição do comprador, dentro das vinte e quatro horas seguintes ao contrato, se elas houverem sido compradas à vista", referindo o § único que "se a venda das coisas se não fez à vista, e o prazo da entrega não foi convencionado, poderá o comprador fazê-lo fixar judicialmente". Da mesma forma, se o contrato for celebrado a contado em feira ou mercado, determina o art. 475º CCom., que deve ser cumprido no dia da sua celebração, ou o mais tardar no dia seguinte.

Quanto ao lugar de cumprimento, e caso não ocorra qualquer estipulação das partes, haverá que distinguir consoante se trate de coisas móveis ou imóveis. Relativamente às coisas móveis, caso se trate de coisas determinadas, coisas genéricas a ser escolhidas de um conjunto determinado, ou coisas a ser produzidas em certo lugar, o art. 773º determina que a coisa deve ser entregue no lugar em que se encontrava ao tempo da conclusão do negócio. Nos outros casos, a coisa deverá ser entregue no domicílio do vendedor (art. 772º). Em relação às coisas imóveis, naturalmente que a entrega física apenas poderá ocorrer no lugar onde o imóvel se encontra, devendo, porém, aplicar-se o critério supletivo geral do domicílio do devedor (art. 772º), caso as partes determinem que essa entrega será realizada apenas simbolicamente. O regime supletivo legal caracteriza assim a entrega do vendedor essencialmente como uma obrigação de colocação.

Em caso de não cumprimento da obrigação de entrega por parte do vendedor, pode o comprador nos termos gerais intentar contra o vendedor uma acção de cumprimento (arts. 817º e ss.) que, tratando-se de coisa determinada, pode incluir a execução específica da obrigação (art. 827º). O vendedor está igualmente sujeito a ter que indemnizar o comprador, pelos danos que lhe causar o incumprimento da obrigação (arts. 798º e ss.) ou a mora no cumprimento (arts. 804º e ss.). O comprador pode ainda, se assim o entender, resolver o contrato (art. 801º, nº 2).

4.3.2. Outros deveres do vendedor

Por vezes são impostos ao vendedor outros deveres específicos, que extravasam da obrigação de entrega. Um deles é a obrigação de emitir factura. Assim, no âmbito da compra e venda comercial, o art. 476º CCom refere que "o vendedor não pode recusar ao comprador a factura das coisas vendidas e entregues, com o recibo do preço ou da parte do preço que houver embolsado". Esta obrigação de emitir factura é extensível a todos os sujeitos passivos de IVA pelo art. 28º, nº 1 *b)* do CIVA.

Para além dessa obrigação, o vendedor estará naturalmente sujeito aos deveres acessórios impostos pelo princípio da boa fé, nos termos do art. 762º, nº 2 do Código Civil, os quais podem abranger deveres de informação e conselho, ou de assistência pós-venda. Esses deveres acessórios são especialmente incrementados no caso de celebração de um negócio jurídico de consumo, ou seja, um contrato entre um profissional e um consumidor, pelo qual se transmitem bens ou direitos destinados a uso não profissional (cfr. art. 2º, nº 1, da Lei 24/96, de 31 de Julho, diploma sucessivamente alterado pela Lei nº 85/98, de 16 de dezembro, pelo Decreto-Lei nº 67/2003, de 8 de Abril, pela Lei nº 10/2013, de 28 de Janeiro, e pela Lei 47/2014, de 28 de Julho). Efectivamente, nestes negócios, uma vez que são colocados frente a frente um profissional, actuando nessa qualidade, e um não profissional, actuando para fins pessoais ou privados, naturalmente que se colocam necessidades especiais de tutela do consumidor, enquanto parte mais fraca, leiga ou profana. Por esse motivo, o art. 8º da Lei 24/96, de 31 de Julho, na redacção da Lei 47/2014, de 28 de Julho, institui deveres específicos de informação, vigentes a partir da fase pré-contratual, não apenas sobre o vendedor, mas também sobre outros participantes na cadeia contratual. Em legislação especial a obrigação de prestar informação ao consumidor leva à multiplicação de deveres de rotulagem, etiquetagem e embalagens informativas, a obrigatoriedade de uso da língua portuguesa nas informações, instruções, avisos de atenção e perigo apostos nos produtos, existência de marcas e certificados de qualidade, bem como ao aviso sobre prazos de reflexão e consequente faculdade de desistência do contrato.

4.3.3. O dever de pagar o preço

O último efeito essencial do contrato de compra e venda é a obrigação de pagar o preço, ou seja, a previsão da entrega de uma quantia em dinheiro ao vendedor como contrapartida da entrega da coisa por parte deste[53]. A obrigação de pagamento do preço corresponde a uma obrigação pecuniária, sujeita naturalmente ao regime dos arts. 550º e ss. A assunção desta obrigação no contrato de compra e venda faz nascer na esfera do vendedor um direito de crédito sobre o comprador, ficando o vendedor apenas proprietário das espécies monetárias correspondentes aquando do cumprimento da obrigação, através da realização da *datio pecuniae*.

De acordo com as regras gerais sobre o objecto negocial (art. 280º, nº 1), não é necessário no contrato de compra e venda que o preço se encontre determinado no momento da celebração do contrato, bastando que seja determinável. A determinação do preço no momento do contrato pode resultar, quer da sua imposição por uma autoridade pública (preço de

[53] Cfr. Pedro de Albuquerque, "Contrato de compra e venda", pp. 34 e ss. e *Obrigações*, I-1, pp. 162 e ss., e Pedro Romano Martinez, *Obrigações*, pp. 48 e ss.

império), quer da sua fixação pelas partes. Hipóteses de determinabilidade do preço ocorrerão quando as partes fixem uma forma de o preço ser determinado[54], ou quando a lei supletivamente indique essa forma, o que nos termos do art. 883º se estabelece não apenas para a hipótese de as partes nada dizerem sobre o preço (nº 1), mas também para o caso de se referirem ao preço justo (nº 2)[55]. No art. 883º são assim indicados como critérios supletivos sucessivamente: 1) o preço que o vendedor normalmente praticar à data da conclusão do contrato e 2) o do mercado ou bolsa no momento do contrato e no lugar em que o comprador deva cumprir. O primeiro critério prevalece sobre o segundo, pelo que, se se tratar de bens que o vendedor aliena regularmente, é o preço por ele habitualmente praticado que se considera como preço contratual, independentemente de o preço do bem no mercado ou bolsa ser diferente daquele. Apenas no caso de não se tratar de bens que o vendedor aliena regularmente, valerá como preço supletivo o do mercado ou bolsa no momento do contrato e no lugar em que o comprador deva cumprir. Caso nenhum desses critérios se possa aplicar o preço será determinado pelo tribunal segundo juízos de equidade (art. 883º, nº 1 *in fine*). O processo judicial para a fixação do preço encontra-se previsto no art. 1004º CPC.

A obrigação de pagamento do preço é sujeita a regras específicas quanto ao tempo e lugar de cumprimento. Em relação ao tempo do cumprimento, e a menos que as partes estipulem em sentido contrário, o art. 885º, nº 1, determina que o preço deve ser pago no momento da entrega da coisa vendida. No entanto, essa norma pressupõe naturalmente que a transmissão da propriedade já se tenha verificado ou coincida com a entrega, uma vez que o preço aparece como contrapartida dessa aquisição da propriedade.

[54] Essa forma pode consistir em deixar a determinação do preço a cargo de uma das partes ou a terceiro, caso em que o art. 400º, nº 1, estabelece que a determinação não pode ser arbitrária, devendo ser feita segundo juízos de equidade se outros critérios não tiverem sido estabelecidos. Nesse caso, se a determinação não puder ser for feita no tempo devido, sê-lo-á pelo tribunal, com base nos mesmo juízos. Sobre o caso especial da determinação do preço por terceiro, cfr. Carlos Ferreira de Almeida, "Determinação do preço por terceiro", em *CDP* nº 30 (Abril/Junho 2010), pp. 3-15.

[55] A norma do art. 883º é assim simultaneamente supletiva e interpretativa, uma vez que se aplica não apenas como critério supletivo, quando as partes nada refiram sobre a determinação do preço, mas também como critério interpretativo, quando as partes façam referência à expressão "preço justo".

Assim, se a entrega ocorrer antecipadamente a essa transmissão, naturalmente que não obrigará o comprador a pagar o preço[56].

A imposição do pagamento do preço no momento da entrega pressupõe, por outro lado, que nesse momento a obrigação do vendedor seja integralmente cumprida. Assim, se a entrega for feita por fases, a prestação do preço apenas deve ser efectuada aquando da realização da última entrega, salvo se as partes convencionaram o preço em função da quantidade das coisas vendidas, caso em que o vendedor terá legitimidade para exigir o pagamento à medida em que for realizando as sucessivas entregas.

Já quanto ao lugar de cumprimento da obrigação de pagamento do preço, se as partes nada tiverem estipulado determina igualmente o art. 885º, nº 1, que o preço deve ser pago no lugar da entrega da coisa vendida, o que se impõe em virtude de a lei fazer coincidir o cumprimento da obrigação de entrega com o pagamento do preço (venda a pronto ou a contado). Se, no entanto, por estipulação das partes ou por força dos usos, o pagamento do preço não coincidir com o cumprimento da obrigação de entrega (venda a crédito ou com espera de preço), o mesmo deverá ser pago no domicílio que o credor tiver ao tempo do cumprimento (art. 885º, nº 2), o que está de acordo com a regra geral relativa às obrigações pecuniárias, prevista no art. 774º[57].

A obrigação de pagamento do preço é sujeita à prescrição ordinária de vinte anos (art. 309º). Tratando-se, no entanto, de créditos de comerciantes pelos objectos vendidos a quem não seja comerciante e não os destine ao seu comércio, existe uma prescrição presuntiva ao fim de dois anos (art. 317º *b*)).

A obrigação de pagamento do preço encontra-se colocada em nexo de reciprocidade com a entrega da coisa, pelo que, constituindo a compra e venda um contrato sinalagmático, o não cumprimento da obrigação de pagamento do preço poderia dar lugar à resolução do contrato por incumprimento, de acordo com o disposto no art. 801º, nº 2 do Código Civil. O art. 886º vem, no entanto, restringir consideravelmente essa faculdade,

[56] Neste sentido, cfr. BIANCA, *op. cit.*, p. 511 e LUMINOSO, *op. cit.*, p. 90.

[57] Defende VAZ SERRA, "Anotação Ac. STJ 3/10/1967", na *RLJ* 101 (1969), pp. 219-221 (221, nota) que será igualmente aplicável nesta sede o disposto no art. 775º. Não parece, porém, que tenha razão. Conforme refere BAPTISTA LOPES, *Compra e venda*, p. 120, se está em causa o domicílio do credor ao tempo do cumprimento, não terá relevância o facto de o credor mudar de domicílio após a constituição da obrigação.

ao referir que "transmitida a propriedade da coisa, ou o direito sobre ela, e feita a sua entrega, o vendedor não pode, salvo convenção em contrário, resolver o contrato por falta de pagamento do preço". Verifica-se, assim, que no caso de ter sido definitivamente efectuada a atribuição patrimonial do vendedor – através da transferência da propriedade e entrega do bem – ele não poderá, em princípio, fazer reverter essa atribuição patrimonial por meio da resolução por incumprimento, e reclamar por essa via a restituição do bem. As suas acções contra o comprador ficam assim restringidas à acção de cumprimento para cobrança do preço (art. 817º) e respectivos juros moratórios (art. 806º, nº 1). Esse regime explica-se, em virtude de não ser muito conveniente, por tornar indefinida a situação jurídica dos bens, admitir que a transmissão da propriedade pudesse ser facilmente revertida, sempre que o adquirente faltasse ao pagamento do preço.

Apesar de fortemente restringida, a resolução do contrato por incumprimento da obrigação do comprador é, no entanto, possível nas seguintes situações:

a) haver convenção em contrário;
b) ainda não ter sido entregue a coisa (mesmo que já tenha ocorrido a transmissão da propriedade);
c) ainda não ter ocorrido a transmissão da propriedade (mesmo que a coisa já tenha sido entregue).

A primeira situação é admissível, face à natureza supletiva do art. 886º. Efectivamente, da mesma forma que é possível convencionar fundamentos contratuais para atribuição do direito de resolver o contrato (art. 432º, nº 1) e inclusivamente estipular uma modalidade de venda em que se reconheça incondicionalmente ao vendedor essa faculdade num certo lapso de tempo (art. 927º, nº 1) nada impede as partes de estipular igualmente que o incumprimento da obrigação de pagar o preço por parte do comprador constitua fundamento de resolução. Nesse caso, em virtude da existência dessa cláusula resolutiva expressa, serão derrogadas as restrições do art. 886º, sendo assim admissível a resolução por incumprimento.

Na segunda situação, apesar de se ter já transmitido a propriedade para o comprador, o contrato ainda não se encontra totalmente executado, podendo até o vendedor recusar a entrega da coisa, enquanto o comprador não satisfizer a obrigação de pagar o preço (art. 428º). Consequentemente, nada obsta à aplicação da resolução do contrato, em caso de se verificar o incumprimento da obrigação de pagamento do preço, até porque tal se apresenta preferível a prolongar artificialmente a suspensão da execução do contrato até à cobrança coerciva do preço.

Finalmente, na terceira situação, o bem já pode ter sido entregue ao comprador, mas o vendedor, em ordem a garantir a sua propriedade como forma de se assegurar contra o incumprimento da outra parte, reserva para si essa propriedade até ocorrer esse cumprimento (art. 409º). Nessa hipótese, e uma vez que o vendedor conserva a propriedade com fins de garantia, poderá naturalmente em caso de incumprimento, proceder à resolução do contrato e exigir a restituição do bem[58].

4.3.4. Outros deveres do comprador

Determina o art. 878º que as despesas do contrato e outras acessórias ficam a cargo do comprador. Relativamente às despesas com o contrato, a lei determina efectivamente que recaem sobre o comprador os encargos com a celebração do contrato, como seja, as despesas emolumentares relativa à celebração do contrato em documento autêntico ou autenticado e ainda as despesas relativas ao registo da transmissão. Relativamente às despesas acessórias, aqui se incluirão nomeadamente os encargos fiscais relativos à transmissão.

Já não serão, porém, abrangidas na regra do art. 878º as despesas relativas a actos de execução do contrato, como seja o cumprimento das obrigações do vendedor e do comprador que deverão ficar a cargo do respectivo devedor. Assim, correrão por conta do vendedor as despesas relativas à guarda, embalagem, transporte e entrega da coisa vendida e por conta do comprador as despesas necessárias para o pagamento do preço[59].

5. Proibições de venda

5.1. Generalidades

Fala-se em proibições de venda para referir os casos em que a lei veda a celebração do contrato de compra e venda entre determinadas pessoas[60]. Não se trata neste caso de uma situação de vício do objecto do negocial, nem

[58] Sobre o regime especial da resolução do contrato de compra e venda, cfr. PEDRO ROMANO MARTINEZ, *Da cessação do contrato*, 2ª ed., Coimbra, Almedina, 2006, pp. 255 e ss.

[59] Cfr. LUMINOSO, *op. cit.*, p. 67 e, entre nós, PEDRO ROMANO MARTINEZ, *Obrigações*, p. 55, e nota (1).

[60] Cfr. RAUL VENTURA, *ROA* 43 (1983), pp. 261 e ss.

de incapacidade dos sujeitos e muito menos de ilegitimidade das partes, mas antes de situações em que é vedada, por razões atinentes às relações das partes entre si ou com o objecto negocial, a celebração do contrato entre elas, admitindo-se, porém, a sua realização entre outros sujeitos. A categoria não é objecto de um regime unitário até por que a lei pode tanto sancioná-la com a nulidade, anulabilidade ou invalidade mista. Na falta de outra designação optamos por qualificá-las, na esteira de RAUL VENTURA, apenas como proibições de venda[61].

5.2. Venda de coisa ou direito litigioso

A primeira proibição de venda consiste na proibição de venda de coisa ou direito litigioso[62]. Efectivamente, o art. 876º, nº 1, refere que "não podem ser compradores de coisa ou direito litigioso, quer directamente, quer por interposta pessoa, aqueles a quem a lei não permite que seja feita a cessão de créditos ou direitos litigiosos, conforme se dispõe no capítulo respectivo". Temos assim uma remissão para a proibição da cessão de créditos e direitos litigiosos, prevista nos arts. 579º e ss. As coisas ou direitos consideram-se litigiosos, quando tiverem sido contestados em juízo contencioso, ainda que arbitral, por qualquer interessado (art. 579º, nº 3)[63]. Ora, numa solução que já vem do antigo direito[64], a lei dispõe que "a cessão de

[61] Cfr. RAUL VENTURA, *loc. cit.*

[62] Cfr. RAUL VENTURA, *ROA* 43 (1983), pp. 262 e ss. e ROMANO MARTINEZ, *Obrigações*, pp. 120 e ss.

[63] O significado da referência à contestação do direito tem sido objecto de discussão na doutrina. Para BAPTISTA LOPES, *Compra e venda*, p. 65 "é necessário, portanto, que haja processo pendente, que verse sobre a coisa ou direito vendido; que o réu tenha contestado a acção baseada no direito alienado, o que não se verifica, por exemplo, se há confissão do réu ou a acção seguir à revelia deste; e que a contestação tenha atacado a substância do direito". Em sentido contrário, RAUL VENTURA, *ROA* 43 (1983), p. 264, considera que o direito é considerado litigioso a partir da propositura da acção, interpretando "a palavra «contestado», no sentido de «discutido», ou «submetido a juízo» e – «qualquer interessado» não é o réu ou alguém legítimo para intervir no processo em oposição à pretensão do autor, mas sim qualquer das pessoas interessadas no direito, incluindo o seu titular, que assumirá na acção as vestes de autor".
Pensamos que a razão está com RAUL VENTURA. Efectivamente, a contestação do direito surge com a acção judicial, não fazendo sentido que na sua pendência se permitisse a juízes, funcionários da justiça ou mandatários judiciais, apenas por ainda não ter havido contestação.

[64] Cfr., na legislação anterior, os arts. 785º § único e 1563 do Código Civil de 1867. Nesse código era ainda admitida em relação aos créditos litigiosos a denominada *providência*

créditos ou outros direitos litigiosos feita, directamente ou por interposta pessoa, a juízes ou magistrados do Ministério Público, funcionários de justiça ou mandatários judiciais é nula, se o processo decorrer na área em que exercem habitualmente a sua actividade ou profissão; é igualmente nula a cessão desses créditos ou direitos feita a peritos ou outros auxiliares de justiça que tenham intervenção no respectivo processo" (art. 579º, nº 1), disposição que é assim extensiva à venda de coisas. A lei proíbe igualmente a realização deste negócio por interposta pessoa, considerando como tal tanto o cônjuge do inibido, como a pessoa de que este seja herdeiro presumido e qualquer terceiro que tenha acordado com o inibido a posterior transmissão da coisa ou do direito cedido (art. 579º, nº 2). Fora destes casos, a venda de coisas ou direitos litigiosos é plenamente admitida, devendo processar-se a substituição processual do vendedor pelo comprador[65].

A razão especial para esta proibição é o receio de que as entidades *supra* referidas poderem actuar com fins especulativos, levando os titulares a vender-lhe os bens por baixo preço, a pretexto da sua influência no processo[66]. Daí que a proibição cesse em determinadas situações em que não existe esse receio de especulação, referidas no art. 581º, que são: *a)* a alienação ao titular do direito de preferência ou remição sobre o bem; *b)* a alienação em defesa dos bens possuídos pelo adquirente (como na hipótese de alienação ao arrendatário de um prédio em risco de execução; *c)* a alienação ao credor em cumprimento do que lhe é devido (como na hipó-

anastasiana, que permitia que, no caso de cessão onerosa de crédito ligitioso, o devedor ficasse liberado da sua obrigação pagando ao credor, em lugar do montante em dívida, apenas o preço de aquisição do crédito, acrescido de juros e despesas suportadas com essa aquisição (art. 786º C.C. 1867). Essa providência, cuja origem remonta ao imperador romano Anastásio, desapareceu, porém, no Código actual.

[65] Cfr. o art. 263º CPC, e na doutrina, PAULA COSTA E SILVA, *A transmissão da coisa ou direito em litígio. Contributo para o Estudo da Substituição Processual*, Coimbra, Coimbra Editora, 1992, e *Repensando a transmissão e direito em litígio. Ainda um contributo para o estudo da substituição processual*, Coimbra, Coimbra Editora, 2009. A substituição opera através de habilitação (art. 356º CPC). No entanto, para evitar que a transmissão prejudique o decurso do processo, a lei determina que, até à substituição, o transmitente continua a ter legitimidade para a causa, produzindo a sentença efeitos em relação ao adquirente, mesmo que este não intervenha no processo.

[66] Cfr. VAZ SERRA, "Cessão de créditos ou de outros direitos", no *BMJ* número especial (1955), pp. 5-374 (46 e ss.) = *BFD* 30 (1954), pp. 191-399 e 31 (1955), pp. 190-365 (30 (1954), pp. 233 e ss.) e MENEZES LEITÃO, *Cessão de créditos*, p. 296.

tese de alienação em cumprimento de contrato-promessa celebrado antes de o bem passar a litigioso).

Se, apesar da proibição, vier a ser realizada a venda, é esta considerada nula, sujeitando-se, no entanto, o comprador, nos termos gerais à obrigação de reparar os danos causados (arts. 876º, nº 2 e 580º, nº 1). A lei prevê, porém, que a nulidade não pode ser invocada pelo comprador (arts. 876º, nº 3 e 580º, nº 2), solução que bem se compreende, já que, se tal fosse permitido, o comprador celebraria um negócio que poderia sempre declarar nulo se a operação especulativa não lhe corresse de feição. Pelo mesmo, parece que a nulidade não pode ser conhecida oficiosamente pelo tribunal[67]. Efectivamente, esta nulidade é estabelecida primordialmente no interesse do vendedor, que foi sujeito à especulação do comprador ao vender, em consequência do seu carácter litigioso um bem por valor muito inferior ao seu valor real. Daí que seja atribuído ao vendedor, além da invalidade do contrato, um direito à indemnização por todos os danos que a atitude especulativa do comprador lhe causou. Essa indemnização, uma vez que tem por base a celebração de uma compra e venda nula é, no entanto, limitada ao interesse contratual negativo, não abrangendo consequentemente o interesse contratual positivo[68].

5.3. Venda a filhos ou netos

Uma outra proibição específica de venda diz respeito à venda a filhos ou netos[69]. O art. 877º, nº 1, refere que "os pais e avós não podem vender a filhos ou netos se os outros filhos ou netos não consentirem na venda; o consentimento dos descendentes, quando não possa ser prestado ou seja recusado, é susceptível de suprimento judicial". Se, porém, a venda vier a ser realizada esta não é nula, mas apenas anulável. "A anulação pode ser

[67] Neste sentido, Menezes Cordeiro, *Tratado*, XI, p. 132.

[68] Cfr. Raul Ventura, *ROA* 43 (1983), p. 266. Em sentido contrário, Menezes Cordeiro, *Tratado*, XI, p. 133, considera não haver "nenhuma razão para limitar a indemnização ao intesse contratual negativo: o vendedor deve ser colocado na situação em que ficaria se o contrato fosse válido e eficaz (...)". Nesse enquadramento, a invocação da nulidade do contrato pelo vendedor faria o mesmo receber uma indemnização correspondente à execução do contrato, enquanto que manteria a propriedade do bem. É manifesto que tal não pode corresponder à solução legal.

[69] Cfr. Inocêncio Galvão Telles, "Venda a descendentes e o problema da superação da personalidade jurídica das sociedades" na *ROA* 39 (1979), pp. 513-562, Raul Ventura, *ROA* 43 (1983), pp. 266 e ss. e Romano Martinez, *Obrigações*, pp. 57 e ss.

pedida pelos filhos ou netos que não deram o seu consentimento dentro do prazo de um ano, a contar do conhecimento da celebração do contrato, ou do termo da incapacidade, se forem incapazes" (art. 877º, nº 2).

Esta proibição da venda a descendentes tem fundas raízes históricas no nosso Direito, uma vez que se encontra, quer nas Ordenações Filipinas (Livro IV, t. XII), quer no Código Civil de 1867 (art. 1565º), embora não tenha paralelo noutros ordenamentos jurídicos[70]. A sua justificação foi sempre a de evitar que, sob a capa da compra e venda, se efectuassem doações simuladas a favor de algum ou algum dos descendentes, com o fim de evitar a sua imputação nas respectivas quotas legitimárias, assim se prejudicando os restantes[71]. É um facto que estes poderiam sempre reagir através da competente acção de simulação (art. 240º), mas as dificuldades de prova dos seus pressupostos levaram o legislador a optar pela solução mais expedita de exigir o consentimento dos descendentes, sem o que a venda poderia ser anulável[72]. O consentimento não está sujeito a forma especial (art. 219º), mesmo que essa forma venha a ser exigida para o contrato de compra e venda e pode inclusivamente ser prestado tacitamente nos termos gerais (art. 217º).

Esse consentimento pode, no entanto, ser objecto de suprimento pelo tribunal quando seja recusado por algum descendente ou quando não possa ser por ele prestado, como na hipótese de o descendente em causa ser incapaz, estar ausente ou estar impedido por outra causa. O processo de suprimento em caso de recusa encontra-se regulado no art. 1000º CPC e o de suprimento por outras causas no art. 1001º do mesmo Código.

A proibição do art. 877º abrange sucessivamente a venda por pais a filhos e a venda por avós a netos. Não são abrangidas a venda por bisavós a bisnetos nem a venda por filhos ou netos a pais e avós, em que a questão da simulação não se colocará[73]. No caso de a venda ser realizada a filhos é de exigir o consentimento dos restantes filhos, mas não dos netos, salvo

[70] Exceptuam-se naturalmente os ordenamentos com as mesmas raízes históricas. Assim, além dos países africanos de expressão portuguesa, salienta-se o caso do Brasil (art. 1132º do Código Civil de 1919 e 496º do actual Código). Cfr. GALVÃO TELLES, *ROA* 39 (1979), p. 526.

[71] Contra MENEZES CORDEIRO, *Tratado*, XI, p. 140, que considera que "nas relações entre pais e filhos ou avós e netos não cabem, pelos costumes e pela ética lusófona, negócios onerosos nos quais apenas alguns participem".

[72] Já referiam as Ordenações Filipinas que assim se podem "evitar muitos enganos e demandas".

[73] Cfr. RAUL VENTURA, *ROA* 43 (1983), p. 267.

se eles forem descendentes de um filho falecido, caso em que serão chamados a dar o consentimento em substituição deste. Se a venda for realizada a netos é de exigir o consentimento tanto dos filhos que encabeçam a estirpe como dos netos que sejam irmãos do comprador[74].

Apesar de a lei não o referir expressamente, parece dever ser igualmente abrangida por esta disposição a venda feita a descendentes através de interposta pessoa[75].

Não parece que a proibição da venda a filhos ou netos se deva estender à troca, apesar da remissão do art. 939º, uma vez que em relação a ela não se colocam normalmente os problemas de simulação, que estão na base dessa proibição[76]. A lei é, no entanto, expressa no sentido de que ela não abrangerá a dação em cumprimento feita pelo ascendente (art. 877º, nº 3). O legislador seguiu neste aspecto a doutrina de Cunha Gonçalves que sustentava que "a semelhança entre a dação em pagamento e a venda é mais aparente que real" e "em questão de incapacidade não se pode argumentar com qualquer analogia"[77]. A solução é, no entanto, questionável, uma vez que as diferenças teóricas entre a dação em cumprimento e a venda não ilidem o facto de a mesma possibilidade de simulação de doações se verificar nos dois contratos[78].

5.4. Compra de bens do incapaz pelos seus pais, tutor, administrador legal de bens, protutor que exerça as funções de tutor, ou acompanhante

Uma outra proibição específica de venda é a compra de bens do incapaz pelos seus pais, tutor, curador, administrador legal de bens ou protutor que exerça as funções de tutor[79]. Efectivamente, refere o art. 1892º, nº 1,

[74] Cfr. Baptista Lopes, *Compra e venda*, pp. 52-53 e Pires De Lima/Antunes Varela, *op. cit.*, II, sub art. 877º, nº 2, p. 165.

[75] Em sentido contrário, cfr. Galvão Telles, *ROA* 39 (1979), pp. 522 e ss. No sentido defendido, Raul Ventura, *ROA* 43 (1983), pp. 267 e ss.

[76] Cfr. Galvão Telles, *ROA* 39 (1979), pp. 521, nota (12).

[77] Cfr. Luís Da Cunha Gonçalves, *Tratado*, VIII, p. 484.

[78] Baptista Lopes, *Compra e venda*, p. 52, e nota (1), Pires de Lima/Antunes Varela, *op. cit.*, II, sub art. 877º, nº 4, p. 166 e Galvão Telles, *ROA* 39 (1979), p. 520, sustentam que, como a dação em cumprimento supõe a existência de uma dívida, tal basta para afastar os riscos de simulação do acto. Parece-nos, no entanto, muito mais fácil simular a existência de uma dívida antiga, do que o pagamento do preço de uma compra e venda actual.

[79] Cfr. Raul Ventura, *ROA* 43 (1983), pp. 274-275.

que "sem autorização do tribunal [actualmente do Ministério Público, de acordo com o art. 2º, nº 1 *b)* do D. L. 272/2001, de 13 de Outubro[80]] não podem os pais tomar de arrendamento ou adquirir, directamente ou por interposta pessoa, ainda que em hasta pública, bens ou direitos do filho sujeito ao poder paternal, nem tornar-se cessionários de créditos ou outros direitos contra este, excepto nos casos de sub-rogação legal, de licitação em processo de inventário ou de outorga em partilha judicialmente autorizada". O conceito de interposta pessoa é definido em termos idênticos aos do art. 579º, nº 2, já por nós examinados (art. 1892º, nº 2).

Em caso de ser celebrada uma compra e venda sem autorização do Ministério Público, esta é anulável a requerimento do menor, até um ano depois de atingir a maioridade ou ser emancipado, ou, se ele entretanto falecer, pelos seus herdeiros, excluídos os próprios pais responsáveis, no prazo de um ano a contar da morte do filho (art. 1893º, nº 1). A anulação pode continuar a ser requerida após este prazo se for demonstrado que só se teve conhecimento da compra nos seis meses anteriores à proposição da acção (art. 1893º, nº 2). Enquanto o menor não atingir a maioridade ou for emancipado, pode a acção de anulação ser instaurada ainda pelas pessoas com legitimidade para requerer a anulação do poder paternal, contanto que seja instaurada no ano seguinte à prática dos actos impugnados (art. 1893º, nº 3).

Apesar de não autorizada, a compra pode ser objecto de confirmação pelo Ministério Público (art. 1894º e art. 2º nº 1 *d)* D.L. 272/2001), caso em que naturalmente se extinguirá o direito de anulação.

Também em relação ao tutor, dispõe o art. 1937º *b)*, que lhe é vedado "tomar de arrendamento ou adquirir, directamente ou por interposta pessoa, ainda que seja em hasta pública, bens ou direitos do menor, ou tornar-se cessionário de créditos ou outros direitos contra ele, excepto nos casos de sub-rogação legal, de licitação em processo de inventário ou de outorga em partilha judicialmente autorizada". Esta proibição é extensiva ao administrador de bens, por força do art. 1971º, nº 1, ao acompanhante de maior que administre o seu partrimónio, nos termos do art. 145º, nº 5, e também parece dever sê-lo em relação ao protutor, sempre que este substitua o tutor (art. 1956º *b)*). É assim proibida a compra e venda de bens do menor

[80] Este diploma foi alterado pelo D.L. 324/2007, de 21 de Setembro, pela Lei 61/2008, de 31 de Outubro e pelo D.L. 122/2013, de 26 de Agosto.

ou incapaz, realizada por qualquer destas pessoas. Caso esta venha a ser realizada, o negócio não será apenas considerado anulável mas nulo, ainda que se trate de uma nulidade sujeita a regime especial, na medida em que não pode ser invocada pelo tutor ou seus herdeiros, nem pela interposta pessoa de quem ele se tenha servido e é sanável mediante confirmação do pupilo, depois da cessação da incapacidade, mas somente enquanto não for declarada por sentença transitada em julgado (art. 1939º).

5.5. Venda entre cônjuges

Uma outra proibição específica de venda legalmente consagrada respeita à compra e venda entre cônjuges[81]. Efectivamente, o princípio da imutabilidade das convenções antenupciais, estabelecido no art. 1714º, nº 1, proíbe que os cônjuges venham alterar, depois da celebração do casamento, quer as convenções antenupciais, quer os regimes de bens legalmente fixados, considerando o nº 2 abrangidos por esta disposição os contratos de compra e venda (e de sociedade) entre os cônjuges, excepto quando estes se encontrarem separados judicialmente de pessoas e bens, sendo, no entanto, lícita a dação em cumprimento efectuada por um dos cônjuges ao outro.

Esta proibição de venda encontra-se assim directamente ligada ao princípio da imutabilidade das convenções antenupciais. Esse princípio significa que, quando os cônjuges, por via da celebração da convenção antenupcial ou da adopção do regime supletivo, determinam o regime de bens no seu casamento ficam vinculados a esse regime de bens, que passa a ser aquele com que terceiros, designadamente os credores, podem contar. Ora, a celebração de contratos de compra e venda entre os cônjuges poderia funcionar como uma forma indirecta de tornear o princípio da imutabilidade das convenções antenupciais, na medida em que por essa via facilmente bens comuns ou próprios de um dos cônjuges poderiam ver o seu estatuto alterado, em virtude da celebração do contrato de compra e venda.

Há, porém, uma outra razão que milita no sentido da proibição da celebração de contratos de compra e venda entre os cônjuges. É que através da

[81] Cfr. Rita Lobo Xavier, *Limites à autonomia privada na disciplina das relações patrimoniais entre os cônjuges*, Coimbra, Almedina, 2000, pp. 222 e ss. e Francisco Pereira Coelho/ Guilherme de Oliveira, *Curso de Direito da Família*, I- *Introdução. Direito Matrimonial*, 2ª ed., Coimbra, Coimbra Editora, 2001, pp. 462 e ss.

celebração uma compra e venda, as partes poderiam simular a realização de uma doação ao seu cônjuge, elidindo a regra da sua livre revogabilidade, prevista no art. 1765º. Efectivamente, apesar de o negócio simulado ser nulo (art. 240º), sendo válido o dissimulado (art. 241º), em muitos casos a prova da simulação é extremamente difícil, o que justifica que o legislador pretenda reagir contra esta possibilidade através da proibição da compra e venda.

É por estas duas razões que a lei impôs a proibição da celebração deste contrato entre os cônjuges. Estando em causa apenas cônjuges, naturalmente que não haverá obstáculo à celebração de contratos de compra e venda entre esposados. E mesmo entre os cônjuges, essa proibição cessa a partir do momento em que se encontrem judicialmente separados de pessoas e bens. Efectivamente, sendo decretada a separação judicial de pessoas e bens, cessam os motivos que justificam acautelar a imutabilidade do regime de bens, ou a simulação de doações.

À semelhança do que se prevê na venda a filhos e netos, é lícita, no entanto, a dação em cumprimento feita por um dos cônjuges ao seu consorte (art. 1714º, nº 3), que o legislador considera ser um negócio de simulação mais difícil e que não coloca pela mesma forma em causa o princípio da imutabilidade. Tem-se também entendido que a venda executiva não se encontra abrangida por esta proibição, dado que, tendo o remidor que pagar o maior preço oferecido, não há razões para se fazer incluir nesta proibição[82].

5.6. Compra de bens da massa insolvente pelo administrador da insolvência

Outra proibição específica de venda é a compra de bens da massa insolvente pelo administrador da insolvência. Efectivamente, o CIRE proibe ao administrador da insolvência a aquisição, directamente ou por interposta pessoa, de bens ou direitos compreendidos na massa insolvente, qualquer que seja a modalidade da venda (art. 168º, nº 1). A violação desta proibição, além de constituir fundamento de destituição por justa causa, obriga o administrador da insolvência a restituir à massa o bem ou direito ilicitamente adquirido, sem direito a reaver a prestação efectuada (art. 168º, nº 2).

[82] Cfr. Pereira Coelho/Guilherme de Olveira, *op. cit.*, p. 464.

6. Modalidades específicas de venda

6.1. Venda de bens futuros, de frutos pendentes e de partes componentes ou integrantes de uma coisa

Uma das modalidades específicas de venda previstas na lei é a venda de bens futuros, frutos pendentes, partes componentes e integrantes[83], referida no art. 880º do Código Civil e 467º, nº 1 do Código Comercial. A venda de bens futuros ocorre sempre que o vendedor aliena bens que não existem ao tempo da declaração negocial (ex., venda de uma fracção autónoma de um edifício ainda por construir), que não estão em seu poder (ex: venda dos peixes que vier a pescar nesse dia no lago) ou a que ele não tem direito (ex: um agricultor vende os cereais que lhe virão a ser fornecidos por outro agricultor). Pode também ser considerada como venda de bens futuros a venda de frutos pendentes, partes componentes ou integrantes de uma coisa, uma vez que estas entidades podem ser incluídas num conceito amplo de coisa futura, que abranja também as coisas ainda não autónomas de outras coisas, mas que destas irão ser separadas[84]. A autonomização desta última situação no âmbito do art. 880º justifica-se, porém, em virtude de o art. 408º, nº 2, estabelecer a transferência de propriedade em momentos diferentes. Na venda de bens futuros *stricto sensu* esta ocorre no momento da aquisição pelo alienante, enquanto na venda de frutos pendentes, partes componentes ou integrantes, a transferência verifica-se apenas no momento da colheita ou separação[85].

No entanto, ao contrário do que sucede na venda de coisa alheia (art. 892º), nenhuma das partes ignora que a coisa não pertence ao alienante, ainda que haja necessariamente a expectativa de ela vir a integrar, no

[83] Cfr. Angelo Luminoso, *op. cit.*, pp. 46 e ss., Alessandro Rizzieri, *op. cit.*, pp. 121 e ss., Baptista Lopes, *op. cit,.*, pp. 93 e ss., Raul Ventura, *ROA* 43 (1983), pp. 280 e ss., e Romano Martinez, *Obrigações*, pp. 60 e ss.

[84] Neste sentido, Galvão Telles, *Direito das Obrigações*, 7ª ed., Coimbra Coimbra Editora, 1997, pp. 41-42 e nota (2), já seguido em Menezes Leitão, *Direito das Obrigações*, I, 15ª ed., Coimbra, Almedina, 2018, p. 130, onde se conclui que o conceito de coisa futura do art. 211º se encontra incompleto, uma vez que nele se incluem ainda as coisas inexistentes e as coisas ainda não autónomas. De notar que as partes integrantes ou componentes referidas no art. 880º são apenas aquelas que irão ser separadas do prédio por negócio próprio, pelo que a aquisição de elevadores para futura incorporação no prédio, referida por Romano Martinez, *Obrigações*, p. 64, não cabe manifestamente nesta disposição.

[85] Cfr. Raul Ventura, *ROA* 43 (1983), p. 281.

futuro, o seu património (*emptio rei speratae*)[86]. Efectivamente, e conforme acima se referiu, é sempre essencial à compra e venda a existência de uma aquisição derivada do direito a partir do vendedor, pelo que não se poderá aplicar o art. 880º sempre que as partes convencionem que a transferência da propriedade se realizará a título originário ou directamente da esfera de um terceiro para o comprador.

Nesse caso, a transferência da propriedade não ocorre imediatamente, pelo que a lei faz surgir, a cargo do vendedor, uma obrigação de "exercer as diligências necessárias para que o comprador adquira os bens vendidos, segundo o que foi estipulado ou resultar das circunstâncias do contrato". O vendedor estará, assim, obrigado a adquirir o bem vendido, após o que a transferência da propriedade se processará automaticamente para o comprador, em virtude da anterior celebração do contrato de venda (art. 408º, nº 2). Se deixar de cumprir essa obrigação responderá perante o comprador por incumprimento (art. 798º). Uma vez que está em causa uma obrigação emergente de um contrato validamente celebrado, naturalmente que essa indemnização não ficará limitada pelo interesse contratual negativo[87]. Se, no entanto, se se tornar impossível proceder a essa aquisição total ou parcialmente por facto que não lhe seja imputável, o resultado será a extinção da obrigação ou o cumprimento parcial, casos em que, respectivamente, o vendedor perderá o direito à contraprestação (art. 795º, nº 1), ou verá esta ser proporcionalmente reduzida (art. 793º, nº 1)[88].

A venda de bens futuros pode ainda ser clausulada como contrato aleatório (art. 880º, nº 2)[89], caso em que o objecto da venda é a mera esperança

[86] Cfr. Pires de Lima/Antunes Varela, *op. cit.*, II, sub art. 880º, nº 2, p. 169, que consideram que, a faltar essa expectativa, a venda será de coisa alheia, e não de coisa futura. Salienta ainda Luminoso, *op. cit.*, p. 47, que pode acontecer que o vendedor aliene como bem actual uma coisa inexistente, que não pertence a ninguém (ex: coisa perecida ou imaginária). Neste caso, o regime parece ser antes o da nulidade do contrato por impossibilidade do objecto, com a eventual responsabilidade do vendedor *in contrahendo*.

[87] Em sentido contrário, cfr. Raul Ventura, *ROA* 43 (1983), p. 289. Uma vez que este autor considera a venda de bens futuros como um contrato incompleto, antes de se verificar a transferência de propriedade, entende que a indemnização por essa não aquisição terá que ficar limitada pelo interesse contratual negativo.

[88] O risco é assim atribuído ao vendedor, uma vez que não se está perante uma hipótese de aplicação do art. 796º, em virtude de a propriedade não ter sido transmitida para o comprador. Cfr. Nuno Aureliano, *O risco nos contratos de alienação. Contributo para o estudo do Direito Privado Português*, Coimbra, Almedina, 2009, pp. 298-299.

[89] Cfr. Luminoso, *op. cit.*, pp. 50 e ss.

de aquisição das coisas (*emptio spei*), como no exemplo de alguém vender a futura produção de laranjas do seu pomar, independentemente de esta ocorrer ou não[90]. Nesse caso, uma vez que o objecto do negócio é a própria esperança, o comprador está obrigado a pagar o preço, ainda que a transmissão dos bens não chegue a verificar-se (por, por exemplo, a colheita se vir a perder por poluição ou condições climatéricas irregulares).

A distinção entre a venda de bens futuros e a venda de esperanças reside assim no facto de nesta última existir uma atribuição ao comprador do risco de não se verificar a transmissão da propriedade clausulada no contrato. Uma vez que essa atribuição envolve uma derrogação às regras normais de distribuição do risco, tem-se entendido que deve ser expressamente clausulada. Asssim, se na venda de bens futuros as partes nada estipularem sobre o regime do risco, o contrato será qualificado com *emptio rei speratae* e não como *emptio spes*[91].

Conforme a lei expressamente refere (art. 880º, nº 2), a venda de esperanças é um contrato aleatório, uma vez que o comprador tem sempre que pagar o preço, mas não tem a certeza de existir qualquer correspectivo patrimonial nesse contrato, uma vez que corre por sua conta e risco a verificação ou não da transmissão da propriedade. Esse carácter aleatório não obsta, porém, à sua qualificação como compra e venda, uma vez que, conforme pudemos observar, esta por vezes reveste essas características[92].

Tem sido objecto de controvérsia na doutrina a natureza da venda de bens futuros. Uma posição sustenta que se trataria de um negócio incompleto ou em via de formação, na medida em que o consenso das partes seria insuficiente para produzir a transmissão da propriedade, enquanto faltasse a coisa, apenas se concluindo o negócio com a sua aquisição pelo vendedor[93]. Outra posição refere que se trata de um negócio sob a condição suspensiva de os bens passarem para a disponibilidade do vendedor[94].

[90] De acordo com a estipulação das partes a venda de frutos pode considerar-se quer como *emptio spei* quer como *emptio rei speratae*.

[91] Cfr. Raul Ventura, *ROA* 43 (1983), p. 287. Em sentido contrário, veja-se, porém, Nuno Pinto Oliveira, *op. cit.*, pp. 20-21.

[92] Em sentido contrário, veja-se, porém, Raul Ventura, *ROA* 43 (1983), p. 293, que considera que o elemento aleatório impede a qualificação do contrato como compra e venda.

[93] Cfr. Raul Ventura, *ROA* 43 (1983), p. 287.

[94] Cfr. Romano Martinez, *Obrigações*, p. 60.

Finalmente, outra posição refere tratar-se de uma modalidade especial de venda obrigatória, uma vez que o vendedor se obriga, com carácter definitivo, a realizar o que for necessário para que se possa verificar a aquisição da propriedade pelo comprador[95].

As duas primeiras posições são claramente incorrectas. Basta ver que apenas se aplicam à *emptio rei speratae*, sendo insusceptíveis de traduzir a natureza da *emptio spei*, já que se nesta o comprador deve sempre o preço, haja ou não transmissão dos bens, não se pode falar nem em negócio incompleto, nem em negócio sujeito a condição. Mas a verdade é que também estas qualificações não se podem considerar correctas em relação à *emptio rei speratae*. Efectivamente, esta não é um negócio incompleto, uma vez que o consenso relativo ao contrato encontra-se integralmente formado, sendo com base nele que se vai verificar a futura produção do efeito real, sem necessidade de outras declarações. E também não é um negócio sob condição, uma vez que a aquisição da propriedade pelo vendedor corresponde a uma obrigação por este assumida, não se verificando assim a subordinação dos efeitos do negócio a um efeito futuro e incerto.

Resta assim a última posição. Em relação a esta, há que referir-se que a venda de bens futuros não constitui uma modalidade específica de venda obrigatória, no sentido em que esta figura é entendida no âmbito do Direito alemão, na medida em que, conforme se referiu, a celebração do contrato já integra o esquema negocial translativo, que não fica dependente de uma segunda atribuição patrimonial a realizar pelo vendedor. É, no entanto, manifesto que aqui surge uma obrigação para o vendedor, de cujo cumprimento vai depender a realização do efeito da transmissão previsto no contrato. Esta caracterização é comum tanto à *emptio rei speratae* como em relação à *emptio spes*, apenas se diferenciando porque nesta última o comprador assume ainda o risco da não verificação do efeito translativo. Assim, e com a ressalva acima referida, parece-nos que a qualificação mais adequada consiste nesta última posição.

6.2. Venda de bens de existência ou titularidade incerta

Uma outra modalidade específica de venda consiste na venda de coisas de existência ou titularidade incerta, referida nos arts. 881º do Código Civil

[95] É esta a posição dominante na doutrina e jurisprudência italiana. Cfr., por todos, RIZZIERI, *op. cit.*, pp. 137 e ss.

e 467º, 1 do CCom[96]. Em princípio apenas poderão ser objecto de venda as coisas que existem e pertencem ao vendedor, uma vez que se a venda disser respeito a coisas inexistentes o contrato é nulo por impossibilidade física ou legal do objecto (art. 280º, nº 1), nulidade que também se verifica se as coisas não pertencerem ao vendedor (art. 892º).

No entanto, se se venderem bens de existência ou titularidade incerta e no contrato se fizer menção dessa incerteza, o contrato é válido (art. 881º). Essa incerteza constitui um estado subjectivo, que tem que se verificar em relação a ambas as partes. É o que sucede no caso de alguém vender um tesouro que se supõe estar enterrado em determinado terreno, mencionando a incerteza da existência do referido tesouro. A lei presume que as partes quiseram celebrar um contrato aleatório, pelo que será devido o preço, ainda que os bens não existam ou não pertençam ao vendedor (art. 881º). As partes podem, porém, elidir essa presunção, recusando ao contrato natureza aleatória, caso em que o preço só será devido no caso de os bens existirem e pertencerem ao vendedor.

A venda de bens de existência ou titularidade incerta distingue-se da venda de bens futuros (art. 880º) porque não toma por base a expectativa de uma futura aquisição ou autonomização da coisa no património do vendedor, mas antes a incerteza de uma situação presente, relativa à existência ou à titularidade do bem objecto de venda. E distingue-se igualmente da venda de bens alheios nula (art. 892º), porque o vendedor não celebra o contrato na qualidade de proprietário da coisa, excluindo assim qualquer garantia relativamente a essa situação. Por esse motivo, não existe na venda de bens de existência ou titularidade incerta nenhuma obrigação de o vendedor praticar os actos necessários para que o comprador adquira os bens vendidos (cfr. arts. 880º e 897º), nem sequer qualquer obrigação de esclarecer a situação de incerteza existente no momento da celebração do contrato. O vendedor ficará apenas constituído, como é regra geral, no dever de entregar a coisa, se e quando se comprovar que esta existe e/ou lhe pertence.

Se, como a lei presume, a venda de bens de existência ou titularidade incerta tiver sido celebrada como contrato aleatório, o preço é devido pelo comprador, ainda que os bens não existam ou não pertençam ao vende-

[96] Cfr. RAUL VENTURA, *ROA* 43 (1983), pp. 293 e ss. e ROMANO MARTINEZ, *Obrigações*, pp. 65 e ss.

dor. Resta, porém, esclarecer se esse preço é devido logo no momento da celebração do contrato ou apenas no momento em que se conhece a efectiva situação dos bens. Parece que se deverá concluir no sentido da primeira solução, uma vez que, desde a celebração do contrato, o comprador se constitui nessa obrigação, a qual em relação a ele não fica dependente da resolução de qualquer incerteza[97].

Se, porém, as partes recusarem ao contrato natureza aleatória a obrigação de pagar o preço fica dependente do cumprimento da obrigação de entrega, como é regra geral (art. 885º, nº 1). Assim, o comprador apenas ficará definitivamente constituído na obrigação de pagar o preço após a resolução da situação de incerteza em relação à coisa, podendo nos termos gerais recusar o cumprimento da obrigação, enquanto o vendedor não lhe efectuar a sua entrega.

6.3. Venda com reserva de propriedade

6.3.1. Generalidades

Uma outra modalidade específica de venda é a venda com reserva de propriedade[98]. As razões para a sua estipulação prendem-se com o facto de que, ocorrendo entre nós a transferência da propriedade sempre em virtude da celebração do contrato e, normalmente no momento dessa celebração, a transmissão dos bens seja extraordinariamente facilitada em prejuízo dos interesses do alienante. Assim, se for celebrado um contrato de compra e venda de um bem, o comprador torna-se imediatamente proprietário do bem vendido e pode voltar a aliená-lo, mesmo que este não lhe tenha sido entregue ou o preço respectivo ainda não esteja pago. Ao vendedor resta apenas a possibilidade de cobrar o preço. Este é, porém, um mero direito de crédito, que não lhe atribui qualquer preferência no pagamento, o que implica para o vendedor ter de concorrer com todos os credores comuns do comprador sobre o património deste (art. 604º, nº 1). Assim, caso o com-

[97] Neste sentido, também, RAUL VENTURA, *ROA* 43 (1983), p. 297.

[98] Cfr. RAUL VENTURA, *ROA* 43 (1983), pp. 605 e ss., LUÍS DE LIMA PINHEIRO, *A cláusula de reserva de propriedade*, Coimbra, Almedina, 1988 e ANA PERALTA, *A posição jurídica do comprador na venda com reserva de propriedade*, Coimbra, Almedina, 1990, PEDRO DE ALBUQUERQUE, "Contrato de compra e venda", pp. 37 e ss., e *Obrigações*, I-1, pp. 94 e ss., PEDRO ROMANO MARTINEZ, *Obrigações*, pp. 36 e ss., e GUSTAVO RAMOS PERISSINOTTO, "Compra e venda com reserva de domínio/propriedade – Comparação dos direitos brasileiro e português", na *Themis*, ano VI (2005), nº 11, pp. 65-109.

prador não possua bens suficientes para pagar a todos os seus credores, o vendedor não terá possibilidade de cobrar a totalidade do preço.

A compra e venda a crédito (venda a prestações ou venda com espera de preço) apresenta-se por isso como um negócio que envolve riscos elevados para o vendedor, pois a celebração do contrato acarreta para ele a mudança de uma situação de proprietário de um bem para a de um mero credor comum, sem qualquer garantia especial, nem sequer sobre o bem vendido.

Mas mais do que isso, a lei para facilitar a transmissão dos bens e evitar que esta seja revertida, vem, através do art. 886º, retirar ao vendedor a possibilidade de resolução do contrato por incumprimento da outra parte (cfr. art. 801º, nº 2), a partir do momento em que ocorra a transmissão da propriedade e a entrega da coisa.

Em virtude dessas consequências gravosas, tornou-se comum, nos contratos de compra e venda a crédito, a celebração de uma cláusula de reserva de propriedade. A reserva de propriedade vem referida no art. 409º, podendo ser definida como a convenção pela qual o alienante reserva para si a propriedade da coisa, até ao cumprimento total ou parcial das obrigações da outra parte, ou até à verificação de qualquer outro evento (art. 409º, nº 1). Através da venda com reserva de propriedade as partes convencionam assim diferir a transferência da propriedade para um momento posterior ao da celebração do contrato. Normalmente, o evento que determina a verificação dessa transferência é o pagamento do preço, o que constitui a forma comum e típica de venda com reserva de propriedade, ainda que as partes ao abrigo da sua autonomia privada, possam igualmente colocar a transferência da propriedade dependente da verificação de qualquer outro evento[99], o qual pode inclusivamente ser o pagamento de uma dívida a terceiro[100].

[99] No âmbito da doutrina alemã tem-se mesmo admitido situações como a reserva de propriedade prolongada (*verlängerter Eigentumsvorbehalt*) e a reserva de propriedade alargada (*erweiterte Eigentumsvorbehalt*) No primeiro caso, a propriedade no vendedor é conservada perante posteriores aplicações da coisa, como na hipótese da sua especificação pelo comprador ou nova alienação pelo comprador sob reserva antes do pagamento do preço ao vendedor. No segundo caso, a reserva de propriedade mantém-.se até à satisfação de todos os créditos do vendedor (reserva de conta-corrente) ou até à satisfação de outros credores (reserva de grupo). Cfr. Werner Flume, "Der verlängerte und erweiterte Eigentumsvorbehalt", em *NJW* 1950, pp. 841-850.

[100] Esta situação tem-se tornado comum nos casos em que o financiamento para a aquisição do bem não é fornecido pelo vendedor, mas antes por terceiro. Mais complexa é a questão

A compra e venda com reserva de propriedade já constitui actualmente um tipo jurídico estrutural, aplicável nas compras e vendas a prestações ou com espera de preço, em que o vendedor procede à entrega da coisa ao comprador, por forma a permitir-lhe o gozo dela antes que o preço esteja pago[101].

6.3.2. Regime da venda com reserva de propriedade

A cláusula de reserva de propriedade tem que ser estipulada no âmbito de um contrato de compra e venda, do qual não pode ser cindida. Assim, se a venda já foi celebrada, não poderá posteriormente ser nela inserida uma cláusula de reserva de propriedade, dado que a propriedade nese caso já foi transferida para o comprador[102]. Em virtude da inserção da cláusula

de saber se o financiador pode ficar como titular da reserva de propriedade. Em sentido negativo, cfr. FERNANDO GRAVATO MORAIS, *União de contratos de crédito e de venda para o consumo. Efeitos para o financiador do incumprimento pelo vendedor*, Coimbra, Almedina, 2004, p. 307, nota (572), e na jurisprudência Ac. RL 13/3/2003 (PEREIRA RODRIGUES), na *CJ* 28 (2003), 2, pp. 74-76, Ac. RP 15/1/2007 (CURA MARIANO), em *CJ* 32 (2007), 1, pp. 161-163, Acs. STJ 3/6/2008 (SILVA SALAZAR), e 10/7/2008 (SANTOS BERNARDINO) em *CJ-ASTJ* 16 (2008), 2, pp. 101-103 e 173-176 e Ac. STJ 7/7/2010 (MOREIRA ALVES), em *CJ-ASTJ* 18 (2010), 2, pp. 149-153. Em sentido afirmativo, veja-se ISABEL MENÉRES CAMPOS, "Algumas reflexões em torno da cláusula de reserva de propriedade a favor do financiador", em ANTÓNIO CÂNDIDO DE OLIVEIRA (org.), *Estudos em comemoração do 10º aniversário da licenciatura em direito da Universidade do Minho*, Coimbra, Almedina, 2004, pp. 631-649 e NUNO OLIVEIRA, *op. cit.*, pp. 56-57 e, na jurisprudência, Ac. RL 21/2/2002 (SALVADOR DA COSTA, com o voto de vencido de URBANO DIAS", em *CDP* 6 (2004), pp. 43-49, com anotação desfavorável de GRAVATO MORAIS, a pp. 49-53, Ac. *RL* 4/12/2003 (GRANJA DA FONSECA), em *CJ* 28 (2003), 5, pp. 114-117, Ac. RL 21/3/2006 (ROSA RIBEIRO COELHO), na *CJ* 31 (2006), 2, pp. 79-82, Ac. RL 30/5/2006 (ISABEL SALGADO), na *CJ* 31 (2006), 3, pp. 105-107 e Ac. STJ 30/9/2014 (CLARA SOTTOMAYOR, vencido MOREIRA ALVES), processo 844/09.8TVLSB. L1.S1. Consideramos preferível a posição que nega a possibilidade de atribuir a reserva de propriedade ao financiador, uma vez que este não é alienante, pelo que não pode reservar uma propriedade de que nunca foi titular. A isto acresce que as funções da reserva da propriedade como garantia só se justificam para tutela do crédito do vendedor, devendo o financiador recorrer a outras garantias.

[101] Cfr. LIMA PINHEIRO, *op. cit.*, p. 18-19 que salienta que a existência deste tipo estrutural tem vindo a tornar meramente teóricas outras hipóteses como a estipulação da reserva de propriedade sem se proceder à tradição da coisa, que teria apenas o efeito de permitir a aplicação da resolução a terceiros, ou a simples dependência da reserva de propriedade em relação a qualquer outro evento.

[102] Cfr. LUMINOSO, *op. cit.*, p. 105 e, entre nós RAUL VENTURA, *ROA* 43 (1983), pp. 605-606 e PEDRO DE ALBUQUERQUE, "Contrato de compra e venda", p. 37, nota (3). Não se admite

de reserva de propriedade no âmbito do contrato de compra e venda, a reserva terá que obedecer à forma legalmente exigida para o contrato, podendo inclusivamente ser consensual nos casos em que o contrato de compra e venda não esteja sujeito a forma especial[103]. Apenas em caso de insolvência do comprador o art. 104º, nº 4, CIRE exige a forma escrita da cláusula de reserva de propriedade para estabelecer a sua oponibilidade à massa insolvente.

A cláusula de reserva de propriedade pode ser celebrada em relação a quaisquer bens móveis ou imóveis[104], mas estes terão que ser naturalmente coisas específicas[105], e não consumíveis[106].

A lei dispõe que, no caso de bens imóveis ou móveis sujeitos a registo, só a cláusula constante do registo é oponível a terceiros (art. 409º, nº 2)[107]. Suscita-se por isso a dúvida sobre a oponibilidade a terceiros da reserva de propriedade quando ela respeite a bens móveis não registáveis. Dado que a lei não exclui a estipulação da reserva de propriedade em relação a esse tipo de bens, nem condiciona nesse caso a sua oponibilidade a terceiros de boa fé[108], é manifesto que, de acordo com os princípios da causalidade e consensualidade vigentes no nosso sistema, a reserva poderá ser normalmente oposta a terceiros de boa fé. A lei só exige assim a publicidade da reserva de propriedade nos casos de bens sujeitos a registo. Nos outros casos, não será, por isso, exigida qualquer publicidade, para se poder opor

assim a estipulação da reserva de propriedade como modificação do contrato de compra e venda, tendo ela que constar do contrato originariamente celebrado. Podem, porém, as partes estipular, através de contratos autónomos, que o vendedor readquira a propriedade e depois a torne a transmitir sob reserva.

[103] Cfr. Raul Ventura, *ROA* 43 (1983), pp. 605. Já no art. 523º do novo Código Civil brasileiro exige-se expressamente que a cláusula de reserva de propriedade seja celebrada por escrito.

[104] Já o art. 521º do actual Código Civil Brasileiro só admite a reserva em relação a bens móveis.

[105] Refere expressamente o art. 523º do Novo Código Civil Brasileiro que "não pode ser objeto de venda com reserva de domínio a coisa insuscetível de caracterização perfeita, para estremá-la de outras congêneres" e que "na dúvida, decide-se a favor do terceiro adquirente de boa-fé". Entre nós, Raul Ventura, *ROA* 43 (1983), p. 606, considera razoável a solução.

[106] Conforme refere Raul Ventura, *ROA* 43 (1983), p. 606, a venda de cosias consumíveis é incompatível com a reserva de propriedade, salvo se uma inconsumibilidade vier a ser estipulada.

[107] Assim, se do registo constar a inscrição da venda sem menção da reserva de propriedade, ela será considerada em relação a terceiros como imediatamente translativa.

[108] Ao contrário do que sucede, por exemplo, na venda a retro. Cfr. art. 932º do Código Civil.

a reserva a terceiro, mesmo que este esteja de boa fé e tenha obtido a propriedade por transmissão do adquirente sob reserva[109].

No entanto, se o terceiro adquirir a propriedade a título originário, como sucede na usucapião e na acessão, naturalmente que a reserva de propriedade se extinguirá[110].

A cláusula de reserva de propriedade implica assim que, por acordo entre vendedor e comprador, a transmissão da propriedade fique diferida para o momento do pagamento integral do preço. A função desse acordo

[109] Esta solução é claramente maioritária na nossa doutrina. Cfr. Raul Ventura, *ROA* 43 (1983), pp. 608-609, João Antunes Varela, *Das Obrigações em Geral*, I, 10ª ed., Coimbra, Almedina, 2000, p. 306, Mário Júlio Almeida Costa, *Direito das Obrigações*, 12ª ed., Coimbra, Almedina, 2009, p. 297, Jorge Ribeiro de Faria, *Direito das Obrigações*, I, Coimbra, Almedina, s.d. (mas 1987), p. 222 e Lima Pinheiro, *op. cit.*, p. 31. Ela veio, no entanto, receber a oposição de Pedro Romano Martinez, *Obrigações*, p. 38-39, que defendeu a inoponibilidade desta cláusula a terceiros de boa fé, no caso de vir a ser celebrada relativamente a bens móveis não sujeitos a registo. Os argumentos do autor não convencem, porém, relativamente à bondade da solução proposta.
O autor começa por salientar uma exigência de tutela da aparência, expressa pelo facto de o penhor de coisas exigir, salvo casos especiais de penhor, a tradição para efeitos de publicidade (art. 669º). Mas a verdade é que se essa solução está consagrada para o penhor, não o está para a reserva de propriedade, e a situação do vendedor que cobra o preço do bem vendido sob reserva de propriedade não é seguramente análoga à de alguém que solicita um penhor em garantia de qualquer crédito.
Para além disso, o argumento de que a relatividade dos contratos impediria a oponibilidade da cláusula a terceiros prova demais, já que nesse caso nem sequer a própria transmissão dos bens móveis poderia ser oponível a terceiros.
Finalmente, a invocação do art. 435º, nº 1, relativo à não afectação dos direitos adquiridos por terceiros de boa fé em virtude da resolução do contrato, também não procede, uma vez que se o vendedor conserva a propriedade da coisa, não se pode considerar que a invocação da reserva afecte algum direito adquirido pelo terceiro, uma vez que o comprador não poderia ter alienado mais direitos do que aqueles que possuía.
A solução que resulta do art. 409º, nº 2 *a contrario* é assim naturalmente a da oponibilidade da reserva mesmo a terceiros de boa fé, no caso de ela ser estipulada sobre bens móveis não registáveis. É claro que essa solução faz recair no adquirente dos bens móveis o risco da evicção do vendedor (*caveat emptor*), obrigando, assim, a uma sua especial diligência nesta situação. Não se esqueça, porém, que relativamente a coisas compradas de boa fé a comerciante, a lei obriga quem as reclama de terceiro a restituir o preço dado por elas (art. 1301º), o que permite tutelar o interesse contratual negativo do adquirente neste domínio.

[110] Neste sentido, veio o STJ em Assento datado de 31 de Janeiro de 1996 (*BMJ*, 453, p. 46) a determinar que "a cláusula de reserva de propriedade de fornecimento e instalação de elevadores em prédios urbanos torna-se ineficaz logo que se concretize a respectiva instalação".

não é, porém, permitir ao vendedor a continuação do gozo sobre o bem – uma vez que este é entregue ao comprador precisamente para o fim de lhe atribuir o seu gozo – mas apenas defender o vendedor das eventuais consequências do incumprimento do comprador.

Efectivamente, a conservação da propriedade no vendedor até ao pagamento do preço impede os credores do comprador de executarem o bem, podendo o vendedor reagir contra essa execução através de embargos de terceiro (art. 342º CPC)[111]. No caso, porém, de ser declarada a insolvência do comprador, a cláusula de reserva de propriedade só será oponível em relação à massa falida, se tiver sido estipulada por escrito, até ao momento da entrega da coisa (art. 104º, nº 4, CIRE).

A lei não regula, porém, a questão da oponibilidade da posição jurídica do comprador na venda com reserva de propriedade aos credores e adquirentes do vendedor. No caso de insolvência do vendedor, determina o art. 104º, nº 1, CIRE que o comprador poderá exigir o cumprimento do contrato se a coisa já lhe tiver sido entregue à data da declaração de insolvência, podendo o administrador recusar o cumprimento, caso em que o comprador terá apenas direito, como crédito da insolvência, à diferença positiva entre as prestações previstas até ao final do contrato e o valor da coisa na data da recusa (art. 104º, nº 5, CIRE). Esta solução, que permite pôr em causa a posição jurídica do comprador na hipótese de falência do vendedor tem, no entanto, natureza claramente excepcional, pressupondo que em condições normais os credores do vendedor não poderão executar os bens alienados sob reserva de propriedade. Efectivamente, ressalvadas as regras do registo, quando se trate de bens a ele sujeitos, parece claro que o comprador poderá opor eficazmente a sua expectativa real de aquisição aos credores do vendedor, mediante o processo de embargos de terceiro, dado que é titular de um direito incompatível com a penhora desses bens (art. 342º CPC). Relativamente a adquirentes do vendedor, é manifesto que este não pode legitimamente tornar a dispor do bem, depois de ter constituído sobre ele uma expectativa real de aquisição a favor do comprador. Se o fizer, sendo a reserva oponível a terceiros, a posição jurídica do com-

[111] Cfr. Miguel Teixeira de Sousa, *Acção executiva singular*, Lisboa, Lex, 1998, p. 308. Mais controversa é a questão de saber se a reserva de propriedade caduca, nos termos do art. 824º em caso de venda em execução do bem. Em sentido negativo, cfr. Ac. RL 27/5/2003 (Abrantes Geraldes), na *CJ* 28 (2003), 3, pp. 93-95.

prador prevalecerá naturalmente sobre a segunda aquisição[112], devendo aplicar-se a esta o regime da venda de bens alheios (art. 892º)[113]. Haverá, no entanto, que fazer ressalva do regime especial instituído para a situação da coisa comprada de boa fé a comerciante (art. 1301º).

Por outro lado, em caso de incumprimento por parte do comprador, o vendedor continua a poder resolver o contrato nos termos do art. 801º, nº 2, uma vez que a exclusão deste direito pelo art. 886º só se verifica se tiver ocorrido a transmissão da propriedade da coisa. No entanto, em caso de venda a prestações, o art. 934º exclui imperativamente a possibilidade de resolução do contrato se o comprador faltar ao pagamento de uma única prestação e esta não exceder a oitava parte do preço[114].

Em relação ao risco na venda com reserva de propriedade tem vindo a ser sustentado, com base na sua pretensa configuração como uma condição suspensiva, que o vendedor continuaria a suportar o risco pela perda ou deterioração da coisa, ainda que esta tivesse sido entregue ao comprador. A solução de que o vendedor, na venda com reserva de propriedade, suporta o risco pela perda ou deterioração da coisa, mesmo após a entrega ao comprador é, no entanto, claramente inaceitável[115], uma vez que, a partir da entrega, o comprador fica já integralmente investido nos poderes de uso e fruição da coisa, servindo a manutenção da propriedade no vendedor apenas para assegurar a recuperação do bem, em caso de não pagamento do preço[116]. Ora, devendo o risco correr por conta de quem beneficia do direito, parece claro que a partir da entrega é por conta do comprador que

[112] Assim, Raul Ventura, *ROA* 43 (1983), p. 611, que justifica a prioridade da aquisição sob reserva de propriedade com o argumento de que "a cláusula de reserva de propriedade não significa apenas que a propriedade não foi transmitida no momento do contrato, mas também que a propriedade será transferida em certo momento previsto no contrato".

[113] Efectivamente, apesar de o vendedor continuar a ser proprietário do bem, a conservação da sua propriedade não visa permitir-lhe continuar a dispor do bem, cuja alienação já foi realizada, embora ainda não concretizada. O regime da venda de bens alheios parece ser assim o mais adequado à solução.

[114] Já haverá, no entanto, lugar à resolução do contrato, se o comprador faltar ao pagamento de duas prestações, mesmo que estas, em conjunto, não excedam a oitava parte do preço.

[115] Galvão Telles, *Obrigações*, p. 473 critica a solução *de iure condendo*, mas aceita-a *de iure condito*. No mesmo sentido, Ribeiro de Faria, *Obrigações*, I, pp. 222-223.

[116] Daí que o art. 1523 do Código civil italiano determine expressamente que embora o comprador só adquira a propriedade com o pagamento da última prestação do preço, assume os riscos a partir do momento da entrega.

o risco deve correr, não ficando este exonerado do pagamento do preço em caso de perda ou deterioração fortuita da coisa[117].

Também, se se vier a verificar a perda ou deterioração da coisa, em resultado de um dano culposamente causado por um terceiro, é manifesto que não pode o vendedor reclamar a totalidade da indemnização, uma vez que, enquanto conservar o crédito do preço, o património do vendedor não sofre qualquer diminuição. Na doutrina tem sido, porém, controvertida qual a forma de resolução desta questão. Para autores como RÜHL, haveria neste caso um fenómeno de sub-rogação real, adquirindo o comprador o direito ao ressarcimento apenas com o pagamento do preço[118]. Para RAISER, tanto o vendedor como o comprador são titulares da indemnização, pelo que o lesante terá que satisfazer a indemnização conjuntamente a ambos, à semelhança com o regime do penhor de créditos[119]. Para BIANCA é o comprador o principal titular da indemnização, mas o vendedor tem também direito a alguma parte em consequência da frustração da garantia que possuía sobre o bem, pelo que, perante esta incerteza subjectiva, o devedor deverá utilizar o regime da consignação em depósito, sempre que não consiga obter a quitação de ambos[120].

6.3.3. Natureza jurídica da venda com reserva de propriedade

A natureza jurídica da venda com reserva de propriedade tem sido objecto de grande controvérsia doutrinária, podendo apontar-se as seguintes posições principais[121]:

a) teoria da condição suspensiva;
b) teoria da condição resolutiva;
c) teoria da venda obrigacional;
d) teoria da dupla propriedade;
e) teoria da venda com eficácia translativa imediata, associada à atribuição ao vendedor de uma posição jurídica, que lhe garante, com

[117] No mesmo sentido, cfr. NUNO AURELIANO, *O risco*, pp. 346 e ss. (352), invocando como fundamento o paralelismo com o art. 796º, nº 2, onde inversamente o risco só se transfere com a entrega da coisa, ainda que posteriormente à transferência de propriedade.

[118] Cfr. HELMUT RÜHL, *Eigentumsvorbehalt und Abzahlungsgeschäft einschliesslich des Rechts der Teilzahlungsfinanzierung*, Berlin, Springer, 1930, pp. 98 e ss.

[119] Cfr. LUDWIG RAISER, *Dingliche Anwartschaften*, Tübingen, Mohr, 1961, pp. 79 e ss. (83).

[120] Cfr. BIANCA, *op. cit.*, pp. 527 e ss.

[121] Cfr. LUMINOSO, *op. cit.*, pp. 102 e ss.

eficácia real, a recuperação do bem em caso de não pagamento do preço;

f) teoria da venda com eficácia translativa diferida ao momento do pagamento do preço, com a atribuição *medio tempore* ao comprador de um posição jurídica diversa da propriedade.

A *teoria da condição suspensiva* corresponde à posição clássica sobre a venda com reserva da propriedade. Na Alemanha consta inclusivamente como disposição interpretativa do § 449 (anterior § 455) BGB, tendo sido defendida por RÜHL[122] e FLUME[123]. Na Itália esta posição foi sustentada por GORLA[124], FERRARA SANTAMARIA[125], DEGNI[126], RESCIGNO[127], e representa também a posição tradicional na nossa doutrina, sufragada nomeadamente por GALVÃO TELLES, ANTUNES VARELA, ALMEIDA COSTA, BAPTISTA LOPES e NUNO PINTO OLIVEIRA[128]. De acordo com esta formulação, a reserva de propriedade deveria ser qualificada como uma condição suspensiva, na medida em que a transmissão da propriedade ficaria subordinada a um facto futuro e incerto – o pagamento do preço – o que permitiria ver a posição jurídica do comprador como a de adquirente condicional. Essa qualificação permitiria aplicar ao comprador o regime dos arts. 273º e 274º, daí resultando, no entanto, que o risco do perecimento da coisa durante esse período correria por conta do vendedor, ainda que a coisa já tivesse sido entregue ao comprador (cfr. o art. 796º, nº 3 *in fine*).

Já nos pronunciámos supra contra a solução de que o risco na venda com reserva de propriedade deve correr por conta do vendedor, o que constitui um poderoso argumento contra a tese da condição suspensiva. Mas

[122] Cfr. RÜHL, *op. cit.*, pp. 7 e ss.

[123] Cfr. WERNER FLUME, "Die Rechtstellung des Vorbehaltskaufer", em *AcP* 161 (1962), pp. 385-408.

[124] Cfr. GINO GORLA, *La compravendita e la permuta*, Torino, UTET, 1937, pp. 317 e ss.,

[125] Cfr. MASSIMO FERRARA SANTAMARIA, *La vendita a rate con riserva di proprietá*, 2ª ed, Milano, Jovene, 1938, pp. 58 e ss.

[126] Cfr. FRANCESCO DEGNI, *La compravendita*, 3ª ed., Padova, CEDAM, 1939, pp. 152 e ss. (156).

[127] Cfr. PIETRO RESCIGNO, "Condizione (dir. vig.)" na *ED* VIII, pp. 762-801, nº 22 *c)*, pp. 784.

[128] Cfr. GALVÃO TELLES, "Contratos Civis (Projecto completo de um título do futuro Código Civil Português e repectiva exposição de motivos)", no *BMJ* 83 (1959), pp. 114-283 (138) e *Obrigações*, pp. 83 e 471, ANTUNES VARELA, *Obrigações*, I, p. 305, ALMEIDA COSTA, *Obrigações*, p. 297, BAPTISTA LOPES, *Compra e venda*, p. 102, NUNO PINTO OLIVEIRA, *op. cit.*, p. 50.

existem outros argumentos contra a qualificação da cláusula de reserva de propriedade como condição, definindo-se esta como a cláusula acessória do negócio jurídico que determina a subordinação dos seus efeitos a um acontecimento futuro e incerto (art. 270º). Em primeiro lugar, não é tecnicamente um evento condicional o cumprimento da obrigação de pagamento do preço, dado que ele constitui um dos elementos essenciais do negócio. Por outro lado, essa obrigação de pagamento do preço é constituída logo no momento da celebração do contrato, uma vez que o vendedor pode proceder à sua cobrança em caso de não cumprimento, o que demonstra não existir qualquer suspensão dos seus efeitos. Finalmente, a aquisição da propriedade pelo comprador verifica-se no momento do pagamento do preço, e não retroage à data da conclusão do negócio, ao contrário do que imporia o art. 276º.

É, portanto, óbvio que na venda com reserva da propriedade não se subordinam os efeitos do negócio a um evento exterior ao mesmo, mas antes se faz depender um dos efeitos do negócio do prévio cumprimento de uma obrigação por ele instituída, que constitui, aliás, um dos efeitos essenciais desse mesmo negócio[129].

Não há, assim, na reserva de propriedade qualquer condição, mas antes uma alteração da ordem de produção dos efeitos negociais Sem a reserva, a transmissão da propriedade ocorre antes do pagamento do preço. Com a reserva, ela passa a ocorrer posteriormente a ele. A qualificação da reserva de propriedade como condição suspensiva deve, por isso, ser rejeitada.

Uma alternativa possível seria a *teoria da condição resolutiva*, tese já sustentada na pandectística por WINDSCHEID[130], posteriormente defendida na Alemanha por GEORGIADES[131], na Itália por PELOSI[132], e que chegou a

[129] LUMINOSO, *op. cit.*, p. 80, pronuncia-se expressamente no sentido de que, em virtude do necessário carácter extrínseco do evento condicional, não é possível subordinar uma venda à condição de pagamento do preço.

[130] Cfr. BERNHARD WINDSCHEID/THEODOR KIPP, *Lehrbuch des Pandektenrechts*, I, 9ª ed., Frankfurt, Rütten & Loenig, 1906, § 172, nº 7, pp. 890-891 e nota 18 *a)*.

[131] Cfr. APOSTOLOS GEORGIADES, *Die Eigentumsanwartschaft beim Vorbehaltskauf*, Tübingen, Mohr, 1963, pp. 176 e ss. (180). Este autor, no entanto, em face de a solução contrária estar prevista no § 455 (actualmente § 449) BGB limita-se a recomendar a adopção prática desta solução através de cláusulas contratuais gerais.

[132] Cfr. ANGELO CARLO PELOSI, *La proprietá risolubile nella teoria del negozio condizionato*, Milano, Giuffrè, 1975, pp. 189 e ss. (233 e ss.).

ser defendida entre nós por CUNHA GONÇALVES[133]. De acordo com esta tese, a propriedade seria logo transmitida para o comprador, mas a partir do momento em que se verificasse o incumprimento do pagamento do preço, ocorreria a resolução dos efeitos do negócio, com eficácia retroactiva, sendo assim recuperada a propriedade pelo vendedor. Esta tese permitiria uma solução adequada em termos de distribuição do risco, face ao que se dispõe no art. 796º, nº 3, primeira parte. É, no entanto, susceptível de todas as críticas que acima se apontou quanto à qualificação da reserva da propriedade como uma condição. A solução entra, para além disso, em contradição, quer com o disposto no art. 409º, nº 1 que refere expressamente que o alienante reserva para si a propriedade até ao pagamento do preço, quer com o disposto no art. 304º, nº 3, que determina que, em caso de prescrição do crédito do preço – que equivale à certeza da não verificação da condição – o vendedor continua a poder exigir a restituição da coisa, quando o preço não seja pago. Também por esse motivo se deve rejeitar a qualificação da venda com reserva de propriedade como condição suspensiva.

A *teoria da venda obrigacional* foi defendida em Itália por RUBINO[134] e GAZZARA[135]. De acordo com ela, na venda com reserva de propriedade não se verificaria automaticamente o efeito translativo com a celebração do contrato, mas antes se instituiria uma obrigação para o vendedor de fazer o comprador adquirir a propriedade (cfr. art. 1476 nº 2 do *Codice Civile* italiano) após o pagamento do preço. Essa solução é, no entanto, igualmente criticável uma vez que a aquisição da propriedade pelo comprador na venda com reserva de propriedade verifica-se logo que ele cumpre a obrigação de pagamento do preço, não ficando por isso na dependência do cumprimento de qualquer outra obrigação por parte do vendedor.

A *teoria da dupla propriedade* foi defendida na Itália por COMPORTI[136]. De acordo com ela, após a celebração do contrato e até ao pagamento do preço, ambas as partes se devem considerar como proprietárias do bem, constituindo a venda com reserva de propriedade um exemplo de surgimento de novos tipos de propriedade especial. O comprador adquiriria já um tipo peculiar de propriedade que, embora lhe permitisse o exercício

[133] Cfr. CUNHA GONÇALVES, *Tratado*, VIII, p. 349.

[134] Cfr. RUBINO, *op. cit.*, pp. 428 e ss.

[135] Cfr. GIACOMO GAZZARA, *La vendita obligatoria*, Milano, Giuffrè, 1957, pp. 214 e ss.

[136] Cfr. MARCO COMPORTI, *Contributo allo studio del diritto reale*, Milano, Giuffrè, 1977, pp. 371 e ss.

do gozo da coisa, teria um conteúdo mais reduzido do que a propriedade tradicional, na medida em que poderia perder o seu direito no caso de falta de pagamento do preço, e a sua propriedade sucumbiria em relação aos seus credores perante o exercício do direito do vendedor. A posição jurídica do comprador seria assim a de *proprietário sob reserva do pagamento do preço*. Já o vendedor, embora conservasse a propriedade, ver-se-ia privado das principais faculdades que a integram, apenas a mantendo para efeitos de garantia de pagamento do preço. No entanto, não estaríamos perante um mero direito de garantia, mas antes por um direito de propriedade, extremamente reduzido e limitado, designado como *propriedade para garantia do pagamento do preço*. A esta teoria tem vindo, porém, a ser colocada a crítica de a propriedade ser um direito de exclusivo (art. 1305º), pelo que se torna conceptualmente difícil admitir a existência de duas propriedades sobre o mesmo bem.

A *teoria da venda com eficácia translativa imediata, associada à atribuição ao vendedor de uma posição jurídica, que lhe garante, com eficácia real, a recuperação do bem em caso de não pagamento do preço* foi defendida na Alemanha por BLOMEYER[137] e na Itália por BIANCA[138]. De acordo com a sua formulação, a venda com reserva de propriedade destina-se apenas a atribuir ao vendedor uma situação jurídica real que lhe permita obter a recuperação da propriedade em caso de não pagamento do preço. Essa situação jurídica não se confunde, porém, com a propriedade, aproximando-se antes do penhor, do qual se distingue apenas por não pressupor a entrega do bem, devendo por isso incluída entre os direitos reais de garantia. Assim, na venda com reserva de propriedade, apesar de onerada com um direito real de garantia, a verdade é que a propriedade se transmitiria imediatamente para o comprador, implicando o pagamento do preço, não a aquisição da propriedade, mas antes a extinção dessa garantia real.

A tese maioritária configura, no entanto, a venda com reserva de propriedade como uma *venda em que o efeito translativo da propriedade é diferido ao momento do pagamento do preço, obtendo, no entanto, o comprador logo com a celebração do contrato uma posição jurídica específica distinta da propriedade*, normalmente qualificada como uma expectativa real de aquisição. Esta é

[137] Cfr. ARWED BLOMEYER, *Studien zur Bedigungslehre*, Berlin und Leipzig, Walter de Gruyter, 1939, pp. 166 e ss., 173 e ss., 184 e ss. e 220 e ss. Posteriormente, veja-se ID, "Die Rechtsellung des Vorbehaltskaufer", em *AcP* 162 (1963), pp. 193-203.
[138] Cfr. BIANCA, *op. cit.*, pp. 521 e ss. (531).

a tese, defendida na Alemanha por RAISER[139], posteriormente seguida na Itália por LUZZATTO[140], GRECO e COTTINO[141], CATTANEO[142], e GATTI[143]).

Parece ser a melhor posição a teoria da atribuição ao comprador de uma expectativa real de aquisição, conforme parece claro face ao exame das posições jurídicas do vendedor e do comprador.

Em relação ao vendedor, ele conserva naturalmente a propriedade sobre o bem, ainda que esta passe a ser onerada pela posição jurídica do comprador, bem como limitada pela função específica da reserva de propriedade. Efectivamente, a conservação da propriedade no vendedor visa essencialmente funções de garantia do pagamento do preço, uma vez que o negócio translativo já foi celebrado[144], permitindo ao vendedor em caso de não cumprimento pelo comprador, resolver o contrato e exigir a restituição da coisa[145]. Assim, o vendedor, apesar de proprietário da coisa até ao paga-

[139] Cfr. RAISER, *op. cit.*, *passim*, maxime pp. 60 e ss.

[140] Cfr. LUZZATTO, *op. cit.*, 331.

[141] Cfr. GRECO/COTTINO, *op. cit.*, pp. 431 e ss.

[142] Cfr. GIOVANNI CATTANEO, "Riserva della proprietà e aspettativa reale", na *RTDPC* 19 (1965), pp. 945-1004 (980 e ss.)

[143] Cfr. SERAFINO GATTI, "Le situazioni soggetive attive del compratore nella vendita con riserva della proprietá" na *RDComm* 63 (1965), I, pp. 467-486.

[144] Cfr. LIMA PINHEIRO, *A cláusula*, pp. 115 e ss.

[145] Têm ocorrido, porém, situações em que o vendedor, em lugar de exercer esta faculdade, vem exigir do comprador indemnização por incumprimento, nomeando à penhora o próprio bem vendido sob reserva de propriedade. A opção é estranha, uma vez que a reserva de propriedade constitui uma garantia mais forte do que a penhora (designadamente em caso de insolvência), mas não se pode negar ao vendedor recorrer aos meios à disposição dos credores comuns. Deve, no entanto, entender-se que essa opção implica uma renúncia à reserva, dado que é incompatível com ela. Neste sentido, veja-se VASCO XAVIER, "Venda a prestações: algumas notas sobre os artigos 934º e 935º do Código Civil" na *RDES* 21 (1974), pp. 199-266 (216 a 219) e ISABEL MENÉRES CAMPOS, *op. cit.*, pp. 647 e ss., e os Ac. RE 16/2/1984 (FOLQUE DE GOUVEIA) na *CJ* 9 (1984), I, p. 293 e Ac. RL 18/6/1998 (FERNANDO CASIMIRO) na *CJ* 23 (1998), pp. 129-131, com o voto de vencido de SALAZAR CASANOVA. Em sentido contrário, cfr. o Ac. RL 21/2/2002 (SALVADOR DA COSTA), na *CJ* 27 (2002), I, pp. 112-116 (com o voto de vencido de URBANO DIAS) e o Ac. *RL* 4/12/2003 (GRANJA DA FONSECA), em *CJ* 28 (2003), 5, pp. 114-117 (com o voto de vencido de PEREIRA RODRIGUES a pp. 116-117). No AUJ 10/2008, de 9/10/2008 (OLIVEIRA E SÁ), publicado no D.R. I Série, nº 222, de 14 de Novembro de 2008 (rectificado pela D.R. 70/2008, publicada no D.R. I Série, nº 230, de 26 de Novembro, de 2008), foi uniformizada a jurisprudência no sentido de que "a acção executiva na qual se penhorou um veículo automóvel, sobre o qual incide registo de reserva de propriedade a favor do exequente, não pode prosseguir para as fases de concurso de credores e da venda, sem que este promova e comprove a inscrição, no registo automóvel, da extinção da

mento apenas pode exercer o seu direito de propriedade sobre ela se tal for compatível com os fins da reserva. Assim, se o comprador, através de actos de disposição material ou jurídica da coisa, puser em perigo a subsistência da garantia, naturalmente que o vendedor poderá exercer contra ele ou terceiros a acção de reivindicação ou as competentes providências cautelares. Já não será, porém, naturalmente lícito ao vendedor reivindicar sem motivo algum a coisa do comprador, ou voltar a dispor do mesmo bem a terceiro, uma vez que não é para esses fins que a reserva de propriedade é estipulada. Em relação a terceiros, a reserva de propriedade é naturalmente oponível, ainda que, quando se trate de bens imóveis ou de móveis sujeitos a registo, tenha que ser registada.

Já em relação ao comprador, até ao pagamento do preço, se ele não é ainda proprietário, uma vez que a cláusula de reserva de propriedade determina a manutenção da propriedade no vendedor, também não se pode dizer que a sua posição jurídica seja de cariz meramente obrigacional, uma vez esse negócio já confere ao comprador uma expectativa jurídica de aquisição do bem, a qual deve ser considerada oponível a terceiros. Trata-se, por isso, de uma expectativa real de aquisição que, por ser inerente à coisa, deve ser incluída no âmbito dos direitos reais[146]. Mas, para além dessa expectativa de aquisição, o contrato atribui imediatamente ao comprador um direito de gozo que inere à coisa e é naturalmente oponível *erga omnes*. Assim, o comprador será titular de uma posição jurídica de natureza real, uma vez que é dotada de inerência e sequela. Essa posição é, porém, de natureza complexa, uma vez que, além de uma expectativa real de aquisição do bem, que ocorrerá no momento do pagamento integral do preço, abrange ainda um direito de gozo desse mesmo bem.

Mas, nesse entendimento, não pode considerar-se o comprador como mero detentor, uma vez que a celebração da compra e venda torna-o possuidor em nome próprio[147]. Esta expectativa real atribui-lhe assim o poder

referida reserva". Este acórdão foi parcialmente publicado em *CDP* nº 29 (Janeiro/Março 2010), pp. 25-36, com anotação discordante de ISABEL MENÉRES CAMPOS, "Cancelamento do registo de reserva de propriedade a favor do exequente – Ac. de Uniformização de Jurisprudência nº 10/2008, de 9.10.2009, Proc. 3965/07", *ibid.* pp. 37-40.

[146] Cfr. CATTANEO, *RTDPC* 19 (1965), p. 900. Neste sentido é também a posição expressa por LIMA PINHEIRO, *loc. cit.*, e ANA PERALTA, *op cit.*, pp. 162 e ss.

[147] A tese tradicional da condição suspensiva configurava o comprador como possuidor em nome alheio do vendedor. Cfr. FLUME, *AcP* 161 (1962), pp. 397 e ss. Esta tese tem vindo,

de usar e fruir a coisa, apenas lhe estando vedada a sua disposição por tal ser incompatível com a função de garantia visada com a conservação da propriedade no vendedor. Daí que o comprador, durante a situação de reserva, possa disfrutar livremente da coisa e defender o seu direito de gozo sobre ela, quer perante o vendedor, quer perante terceiros, podendo utilizar para esse efeito, quer as acções possessórias (art. 1276º e ss.), quer a reivindicação (arts. 1311º e 1315º), bem como pedir uma indemnização pelos danos causados, caso venha a ser violado o seu direito de gozo.

Mas existindo posse do comprador, parece claro que ela se verifica, independentemente de o vendedor ser ou não titular do bem, admitindo-se assim que o comprador tenha posse, mesmo no caso de aquisição *a non domino* sob reserva de propriedade[148].

Assim, tanto o vendedor como o comprador são titulares de situações jurídicas reais, havendo que distribuir o risco de acordo com o proveito que cada um tirava da respectiva situação jurídica. Como o vendedor conservava apenas a propriedade com função de garantia, deve apenas suportar o risco da perda dessa garantia. Pelo contrário, como o comprador já se encontrava a tirar todo o proveito da coisa, é a ele que competirá suportar o risco pela sua perda ou deterioração. Assim se compreende que na reserva de propriedade se deva considerar que o risco se transfere para o comprador logo que a coisa lhe seja entregue.

6.4. Venda a prestações

6.4.1. Regime geral

A venda a prestações aparece-nos na secção iniciada pelo art. 934º[149], o qual dispõe o seguinte:

porém, a ser rejeitada, a partir do momento em que se qualificou como tendo natureza real a posição jurídica do comprador, que é assim considerado como possuidor em nome próprio. Cfr. RAISER, *op. cit.*, pp. 70 e ss. O mesmo resultado é obtido pelos que defendem que o vendedor é meramente titular de um direito real de garantia, sendo este então visto como possuidor em nome alheio do comprador, verdadeiro proprietário da coisa e que, portanto, a possuiria em nome próprio. Cfr. BLOMEYER, *AcP* 162 (1963), p. 201.
Entre nós, defende expressamente que o comprador tem posse em nome próprio, RAUL VENTURA, *ROA* 43 (1983), p. 610.

[148] Neste sentido, cfr. CATTANEO, *RTDPC* 19 (1965), p. 958.

[149] Cfr. VASCO XAVIER, *RDES* 21 (1974), pp. 199-266, PEDRO DE ALBUQUERQUE, "Contrato de compra e venda", pp. 42 e ss., TERESA ANSELMO VAZ, *Alguns aspectos do contrato de compra e venda a prestações e contratos análogos*, Coimbra, Almedina, 1995 e ROMANO MARTINEZ,

> "Vendida a coisa a prestações, com reserva de propriedade e feita a sua entrega ao comprador, a falta de cumprimento de uma só prestação que não exceda a oitava parte do preço não dá lugar à resolução do contrato, nem sequer, haja ou não reserva de propriedade, importa a perda do benefício do prazo, relativamente às prestações seguintes, sem embargo de convenção em contrário".

Este artigo tem uma construção elegante, mas o defeito de passar da hipótese mais restrita para a hipótese mais ampla. A reserva de propriedade é uma convenção comum, mas não necessária na venda a prestações e, conforme resulta da sua segunda parte, esta disposição refere-se à venda a prestações em geral, com ou sem reserva de propriedade.

Genericamente, esta norma funciona como derrogação ao art. 781º, que previa que, nas obrigações com prestações fraccionadas, a falta de cumprimento de uma das prestações importa a perda do benefício do prazo quanto às restantes[150]. A lei entende que tal constitui uma solução demasiado drástica nas vendas a prestações, caso o comprador falte ao pagamento de uma única prestação, que não exceda a oitava parte do preço. Por esse motivo, prevê-se injuntivamente que na venda a prestações essa situação não acarrete a perda do benefício do prazo para o comprador. Para que tal aconteça, é necessário estarem em falta duas prestações, independentemente do seu valor[151], ou que a prestação que se deixou de realizar excedesse um oitavo do preço.

Obrigações, pp. 86 e ss. Na doutrina espanhola, veja-se Carlos Martínez de Aguirre, *Las ventas a plazos de bienes muebles*, Madrid, Tecnos, 1988.

[150] A lei fala em "vencimento", mas quer-se obviamente referir à perda do benefício do prazo. O vendedor só pode, por isso, cobrar juros de mora relativamente às prestações que futuramente se venceriam, a partir do momento da interpelação. Cfr. Vasco Xavier, *RDES* 21 (1974), pp. 201-202, nota (4).

[151] Tem sido controvertida a solução, quando estão em falta duas prestações, cujo montante total não excede um oitavo do preço. Para Baptista Lopes, *op. cit.*, p. 216, neste caso continuaria a não haver lugar à perda do benefício do prazo e eventual resolução do contrato. Mas esta posição é contraditada por Pires de Lima / Antunes Varela, *op. cit.*, II, *sub* art. 934º, nº 1, p. 228, Vasco Xavier, *RDES* 21 (1974), pp. 244 e ss., e Romano Martinez, *Obrigações*, p. 91, que, com razão, salientam que, faltando o comprador ao pagamento de duas prestações, a falta de confiança do vendedor na realização das prestações futuras é total, pelo que não se justifica estender a essa hipótese o benefício do art. 934º.
Se, no entanto, o que ocorrer for uma mera reiteração do incumprimento, como no caso de o devedor faltar pela segunda ou terceira vez ao pagamento de uma prestação, depois de ter

Simplesmente, tendo a coisa já sido entregue, a perda do benefício do prazo para pagamento do preço só permite, por força do art. 886º, o recurso à resolução do contrato pelo vendedor, caso tenha sido estipulada uma reserva de propriedade. Daí que o art. 934º comece por fazer referência à reserva de propriedade, uma vez que se refere à resolução do contrato. Teria sido, no entanto, preferível referir que "vendida a coisa a prestações, a falta de pagamento de uma só prestação que não exceda a oitava parte do preço não importa a perda do benefício do prazo quanto às restantes, e consequentemente, havendo reserva de propriedade, também não dá lugar à resolução do contrato".

Tem sido objecto de alguma controvérsia na doutrina a natureza supletiva ou imperativa da disposição do art. 934º, em virtude do carácter algo ambíguo da expressão "sem embargo de convenção em contrário". A posição predominante na doutrina vai no sentido da imperatividade da norma[152], o que nos parece igualmente de perfilhar. Efectivamente, consistindo esta numa norma de protecção ao comprador a crédito, normalmente a parte mais fraca do contrato, não faria sentido admitir-se que essa protecção fosse retirada por simples estipulação negocial, que dificilmente corresponderia a uma efectivo exercício da liberdade contratual.

Na venda a prestações, a resolução do contrato pelo vendedor depende, salvo estipulação em contrário, da circunstância de ter sido celebrada uma cláusula de reserva de propriedade. No entanto, deve-se referir que essa resolução do contrato muitas vezes não consiste na tutela adequada dos interesses do vendedor, uma vez que, tem como efeito (e pressuposto: art. 432º, nº 2) a restituição de tudo o que tiver sido prestado ao abrigo do contrato (art. 433º e 289º). Ora, no caso de venda a crédito de bens não duradouros, o decurso do tempo provoca a sua desvalorização contínua, em ritmo muito maior que a desvalorização monetária. Assim, quando é restituído o bem ao vendedor, ele normalmente terá um valor de retoma

liquidado tardiamente as outras que se encontrassem em dívida, já parece que o art. 934º se continuará a aplicar. Cfr. PIRES DE LIMA/ANTUNES VARELA, *op. cit.*, sub art. 934º, nº 1, p. 228 e VASCO XAVIER, *RDES* 21 (1974), pp. 246 e ss. Efectivamente, nesse caso a liquidação tardia sana os efeitos do incumprimento ulterior, pelo que continua a estar em falta uma só prestação.

[152] Defende a supletividade BAPTISTA LOPES, *op. cit.*, p. 216. No sentido da imperatividade pronunciam-se VASCO XAVIER, *RDES* 21 (1974), pp. 225 e ss, TERESA ANSELMO VAZ, *op. cit.*, p. 7 e ROMANO MARTINEZ, *Obrigações*, p. 93.

muito inferior à parte do preço já recebida pelo vendedor, o que pode desaconselhar o recurso à resolução do contrato[153]. É um facto que, sendo o comprador culpado pelo incumprimento, o recurso à resolução do contrato não impede o vendedor de exigir simultaneamente ao comprador, nos termos do art. 801º, nº 2, a indemnização por todos os prejuízos causados, entre os quais se inclui a deterioração do bem. No entanto, é ao vendedor que compete a prova desses prejuízos, a qual se pode revelar em concreto difícil de realizar.

Para evitar esses inconvenientes tornou-se usual nos contratos de compra e venda a prestações a estipulação de cláusulas penais para a hipótese de incumprimento por parte do vendedor, as quais por vezes chegavam a coincidir com o preço estipulado, ou a afastar qualquer restituição das prestações já recebidas por parte do vendedor.

Os abusos verificados neste âmbito levaram o legislador a não se contentar com a possibilidade de redução equitativa da cláusula penal, prevista no art. 812º, tendo antes estabelecido limites máximos à estipulação de cláusulas penais nas vendas a prestações. Daí que o art. 935º, nº 1, venha prever que

> "a indemnização estabelecida em cláusula penal, por o comprador não cumprir não pode ultrapassar metade do preço, salva a faculdade de as partes estipularem, nos termos gerais, a ressarcibilidade do prejuízo sofrido".

A letra desta disposição tem um âmbito maior do que o seu espírito, pelo que tem que ser objecto da adequada interpretação restritiva. Efectivamente, a indemnização por o comprador não cumprir, nos termos dos arts. 798º e 801º, nº 2 do Código Civil, pode tormar por base tanto o interesse contratual negativo como o interesse contratual positivo, consoante o vendedor proceda ou não à resolução do contrato. Ora, estando em causa o interesse contratual positivo, por não se ter optado pela resolução do contrato, não há qualquer motivo para limitar a indemnização a metade

[153] Imaginemos, por exemplo, que o vendedor vendeu um tractor agrícola pelo preço de 100 mil euros, comprometendo-se o comprador a pagar 20 mil euros por ano. Quatro anos depois, o comprador deixa de pagar o preço, o que permite ao vendedor resolver o contrato. Admitindo-se, no entanto, que o tractor ao fim de quatro anos valesse 25 mil euros, as regras da resolução do contrato implicariam que o vendedor tivesse que restituir 80 mil euros, para receber de volta um bem que agora só vale 25 mil euros...

do preço. Esse limite só pode valer quando o vendedor resolve o contrato com base no incumprimento do comprador, o que lhe permite exigir a restituição da coisa entregue cumulativamente com a indemnização pelo interesse contratual negativo (art. 801º, nº 2). Deve, por isso, concluir-se que o art. 935º apenas se aplica às cláusulas penais relativas à indemnização a pedir na hipótese de resolução do contrato[154].

Estabelece-se, assim, o limite de metade do preço em relação às cláusulas penais, limite esse que não prejudica, no entanto, a possibilidade de as partes estabelecerem a convenção de ressarcibilidade do prejuízo excedente, como aliás, já resultava do art. 811º, nº 2. Caso as partes estabeleçam essa convenção, o vendedor não necessita de provar qualquer prejuízo se apenas reclamar a cláusula penal, tendo o ónus de provar que os danos sofridos excederam esse montante sempre que reclame um valor superior.

Se as partes estabelecem uma cláusula penal de montante superior a metade do preço, mesmo por via da exclusão da restituição das prestações já recebidas, a lei determina imperativamente a sua redução a metade do preço. A estipulação desse montante superior vale, no entanto, como convenção de ressarcimento do prejuízo excedente até esse montante (art. 935º, nº 2).

O art. 936º vem, por outro lado, estender este regime todos os contratos pelos quais se pretenda obter resultado equivalente ao da venda a prestações.

6.4.2. A venda a prestações efectuada no âmbito de relações de consumo

Se a venda a prestações for efectuada no âmbito de relações de consumo – o que ocorre sempre sempre que seja realizada a pessoa singular que actue com objectivos alheios à sua actividade comercial ou profissional – ela é qualificada como um contrato de crédito ao consumo. O crédito ao consumo foi inicialmente regido entre nós pelo D.L. 359/91, de 21 de Setembro, que transpôs as Directivas 87/102/CEE, de 22 de Dezembro de 1986 e 90/88/CEE, de 22 de Fevereiro de 1990, tendo este diploma sido posteriormente alterado pelo D.L. 101/2000, de 2 de Junho, para efeitos de transposição da Directiva 98/7/CE, de 16 de Fevereiro de 1998, e pelo D.L. 82/2006, de 3 de Maio. Actualmente, o seu regime é regulado pelo

[154] Neste sentido, cfr. VASCO XAVIER, *RDES* 21 (1974), p. 259 e TERESA ANSELMO VAZ, *op. cit.*, p. 28.

D.L. 133/2009, de 2 de Junho, que transpõe a Directiva 2008/48/CE, de 23 de Abril de 2008, tendo este diploma sido alterado pelo Decreto-Lei 72-A/2010, de 2 de Junho, e depois alterado e republicado pelo Decreto-Lei 42-A/2013, de 28 de Março, que transpõe a Directiva nº 2011/90/UE da Comissão, de 14 de Novembro, e ainda alterado pelo D.L. 74-A/2017, de 23 de Junho. Como o art. 4º, nº 1, *c)* deste diploma inclui na definição de contrato de crédito as situações em que um credor concede ou promete conceder ao consumidor um crédito sobre a forma de diferimento de pagamento, naturalmente inclui a situação da venda a prestações efectuada no âmbito das relações de consumo[155].

Sendo qualificada como contrato de crédito ao consumo, a venda a prestações é sujeita a um regime especial, destinado a proteger o consumidor, normalmente considerado mal informado sobre os custos do crédito.

Assim, em primeiro lugar o art. 5º, nº 1, do D.L. 133/2009, republicado pelo D.L. 42-A/2013, estabelece que em qualquer publicidade ou comunicação comercial relativa ao crédito ao consumo deve ser indicado o custo anual do crédito para o consumidor, expresso em percentagem anual do montante do crédito concedido, o que vem a constituir a denominada taxa anual de encargos efectiva global (TAEG.; cfr. 4º, nº 1 *i)* do D.L. 133/2009, republicado pelo D.L. 42-A/2013), mesmo que esse crédito seja apresentado como gratuito ou sem juros. No caso de se indicar uma taxa de juro ou outros valores, a publicidade deve mesmo incluir informações normalizadas (art. 5º, nº 4) com as menções referidas no art. 5º, nº 5. Aqui temos consagrado um dever específico de informação, relativamente à taxa efectiva anual de encargos global e às informações normalizadas, que tem que ser obrigatoriamente cumprido pelo vendedor na publicidade à venda a prestações ao consumidor.

Este dever de informação na publicidade pode, porém, não ser suficiente, atenta a transitoriedade da palavra na memória do consumidor. Em consequência, o art. 6º do D.L. 133/2009, republicado pelo D.L. 42-A/2013, obriga, na data de apresentação de uma oferta de crédito ou previamente à celebração de um contrato de crédito, a prestar em papel ou noutro suporte

[155] Cfr., no âmbito do regime anterior, Teresa Anselmo Vaz, *op. cit.*, p. 32, e Fernando de Gravato Morais, *Contratos de crédito ao consumo*, Coimbra, Almedina, 2007, pp. 47-48. No âmbito do regime actual, cfr. Fernando de Gravato Morais, *Crédito aos consumidores. Anotação ao Decreto-Lei nº 133/2009*, Coimbra, Almedina, 2009, p. 28.

duradouro informações pré-contratuais ao consumidor, em modelo próprio constante do anexo II ao diploma. Esse modelo constitui uma ficha denominada "informação normalizada europeia em matéria de crédito a consumidores", devendo conter toda uma série de menções, referidas no nº 3 do art. 6º, as quais se destinam precisamente a fornecer informação escrita ao consumidor, favorecendo a sua reflexão antes da celebração do contrato de crédito.

O dever de prestação de informações pré-contratuais escritas é complementado com um dever de esclarecimento ao consumidor, previsto no art. 7º, nº 1, do D.L. 133/2009, republicado pelo D.L. 42-A/2013. Os esclarecimentos "devem ser fornecidos antes da celebração do contrato de crédito, devem ser entregues ao consumidor em suporte duradouro reprodutível e devem ser apresentados de forma clara, concisa e legível" (art. 7º, nº 2).

O art. 10º, nº 1, do D.L. 133/2009, republicado pelo D.L. 42-A/2013, estabelece ainda um dever de o credor avaliar a solvabilidade do consumidor antes da celebração do contrato de crédito, quer através da verificação das informações por este prestadas, quer através da consulta a bases de dados de responsabilidades de crédito, enquadradas pela legislação em vigor e com cobertura e detalhe informativo adequados para fundamentar essa avaliação.

Também em virtude da necessidade de fornecimento de informação ao consumidor, o contrato de crédito ao consumo é sujeito à forma escrita, em papel ou noutro suporte duradouro em condições de inteira legibilidade (art. 12º, nº 1, D.L. 133/2009, republicado pelo D.L. 42-A/2013), com obrigatoriedade de inclusão de um certo número de menções (art. 12º, nº 3), algumas das quais coincidentes com as que obrigatoriamente constam das informações pré-contratuais. Através da imposição da forma escrita e da inclusão destas menções obrigatórias a lei assegura que o contrato de crédito contém todas as informações que o consumidor necessita para exercer os seus direitos. Verifica-se assim no crédito ao consumo um retorno ao formalismo contratual por razões de tutela do consumidor.

A venda a prestações ao consumidor é por esse motivo sujeita a todos estes requisitos. A sanção para a sua inobservância é normalmente a nulidade do contrato de crédito (art. 13º, nº 1 do D.L. 133/2009, republicado pelo D.L. 42-A/2013), podendo no entanto o contrato ser provado pelo consumidor por qualquer meio, desde que não tenha invocado a nulidade (art. 13º, nº 6). Neste último caso, nos contratos de aquisição de bens ou serviços mediante pagamento a prestações (como é o caso da venda a prestações) o pagamento do consumidor será reduzido ao preço de venda a contado, que poderá continuar a ser realizado nos prazos convencionados (art. 13º, nº 7 *a*)). O contrato de crédito pode ser, porém, apenas anulável nos casos previstos no art. 13º, nº 3. Finalmente, a não inclusão no contrato de crédito da informação sobre as garantias e eventuais seguros exigidos determina apenas a respectiva inexigibilidade (art. 13º, nº 4).

Uma outra regra específica dos contratos de crédito aplicável à venda a prestações realizada a consumidor é o denominado direito de arrependimento ou livre resolução (*cooling off*, *Widerrufsrecht*), concedido durante um período de reflexão. Esse regime encontra-se no art. 17º, nº 1, do D.L. 133/2009, republicado pelo D.L. 42-A/2013, que determina que o consumidor dispõe de um prazo de 14 dias de calendário para revogar o contrato de crédito, sem necessidade de indicação de qualquer motivo. Nesse caso, uma vez exercido o direito de revogação, o consumidor deve pagar ao credor o capital e os juros vencidos a contar da data de utilização do crédito até à data de pagamento do capital, sem atrasos indevidos, em prazo não superior a 30 dias após a expedição da comunicação (art. 17º, nº 4).

Em relação ao cumprimento do contrato de compra e venda a prestações realizada a consumidor, há também um regime especial. Efectivamente, o art. 19º do D.L. 133/2009, republicado pelo D.L. 42-A/2013, determina que o consumidor tem direito de, a todo o tempo, mediante pré-aviso ao credor, cumprir antecipadamente, parcial ou totalmente, o contrato de crédito, com correspondente redução do custo total do crédito, por via da redução dos juros e dos encargos do período remanescente do contrato (nº 1). Esse prazo de pré-aviso não pode, porém, ser inferior a 30 dias, devendo a comunicação ser feita ao credor em papel ou noutro suporte duradouro (nº 2). Nesse caso, o credor tem direito a uma compensação, justa e objectivamente justificada, pelos custos directamente relacionados com o reembolso antecipado, desde que tal ocorra num período em que a taxa nominal aplicável seja fixa (nº 3). Essa compensação traduz-se numa comissão de reembolso antecipado que não pode exceder 0,5 % do montante do capital reembolsado antecipadamente, se o período decorrido entre o reembolso antecipado e a data estipulada para o termo do contrato de crédito for superior a um ano, ou 0,25 % do montante do crédito reembolsado antecipadamente, se o mencionado período for inferior ou igual a um ano (nº 4).

O art. 20º do D.L. 133/2009, republicado pelo D.L. 42-A/2013, estabelece ainda um regime especial para a hipótese de não cumprimento do contrato de crédito por parte do consumidor, o qual naturalmente derroga o regime geral da venda a prestações constante do art. 934º.

Efectivamente, o art. 20º, nº 1 estabelece que "em caso de incumprimento do contrato de crédito pelo consumidor, o credor só pode invocar a perda do benefício do prazo ou a resolução do contrato se, cumulativamente, ocorrerem as circunstâncias seguintes:

a) A falta de pagamento de duas prestações sucessivas que exceda 10 % do montante total do crédito;

b) Ter o credor, sem sucesso, concedido ao consumidor um prazo suplementar mínimo de 15 dias para proceder ao pagamento das prestações em atraso, acrescidas da eventual indemnização devida, com a expressa advertência dos efeitos da perda do benefício do prazo ou da resolução do contrato".

Neste caso, "a resolução do contrato de crédito pelo credor não obsta a que este possa exigir o pagamento de eventual sanção contratual ou a indemnização, nos termos gerais" (art. 20º, nº 2).

6.5. Locação-venda

A locação-venda aparece referida no art. 936º, nº 2[156], que refere que "quando se locar uma coisa, com a cláusula de que ela se tornará propriedade do locatário, depois de satisfeitas todas as rendas ou alugueres pactuados, a resolução do contrato por o locatário não cumprir tem efeito retroactivo, devendo o locador restituir todas as importâncias recebidas, sem possibilidade de convenção em contrário, mas também sem prejuízo do seu direito a indemnização nos termos gerais e nos do artigo anterior". Neste caso, as partes declaram estipular uma locação, mas convencionam que a propriedade passará para o locatário automaticamente no fim de pagamento de todas as rendas ou alugueres convencionados. Esta convenção implica que essas prestações não correspondem a uma contrapartida

[156] Cfr. TERESA ANSELMO VAZ, *op. cit.*, pp. 65 e ss., PEDRO ROMANO MARTINEZ, *Obrigações*, p. 96, e LUÍS MIGUEL D. P. PESTANA DE VASCONCELOS, *A cessão de créditos em garantia e a insolvência. Em particular da posição do cessionário na insolvência do cedente*, Coimbra, Coimbra Editora, 2007, pp. 730 e ss.

do gozo temporário da coisa, mas ao pagamento da transmissão da propriedade sobre ela, apenas com a diferença que esse pagamento ocorre antes dessa transmissão. O contrato, apesar de qualificado pelas partes como locação, desempenha a mesma função económica da venda a prestações com reserva de propriedade, pelo que é sujeita pelo legislador ao mesmo regime (cfr. art. 936º, nº 1, e, no caso de insolvência, o art. 104º, nº 2, do CIRE)[157].

Efectivamente, a função principal da disposição do art. 936º, nº 2, é impedir as partes de, através da estipulação de uma locação, derrogarem o regime vigente para a venda a prestações. Assim, o legislador determina que a resolução tem obrigatoriamente efeito retroactivo, não funcionando consequentemente o regime do art. 434º, nº 2, vigente para as prestações de natureza periódica, como seria o caso da renda devida por um contrato de locação. É assim imposta ao vendedor, em caso de resolução por incumprimento, a devolução das prestações recebidas, apenas podendo exigir uma indemnização nos termos gerais, ou estipular uma cláusula penal nos mesmos termos do art. 935º. Neste âmbito será apenas permitido ao vendedor estipular uma indemnização correspondente a metade do valor total das prestações convencionadas, a qual será igualmente aplicável no caso de as realizadas excederem esse valor e se tiver convencionado a não restituição destas. No entanto, havendo prejuízo excedente, este poderá ser ressarcido até ao limite da indemnização convencionada.

A natureza da locação-venda tem sido controvertida na doutrina. Uma posição sustenta tratar-se de uma união alternativa de contratos, uma vez que se o locatário pagar todas as prestações, a situação será de compra e venda, enquanto se devolver a coisa antes do pagamento integral, o regime aplicável será antes o da locação[158]. Para outra posição, estaremos perante uma verdadeira venda com reserva de propriedade, uma vez que a função económica do contrato é exactamente idêntica a esta[159]. Nenhuma das posições parece, porém, correcta. Efectivamente, não se pode falar numa

[157] Aliás, este contrato surgiu numa época histórica em que não se admitia a celebração da venda com reserva de propriedade, pretendendo precisamente tornear essa proibição. A partir do momento em que esta foi foi considerada admissível, caiu em desuso a locação-venda.

[158] Cfr. Inocêncio Galvão Telles, *Dos contratos em geral*, reprint 3ª ed. 1965, Lisboa, Lex, 1995, p. 400, nota (2) e *Manual dos contratos em* geral, 4ª ed., Coimbra, Coimbra Editora, 2002, p. 478, e Pedro Romano Martinez, *Obrigações*, p. 96.

[159] Cfr. Teresa Anselmo Vaz, *op. cit.*, pp. 72 e ss.

união alternativa de contratos, uma vez que o valor das prestações estipuladas toma em consideração uma futura transmissão da coisa e não apenas a concessão do gozo sobre ela e daí que elas sejam restituídas, em caso de resolução. Mas também não se pode falar numa venda com reserva de propriedade, uma vez que nessa, conforme se referiu, a posição jurídica do comprador ultrapassa a posição do locatário na locação-venda. Preferimos assim qualificar esta figura como uma modalidade específica de venda em que, sendo diferida a transmissão da propriedade até ao pagamento do preço, o vendedor se obriga entretanto a proporcionar ao comprador o gozo da coisa, como locatário desta.

Distinta desta figura é a locação convertível em venda, como sucederá no caso de se convencionar uma efectiva relação de locação, com a possibilidade futura e eventual de aquisição do bem por parte do locatário, mediante o pagamento de um preço suplementar. Nestes casos, haverá uma efectiva relação de locação, associada a uma opção de compra ou a uma promessa unilateral de venda[160].

É, no entanto, de referir que, se a locação-venda ou a locação convertível em venda forem celebradas com consumidores finais, são igualmente consideradas como contratos de crédito, por força do art. 4º, nº 1 *c)* do D.L. 133/2009, republicado pelo D.L. 42-A/2013, sendo-lhe assim também aplicável o regime acima examinado para a hipótese de venda a prestações celebradas com consumidores. Efectivamente, o art. 2º, nº 1 *d)* deste diploma não exclui desta qualificação os contratos de locação de bens móveis de consumo duradouro quando prevejam o direito ou a obrigação de compra da coisa locada, seja no próprio contrato, seja em contrato separado, o que, conforme se referiu, ocorre quer na locação-venda, quer na locação convertível em venda.

6.6. Venda de coisas sujeitas a contagem, pesagem e medição

Os arts. 887º e ss. do Código Civil regulam a venda de coisas determinadas sujeitas a contagem, pesagem ou medição[161]. Consiste esta numa venda de coisas determinadas, ainda que sujeitas a uma posterior operação de contagem, pesagem ou medição, não sendo este regime natural-

[160] Cfr. Luminoso, *op. cit.*, p. 8 e Teresa Anselmo Vaz, *op. cit.*, pp. 77 e ss.

[161] Cfr. Baptista Lopes, *Compra e venda*, pp. 125 e ss., Raul Ventura, *ROA* 43 (1983), pp. 298 e ss. Na doutrina espanhola, veja-se Manuel Medina de Lemus, *Cabida y calidad en la compraventa de inmuebles*, Madrid, Tecnos, 1989, *passim*, maxime, pp. 260 e ss. e 278 e ss.

mente aplicável à venda de coisas genéricas, uma vez que nesta estão em causa coisas indeterminadas, dado que a obrigação só está determinadada quanto ao género e quantidade (art. 539º). Não se aplica assim este regime, se as partes se limitam a comprar vinte quilos de maçãs ou acordam no fornecimento de tantos kilowatts de electricidade[162]. Já será, no entanto, aplicável o regime dos arts. 887º e ss. se as partes acordam na venda de um determinado saco de maçãs, que indicam conter vinte quilos, uma vez que nesse caso já se estará perante uma venda de coisas específicas, ainda que sujeita a pesagem, sendo a essa situação que se refere esta modalidade específica de venda.

Encontra-se ainda uma referência a vendas sujeitas a contagem, pesagem ou medição no art. 472º CCom. Dispõe esta norma que "as cousas não vendidas a esmo ou por partida inteira, mas por conta, peso ou medida, são a risco do vendedor até que sejam contadas, pesadas ou medidas, salvo se a contagem, pesagem ou medição se não faz por culpa do comprador". Este artigo estabelece assim um regime diferente de risco da venda a conta, peso ou medida em relação à venda a esmo ou por partida inteira[163]. O regime do risco aqui estabelecido corre contra o vendedor, o que faz supor que esta disposição se refere a vendas genéricas, sujeitas a essa regra (cfr. art. 541º), e não à venda de coisa determinadas, sujeitas a contagem, pesagem ou medição, que é a situação referida nos arts. 887º e ss. É, por isso, de concluir a inexistência de regime específico no âmbito do Direito Comercial para esta situação, valendo, por isso, também aqui o regime civil (art. 3º CCom)[164].

[162] O art. 887º não é, naturalmente, aplicável à venda de electricidade, uma vez que esta não constitui uma venda de coisas determinadas, daí que não seja sujeita ao prazo de caducidade do art. 890º. Neste sentido, vide Ac. STJ 12/7/2001 (MOITINHO DE ALMEIDA) na *CJ-ASTJ* 9 (2001), 3, pp. 34-36. O pagamento do preço desta está, porém, igualmente sujeito a um regime específico de prescrição e caducidade, nos termos do art. 10º, da Lei 23/96, de 26 de Julho, diploma sucessivamente alterado pelas Leis 12/2008, de 26 de Fevereiro, 24/2008, de 2 de Junho, 6/2011, de 10 de Março, 44/2011, de 22 de Junho, e 10/2013, de 28 de Janeiro).

[163] Estas última figura é definida no § 1º do art. 472º CCom onde se refere que "haver-se-á por feita a venda a esmo ou por partida inteira quando as coisas forem vendidas por um só preço determinado, sem atenção à conta, peso ou medida dos objectos, ou quando se atender a qualquer destes elementos unicamente para determinar a quantia do preço". Em relação à venda por conta, peso ou medida, especifica o § 2º que quando " a fazenda se entrega, sem se contar, pesar ou medir, a tradição para o comprador supre a conta, o peso ou a medida".

[164] Neste sentido, cfr. igualmente RAUL VENTURA, *ROA* 43 (1983), p. 318 e ROMANO MARTINEZ, *Obrigações*, p. 67.

Efectivamente, ao contrário do que sucede na venda de coisas genéricas, em que a indicação da quantidade se torna necessária à própria perfeição do contrato, no âmbito da venda de coisas específicas não é necessária a indicação no contrato de qualquer quantidade, uma vez que a simples individualização da coisa já é, só por si, suficiente para determinar o objecto da venda. Pode, porém, acontecer que as partes resolvam, também no âmbito da venda de coisas determinadas, acrescentar no contrato a referência à quantidade da venda, quer para efeitos de melhor descrição do bem vendido, quer para efeitos de determinação do seu preço. Essa situação ocorre especialmente no âmbito da venda de imóveis e especialmente na de terrenos, em que é usual referir a área correspondente ao objecto da venda[165]. Mas também pode ocorrer noutras situações, como no exemplo acima referido de alguém vender um saco de maçãs especificando o peso destas, ou ainda na venda de um conjunto de cordas, indicando-se a quantidade de metros do mesmo.

Essa referência das partes à quantidade dos bens vendidos vai implicar uma futura operação de contagem, pesagem ou medição, a qual coloca o problema de eventualmente se verificar uma discrepância entre a referência contratual e o resultado da operação de contagem, pesagem ou medição[166]. Uma vez que se está perante coisas determinadas e não de coisas genéricas, a venda considera-se concluída antes da operação de contagem, pesagem ou medição, logo com a celebração do contrato, adquirindo assim o comprador imediatamente a propriedade dos bens vendidos (art. 408º, nº 1)[167], suportando consequentemente o risco pela sua perda ou deterioração (art. 796º, nº 1), pelo que a discrepância apenas pode ter reflexos para efeitos de apuramento do preço devido.

Os efeitos dessa discrepância são diferentes consoante o preço da venda tenha sido estabelecido precisamente em função de um tanto por cada unidade vendida (venda *ad mensuram* ou por medida) ou tenha, pelo contrário, sido estabelecido para o conjunto de coisas vendidas (venda *ad corpus*

[165] Cfr. LUMINOSO, *op. cit.*, p. 57. Por esse motivo, os arts. 1537 e ss. do Código italiano, onde se encontra o regime correspondente aos arts. 887º e ss. do nosso Código, apenas se referem a bens imóveis.

[166] Se não houver referência contratual não se pode aplicar este regime, ainda que as partes estivessem convencidas de que a coisa vendida possuía valores diferentes de contagem, pesagem ou medição. Neste sentido, cfr. Ac. RL 29/3/2011 (LUÍS LAMEIRAS), em *CJ* 36 (2011), 2, pp. 108-112.

[167] Cfr. o art. 1586 do *Code Civil* francês e, na doutrina, GHESTIN/HUET, *op. cit.*, p. 163.

ou a corpo). No primeiro caso, o art. 887º determina que, independentemente da quantidade referida no contrato, o que o comprador deve é o preço proporcional ao número, peso ou medida real das coisas vendidas. No segundo caso, o art. 888º determina que o comprador deve o preço declarado, mesmo que a indicação de quantidade referida no contrato não tenha correspondência com a realidade, a menos que a divergência entre a quantidade real e a declarada seja superior a um vigésimo desta, caso em que o preço sofrerá redução ou aumento proporcional (na totalidade e não apenas na parte que excede um vigésimo)[168].

O remédio que a lei prevê para esta discrepância entre a quantidade das coisas vendidas e a que é declarada no contrato é assim a correcção do preço estabelecido, correcção essa que se verifica sempre na venda por medida (art. 887º) mas que só ocorre se a discrepância for superior a 5% na venda a corpo (art. 888º)[169]. A explicação para esta divergência reside na circunstância de, na venda a corpo, o facto de as partes não terem indicado um preço unitário mas um preço global levar a supor que a sua vontade se formou essencialmente em relação a esse preço global, sendo incidental a referência à quantidade, peso ou medida das coisas vendidas[170]. Pelo contrário, na venda por medida o facto de as partes fazerem referência directa ao preço unitário leva a supor que a vontade das partes é fazer o preço corresponder à efectiva quantidade, peso ou medida das coisas entregues.

O direito ao recebimento da diferença de preço pode ser, no entanto, excluído se ocorrer compensação entre faltas e excessos e na medida em que essa compensação se verificar, nos termos do art. 889º. Efectivamente, dispõe essa norma que "quando se vender por um só preço uma pluralidade de coisas determinadas e homogéneas, com indicação do preço e medida de cada uma delas, e se declarar quantidade inferior à real quanto

[168] Conforme refere Raul Ventura, *ROA* 43 (1983), p. 302 pode acontecer a ocorrência simultânea das duas situações, como na hipótese de alguém declarar vender um prédio, que mede 1 ha por 100.000 euros à razão de 1.000 euros o m2. Neste caso, só pela interpretação do negócio se poderá concluir se as partes tiveram em consideração um preço global, que explicaram pela indicação do preço unitário ou antes um preço unitário que multiplicaram para obter o preço global, sendo essa interpretação que permitirá descobrir o regime aplicável.

[169] Caso ocorra essa discrepância tem que ser indemnizada a totalidade da diferença e não apenas a parte que exceda 5%. Neste sentido, cfr. Ac. STJ 7/4/2011 (Salazar Casanova), em *CJ-ASTJ* 19 (2011), 2, pp. 47-50.

[170] Cfr. Pires de Lima/Antunes Varela, *op. cit.*, *sub* art. 888º, nº 1, p. 180 e Baptista Lopes, *Compra e venda*, pp. 127-128.

a alguma ou algumas e superior a outra ou outras, far-se-á compensação entre as faltas e os excessos até ao limite da sua concorrência". Quando o conjunto de coisas vendidas abrange mais do que uma categoria e a discrepância na referência se caracterizar por faltar parte de uma das categorias e haver excesso quanto a outras, as faltas e os excessos compensam-se[171]. Nesse caso, e na medida em que se opera a compensação, naturalmente que deixam as partes de poder exigir a diferença de preço, ainda que a discrepância da quantidade de uma ou ambas ultrapasse um vigésimo em relação à declarada, conforme referido no art. 888º, nº 2[172].

O direito ao recebimento da diferença de preço tem que ser exigido num prazo relativamente curto, já que a lei determina a sua caducidade dentro de seis meses ou um ano a contar da entrega da coisa, consoante esta seja móvel ou imóvel, salvo se a diferença só se tornar exigível em momento posterior à entrega, dado que nesse caso o prazo contar-se-á a partir desse momento (art. 890º, nº 1)[173]. No entanto, se a venda for de coisas que hajam

[171] É o caso, no exemplo referido por Baptista Lopes, *Compra e venda*, p. 129, de se vender uma adega de vinho, contendo 50 pipas de vinho tinto e 50 de vinho branco, quando no fim se verifica que na adega há antes 40 pipas de vinho tinto e 60 de vinho branco. Não tem o vendedor que corrigir a discrepância, uma vez que o excesso de uma das categorias compensa a falta da outra.

[172] Defendem, porém, Pires de Lima/Antunes Varela, *op. cit.*, *sub* art. 889º, p. 181, poder haver também neste caso, aplicação da diferença de preço proporcional, no caso de "efectuado o encontro, se alegar e provar que a diferença entre o preço global fixado e o preço que resultaria dos preços unitários que os contraentes tiveram ou deveriam ter em vista excede um vigésimo daquele, deve permitir-se, por analogia com o caso versado no preceito anterior, o aumento ou redução proporcional do preço". Os autores invocam em abono desta solução a proximidade com o art. 1540º do *Codice* Civile italiano, que a consagra expressamente e que "atender apenas, em casos deste tipo, à diferença e ao excesso de quantidade das coisas, sem considerar a sua diferença de valor, seria consagrar uma verdadeira fonte de injustiças que não esteve no pensamento da lei".
A esta posição opôs-se Baptista Lopes, *Compra e venda*, p. 130, que considera intencional a não adopção da solução do Código italiano, e que não se justifica adoptar neste caso a solução do art. 888º, nº 2, uma vez que a vontade das partes se forma sobre o preço global, e não há prejuízo, uma vez que o que se perde numa das categorias ganha-se na outra,
Pensamos que esta última é a melhor posição. Efectivamente, a norma do art. 889º pretende restringir a aplicação do art. 888º, nº 2, precisamente na medida da compensação entre as duas categorias. Esta norma só se aplicará, assim, se, depois de efectuada a compensação, subsistir uma diferença de um vigésimo entre a quantidade declarada e a efectivamente vendida.

[173] Menezes Cordeiro, *Tratado*, XI, p. 162, admite, porém, que após a caducidade se aplique o regime do enriquecimento sem causa, o que nos parece ser vedado pelo art. 474.

de ser transportadas de um lugar para outro, o prazo reportado à data da entrega só começa a correr no dia em que o comprador as receber.

O art. 891º prevê ainda que tanto na venda a medida como na venda a corpo, o comprador possa resolver o contrato, sempre que seja obrigado a pagar ao vendedor uma diferença de preço superior a um vigésimo do preço declarado, direito que só não surge se tiver ocorrido dolo do comprador, ou seja se o comprador não tiver efectuado sugestão ou artifício com intenção ou consciência de manter em erro o vendedor ou não tiver dissimulado o erro deste (art. 253º). Este direito caduca no entanto, no prazo de três meses a contar da data em que o vendedor exigir esse excesso. A resolução aqui prevista está naturalmente sujeita às regras gerais dos arts. 432º e ss.

O regime dos arts. 887º e ss. não exclui a aplicação do regime do erro, caso se verifiquem os seus pressupostos. Assim, se for essencial para o declarante que a coisa vendida tenha a quantidade declarada e a outra parte conhecia ou não podia ignorar essa essencialidade, cabe à parte a anulação do contrato nos termos gerais (arts. 251º e 247º)[174].

6.7. Venda a retro

6.7.1. Generalidades

Uma outra modalidade específica de venda é a venda a retro, definida no art. 927º como a venda na qual se reconhece ao vendedor a faculdade de resolver o contrato[175]. Esta figura consiste assim numa modalidade de venda em que a transmissão da propriedade não se apresenta como definitiva, na medida em que o vendedor se reserva a possibilidade de reaver o direito alienado, mediante a restituição do preço e o reembolso das despesas feitas com a venda.

A instituição da venda a retro prendeu-se com o interesse de tutelar a situação do proprietário que, devido às suas necessidades financeiras, se vê na contingência de ter que alienar um bem seu, mas mantém o interesse de o voltar a adquiri-lo logo que a sua condição financeira lhe permita fazê-lo. Por isso se tem considerado que em termos económicos o contrato de venda a retro não desempenha propriamente uma função de permuta

[174] Cfr. Medina de Lemus, *op. cit.*, pp. 254 e ss.

[175] Cfr. Pedro de Albuquerque, "Contrato de compra e venda", pp. 39 e ss., Romano Martinez, *Obrigações*, pp. 82 e ss., e Luís Miguel Pestana de Vasconcelos, *A cessão de créditos em garantia e a insolvência*, pp. 297 e ss., e 746 e ss.

de bens contra dinheiro, mas antes uma função creditícia em relação ao vendedor e uma função de garantia em relação ao comprador. Efectivamente, na perspectiva das atribuições patrimoniais das partes, o contrato apresenta-se como uma operação de financiamento na qual o pagamento do preço substitui a concessão de um empréstimo pelo comprador ao vendedor, e o exercício do direito de resolução por este substitui o reembolso desse mesmo empréstimo, reembolso que se apresentou como garantido, através da prévia atribuição da propriedade ao comprador[176].

Precisamente, devido à sua configuração económica como operação de financiamento, a admissibilidade da venda a retro tem sido questionada, uma vez que através dela se pode tornear a proibição da estipulação de pactos comissórios, prevista nos arts. 694º, 665º, 678º e 753º. Efectivamente, em lugar da estipulação de uma garantia, que não permite a imediata aquisição da propriedade em caso de incumprimento pelo devedor, as partes poderiam sempre estipular uma venda à retro, transmitindo a propriedade para o credor, apenas a podendo recuperar o devedor com o pagamento do crédito. Por esse motivo, o Código Civil de 1867 veio abolir a venda a retro[177]. Sem qualquer necessidade, o Código actual veio reinstituir este contrato, o que fez, no entanto, em termos tais que o tornaram sem qualquer relevância prática. Efectivamente, para evitar a sua utilização com fins de garantia, o Código proibiu a atribuição ao comprador de qualquer benefício como contrapartida da resolução, tornando assim muito difícil que algum comprador aceite celebrar uma aquisição com uma cláusula a retro.

Apesar da previsão expressa da venda a retro pode questionar-se a sua admissibilidade, em face da proibição do pacto comissório, quando não haja qualquer intenção de transferir a propriedade contra o pagamento de um preço a receber, mas apenas a de constituir uma garantia de pagamento de um crédito a favor do comprador (como na hipótese de a obrigação de pagamento do preço ser declarada compensada com um crédito já existente do comprador sobre o vendedor). Neste caso, estar-se-á perante uma

[176] Cfr. LUMINOSO, *op. cit.*, p. 109.

[177] Efectivamente, o Código Civil de 1867, embora definindo a venda a retro no seu art. 1586º, proibia expressamente a sua celebração futura (art. 1587º), e limitava-se em termos de regime a instituir um prazo supletivo de 4 anos para o retracto, a contar da promulgação do Código (art. 1588º).

verdadeira alienação fiduciária em garantia, que é dificilmente compatível com a proibição do pacto comissório[178]. A jurisprudência tem, porém, considerado compatível a venda a retro com um contrato de mútuo, de que a mesma serviria de garantia, determinando o cumprimento do mútuo a resolução da venda[179].

6.7.2. Forma do contrato

A cláusula a retro constitui uma estipulação do contrato de compra e venda, sendo por isso sujeita à forma exigida para esse contrato. Estando em causa bens imóveis a cláusula a retro tem assim que constar da escritura pública ou do documento particular autenticado que titula necessariamente o negócio (art. 875º)[180].

6.7.3. Regime

Conforme resulta do art. 927º o que caracteriza a venda a retro é ser atribuída ao vendedor uma posição jurídica específica que lhe permite resolver o contrato e recuperar o bem. Há, porém, limites legais à estipulação do prazo para a resolução, na medida em que o art. 929º determina que a resolução só pode ser exercida no prazo de dois ou cinco anos a contar da venda, consoante se trate, respectivamente, de coisas móveis ou imóveis (art. 929º, nº 1), prazo esse que se considera reduzido a esses limites se for estipulado em âmbito superior (art. 929º, nº 2). A referência legal à venda deve ser interpretada como abrangendo a celebração do contrato, salvo se a transmissão da propriedade for diferida para momento posterior, uma

[178] Cfr. LUMINOSO, *op. cit.*, p. 113 e, entre nós, JANUÁRIO GOMES, *Assunção fidejussória de dívida. Sobre o sentido e o alcance da vinculação como fiador*, Coimbra, Almedina, 2000, pp. 90 e ss., MENEZES LEITÃO, *Garantias das Obrigações*, 5ª ed., Coimbra, Almedina, 2016, pp. 259 e ss., e ISABEL ANDRADE DE MATOS, *O pacto comissório. Contributo para o estudo do âmbito da sua proibição*, Coimbra, Almedina, 2006, pp. 190 e ss. Nos termos dos arts. 14º e 15º do D.L. 105/2004, de 8 de Maio, que transpõe a Directiva 2002/47/CE do Conselho, de 6 de Junho, alterado pelo Decreto-Lei 85/2011, de 29 de Junho, que transpõe a Directiva nº 2009/44/CE, do Parlamento Europeu e do Conselho, de 6 de Maio, relativas aos acordos de garantia financeira, a alienação fiduciária em garantia é, porém, admitida no âmbito dos contratos de garantia financeira, definidos no art. 5º do mesmo diploma.

[179] Neste sentido, cfr. o Ac. STJ 19/9/2006 (JOÃO CAMILO), processo 06A2092.

[180] Em consequência decidiu-se no Ac. STJ 16/3/2011 (LOPES DO REGO), processo 279/2002.E1.S1, não poder a cláusula *a retro* ser inferida de estipulações verbais anteriores ou contemporâneas do documento nos termos do art. 221º CC.

vez que nesse caso parece que o prazo apenas se pode iniciar a partir do momento em que ocorre a transferência da propriedade[181].

Dispõe o art. 930º, na redacção do D.L. 116/2008, de 4 de Julho, que "a resolução é feita por notificação judicial ao comprador dentro dos prazos fixados no artigo antecedente; sem prejuízo do disposto em lei especial, se respeitar a coisas imóveis, a resolução será reduzida a escritura pública ou a documento particular autenticado nos 15 dias imediatos, com ou sem a intervenção do comprador, sob pena de caducidade do direito". A lei não foge aqui ao sistema da resolução por declaração (art. 436º), tendo essa declaração natureza negocial, ainda que exija uma forma especial para a sua emissão, que é a notificação judicial (art. 219º, nº 2 CPC). No entanto, em relação a bens imóveis nem sequer essa forma é suficiente, tendo a resolução que ser reduzida a escritura pública ou a documento particular autenticado nos quinze dias imediatos, mesmo que o comprador se recuse a outorgar nela, sem o que se considerará caduca a declaração de resolução notificada.

O art. 931º determina ainda que, salvo estipulação das partes em contrário, a resolução se considerará igualmente sem efeito se, dentro do mesmo prazo de quinze dias após a notificação, o vendedor não fizer ao comprador oferta real das importâncias líquidas que haja de pagar-lhe a título de reembolso do preço e das despesas com o contrato e outras acessórias. O reembolso do preço e das despesas com o contrato e outras acessórias vem a constituir um ónus e não uma obrigação para o vendedor, uma vez que a sua omissão leva apenas à ineficácia da resolução e não à responsabilidade por incumprimento. Naturalmente que estarão em causa apenas as despesas que o art. 878º faz recair sobre o comprador e não as benfeitorias necessárias e úteis realizadas na coisa, não tendo o vendedor que fazer também oferta real destas para efeito da resolução da venda a retro.

A lei determina que a cláusula a retro é oponível a terceiros, desde que a venda tenha por objecto coisas imóveis ou coisas móveis sujeitas a registo e tenha sido registada (art. 932º). *A contrario*, conclui-se, portanto, que diferentemente do que sucede na cláusula de reserva de propriedade, não é possível opor a terceiros a cláusula a retro quando esta diga respeito a coisas móveis não registáveis. A cláusula a retro só terá assim eficácia real, no caso de respeitar a bens imóveis ou móveis sujeitos a registo e tiver sido

[181] Cfr. LUMINOSO, *op. cit.*, p. 110.

registada, tendo nos outros casos eficácia meramente obrigacional. Há, no entanto, que questionar como se exerce a eficácia real na cláusula a retro, no caso de o bem já ter sido alienado a terceiro. Parece que, apesar de já ter ocorrido essa alienação, em caso de resolução, é ao comprador que esta deve ser notificada, bem como é a ele que lhe deve ser feita a oferta real do preço e despesas, devendo depois o vendedor opor ao adquirente o seu direito e tendo este direito de reclamar do comprador o reembolso do que lhe tiver pago.

Efectuada a resolução da venda a retro, a propriedade retorna à esfera jurídica do vendedor. No entanto, a resolução processa-se sem eficácia retroactiva, pelo que a propriedade é apenas adquirida *ex nunc*. Consequentemente, os frutos que a coisa produziu entre o momento da venda e o da resolução pertencem ao comprador. Sendo a cláusula a retro oponível a terceiros, os bens regressarão livres de quaisquer ónus ou encargos com que o comprador tenha onerado os bens. Tratando-se de uma locação o direito do locatário caducará nos termos estabelecidos no art. 1051º, nº 1 *c)* do Código Civil, tendo no entanto o arrendatário direito de preferência na celebração de novo contrato de arrendamento pelo vendedor (art. 1091º, nº 1, *b)*) enquanto não for exigível a restituição do prédio nos termos do art. 1053º (art. 1091º, nº 2).

6.7.4. Natureza jurídica

Tem sido controvertida na doutrina qual a natureza jurídica do contrato de venda a retro. Para alguns autores, a venda a retro constituiria uma venda sujeita a uma condição resolutiva potestativa (DEGNI[182], DE MARTINI[183], RESCIGNO[184], GRECO e COTTINO[185], PELOSI[186] e, entre nós, ROMANO MARTINEZ[187]). Outros configuram a situação como uma revogação ou resolução do contrato, com eficácia retroactiva (RUBINO[188], PULEO[189],

[182] Cfr. DEGNI, *op. cit.*, p. 143.

[183] Cfr. ANGELO DE MARTINI, *Profili della vendita commerciale e del contratto estimatorio*, Milano, Giuffrè, 1950, pp. 315 e ss.

[184] Cfr. RESCIGNO, "Condizione (dir. vig.)", na *ED* 8, p. 784.

[185] Cfr. GRECO/COTTINO, *op. cit.*, pp. 330 e ss.

[186] Cfr. PELOSI, *op. cit.*, pp. 277 e ss. (351 e ss.).

[187] Cfr. ROMANO MARTINEZ, *Obrigações*, pp. 84-85.

[188] Cfr. RUBINO, *op. cit.*, pp. 1024 e ss.

[189] Cfr. SALVATORE PULEO, *I diritti potestativi (individuazione delle fattispecie)*, Milano, Giuffrè, 1959, pp. 103 e ss.,

ROMANO[190], BIANCA[191] e, entre nós, PEDRO DE ALBUQUERQUE[192]). Outros entendem que se estará perante uma situação de propriedade temporária, revogável ou resolúvel (GORLA[193], BARBERO e BARASSI[194]). Para outros, finalmente estar-se-á perante uma transmissão da propriedade associada a uma opção de compra ou a uma promessa unilateral de venda (LARENZ[195], RASI, GABRIELLI, e CARPINO[196]).

Não vemos motivo para nos afastarmos neste caso da qualificação legal, que configura a venda a retro como um direito de resolução do contrato pelo vendedor (art. 927º). Efectivamente, o regime da venda a retro harmoniza-se integralmente com o disposto nos arts. 432º e ss.[197], podendo, por isso, ser a cláusula a retro configurada como uma convenção atributiva de um direito de resolução do contrato, a exercer *ad nutum* pelo vendedor.

6.8. Venda a contento e venda sujeita a prova

6.8.1. Generalidades

Os arts. 923º e ss. referem-se a modalidades específicas de venda em que esta se realiza por etapas, como a venda a contento e a venda sujeita a prova[198]. Em ambas as situações, normalmente relativas a bens móveis, se verifica a subordinação do contrato a uma aprovação da coisa vendida por parte do comprador, da qual vai depender a sua efectiva vigência. A diferença reside em que na venda a contento o comprador reserva a faculdade de contratar, ou a de resolver o contrato, consoante a apreciação subjectiva (o seu gosto pessoal) que vier a fazer do bem vendido. Pelo contrário, na

[190] Cfr. ROMANO, *op. cit.*, pp. 201 e ss.

[191] Cfr. BIANCA, *op. cit.*, pp. 569 e ss.

[192] Cfr. PEDRO DE ALBUQUERQUE, "Contrato de compra e venda", p. 39.

[193] Cfr. GORLA, *op. cit.*, pp. 304 que, aproximando a venda a retro da reserva de usufruto, entende que ela institui uma propriedade temporária e revogável mediante a restituição do preço.

[194] Citados *apud* LUMINOSO, *op. cit.*, p. 109

[195] Cfr. KARL LARENZ, *Schuldrecht*, II-1, § 44 II, pp. 146 e ss. que equipara a posição do vendedor na venda a retro à do destinatário da proposta irrevogável.

[196] Citados *apud* LUMINOSO, *op. cit.*, p. 109.

[197] Em sentido contrário, MENEZES CORDEIRO, *Tratado*, XI, pp. 310 e ss., sustenta tratar-se de uma revogação e não de uma resolução, uma vez que a resolução na venda a retro não tem eficácia retroactiva, não sendo consequentemente aplicáveis os arts. 432º a 436. A retroactividade não é, no entanto, essencial à resolução, como demonstra o art. 434º, não havendo assim razão para não sujeitar a venda a retro ao regime da resolução.

[198] Cfr. ROMANO MARTINEZ, *Obrigações.*, pp. 75 e ss. e 79 e ss.

venda sujeita a prova está antes em causa uma avaliação objectiva do comprador em relação às qualidades da coisa, em conformidade com um teste a que esta será sujeita. Em ambos os casos, no entanto, a vigência efectiva do contrato fica dependente de um teste, a realizar pelo comprador[199].

6.8.2. A primeira modalidade de venda a contento

A lei admite duas modalidades de venda a contento. A primeira modalidade de venda a contento implica a estipulação de que a coisa vendida terá que agradar ao comprador, correspondendo à tradicional cláusula *ad gustum* (art. 923º). Esta modalidade de venda a contento, não é, no entanto, no regime do nosso Código Civil um negócio condicional, uma vez que o legislador não recorre à técnica da subordinação do negócio a uma condição[200]. Efectivamente, a cláusula *ad gustum* referida no art. 923º constitui antes uma reserva relativa à aceitação do contrato de compra e venda, o que significa que, em virtude dessa cláusula, o acordo das partes vem a ser qualificado como uma mera proposta de venda, ficando o vendedor vinculado sem que o comprador o venha a estar[201]. Ao contrário do que, porém, genericamente sucede, a lei admite posteriormente a celebração do contrato através do silêncio do comprador (art. 218º), uma vez que dispõe que a proposta se considera aceite se o comprador não se pronunciar dentro do prazo de aceitação, nos termos do art. 228º. Assim, se o comprador não se pronunciar dentro do prazo o contrato considerar-se-á concluído, mesmo que a coisa não lhe agrade[202]. No entanto, a lei estabelece que a coisa deve ser facultada ao comprador para exame (art. 923º, nº 3), pelo que parece que o prazo para aceitação não se poderá iniciar antes de a coisa ter sido entregue[203]. A entrega da coisa para exame constitui, aliás,

[199] Cfr. GHESTIN/HUET, *op. cit.*, p. 115.

[200] Neste sentido, veja-se BAPTISTA LOPES, *Compra e venda*, p. 194. Em sentido diferente, ROMANO MARTINEZ, *Obrigações*, p. 75, qualifica a cláusula *ad gustum* como uma condição imprópria, por ser potestativa, dependendo a sua verificação tão-só da vontade do comprador.

[201] Daí que PIRES DE LIMA / ANTUNES VARELA, *op. cit.*, II, sub art. 923º, p. 219 qualifiquem a primeira modalidade de venda a contento como um pacto de opção, uma vez que, enquanto uma das partes se encontra já vinculada, a outra tem a faculdade discricionária de o aceitar ou não. Em França, face ao art. 1587 do *Code Civil*, a venda a contento já chegou mesmo a ser qualificada como promessa unilateral de venda. Cfr. GHESTIN/HUET, *op. cit.*, p. 115.

[202] Cfr. neste sentido o Ac. STJ 30/6/2011 (GRANJA DA FONSECA), em *CJ-ASTJ* 19 (2011), 2, pp. 136-140.

[203] Neste sentido, expressamente PAULO MOTA PINTO, *Declaração tácita e comportamento concludente no negócio jurídico*, Coimbra, Almedina, 1995, p. 664, nota (533).

uma autónoma obrigação do vendedor, que o comprador pode judicialmente exigir, mesmo perante a já referida qualificação da situação como mera proposta de venda[204].

Caso o comprador, durante o prazo estabelecido, se pronuncie no sentido da rejeição do contrato, a venda considerar-se-á como não celebrada. Uma vez que se trata de uma questão de apreciação subjectiva ou gosto pessoal, naturalmente que o vendedor não necessita de indicar qualquer motivo para proceder à rejeição do contrato[205].

Uma vez que a lei qualifica a situação como uma mera proposta de venda, naturalmente que todos os efeitos do contrato, designadamente a transmissão da propriedade e a atribuição do risco ao comprador, só se verificarão com o decurso do prazo estabelecido, que confirmará a sua intenção de adquirir nos termos do art. 218º, sendo até lá o comprador considerado mero detentor precário[206]. Assim, se se verificar o perecimento da coisa nessa fase, naturalmente que essa situação correrá a risco do vendedor.

6.8.3. A segunda modalidade de venda a contento

Já a segunda modalidade de venda a contento corresponde à concessão de um direito de resolução unilateral do contrato se a coisa não agradar ao comprador, o qual segue as regras gerais, sendo portanto aplicáveis os arts. 432º e ss. Não se trata, assim, de uma condição resolutiva, uma vez que as partes não subordinam a resolução do negócio a um acontecimento futuro e incerto, antes atribuem ao comprador o direito de resolver unilateralmente o contrato se a coisa não lhe agradar[207].

[204] Cfr. PIRES DE LIMA/ANTUNES VARELA, *op. cit.*, II, sub art. 923º, nº 5, p. 219 e BAPTISTA LOPES, *Compra e venda*, p. 195.

[205] Conforme refere GALVÃO TELLES, *BMJ* 83 (1959), pp. 131-132, "o comprador reserva-se inteira liberdade de dizer a última palavra: ficará ou não vinculado conforme lhe aprouver. É soberano na sua decisão; a ele cabe resolver, discricionariamente, se o objecto possui ou não as qualidades necessárias, se serve ou não aos seus fins. Sobre esse ponto não pode instaurar-se um litígio judicial; o tribunal não pode sobrepor o próprio critério, ainda que baseado no laudo de peritos, à opinião e resolução do comprador". Cfr. ainda PIRES DE LIMA/ANTUNES VARELA, *op. cit.*, II, sub art. 923º, nº 1, p. 218 e BAPTISTA LOPES, *Compra e venda*, p. 193.

[206] Cfr. GHESTIN/HUET, *op. cit.*, p. 110.

[207] Neste sentido, cfr. GALVÃO TELLES, *BMJ* 83 (1959), pp. 132-133, PIRES DE LIMA/ANTUNES VARELA, *op. cit.*, II, sub art. 924º, nº 1, p. 220 e BAPTISTA LOPES, *Compra e venda*, pp. 196. Em sentido contrário, propugna a sua qualificação como condição resolutiva, ROMANO MARTINEZ, *Obrigações*, p. 77.

A resolução, que não é impedida pela entrega da coisa (art. 924º, nº 2), deve ser exercida no prazo estabelecido no contrato ou, no silêncio deste, pelos usos, podendo o vendedor, se nenhum prazo for estabelecido, fixar um prazo razoável para o seu exercício (art. 924º, nº 3).

Neste caso, uma vez que a concessão ao comprador de um direito de resolução unilateral não impede que a propriedade se transmita (art. 408º, nº 1), parece que correrá por sua conta o risco da perda ou deterioração da coisa, verificada durante esse prazo (art. 796º, nº 1). Efectivamente, caso a coisa se venha a perder ou deteriorar, o comprador deixará de a poder restituir ao vendedor, pelo que perde o direito de resolver o contrato (art. 432º, nº 2).

6.8.4. A venda sujeita a prova

Outra modalidade de venda é a venda sujeita a prova[208], no âmbito da qual o contrato não se tornará definitivo sem que o comprador averigue, através de um prévio uso da coisa, que ela é idónea para o fim a que é destinada e tem as qualidades asseguradas pelo vendedor.

O art. 925º, parcialmente inspirado nos arts. 1588 do *Code Civil* e 1521 do *Codice civile*, qualifica a situação da venda sujeita a prova como uma venda subordinada a condição (suspensiva ou resolutiva), consistindo a condição no facto de a coisa vendida ser idónea para o fim a que é destinada e ter as qualidades asseguradas pelo vendedor. A qualificação como venda sujeita a condição não é, porém, isenta de controvérsia. Na doutrina francesa, apesar da expressa qualificação legal da *vente à l'essai* como venda sujeita a condição suspensiva, já se tem sustentado que a situação é semelhante à da venda a contento, devendo por isso a venda sujeita a prova ser antes qualificada como promessa unilateral de venda[209]. Uma controvérsia similar também se verifica na doutrina italiana, já que enquanto alguns autores aceitam a solução legal[210], outros rejeitam a qualificação da situação como verdadeira condição própria, sustentando tratar-se antes de uma condição imprópria ou *de praeterito*[211], e outros negam mesmo essa qualificação como

[208] Cfr. Luminoso, *op. cit.*, pp. 80-81 e Ghestin/Huet, *op. cit.*, pp. 116 e ss.

[209] Cfr. Ghestin/Huet, *op. cit.*, p. 116.

[210] Assim, Degni, *op. cit.*, p. 120, considera estar-se perante uma verdadeira condição, já que apesar de as qualidades e idoneidade da coisa se reportarem ao momento da conclusão do contrato, o resultado da prova não deixa de constituir um evento futuro e incerto.

[211] É esta a posição de Gorla, *op. cit.*, p. 288 que sustenta não existir na venda sujeita a prova um evento futuro, mas antes a verificação de um estado de facto presente. Cfr. também Rubino, *op. cit.*, p. 416, e Greco/Cottino, *op. cit.*, pp. 421 ss.

condição, sustentando estar-se antes perante uma categoria específica de venda, cujos efeitos finais ficam dependentes da verificação positiva de uma qualidade da coisa que a torna adequada à sua utilização pelo alienante[212]. Por nosso lado, também nos parece que esta última qualificação é a mais adequada, uma vez que os requisitos específicos da venda sujeita a prova referidos no art. 925º não se distinguem dos requisitos gerais de conformidade da coisa, a que se refere o art. 913º. Há apenas a acrescentar neste caso um específico teste de conformidade, sem o qual não se considera estar definitivamente concluído o contrato.

6.9. Venda sobre documentos

Constitui igualmente uma modalidade especial de venda, a denominada venda sobre documentos, a que se referem os arts. 937º e ss. do Código Civil[213]. Conforme acima se referiu, no âmbito da obrigação de entrega que compete ao vendedor incluem-se os documentos relativos à coisa ou direito (art. 882º, nº 2). No entanto, na venda sobre documentos, vai-se ainda mais longe. Como ela tem por objecto a venda de mercadorias representadas por títulos, considera-se que o vendedor não é obrigado a entregar essas mercadorias, bastando-lhe entregar os respectivos documentos (art. 937º). Efectivamente, dado que a entrega desses títulos legitima o comprador a levantar as respectivas mercadorias directamente ao transportador ou depositário, torna-se desnecessário que seja o vendedor a assegurar essa entrega.

A posição dominante quanto à venda sobre documentos considera, no entanto, que o objecto da venda não são os documentos, mas antes as coisas a que estes se referem, sendo que o direito incorporado no título constitui unicamente um crédito à entrega dessas coisas e não a propriedade das mesmas.

A disciplina da transmissão da propriedade e do risco sobre as coisas objecto da venda sobre documentos é sujeita às regras gerais. Há, no entanto, um caso especial em que a lei sujeita a venda sobre documentos a um regime especial de risco, a que se refere o art. 938º, e que consiste na venda de coisas em viagem, representadas por documentos e objecto

[212] Cfr. BIANCA, *op. cit.*, pp. 294 e ss.

[213] Cfr. BIANCA, *op. cit.*, pp. 401 e ss., GRECO/COTTINO, *op.cit.*, pp. 448 e ss. e LUMINOSO, *op. cit.*, pp. 85 e ss. Entre nós, veja-se ROMANO MARTINEZ, *Obrigações*, pp. 97 e ss.

de um seguro contra os riscos de transporte. Neste caso, apesar de o art. 938 *c)* referir, algo contraditoriamente que o risco fica a cargo do comprador desde a data da compra, a verdade é que as alíneas *a)* e *b)* do mesmo artigo atribuem-lhe o risco do perecimento ou deterioração da coisa desde o momento em que ela é entregue ao transportador e portanto anteriormente a essa data. A razão prende-se com o facto de a transmissão do seguro contra os riscos do transporte de alguma forma segurar o comprador contra esse risco e não se considerar por isso justificado fazer depender a transmissão do risco do facto de os danos ocorridos durante o transporte se terem verificado antes ou após a celebração do contrato. Exceptua-se, no entanto, o caso de o vendedor já saber, aquando da celebração do contrato, que a coisa se encontrava perdida ou deteriorada e dolosamente não o ter revelado ao comprador de boa fé (art. 938º, nº 2). No entanto, esse regime depende da existência do seguro, pelo que se ele cobrir apenas parte dos riscos, só vigorará em relação à parte segurada (art. 938º, nº 3).

6.10. Compra e venda comercial

Constitui igualmente uma modalidade específica de compra e venda a compra e venda comercial, regulada nos arts. 463º a 476º CCom[214]. Apesar de esporadicamente termos já referido algumas disposições relativas a esta figura, cabe agora proceder ao seu exame geral.

O âmbito de aplicação da compra e venda comercial é-nos referido no art. 463º CCom, que nos seus cinco números considera comerciais:

> "1º As compras de coisas móveis para revender, em bruto ou trabalhadas, ou simplesmente para lhes alugar o uso;
>
> 2º As compras, para revenda, de fundos públicos ou de quaisquer títulos de crédito negociáveis;
>
> 3º A venda de cousas móveis, em bruto ou trabalhadas, e as de fundos públicos e de quaisquer títulos de crédito negociáveis, quando a aquisição houvesse sido feita no intuito de as revender;
>
> 4º As compras e revendas de bens imóveis ou de direitos a elas inerentes, quando aquelas, para estas, houverem sido feitas;
>
> 5º As compras e vendas de partes ou de acções de sociedades comerciais".

[214] Cfr. PEDRO ROMANO MARTINEZ, *Obrigações*, pp. 99 e ss., e ANTÓNIO MENEZES CORDEIRO, *Manual de Direito Comercial*, I, Coimbra, Almedina, 2001, pp. 617 e ss.

Resulta claramente desta disposição que a natureza da compra e venda comercial é essencialmente estabelecida em função do facto de a compra ser realizada com uma posterior intenção de revenda, não sendo assim a coisa destinada a consumo final, mas antes a ser novamente introduzida no circuito comercial, permitindo a obtenção de lucros para o vendedor. Essa intenção específica de revenda apenas é dispensada em relação às compras e vendas de participações em sociedades comerciais, o que se compreende, uma vez que nesses casos mesmo sem revenda não deixa de existir uma aplicação económica por parte do comprador traduzida na expectativa da posterior distribuição de lucros pelas sociedades.

O art. 464º CCom indica-nos, nos seus quatro números situações em que a compra e venda não é considerada comercial. O nº 1 refere o importante caso da compra e venda de bens de consumo, em que a comercialidade é naturalmente excluída, mesmo que viesse a ocorrer uma posterior revenda do bem, uma vez que o comprador nesse caso não exerce qualquer actividade económica, sendo o ganho da revenda considerado como ocasional. Já os nºs 2, 3 e 4 referem-se a situações de compra para revenda verificadas em determinadas actividades económicas, que não são habitualmente consideradas comerciais, como a exploração agrícola (nº 2), produção artesanal (nº 3) e criação de animais (nº 4).

O regime da compra e venda comercial, instituído pelo Código Comercial de 1888, surgiu essencialmente como contraposição ao regime da compra e venda civil do Código Civil de 1867. Actualmente, essa contraposição perdeu, porém, grande parte do seu sentido originário, uma vez que o Código Civil de 1966 veio regular genericamente questões anteriormente tratadas apenas no plano da venda comercial, tornando assim em bom rigor dispensáveis algumas das disposições que a ela se referem[215]. Entre estas normas encontra-se, por exemplo, o art. 465º CCom, relativo ao contrato para pessoa a nomear, que é agora regulado nos arts. 452º e ss. C.C.. Também a determinação do preço, referida no art. 466º CCom é agora regulada no art. 883º C.C. O regime da venda sob amostra, referido no art. 469º CCom, vem a ser agora igualmente abrangido pelo art. 919º C.C.[216]. O regime da venda de coisas não designáveis à vista e por padrão, previsto

[215] Neste sentido, MENEZES CORDEIRO, *Comercial*, I, p. 617.

[216] O art. 471º CCom regula, porém, a reacção contra a desconformidade com a amostra, em termos diferentes do regime civil.

no art. 470º corresponde à generalização, para uma certa categoria de vendas, da segunda modalidade de venda a contento, prevista no art. 924º C.C.[217] A venda de coisas por conta, peso ou medida, prevista no art. 472º CCom, corresponde ao regime da venda genérica, igualmente abrangido pelos arts. 539º e ss. C.C[218]. A venda de coisas incertas ou de esperanças, regulada nos arts. 467º, 1º do CCom, corresponde à venda de bens futuros ou de existência ou titularidade incerta, referida nos arts. 880º e 881º C.C.

Sobram, por isso, actualmente muito poucas regras próprias da venda comercial, que não tenham correspondência na venda civil. Entre elas encontra-se a previsão de que a obrigação de entrega da coisa vendida antes do pagamento do preço devido cessa se o comprador falir antes da entrega, salvo se este prestar caução (art. 468º CCom)[219].

Para além disso, a venda comercial é sujeita a um prazo supletivo de cumprimento da obrigação de entrega distinto do que vigora na compra e venda civil. Efectivamente, o art. 473º CCom dispõe que "se o prazo para a entrega das coisas vendidas não se achar convencionado, deve o vendedor

[217] Cfr., no entanto, também quanto a esta situação, o art. 471º CCom. Na compra e venda comercial de coisas que não se tenham à vista, nem se possam determinar por uma qualidade conhecida no comércio, reconhece-se assim ao comprador um direito potestativo de distratar o contrato, imotivado e discricionário, bastando que, examinando a coisa comprada, ela não lhe convenha. Cfr. Ac. RC 25/9/2007 (Virgílio Mateus), em *CJ* 32 (2007), 4, pp. 19-21. No entanto, passado o referido prazo de 8 dias, o comprador perde a possibilidade de reclamar contra os defeitos da coisa. Cfr. Ac. RG 2/10/2008 (Maria Rosa Tching), em *CJ* 33 (2008), 4, pp. 286-291 e Ac. RP 9/12/2008 (Maria Adelaide Domingos), em *CJ* 33 (2008), 5, pp. 187-190. A norma é, porém, supletiva, podendo as partes estabelecer prazo de garantia superior. Cfr. Ac. STJ 14/10/2008 (Fonseca Ramos), em *CJ* 16 (2008), 3, pp. 68-72.

[218] E não ao regime da venda de coisas sujeitas a contagem, pesagem ou medição, previsto nos arts. 887º e ss., uma vez que este se refere antes a coisas determinadas.

[219] O que é inovador nesta disposição é a possibilidade de se prestar caução, para exigir a entrega antecipada da coisa, em caso de falência do comprador. Efectivamente, na compra e venda civil, uma vez que a falência implica a perda do benefício do prazo (art. 780º), poderia sempre o vendedor recusar o cumprimento, mesmo estando obrigado a cumprir em primeiro lugar (art. 429º), não podendo essa excepção ser afastada mediante a prestação de garantias (art. 428º, nº 2). Ao admitir a prestação de caução nesta hipótese, o art. 468º CCom limita-se a derrogar esta última regra.

Na nossa opinião, o art. 468º CCom não foi revogado pelo art. 105º CIRE. Cfr. Menezes Leitão, *Código da Insolvência e da Recuperação de Empresas Anotado*, 9ª ed., Coimbra, Almedina, 2017, sub art. 105º, nº 4, p. 179. Em sentido contrário, Luís Carvalho Fernandes/João Labareda, *Código da Insolvência e da Recuperação de Empresas Anotado*, 2ª ed., Lisboa, Quid Juris, 2008, sub art. 105º, nº 6, p. 399.

pô-las à disposição do comprador, dentro das vinte e quatro horas seguintes ao contrato, se elas houverem sido compradas à vista", referindo o § único que "se a venda das coisas se não fez à vista, e o prazo da entrega não foi convencionado, poderá o comprador fazê-lo fixar judicialmente". Da mesma forma, se o contrato for celebrado a contado em feira ou mercado, determina o art. 475º CCom., que deve ser cumprido no dia da sua celebração, ou o mais tardar no dia seguinte, estabelecendo ainda o § único que expirados esses prazos "sem que qualquer dos contratantes haja exigido o cumprimento do contrato, haver-se-á este por sem efeito e qualquer sinal passado ficará pertencendo a quem o tiver recebido". Na venda civil vigora a regra geral do art. 777º para a obrigação de entrega, exigindo-se consequentemente a interpelação para constituir o vendedor em mora.

Os direitos do vendedor em caso de não cumprimento do comprador são por outro lado objecto de regulação especial no art. 474º CCom. Dispõe esta norma que "se o comprador de cousa móvel não cumprir com aquilo a que for obrigado, poderá o vendedor depositar a coisa nos termos de direito por conta do comprador ou fazê-la revender". É manifesto que esta norma só se pode aplicar em caso de o vendedor ainda não ter procedido à entrega da coisa, pelo que não nos parece que haja aqui qualquer derrogação do regime do art. 886º, até porque não está em causa uma resolução do contrato[220]. Efectivamente, estando o vendedor obrigado a entregar a coisa vendida contra o pagamento do preço, no caso de o comprador não efectuar o mesmo, pode ou depositar a coisa por conta deste ou revendê-la a outrem. Neste último caso, "a revenda efectuar-se-á em hasta pública ou, se a coisa tiver preço cotado na bolsa ou mercado, por intermédio de corretor, ao preço corrente, ficando salvo ao vendedor o direito ao pagamento da diferença entre o preço obtido e o estipulado e às perdas e danos" (art. 472º CCom, § 1º). Se usar desta faculdade, o vendedor fica obrigado a participar ao comprador o evento (art. 472º CCom, § 2º). Esta revenda consiste numa faculdade atribuída ao vendedor de revender o bem já pertencente ao comprador, para por essa via se cobrar do preço. Uma vez que está em causa um acto de disposição de bens alheios, a lei impõe, por isso, especiais cuidados nessa revenda, exigindo que seja efectuada ao preço corrente, por entidades autorizadas. Se o preço obtido através da revenda não chegar para satisfazer o crédito do vendedor, estará manterá

[220] Em sentido contrário, MENEZES CORDEIRO, *Direito Comercial*, I, p. 621.

o seu direito na parte não satisfeita. Se, pelo contrário, houver excesso, este excesso pertencerá ao comprador, uma vez que é por sua conta que a revenda é realizada.

Impõe-se, por outro lado, na venda comercial ao vendedor a obrigação de emitir factura e recibo do preço (art. 476º CCom).

Um regime específico da compra e venda comercial é ser considerada válida a venda de bens alheios (art. 467º, nº 2 CCom). Uma vez que esta não pode produzir a transmissão da propriedade enquanto o vendedor não adquirir o bem, estabelece nesses casos o § único desta mesma disposição que "o vendedor ficará obrigado a adquirir por título legítimo a propriedade da coisa vendida e a fazer a sua entrega ao comprador sob pena de responder por perdas e danos"[221]. Este regime é ainda complementado com uma protecção especial do comprador de boa fé, que adquire coisas a comerciante, sendo tutelado o seu interesse contratual negativo nessa compra, dado que o art. 1301º C.C. estabelece que "o que exigir de terceiro coisa por este comprada, de boa fé, a comerciante que negoceie em coisa do mesmo ou semelhante género é obrigado a restituir o preço que o adquirente tiver dado por ela, mas goza do direito de regresso contra aquele que culposamente deu causa ao prejuízo".

7. Perturbações típicas do contrato de compra e venda

7.1. Generalidades

O legislador veio estabelecer três casos de perturbações típicas do contrato de compra e venda, que correspondem a situações de cumprimento defeituoso das obrigações do vendedor. É, no entanto, manifesto que não esgotam todas as situações de cumprimento defeituoso, havendo, por isso, que recorrer à parte geral para as situações que não caibam nestes três casos de perturbações típicas[222].

[221] A indemnização abrange, neste caso, o interesse contratual positivo, uma vez que a venda de bens alheios é considerada válida, não havendo consequentemente lugar à restituição do preço, o que só ocorre em caso de nulidade da venda de bens alheios. Não decidiu por isso correctamente o Ac. RC 19/2/2008 (Hélder Roque), em *CJ* 33 (2008), 1, pp. pp. 30-33, ao aplicar o art. 894º a uma venda comercial de bens alheios.

[222] Uma teoria geral do cumprimento defeituoso foi ensaiada por Pedro Romano Martinez, *Cumprimento defeituoso em especial na compra e venda e na empreitada*, Coimbra, Almedina, 1994.

7.2. Venda de bens alheios

7.2.1. Generalidades

Existe venda de bens alheios, sempre que o vendedor não tenha legitimidade para realizar a venda, como sucede no caso de a coisa não lhe pertencer, ou de o direito que possui sobre ela não lhe permitir a sua alienação[223].

O regime da venda de bens alheios, referido nos arts. 892º e ss. baseia-se em certa medida na antiga garantia contra a evicção[224], oriunda do Direito Romano e ainda ainda instituída nos arts. 1626 e ss. do Código Civil Francês[225], 1483 e ss. do Código Civil italiano, bem como nos arts. 898º e ss. do Código de 1867. De acordo com essa configuração, o vendedor, em consequência do contrato de compra e venda, garantiria ao comprador a posse pacífica da coisa vendida, respondendo objectivamente se esta viesse a ser perturbada por uma pretensão de natureza real apresentada por terceiro. O nosso legislador quis abolir especificamente esta garantia, por entender que, uma vez instituída a nulidade da venda de bens alheios (art. 892º), não se justificava responsabilizar autonomamente o vendedor pelo facto de o comprador ser privado do gozo da coisa por terceiro, que a ela tinha direito, através da imposição de uma garantia contra a evicção[226]. No entanto, pese embora essa intenção, a verdade é que o regime da venda de bens alheios não deixa de assentar no pressuposto de que a celebração do contrato de compra e venda garante ao comprador a propriedade da coisa vendida, como se demonstra pelo facto de este responder objectivamente pelos danos causados ao comprador de boa fé pela venda de bens alheios (art. 899º), bem como em virtude do facto de a lei admitir a estipulação de cláusulas de não garantia (art. 903º, nº 2).

[223] Cfr., sobre a venda de bens alheios, PAULO OLAVO CUNHA, "Venda de bens alheios", na *ROA* 47 (1987), pp. 419-472, CARNEIRO DA FRADA, *op. cit.*, pp. 51 e ss., PEDRO ROMANO MARTINEZ, *Obrigações*, pp. 110 e ss. e JOÃO CALVÃO DA SILVA, *Compra e venda de coisas defeituosas. Conformidade e segurança*, 5ª ed., Coimbra, Almedina, 2008, pp. 15 e ss., DIOGO BÁRTOLO, "Venda de bens alheios", em ANTÓNIO MENEZES CORDEIRO/LUÍS MENEZES LEITÃO/JANUÁRIO DA COSTA GOMES, *Estudos em homenagem ao Prof. Doutor Inocêncio Galvão Telles,* IV- *Novos Estudos de Direito Privado,* Coimbra, Almedina, 2003, pp. 383-436, YARA MIRANDA, "Venda de coisa alheia", na *Themis*, ano VI (2005), nº 11, pp. 111-144 e NUNO PINTO OLIVEIRA, *op. cit.*, pp. 133 e ss. Na doutrina italiana, veja-se especificamente RIZZIERI, *op. cit.*, pp. 269 e ss.

[224] Cfr. ANGELO DE MARTINI, "Evizione (Diritto Civile)" no *NovissDI* VI, pp. 1049-1072.

[225] Cfr. sobre este regime, GHESTIN/HUET, *op. cit.*, pp. 226 e ss.

[226] Cfr. GALVÃO TELLES, *BMJ* 83 (1959), pp. 128-129.

7.2.2. Pressupostos da venda de bens alheios

7.2.2.1. Venda como própria de uma coisa alheia específica e presente, fora do âmbito das relações comerciais

O legislador considerou nula a venda de bens alheios (art. 892º), sempre que o vendedor careça de legitimidade para a realizar. Esta solução não é, no entanto, absoluta, dado que é manifesto que essa nulidade não ocorre se a venda tiver por objecto coisa futura, uma vez que nesse caso o art. 893º manda aplicar antes o regime da venda de bens futuros, onde se considera válida a obrigação assumida pelo vendedor (art. 880º). Também a venda de coisa genérica que não pertença ao vendedor não poderá naturalmente ser considerada nula, dado que para a sua estipulação não é necessária a qualidade de proprietário do vendedor, ao tempo da estipulação do contrato (cfr. arts. 539º e ss.). E, por último, na compra e venda comercial, a lei considera perfeitamente lícita a venda do que for propriedade de outrem (cfr. art. 467º, nº 2 CCom.). Em todos esses casos recai sobre o vendedor a obrigação de aquisição e entrega ao comprador das coisas que se comprometeu a vender, não sendo consequentemente aplicável o regime da venda de bens alheios.

De acordo com o disposto no art. 904º, o regime da venda de bens alheios também não se aplica se o vendedor não procede à venda da coisa como própria mas a vende como alheia, mesmo que não tenha legitimidade para o fazer. Assim, se alguém vende um prédio em nome de outrem, sem poderes para o fazer (art. 268º), ou abusa dos seus poderes de representação, no caso em que a outra parte conhecia ou devia conhecer o abuso (art. 269º), o contrato é ineficaz em relação ao verdadeiro proprietário se este não o ratificar, e nunca produz efeitos em relação ao representante, por este não ser parte no negócio.

Assim, *o regime da venda de bens alheios, instituído nos arts. 892º e ss. apenas se poderá aplicar se for vendida como própria uma coisa alheia específica e presente, fora do âmbito das relações comerciais*. Em todos os outros casos, não poderá ser aplicado o regime da venda de bens alheios.

É, no entanto, controvertida a solução da questão, se o vendedor após a celebração da venda tornar a vender a coisa a outrem, que regista primeiro a sua aquisição[227]. Nesse caso, uma vez que o segundo adquirente acaba por se tornar proprietário da coisa, é manifesto que em relação a ele

[227] Cfr. LUMINOSO, *op. cit.*, p. 173.

não se pode sustentar a aplicação do regime da venda de bens alheios[228]. No entanto, a situação do primeiro adquirente também não se enquadra no regime da venda de bens alheios, uma vez que o bem pertencia ao vendedor no momento em que foi vendido. Para algum doutrina existe neste caso uma específica responsabilidade aquiliana do vendedor em relação ao primeiro contraente[229]. Para outra, haverá que aplicar o regime da garantia pela evicção[230]. Para outra ainda, a situação deverá ser qualificada como uma responsabilidade contratual do vendedor por incumprimento da sua obrigação de conservar a aquisição do primeiro comprador[231]. A nosso ver, a situação enquadrar-se-ia no âmbito da garantia contra a evicção e, dado que foi intenção do legislador substituir essa garantia pelo regime da venda de bens alheios, parece que não será forçado defender a aplicação analógica deste regime.

7.2.2.2. Ausência de legitimidade para a venda

O segundo pressuposto da venda de bens alheios é que o vendedor careça de legitimidade para efectuar essa alienação. Em princípio, essa legitimidade apenas é atribuída ao proprietário, mas a lei por vezes estende-a a outras entidades, como o credor pignoratício, mediante prévia autorização judicial (art. 674º) ou o Estado, no caso da venda em execução dos bens do executado (art. 824º). Sendo a venda celebrada por um representante do proprietário, nos limites dos poderes que lhe competem, é o proprietário considerado como o verdadeiro sujeito do negócio (art. 258º), pelo que naturalmente a questão da aplicação do regime da venda de bens alheios não se colocará. Também se se vender uma coisa alheia no âmbito de uma representação sem poderes (art. 268º), designadamente na gestão de negócios representativa (art. 464º e 471º), não haverá aplicação do regime da venda de bens alheios, cabendo ao comprador a possibilidade de revogar ou rejeitar o negócio, enquanto o proprietário o não ratificar, salvo se no momento da celebração conhecia a falta de poderes do representante (art. 268º, nº 4)[232].

[228] Cfr. BAPTISTA LOPES, *Compra e venda*, p. 140.

[229] Cfr. RUBINO, *op. cit.*, pp. 675 e ss. (680) e DE MARTINI, *op. cit.*, p. 1059.

[230] Cfr. BIANCA, *op. cit.*, pp. 751 e ss.

[231] Cfr. GORLA, *op. cit.*, pp. 68 e ss. e 104 e ss.

[232] Neste sentido, PAULO OLAVO CUNHA, *ROA* 47 (1987), p. 425. Em sentido contrário, PEDRO ROMANO MARTINEZ, *Obrigações*, pp. 110-111, nota (3) sustenta que o art. 268º, nº 4,

Já haverá, porém, aplicação do regime da venda de bens alheios se for vendida como própria coisa alheia, ainda que no interesse do seu titular, como sucede no mandato sem representação para alienar (arts. 1180º e ss.) e na gestão de negócios não representativa (art. 471º), a menos que o titular do direito venha posteriormente a regularizar a situação através da assunção das obrigações do vendedor ou da transmissão para este do bem vendido (art. 1182º)[233].

Mesmo faltando a legitimidade do vendedor, a lei em certos casos, por razões de tutela da aparência vem a considerar válida a alienação. É o que acontece na venda de bens da herança efectuada por herdeiro aparente a terceiro de boa fé, referida no art. 2076º, nº 2; na venda de bem sujeito a registo efectuada a terceiro de boa fé por vendedor que adquiriu esse bem com base em negócio nulo ou anulável (art. 291º); e na venda de bem sujeito a registo efectuada pelo titular do registo a seu favor a comprador de boa fé, que procede ao registo da sua aquisição (arts. 5º e 17º nº 2 do C. Reg. Predial e 38º do Código do Registo de Bens Móveis, este último ainda não em vigor). Nestas situações, naturalmente que a falta de legitimidade do vendedor não impede a consideração como válido do negócio e daí que não se verifique a aplicação do regime da venda de bens alheios.

7.2.3. Efeitos da venda de bens alheios

7.2.3.1. Nulidade da venda e obrigação de restituição

O nosso legislador consagrou, por influência do Direito francês, a solução da nulidade da venda de bens alheios. Esta solução tem como fundamento o considerando lógico de que, sendo a venda um contrato translativo da propriedade, a sua celebração por um não proprietário deveria acarretar a nulidade do negócio[234]. No entanto, é uma solução que se pode considerar

estabelece um direito de exercício transitório, valendo, após a recusa de ratificação, o regime da venda de coisa alheia. Esta posição implica, porém, fazer interpretação ab-rogante do art. 904º, uma vez que o representante sem poderes não vende a coisa alheia como própria.

[233] Neste âmbito, já nos afastamos do entendimento de Paulo Olavo Cunha, *ROA* 47 (1987), p. 425 e aderimos à posição de Pedro Romano Martinez, *Obrigações*, pp. 110-111, nota (3). Efectivamente, se o gestor de negócios ou o mandatário vendem a coisa como própria, e uma vez que o comprador é estranho à sua relação com o proprietário, há que aplicar o regime da venda de bens alheios, a menos que a situação venha a ser regularizada ao abrigo do art. 1182º.

[234] A origem desta solução consta do art. 1599 do Código Civil francês de 1804, seguido pelo art. 1555º do nosso Código Civil de 1867, uma vez que no Direito Romano não existia essa regra,

questionável, até porque, conforme se pode verificar, a nulidade da venda de bens alheios tem muito pouco em comum com o regime da nulidade consagrado na parte geral do Código.

Efectivamente, na venda de bens alheios institui-se uma categoria de nulidade sujeita a um regime especial, que se afasta das regras gerais, não apenas quanto à legitimidade para a sua arguição (cfr. art. 286º), mas também quanto ao regime da obrigação de restituição (cfr. art. 289º).

Quanto à legitimidade para arguir a nulidade da venda de bens alheios, ela é profundamente restringida, uma vez que é proibida a sua invocação pela parte que estiver de má fé contra a outra de boa fé, sendo mesmo vedada em qualquer caso ao vendedor a sua invocação sempre que o com-

limitando-se em D.41.1.20.pr. a estabelecer a ineficácia da *traditio*, em caso de inexistência do direito a transmitir. GHESTIN/HUET, *op. cit.*, p. 47 justificam a qualificação como nula da venda de bens alheios com base no cartesianismo da época do *Code Civil*, que considerou a propriedade do vendedor como pressuposto essencial da venda. Efectivamente, sendo à época glorificada a propriedade como direito supremo, o contrato que permitiria a sua transmissão estaria reservado aos proprietários. A nulidade da venda, em caso da sua celebração por um não proprietário, apareceria por isso, como uma solução lógica. Essa solução aliás influenciou autores da pandectística como WINDSCHEID. Cfr. WINDSCHEID/KIPP, *op. cit.*, I, § 172, nº 1, p. 885. Não veio, porém, a ser seguida pelo Código Civil alemão que, instituindo o cariz obrigacional da venda (§ 433 B.G.B.), não estabelece a nulidade da venda de bens alheios. Actualmente, e como também referem GHESTIN/HUET, *op. cit.*, pp. 86 e ss., é, no entanto, de criticar a linearidade da solução. Efectivamente, há muitos casos em que a venda não produz logo a transmissão da propriedade e não se questiona a sua validade. É o caso, por exemplo, da venda genérica (arts. 539º e ss.), da venda de bens futuros (art. 880º) e da compra e venda comercial (art. 467º, nº 2). Nestes casos, a venda é válida, mas só transmite a propriedade quando o vendedor procede à determinação da prestação ou por algum título vem adquirir a coisa, cabendo-lhe a obrigação de proceder a essa aquisição. O comprador nesses casos não pode solicitar a anulação do contrato, cabendo-lhe apenas a acção de cumprimento contra o vendedor relativamente a essa obrigação contratual de aquisição e entrega da coisa. Ora, nenhuns motivos existem para não se ter consagrado essa solução também na venda de bens alheios.

Aquando da elaboração do actual Código Civil, ainda se hesitou na consagração da regra da nulidade da venda de bens alheios. Conforme refere GALVÃO TELLES, *BMJ* 83 (1959), pp. 126-127, optou-se por não aceitar a validade da venda de bens alheios em Direito Civil por ser um "ramo do Direito, onde não se faz sentir com a mesma energia a necessidade de tutela da circulação dos bens e que deve permanecer mais espiritualista", e optou-se pela nulidade em detrimento da anulabilidade, porque "atenta a gravidade da infracção, dada a importância dos interesses em jogo, está indicado que a sanção revista o carácter mais severo da nulidade absoluta".

prador esteja de boa fé (art. 892º *in fine*)[235]. Relativamente a terceiros, não parece que eles possam invocar a nulidade[236], uma vez que a sua instituição é claramente estabelecida no interesse apenas das partes e nos termos acima referidos. Mesmo o verdadeiro proprietário não terá legitimidade para invocar a nulidade, já que em relação a ele o contrato será sempre ineficaz (art. 406º, nº 2), pelo que ele será sempre admitido a exercer a reivindicação (art. 1311º)[237], sem ter que discutir a validade do contrato ou demonstrar que não consentiu na venda[238]. Também não parece que esta nulidade possa ser oficiosamente declarada pelo tribunal, uma vez que tal redundaria numa forma de elidir as proibições da sua invocação[239].

Mas também a obrigação de restituição na venda de bens alheios é sujeita a regras especiais, distintas do que se prevê no art. 289º[240], dado que o art. 894º consagra um regime bastante afastado da obrigação de restituição por invalidade do negócio e próximo da restituição por enriquecimento sem causa, prevista nos arts. 479º e 480º, na medida em que

[235] Conforme refere GALVÃO TELLES, *BMJ* 83 (1959), p. 128, "se as duas partes procederam maliciosamente, sabendo ambas que a *res* pertencia a terceiro, mas agindo como se assim não fora, nenhuma merece protecção, e qualquer delas pode obter a declaração judicial da nulidade do contrato, com a consequente restituição do preço pago, porque é esse o interesse da ordem jurídica. Se o comprador actuou de boa fé, convicto de que o proprietário era o vendedor, então não poderá este opor-lhe a nulidade, sem que importe que da sua parte tenha havido boa fé também: o vendedor, ainda que haja celebrado o contrato na ignorância do vício, deve racionalmente mantê-lo e sujeitar-se às suas consequências. A acção de nulidade só será negada ao comprador e concedida ao vendedor na hipótese menos provável de má fé do primeiro e boa fé do segundo".

[236] Esta é também a doutrina dominante em França, perante o art. 1599º do *Code Civil*. Cfr. GHESTIN/HUET, *op. cit.*, p. 87. Em sentido contrário, GALVÃO TELLES, *BMJ* 83 (1959), p. 138, PEDRO ROMANO MARTINEZ, *Obrigações*, p. 113 e NUNO PINTO OLIVEIRA, *op. cit.*, pp. 155 e ss. No sentido defendido, CARNEIRO DA FRADA, *op. cit.*, p. 53.

[237] Exceptua-se naturalmente o caso de ocorrer uma aquisição tabular ou a usucapião em benefício do comprador, ou quando a lei considere eficaz a alienação perante o verdadeiro proprietário, como se prevê no art. 2076º.

[238] Cfr. BAPTISTA LOPES, *Compra e venda*, pp. 141-142 e CARNEIRO DA FRADA, *op. cit.*, p. 53.

[239] Neste sentido, embora com alguma hesitação, PEDRO ROMANO MARTINEZ, *Obrigações*, p. 115. Em sentido diferente, PAULO OLAVO CUNHA, *ROA* 47 (1987), pp. 452 considera que o tribunal não pode conhecer oficiosamente da nulidade, mas também não pode obrigar o vendedor a entregar coisa que não lhe pertence. Não se vê, porém, nesse entendimento como deverá o tribunal decidir...

[240] Cfr. PIRES DE LIMA/ANTUNES VARELA, *op. cit.*, II, *sub* art. 894º, nº 1, p. 186, BAPTISTA LOPES, *Compra e venda*, p. 145 e ROMANO MARTINEZ, *Obrigações*, p. 113.

faz variar o conteúdo da obrigação de restituição, consoante exista ou não boa fé do obrigado[241].

Efectivamente, se o comprador estiver de má fé, parece que por argumento *a contrario* do art. 894º, nº 1, não poderá pedir a restituição do preço da venda, mas apenas o enriquecimento do vendedor, conforme defende unanimente a doutrina[242]. Caso o comprador esteja de boa fé, pode pedir a restituição do preço "ainda que os bens se hajam perdido, estejam deteriorados ou tenham diminuído de valor por qualquer outra causa". A restrição da parte final do nº 1 é dificilmente compreensível em sede de invalidade, uma vez que, no âmbito dos arts. 289º e 290º, uma situação deste tipo não impede o comprador de exigir a restituição do preço, obrigando-o apenas a restituir simultaneamente o valor correspondente à coisa recebida. O art. 894º só se compreende por isso se se entender que, ao contrário do que resulta do art. 289º, neste caso a restituição do comprador de boa fé fica excluída ou limitada em virtude do perecimento ou deterioração da coisa recebida. Trata-se, assim, da aplicação do limite do enriquecimento (art. 479º, nº 2) a esta restituição, o que é confirmado, em virtude de no art. 894º, nº 2, se prever que, caso ocorra proveito para o comprador em virtude da perda ou diminuição de valor dos bens, esse proveito deve ser abatido na restituição ou indemnização a pagar pelo vendedor. A lei determina assim, para a parte que está de boa fé, apenas a restituição do enriquecimento, obrigando a restituir o obtido à custa de outrem para a parte de má fé, o que leva a concluir que o art. 894º determina uma retituição por enriquecimento sem causa, que em tudo se harmoniza com o regime dos arts. 479º e 480º.

Assumida esta conclusão, tem que se concluir não ser correcta a tese de MENEZES CORDEIRO, depois seguida por CARNEIRO DA FRADA e PAULO MOTA PINTO, que considera aplicável o art. 1269º no âmbito da venda de bens alheios, restringindo em consequência a aplicação do art. 894º, nº 1, se o comprador de boa fé danificar com culpa os bens[243]. Tem

[241] Cfr. MENEZES LEITÃO, *O enriquecimento*, pp. 466 e ss., nota (19), reed., pp. 451 e ss., nota (1336).

[242] Cfr. PIRES DE LIMA/ANTUNES VARELA, *op. cit.*, II, *sub* art. 894º, nº 1, pp. 186-187, BAPTISTA LOPES, *Compra e venda*, p. 145, MENEZES CORDEIRO, *Da Boa Fé no Direito Civil*, Coimbra, Almedina, 1984, p. 501, PAULO OLAVO CUNHA, *ROA* 47 (1987), p. 453 e CARNEIRO DA FRADA, *op. cit.*, p. 55.

[243] Cfr. MENEZES CORDEIRO, *loc. ult. cit.*, CARNEIRO DA FRADA, *loc. ult. cit.*, e PAULO MOTA PINTO, *Interesse contratual negativo e interesse contratual positivo*, II, Coimbra, Coimbra Editora, 2008, pp. 977-978, nota (2738).

antes que se concordar com PIRES DE LIMA e ANTUNES VARELA, quando aplicam esta disposição, mesmo à perda ou deterioração culposa dos bens por parte do comprador, por considerarem que o comprador tem neste caso uma protecção superior à que resultaria da sua simples condição de possuidor de boa fé, e que não deve responder por tais eventos, porque, julgando que a coisa ou o direito lhe pertence, se não podem exigir dele os cuidados que em regra se devem ter na guarda e conservação de coisa alheia[244]. Efectivamente, ao contrário do que sucede na posse (art. 1269º), no âmbito do enriquecimento sem causa o devedor de boa fé não responde pela perda ou deterioração culposa do objecto a restituir, mas apenas pelo seu enriquecimento (art. 479º, nº 2), só se lhe aplicando aquela responsabilidade em caso de má fé (art. 480º). Sendo assim, a solução legal é distinta da aplicação do regime da posse, não podendo aceitar-se uma interpretação restritiva do art. 894º, baseada nesse regime.

7.2.3.2. Eventual convalidação do contrato

Ao contrário do que ocorre no regime geral, a nulidade da venda de bens alheios pode ser sanada se se verificar a posterior aquisição da propriedade pelo alienante. Assim, o art. 895º dispõe que "logo que o vendedor adquira por algum modo a propriedade da coisa ou o direito vendido, o contrato torna-se válido e a dita propriedade ou direito transfere-se para o comprador". Efectivamente, sendo a coisa vendida como própria, o contrato só não produz o efeito translativo que o deveria caracterizar (art. 879º *a)*) em virtude de se verificar o impedimento originário de a coisa vendida não pertencer ao vendedor. Desaparecido esse impedimento, não há motivo para deixar de atribuir ao contrato os efeitos que este originariamente devia produzir, pelo que o art. 895º vem determinar a convalidação do contrato, com a consequente verificação da transferência da propriedade. Trata-se de uma solução que se justifica plenamente, embora não seja facilmente harmonizável com a qualificação como nulidade do valor negativo atribuído à venda de bens alheios[245].

A lei estabelece, no entanto, no art. 896º algumas restrições à possibilidade de convalidação da venda de bens alheios, enumerando situações

[244] Cfr. PIRES DE LIMA/ANTUNES VARELA, *op. cit.*, II, *sub* art. 894º, nº 1 e nº 4, p. 187.

[245] Vem a ser este outro factor que justifica que se pondere o acerto desta qualificação, que a nosso ver só razões conceptuais justificam.

em que esta não ocorre, mesmo que o vendedor venha posteriormente a aquirir o bem vendido. São elas:

a) Pedido judicial de declaração de nulidade do contrato, formulado por um dos contraentes contra o outro; no entanto, e conforme resulta do nº 2 do art. 896º e do art. 892º, a invocação da nulidade não pode ser efectuada pelo vendedor contra o comprador de boa fé, nem pelo comprador doloso contra o vendedor de boa fé, pelo que se o pedido judicial corresponder a alguma destas situações, a convalidação do contrato não será impedida.

b) Restituição do preço ou pagamento da indemnização, no todo ou em parte, com aceitação do credor;

c) Transacção entre os contraentes, na qual se reconheça a nulidade do contrato;

d) Declaração escrita, feita por um dos estipulantes ao outro, de que não quer que o contrato deixe de ser declarado nulo; no entanto, e nos termos dos arts. 896º, nº 2 e 892º, essa declaração será irrelevante e não impedirá a convalidação do contrato se vier a ser oposta pelo vendedor ao comprador de boa fé ou pelo comprador doloso ao vendedor de boa fé.

Assim, na venda de bens alheios a nulidade instituída é uma nulidade provisória, que pode ser sanada mediante a aquisição da propriedade pelo vendedor, salvo se ocorrer alguma destas situações acima referidas. Verificando-se a sanação da invalidade, o contrato produz imediatamente o seu efeito translativo, ficando assim o comprador investido na titularidade do bem.

7.2.3.3. Obrigação de convalidação

A lei determina que, em caso de boa fé do comprador, o vendedor seja obrigado a sanar a nulidade da venda, adquirindo a propriedade da coisa ou o direito vendido (art. 897º). Trata-se mais uma vez de uma solução muito pouco conforme com a consagração da nulidade da venda de bens alheios[246]. Quando o comprador está de boa fé tem direito a que o efeito

[246] Para GALVÃO TELLES, *BMJ* 83 (1959), p. 127 a existência desta obrigação não contradiz o regime da nulidade, por não se tratar de uma obrigação contratual, mas antes legal. Uma vez que não emerge de uma compra e venda válida, mas nula, não se pode dizer que tenha por fonte

translativo, que não resultou automaticamente da celebração do contrato, venha a ser posteriormente produzido, adquirindo um direito de crédito sobre o vendedor a que este proceda à aquisição do bem, o que determina a convalidação do contrato e a consequente transmissão da propriedade para o comprador (art. 895º).

O cumprimento desta obrigação dependerá, naturalmente, da concordância do titular do direito, dado que, se este não puder ou não quiser proceder à alienação do bem, nada poderá o vendedor fazer.

A obrigação do vendedor só é cumprida se for o próprio vendedor a adquirir o bem, em ordem a que se possa produzir a convalidação da venda para efeitos do art. 895º. Se o vendedor proporcionar ao comprador a aquisição da propriedade por outra via (por exemplo, por transmissão ao comprador da coisa pelo seu efectivo proprietário), a situação corresponderá antes a uma dação em cumprimento.

Nos casos em que o vendedor esteja obrigado à convalidação do contrato, o comprador pode solicitar judicialmente a declaração de nulidade do contrato apenas a título subsidiário, para a hipótese em que o vendedor não proceda a essa convalidação no prazo que lhe for fixado pelo tribunal (art. 897º, nº 2).

7.2.3.4. Indemnização

Outra consequência da venda de bens alheios é a possibilidade de atribuição de uma indemnização pelos danos eventualmente sofridos. O nosso legislador, numa formulação algo complexa, estabelece três fundamentos de indemnização, no âmbito dos quais se estabelece um concurso de pretensões:

a) indemnização por qualquer das partes em caso de dolo;
b) indemnização pelo vendedor ao comprador de boa fé, com fundamento na garantia da sua legitimidade;

o contrato, mas antes a lei, que estabelece a obrigação de convalidação por considerações de justiça. Assim, a validade não apareceria como pressuposto desta obrigação, mas seu eventual resultado. Já BAPTISTA LOPES, *Compra e venda*, p. 149 contesta esta explicação, considerando que não se pode afirmar existir na venda de bens alheios uma verdadeira nulidade, tratando-se esta de uma invalidade mista.
A verdade, no entanto, é que, quer na venda de bens alheios nula (art. 897º), quer na venda de bens futuros válida (art. 880º), o vendedor é obrigado a proceder à aquisição do bem, em ordem a permitir a verificação do efeito translativo. O regime da nulidade apresenta-se por isso totalmente dispensável, face à consagração desta obrigação.

c) indemnização pelo vendedor ao comprador de boa fé por incumprimento da obrigação de convalidar o contrato.

Examinemos sucessivamente estes fundamentos de indemnização:

a) indemnização por qualquer das partes em caso de dolo;
A indemnização em caso de dolo encontra-se prevista no art. 898º. A expressão "dolo" encontra-se aqui utilizada no mesmo sentido do que o referido no art. 253º, a também designada "má fé"[247], não pressupondo, por isso, apenas o ilícito intencional, mas também o praticado com negligência consciente. Está aqui, portanto, em causa a dissimulação do carácter alheio da coisa através do emprego de sugestões ou artifícios com o fim de enganar ou manter em erro a outra parte. Estando esta de boa fé, adquire por isso o direito a ser indemnizada pelos danos causados variando a indemnização consoante a nulidade da venda de bens alheios tenha sido sanada ou não. No primeiro caso, a indemnização toma por base os danos causados por o contrato não ser *ab initio* válido, abrangendo assim o interesse contratual positivo. No segundo caso, a indemnização limita-se aos danos que não ocorreriam se o contrato não tivesse sido celebrado, ou seja, ao interesse contratual negativo, o que constitui uma solução típica da *culpa in contrahendo* (art. 227º)[248]. Efectivamente, sendo nulo o contrato não se justifica incluir o interesse de cumprimento no âmbito da indemnização. Tal pressupõe a constituição do direito de crédito, para o que se exige a convalidação do contrato.

Se não existir dolo de qualquer das partes, por ambas se encontrarem em erro sobre o carácter alheio da coisa, naturalmente que nenhuma delas poderá ser responsabilizada nos termos do art. 898º, mesmo que tenha actuado com culpa. Se a culpa pela celebração da venda de bens alheios for do comprador, ele não será sujeito a qualquer espécie de responsabilidade. Se for do vendedor, a situação é enquadrada no âmbito do art. 899º, de que falaremos em seguida[249].

[247] Neste sentido, cfr. MENEZES CORDEIRO, *Da Boa Fé*, pp. 498 e ss, PAULO OLAVO CUNHA, *ROA* 47 (1987), p. 452, e ROMANO MARTINEZ, *Obrigações*, p. 117. Hesitante, CARNEIRO DA FRADA, *op. cit.*, p. 58, nota (16).

[248] Cfr. MENEZES CORDEIRO, *Da Boa Fé*, p. 498.

[249] Cfr. PIRES DE LIMA/ANTUNES VARELA, *op. cit.*, II, sub art. 898, nº 3, p. 191 e BAPTISTA LOPES, *op. cit.*, p. 151.

b) indemnização pelo vendedor ao comprador de boa fé, com fundamento na garantia da sua legitimidade;

Em relação ao vendedor, uma vez que ele é obrigado a garantir a sua legitimidade, o art. 899º vem estabelecer uma responsabilidade objectiva pelos danos causados ao comprador, a qual, como é tradicional neste tipo de responsabilidade não atribui uma reparação integral. Efectivamente, essa norma dispõe que "o vendedor é obrigado a indemnizar o comprador de boa fé, ainda que tenha agido sem dolo nem culpa; mas, neste caso, a indemnização abrange apenas os danos emergentes, que não resultem de despesas voluptuárias". Daqui resulta que o vendedor responde sempre objectivamente pelos danos emergentes, mas não pelos lucros cessantes[250], sofridos pelo comprador em virtude da sua falta de legitimidade, desde que não tenham resultado de despesas voluptuárias (cfr. art. 216º, nº 3). Em relação a estas, bem como aos lucros cessantes, a sua indemnizabilidade depende do facto de o vendedor ter actuado com dolo ou negligência[251]. Quanto à questão de saber a quem deve competir o ónus da prova da culpa do vendedor, parece que, estando em causa o incumprimento de uma garantia, o vendedor se deve presumir culpado, nos termos do art. 799º, pelo que a limitação da sua responsabilidade aos danos emergentes não resultantes de despesas voluptuárias dependerá de ele ter elidido a presunção que sobre ele recaía.

c) indemnização pelo vendedor ao comprador de boa fé por incumprimento da obrigação de convalidar o contrato.

Conforme acima se referiu, em caso de boa fé do comprador, o vendedor é obrigado a sanar a nulidade da venda, adquirindo a propriedade da coisa ou o direito vendido (art. 897º, nº 1). Sendo esta uma obrigação como qualquer outra (art. 397º), naturalmente que o vendedor estará sujeito, nos termos gerais à responsabilidade obrigacional, em caso de incumprimento (arts. 798 e ss.), impossibilidade culposa (arts. 801º e ss.) ou mora no cum-

[250] Há aqui uma restrição ao disposto no art. 564º, nº 1 que estabelece que normalmente o dever de indemnizar não abrange só o prejuízo causado, mas também os benefícios que o lesado deixou de obter em consequência da lesão. No âmbito da venda de bens alheios o vendedor não responderá assim objectivamente pelo facto de, em consequência, da nulidade da venda, o comprador ter perdido a oportunidade de revender com lucro o bem comprado.

[251] É este o sentido da expressão "dolo ou culpa", no âmbito do art. 899º, sendo, portanto, aqui a expressão "dolo" usada em sentido diferente da do art. 898º.

primento (arts. 804º e ss.). Esta indemnização abrange, por isso, naturalmente o interesse contratual positivo[252].

Nada impede, por isso, o comprador de boa fé por isso de exigir indemnização ao vendedor também com este fundamento, o qual é cumulável com os fundamentos anteriormente referidos. O art. 900º, nº 1, admite efectivamente um concurso de pretensões neste âmbito, ao referir que " a respectiva indemnização acresce à regulada nos artigos anteriores, excepto na parte em que o prejuízo seja comum". Esta cumulação vem a ser excluída, no entanto, em relação à indemnização por lucros cessantes resultantes de dolo do vendedor, nos termos do art. 898º, admitindo-se aí apenas um concurso alternativo de pretensões, dado que o art. 900º, nº 2, estabelece que "no caso previsto no art. 898º, o comprador escolherá entre a indemnização dos lucros cessantes pela celebração do contrato nulo e a dos lucros cessantes pela falta ou retardamento da convalidação".

7.2.3.5. Garantia de restituição por benfeitorias

Conforme sabe, em face do art. 1273º tanto o possuidor de boa fé como o de má fé têm direito a ser indemnizados das benfeitorias necessárias que hajam feito e, bem assim, a levantar as benfeitorias úteis realizadas na coisa, desde que o possam fazer sem detrimento dela (nº 1). Quando, para evitar o detrimento da coisa, não haja lugar ao levantamento de benfeitorias, satisfará o titular do direito ao possuidor o valor delas, calculado segundo as regras do enriquecimento sem causa (nº 2)[253].

Adquirindo o comprador, na venda de bens alheios, a posse titulada do bem (art. 1259º), terá direito assim, independentemente da sua boa ou má fé, a exigir do proprietário a restituição das benfeitorias, necessárias ou úteis, que tenha feito na coisa, podendo ter inclusivamente direito de retenção da coisa (art. 754º), salvo se estiver de má fé (art. 756º *b)*).

O direito do comprador ao reembolso das benfeitorias ocorre no âmbito das relações proprietário-possuidor, às quais o vendedor seria, em princípio, estranho. No entanto, o art. 901º atribui ao comprador de boa fé a possibilidade de exigir, não apenas ao proprietário, mas também ao ven-

[252] Cfr. CARNEIRO DA FRADA, *op. cit.*, p. 59.

[253] Sobre o conteúdo desta obrigação, que se funda no princípio da restituição do enriquecimento sem causa, cfr. MENEZES LEITÃO, *O Enriquecimento*, pp. 828 e ss., reed., pp. 799 e ss.

dedor, o seu direito ao reembolso das benfeitorias, ao estabelecer que "o vendedor é garante solidário do pagamento das benfeitorias que devam ser reembolsadas pelo dono da coisa ao comprador de boa fé". O vendedor tem assim que satisfazer ao comprador, quando lhe for exigido, o reembolso das benfeitorias que ele fez na coisa, podendo posteriormente exercer contra o proprietário o direito de regresso em relação a tudo o que houver pago, dado que é o proprietário que adquire o benefício correspondente às benfeitorias.

7.2.4. Casos especiais

7.2.4.1. Venda de bens parcialmente alheios

No caso de os bens serem parcialmente alheios, admite o art. 902º do Código Civil a possibilidade de o contrato valer na parte restante por aplicação do art. 292º, determinando que nesse caso aplicar-se-ão as disposições antecedentes quanto à parte nula e reduzir-se-á proporcionalmente o preço estipulado.

A venda de bens parcialmente alheios pode ocorre em duas situações: numa, o vendedor aliena toda uma coisa, quando apenas é dono de uma parte material da mesma; noutra, o vendedor aliena toda a coisa, quando é dono apenas de uma quota abstracta da mesma, como sucede na compropriedade[254]. A esta última situação não será naturalmente aplicável o art. 902º, uma vez que o art. 1408º, nº 2, considera neste caso integralmente aplicável o regime da venda de coisa alheia. O preceito será assim aplicável apenas à primeira situação, como nos exemplos de o vendedor incluir na venda do seu edifício o logradouro pertencente a um vizinho ou fazer abranger na venda de uma biblioteca alguns livros pertencentes a terceiro[255].

Neste caso, a situação que ocorre é a de apenas se ter verificado parte do efeito translativo que se encontrava estipulado no contrato, o que constitui uma hipótese de invalidade parcial, havendo então que aplicar o regime do art. 292º que determina que o negócio só será totalmente nulo, se se puder concluir que ele não teria sido celebrado sem a parte viciada. A concluir-se nesse sentido, aplica-se totalmente o regime da venda de bens alheios. Caso, porém, se admita a redução do negócio, haverá que proceder a uma

[254] Cfr. LUMINOSO, *op. cit.*, p. 124.

[255] Cfr. PIRES DE LIMA / ANTUNES VARELA, *op. cit.*, sub art. 902º, p. 194.

limitação da aplicação desse regime à parte viciada, mantendo-se, porém, vigente o negócio quanto à parte válida, com uma redução do preço respectivo, redução essa que se opera através de uma diminuição da quantia devida na exacta medida em que não se verificou o efeito translativo.

7.2.4.2. Venda de coisa indivisa por apenas um dos seus titulares

A aplicação do regime da venda de bens alheios pode igualmente verificar-se em relação a coisa indivisa, como sucede quando um dos seus co-titulares vende uma parte especificada ou a totalidade da coisa, sem consentimento dos restantes[256]. Uma vez que a lei exige a unanimidade dos co-titulares para os actos de disposição sobre a coisa indivisa (cfr. art. 1408º, nº 1, e 2091º), apenas permitindo a disposição isolada da própria quota (art. 1408º, nº 1 e 2124º e ss.)[257] é manifesto que haverá também falta de legitimidade, para efeitos do art. 892º, sempre que um acto de disposição sobre a totalidade ou parte da coisa indivisa seja praticado sem o consentimento dos restantes titulares.

Assim, no âmbito da compropriedade, a lei prevê expressamente que se o comproprietário vier a alienar ou onerar parte especificada da coisa comum, sem consentimento dos outros consortes, tal será considerado como alienação ou oneração de coisa alheia (art. 1408º, nº 2). Naturalmente que esta disposição se aplicará, por maioria de razão, aos casos em que o comproprietário resolva alienar toda a coisa comum. Não concordamos, por isso, com a tese defendida por Vaz Serra e Ribeiro de Faria, que admitem, para estes casos uma conversão e redução simultânea do negócio, convertendo-se a venda da coisa comum na venda da quota ideal e reduzindo-se o contrato à venda dessa quota-parte[258]. Efectivamente, a manutenção do contrato com estas modificações vai implicar uma alteração substancial da posição do adquirente, que o pretendia ser de um bem integral, e é transformado em mero adquirente de uma quota indivisa, o que dificilmente corresponderá à sua vontade, especialmente se ele ignorava o estado de indivisão[259]. Parece-nos, portanto, de aplicar integralmente

[256] Cfr. Vaz Serra, "Anotação Ac. STJ 3/12/1968", na *RLJ* 103 (1970), pp. 55-61.

[257] A qual, no entanto, é objecto de um direito de preferência atribuído aos restantes titulares. Cfr. arts. 1410º e 2130º.

[258] Cfr. Vaz Serra, *RLJ* 103 (1970), pp. 59-60 e Ribeiro de Faria, *Obrigações*, I, p. 79, nota (1).

[259] Cfr. Ghestin/Huet, *op. cit.*, p. 90.

o regime da venda de bens alheios, que implicará a nulidade integral do negócio (art. 894º), salvo se o vendedor vier a adquirir as quotas dos restantes consortes (art. 895º).

A aplicação do regime da venda de bens alheios verifica-se apenas em relação às partes, sendo também em relação aos outros consortes considerado o negócio como ineficaz, a menos que dêem o seu consentimento, pelo que estas não carecem de solicitar a declaração de invalidade do negócio, podendo comportar-se como se não tivesse sido celebrado[260].

7.2.5. Restrições convencionais ao regime da venda de bens alheios

O art. 903º vem estabelecer a possibilidade de as partes, ao abrigo da sua autonomia privada, estabelecerem um regime diferente de garantia contra a falta de legitimidade do vendedor, regime esse que pode naturalmente passar pelo aumento ou pela diminuição dos termos legais dessa garantia, instituído nos arts. 894º, no nº 1 do art. 897º, no art. 899º, no nº 1 do art. 900º e no art. 901º. Exceptua-se, porém, a situação de o contraente a quem a convenção aproveitaria houver actuado com dolo e de boa fé o outro estipulante, uma vez que nesse caso não se estará perante um efectivo exercício da autonomia privada. A lei, aliás, não admite a derrogação do art. 898º que determina precisamente o conteúdo da indemnização exigível em caso de dolo do vendedor. Haverá, no entanto, limites à estipulação das partes já que, se a responsabilidade do vendedor por facto próprio for totalmente excluída, tal constituirá uma cláusula de exclusão da responsabilidade, proibida pelo art. 809º[261].

Uma das formas de derrogar a aplicação do regime da venda de bens alheios consiste na cláusula em que o vendedor declara que não garante a sua legitimidade ou não responde pela evicção[262], referindo o art. 903º, nº 2 que essa declaração contratual "envolve derrogação de todas as disposições legais a que o número anterior se refere, com excepção do preceituado no art. 894º". Consequentemente, essa cláusula apenas se traduz numa

[260] Cfr. VAZ SERRA, *RLJ* 103 (1970), p. 58.

[261] No mesmo sentido, veja-se o art. 1487, II do *Codice Civile* italiano.

[262] Não deixa de ser estranha a referência à evicção nesta disposição, sabendo-se que o legislador pretendeu abolir essa garantia. É, no entanto, manifesto, conforme se salientou, que o regime da venda de bens alheios se continua a basear de alguma forma na imposição de uma garantia relativa à situação de proprietário do vendedor, como demonstra o facto de deixar de ser aplicado, a partir do momento em que as partes estabelecem a inexistência dessa garantia.

exclusão da responsabilidade pelos danos, mas não exonera o vendedor da obrigação de restituir integralmente o preço recebido, a compensar com um eventual enriquecimento do comprador. Essa derrogação apenas pode ocorrer na hipótese de convenção expressa, que torne essa venda "a risco e perigo do comprador"[263], como na situação da venda de bens em que se assuma expressamente o carácter incerto da sua titularidade, em que o comprador se mantém vinculado ao pagamento do preço (cfr. art. 881º).

7.3. Venda de bens onerados

7.3.1. Pressupostos da venda de bens onerados

A venda de bens onerados encontra-se prevista no art. 905º, que a define como a situação que se verifica "se o direito transmitido estiver sujeito a alguns ónus ou limitações que excedam os limites normais inerentes aos direitos da mesma categoria"[264]. O que caracteriza a venda de bens onerados é assim a existência de ónus ou limitações no direito transmitido. Esses ónus ou limitações constituem *vícios do direito,* afectando assim a situação jurídica e não as qualidades fácticas da coisa. Mas, para poderem determinar a aplicação do regime da venda de bens onerados, esses ónus ou limitações têm que exceder os limites normais inerentes aos direitos da mesma categoria. Não é assim qualquer ónus ou limitação existente que permite a aplicação deste regime, mas apenas aqueles que normalmente não se verificam aquando da transmissão deste tipo de direitos.

Aqui se compreendem, por exemplo, a existência de direito reais de gozo (usufruto, uso e habitação e servidões prediais[265]) ou de garantia sobre a coisa vendida (consignação de rendimentos, penhor, hipoteca, privilégios ou retenção), o facto de ela ter sido locada a outrem[266] ou objecto de

[263] Cfr. o art. 1488, II, do *Codice* italiano.

[264] Cfr. CARNEIRO DA FRADA, *op. cit.,*, pp. 65 e ss., ROMANO MARTINEZ, *Obrigações,* pp. 121 e ss., CALVÃO DA SILVA, *Compra e venda*, pp. 30 e ss., e NUNO PINTO OLIVEIRA, *op. cit.*, pp. 241 e ss.

[265] Relativamente à superfície, defendem PIRES DE LIMA/ANTUNES VARELA, *op. cit., sub* art. 905º, nº 3, p. 197 que, em virtude de esta envolver a separação entre dois domínios (o solo e a obra ou plantação), não se deverá aplicar o regime da venda de bens onerados, mas antes o da venda de bens alheios, quer quando seja o proprietário do solo a efectuar a sua venda com o implante, quer quando seja o superficiário a vender o implante, juntamente com a propriedade do solo. A esta posição veio aderir CARNEIRO DA FRADA, *op. cit.*, p. 66.

[266] Inclui-se neste âmbito quer a locação voluntária, quer os arrendamentos impostos como o arrendamento judicial da casa de morada de família, previsto no art. 1793º do Código Civil.

apreensão judicial (penhora, arresto, arrolamento). Apesar de não expressamente prevista, parece que se poderá aqui também incluir a susceptibilidade de o bem ser objecto de expropriação por utilidade pública por, por exemplo, já tiver sido objecto de declaração de utilidade pública ou estar prevista a sua afectação a esse fim em plano director[267]. As restrições impostas ao gozo dos bens por vínculos de interesse histórico, artístico ou paisagístico, por razões ambientais e as servidões militares também poderão igualmente desencadear a aplicação do regime da venda de bens onerados[268]. Da mesma forma, o facto de a coisa vendida infringir direitos intelectuais de outrem, como os direitos de autor ou a propriedade industrial, deve igualmente considerar-se susceptível de determinar a aplicação do regime da venda de bens onerados, na medida em que as possibilidades de utilização e comercialização da coisa pelo comprador ficarão neste caso consideravelmente reduzidas[269].

Pelo contrário, já não poderão determinar a aplicação do regime da venda de bens onerados, por constituirem limites normais aos direitos da mesma categoria, as restrições derivadas das relações de vizinhança (art. 1346º e ss.), as servidões legais[270] ou as restrições à edificabilidade impostas por planos directores[271].

Já se poderá, no entanto, aplicar o regime da venda de bens onerados à existência de irregularidades jurídicas no bem vendido, que impeçam o gozo ou a disposição deste pelo comprador[272], desde que a situação não seja por lei sujeita a considerações especiais. Assim, caso se trate de venda de veículos automóveis, em que ocorra a falta, viciação ou alterações dos respectivos documentos, parece que se poderá considerar a situação como incumprimento da obrigação de entrega (art. 882º, nº 2), não se justificando

[267] Cfr. Luminoso, *op. cit.*, p. 133.

[268] Cfr. Luminoso, *op. cit.*, p. 137.

[269] Assim, Ghestin/Huet, *op. cit.*, p. 237. No art. 42º da Convenção de Viena sobre a venda internacional de mercadorias chega-se a prever expressamente que "os bens vendidos devem ser livres de qualquer direito ou pretensão de terceiro, fundada sobre a propriedade industrial ou outra propriedade intelectual".

[270] Cfr. Galvão Telles, *BMJ* 83 (1959), p. 130, Pires de Lima/Antunes Varela, *op. cit.*, II, sub art. 905º, nº 1, p. 197 e Baptista Lopes, *Compra e venda*, p. 161.

[271] Cfr. Luminoso, *op. cit.*, p. 137 e Pires de Lima/Antunes Varela, *op. cit.*, II, sub art. 905º, nº 4, p. 197.

[272] Sobre este tipo de venda, cfr. Rubino, *op. cit.*, p. 704, Bianca, *op. cit.*, pp. 732 e ss. e Luminoso, *op. cit.*, pp. 139 e ss.

assim a aplicação do regime da venda de bens onerados[273]. Este regime já poderá ser, porém, aplicado à venda de imóveis construídos sem a respectiva licença de construção ou utilização[274], dado que, apesar da proibição do art. 1º, nº 1, D.L. 281/99, de 26 de Julho, na redacção do D.L. 116/2008, de 4 de Julho, esse diploma não estipula que a sua infracção determine a nulidade da venda celebrada nessas condições, podendo apenas determinar a aplicação de coimas ou outras sanções acessórias (arts. 5º e 6º D.L. 281/99).

A lei não contemplou, no entanto, a hipótese de o vendedor assegurar ao comprador a existência de especiais vantagens jurídicas em relação à coisa, que excedem o normal nos direitos da mesma categoria, mas que depois se verifica não existirem (ex: servidões activas sobre o prédio vizinho, benefícios fiscais, ou edificabilidade com certas características). Na doutrina italiana tem sido defendida, neste caso, a aplicabilidade do regime da venda de bens onerados por analogia[275]. Entre nós, uma posição considerou a situação enquadrável no regime da venda de coisas defeituosas[276], enquanto que para outra haveria antes que aplicar o regime geral do incumprimento com os matizes impostos pela proximidade com a venda de bens onerados[277]. Parece-nos, no entanto, que a aplicação por analogia do regime da venda de bens onerados constitui a melhor solução.

7.3.2. Efeitos da venda de bens onerados

7.3.2.1. Generalidades

A disciplina da venda de bens onerados baseia-se na atribuição de sucessivos remédios ao comprador que examinaremos se seguida. Esses remédios passam em primeiro lugar pela anulação do contrato por erro ou dolo ou

[273] No Ac. RL 10/4/2008 (José Eduardo Sapateiro), em *CJ* 33 (2008), 2, pp. 106-112, consoiderou-se esta situação como cumprimento defeituoso do contrato de compra e venda por inadequação da coisa para o fim a que se destina (art. 913º), reconhecendo-se ao comprador o direito de resolver o contrato por perda de interesse ao abrigo do art. 808º. A nosso ver, a situação corresponde antes a um incumprimento da obrigação de entrega (art. 882º, nº 2).

[274] No mesmo sentido, Romano Martinez, *Obrigações*, p. 123. Em sentido contrário, no Ac. STJ 6/4/2000 (Dionísio Correia) na *CJ-ASTJ* 8 (2000), 2, pp. 27-28, considerou-se integrar a figura geral do cumprimento defeituoso a não obtenção prévia da licença de utilização na venda de imóvel.

[275] Cfr. Rubino, *op. cit.*, 704, Bianca, *op. cit.*, pp. 739 e ss. e Luminoso, *op. cit.*, p. 138.

[276] Cfr. Pires de Lima/Antunes Varela, *op. cit.*, sub art. 905º, nº 5, p. 198

[277] Cfr. Carneiro da Frada, *op. cit.*, p. 68.

pela redução do preço, podendo ainda ser exigida do vendedor a competente responsabilidade civil pelos danos causados.

7.3.2.2. Anulabilidade do contrato por erro ou dolo

O primeiro remédio que a lei confere ao comprador é a *anulação do contrato*. A lei estabelece assim para a venda de bens onerados um desvalor menos grave do que na venda de bens alheios, não considerando o contrato nulo, mas apenas anulável. Efectivamente, o contrato é anulável por erro ou dolo, desde que se verifiquem no caso concreto os requisitos legais da anulabilidade. Em caso de erro, exige-se, portanto, a essencialidade e a cognoscibilidade dessa essencialidade do erro para o declaratário (art. 251º e 247º). Em caso de dolo, basta que o dolo tenha sido determinante da vontade do declarante (art. 254º, nº 1), salvo se provier de terceiro, caso em que se exige igualmente que o destinatário conhecesse ou devesse conhecer a situação (art. 254º, nº 2).

7.3.2.3. Eventual convalescença do contrato

No entanto, esta anulabilidade é objecto de uma regulação especial, uma vez que o art. 906º, nº 1, admite que esta fique sanada se vierem a desaparecer por qualquer modo os ónus ou limitações a que o direito estava sujeito. Neste âmbito, o art. 906º desvia-se da regra estabelecida no art. 288º, que estabelece que a extinção do vício não sana automaticamente a anulabilidade, apenas permitindo ao interessado confirmar o negócio se assim o entender. No âmbito da venda de bens onerados, apesar de a lei fazer assentar o fundamento de anulação do contrato na viciação da vontade do comprador por erro ou dolo (art. 905º), também entende que a posterior extinção dos ónus ou limitações retira ao comprador o interesse em solicitar a anulação do negócio, pelo que estabelece automaticamente a sua convalescença, em caso de ocorrer a extinção dos vícios do direito.

A solução é, no entanto, algo artificial porque a convalescença do contrato depende de a posição do comprador não ter sido por alguma forma afectada em consequência dos vícios do direito. Efectivamente, a lei dispõe que a anulabilidade persiste se a existência dos ónus ou limitações já houver causado prejuízo ao comprador, ou se este já tiver pedido em juízo a anulação da compra e venda (art. 906º, nº 2). Assim, se o comprador deixou de receber o rendimento que contava obter pelo bem, em consequência de este ser objecto de um usufruto ou locação, ou se viu obrigado a pagar juros ao credor pignoratício ou hipotecário, em ordem a evitar a imediata execução, naturalmente que o direito à anulação do contrato não será afectado. Também se o comprador solicitar em juízo a anulação da compra e venda, a anulabilidade subsiste, apesar da extinção dos ónus ou limitações. Parece, porém, que, por analogia com o disposto no art. 897º, nº 2, essa anulação do contrato pode ser pedida a título subsidiário, para a hipótese de o vendedor não realizar a expurgação no prazo a que seja obrigado (art. 907º, nº 1). Nessa hipótese, apesar da instauração da acção judicial de anulação, naturalmente que a extinção dos ónus ou limitações também levará à convalescença do contrato[278].

7.3.2.4. Obrigação de fazer convalescer o contrato e de cancelamento dos registos

A lei estabelece ainda para o vendedor a obrigação de sanar a anulabilidade do contrato, mediante a expurgação dos ónus ou limitações existentes (art. 907º, nº 1). Pode assim o comprador requerer em lugar da anulação do contrato a expurgação dos ónus ou limitações. A obrigação de efectuar a expurgação depende naturalmente da existência de erro do comprador relativamente à existência de ónus ou limitações, já que, se o comprador tivesse conhecimento da existência desses ónus ou limitações, tal significaria que o bem foi vendido nessas condições, tendo o seu preço sido fixado tomando em consideração a desvalorização que os ónus ou limitações implicam.

Constituindo a expurgação uma obrigação do vendedor, cabe ao comprador exigir-lhe o seu cumprimento, não lhe sendo permitido substituir-se ao vendedor nesse acto para efeitos de exigir-lhe o posterior reembolso do que tivesse despendido. Nada impede, porém, o comprador de proceder à expurgação à sua própria custa, se assim entender[279].

7.3.2.5. Indemnização

Outro efeito da venda de bens onerados é a possibilidade de atribuição ao comprador de uma indemnização pelos danos eventualmente sofridos. À semelhança do que também sucede na venda de bens alheios, o nosso

[278] Neste sentido, veja-se Baptista Lopes, *Compra e venda*, p. 163.

[279] Cfr. Pires de Lima/Antunes Varela, *op. cit.*, II, sub art. 907º, nº 1, p. 199 e Baptista Lopes, *Compra e venda*, p. 164.

legislador vem estabelecer três fundamentos de indemnização, no âmbito dos quais se estabelece um concurso de pretensões:

a) indemnização em caso de dolo;
b) indemnização em caso de simples erro;
c) indemnização por incumprimento da obrigação de fazer convalescer o contrato.

Examinemos sucessivamente estes fundamentos de indemnização:

a) indemnização em caso de dolo;
A indemnização em caso de dolo encontra-se prevista no art. 908º, que estabelece que, nesse caso, "o vendedor, anulado o contrato, deve indemnizar o comprador do prejuízo que este não sofreria se a compra e venda não tivesse sido celebrada". A expressão "dolo" encontra-se aqui utilizada no mesmo sentido do que o referido no art. 253º, a também designada "má fé", não pressupondo, por isso, apenas o ilícito intencional, mas também o praticado com negligência consciente. Está aqui, portanto, em causa a dissimulação pelo vendedor dos ónus ou limitações existentes na coisa através do emprego de sugestões ou artifícios com o fim de enganar ou manter em erro o comprador. Sendo anulado o contrato com esse fundamento, este adquire o direito a ser indemnizado pelos danos causados, sendo a indemnização limitada aos danos que não ocorreriam se o contrato não tivesse sido celebrado, ou seja, ao interesse contratual negativo, o que mais uma vez constitui uma solução típica da *culpa in contrahendo* (art. 227º). Esta indemnização permite, no entanto, abranger tanto danos emergentes como lucros cessantes, incluindo designadamente os prejuízos causados pela privação do capital correspondente ao pagamento do preço, o facto de não ter podido aplicar esse capital numa operação mais vantajosa, as despesas judiciais com a acção de anulação, etc[280].

b) indemnização em caso de simples erro;
Existindo simples erro do comprador, mesmo perante a ausência de dolo do vendedor, o art. 909º não deixa de estabelecer, em caso de anulação do

[280] Cfr. PIRES DE LIMA/ANTUNES VARELA, *op. cit.*, II, sub art. 908º, nº 3, p. 201 e BAPTISTA LOPES, *Compra e venda*, p. 166. Em sentido contrário, MENEZES CORDEIRO, *Tratado*, XI, pp. 221 e ss.

contrato, a responsabilidade objectiva do vendedor pelos danos causados ao comprador, a qual, como é tradicional neste tipo de responsabilidade não atribui uma reparação integral. O fundamento desta responsabilização é o pressuposto de o vendedor, no momento em que procede à venda do bem, dever garantir, independentemente de culpa sua, que o bem vendido se encontra livre de ónus ou encargos, respondendo pelos danos causados se tal não se verificar. Assim, o art. 909º dispõe que "nos casos de anulação fundada em simples erro, o vendedor também é obrigado a indemnizar o comprador, ainda que não tenha havido culpa da sua parte, mas a indemnização abrange apenas os danos emergentes do contrato". Daqui resulta que o vendedor responde sempre objectivamente pelos danos emergentes, mas não pelos lucros cessantes, sofridos pelo comprador em virtude da aquisição do bem sujeito a ónus ou limitações. Ao contrário do que se estabeleceu no art. 899º, admite-se, porém, neste caso que os danos emergentes abranjam a realização de despesas voluptuárias[281].

c) indemnização por incumprimento da obrigação de fazer convalescer o contrato. Conforme acima se referiu, o vendedor é ainda obrigado a fazer convalescer o contrato, mediante a expurgação dos ónus ou limitações existentes (art. 907º, nº 1). Sendo esta uma obrigação como qualquer outra (art. 397º), naturalmente que o vendedor estará sujeito, nos termos gerais à responsabilidade obrigacional, em caso de incumprimento (arts. 798º e ss.), impossibilidade culposa (arts. 801º e ss.) ou mora no cumprimento (arts. 804º e ss.).

Nada impede, por isso, o comprador de exigir indemnização ao vendedor também com este fundamento, o qual é cumulável com os fundamentos anteriormente referidos. O art. 910º, nº 1, admite efectivamente um concurso de pretensões neste âmbito, ao referir que " a correspondente indemnização acresce à regulada nos artigos anteriores, excepto na parte em que o prejuízo seja comum". Esta cumulação vem a ser excluída, no entanto, em relação à indemnização por lucros cessantes resultantes de dolo do vendedor, nos termos do art. 908º, admitindo-se aí apenas um concurso alternativo de pretensões, dado que o art. 900º, nº 2, estabelece que "no caso previsto no art. 908º, o comprador escolherá entre a indemni-

[281] Cfr. PIRES DE LIMA/ANTUNES VARELA, *op. cit.*, II, sub art. 909º, nº 2, p. 201 e BAPTISTA LOPES, *Compra e venda*, p. 166.

zação dos lucros cessantes pela celebração do contrato que veio a ser anulado e a dos lucros cessantes pela facto de não ser sanada a anulabilidade".

7.3.2.6. Redução do preço

No art. 911º, nº 1, refere-se que "se as circunstâncias mostrarem que, sem erro ou dolo, o comprador teria igualmente adquirido os bens, mas por preço inferior, apenas lhe caberá o direito à redução do preço, de harmonia com a desvalorização resultante dos ónus ou limitações, além da indemnização que no caso competir". A redução do preço, que corresponde à antiga *actio quanti minoris*, aparece assim como uma alternativa à anulação do contrato em consequência do erro ou do dolo, estabelecida no art. 905º, alternativa essa que é imposta ao comprador sempre que se possa comprovar que os ónus ou limitações não influiriam na sua decisão de adquirir o bem, mas apenas no preço que ele pagaria. Cabe assim ao vendedor, confrontado com uma acção de anulação e pretendendo a subsistência do contrato, o ónus da prova de que o comprador teria igualmente adquirido os bens por preço inferior[282]. Nada impede, porém, o comprador de solicitar imediatamente a redução do preço, caso esteja apenas interessado nesta e não na anulação do contrato, podendo também efectuá-la a título subsidiário para a hipótese de não proceder o pedido de anulação do contrato[283].

Estabelece o nº 2 do art. 911º "que são aplicáveis à redução do preço os preceitos anteriores, com as necessárias adaptações". Uma vez que a redução do preço aparece em alternativa à anulação do contrato, exclui esta (art. 905º), bem como a obrigação de fazer convalescer o contrato (art. 907º) e a indemnização pelo não cumprimento dessa obrigação (art. 910º). Caberá assim apenas ao comprador, além da própria redução do preço, a indemnização, que terá conteúdo variável, consoante exista dolo do vendedor (art. 908º) ou simples erro (art. 909º).

7.3.3. Restrições convencionais a este regime

À semelhança do que sucede na venda de bens alheios, o art. 912º vem estabelecer a possibilidade de as partes, ao abrigo da sua autonomia privada, estabelecerem um regime diferente de garantia contra a existência de ónus ou encargos no direito transmitido, regime esse que pode natu-

[282] Cfr. Baptista Lopes, *Compra e venda*, p. 167.

[283] Cfr. Pires de Lima/Antunes Varela, *op. cit.*, II, sub art. 911º, nº 3, p. 203.

ralmente passar pelo aumento ou pela diminuição dos termos legais dessa garantia, instituídos nos nºs 1 e 3 do art. 907º (obrigação de expurgar os ónus ou limitações e de proceder ao cancelamento dos registos), no art. 909º (indemnização em caso de simples erro) e no nº 1 do art. 910º (responsabilidade pelo não cumprimento da obrigação de fazer convalescer o contrato). Exceptua-se, porém, a situação de o contraente a quem a convenção aproveitaria houver actuado com dolo e de boa fé o outro estipulante, uma vez que nesse caso não se estará perante um efectivo exercício da autonomia privada.

7.4. Venda de coisas defeituosas

7.4.1. Generalidades

O regime da venda de coisas defeituosas é tratado pelo Código Civil com base numa diferenciação dogmática. Se a venda é realizada, sendo a propriedade da coisa logo transmitida ao comprador, e esta já é defeituosa ao tempo da celebração do contrato, então estaremos presente uma situação de erro do comprador ao adquirir uma coisa com defeitos, sendo o contrato anulável por erro nos termos gerais (art. 913º e 905º). Se o defeito na coisa ocorre após a celebração do contrato e esta é entregue nessas condições estaremos perante uma situação de cumprimento defeituoso, se o defeito é imputável ao vendedor (art. 918º)[284], ou de risco, em princípio a cargo do comprador, na hipótese contrária (art. 796º, nº 1). É também considerada como incumprimento da obrigação de entrega as situações de entrega de coisa defeituosa, nos casos em que a venda respeita a coisa futura ou a coisa indeterminada de certo género (art. 918º). Efectivamente, uma vez que a coisa ainda não se existe ou não está determinada no momento da celebração do contrato de compra e venda, não pode haver erro do comprador, ocorrendo antes uma situação de cumprimento defeituoso se for entregue uma coisa como defeito.

Só que esta dualidade de regimes implica graves disparidades de tratamento, que na prática se podem dificilmente justificar. Assim, se o comprador escolher numa ourivesaria um anel de brilhantes e posteriormente nele descobrir um risco, tem que demonstrar um erro seu para anular o negócio e apenas tem direito à restituição do preço e a uma indemnização pelos danos emergentes com base no interesse contratual negativo (arts.

[284] Cfr. Galvão Telles, *Obrigações*, p. 340.

915º e 909º). Se, porém, se limitar a encomendar um anel de brilhantes à ourivesaria e o vendedor entregar um anel riscado, considera-se haver incumprimento do vendedor (art. 918º) e a indemnização naturalmente abrange o interesse contratual positivo. Por esse motivo, existem na doutrina posições que se pronunciam contra esta dualidade de regimes e propugnam igualmente o enquadramento da venda de coisa específica no regime do incumprimento, através da defesa da tese de que o erro referido nos arts. 913º e 905º e ss. diz respeito não à fase da formação, mas da execução do contrato[285]. Outros autores mantêm, porém, o entendimento de que o regime da venda específica de coisas defeituosas não se reconduz ao cumprimento defeituoso, exigindo antes um erro em sentido técnico[286], posição que, embora não sendo a melhor *de jure condendo*, nos parece ser a que se encontra consagrada *de jure condito*. A tendência dos diversos ordenamentos jurídicos é, no entanto, a de proceder a uma unificação dos dois regimes, considerando que em ambos os casos se deve considerar existir incumprimento da obrigação de entrega, uma vez que, independentemente de a coisa ser específica ou genérica, o vendedor tem sempre a obrigação de a entregar em conformidade com o contrato, considerando-se existir incumprimento, sempre que se verificar alguma falta de conformidade[287]. Esta simplificação do regime já foi aliás adoptada em documentos supranacionais de harmonização do regime da venda, como a Convenção de Viena sobre a venda internacional de mercadorias, e a Directiva 1999/44/CE sobre a venda de bens de consumo e garantias associadas, transposta pelo

[285] Esta é a tese de João Baptista Machado, "Acordo negocial e erro na venda de coisas defeituosas", no *BMJ* 215 (1972), pp. 5-95 (45 e ss.), seguida por Romano Martinez, *Cumprimento defeituoso*, pp. 52 e ss,, e 294 e ss., e *Obrigações*, pp. 133 e ss., e por Carneiro da Frada, "Erro e incumprimento na não-conformidade da coisa com o interesse do comprador", em *Dir.* 121 (1989), pp. 461-484 (463 e ss.) e em Menezes Cordeiro (org.), *Obrigações*, pp. 89 e ss. Em sentido próximo, veja-se ainda Calvão da Silva, *Responsabilidade do produtor*, Coimbra, Almedina, 1990, pp. 181 e ss., *maxime* 253 e ss. e *Compra e venda*, pp. 42 e ss.

[286] Esta é a tese defendida por Pires de Lima/Antunes Varela *op. cit.*, *sub* art. 913, nº 4, pp. 206 e ss., Antunes Varela, "Cumprimento imperfeito do contrato de compra e venda. A excepção do contrato não cumprido", em *CJ* 12 (1987), 4, pp. 21-48 (29 e ss.), Teixeira de Sousa, "O cumprimento defeituoso e a venda de coisas defeituosas" em Antunes Varela/ Diogo Freitas do Amaral/Jorge Miranda/J. J. Gomes Canotilho, *Ab Uno ad Omnes. 75 Anos da Coimbra Editora*, Coimbra, Coimbra Editora, 1998, pp. 567-585. e Nuno Pinto Oliveira, *op. cit.*, pp. 232 e ss.

[287] Uma análise do debate na doutrina francesa pode ser confrontada em Ghestin/Huet, *op. cit.*, pp. 178 e ss. Cfr. também a nova redacção dos §§ 434 e ss. BGB.

D.L. 67/2003, de 8 de Abril, posteriormente alterado pelo D.L. 84/2008, de 21 de Maio. No entanto, uma vez que esse diploma deixou inalterado o regime geral do Código Civil, continuaremos a analisar esse regime, aplicável genericamente à compra e venda, fazendo depois referência ao regime do D.L. 67/2003, alterado pelo D.L. 84/2008, aplicável à venda de bens de consumo, ainda que esta última situação constitua a hipótese estatisticamente mais frequente.

7.4.2. Pressupostos de aplicação do regime da venda específica de coisas defeituosas

Em relação à venda de coisas específicas, o art. 913º, nº 1, qualifica-a como defeituosa se ela "sofrer de vício que a desvalorize ou impeça a realização do fim a que é destinada, ou não tiver as qualidades asseguradas pelo vendedor, ou necessárias para a realização daquele fim", esclarecendo ainda o nº 2 que "quando do contrato não resulte o fim a que a coisa vendida se destina, atender-se-á à função normal das coisas da mesma categoria".

Temos assim incluídos no art. 913º quatro tipos de situações:

a) vícios que desvalorizem a coisa;
b) vícios que impeçam a realização do fim a que é destinada;
c) falta de qualidades asseguradas pelo vendedor;
d) falta de qualidades necessárias à realização daquele fim.

O art. 913º já não abrange, no entanto, situações de deficiência quantitativa da coisa, que correspondem ou a casos de incumprimento parcial na venda genérica (art. 918º) ou desencadearão a aplicação dos arts. 887º e ss.

A aplicação do regime da venda de coisas defeituosas assenta em dois pressupostos de natureza diferente, sendo o primeiro a ocorrência de um defeito e o segundo a existência de determinadas repercussões desse defeito no âmbito do programa contratual.

Quanto ao primeiro pressuposto, a lei faz incluir assim no âmbito da venda de coisas defeituosas, quer os vícios da coisa, quer a falta de qualidades asseguradas ou necessárias. Apesar de a distinção entre vícios e falta de qualidades não se apresentar tarefa fácil[288], parece que se poderá

[288] O Código italiano trata separadamente estas duas realidades. Cfr. os seus arts. 1490º e 1497º. No entanto, a própria doutrina italiana afirma que a distinção entre vícios e falta de qualidades da coisa é empresa destinada ao insucesso. Cfr. LUMINOSO, *op. cit.*, p. 143.

sustentar que a expressão "vícios", tendo um conteúdo pejorativo, abrangerá as características da coisa que levam a que esta seja valorada negativamente, enquanto que "a falta de qualidades", embora não implicando a valoração negativa da coisa, a coloca em desconformidade com o contrato.

Em relação ao segundo pressuposto, para que os defeitos da coisa possam desencadear a aplicação do regime da venda de coisas defeituosas torna-se necessário que eles se repercutam no programa contratual, originando uma de três situações: a desvalorização da coisa; a não correspondência com o que foi assegurado pelo vendedor e a sua inaptidão para o fim a que é destinada. A primeira situação refere-se aos vícios e a segunda à falta de qualidades, enquanto que a terceira abrange estas duas situações.

A desvalorização da coisa enquadra-se numa concepção objectiva de defeito, resultando do facto de o vício implicar que a coisa valha menos do que sucederia se não o tivesse. Sendo esse um factor bastante comum, parece, no entanto, de exigir que a desvalorização tenha algum significado, recusando-se a aplicação do regime da venda de coisas defeituosas, quando esta seja insignificante.

A não correspondência com o que foi assegurado pelo vendedor ocorre sempre que este tenha certificado ao comprador a existência de certas qualidades na coisa e esta certificação não corresponda à realidade, estando-se assim também perante uma concepção objectiva de defeito. A certificação pelo vendedor de que a coisa tem certas qualidades tanto pode ser efectuada expressa como tacitamente nos termos gerais (art. 217º), podendo essa certificação inclusivamente resultar da exibição de amostra ou modelo (art. 919º).

O impedimento da realização do fim a que a coisa se destina corresponde, pelo contrário, a uma concepção subjectiva do defeito, estando em causa as utilidades específicas que o comprador pretende que lhe sejam proporcionadas pela coisa. Esta indicação do fim tem, no entanto, que ser aceite pelo vendedor, ainda que tal possa ocorrer tacitamente, como sucederá no caso de o comprador indicar ao vendedor que pretende dar um uso específico ao bem, concordando ele com esse facto. Se, no entanto, não houver aceitação de uma destinação específica da coisa pelo vendedor, entende-se que a coisa se destina à função normal das coisas da mesma natureza (art. 913º, nº 2).

7.4.3. Efeitos da venda específica de coisas defeituosas

7.4.3.1. Generalidades

O art. 913º *in fine* estabelece, em caso de venda de coisas defeituosas, a aplicação do regime da venda de bens onerados, em tudo o que não for modificado pelas disposições do próprio regime da venda de coisas defeituosas. Aplicam-se, assim, também à venda de coisas defeituosas os remédios da anulação do contrato por erro ou dolo ou da redução do preço, podendo ainda ser exigida do vendedor a competente responsabilidade civil pelos danos causados. Já a obrigação de expurgação dos ónus ou encargos é substituída pela correspondente obrigação de reparação ou substituição da coisa.

Examinemos assim sucessivamente estas acções.

7.4.3.2. Anulação do contrato por erro ou dolo

O art. 913º remete para o regime da venda de bens onerados, sendo assim também aplicável o disposto nos arts. 905º e ss., com excepção do que for modificado pelas próprias disposições do regime da venda de coisas defeituosas. Assim, o comprador que tiver adquirido a coisa com defeito pode solicitar a *anulação do contrato*, por erro ou dolo, desde que se verifiquem no caso concreto os requisitos legais da anulabilidade. Assim, em caso de erro, exige-se, a essencialidade e a cognoscibilidade dessa essencialidade do erro para o declaratário (art. 251º e 247º). Em caso de dolo, basta que o dolo tenha sido determinante da vontade do declarante (art. 254º, nº 1), salvo se provier de terceiro, caso em que se exige igualmente que o destinatário conhecesse ou devesse conhecer a situação (art. 254º, nº 2).

7.4.3.3. Reparação ou substituição da coisa

No âmbito da venda de bens onerados, o vendedor é obrigado a sanar a anulabilidade, através da expurgação dos ónus ou limitações, ou do cancelamento dos registos, no caso de eles lá constarem sem efectivamente existirem (art. 907º). No âmbito da venda de coisas defeituosas, essa obrigação é substituída pela de reparar os defeitos da coisa, ou de a substituir, no caso de ser necessário, e esta tiver natureza fungível (art. 914º). O fundamento desta obrigação é a garantia edilícia prestada pelo vendedor, no âmbito da qual resulta que ele garante tacitamente a inexistência de defeitos no bem vendido, tendo assim que o reparar ou substituir, salvo se naturalmente o vendedor tiver conhecimento do vício ou da falta de qualidades da coisa[289]. Do art. 914º resulta uma primazia da solução da reparação da coisa pela solução da substituição, apenas sendo esta última aplicável se se tornar efectivamente necessário e a coisa tiver natureza fungível.

Refere o art. 914º *in fine*, numa solução questionável, que essa obrigação não existe se o vendedor desconhecia sem culpa o vício ou a falta de qualidade de que a coisa padece. O regime da garantia edilícia não assenta assim, entre nós, numa responsabilidade objectiva do vendedor, mas apenas numa presunção de culpa relativamente à venda da coisa com defeitos, que pode ser elidida mediante a demonstração de que o vendedor se encontrava numa situação de desconhecimento não culposo dos defeitos da coisa. Hoje, em dia, no entanto, em face da produção dos bens em série, facílimo se tornará demonstrar a ocorrência dessa situação, pelo que nos parece questionável *de iure condendo* esta solução. Em qualquer caso, no entanto, o desconhecimento não culposo do vendedor, se exclui a obrigação de reparação ou substituição, não impede o comprador de solicitar a aulação do contrato por erro ou dolo, verificados os respectivos pressupostos.

7.4.3.4. Indemnização

Em virtude da remissão do art. 913º *in fine* é também aplicável à venda de coisas defeituosas o regime dos arts. 908º e ss. que determinam a possibilidade de atribuição ao comprador de uma indemnização pelos danos eventualmente sofridos, havendo apenas em sede de venda de coisas defeituosas uma especialidade, constante do art. 915º. Há, assim, também nesta sede três fundamentos de indemnização, no âmbito dos quais se estabelece um concurso de pretensões:

a) indemnização em caso de dolo;
b) indemnização em caso de simples erro;
c) indemnização por incumprimento da obrigação de fazer convalescer o contrato.

Examinemos sucessivamente estes fundamentos de indemnização:

a) indemnização em caso de dolo;
A indemnização em caso de dolo encontra-se prevista no art. 908º, norma que não é objecto de qualquer derrogação no âmbito da venda de coisas

[289] Cfr. Baptista Lopes, *Compra e venda*, p. 175.

defeituosas e que, portanto, se aplica integralmente neste sede, por força da remissão do art. 913º *in fine*. Assim, sempre que o vendedor tiver actuado com dolo – no sentido referido no art. 253º, e abrangendo portanto casos de negligência consciente – deve indemnizar o comprador do prejuízo que este não sofreria se a compra e venda não tivesse sido celebrada. Assim, sempre que o vendedor tiver empregue sugestões ou artifícios no sentido de dissimular ao comprador os defeitos existentes na coisa, este adquire, sendo anulado o contrato com esse fundamento, o direito à indemnização pelos danos causados. Conforme acima, se referiu, esta indemnização, embora abrangendo danos emergentes e lucros cessantes, é limitada aos danos que não teriam ocorrido se o contrato não tivesse sido celebrado, ou seja, ao interesse contratual negativo, o que mais uma vez constitui uma solução típica da *culpa in contrahendo* (art. 227º).

b) indemnização em caso de simples erro;
Encontra-se também prevista, por força da remissão do art. 913º, em sede de venda de coisas defeituosas uma indemnização pelo vendedor ao comprador, em caso de simples erro, ainda que limitada aos danos emergentes do contrato (art. 909º). Esta indemnização abrange assim os danos emergentes (incluindo as despesas voluptuárias) mas não os lucros cessantes, resultantes da aquisição da coisa com defeito. No entanto, o art. 915º vem restringir as condições em que pode ser exigida essa indemnização, ao referir que ela também não é devida nos casos em que o vendedor ignorava sem culpa o vício ou a falta de qualidade de que a coisa padece. Assim, em sede de venda de coisas defeituosas, já não há uma responsabilidade integralmente objectiva do vendedor pelos danos causados ao comprador em resultado dos defeitos da coisa, admitindo o art. 915º que o vendedor se possa exonerar de responsabilidade, demonstrando que desconhecia sem culpa o vício ou a falta de qualidade da coisa, ónus cuja prova lhe cabe. Já acima se criticou *de iure condendo* esta previsão.

c) indemnização por incumprimento da obrigação de reparação ou substituição da coisa.
Também em virtude da remissão do art. 913º *in fine*, aplica-se em sede de venda de coisas defeituosas o art. 907º, sendo a referência ao incumprimento da obrigação de fazer convalescer o contrato naturalmente substituída pela referência à obrigação de reparar ou substituir a coisa, referida

no art. 914º. Efectivamente, sendo a obrigação de reparação ou substituição uma obrigação como outra qualquer (art. 397º), naturalmente que o vendedor estará sujeito, nos termos gerais à responsabilidade obrigacional, em caso de incumprimento (arts. 798 e ss.), impossibilidade culposa (arts. 801º e ss.) ou mora no cumprimento (arts. 804º e ss.).

Nada impede, por isso, que também na venda de coisas defeituosas o comprador peça indemnização ao vendedor pelo incumprimento da obrigação de reparar ou substituir a coisa ou por mora nesse cumprimento. O art. 910º, nº 1, aplicável por força do art. 913º, admite efectivamente um concurso de pretensões neste âmbito, ao referir que " a correspondente indemnização acresce à regulada nos artigos anteriores, excepto na parte em que o prejuízo seja comum". Esta cumulação vem a ser excluída, no entanto, em relação à indemnização por lucros cessantes resultantes de dolo do vendedor, nos termos do art. 908º, também aplicável por força do art. 913º, admitindo-se aí apenas um concurso alternativo de pretensões, dado que o art. 910º, nº 2, estabelece que "no caso previsto no art. 908º, o comprador escolherá entre a indemnização dos lucros cessantes pela celebração do contrato que veio a ser anulado e a dos lucros cessantes pela facto de não ser sanada a anulabilidade".

7.4.3.5. Redução do preço

Por força do art. 913º é também aplicável em sede de venda de coisas defeituosas a acção de redução do preço (*actio quanti minoris*), estabelecida no art. 911º, nº 1. Conforme acima se referiu esta acção constitui uma alternativa à anulação do contrato em consequência do erro ou do dolo, estabelecida no art. 905º, alternativa essa que é imposta ao comprador sempre que se possa comprovar que os vícios ou falta de qualidades de que a coisa padece não influiriam na sua decisão de adquirir o bem, mas apenas no preço que estaria disposto a pagar por ele.

7.4.3.6. Forma e prazos de exercício do direito

A lei regula especificamente a forma de exercício dos direitos pelo comprador de coisa defeituosa, uma vez que o art. 916º, nº 1 estabelece que o comprador deve denunciar ao vendedor o vício ou a falta de qualidade da coisa, excepto se este tiver usado de dolo. Há, assim a imposição ao comprador de um ónus de denúncia dos defeitos da coisa ao vendedor, com o qual se visa permitir-lhe adquirir conhecimento dos defeitos da coisa vendida, que poderia ignorar. Esse ónus é apenas excluído em caso de dolo do vendedor, o que se compreende uma vez que se ele, através de sugestões ou artifícios, dissimulou os defeitos na coisa vendida, nada justifica que pudesse exigir uma prévia denúncia desses defeitos. Caberá ao comprador a prova de ter cumprido o ónus da denúncia ou de que se verificou o dolo por parte do vendedor.

Uma vez que a lei não sujeita a denúncia dos defeitos a forma especial, aplica-se o regime geral da liberdade de forma do art. 219º, podendo inclusivamente a denúncia ser realizada tacitamente (art. 217º). A citação para a acção (art. 219º CPC), se efectuada dentro do prazo, vale como denúncia dos defeitos, podendo também ser empregue para esse efeito a notificação judicial avulsa (art. 256º CPC).

Os prazos para denúncia dos defeitos variam consoante se trate de bens móveis ou imóveis. Em relação aos bens móveis, o prazo de denúncia é de trinta dias depois de conhecido o defeito e dentro de seis meses após a entrega da coisa (art. 916º, nº 2). Em caso de imóveis esses prazos sobem para respectivamente um e cinco anos (art. 916º, nº 3). Esses prazos aplicam-se cumulativamente, pelo que, se não for observado qualquer deles, caducarão os direitos conferidos ao comprador que pressupõem a denúncia dos defeitos. É, no entanto, de referir que, enquanto o prazo a contar da descoberta dos defeitos vale independentemente para cada defeito e que portanto se pode renovar sempre que forem descobertos novos defeitos, o prazo a contar da entrega da coisa vale para a generalidade dos defeitos da coisa. Para que esse prazo se inicie é, no entanto, necessário que a entrega da coisa seja material, uma vez que em caso de entrega simbólica ou formal o comprador não ficará em condições de se aperceber dos defeitos da coisa. Em aplicação desse entendimento refere, aliás, o art. 922º que na venda de coisas que devam ser transportadas de um lugar para outro, os prazos que a lei manda contar a partir da entrega só começam a correr no dia em que o credor as receber[290].

Em caso de não cumprimento destes prazos, caducam todos os direitos conferidos ao comprador em caso de simples erro, ou seja, a anulação com esse fundamento, a redução do preço, a reparação ou substituição e a indemnização em caso de simples erro ou por incumprimento da obrigação de reparação. A lei acrescenta ainda no art. 917º que a acção de anulação

[290] Cfr. Pires de Lima/Antunes Varela, *op. cit.*, II, sub art. 916º, nº 2, p. 212.

com base em simples erro, além de pressupor a denúncia dentro desses dois prazos deve ainda ser instaurada no prazo de seis meses, salvo se o contrato ainda não estiver integralmente cumprido, caso em que poderá ser instaurada a todo o tempo (arts. 917º e 287º, nº 2). Apesar de a letra da lei ser restrita à acção de anulação, parece que este prazo deverá ser aplicado igualmente em relação a todas as acções conferidas ao comprador com base em simples erro, uma vez que não se justifica a grande divergência de regime de se aplicar a estas o prazo geral de prescrição[291].

Em caso de dolo do vendedor, não há qualquer ónus de o comprador efectuar a denúncia dos defeitos, pelo que a acção de anulação pode ser instaurada dentro do prazo de um ano a contar da cessação do vício (art. 287º, nº 1), sendo esse prazo igualmente aplicável à redução do preço e à reparação ou substituição da coisa. Já relativamente à indemnização em caso de dolo, parece valer o regime geral de prescrição da responsabilidade pré-contratual (art. 227º e 498º, nº 2).

7.4.3.7. Cláusulas de exclusão da garantia

À semelhança do que sucede com a venda de bens onerados, também na venda de coisas defeituosas podem ser admitidas estipulações contrárias à garantia, a não ser que o vendedor tenha procedido com dolo e as cláusulas contrárias àquelas normas visem beneficiá-lo (cfr. art. 912º, aplicável por força do art. 913º). A prática conhece algumas cláusulas deste género como a respeitante à "venda no estado em que se encontra"[292].

7.4.4. O regime dos defeitos supervenientes e dos defeitos na venda de coisa futura ou na venda de coisa genérica

Refere o art. 918º que "se a coisa, depois de vendida e antes de entregue, se deteriorar, adquirindo vícios ou perdendo qualidades, ou a venda respeitar a coisa futura, ou a coisa indeterminada de certo género, são aplicáveis as regras relativas ao não cumprimento das obrigações". Daqui resulta que, sempre que os defeitos da coisa não correspondam a vícios da coisa

[291] Cfr. PIRES DE LIMA/ANTUNES VARELA, *op. cit.*, II, sub art. 917º, nº 3, p. 213. Na jurisprudência, cfr. Ac. RC 22/5/2007 (ISAÍAS PÁDUA) na *CJ* 32 (2007), 3, pp. 15-18, Ac. STJ 5/6/2008 (ALBERTO SOBRINHO), em *CJ-ASTJ* 16 (2008), 2, pp. 106-108 e Ac. RC 1/2/2011 (BARATEIRO MARTINS), em CJ 36 (2011), 1, pp. 25-29.

[292] Cfr. LUMINOSO, *op. cit.*, p. 150.

específica comprada, já existentes no momento da venda, não é aplicável o regime dos arts. 913º e ss., baseado primordialmente na consideração da situação como erro ou dolo, que viciou o contrato. Antes se manda aplicar o regime do não cumprimento das obrigações.

Por força desta remissão, haverá que distinguir se os vícios na coisa entregue são imputáveis ao vendedor ou não, devendo~se presumir a primeira situação, por força do disposto no art. 799º. Sendo o vício imputável ao vendedor, este responde pelos danos causados ao comprador (arts. 798º e ss.), podendo ele consequentemente exigir a indemnização correspondente aos prejuízos que lhe causou o cumprimento defeituoso ou resolver o contrato sem prejuízo de reclamar a correspondente indemnização pelos prejuízos resultantes da sua celebração (art. 801º). Demonstrando-se que os vícios não são imputáveis ao vendedor, temos uma questão de risco pela perda ou deterioração da coisa, o qual corre por conta do comprador nos casos de defeito superveniente e por conta do vendedor, no caso de venda de coisa futura ou de coisa genérica (art. 408º, nº 2 e 540º).

Em caso de os vícios serem imputáveis ao vendedor, este responde por incumprimento do contrato nos termos gerais do art. 798º, pelo que a indemnização abrange o interesse contratual positivo. Neste caso, a acção a instaurar pelo comprador está apenas sujeita ao prazo ordinário de prescrição (art. 309º).

7.4.5. Venda sobre amostra

À semelhança do que prevêem os arts. 1588 do Código francês. 1522 do Código italiano e o art. 469º do Código Comercial, vem o art. 919º do Código Civil referir a situação da venda sob amostra. Nos termos desta disposição "sendo a venda feita sob amostra, entende-se que o comprador assegura a existência, na coisa vendida, de qualidades iguais às da amostra, salvo se da convenção ou dos usos resultar que esta serve somente para indicar de modo aproximado as qualidades do objecto". Estamos assim numa situação em que a venda de uma coisa específica é realizada por referência a outro objecto, indicado como amostra ou modelo. Neste caso, mesmo que não exista qualquer estipulação das partes sobre as qualidades do objecto vendido, a lei considera estipulada a existência de qualidades iguais às da amostra no bem vendido, o que determinará a aplicação do regime da venda de coisas defeituosas (arts. 913º e ss.), no caso de essas qualidades afinal não se verificarem.

Admite-se, porém, que da convenção ou dos usos possa resultar que a amostra não tenha efeito vinculativo, servindo apenas para indicar de modo aproximado as qualidades do objecto. Nessa situação, o vendedor assegurará ao comprador apenas qualidades próximas da amostra, e não as exactas qualidades desta.

7.4.6. Venda de animais

O art. 920º refere-nos que ficam ressalvadas as leis especiais ou, na falta destas os usos, sobre a venda de animais defeituosos. Existe assim um regime especial relativo a animais defeituosos, composto ou pela legislação especial que a eles se refere ou pelos usos da venda destes animais, o que implica que as disposições do Código Civil relativas à venda de coisas defeituosas só se apliquem neste caso subsidiariamente em tudo o que não for contrariado pelas disposições constantes do regime especial.

Actualmente existe um regime especial para regulação da actividade da venda de animais de companhia, constante do D.L. 276/2001, de 17 de Outubro, alterado pela Lei 95/2017, de 23 de Agosto. Esse diploma não se refere, porém, às situações de venda de animais defeituosos, ainda que essa situação seja mitigada pela obrigação de entrega de declaração médica relativa ao estado de saúde do animal (art. 54º *c)*).

Há, no entanto, leis especiais antigas relativas à venda de animais defeituosos, sendo a mais importante o Decreto de 16 de Dezembro de 1886, cujos arts. 49º e 58º regulam a compra e venda – ou troca – de animais domésticos defeituosos[293]. A estes há ainda que acrescentar as disposições que regulam a venda de solípedes para o Exército e a Guarda Nacional Republicana, respectivamente, os arts. 61º a 64º do Decreto nº 18 563, de 5 de Julho de 1930[294], e os arts. 25º a 29º do Decreto nº 13 544, de 28 de Abril de 1927.

Examinando apenas o regime geral do Decreto de 16 de Abril de 1886, verifica-se que ele contempla apenas certas categorias de animais domésticos, em relação aos quais enumera uma lista de doenças, que considera *a título supletivo* como vícios redibitórios do animal. Estas doenças são para

[293] Estes artigos encontram-se transcritos em Baptista Lopes, *Compra e venda*, pp. 185 e ss. Cfr. ainda Pires de Lima/Antunes Varela, *op. cit.*, sub art. 920º, p. 216 e António Pinto Monteiro, "Venda de animal defeituoso", na *CJ* 19 (1994), 5, pp. 5-11.

[294] Estes artigos encontram-se transcritos em Baptista Lopes, *Compra e venda*, pp. 188 e ss.

os cavalos, jumentos e mulos: *a)* o mormo, o laparão; *b)* a imobilidade; *c)* o enfisema pulmonar; *d)* o sibilo crónico da respiração; *e)* a birra; *f)* as manqueiras intermitentes devido a moléstia antiga; *g)* a fluxão periódica dos olhos; *h)* as manhas, que tornem o animal impróprio para os usos a que é destinado. Para os bois é referida apenas a tísica tuberculosa; para os carneiros, a gafeira ou morrinha (a qual basta ser reconhecida num carneiro para se considerar redibitório todo o rebanho); e para os porcos a chaveira ou cisticercose. (art. 49º e § único do Decreto).

Nos termos do art. 49º do Decreto o remédio que é atribuído ao comprador de algum destes animais é a resolução do contrato (acção redibitória), a qual, porém, se considerava excluída em relação a animais cujo valor fosse inferior a 5$000 réis (art. 51º do Decreto). Pode também ser pedida pelo comprador a redução do preço, mas o vendedor pode opor-se a essa redução, caso pretenda antes reaver o animal ou animais vendidos, restituindo o custo da venda e indemnizando o comprador pelas perdas e danos sofridos (art. 50º do Decreto). Não se encontra prevista a possibilidade de solicitar o tratamento ou a substituição do animal pelo vendedor.

A grande especialidade desse regime consiste em o comprador ser sujeito ao ónus de ter de requerer, dentro de dez dias completos, compreendendo o da entrega do animal, exame ou vistoria de peritos, para se averiguar o facto de que quiser deduzir o seu direito (art. 52º), subindo esse prazo para trinta dias no caso da fluxão periódica dos olhos (art. 52º, § único).

Relativamente aos animais, a grande controvérsia ocorrida diz respeito à possibilidade de considerar como vícios dos mesmos outras doenças, que não as constantes do referido Decreto. A posição inicial da jurisprudência foi a de que a enumeração dessas doenças era taxativa, pelo que outro tipo de doenças como a peste suína clássica não poderiam ser aqui consideradas[295]. Contra esta posição, manifestou-se, porém, PEDRO ROMANO MARTINEZ, que qualificou esta referência como meramente indicativa, considerando o Decreto aplicável, não apenas a outras doenças, mas também a outros animais, não previstos na previsão do mesmo[296]. A jurispru-

[295] Cfr. Ac. RL 13/1/1965 (FRANCISCO SOARES), em *JR* 11 (1965), pp. 8-9, confirmado por Ac. STJ 9/7/1965 (TOVAR DE LEMOS), no *BMJ* 149 (1965), pp. 323-325 (excluindo a aplicação do diploma à peste suína clássica).

[296] Cfr. ROMANO MARTINEZ, *Cumprimento defeituoso*, p. 240 e *Direito das Obrigações*, p. 146.

dência recente manteve, porém, a posição de não consideração de outras doenças que não as previstas no diploma de 1886[297].

A nosso ver, do art. 920º resulta a intenção de não regular a compra e venda de animais defeituosos pelas regras do Código Civil, mas apenas pelas leis especiais ou, na falta destas, pelos usos. Assim, quanto aos animais e doenças abrangidas pelas leis especiais, haverá que aplicar o regime destas. No caso de o animal ou a doença não se encontrar regulada em legislação especial, não parece, porém, que se possa sustentar a sua aplicação analógica, uma vez que o art. 920º manda nesse caso remeter para os usos. Haverá assim que aplicar antes os usos relativos à venda desses animais. Se, porém, também se verificar a inexistência de usos, parece que se deverá aplicar o regime geral do Código Civil.

7.4.7. Garantia de bom funcionamento

O art. 921º do nosso Código Civil, por influência do art. 1521º do Código Civil italiano prevê a denominada garantia de bom funcionamento, recebendo uma prática que se tinha desenvolvido no âmbito do comércio de automóveis e que consistia em o vendedor assegurar o bom funcionamento do bem vendido[298]. Este tipo de garantia veio, no entanto, posteriormente a ser objecto de uma profunda generalização, dado que na actual sociedade tecnológica o bom funcionamento dos produtos aparece como imprescindível ao seu uso normal. A jurisprudência tem, por isso, facilmente considerado a existência de garantias de bom funcionamento com base em meras declarações assertivas do vendedor[299], o que tem atenuado os ónus que o Código Civil faz recair sobre o comprador. A aplicação do art. 921º é, por isso, objecto de uma extensão para além do que o legislador inicialmente teria pretendido.

Assim, se da convenção das partes ou dos usos resulta uma garantia de bom funcionamento, cabe ao vendedor reparar a coisa ou substituí-la

[297] Cfr. Ac. RL 22/5/2007 (Rosa Ribeiro Coelho) na *CJ* 32 (2007), 3, pp. 91-93.

[298] Cfr. Luminoso, *op. cit.*, pp. 159 e ss.

[299] Veja-se designadamente Ac. STJ 31/1/1980 (Costa Soares), em *BMJ* 293 (1980), pp. 365-371, e Ac. STJ 5/4/1984 (Lopes Neves), em *BMJ* 336 (1984), pp. 395-399, Ac. STJ 15/1/1992 (Joaquim de Carvalho), no *BMJ* 413 (1992), pp. 503-507. No Ac. STJ 3/4/1990 (Brochado Brandão), em *BMJ* 396 (1990), pp. 376-381, chega-se a falar a este propósito em "cláusula implícita geral". Já no Ac. STJ 2/3/2010 (Urbano Dias) em *CJ-ASTJ* 18 (2010), 1, pp. 79-82, considerou-se como garantia de bom funcionamento a declaração do vendedor de que se responsabilizada por certos defeitos de funcionamento da coisa.

quando a substituição seja necessária e a coisa tenha natureza fungível, independentemente de culpa sua ou de erro do comprador (art. 921º, nº 1). A garantia vigora pelo prazo estipulado no contrato ou imposto pelos usos, sendo que na ausência de estipulação ou de uso, aplica-se o prazo de seis meses, contados da entrega da coisa (art. 921º, nº 2) ou da sua efectiva recepção pelo comprador, quando se trate de coisas objecto de transporte (art. 922º). Nesses casos, o defeito de funcionamento deve ser denunciado ao vendedor, dentro do prazo de garantia e, salvo estipulação em contrário, até trinta dias depois de conhecido (art. 921º, nº 3), caducando a acção logo que finde o tempo para a denúncia sem o comprador a ter efectuado, ou passados seis meses sobre a data em que a denúncia foi efectuada (art. 921º, nº 4).

Dado que se refere apenas ao vendedor, o art. 921º não abrange os casos em que a garantia é prestada pelo fabricante, situação que é qualificada por alguns autores como promessa ao público[300], e por outros como contrato unilateral de garantia[301], mas que, em qualquer caso institui uma relação directa entre produtor e consumidor, à qual o vendedor permanece estranho e que não exclui nem limita as garantias por ele prestadas.

A garantia de bom funcionamento implica o assegurar pelo vendedor de determinados requisitos que a coisa deve possuir em ordem a garantir o seu adequado funcionamento, aproximando-se por isso da garantia contra vícios da coisa[302].

Em relação aos remédios que a lei concede ao comprador, faz-se referência à reparação ou substituição da coisa, independentemente de culpa do vendedor ou de erro do comprador, mas não à anulação do contrato ou redução do preço, nem à indemnização. Naturalmente que nenhum destes remédios ficará excluído, caso se verifiquem os respectivos pressupostos[303], mas em relação à indemnização tem-se colocado na doutrina italiana

[300] Neste sentido, cfr. Gustavo Ghidini, *La responsabilità del produtore di beni di consumo, I- Profili precontrattuali*, Milano, Giuffrè, 1970, p. 129 e, entre nós, Carlos Ferreira de Almeida, *Texto e enunciado na teoria do negócio jurídico*, II, Coimbra, Almedina, 1992, pp. 959 e ss. Contra esta formulação tem-se afirmado não existir uma única declaração dirigida ao público, mas várias declarações em relação a cada um dos adquirentes do produto, para além de a faculdade de revogação da promessa, genericamente prevista sempre que exista justa causa, se harmonizar mal com esta situação.

[301] Cfr. Ugo Carnevale, *La responsabilità del produttore*, Milano, 1974, p. 126.

[302] Cfr. Bianca, *op. cit.*, p. 269 e Luminoso, *op. cit.*, p. 161.

[303] Cfr. Pires de Lima/Antunes Varela, *op. cit.*, II, sub art. 921º, nº 4, p. 217. Em sentido diferente, o Ac. STJ 3/4/2003 (Quirino Soares), em CJ-ASTJ 11 (2003), 2, pp. 19-21

a controvérsia sobre se o ressarcimento dos danos causados pelo deficiente funcionamento da coisa pode ser solicitado sem ser demonstrada a culpa do vendedor. Apesar de alguma doutrina se pronunciar em sentido contrário[304], a maioria da doutrina responde afirmativamente, considerando que o art. 921º consagra uma responsabilidade especial do vendedor de natureza objectiva, que tem por base a assunção pelo vendedor do risco relativo a defeitos de funcionamento da coisa[305].

7.4.8. O regime da venda de bens de consumo

7.4.8.1. Generalidades

O regime civil tradicional relativo às perturbações da prestação no contrato de compra e venda tem vindo sucessivamente a perder aplicação no âmbito das relações de consumo[306]. Efectivamente, o regime clássico consagrado nos diversos códigos civis para o cumprimento defeituoso do contrato de compra e venda apresenta quase sempre distorções em prejuízo dos consumidores. A primeira distorção consiste na própria noção do cumprimento defeituoso que deveria ser puramente equiparado ao incumprimento, quando pela lei é tratado ainda como cumprimento. A segunda distorção consiste em excluir a responsabilidade do vendedor quando ele não tenha tido culpa no defeito da prestação fazendo assim recair sobre o comprador esse risco, a que acresce o facto de normalmente o vendedor não ser responsabilizado pelos vícios aparentes da coisa, sujeitando-se assim o comprador a um excessivo ónus de verificação das qualidades e idoneidade da coisa para o fim previsto (*caveat emptor*), quando a tutela da confiança provocada pelo vendedor deveria antes instituir uma garantia edilícia contra defeitos da coisa[307].

considera que na garantia de bom funcionamento a responsabilidade do vendedor depende de culpa, ainda que esta se presuma.

[304] Cfr. BIANCA, *op. cit.*, p. 275.

[305] Cfr. LUCIANA CABELLA PISU, *Garanzia e responsabilitá nelle vendite commerciale*, Milano, Giuffrè, 1983, pp. 246 e ss. e LUMINOSO, *op. cit.*, p. 161.

[306] Seguiremos nas páginas seguintes LUÍS MENEZES LEITÃO, "*Caveat venditor?* A Directiva 1999/44/CE do Conselho e do Parlamento Europeu sobre a venda de bens de consumo e garantias associadas e suas implicações no regime jurídico da compra e venda", em ANTÓNIO MENEZES CORDEIRO/LUÍS MENEZES LEITÃO/JANUÁRIO DA COSTA GOMES, *Estudos em homenagem ao Prof. Doutor Inocêncio Galvão Telles*, I- *Direito Privado e Vária*, Coimbra, Almedina, 2002, pp. 263-303, igualmente publicado na *RDConsum* 43 (Julho-Setembro 2002), pp. 21-56.

[307] Cfr. CARLOS FERREIRA DE ALMEIDA, *Os Direitos dos consumidores*, Coimbra, Almedina, 1982, pp. 123-124 e CALVÃO DA SILVA, *Responsabilidade*, pp. 277 e ss. O primeiro autor

Nos negócios jurídicos de consumo a tutela do consumidor é, por esse motivo, assegurada de uma forma distinta do que corresponde ao modelo clássico do cumprimento defeituoso[308]. No Direito português há bastante tempo que rege neste aspecto a Lei 24/96, de 31 de Julho, sucessivamente alterada pela Lei 85/98, de 16 de Dezembro, pelo Decreto-Lei 67/2003, de 8 de Abril, pela Lei 10/2013, de 28 de Janeiro, e pela Lei 47/2014, de 28 de Julho, a qual reconhece ao consumidor um direito à qualidade dos bens ou serviços destinados ao consumo, direito esse que é objecto de uma garantia contratual injuntivamente imposta (art. 16º), no âmbito da qual "os bens e serviços destinados ao consumo devem ser aptos a satisfazer os fins a que se destinam e a produzir os efeitos que se lhes atribuem, segundo as normas legalmente estabelecidas ou, na falta delas, de modo adequado às legítimas expectativas do consumidor" (art. 4º, nº 1). Temos aqui a imposição de uma garantia de qualidade, não apenas em face das disposições legalmente estabelecidas mas ainda em relação às legítimas expectativas do consumidor, garantia essa que vem a ser concretizada pelo Decreto-Lei 67/2003, de 8 de Abril, alterado pelo D.L. 84/2008, de 21 de Maio, que transpôs a Directiva 1999/44/CE, do Conselho e do Parlamento Europeu, relativa às garantias que tenham por objecto bens de consumo[309].

questiona se em paralelo o comprador alguma vez ficaria exonerado se sem culpa efectuasse o pagamento com moeda falsa...

[308] Cfr. Romano Martinez, *Obrigações*, p. 148.

[309] Sobre os antecedentes e a aprovação da Directiva, cfr. detalhadamente, Ewoud H. Hondius, "Consumer Guarantees: Towards a European Sale of Goods Act" (1996), disponível em http://www.cnr.it/CRDCS/frames18.htm, nº 1, Robert Bradgate, "Consumer Guarantees: the EC's draft Directive" em 1997 *Web Journal of Current Legal Issues*, 1, disponível em http://webjcli.ncl.ac.uk/1997/issue1/bradgate1.html, Klaus Tonner, "Verbrauchsgüterkauf--Richtlinie und Europäisierung des Zivilrechts", em *BB* 1999, pp. 1769-1774 (1770-1771) e Paulo Mota Pinto, "Conformidade e garantias na venda de bens de consumo. A Directiva 1999/44/CE e o direito português" em FACULDADE DE DIREITO DA UNIVERSIDADE DE COIMBRA, *Estudos de Direito do Consumidor*, nº 2, 2000, pp. 197-331 (198 e ss.). Foi este autor que elaborou o anteprojecto de transposição da Directiva, que se pode ver em ID, *Cumprimento defeituoso do contrato de compra e venda. Anteprojecto de transposição da Directiva 1999/44/CE para o Direito Português. Exposição de motivos e articulado*, Lisboa, Instituto do Consumidor, 2002. Para uma comparação das soluções da Directiva com as do Direito actual, cfr. Carlos Ferreira de Almeida, "Orientações de política legislativa adoptadas pela Directiva 1999/44/CE sobre venda de bens de consumo. Comparação com o Direito Português vigente" na *Themis*, ano II, nº 4 (2001), pp. 109-120.

Essa Directiva mostra aliás uma grande tendência para seguir as regulamentações constantes da Convenção de Viena sobre a Venda Internacional de Mercadorias de 1980, que assim lhe serve em grande parte de modelo[310]. No entanto, a sua extensão é muito mais limitada do que esta convenção, uma vez que não abrange a formação e os efeitos do contrato de compra e venda de bens de consumo, nem sequer a indemnização pelos prejuízos resultantes da falta de conformidade, que continua a ser regulada pelas legislações internas (cfr. entre nós, os arts. 913º, 908º a 910º, 915º e 1223º do Código Civil, bem como o art. 12º da LDC)[311].

[310] Cfr. igualmente JORGE SINDE MONTEIRO, "Proposta de Directiva do Parlamento Europeu e do Conselho relativa à venda e às garantias dos bens de consumo", *RJUM* 1 (1998), pp. 461-479 (462), DÁRIO MOURA VICENTE, "Desconformidade e garantias na venda de bens de consumo: A Directiva 1999/44/CE e a Convenção de Viena de 1980" na *Themis*, ano II, nº 4 (2001), pp. 121-144, e JERÔME FRANK, "Directive 1999/44 du 25 Mai 1999 sur certains aspects de la vente et des garanties des biens de consommation JOCE L 171, 7 Juillet 1999" em FACULDADE DE DIREITO DA UNIVERSIDADE DE COIMBRA, *Estudos de Direito do Consumidor*, nº 2, 2000, pp. 159-180 (172 e ss.). Para uma comparação das soluções, cfr. WOLF MICHAEL NIETZER / ANTONIA STEIN, "Richtlinie zum Verbrauchersguterkauf – Auswirkungen in Deutschland und Frankreich" in *ZvglRWiss* 99 (2000), pp. 41-50 e ULRICH MAGNUS "Der Stand der internationalen Überlegungen: Die Verbrauchsgüterkauf-Richtlinie und das UN-Kaufrecht", em STEFAN GRUNDMANN/DIETER MEDICUS/WALTER ROLLAND (org.), *Europäisches Kaufgewährleistungsrecht: Reform und Internationalisierung des deustchen Schuldrechts*, Köln/Berlin/Bonn/München, Heymanns, 2000, pp. 79-91. CHRISTIAN TWIGG-FLESNER/ ROBERT BRADGATE, "The E.C. Directive On Certain Aspects of the Sale of Consumer Goods and Associated Guarantees – All Talk and No Do?", em 2000*Web Journal of Current Legal Issues*, 2, disponível na internet em http://webjcli.ncl.ac.uk/2000/issue2/flesner2.html pronunciam-se, no entanto, contra uma tentativa de interpretar a Directiva a partir da Convenção de Viena, que consideram injustificada, não apenas porque a Convenção de Viena ainda não foi ratificada por todos os Estados membros (falta ser ratificada pela Irlanda, Reino Unido e Portugal), mas também porque o equilíbrio de interesses entre vendedor e comprador numa venda internacional de mercadorias é naturalmente diferente daquele que deve ser estabelecido numa venda ao consumidor, a qual, aliás, é expressamente excluída do âmbito da Convenção de Viena (art. 2º *a)*). Já KLAUS TONNER, *BB* 1999, p. 1770, defende, pelo contrário, que a experiência existente na aplicação da Convenção de Viena deve ser aproveitada para efeitos de interpretação da Directiva. Uma análise interessante da jurisprudência existente nos diversos países sobre a Convenção de Viena pode ser encontrada em BURGHARD PILZ, "Neue Entwicklungen in UN-Kaufrecht", em *NJW* 2000, pp. 553-560.

[311] Sobre as matérias excluídas da Directiva, cfr. detalhadamente PAULO MOTA PINTO, *EDC* 2 (2000), pp. 210 e ss.

7.4.8.2. Âmbito de aplicação da garantia contratual sobre bens de consumo

O âmbito de aplicação da garantia contratual de bens de consumo aparece-nos indicado no art. 1º-A do D.L. 67/2003, aditado pelo D.L. 84/2008, referindo o nº 1 que "o presente decreto-lei é aplicável aos contratos de compra e venda celebrados entre profissionais e consumidores", e determinando ainda o nº 2 a sua aplicação com as necessárias adaptações "aos bens de consumo fornecidos no âmbito de um contrato de empreitada ou de outra prestação de serviços, bem como à locação de bens de consumo"[312]. Abrangem-se, portanto aqui, não apenas os contratos relativos à transmissão de bens[313], mas também os que envolvam o seu fabrico e produção, incluindo contratos típicos de empreitada[314] ou outra prestação de serviços, e ainda a locação de bens de consumo[315].

[312] O legislador português vai, assim, mais longe do que a Directiva que no seu art. 1º, nº 4 se limita a estabelecer que "para efeitos da presente directiva, são igualmente considerados contratos de compra e venda os contratos de fornecimento de bens de consumo a fabricar ou a produzir". Na proposta original da Comissão, de onde resultam os arts. 1º, nº 1, e 1º, nº 2 *c)* é manifesto que esta Directiva apenas se referia à venda de bens de consumo (cfr. *RJUM*, I (1998), nº 1, pp. 475-479. No entanto, o Parlamento Europeu apresentou uma proposta de alteração por forma a estendê-la aos contratos de empreitada, aliás à semelhança do que faz o art. 3º, nº 1 da Convenção de Viena sobre a Venda Internacional de Mercadorias, tendo essa proposta sido aceite, quer pelo Parlamento, quer pelo Conselho. Cfr. DIRK STAUDENMAYER, "Die EG-Richtlinie über den Verbrauchsgüterkauf", na *NJW* 1999, pp. 2393-2397 (2394), retomado em "EG-Richtlinie 1999/44/EG zur Verienheilichung des Kaufgewährleistungsrechts", em STEFAN GRUNDMANN/DIETER MEDICUS/WALTER ROLLAND (org.), *Europäisches Kaufgewährleistungsrecht: Reform und Internationalisierung des deustchen Schuldrechts*, Köln/Berlin/Bonn/München, Heymanns, 2000, pp. 27-47 (32).

[313] Apesar da omissão legal, parece-nos que outros contratos onerosos de transmissão de bens de consumo, para além da compra e venda podem ser abrangidos pela garantia contratual. Em sentido contrário, cfr., no entanto, CHRISTIAN TWIGG-FLESNER/ROBERT BRADGATE, *loc. cit.*, para os quais a Directiva apenas pode incluir a compra e venda em sentido técnico, uma vez que quando se afasta deste conceito, como no art. 1º, nº 4, o diz expressamente, pelo que não poderia abranger os contratos ingleses de *barter* e *hire purchase*, correspondentes entre nós à troca e à locação-venda. É manifesto, no entanto, que não se poderia ter introduzido no nosso sistema um desvio de regimes há muito equiparados pelos arts. 939º e 936º do Código Civil.

[314] Conforme refere taxativamente PAULO MOTA PINTO, *EDC* 2 (2000), pp. 219-220 a Directiva visou "incluir contratos mistos de compra e venda e empreitada (designadamente o "*Werklieferungsvertrag*" alemão) e mesmo contratos apenas de empreitada, ainda que o preço seja determinado em função sobretudo dos serviços e não da coisa, ou que a maioria ou todos os materiais sejam fornecidos pelo consumidor". No mesmo sentido, cfr. PEDRO ROMANO MARTINEZ, "Empreitada de consumo", na *Themis*, ano II, nº 4 (2001), pp. 155-171,

Conforme resulta expressamente do art. 1º-A, nº 1, do D.L. 67/2003, aditado pelo D.L. 84/2008, esta garantia é, no entanto, restrita aos contratos celebrados entre profissionais e consumidores, ou seja entre pessoas que fornecem bens de consumo com carácter profissional no exercício de uma actividade económica que visa a obtenção de benefícios e pessoas que adquirem esses bens de consumo, destinando-os a uso não profissional (art. 1º-B, *a)* do D.L. 67/2003, aditado pelo D.L. 84/2008). Daqui resulta que se exclui do âmbito de aplicação deste regime três tipos de contratos: 1) os contratos celebrados entre profissionais (ex: venda entre comerciantes ou empresas); 2) os contratos celebrados entre não profissionais (ex: vendas de bens em segunda mão por um consumidor a outro; e 3) os contratos de "venda de bens de consumo invertida", em que um profissional compra um objecto a um consumidor, podendo ou não vender-lhe simultaneamente outro bem[316].

Estão assim em causa os negócios que se estabeleçam entre profissionais, actuando no âmbito da sua actividade e pessoas que actuem fora do âmbito da sua actividade profissional, dos quais resulte a aquisição de bens, destinados a uso não profissional[317]. Tem sido controvertida a questão da aplicação deste regime aos casos de bens adquiridos com fins simultaneamente profissionais e não profissionais[318], mas parece-nos que qualquer aplicação profissional do bem, mesmo que não exclusiva, implicará a não aplicação do regime desta garantia. Também parece que esta garantia não se poderá aplicar a casos de aquisição de um bem de consumo a

Calvão da Silva, *Compra e venda*, pp. 147 e ss. e Horst Ehmann/Ulrich Rust, "Die Verbrauchsguterkaufrichtlinie", em *JZ* 1999, pp. 853-864 (856).

[315] A referência à locação de bens de consumo não consta do texto originário da Directiva, tendo sido introduzida pelo legislador português. Defende, no entanto, expressamente a aplicação da Directiva à locação financeira Francesco A. Schurr, "Die neue Richtlinie 99/44/EG über den Verbrauchsgüterkauf und ihre Umsetzung – Chancen und Gefahren für das deutsche Kaufrecht" em *ZfRV* 1999, 6, pp. 222-229 (224).

[316] Cfr. Gert Bruggemeier, "Zur Reform des deutschen Kaufsrechts – Herausforderung durch die EG-Verbrauchsguterkaufrichtlinie", em *JZ* 2000, pp. 529-538 (530).

[317] Deve, porém, referir-se que a proposta original da Comissão era a de que a Directiva viesse a abranger qualquer alienação efectuada por um profissional a uma pessoa física que adquirisse um bem para utilização final, mesmo que esse bem viesse a ser utilizado numa actividade profissional. Essa extensão foi, porém, rejeitada pelo Conselho e Parlamento, que preferiu o âmbito tradicional. Cfr. Hondius, *op. cit.*, nº 5 e Dirk Staudenmayer, *NJW* 1999, p. 2393 e em Grundmann/Medicus/Rolland, *op. cit.*, p. 31.

[318] Vide sobre a questão Paulo Mota Pinto, *EDC* 2 (2000), p. 215.

um profissional, quando este não esteja a actuar no âmbito da sua actividade normal[319]. Mas a garantia aplica-se a casos de a actividade ser exercida profissionalmente ainda que a título acessório à actividade principal do vendedor[320].

O âmbito de aplicação do regime da garantia contratual de bens de consumo, instituído pelo D.L. 67/2003, alterado pelo D.L. 84/2008, vai, no entanto, muito mais longe do que o da Directiva 1999/44/CE, a cuja transposição procedeu. Efectivamente, esta Directiva abrange apenas os bens móveis corpóreos, (cfr. art. 205º do nosso Código Civil), sejam eles novos ou usados, duradouros ou não duradouros, excluindo-se os bens objecto de venda judicial, o fornecimento de água e gás, quando não forem postos à venda em volume determinado, ou em quantidade determinada e o fornecimento de electricidade (art. 1º, nº 2 *b)* da Directiva). Os fornecimentos continuados de bens essenciais são assim excluídos da Directiva, a qual apenas permite abranger a sua compra em quantidades determinadas (ex: garrafas de água mineral ou botijas de gás)[321]. O nosso legislador não apenas previu expressamente a aplicação desta garantia a bens imóveis (cfr. art. 3º, nº 2 do D.L. 67/2003), como também não efectuou qualquer das exclusões acima referidas, o que implica naturalmente que fiquem abran-

[319] Assim, por exemplo, se um advogado vende a um particular um computador usado do seu escritório, não parece que esta garantia se possa aplicar. Cfr. ROBERT BRADGATE, *loc. cit.* e CHRISTIAN TWIGG-FLESNER/ROBERT BRADGATE, *loc. cit.* Conforme salientam estes autores, a Directiva irá contrariar uma tendência existente, no âmbito do Direito Inglês, para estender a aplicação da protecção da garantia contra defeitos da coisa vendida a casos em que a actuação do profissional não coincide com a sua actividade normal, como na hipótese de um pescador vender o seu barco, referida em "Stevenson v Rogers [1999] 1 All ER 613", em que a expressão "in the course of a business", constante do *Sale of Goods Act* 1979, s14(2), foi interpretada de forma a abranger este tipo de situação. Cfr. ainda L. S. SEALY, "When is a sale made "in a course of a business"?", em *The Cambrigdge Law Journal* 1999, pp. 276-278 e ELIZABETH MACDONALD, "'In the course of a business' – a fresh examination" em 1999 *Web Journal of Current Legal Issues*, disponível em http://webjcli.ncl.ac.uk/1999/issue3/macdonald3.html3 .

[320] Concordamos por isso com a posição do Ac. STJ 7/5/2014 (GABRIEL CATARINO), em *CJ-ASTJ* 22 (2014), 2, pp. 77-84, onde se considerou como vendedora para efeitos da aplicação do regime da venda de bens de consumo a instituição de crédito que vende a particulares os imóveis que adquiriu por dação em pagamento.

[321] Cfr. CHRISTIAN TWIGG-FLESNER, "The E.C. Directive on Certain Aspects of the Sale of Consumer Goods and Associated Guarantees", em *Consumer Law Journal*, 1999, pp. 177-192 (178).

gidas pela garantia contratual[322]. Essa garantia passa abranger igualmente a venda ao consumidor de animais defeituosos, entre nós exceptuada do regime geral da garantia contra vícios da coisa pelo art. 920º do Código Civil[323], ainda que anteriormente já se pudesse considerar abrangida pela Lei de Defesa do Consumidor[324].

A Directiva 1999/44/CE vem ainda a prever no art. 1º, nº 3, a possibilidade de dela serem excluídos os bens de consumo em segunda mão adquiridos em leilão, quando os consumidores tenham oportunidade de assistir pessoalmente à venda. Esta possibilidade de exclusão foi introduzida por proposta da Presidência Inglesa do Conselho, visando conferir aos Estados membros a possibilidade de regular em termos específicos os leilões públicos destes bens[325]. O nosso legislador não utilizou essa faculdade, pelo que a venda destes bens de consumo fica igualmente abrangida pela garantia contratual, ainda que se admita que as partes possam convencionar uma redução do prazo, nos termos do art. 5º, nº 2 do D.L. 67/2003.

7.4.8.3. A imposição da conformidade do bem entregue com o contrato

7.4.8.3.1. A conformidade como garantia nos contratos com os consumidores

Do Decreto-Lei 67/2003, posteriormente alterado pelo D.L. 84/2008, resulta primordialmente a imposição de uma obrigação de entrega dos bens de consumo em conformidade com o contrato (art. 2º, nº 1), estabelecendo-se assim uma garantia contratual relativamente aos bens de consumo consistente na imposição da sua conformidade com as descrições constantes do contrato. Trata-se de um critério que tem vindo a ser adoptado para unificar a nível internacional as diversas soluções existentes nos vários ordenamentos sobre a garantia edilícia, constando quer da Conven-

322 A garantia abrange assim naturalmente as partes integrantes de um imóvel. Cfr. o Ac. RL 12/3/2009 (Ezagüy Martins), na *CJ* 34 (2009), 2, pp. 64-69, que responsabilizou o vendedor de uma fracção autónoma pelo incêndio verificado numa banheira de hidromassagem nela instalada.

323 Conforme acima se referiu, o regime especial da garantia contra vícios redibitórios na venda ou troca de animais domésticos consta ainda hoje dos art. 49º e ss. do Decreto de 16 de Dezembro de 1886.

324 Cfr. Paulo Mota Pinto, *EDC* 2 (2000), p. 218.

325 Cfr. Staudenmayer, *NJW* 1999, p. 2394 e em Grundmann/Medicus/Rolland, *op. cit.*, p. 33. Critica a exclusão, Ana Prata, "Venda de bens usados no quadro da Directiva 1999/44/CE" na *Themis*, ano II, nº 4 (2001), pp. 145-153 (148 e ss.).

ção da Haia de 1964 sobre a compra e venda internacional de mercadorias (cfr. arts. 19º, nº 1 e 33º e ss.), quer da Convenção de Viena de 1980 sobre a venda internacional de mercadorias (arts. 35º e ss.), e que a Directiva 1999/44/CE agora transposta decidiu igualmente adoptar como critério de uniformização dos ordenamentos jurídicos internos dos Estados membros. Os trabalhos preparatórios da Directiva demonstram ter sido o art. 35º da Convenção de Viena a sua principal inspiração[326], ainda que por vezes este critério já tenha sido usado nas legislações internas de alguns Estados membros, como a Holanda, Irlanda, Dinamarca, Suécia e Reino Unido[327].

Para interpretar adequadamente o art. 2º haverá que esclarecer o que se entende por conformidade. Nas palavras de FERREIRA DE ALMEIDA, "se um objecto é descrito essa referência não indica, ou não indica só, *qual é* e *como é*, mas qual *deve ser* e *como deve ser* esse objecto". A conformidade consiste assim "numa relação deôntica entre o referente, segundo o texto e objecto do acto executivo"[328]. A falta de conformidade não pressupõe, por isso, uma apreciação negativa da situação como sucede com o conceito de defeito da coisa, referido no art. 913º, havendo, por exemplo, falta de conformidade, quando se encomenda um veículo fabricado este ano e é entregue um modelo do ano anterior[329]. Neste âmbito, e ao contrário do que se entendia no regime da venda de coisas defeituosas, parece existir igualmente falta de conformidade se é entregue um objecto diferente da coisa vendida (*aliud pro alio*)[330], hipótese que entre nós seria qualificada pura e simplesmente como incumprimento. Alguma doutrina sustentou que a Directiva 1999/44/CE não poderia abranger a situação da venda de bens onerados (art. 905º), uma vez que os remédios nela previstos como a reparação e a substituição da coisa seriam manifestamente incompatíveis

[326] Cfr. TWIGG-FLESNER/ROBERT BRADGATE, *loc. cit.*

[327] Cfr. WOLFGANG FABER, "Zur Richtlinie bezüglich Verbrauchsgüterkauf und Garantien für Verbrauchsgüter" em *JBl* 1999, pp. 413-433 (416 e ss. e notas, sendo que nas notas 26 a 29 encontra-se a transcrição e tradução das correspondentes dos arts. 7.17 e 7.18 do Código Civil Holandês, §§ 16 e 19 da *Konsumentkoplag* sueca e da Secção 13 da *Sale of Goods Act* inglesa de 1979, revista em 1994).

[328] Cfr. CARLOS FERREIRA DE ALMEIDA, *Texto*, I, p. 639.

[329] Cfr. SINDE MONTEIRO, *RJUM*, I, 1998, 1, p. 465, nota (15).

[330] Neste sentido, vide EHMANN/RUST, *JZ* 1999, pp. 856-857 e PAULO MOTA PINTO, *EDC* 2 (2000), p. 233, nota (85). Este autor decidiu não inserir esta figura no anteprojecto de transposição. Cfr. ID, *Cumprimento*, p. 25.

com esta figura[331]. No entanto, a definição de reparação constante do art. 1º, nº 1*f)* da Directiva: "em caso de falta de conformidade, a reposição do bem de consumo em conformidade com o contrato de compra e venda" parece adequada a abranger a expurgação dos ónus ou encargos a que se refere o art. 907º, pelo que consideramos pelo menos duvidosa essa exclusão. Em qualquer caso, em face do art. 2º do D.L. 67/2003, parece-nos claro que a venda de bens onerados constituirá uma hipótese de desconformidade.

A imposição ao vendedor da garantia de conformidade implica uma alteração substancial bastante importante no regime da compra e venda de bens de consumo, na medida em que vem afastar a solução tradicional do *caveat emptor*, segundo ao qual caberia sempre ao comprador aquando da celebração do contrato, assegurar que a coisa adquirida não tem defeitos e é idónea para o fim a que se destina. Face ao novo regime da venda de bens de consumo, esta averiguação deixa de ser imposta ao consumidor para ser objecto de uma garantia específica, prestada pelo vendedor, cabendo a ele o ónus da prova, segundo as regras gerais, de ter cumprido essa obrigação de garantia.

7.4.8.3.2. Presunção de não conformidade

Essa garantia, no entanto, é objecto de uma presunção ilidível relativamente às situações mais correntes (cfr. considerando 8 da Directiva 1999/44/CE) estabelecida no art. 2º, nº 2, da Directiva e transposta pelo art. 2º, nº 2 do Decreto-Lei 67/2003. Esta norma alterou, no entanto, a técnica da presunção estabelecida na Directiva, na medida em que enquanto esta instituía uma presunção de conformidade caso os bens revestissem certos requisitos, o nosso legislador optou antes por instituir uma presunção de não conformidade, caso se verificasse o facto de não possuirem esses requisitos. A opção parece-nos ser, no entanto, contestável, na medida em que não se vê como se pode presumir uma situação em resultado de um facto negativo, quando corre por conta do vendedor o ónus da prova de ter cumprido a obrigação de entrega dos bens em conformidade com o contrato.

Em qualquer caso, convém referir que mesmo que se verifique que os bens de consumo possuem todas as características referidas no art. 2º, nº 2, tal não demonstrará o cumprimento da obrigação de conformidade com o contrato referida no art. 2º, nº 1, mas antes funcionará como presun-

[331] Cfr. PAULO MOTA PINTO, *EDC* 2 (2000), p. 234.

ção de existência dessa conformidade, aligeirando-se assim o ónus da prova que recai sobre o vendedor relativamente ao cumprimento da obrigação prevista. Para além disso, na medida em que a Directiva impõe a referência a todos estes elementos, obtém-se a certeza de que em todos os Estados membros eles são considerados no âmbito da responsabilidade pelos defeitos da coisa, obtendo-se assim a harmonização deste regime, que de outra forma seria difícil atendendo aos múltiplos entendimentos que o conceito de "falta de conformidade" poderia ter nos diversos Estados[332].

O art. 2º, nº 2 vem assim estabelecer que se presume que os bens de consumo não são conformes com o contrato, se verificar algum dos seguintes factos:

a) não serem conformes com a descrição que deles é feita pelo vendedor ou não possuirem as qualidades do bem que o vendedor tenha apresentado ao consumidor como amostra ou modelo;
b) não serem adequados ao uso específico para o qual o consumidor os destine e do qual tenha informado o vendedor quando celebrou o contrato e que o mesmo tenha aceitado;
c) não serem adequados às utilizações habitualmente dadas aos bens do mesmo tipo;
d) não apresentarem as qualidades e o desempenho habituais nos bens do mesmo tipo e que o consumidor pode razoavelmente esperar, atendendo à natureza do bem e, eventualmente, às declarações públicas sobre as suas características concretas feitas pelo vendedor, pelo produtor ou pelo seu representante, nomeadamente na publicidade ou na rotulagem.

Conforme resulta do texto da lei – e era pressuposto pelo considerando 8 da Directiva – basta que se verifique algum destes factos negativos para que logo se presuma a não conformidade com o contrato. Se as circunstâncias do caso tornarem algum ou algum dos elementos manifestamente inapropriado, continuarão a aplicar-se os restantes elementos que constituem a presunção. Como se pode verificar – e a própria Directiva o afirma no seu considerando 8 – a presunção é construída por forma a não excluir

[332] Cfr. o considerando (7) da Directiva e MICHAEL LEHMANN, "Informationsverantwortung und Gewährleistung für Werbeangaben bei Verbrauchsgüterkauf", em *JZ* 2000, pp. 280-293 (282).

da garantia qualquer variação das características e função do bem com o estabelecido pelas partes, pelo que, ocorrendo qualquer variação dessa ordem, presume-se o incumprimento da obrigação estabelecida no art. 2º, nº 1. Nestes termos, a aplicação da presunção de não conformidade acaba por funcionar como um indício de violação da garantia edilícia, que passa assim a ser definida em termos bastante mais rigorosos do que os que resultavam dos direitos dos Estados-membros[333].

Examinemos então quais são os casos em que a presunção deixa de se aplicar por faltar algum dos elementos nela previstos:

1) Relativamente ao primeiro elemento, ele consiste numa situação em que o vendedor assegura certo tipo de qualidades em relação à coisa vendida, sendo que esse assegurar de qualidades pode resultar da própria descrição do bem efectuada pelo vendedor ou da sua comparação com uma amostra ou modelo exibidas na contratação. Estão neste caso em causa apenas declarações do vendedor e não de terceiros, sendo que estas últimas apenas podem ser abrangidas pela alínea *d)*. Face à forma como se refere este elemento, parece claro que não se exige que essa enunciação de qualidades seja acordada pelas partes e integre o conteúdo do contrato. O mero facto da descrição do vendedor ou da comparação com a amostra é suficiente para determinar o assegurar das qualidades descritas pelo vendedor ou constantes da amostra, mesmo que essas situações só tenham ocorrido na fase pré-contratual. Não se exige assim uma estipulação negocial, bastando para a responsabilização do vendedor meras declarações de ciência ou mesmo comportamentos fácticos[334].

A protecção do consumidor em resultado desta disposição é assim muito mais ampla do que no actual regime legal. No âmbito do Código Civil, é considerada venda de coisa defeituosa aquela em que faltam as qualidades asseguradas pelo vendedor (cfr. art. 913º), entendendo-se na venda sobre amostra que o vendedor assegura a existência na coisa vendida de qualidades iguais às da amostra (art. 919º), mas em qualquer dos casos a vinculação do vendedor pressupõe uma declaração dele, ainda que tácita, relativa à garantia das referidas qualidades[335]. Para além disso, a lei

[333] Cfr. PAULO MOTA PINTO, *EDC* 2 (2000), p. 226 e CALVÃO DA SILVA, *Compra e venda*, p. 153.

[334] Cfr. W. FABER, em *JBl* 1999, p. 420.

[335] Cfr. PAULO MOTA PINTO, *EDC* 2 (2000), p. 236.

admite como *dolus bonus* as sugestões e artifícios considerados legítimos, segundo as concepções dominantes do comércio jurídico (art. 253º, nº 2), bem como que da convenção ou dos usos resulte que a amostra serve apenas para indicar de modo aproximado as qualidades do objecto (art. 919º, *in fine*). Uma vez que a alínea *a)* do nº 2 do art. 2º não ressalva qualquer destas situações, parece claro a sua verificação não deixa de excluir a responsabilidade do vendedor. Há, no entanto, que considerar que em certas situações o vendedor pode emitir reservas às suas declarações, como por exemplo, na hipótese de à pergunta do consumidor referir: "por aquilo que sei é essa a situação" ou indicar: "ninguém me informou que o bem não tem essa característica". Nesses casos, tem-se considerado que o vendedor não pode ser responsabilizado em caso de desconformidade do bem com as características questionadas, uma vez que se limitou a enunciar o seu conhecimento limitado sobre o assunto, o que não constitui descrição do bem, já que não implica uma indicação segura das suas características[336].

2) O segundo elemento da presunção de não conformidade ocorre quando o bem de consumo não é idóneo para o uso específico a que o consumidor o destine e do qual tenha informado o vendedor quando celebrou o contrato e que o mesmo tenha aceite. A destinação da coisa a um fim específico não tem necessariamente que fazer parte do conteúdo contratual, nem sequer que ser estipulada acessoriamente a este. Efectivamente o art. 2º, nº 2 *b)* apenas exige que essa destinação corresponda a uma informação prestada pelo consumidor, a qual tenha recebida pelo vendedor, que a ela não tenha manifestado oposição aquando da celebração do contrato[337].

[336] Cfr. W. Faber, em *JBl* 1999, p. 421.

[337] Para Staudenmayer, *NJW* 1999, p. 2394 e em Grundmann/Medicus/Rolland, *op. cit.*, p. 35, que interpreta o requisito da concordância do vendedor como uma estipulação contratual, este requisito apareceria como redundante face ao art. 2º, nº 1 da Directiva, tendo sido inserido apenas para corresponder às preocupações de alguns Estados membros. A nosso ver, o que se visa é antes que a destinação unilateral de fim comunicada pelo comprador ao vendedor, sem rejeição deste, possa integrar o conteúdo da garantia, o que dificilmente se pode considerar redundante. Efectivamente, conforme referem Twigg-Flesner/Robert Bradgate, *loc. cit.*, o critério deverá ser a situação de confiança criada no consumidor. Assim, se o consumidor pretender usar um aparelho para determinado fim e o comunica ao vendedor que omite qualquer resposta ou responde que nunca o usou para esse fim, mas que supõe que o aparelho deva suportar essa utilização, pode-se dizer que apesar da não aceitação expressa

No âmbito do Código Civil também se considera que o facto de a coisa não poder desempenhar o fim específico a que é destinada corresponde a um defeito da coisa, segundo a concepção subjectiva deste conceito (art. 913º), admitindo-se ainda a possibilidade de as partes estipularem uma condição relativamente a esse fim específico, no âmbito da venda sujeita a prova (art. 925º). No entanto, caso nada se estipule a lei manda atender à função normal das coisas da mesma categoria (cfr. art. 913º, nº 2), a qual tem que ser necessariamente genérica. O regime do Decreto-Lei 67/2003 baseia-se, porém, numa cada vez maior especialização das funções dos bens de consumo, admitindo-se que por acordo entre o vendedor e o comprador estes possam ser destinados a um fim específico, tornando defeituosa a coisa sempre que esta não possa prencher esse fim específico.

Ao contrário do que se consagrou na Convenção de Viena (35º, nº 2 *c)*) e era previsto no projecto inicial, não se estabeleceu na versão definitiva da Directiva a possibilidade de o vendedor elidir essa responsabilidade com a demonstração de que resultaria das circunstâncias que o comprador não confiou na competência e apreciação do vendedor ou que não era razoável da sua parte fazê-lo. Efectivamente, não se justificaria estabelecer uma exclusão desse tipo no âmbito dos contratos com os consumidores[338], até porque se essa exclusão pode ocorrer com alguma frequência no âmbito da compra e venda internacional, será seguramente de verificação rara em caso de contratos celebrados com os consumidores[339].

3) O terceiro elemento da presunção de não conformidade ocorre quando os bens não forem adequados às utilizações habitualmente dadas a bens do mesmo tipo. Encontra-se uma previsão muito semelhante no art. 35º, nº 2 *a)* da Convenção de Viena. Neste âmbito, consagra-se a concepção objectiva de defeito, igualmente prevista no art. 913º, nº 2 do Código Civil. No entanto, ao contrário dessa norma, que apenas refere esse critério a título supletivo, o art. 2º, nº 2 *c)* do D.L. 67/2003 estabelece-o em termos cumulativos[340], presumindo-se assim a falta de conformidade sempre que

pelo vendedor, a não rejeição dessa comunicação parece suficiente para que se possa integrar o conteúdo da garantia.

[338] Cfr. Jorge Sinde Monteiro, *RJUM* 1998, p. 465-466, nota (16).

[339] Cfr. Staudenmayer, *NJW* 1999, p. 2394 e em Grundmann/Medicus/Rolland, *op. cit.*, p. 34, e Paulo Mota Pinto, *EDC* 2 (2000), p. 240.

[340] Cfr. Paulo Mota Pinto, *EDC* 2 (2000), p. 239.

inexista essa adequação, independentemente do fim específico referido pelo comprador. Para além disso, ao se referir a uma pluralidade de utilizações, parece que quando os bens tiverem mais do que uma utilização habitual terão que ser idóneos para todas elas. O critério será, no entanto, excessivo em certos casos, já que se o consumidor declarar ao vendedor que pretende utilizar a coisa para determinado fim, e se verificar que ela é idónea para esse fim, mas não para outros fins para que habitualmente servem coisas do mesmo tipo, poderá mesmo assim reclamar falta de conformidade[341].

Para além disso, enquanto o art. 35º, nº 2 *a)* da Convenção de Viena e o art. 913º, nº 2, do Código Civil fazem referência a um critério de normalidade da utilização, o art. 2º, nº 2 *c)* aponta antes para um critério de habitualidade. A alteração não deixa de ser significativa, uma vez que enquanto o primeiro critério aponta no sentido de uma regularidade da utilização, de acordo com a função que lhe é atribuída pelo produtor, o segundo critério adopta antes uma formulação mais próxima da frequência da utilização, de acordo com a perspectiva do consumidor. Ora, como muitas vezes os produtos são utilizados para fins diferentes daqueles para que são fornecidos, parece que esta disposição vem abrir a porta a reclamações dos consumidores relativamente à não adequação do bem para utilizações estranhas àquelas para que foi fabricado[342].

4) O último elemento da presunção de não conformidade ocorre quando os bens de consumo não apresentarem as qualidades e o desempenho habituais nos bens do mesmo tipo e que o consumidor pode razoavelmente esperar, atendendo à natureza do bem e, eventualmente, às declarações públicas sobre as suas características concretas feitas pelo vendedor, pelo produtor ou pelo seu representante, nomeadamente na publicidade ou na rotulagem.

Conforme se pode verificar, neste caso estão em causa dois critérios, sendo o primeiro a correspondência das qualidades e desempenho com o habitual em bens do mesmo tipo e o segundo as expectativas razoáveis

[341] Cfr. TWIGG-FLESNER/ROBERT BRADGATE, *loc. cit.*

[342] Cfr. TWIGG-FLESNER/ROBERT BRADGATE, *loc. cit.* Estes autores apontam como exemplo a chave de parafusos, que tendo por função apertar parafusos, é muitas vezes usada como alavanca para abrir tampas de latas. Uma chave que se deteriorasse com essa utilização não deixaria de colocar o problema da aplicação do art. 2º, nº 2 *c)* do D.L. 67/2003.

do consumidor, face à natureza do bem e, eventualmente, às declarações públicas sobre as suas características concretas. Uma das questões suscitadas pela Directiva é a de saber se estes dois critérios são cumulativos – no sentido de que só com a sua não verificação conjunta se presume a não conformidade – ou se encontram em relação de alternatividade, pelo que não se verificando um deles, já se presumirá essa falta de conformidade. Pessoalmente, e por razões de protecção do consumidor, parece-me que se deverá preferir a segunda solução, ainda que não seja essa a opinião maioritária da doutrina que já se pronunciou sobre o assunto[343]. Assim, se o consumidor poderia razoavelmente esperar em face da natureza do bem e das declarações públicas do vendedor, produtor ou representante sobre ele, que ele teria certas qualidades e desempenho não parece que possa excluir-se a presunção de falta de conformidade apenas com base no critério da habitualidade das qualidades e desempenho dos bens do mesmo tipo[344].

Enquanto na alínea *a)* se fazia referência às declarações do vendedor em diálogo particular com o comprador, nesta alínea *d)* estão em causa declarações públicas, quer do vendedor, quer do produtor ou seu representante, vindo o vendedor a ser responsabilizado igualmente pelas declarações destes últimos. Trata-se de uma solução bastante coerente, uma vez que hoje em dia os consumidores formulam as suas decisões de compra (designadamente em relação a automóveis ou electrodomésticos) muito mais em função da publicidade e rotulagem emitida pelo fabricante do que em função do diálogo pessoal com o vendedor. Trata-se, no entanto, de uma opção que levanta algumas dificuldades dogmáticas, uma vez que, em relação ao vendedor, a verdade é que a publicidade e rotulagem por ele elaborada não chega a ser estipulada pelas partes como fazendo parte do acordo contratual e, em relação à publicidade e rotulagem do produ-

343 Cfr. W. Faber, em *JBl* 1999, p. 422 e Paulo Mota Pinto, *EDC* 2 (2000), pp. 240 e ss. que entendem que a introdução desta expressão visou limitar o critério das expectativas razoáveis pelo da habitualidade do desempenho do bem, evitando-se assim que o consumidor que visa uma utilização incomum do bem possa criar expectativas razoáveis apenas com base na publicidade e na rotulagem.

344 Tem-se argumentado contra este entendimento que a versão francesa e italiana da Directiva utilizam um pronome relativo para juntar os dois critérios (*auxquelles* e *che*, respectivamente) em vez da conjunção copulativa. O argumento literal parece inaceitável num texto com versões oficiais em tantas línguas e é claramente reversível, já que tanto a versão portuguesa como as versões inglesa e alemã utilizam, pelo contrário a conjunção copulativa.

tor e seu representante, verifica-se a introdução no conteúdo do contrato de estipulações que tiveram origem em terceiro[345]. O D.L. 67/2003 estabelece, no entanto, um critério objectivo de relevância dessas mensagens para efeitos da garantia prestada pelo vendedor, que não pressupõe qualquer estipulação contratual, presumindo-se sempre que as partes tomaram essas características como assegurando certas características da coisa comprada[346]. A solução não é, aliás, totalmente nova entre nós, uma vez que no art. 7º, nº 5 da LDC já se prevê que as informações concretas incluídas nas mensagens publicitárias integram o conteúdo dos contratos de consumo. No D.L. 67/2003 não se vai, porém, tão longe, uma vez que a sua integração no âmbito da garantia apenas ocorre se corresponderem a expectativas razoáveis do consumidor, o que seguramente não se poderá afirmar relativamente a toda e qualquer declaração encontrada na publicidade ou na rotulagem[347].

É, no entanto, de referir que, segundo o art. 2º, nº 4 da Directiva 1999/44/CE, essas declarações públicas deixam de vincular o vendedor se este demonstrar que: *a)* não tinha conhecimento nem podia razoavelmente ter conhecimento da declaração em causa; *b)* até ao momento da celebração do contrato a declaração em causa fora corrigida; e *c)* a decisão de comprar o bem de consumo não poderia ter sido influenciada pela declaração em causa. Daqui resulta, portanto, que, segundo a Directiva, para serem relevantes para efeitos da garantia de conformidade, as declarações públicas teriam que ser imputáveis ao vendedor pelo menos em termos da obrigação de as conhecer ou da omissão da sua correcção e tenham sido determinantes da conclusão do contrato por parte do consumidor. O nosso legislador não procedeu, porém, à transposição desta exclusão para o direito interno, o que implica que o vendedor, por virtude do 2º, nº 2 *d)*, do D.L. 67/2003 passa a ser sujeito a responder por declarações de

[345] Cfr. W. FABER, *Jbl.*1999, p. 423.

[346] Cfr. LEHMANN, *JZ* 2000, p. 283.

[347] Conforme salienta LEHMANN, *JZ* 2000, pp. 283 e ss., é o critério das expectativas razoáveis do consumidor que constitui o elemento decisivo para o estabelecimento da responsabilidade do vendedor por informações. Para este autor a Directiva toma em consideração um consumidor médio, que sabe que a publicidade visa promover a aquisição de produtos e que por isso não pode ser encarada acriticamente e não um consumidor ingénuo, irrazoável ou crédulo, que considera qualquer mensagem publicitária como "dinheiro em caixa". Não estão para além disso em causa neste critério as expectivas individuais de cada consumidor, mas antes as expectativas gerais de um consumidor razoável.

terceiro, nas quais não teve intervenção, tendo assim uma responsabilidade absolutamente objectiva por facto de terceiro neste domínio.

O facto de não ter sido preenchido nenhum dos factos negativos, de onde o legislador faz presumir a não confomidade com o contrato, não impede o consumidor de demonstrar que, apesar disso, se verifica alguma desconformidade com o contrato. É designadamente o que acontecerá se as partes estabelecerem cláusulas contratuais de conformidade mais exigentes do que os critérios que integram a presunção[348].

7.4.8.3.3. A garantia de conformidade nos bens objecto de instalação

O art. 2º, nº 4 do D.L. 67/2003 vem instituir uma extensão da garantia de conformidade a prestar pelo vendedor aos bens objecto de instalação, estabelecendo que "a falta de conformidade resultante da má instalação do bem de consumo é equiparada a uma falta de conformidade do bem quando a instalação fizer parte do contrato de compra e venda e tiver sido efectuada pelo vendedor, ou sob sua responsabilidade, ou quando o produto, que se prevê seja instalado pelo consumidor, for instalado pelo consumidor e a má instalação se dever a incorrecções existentes nas instruções de montagem". Neste caso, o objecto da garantia estende-se além do próprio bem vendido, para abranger situações de prestações de serviços conexas com esse bem como a instalação pelo vendedor ou a prestação de informações sobre como proceder a essa instalação.

7.4.8.3.4. Exclusão da garantia de conformidade

A garantia pela conformidade vem a ser objecto de exclusão quando, no momento em que é celebrado o contrato, o consumidor tiver conhecimento da falta de conformidade ou não puder razoavelmente ignorá-la ou se esta decorrer dos materiais fornecidos pelo consumidor (art. 2º, nº 3 do D.L. 67/2003, que transpõe idêntica norma da Directiva). Esta norma, que se inspira claramente no art. 35º, nº 3 da Convenção de Viena sobre a Venda Internacional de Mercadorias, institui assim uma exclusão da garantia de conformidade em relação a defeitos aparentes ou conhecidos do consumidor ou que possam ser imputáveis a materiais por ele fornecidos, em termos algo próximos do nosso Código Civil, já que os arts. 913º e ss. pres-

[348] Já não será, porém, lícito às partes estabelecerem cláusulas de conformidade menos exigentes, face ao que dispõe o art. 10º, nº 1, do D.L. 67/2003.

supõem a existência de um erro do comprador e o art. 1219º exclui a responsabilidade do empreiteiro pelos defeitos aparentes ou conhecidos pelo dono da obra. No entanto, a nossa Lei de Defesa do Consumidor já tinha ido mais longe, uma vez que o art. 12º, nº 1, da LDC, antes da sua alteração pelo D.L. 67/2003, apenas excluía a garantia do bom estado e do bom funcionamento da coisa, conferida pelo seu art. 4º, quando o consumidor a quem seja fornecida a coisa com defeito dela tenha sido previamente informado e esclarecido antes da celebração do contrato. Verifica-se assim que, enquanto na anterior redacção da Lei de Defesa do Consumidor não existia qualquer ónus de o comprador examinar a coisa comprada, para se assegurar da existência de defeitos, esse ónus passou a ser instituído pelo D.L. 67/2003. Efectivamente, se o vendedor colocar a coisa à disposição do consumidor para este a examinar e se certificar da não existência de defeitos e o consumidor decidir não fazer uso dessa faculdade, parece que o vendedor poderá ficar isento de responsabilidade ao abrigo do art. 2º, nº 3 do D.L. 67/2003. Confirmam-se, por isso, os receios de que a transposição deste regime levasse a estabelecer um ónus de exame da coisa adquirida por parte do consumidor, o que representa uma regressão na protecção do consumidor[349]. A doutrina tem, no entanto, procurado atenuar esta solução, propugnando que a exclusão de responsabilidade seja limitada a casos de culpa grave do consumidor, sem abranger as situações de culpa leve, conforme se tem discutido em face da norma inspiradora do art. 35º, nº 3 da Convenção de Viena[350]. A verdade, no entanto, é que o nosso legislador não tinha qualquer necessidade de introduzir esta exclusão na legislação interna, como acabou por fazer, uma vez que o art. 8º, nº 2 da Directiva admite que os Estados-membros introduzam disposições que estabeleçam maior protecção ao consumidor[351]. Na reforma do Direito das Obrigações alemão optou-se por consagrar apenas a exclusão relativa ao conhecimento do comprador ou à sua culpa grave no desconhecimento do defeito, cessando ainda a exclusão nesta última situação, caso tenha havido dolo do vendedor na celebração do contrato (novo § 442 BGB). É, por isso, de criticar a solução que o D.L. 67/2003 acabou por consagrar neste âmbito.

[349] Cfr. TWIGG-FLESNER/ROBERT BRADGATE, *loc. cit.*

[350] Cfr. STAUDENMAYER, *NJW* 1999, p. 2394 e em GRUNDMANN/MEDICUS/ROLLAND, *op. cit.*, p. 36.

[351] Defenderam solução semelhante perante o Direito Alemão EHMANN/RUST, *JZ* 1999, p. 857.

7.4.8.3.5. Momento relevante para a verificação da conformidade

De acordo com o que resulta do art. 3º, nº 1, do D.L. 67/2003, a conformidade deve verificar-se no momento em que a coisa é entregue ao consumidor, o que implica passarem a correr por conta do vendedor os riscos relativos a defeitos da coisa ocorridos entre a venda e a entrega ao consumidor[352]. Tal parece implicar uma derrogação, neste âmbito, quer do regime geral do art. 796º, nº 1, que faz correr o risco por conta do adquirente a partir da celebração do contrato, exceptuando-se apenas os defeitos que possa ser imputáveis ao incumprimento da obrigação de custódia do vendedor, estabelecida nos arts. 882º, nº 1 e 918º, quer do regime da promessa de envio (art. 797º) que admite a transferência do risco com a sua simples entrega ao transportador, quer mesmo do regime da mora do credor (art. 814º, nº 1), que admite que a mora faça reagir sobre o credor todo o risco que não seja imputável a dolo do devedor. Em face do art. 3º, nº 1 do D.L. 67/2003, ao se estabelecer a exigência da conformidade no momento da entrega parece fazer-se correr por conta do vendedor todo o risco ocorrido até essa data[353]. Ora, como todas aquelas normas fazem correr por conta do comprador riscos verificados antes da entrega, parece resultar da transposição da Directiva uma alteração às regras relativas à distribuição do risco na venda de bens de consumo.

No entanto, a verdade é que o considerando 14 da Directiva parece posicionar-se contra esta interpretação ao referir que "as referências à data da entrega não implicam que os Estados membros devam alterar as suas normas sobre transferência do risco". Pareceria, assim, que a Directiva não teria pretendido afectar os regime específicos internos de transferência do risco, designadamente em caso de recolha dos bens no domicílio do vendedor, promessa de envio ou mora do credor. Tem sido por isso defendido que o conceito de entrega para efeitos da Directiva seria mais vasto do que o da simples entrega fáctica do bem ao consumidor[354], aliás à semelhança do que também se prevê no art. 31º da Convenção de Viena.

[352] Diferente é a solução do art. 36º da Convenção de Viena que determina que a conformidade se deve verificar no momento da transferência do risco.

[353] Cfr. Jorge Sinde Monteiro, *RJUM* I (1998), 1, p. 466 e Paulo Mota Pinto, *EDC* 2 (2000), p. 249.

[354] Neste sentido Staudenmeyer, *NJW* 1999, p. 2395 e em Grundmann/Medicus/Rolland, *op. cit.*, p. 37. Este autor pretende que este conceito mais vasto do que a entrega se encontra claramente formulado no art. 3º, nº 1 da Directiva, uma vez que na versão alemã

No entanto, apesar disso têm surgido na doutrina estrangeira propostas no sentido de se alterar o regime da transferência do risco na venda de bens de consumo, através do estabelecimento de uma presunção de que neste tipo de venda o risco se transfere para o consumidor apenas após a entrega fáctica do bem[355], ou que interpretam esta norma no sentido de estabelecer que a responsabilidade do vendedor existe até à entrega independentemente o momento em que se verifica a transferência do risco[356]. Efectivamente, parece dificilmente compatível com o art. 3º, nº 1, da Directiva considerar-se que correria por conta do consumidor o risco de avaria de uma televisão, que sofre um curto-circuito devido a uma sobrecarga de corrente eléctrica no estabelecimento do vendedor, após ter sido vendida e antes de entregue (por exemplo, no curto período em que o consumidor se desloca a ir buscar o carro para a transportar), e entre o considerando (14) e a imposição do art. 3º, nº 1 da Directiva haverá que dar prevalência a esta última[357]. No âmbito da reforma do Direito das Obrigações alemão já se estabeleceu a não aplicação do regime da transferência do risco na promessa de envio à venda de bens de consumo (novo § 474, II BGB), o que implica o reconhecimento de que a aplicação da Directiva não pode efectuar-se sem alguma alteração das regras sobre a transmissão do risco, pelo que, apesar do silêncio do nosso legislador na transposição da Directiva, parece dever ser essa igualmente a melhor interpretação do art. 3º, nº 1, do D.L. 67/2003[358].

A prova de que a falta de conformidade já existia no momento da entrega do bem cabe ao consumidor. No entanto, o art. 3º, nº 2 do D.L. 67/2003 vem

se utilizou *Lieferung* (fornecimento) e não a expressão tradicional *Übergabe* (entrega). Mas a verdade é que nas outras versões se utilizou sempre as expressões tradicionais para designar a entrega. Assim temos *delivered* na versão inglesa; *délivrance* na versão francesa; *entrega* na versão espanhola e *consegna* na versão italiana.

355 Cfr. Twigg-Flesner, *Consum. L. J.* 1999, p. 179 e Twigg-Flesner/Robert Bradgate, *loc. cit.*

356 Assim, Ehmann/Rust, *JZ* 1999, p. 857.

357 Twigg-Flesner, *Consum. L. J.* 1999, p. 179 explica a referência do considerando (14) com uma preocupação sobre a competência das instituições comunitárias nesta matéria. Efectivamente, o art. 295º do Tratado da União Europeia determina que o Tratado não pode afectar as normas sobre o regime da propriedade nos Estados membros, e como a transmissão do risco é associada à transferência da propriedade, pareceria que a União Europeia não teria poderes para actuar nesta matérias.

358 Era esta, aliás, a proposta constante do anteprojecto. Cfr. Paulo Mota Pinto, *Cumprimento*, p. 37, e a nova proposta de redacção do art. 913º, a pp. 78.

estabelecer uma presunção de que as faltas de conformidade que se verifiquem num prazo de dois ou de cinco anos a contar da data da entrega de coisa móvel corpórea ou de coisa imóvel, respectivamente, já existiam nessa data, salvo quando essa presunção for incompatível com a natureza do bem ou com as características da falta de conformidade[359]. Nestes casos, existe assim uma presunção específica a estabelecer a responsabilidade do vendedor por cumprimento defeituoso do contrato, relativamente a defeitos que ocorram no período de dois ou de cinco anos após a entrega da coisa, consoante se trate de móvel ou imóvel, presunção essa que é aliás inderrogável pelas partes, nos termos do art. 10º, nº 1, D.L. 67/2003 e que talvez se possa considerar uma excessiva solução, ditada apenas por considerações amigas do consumidor[360]. A parte final desta disposição admite, no entanto, alguma correcção pela jurisprudência que possa atenuar o rigor do seu entendimento literal.

7.4.8.4. Direitos do consumidor perante a falta de conformidade

Na sequência do art. 3º da Directiva 1999/44/CE, o art. 4º do D.L. 67/2003, de 8 de Abril, alterado pelo D.L. 84/2008, de 21 de Maio, vem admitir os seguintes direitos do consumidor perante a falta de conformidade do bem adquirido:

a) reparação
b) substituição
c) redução do preço
d) resolução do contrato.

A estes direitos acresce ainda a indemnização, nos termos estabelecidos pelo art. 12º, nº 1 da Lei 24/96, na redacção do D.L. 67/2003, de 8 de Abril.

A Directiva 1999/44/CE procede a um escalonamento dos primeiros quatro direitos, distinguindo dois níveis de reacção do consumidor. No primeiro nível são colocados a reparação ou substituição da coisa, e no

[359] O legislador vai, quanto a esta presunção, mais longe que a Directiva que, sendo restrita a móveis, limitava-se a estabelecer um prazo de seis meses.

[360] EHMANN/RUST, *JZ* 1999, p. 857 criticam esta norma, considerando-a uma decisão de equidade em benefício do consumidor, baseada no pressuposto de que "a velha senhora pobre tem sempre razão". Pelo contrário, JERÔME FRANK, *EDC* 2, (2000), pp. 174-175, aplaude a solução, considerando-a idónea para resolver a controvérsia existente na jurisprudência francesa sobre esta questão.

segundo nível a redução do preço ou a resolução do contrato. Esta hierarquização, que não constava da proposta inicial da Directiva, parece, no entanto, lógica, já que o princípio do aproveitamento dos negócios jurídicos deve impor a prevalência das soluções que conduzem à integral execução do negócio sobre soluções que implicam uma sua ineficácia total ou parcial.

O regime constante do art. 4º, nº 5, do D.L. 67/2003 não efectua, porém, a mesma hierarquização que consta da Directiva, referindo que o consumidor pode exercer qualquer dos quatro direitos, salvo se tal se manifestar impossível ou constituir abuso de direito, nos termos gerais. Este regime afasta-se assim bastante da solução do Código Civil, cujo art. 914º apenas admite a substituição em lugar da reparação, se tal for necessário e apenas relativamente a coisas fungíveis, excluindo-a em qualquer caso sempre que o vendedor ignorar sem culpa o vício ou a falta de qualidade de que a coisa padece. No regime do D.L. 67/2003, o consumidor apenas deixa de poder escolher qualquer destes remédios quando se verifique que a sua execução é impossível ou constitui abuso de direito. No entanto, como esta última restrição não constava da versão anterior do art. 12º da LDC, parece que este regime se situa a um nível intermédio entre o regime do Código Civil e o anterior regime da LDC.

Examinando em primeiro lugar a questão da impossibilidade, ela corresponde à inviabilidade da solução para efeitos de reposição da conformidade com o contrato. Em relação à impossibilidade de reparação, esta ocorrerá sempre que o bem se tenha tornado inaproveitável para o consumidor, mesmo após qualquer intervenção do vendedor. Em relação à impossibilidade da substituição, parece claro que, ao contrário do disposto no art. 914º do Código Civil, ela não decorrerá automaticamente da natureza infungível do bem, ainda que esta na maioria dos casos possa efectivamente originar a impossibilidade de substituição[361]. Admite-se, porém, que devido à natureza específica de certos bens seja impossível a ocorrência da substituição, como sucederá em relação à maioria dos bens

[361] Neste sentido, PAULO MOTA PINTO, *EDC* 2 (2000), pp. 258. Já EHMANN/RUST, *JZ* 1999, p. 858, entendem que a natureza infungível do bem constitui sempre um caso de impossibilidade de substituição. No entanto, o facto de o nosso Código Civil determinar o conceito de coisas fungíveis em concreto, face à estipulação das partes (cfr. art. 207º e MENEZES CORDEIRO, *Tratado de Direito Civil Português*, III- *Parte Geral. Coisas*, 3ª ed., Coimbra, Almedina, 2016, pp. 209 e ss.), parece não tornar absolutamente impossível uma substituição de coisas infungíveis.

em segunda mão[362], ou relativamente aos bens construídos com materiais fornecidos pelo consumidor. Também pode ocorrer a impossibilidade de substituição por outros motivos, como na hipótese de o bem se encontrar esgotado no mercado. A reparação também se pode considerar impossível, nos casos, por exemplo, de fornecimento de *aliud pro alio*.

Relativamente à hipótese de a solução constituir abuso de direito, nos termos gerais, verifica-se que o legislador português considerou suficiente para a transposição do conceito de desproporcionalidade, constante da Directiva, a mera remissão para o art. 334º do Código Civil, o que não consideramos correcto, uma vez que o conceito da Directiva é bastante mais preciso, assentando numa ponderação dos custos para ambas as partes[363].

O art. 4º do D.L. 67/2003, alterado pelo D.L. 84/2008. esclarece qual a forma de cumprimento da obrigação de reparação ou substituição, informando que qualquer delas ser realizada sem encargos, ou seja, suportando o vendedor as despesas necessárias para repor a conformidade do bem, designadamente as despesas de transporte, de mão-de-obra e material

[362] O considerando (16) da Directiva esclarece que o direito de substituição do comprador não tem cabimento em relação a bens em segunda mão, uma vez que a sua natureza específica torna impossível a sua reposição. No entanto, conforme salientam TWIGG-FLESNER/ROBERT BRADGATE, *loc. cit.*, não será necessariamente assim, já que se o bem de segunda mão for de natureza fungível e vendedor dispuser de outro exemplar da mesma série, não se vê o que possa impedir a substituição.

[363] Efectivamente, de acordo com o art. 3º, nº 3 da Directiva, presumir-se-á que uma solução é desproporcionada quando ela implique para o vendedor custos que, em comparação com a outra solução, não sejam razoáveis, tendo em conta:
- o valor que o bem teria, se não existisse falta de conformidade;
- a importância da falta de conformidade;
- a possibilidade de a solução alternativa ser concretizada sem grave inconveniente para o consumidor.

Esta norma deve ser, porém, conjugada com o considerando (11) da Directiva, que dispõe que "a desproporção deve ser determinada objectivamente; que uma solução é desproporcionada se impuser custos excessivos em relação à outra solução; que, para que os custos sejam excessivos, devem ser significativamente mais elevados que os da outra forma de reparação do prejuízo". Desta formulação resulta em primeiro lugar que o critério determinante da irrazoabilidade da solução são os custos que ela acarreta para o vendedor, podendo assim este, caso haja uma grande desproporção de custos entre uma e outra solução, retirar ao consumidor a faculdade de opção, impondo-lhe a solução menos dispendiosa. A simples remissão para o art. 334º é manifestamente insuficiente para fazer aplicar estes critérios.

(art. 4º, nº 3)[364]. Tratando-se de um bem imóvel, a reparação ou a substituição devem ser realizadas dentro de um prazo razoável, tendo em conta a natureza do defeito, e tratando-se de um bem móvel, no prazo máximo de 30 dias, em ambos os casos sem grande inconveniente para o consumidor (art. 4º, nº 2).

Em lugar da reparação ou substituição da coisa, o consumidor poderá pedir uma redução adequada do preço ou a resolução do contrato (art. 4º, nº 1 do D.L. 67/2003, *in fine*), a menos que tal seja manifestamente impossível ou constituir abuso de direito (art. 4º, nº 5). Dado que o legislador português não transpôs a solução da Directiva que veda ao consumidor optar pela rescisão do contrato quando a falta de conformidade seja insignificante (art. 3º, nº 6), parece que a opção pela resolução do contrato não fica condicionada por esse critério, apenas sendo excluída no caso de ser impossível ou constituir abuso de direito[365].

A opção por qualquer destas soluções não se apresenta como imperativa para as partes, já que, conforme resulta do considerando (12) da Directiva 1999/44, o vendedor pode sempre oferecer qualquer outra solução ao vendedor que, se for por este aceite, derroga o regime do art. 4º do D.L. 67/2003, alterado pelo D.L. 84/2008. Para além disso, deve referir-se que a não conformidade do bem pode desencadear, segundo a legislação nacional, remédios que não são abrangidos por este regime específico, mas que naturalmente não se pretende excluir. Pense-se na indemnização ao comprador (arts. 908º, 909º e 918º do Código Civil e art. 12º da LDC) ou na excepção de não cumprimento do contrato (art. 428º do Código Civil).

Face ao art. 4º, nº 6, do D.L. 67/2003, na redacção do D.L. 84/2008, os direitos atribuídos por este artigo ao consumidor transmitem-se a terceiro adquirente do bem. Essa segunda alienação já não constituirá uma venda de bens de consumo, para efeitos do art. 1º-A deste diploma, uma vez que

[364] Por decisão de 17 de Abril de 2008, proferida no processo de decisão prejudicial C-404/06, (*Quelle AG contra Bundesverband der Verbraucherzentralen und Verbraucherverbände*, disponível em http://eur-lex.europa.eu/LexUriServ/LexUriServ.do?uri=CELEX:62006J0404:PT:HTML, o TJCE pronunciou-se no sentido de que a expressão "sem encargos", constante do art. 3º da Directiva 1999/44/CE proíbe mesmo o vendedor de reclamar do comprador uma indemnização pelo uso do bem não conforme a título de enriquecimento sem causa.

[365] Assim, no Ac. RL 12/7/2007 (Ana Resende) na *CJ* 32 (2007), 3, pp. 115-119, considerou-se haver abuso do direito de resolução, quando o consumidor procede a ela de imediato perante os defeitos da coisa, sem dar ao vendedor a oportunidade de os reparar.

o negócio é celebrado entre dois consumidores. No entanto, essa segunda venda permite ao novo adquirente daquele bem receber os direitos contra o profissional de que o anterior adquirente era titular, enquantro parte na anterior venda de bens de consumo. Tal parece não prejudicar, no entanto, as suas possibilidades de reagir contra o consumidor que lhe vendeu os bens, nos termos gerais dos arts. 913º e ss. do Código Civil.

7.4.8.5. Prazos

O art. 5º, nº 1 da Directiva vem estabelecer um prazo de dois anos, a contar da data da entrega do bem, durante o qual se tem que manifestar a falta de conformidade[366]. O art. 5º, nº 1, do D.L. 67/2003 estabelece um prazo semelhante para os móveis, o qual é, porém, fixado em cinco anos para os imóveis, sendo que, no caso de coisa móvel usada, este prazo pode ser reduzido a um ano, por acordo das partes (art. 5º, nº 2 D.L. 67/2003). Este prazo de dois anos não constitui, porém, um prazo de garantia do bom estado ou do bom funcionamento dos bens por esse período, uma vez que o art. 3º, nº 1, do D.L. 67/2003, que transpõe o art. 3º, nº 1 da Directiva, refere expressamente que o vendedor só é responsável por defeitos já existentes no momento da entrega do bem[367]. Há, no entanto, uma presunção estabelecida no art. 3º, nº 2 do D.L. 67/2003, que "as faltas de conformidade que se manifestem num prazo de dois ou cinco anos a contar da data de entrega de coisa móvel corpórea ou de coisa imóvel, respectivamente, presumem-se existentes nessa data, salvo quando tal for incompatível com a natureza da coisa ou com as características da falta de conformidade"[368].

[366] A Directiva teve dificuldades na unificação dos prazos, uma vez que eles eram muito variados nas legislações europeias. Assim, enquanto a Alemanha, Áustria, Espanha, Portugal e Grécia estabeleciam um prazo de caducidade de seis meses, a Dinamarca fixava-o em um ano, a Suécia em dois, a Inglaterra e a Irlanda em seis, e a França, Bélgica, Holanda, Luxemburgo e Finlância admitiam a sua duração indefinida. Cfr. TONNER, *BB* 1999, p. 1774.

[367] Neste sentido, vide expressamente STAUDENMEYER, *NJW* 1999, p. 2396, e em GRUNDMANN/MEDICUS/ROLLAND, *op. cit.*, pp. 39-40.

[368] Este novo regime fica aquém do anteriormente estabelecido pelo Direito Nacional que, além de admitir a estipulação com base nos usos de uma garantia de bom funcionamento (art. 921º, nº 1 do Código Civil) determina expressamente que, no âmbito dos contratos celebrados com os consumidores, o fornecedor de bens móveis não consumíveis é obrigado a garantir o seu bom estado e o seu bom funcionamento por período não inferior a um ano, sendo a garantia mínima de cinco anos para os imóveis" (art. 4º, nºs 2 e 3 LDC, na sua anterior redacção).

Este prazo é um prazo material relativo à manifestação da falta de conformidade, e não um prazo de caducidade, ainda que se admita a hipótese de, de acordo com as legislações nacionais, esse prazo funcionar igualmente como prazo de caducidade para o exercício dos direitos acima referidos (art. 5º, nº 1 da Directiva), podendo ainda essas legislações estabelecer obrigatoriamente um prazo para a denúncia da falta de conformidade, a partir do momento em que ela é detectada que é fixado em dois meses (art. 5º, nº 2, da Directiva)[369]. O nosso legislador utilizou essas faculdades, pelo que o art. 5º-A, nº 1, do D.L. 67/2003, aditado pelo D.L. 84/2008, vem determinar que "os direitos atribuídos ao consumidor nos termos do artigo 4º caducam no termo de qualquer dos prazos referidos no artigo anterior e na ausência de denúncia de desconformidade pelo consumidor, sem prejuízo do disposto nos números seguintes". O art. 5º-A, nº 2, acrescenta que "para exercer os seus direitos, o consumidor deve denunciar ao vendedor a falta de conformidade num prazo de dois meses, caso se trate de um bem móvel, ou de um ano, se se tratar de um bem imóvel, a contar da data em que a tenha detectado", referindo ainda o nº 3 que, caso o consumidor tenha efectuado a denúncia, os direitos que lhe são conferidos caducam decorridos dois ou três anos sobre a data da denúncia, consoante se trate de bem móvel ou imóvel. Estes últimos prazos são no entanto suspensos durante o período em que o consumidor se encontrar privado do uso dos com o objectivo de realização das operações de reparação ou substituição, bem como durante o período em que durar a tentativa de resolução extrajudicial do conflito de consumo que opõe o consumidor ao vendedor ou ao produtor, com excepção da arbitragem (art. 5º-A, nº 4. do D.L. 67/2003, aditado pelo D.L. 84/2008).

7.4.8.6. A responsabilidade directa do produtor

A Directiva 1999/44/CE não consagrou qualquer responsabilidade directa do produtor perante o consumidor pelos defeitos da coisa produzida, uma vez que o seu art. 4º apenas admite responsabilizar o produtor por via indirecta, através do direito de regresso do vendedor sobre ele, estabelecido no art. 4º da Directiva. Esta constitui, no entanto, uma solução intermédia, já que o considerando (23) admite como hipótese a considerar estabelecer a

[369] Staudenmeyer, *NJW* 1999, p. 2396 e em Grundmann/Medicus/Rolland, *op. cit.*, p. 41 qualifica este como um dos pontos fracos da Directiva.

responsabilidade directa do produtor pelos defeitos de que é responsável, solução que constava igualmente do Livro Verde.

O nosso legislador, seguindo o anteprojecto de Paulo Mota Pinto[370], optou, porém, por se adiantar em relação à solução da Directiva e consagrar já a responsabilidade directa do produtor perante o consumidor, o que fez no art. 6º do D.L. 67/2003, posteriormente alterado pelo D.L. 84/2008. Essa é efectivamente a solução que faz mais sentido, uma vez que os custos dos defeitos dos produtos devem ser ressarcidos por quem os causou, e na maioria dos casos é o produtor o efectivo responsável por estes, não se justificando que perante a Directiva o consumidor tenha o vendedor como único responsável pelos defeitos, o que só se pode justificar com base no velho princípio da relatividade dos contratos[371]. Na verdade, hoje em dia a concorrência estabelece-se essencialmente entre produtos e não entre vendedores, e é extremamente questionável que relativamente a erros de produção do bem o vendedor suporte sozinho a responsabilidade quando, na maioria dos casos, recebe os bens embalados e nunca os chega sequer a ver[372]. É, por isso, de aplaudir a solução instituída pelo legislador português, ainda que se possa questionar as vantagens de consagrar um regime em desconformidade com os restantes países comunitários.

O art. 6º, nº 1, do D.L. 67/2003, na redacção do D.L. 84/2008, vem assim estabelecer que, sem prejuízo dos direitos que lhe assistem perante o vendedor, pode o consumidor que tenha adquirido coisa defeituosa optar por exigir do produtor a sua reparação ou substituição, salvo se tal se manifestar impossível ou desproporcionado tendo em conta o valor que o bem teria se não existisse falta de conformidade, a importância desta e a possibilidade de a solução alternativa ser concretizada sem grave inconveniente para o consumido. O nº 3 do mesmo artigo acrescenta que o representante do produtor no domicílio do consumidor é com este solidariamente respon-

[370] Cfr. Paulo Mota Pinto, *Cumprimento*, pp. 58 e ss.

[371] Cfr. Gert Brüggermeier, *JZ* 1999, pp. 532 e ss. que acentua o facto de a Directiva não admitir qualquer possibilidade de reacção do consumidor perante a falência do vendedor, solução que a figura da *action directe*, admitida nos direitos francês, belga, finlandês e luxemburguês permitiria resolver. Salienta, no entanto, Twigg-Flessner, em *Consum.L.J.* 1999, p. 190, que em certos casos a responsabilidade do produtor seria descabida, como na hipótese do art. 2º, nº 2 *b)*, em que não faz qualquer sentido que o produtor seja responsabilizado pelo destino que o consumidor quis dar ao bem e que comunicou ao vendedor.

[372] Cfr. Lehmann, *JZ* 2000, p. 291.

sável. O produtor é definido no art. 1º-B *d)*, aditado pelo D.L. 84/2008, em termos semelhantes aos do art. 2º do D.L. 383/89, de 6 de Novembro, alterado pelo D.L. 131/2001, de 24 de Abril, como "o fabricante de um bem de consumo, o importador do bem de consumo no território da Comunidade Europeia ou qualquer outra pessoa que se apresente como produtor através da indicação do seu nome, marca ou outro sinal identificador no produto". É considerado representante do produtor, nos termos do art. 1º-B, *e)* do D.L. 67/2003, aditado pelo D.L. 84/2008, "qualquer pessoa singular ou colectiva que actue na qualidade de distribuidor comercial do produtor e ou centro autorizado de serviço pós-venda, à excepção dos vendedores independentes que actuem apenas na qualidade de retalhistas".

Os direitos de exigir a restituição ou a reparação da coisa podem assim ser, em alternativa, exercidos contra o produtor solidariamente com o seu representante. Relativamente aos outros direitos atribuídos ao consumidor pelo art. 4º do D.L. 67/2003 (redução do preço e resolução do contrato), bem como a indemnização referida no art. 12º, nº 1 da LDC já não parece que possam ser exercidos contra o produtor ou o seu representante. Efectivamente, o art. 12º, nº 2, da LDC limita a responsabilidade do produtor aos casos previstos na lei e o D.L. 383/89, de 6 de Novembro, alterado pelo D.L. 131/2001, de 24 de Abril, apenas prevê no seu art. 8º a responsabilidade do produtor em caso de morte ou lesão corporal e danos causados em coisa diversa do produto defeituoso, não abrangendo assim os danos no próprio produto defeituoso. A responsabilidade do produtor e representante é assim limitada à substituição e reparação da coisa e não à indemnização pelos danos resultantes do não aproveitamento do produto defeituoso. Ora, se faz sentido que não possam ser exercidos contra o produtor os direitos de redução do preço e resolução do contrato – uma vez que, por natureza, têm como destinatário o vendedor enquanto contraparte do contrato – não vemos razão para excluir o exercício do direito de indemnização contra o produtor, em solidariedade com o vendedor.

Limitada assim a responsabilidade directa do produtor ou seu representante à reparação ou substituição da coisa, essa responsabilidade vem a ser, no entanto, excluída em certas situações previstas no art. 6º, nº 2, do D.L. 67/2003, parcialmente coincidentes com o art. 5º do D.L. 383/89. São estas:

a) Resultar o defeito exclusivamente de declarações do vendedor sobre a coisa e sua utilização, ou de má utilização;

b) Não ter colocado a coisa em circulação;
c) Poder considerar-se, tendo em conta as circunstâncias, que o defeito não existia no momento em que colocou a coisa em circulação;
d) Não ter fabricado a coisa para venda nem para qualquer outra forma de distribuição com fins lucrativos, ou não a ter fabricado ou distribuído no quadro da sua actividade profissional;
e) Terem decorridos mais de dez anos sobre a colocação da coisa em circulação.

Nestas hipóteses, o produtor ou o seu representante podem assim negar-se a satisfazer a pretensão do consumidor, o que não impede que o produtor não seja responsável perante o vendedor nos termos do direito de regresso, de que falaremos em seguida.

7.4.8.7. O direito de regresso do vendedor final

Uma inovação bastante importante do novo regime é o direito de regresso do vendedor final, consagrado no art. 4º da Directiva 1999/44 e transposto pelo art. 7º do D.L. 67/2003[373].

Efectivamente, esta norma estabelece, no seu nº 1, que, quando o vendedor final tiver satisfeito ao consumidor um dos direitos previstos no art. 4º bem como a pessoa contra quem foi exercido o direito de regresso gozam de direito de regresso contra o profissional a quem adquiriram a coisa, por todos os prejuízos causados pelo exercício daqueles direitos. Verifica-se assim que, apesar de se impor ao vendedor uma responsabilidade objectiva perante o consumidor pela falta de conformidade resultante de um acto ou omissão do produtor, de um vendedor anterior da mesma cadeia contratual, ou de qualquer outro intermediário, o vendedor final que satisfaça essa obrigação tem direito de regresso contra a pessoa ou pessoas responsáveis da cadeia contratual. Nos termos do art. 7º, nº 3, do D.L. 67/2003, estabelece-se, porém, que o demandado pode afastar o direito de regresso provando que o defeito não existia quando entregou a coisa ou, se o defeito for posterior à entrega, que não foi causado por si. Pode-se assim, concluir

[373] Cfr. sobre esta nova figura Rui Pinto Duarte, "O direito de regresso do vendedor final na venda para consumo", na *Themis*, ano II, nº 4, 2001, pp. 173-194 e Paulo Mota Pinto, "O direito de regresso do vendedor final de bens de consumo" na *ROA* 62 (2002), pp. 143-199, e em AAVV, *Estudos dedicados ao Prof. Doutor Mário Júlio de Almeida Costa*, Lisboa, 2002, pp. 1177-1225.

que o direito de regresso do vendedor final não depende da demonstração da culpa dos demais participantes na cadeia contratual, sendo antes uma responsabilidade solidária por garantia, independente de culpa, ainda que se a culpa de alguém puder ser demonstrada recairá em último grau sobre ele a responsabilidade, de acordo com as regras gerais[374]

A Directiva 1999/44 deixou por resolver a questão de como exercer o regresso, se o vendedor tivesse sido responsabilizado com base na presunção de que os defeitos surgidos em determinado prazo após a entrega já existiam nessa data mas não conseguisse demonstrar a responsabilidade dos seus antecedentes na cadeia contratual. O art. 7º nº 2 do D.L. 67/2003 vem, porém, resolver esse problema, estabelecendo que a presunção do nº 2 do art. 3º aproveita também ao titular do direito de regresso, o que implica vir a presumir-se igualmente na relação entre produtor e vendedor que os defeitos surgidos no prazo de dois ou cinco anos após a entrega da coisa ao consumidor já existiam antes dessa data.

O art. 4º, nº 2, da Directiva 1999/44 vem precisar que o responsável ou os responsáveis contra quem o vendedor tem direito de regresso, bem como as respectivas acções e condições de exercício serão determinados pela legislação nacional. Conforme resulta *a contrario* do art. 7º, nº 1, da Directiva e é explicitado no considerando 9, este direito de regresso não é imperativo, podendo o vendedor a ele renunciar, já que a Directiva não prejudica o princípio da liberdade contratual, que continua a vigorar nas relações entre o vendedor, o produtor, um vendedor anterior ou qualquer outro intermediário. A solução da Directiva não deixou, no entanto, de suscitar a crítica de ter aberto a porta a que outros participantes na cadeia contratual venham através de cláusulas contratuais gerais a derrogar este direito de regresso, como na hipótese de fornecimento de produtos por grandes distribuidores a pequenos vendedores, caso em que seria platónica a invocação do princípio da liberdade contratual[375]. Aceitando estas críticas, o legislador português veio, no art. 7º, nº 4, do D.L. 67/2003 a estabelecer que "sem prejuízo do regime das cláusulas contratuais gerais, o acordo pelo qual se exclua ou limite antecipadamente o exercício do direito de

[374] Cfr. EHMANN/RUST, *JZ* 1999, p. 863.

[375] Cfr. FABER, em *JBl.* 1999, p. 429 e nota (140), e EHMANN/RUST, *JZ* 1999, p. 861. Estes últimos autores propuseram que passasse a ser proibida a exclusão do direito de regresso do vendedor final através de cláusulas contratuais gerais.

regresso só produz efeitos se for atribuída ao seu titular uma compensação adequada". É assim expressamente ressalvada a aplicação da LCCG à exclusão do direito de regresso, e condiciona-se mesmo a sua exclusão ou limitação antecipada nos contratos singulares ao pagamento ao seu titular de uma compensação adequada por essa derrogação.

A Directiva deixou ainda, neste âmbito, por resolver a questão de o consumidor poder instaurar a acção no fim do prazo de garantia, caso em que sob pena de se inviabilizar o regresso, terá que se considerar que ele não é precludido pelo prazo de garantia[376]. O nosso legislador veio no art. 8º, nº 2, do D.L. 67/2003 resolver esta questão, determinando que o profissional pode exercer o seu direito num prazo de cinco anos a contar da entrega da coisa pelo profissional demandado, prazo esse que se suspende durante o processo em que o vendedor final seja parte (art. 8º, nº 4, do D.L. 67/2003). O profissional tem, no entanto, um prazo de dois meses a contar da data da satisfação do direito ao consumidor para exercer o regresso.

Este direito de regresso pode ser dogmaticamente justificado com a consideração de que existe uma relação quase-contratual entre produtor e consumidor final, através da qual se estabelece o regresso.

7.4.8.8. As garantias comerciais

A Directiva 1999/44 sentiu necessidade, conforme se refere no considerando (21), por razões de disciplina da concorrência e de instituição da transparência nas relações com os consumidores, de vir igualmente regular o regime das garantias comerciais[377], ou seja, os certificados de garantia que são habitualmente fornecidos aquando da compra de certos bens de consumo como electrodomésticos ou automóveis, o que levou a que o art. 6º da Directiva disponha sobre essa matéria. Efectivamente, a prática tem demonstrado que, apesar de normalmente esses documentos nada

[376] Neste sentido, Francesco A. Schurr, em *ZfRV* 1999, 6, pp. 227. Chama, no entanto, Norbert Reich, *NJW* 1999, p. 403, a atenção para o facto de que os prazos de caducidade da garantia são estabelecidos genericamente para todas as vendas comerciais, pelo que se torna difícil ultrapassar essa regra para o caso do direito de regresso, face ao posterior exercício da garantia na venda de bens de consumo.

[377] Ainda que, conforme salienta Twigg-Flesner, *Consum. L. J.* 1999, p. 185, a intervenção da Directiva neste âmbito, tenha sido mais no campo procedimental do que susbstantivo, uma vez que se a Directiva contém regras sobre a eficácia e a forma de apresentação das garantias, praticamente nada dispõe sobre o seu conteúdo.

mais estabelecerem do que a previsão da garantia legal de que o consumidor goza, quando não estabelecem mesmo restrições inadmissíveis a essa garantia, permitem, no entanto, ao consumidor exercer mais facilmente os seus direitos perante o vendedor que apenas tende a aceitar as reclamações se lhe for exibido um válido certificado de garantia[378].

O art. 1º-B, *g)*, do D.L. 67/2003, aditado pelo D.L. 84/2008, define a garantia voluntária como "qualquer compromisso ou declaração, de carácter gratuito ou oneroso, assumido por um vendedor, por um produtor ou por qualquer intermediário perante o consumidor, de reembolsar o preço pago, substituir, reparar ou ocupar-se de qualquer modo de um bem de consumo, no caso de este não corresponder às condições enumeradas na declaração de garantia ou na respectiva publicidade". Comparando esta norma com a definição de garantia no art. 1º, nº 2 *e)* Directiva 1999/44, que considera como tal "qualquer compromisso assumido por um vendedor ou um produtor perante o consumidor, sem encargos adicionais para este, de reembolsar o preço pago, substituir, reparar ou ocupar-se de qualquer modo de um bem de consumo, no caso de este não corresponder às condições enumeradas na declaração de garantia ou na respectiva publicidade", verifica-se que a definição de garantia do D.L. 67/2003 é mais ampla que a constante da Directiva. O regime português abrange assim não apenas garantias voluntariamente prestadas pelo produtor e vendedor que ultrapassem o conteúdo da denominada garantia legal, mas ainda as garantias que impliquem uma prestação suplementar a pagar pelo consumidor, como acontece na prática jurídica inglesa, ou as garantias prestadas por terceiro, como sucede com os contratos de seguro, quando nenhuma destas últimas realidades é abrangida pela Directiva[379].

As garantias oferecidas ao consumidor vinculam juridicamente as pessoas que as oferecem, nas condições constantes da declaração de garantia e da publicidade correspondentes. Esta eficácia das garantias oferecidas pode já considerar-se resultante da eficácia da promessa pública, prevista no art. 459º do Código Civil[380]. Relativamente às garantias constantes da

[378] Salienta este aspecto, HONDIUS, *op. cit.*, nº 10.

[379] Cfr. STAUDENMAYER, *NJW* 1999, p. 2394 e em GRUNDMANN/MEDICUS/ROLLAND, *op. cit.*, p. 33.

[380] Cfr. CARLOS FERREIRA DE ALMEIDA, *Texto*, II, pp. 959 e ss. Pelo contrário, no Direito Alemão, NORBERT REICH, *NJW* 1999, p. 2402, entendeu que se tornava necessário alterar a parte geral do Direito das Obrigações em ordem a estabelecer a eficácia do negócio jurídico

publicidade, a sua integração nos contratos de consumo já se encontra prevista no art. 7º, nº 5 da Lei 24/96, de 31 de Julho.

Nos termos do art. 9º, nº 2, do D.L. 67/2003, a garantia deve ser entregue ao consumidor por escrito ou em outro suporte duradouro, impondo o art. 9º, nº 3, do D.L. 67/2003, na redacção do D.L. 84/2008 uma série de requisitos, por razões de transparência. Assim, as garantias devem, além de ser redigidas, de uma forma clara e concisa, na língua portuguesa, conter obrigatoriamente as seguintes menções:

a) Declaração de que o consumidor goza dos direitos previstos no presente decreto-lei, e na demais legislação aplicável, e de que esses direitos não são afectados pela garantia[381].
b) A informação sobre o carácter gratuito ou oneroso da garantia e, neste último caso, a indicação dos encargos a suportar pelo consumidor;
c) Os benefícios atribuídos ao consumidor por meio do exercício da garantia, bem como as condições para a atribuição desses benefícios, incluindo a enumeração de todos os encargos, nomeadamente aqueles relativos às despesas de transporte, de mão-de-obra e de material;
d) Duração e âmbito espacial da garantia;
e) Firma ou nome e endereço postal, ou, se for o caso, electrónico, do autor da garantia que pode ser utilizado para o exercício desta.

Se a garantia não obedecer aos requisitos de forma e transparência referidos, tal não afecta a sua validade, podendo o consumidor continuar

unilateral constitutivo da garantia. A transposição efectuada pela *Gesetz zur Modernisierung des Schuldrechts*, limitou-se a regular este aspecto, quer no regime geral da compra e venda (novo § 443 BGB), quer no da venda de bens de consumo (novo § 477 BGB).

[381] Conforme demonstra TWIGG-FLESNER, *Consum. L. J.* 1999, p. 187 esta disposição abre a porta à fraude nesta área, uma vez que a garantia comercial não é normalmente prestada pelo vendedor, mas antes pelo produtor, que não é responsável perante o consumidor no âmbito da Directiva. Assim, basta ao produtor oferecer uma garantia comercial de conteúdo muito mais restrito do que o estabelecido na Directiva e estabelecer que essa garantia não prejudica os direitos do consumidor perante o vendedor, para cumprir o estabelecido nesta disposição. O consumidor, que normalmente ignora os seus direitos, tenderá a apenas usar a garantia comercial, esquecendo-se de exercer os seus direitos perante o vendedor. Não se vê, por que razão não proibiu a Directiva que as garantias comerciais fossem estabelecidas em termos inferiores à garantia legal.

a invocá-la e a exigir a sua aplicação (art. 9º, nº 5, D.L. 67/2003). Outra solução não faria sentido, uma vez que sendo o objectivo deste regime o fornecimento de informação ao consumidor, naturalmente que a sua infracção não poderia ter como consequência a invalidade da garantia, como se prevê genericamente no art. 220º do Código Civil. A omissão terá, por isso, apenas como consequência a responsabilidade civil do vendedor ou oferente da garantia.

Salienta-se ainda que os direitos resultantes da garantia se transmitem para o adquirente da coisa (art. 9º, nº 4, D.L. 67/2003).

7.4.8.9. Carácter injuntivo do regime da venda de bens de consumo
Conforme bem se compreenderá, as disposições de protecção ao consumidor caracterizam-se pelo seu carácter injuntivo, uma vez que, sendo este uma parte mais fraca, leiga ou profana, naturalmente que seria fácil a um profissional obter dele a derrogação das normas supletivas instituídas em seu benefício. Assim, como normalmente sucede na legislação de protecção ao consumidor, também a Directiva 1999/44/CE vem estabelecer que as cláusulas contratuais e os acordos celebrados com o vendedor, antes da falta de conformidade lhe ser comunicada que, directa ou indirectamente, excluam ou limitem os direitos dela resultantes não vinculam, nos termos previstos na legislação nacional, o consumidor (art. 7º, nº 1 da Directiva). Transpondo esta solução, o art. 10º do D.L. 67/2003, refere que "sem prejuízo do regime das cláusulas contratuais gerais é nulo o acordo ou cláusula contratual pelo qual antes da denúncia da falta de conformidade ao vendedor se excluam ou limitem os direitos do consumidor previstos no presente diploma". Assim, por exemplo, cláusulas como a que estabelece que o bem é "vendido no estado em que se encontra" são igualmente vedadas nesta sede uma vez que, se não excluem expressamente os direitos do consumidor, conduzem praticamente ao mesmo resultado[382].

A nulidade é, porém, atípica uma vez que apenas pode ser invocada pelo consumidor ou seus representantes (art. 10º, nº 2 do D.L. 67/2003 e art. 16º, nºs 2 e 3 da Lei 24/96, de 31 de Julho).

[382] Cfr. FABER, em JBl 1999, p. 426 e STAUDENMEYER, *NJW* 1999, p. 2397 e em GRUNDMANN/MEDICUS/ROLLAND, *op. cit.*, p. 45. A proibição da derrogação do regime da Directiva por acordos individuais merece a crítica de CLAUS-WILHELM CANARIS, "Wandlungen des Schuldvertragsrecht – Tendenzen zu seiner "Materialisierung"" em *AcP* 200 (2000), pp. 276-364 (362 e ss.) que chega a considerar a Directiva inconstitucional perante o Direito alemão, por atentar contra a liberdade contratual.

Essa proibição de derrogação sofre, no entanto, uma atenuação em relação aos bens em segunda mão, já que, na sequência de um compromisso obtido no Conselho, relativamente a eles o art. 7º, nº 1 da Directiva admite que os Estados-membros permitam que as partes possam convencionar um encurtamento dos prazos de garantia, os quais, não podem, no entanto, ser fixados abaixo de um ano[383], solução que o nosso legislador veio a acolher no art. 5º, nº 2, do D.L. 67/2003. É de referir, no entanto, que esta disposição só se refere às vendas em segunda mão efectuadas por profissionais a consumidores, uma vez que as vendas em segunda mão que frequentemente se realizam entre particulares ficam fora do âmbito de aplicação da legislação protectora do consumidor[384].

O art. 7º, nº 2 da Directiva tem ainda o cuidado de especificar uma proibição de o regime dela constante ser derrogado através da escolha pelas partes da lei de um Estado não membro, sempre que o contrato apresente uma conexão estreita com a lei de um dos Estados membros, determinando que os Estados as medidas necessárias para evitar essa derrogação. Esta norma, habitual neste tipo de Directivas, leva naturalmente à qualificação deste regime como correspondendo a normas de aplicação imediata, conforme aliás o art. 11º do D.L. 67/2003 expressamente prevê.

[383] Conforme acima se referiu, o considerando (16) exclui o direito de substituição em relação a estes bens. É de referir, no entanto, que EHMANN/RUST, *JZ* 1999, p. 860 criticam a manutenção da injuntividade neste tipo de bens, considerando que a solução se pode revelar anti-económica, já que no mercado de carros usados o comprador poderia optar por comprar um carro com um seguro especial a assegurar o seu funcionamento ou sem esse seguro por um preço inferior. A Directiva, ao estabelecer injuntivamente a garantia implicará que os vendedores façam sempre repercutir nos compradores esse custo.

[384] Cfr. STAUDENMEYER, *NJW* 1999, p. 2397 e em GRUNDMANN/MEDICUS/ROLLAND, *op. cit.*, p. 45.

Secção 2
Do contrato de troca ou permuta

1. Noção e aspectos gerais

A troca ou permuta consiste no contrato que tem por objecto a transferência recíproca da propriedade de coisas ou outros direitos entre os contraentes[385].

A troca, apesar de consistir no mais antigo contrato que surgiu, não é actualmente objecto de regulação no Código Civil por se considerar que corresponde a um estádio primitivo da economia, tornando-se dispensável a partir do momento em que o dinheiro assume a função de meio geral de trocas. Não obstante a troca é um contrato que continua a ser frequentemente utilizado, recebendo inclusivamente aplicação em importantes negócios, como as operações sobre imóveis ou sobre valores mobiliários. Outros direitos mantêm, por isso, a sua regulação como o fazem os direitos francês (arts. 1702 e ss. do *Code Civil*) e italiano (art. 1552º e ss. do *Codice*). Já o Direito alemão limita-se a referir no § 480 BGB que as disposições sobre a venda aplicam-se correspondentemente à troca.

O nosso Direito, apesar de fazer referência à troca em Direito Comercial (art. 480º CCom), não o faz em Direito Civil, ainda que este seja um

[385] Cfr. Ferreira de Almeida, *Contratos*, II, pp. 118 e ss. Na doutrina italiana, cfr., BIANCA, *op. cit.*, pp. 1015 e ss. Gastone Cottino, *Riporto. Permuta, art. 1548-1555* da obra de Antonio Scialoja/Giuseppe Branca (org.), *Commentario del Codice Civile*, IV- *Delle Obbligazioni*, 2ª ed., Bologna/Roma, Nicola Zanichelli/ Soc. Ed. Del Foro Italino, 1970, pp. 93 e ss., Carlo Giannattasio, *La permuta. Il contrato estimatorio. La somministrazione*, vol. XXIV, 1, da obra de Antonio Cicu/Francesco Messineo (org.), *Trattato di Diritto Civile e* Commerciale, 2ª ed., Milano, Giuffrè, 1974, pp. 3 e ss., e Lucio Ricca, *Contrato e rapporto nella permuta atipica*, Milano, Giuffrè, 1974.

contrato a que se venha a aplicar essencialmente o regime da venda, por força do art. 939º, já que constitui um negócio de alienação a título oneroso[386]. Esta mesma solução é aliás a instituída no art. 480º CCom que refere que "o escambo ou troca será mercantil nos mesmos casos em que o é a compra e venda, e regular-se-á pelas mesmas regras estabelecidas para esta, em tudo quanto forem aplicáveis às circunstâncias ou condições daquele contrato"[387]. Temos assim que o regime próprio para a troca civil e para a troca comercial é moldado sobre o correspondente regime da compra e venda.

2. Características qualificativas do contrato de troca

A troca apresenta grandes similitudes com a compra e venda e daí que apresente grande parte das suas características. Uma vez que a lei reconhece a categoria no Código Comercial (art. 480º CCom) podemos qualificá-la como um contrato nominado. É, no entanto, um contrato atípico, uma vez que o seu regime não se encontra tipificado na lei, sendo construído por mera remissão para o regime da venda (arts. 939º e 480º CCom.). Será, assim, com base nesse regime que se desenharão as suas características.

À semelhança da venda, a troca é um contrato primordialmente não formal (art. 219º), sendo apenas sujeita a forma especial, quando estiverem em causa bens imóveis (cfr. art. 875º).

A troca é, além disso, um contrato consensual, uma vez que não se exige a tradição para que o contrato se constitua, antes pelo contrário ambas as partes ficam obrigadas à entrega das coisas trocadas (art. 879º *b)*), não se estando dessa forma perante um contrato real *quoad constitutionem*.

A troca é, por outro lado, um contrato obrigacional, na medida em que faz surgir a obrigação de entrega para as duas partes (art. 879º *b)*) e real *quoad effectum*, uma vez que se transmite, por mero efeito do contrato, a propriedade dos bens trocados (art. 879º *a)* e 408º, nº 1).

Para além disso, a troca é um contrato oneroso, na medida em que existem sacrifícios patrimoniais para ambas as partes.

A troca é ainda um contrato sinalagmático, uma vez que as obrigações das partes constituem-se, tendo a sua causa uma na outra (sinalagma genético) e permanecem ligadas durante a fase da execução do contrato

[386] Cfr. BIANCA, *op. cit.*, pp. 1025 e ss. e LUMINOSO, *op. cit.*, pp. 196 e ss.

[387] Cfr. sobre a troca comercial, MENEZES CORDEIRO, *Direito Comercial*, I, p. 623.

(sinalagama funcional). São assim também aplicáveis à troca os institutos que pressupõem o sinalagma contratual, como a excepção de não cumprimento (arts. 428º e ss.), a caducidade do contrato por impossibilidade de uma das prestações (art. 795º, nº 1) e a resolução por incumprimento (art. 801º, nº 2).

A troca é normalmente um contrato comutativo, dado que ambas as atribuições patrimoniais se apresentam como certas. Poderá ser, no entanto, aleatório, como na troca de bens de existência ou titularidade incerta (art. 881º).

Finalmente, a troca é um contrato de execução instantânea, na medida em que o conteúdo e extensão das obrigações de entrega não é estabelecido em função do tempo.

3. Regime aplicável

A troca apresenta sempre uma necessária similitude de regulação com a venda, apenas dela se distinguindo pelo facto de nesta o estabelecimento da contraprestação em dinheiro implicar uma específica consideração do valor do bem. A celebração da troca produz assim a transferência imediata da propriedade sobre ambos os bens (art. 408º, nº 1), salvo nas hipóteses do art. 408º, nº 2, gerando para ambos os contraentes a obrigação de entrega das coisas (art. 882º). Aplica-se à troca o regime das proibições de venda (arts. 876º e ss.) e também o das perturbações da prestação no contrato de compra e venda (arts. 892º e ss., 905º e ss. e 913º e ss.). A troca pode abranger bens futuros (art. 880º)[388] e é sujeita a escritura pública ou documento particular autenticado desde que abranja, mesmo em relação a apenas um dos contraentes, a prestação de bens imóveis (art. 875º, na redacção do D.L. 116/2008, de 4 de Julho). A permuta de prédios pode ainda ser realizada através do procedimento especial de transmissão, oneração e registo de imóveis, constante do D.L. 263-A/2007, de 23 de Julho e da Portaria 794-B/2007, de 23 de Julho, o qual foi estendido à permuta de prédios pelo art. 1º da Portaria 67/2010, de 3 de Fevereiro.

Já não são, porém, aplicáveis à troca as normas que pressupõem uma contrapartida pecuniária da alienação, como por exemplo as dos arts. 878º,

[388] Tem-se generalizado na prática o negócio de permuta de um terreno por uma fracção autónoma que nele irá ser construída. Cfr. sobre este caso, BIANCA, *op. cit.*, pp. 1019 e ss., RICCA, *op. cit.*, pp. 26 e ss. e 310 e ss. e LUMINOSO, *op. cit.*, pp. 194 e ss.

883º, 885º e 886º. Já o art. 884º poderá, com as devidas adaptações, ser considerado aplicável à troca, estabelecendo-se que, se esta ficar limitada a uma parte do seu objecto, deverá reduzir-se a contraprestação, se esta for divisível, ou atribuir-se à parte prejudicada um crédito em dinheiro, como compensação pela redução[389].

É controvertida a qualificação do contrato pelo qual as partes apesar de continuarem a efectuar a troca de bens, dado que eles têm valores diferentes, uma delas inclui ainda uma prestação em dinheiro[390]. Para alguma doutrina este contrato deve ser qualificado como troca, se o dinheiro se destina apenas a colmatar modestas diferenças de valor entre os bens trocados, e como venda, quando a soma de dinheiro seja de montante superior ao valor do bem que acompanha[391]. Para outra, deve-se antes atender, para a qualificação como venda ou troca, se as partes em termos subjectivos consideraram mais relevante o bem trocado ou o dinheiro, independentemente dos valores em causa[392]. A posição que parece preferível é, porém, aquela que qualifica esta situação como um contrato misto de venda e permuta, determinando de acordo com a teoria da combinação a aplicação a cada atribuição económica do regime que a regula[393].

389 Cfr. Ricca, *op. cit.*, p. 134, Bianca, *op. cit.*, p. 1032 e Luminoso, *op. cit.*, p. 197.

390 Cfr. Ricca, *op. cit.*, pp. 297 e ss. e Luminoso, *op. cit.*, p. 193.

391 Cfr. Cottino, *op. cit.*, pp. 96 e ss.

392 Cfr. Giannattasio, *op. cit.*, p. 29.

393 Cfr. Bianca, *op. cit.*, p. 1019 e Luminoso, *op. cit.*, p. 193. No mesmo sentido, Ferreira de Almeida, *Contratos*, II, p. 119.

Secção 3
Do contrato de doação

1. Noção e aspectos gerais

A doação encontra-se regulada no art. 940º que a define como "o contrato pelo qual uma pessoa, por espírito de liberalidade e à custa do seu património, dispõe gratuitamente de uma coisa ou de um direito, ou assume uma obrigação, em benefício do outro contraente"[394].

O nosso Direito, ao contrário do que fazem outros ordenamentos jurídicos, qualificou expressamente a doação como um contrato. Tradicionalmente, no entanto, a doação costumava ser qualificada apenas como

[394] Cfr. sobre a doação, na doutrina portuguesa, António Abranches Ferrão, *Das Doações segundo o Código Civil Português, I-Conceito e elementos da doação*, Coimbra, s.e, 1911, II-*Doações para casamento e entre casados. Colações*, Coimbra, s.e, 1912, Pires de Lima/Antunes Varela, *Código Civil Anotado*, II, 4ª ed., Coimbra, Coimbra Editora, 1997, sub arts. 940º e ss., pp. 236 e ss., Manuel Baptista Lopes, *Das doações*, Coimbra, Almedina, 1970, e Menezes Cordeiro, *Tratado*, XI, pp. 343 e ss.
Na doutrina estrangeira, veja-se Larenz, *Schuldrecht* II-1, § 47, pp. 196 e ss., Esser/Weyers, § 12, pp. 119 e ss, Guido Labriola, *Le donazioni*, Milano, Giuffrè, 1941, Andrea Torrente, *La donazione*, em Antonio Cicu/Francesco Messineo, *Tratatto di Diritto Civile e Commerciale*, v. XXII, Milano, Giuffrè, 1956, BIONDO BIONDI, *Le Donazioni*, , em Filippo Vassalli, *Trattato di Diritto Civile Italiano*, v. 12, t. 4, Torino, UTET, 1961, Giovanni Balbi, *La donazione*, em Giuseppe Grosso/Francesco Santoro-Passarelli, *Tratatto di Diritto Civile*, Vol. II, t. 4, Milano, Francesco Vallardi, 1964, Ugo Carnevali, em Paolo Cendan (org.), *Commentario al Codice Civile, 2- artt. 456-809*, Torino, UTET, 1991, pp. 429 e ss., Celeste Iacovino/Vincenzo Tavassi/Tania Cassandro, *La donazione*, Milano, Giuffrè, 1996, e Antonio Palazzo, *Le donazioni*, 2ª ed., em Piero Schlesinger (org.), *I Codice Civile. Commentario*, Artt. 769-809, Milano, Giuffrè, 2000.

um acto[395], uma vez que não se considerava indispensável a expressão da aceitação do donatário, que aliás é normalmente presumida no âmbito das doações manuais (cfr. art. 947º, nº 2). O legislador de 1966, em obediência ao princípio *invito beneficium non datur*, entendeu considerar essencial essa aceitação para a formação do contrato, e daí a atribuição de carácter contratual à doação, como expressamente se refere no art. 940º.

O carácter contratual da doação não é, no entanto, absoluto, uma vez que a lei prevê expressamente a desnecessidade da aceitação no caso de doação pura efectuada a incapaz. Efectivamente, o art. 951º, nº 2, determina que essas doações produzem efeitos, independentemente de aceitação, em tudo o que aproveite ao donatário, o que implica que o negócio se forma sem aceitação, sendo, por isso, neste caso a doação um negócio unilateral e não um contrato.

Regra geral, no entanto, a doação tem carácter contratual, pelo que necessita de proposta e aceitação. No entanto, a formação do contrato de doação está sujeita a um regime diferente do regime geral da formação dos contratos, regulado nos arts. 224º e ss. do Código Civil. Efectivamente, em face desse regime, estabelecem-.se no art. 228º prazos muito curtos de vigência da proposta, findo os quais esta caduca se, entretanto, não tiver sido aceite. Pelo contrário, no âmbito da doação este regime não se aplica, dado que o art. 945º, nº 1 determina que a proposta apenas caduca se não for aceite em vida do doador (arts. 945º, nº 1 e 969º, nº 2). O donatário tem assim, o tempo correspondente à vida do doador para aceitar a proposta de doação, salvo se o doador, entretanto, a revogar (art. 969º, nº 1). A lei atribui por essa via à declaração contratual do doador um período de vigência muito mais extenso do que aquele que é comum no âmbito da formação do contrato.

2. Elementos constitutivos do contrato de doação

2.1. Generalidades

Em face do art. 940º, é possível descortinar os seguintes elementos constitutivos da doação:

[395] Efectivamente, no Direito Romano tradicional a *donatio* não tinha autonomia, bastando para a concretizar a realização de algum dos modos de transmissão da propriedade, como a *traditio*, *mancipatio* ou *in iure cessio*. Cfr. António Santos Justo, "Donatio et animus donandi", em *BFD* 58 (1982), pp. 901-991.

a) Atribuição patrimonial geradora de enriquecimento;
b) Diminuição do património do doador,
c) Espírito de liberalidade.

Examinemos sucessivamente estes elementos:

2.2. Atribuição patrimonial geradora de enriquecimento

O primeiro requisito do contrato de doação é a existência de uma atribuição patrimonial geradora de enriquecimento, ou seja um acto que atribua a outrem uma concreta vantagem patrimonial. O art. 940º refere que essa atribuição patrimonial pode consistir, quer na disposição de uma coisa ou de um direito, quer na assunção de uma obrigação. Efectivamente, em qualquer desses casos, o donatário sofre um incremento no seu património, quer em virtude da transmissão da coisa ou do direito objecto do contrato, quer em virtude da aquisição de um novo direito de crédito sobre o doador, em virtude da obrigação por este assumida. Também a remissão de dívidas do donatário, referida no art. 863º, nº 2, integra o conceito de enriquecimento.

O conceito de enriquecimento para efeitos da doação não coincide, no entanto, com o seu correspondente no enriquecimento sem causa, não semdo por isso relevante se o donatário poderia ter obtido a aquisição por outra via ou se suportou através dela uma poupança de despesas[396]. Essencial é apenas que se verifique uma valorização do património do beneficiário, seja qual for a forma por que se opere essa valorização.

2.3. Diminuição do património do doador

O segundo requisito do contrato de doação é a diminuição do património do doador, expressa na expressão "à custa do seu património". Este requisito, ao contrário do que sucede no enriquecimento sem causa, supõe uma efectiva diminuição patrimonial, sem o que não se estará perante uma doação. Daí que não seja qualificada como doação, mas antes como prestação de serviços gratuita (cfr. art. 1154º), o contrato pelo qual alguém apenas se obrigue a prestar um serviço a outrem. Efectivamente, a prestação de serviços, na medida em que pressupõe apenas a atribuição do resultado do trabalho do prestador, não vai implicar qualquer diminuição do seu

[396] Cfr. ESSER/WEYERS, § 12 I, p. 121.

património, pelo que não poderá ser qualificada como uma doação. Também não é doação pelos mesmo motivos, mas antes comodato (art. 1129º) o contrato pelo qual alguém concede a outrem o gozo gratuito de uma coisa, uma vez que neste caso a entrega da coisa não afecta a substância do património do comodante, implicando apenas a renúncia a uma eventual contrapartida económica.

2.4. Espírito de liberalidade

O último requisito do contrato de doação é a existência de espírito de liberalidade, ou seja, que exista a intenção de atribuir o correspondente benefício a outrem por simples generosidade ou espontaneidade, e não em qualquer outra intenção como, por exemplo, o cumprimento de um dever.

Efectivamente, apesar de o elemento da atribuição patrimonial geradora de enriquecimento dever ser entendido em sentido objectivo, a lei acrescenta a este um elemento subjectivo que é o de que esse enriquecimento seja determinado espontaneamente por intenção do próprio doador. O doador deve através do seu acto pretender beneficiar o donatário, podendo no entanto esse fim concorrer com outros intuitos ou expectativas, embora estes sejam considerados meros motivos do acto e, por isso, irrelevantes[397].

O espírito de liberalidade assim consiste no fim directo de atribuir um benefício ao donatário, provocando o seu enriquecimento[398], e que a doutrina tem identificado como a causa jurídica da doação. Esse elemento não se presume, pelo que não poderá ser deduzido da simples gratuidade do acto.

Sempre que não seja visível o espírito de liberalidade, o acto não estará em condições de ser qualificado como doação. Daí que não seja doação, por exemplo, a oferta de garantias (v.g., penhor, hipoteca) por terceiro em relação ao cumprimento da obrigação do devedor, na medida em que

[397] Cfr. LARENZ, *Schuldrecht* II-1, § 47, pp. 198.

[398] Neste sentido, cfr. MARIA DO ROSÁRIO RAMALHO, "Sobre a doação modal", em *Dir.* 122 (1990), pp. 673-744 (721) que afirma que "a referência do legislador ao «espírito de liberalidade» [do doador] não pode deixar de ser entendida como exigindo a *vontade* do doador de produzir o enriquecimento. Consequentemente, cremos ser sempre necessário averiguar essa vontade para que se verifique o terceiro elemento essencial do contrato de doação: é porque tem a intenção de *dare* que o doador atribui um direito ou assume uma obrigação do donatário, sem lhe exigir nenhuma contrapartida patrimonial".

desse acto não resulta a intenção de provocar o aumento patrimonial do donatário[399].

Por esse motivo, a lei esclarece que, precisamente por não se poder visualizar o espírito de liberalidade "não há doação na renúncia a direitos e no repúdio de herança ou legado, nem tão-pouco nos donativos conformes aos usos sociais".

Efectivamente, a renúncia a direitos não pode ser qualificada como doação, uma vez que a intenção que aparece expressa no acto de renúncia não é a atribuição de um benefício a outrem, por generosidade ou espontaneidade, mas antes a intenção de extinguir o próprio direito. Mas, no caso particular da remissão de créditos, a lei determina que, se esta resultar de negócio entre vivos e for determinada por espírito de liberalidade, será havida como doação, nos termos do art. 863º, nº 2.

Também não é doação, pelo mesmo motivo, o repúdio de herança ou legado. Efectivamente, o repúdio exprime a apenas a intenção de extinguir o correspondente *ius delationis*, o que implica não se poder visualizar um espírito de liberalidade, o que impede a sua qualificação como doação. Se, no entanto, o repúdio for realizado apenas em favor de algum ou alguns dos que seriam chamados, a situação é por lei qualificada como aceitação e alienação gratuita da herança (art. 2057º, nº 2), a qual, por nela ser reconhecível um espírito de liberalidade, poderá ser qualificada como doação.

Finalmente também não são doação os donativos considerados conformes aos usos sociais. Efectivamente, estão nesta hipótese em causa donativos que as partes têm por uso fazer de acordo com as regras do trato social, como o pagamento de gorjetas nos restaurantes ou a motoristas e os presentes dados em festas de aniversário ou de casamento. Neste caso, como a intenção do seu autor não é fazer uma liberalidade, mas antes cumprir uma obrigação resultante das regras do trato social, a lei considera que a sua realização corresponde a um *animus solvendi* e não a um *animus donandi*, daí resultando que não sejam qualificados como doação[400].

[399] Cfr. LABRIOLA, *op. cit.*, p. 21.

[400] Neste sentido, PIRES DE LIMA/ANTUNES VARELA, *op. cit.*, II, sub art. 940º, p. 241. Em sentido contrário, considerando nos donativos não falta necessariamente o espírito de liberalidade, havendo apenas uma não subordinação legal ao regime das doações por serem de montante menos significativo, MENEZES CORDEIRO, *Tratado*, XI, p. 388.

3. Características qualificativas do contrato de doação

3.1. A doação como contrato nominado e típico

A doação é, em primeiro lugar, um contrato nominado, uma vez que a lei o reconhece como categoria jurídica, definindo-o no art. 940º, e típico porque lhe estabelece um regime, nos arts. 940º a 979º do Código Civil.

3.2. A doação como contrato primordialmente formal

Para além disso, a doação é, regra geral, um contrato formal, já que o art. 947º, nº 1, na redacção do D.L. 116/2008, de 4 de Julho, sujeita a doação de coisas imóveis à forma de escritura pública ou documento particular autenticado, sem prejuízo do disposto em lei especial, e o art. 947º, nº 2 a doação de móveis à forma escrita. Esta última forma é dispensada, no caso de a doação de coisas móveis ser acompanhada de tradição da coisa doada, caso em que a celebração do contrato e a sua execução ocorrem simultaneamente.

3.3. A doação como contrato primordialmente consensual

A doação pode ainda considerar-se um contrato primordialmente consensual (e não real *quoad constitutionem*), uma vez que a lei prevê expressamente a existência de uma obrigação de entrega por parte do doador (art. 954º *b)*), o que significa que não associa a constituição do contrato à entrega da coisa, admitindo a sua vigência antes de a coisa ser entregue. Essa situação é, no entanto, exceptuada em relação à doação verbal de coisas móveis, cuja validade faz depender da ocorrência concomitante da tradição da coisa doada, o que implica constituir esta um contrato real *quoad constitutionem*.

3.4. A doação como contrato que tanto pode ser obrigacional como real *quoad effectum*, isolada ou conjuntamente

A doação tanto pode ser um contrato obrigacional como real *quoad effectum*, podendo reunir estas duas características tanto isolada como conjuntamente. A situação mais comum é a doação ser tanto um contrato real *quoad effectum* como obrigacional, na medida em que se transmite a propriedade da coisa ou a titularidade do direito para o donatário (art. 954º *a)*), ao mesmo tempo que se onera o doador com a obrigação de entregar a coisa (art. 954º *b)*). Mas a doação pode ser um contrato estritamente obrigacional, se o doador se limitar a assumir uma obrigação em benefício do outro contraente (art. 940º *in fine* e 954º *c)*). Para além disso, a doação pode ser real *quoad effectum* sem gerar quaisquer obrigações, como sucederá numa doação manual de coisas móveis.

3.5. A doação como contrato gratuito

A doação é um contrato gratuito, uma vez que nele não existe qualquer contrapartida pecuniária em relação à transmissão dos bens ou à assunção de obrigações, importando assim apenas sacrifícios económicos para uma das partes, o doador. A onerosidade nem sequer se verifica em relação à doação com encargos (art. 963º), dado que o encargo não constitui uma contrapartida da atribuição patrimonial do doador, sendo antes uma mera restrição à liberalidade.

3.6. A doação como contrato não sinalagmático

Sendo um contrato gratuito, a doação é naturalmente também um contrato não sinalagmático, uma vez que só faz surgir obrigações para uma das partes.

3.7. A doação como contrato que tanto pode ser de execução instantânea como periódica

A doação é normalmente um contrato de execução instantânea, uma vez que a atribuição patrimonial do doador não tem, em princípio, o seu conteúdo e extensão delimitado em função do tempo. No art. 943º, a lei admite, porém, a possibilidade a doação abranger prestações periódicas, caso em que naturalmente estaremos perante um contrato de execução periódica.

4. Objecto da doação

A lei estabelece algumas restrições às entidades que podem ser objecto de um contrato de doação. Assim, o art. 942º, nº 1, refere-nos que a doação não pode abranger bens futuros. Esta proibição compreende-se porque, se alguém efectuasse uma doação relativamente a bens que ainda não adquiriu, embora o contasse posteriormente fazer, poderia não estar totalmente seguro das implicações do seu acto, e vir a arrepender-se aquando da futura aquisição do bem. Há assim subjacente a esta proibição um intuito de tutela do doador por se saber ser mais fácil alguém prescindir de algo que ainda não adquiriu do que abdicar de um bem que já entrou no seu património.

Para além disso, uma doação de bens futuros nem sequer corresponderia ao conceito do art. 940º, uma vez que, face a este, a doação implica uma diminuição do património do doador, coisa que não se verifica se ele se limitar a prescindir de um bem que ainda não adquiriu.

Nos termos do art. 942º, nº 2, a proibição da doação de bens futuros não abrange, no entanto, o caso em que a doação incide sobre uma universalidade de facto que continue no uso e fruição do doador, caso em que se consideram doadas, salvo estipulação em contrário, as coisas singulares que vierem a integrar a universalidade. Efectivamente, em casos como o da doação de uma biblioteca ou de um rebanho, o que o doador transmite é uma coisa composta (art. 206º), a qual, apesar de compreender um conjunto de coisas singulares, é objecto de um destino unitário. Daí que, caso haja surgimento de novas coisas singulares dentro da universalidade (nascimento de novas ovelhas; integração de novos livros da biblioteca) é natural que elas sejam consideradas como pertencentes ao objecto da doação. A proibição da doação de coisas futuras não é neste caso afectada, dado que o que se doou foi a universalidade de facto, e não as coisas singulares que a compõem.

Uma outra regulação do objecto da doação é a disposição do art. 943º, que determina que "a doação que tiver por objecto prestações periódicas extingue-se por morte do doador". Não há neste caso uma doação de bens futuros, mas antes a oferta de um direito de crédito correspondente a obrigações duradouras periódicas como, por exemplo, o direito a uma pensão vitalícia ou à renda de um imóvel. Não se colocam, por isso, as mesmas restrições do art. 942º, dado que o doador compreende facilmente as consequências desse acto e a doação implica a diminuição do seu património por via da constituição desse crédito, conforme se prevê no art. 940º. No entanto, a lei determina que a doação de prestações periódicas se extinga por morte do doador. Para Pires de Lima e Antunes Varela, esta disposição deve ter-se como imperativa, ao contrário da correspondente solução do art. 772º do Código italiano, por o legislador ter querido enquadrar este caso na regra geral da proibição das doações que produzam os seus efeitos por morte do doador, nos termos do art. 946º[401]. Não parece, porém, que essa solução seja aceitável, dado que mesmo nesse enquadramento nada impediria o doador de estabelecer que a prestação periódica se manteria por sua morte, desde que observasse as formalidades dos testamentos (cfr. art. 946º, nº 2 e art. 2273º). No entanto, a verdade é

[401] Cfr. Pires de Lima/Antunes Varela, *op. cit.*, II, sub art. 943º, nº 2, pp. 244-245.

que neste caso não se está perante uma doação por morte, uma vez que o crédito, embora respeite a uma obrigação periódica, se constitui em vida do doador, e os seus herdeiros, após a sua morte, só estarão obrigados a satisfazê-lo nos limites das forças da herança (art. 2071º). Para além disso, e como estes mesmo autores reconhecem, é sempre permitido ao doador doar uma coisa com o encargo de prestações periódicas em benefício de terceiro, como uma renda vitalícia, caso em que não fica sujeito à limitação do art. 943º. Ora, sendo assim, não se vê por que razão não se deve admitir ao doador constituir a mesma renda vitalícia em benefício do donatário, sem ter que recorrer a este esquema. Propendemos assim a considerar como supletiva a disposição do art. 943º.

Em relação ao objecto da doação temos ainda que considerar a disposição interpretativa do art. 944º, que se refere à doação conjunta, esclarecendo o nº 1 que "a doação feita a várias pessoas conjuntamente considera-se feita por partes iguais, sem que haja direito de acrescer entre os donatários, salvo se o doador tiver declarado o contrário". Está-se perante uma hipótese em que o doador oferece a mesma coisa ou direito a várias pessoas, sem determinar a parte que a cada uma delas compete. A lei estabelece que neste caso se deve presumir não apenas que são iguais as partes que competem a cada um dos donatários, mas também que, se algum deles não quiser ou não puder aceitar a doação, não acresce a sua parte aos restantes, mas antes se mantém na titularidade do doador, não vigorando assim o regime do direito de acrescer, estabelecido em matéria testamentária (arts. 2301º e ss.)[402].

Esta solução não prejudica, no entanto, o direito de acrescer entre usufrutuários, no caso de o usufruto ser constituído por doação (art. 944º, nº 2). Não se trata neste caso do mesmo direito de acrescer estabelecido em matéria sucessória, mas antes na circunstância de o usufruto estabelecido conjuntamente a favor de várias pessoas conjuntamente só se consolidar com a propriedade por morte da última que sobreviver (art. 1442º). Essa regra vigora, quer para o usufruto constituído por testamento, quer para o usufruto constituído por contrato, não havendo assim nenhuma razão para não se aplicar ao usufruto constituído por doação.

[402] Mas já se verificará, porém, esse direito de acrescer, no caso especial da doação por morte convertida em testamento ao abrigo do nº 2 do art. 946º. Efectivamente, neste caso a doação será havida como disposição testamentária, pelo que não há motivo para não ser sujeita às mesmas regras. Cfr. PIRES DE LIMA/ANTUNES VARELA, *op. cit.*, II, *sub* art. 944º, nº 1, p. 246.

5. Forma do contrato de doação

Resulta do art. 947º, conforme se referiu, que a doação é, salvo num caso especial, um contrato normalmente sujeito a forma especial, sendo consequentemente nulo se não respeitar essa forma (art. 220º).

Efectivamente, se o contrato de doação tiver por objecto bens imóveis, o art. 947º, nº 1, do Código Civil, na redacção do D.L. 116/2008, de 4 de Julho, determina que, sem prejuízo do disposto em legislação especial, ele só é válido quando for celebrado por escritura pública ou documento particular autenticado. Esta regra é aliás extensiva a todos os actos que importem reconhecimento, constituição, modificação, divisão ou extinção dos direitos de propriedade, usufruto, uso e habitação, superfície ou servidão sobre coisas imóveis e aos actos de alienação, repúdio e renúncia de herança ou legado, de que façam parte coisas imóveis (art. 22º *a)* e *c)* do D.L. 116/2008, de 4 de Julho e art. 2126º, nº 1, na redacção daquele diploma).

A doação de bens imóveis pode, porém, ainda ser realizada através do procedimento especial de transmissão, oneração e registo de imóveis, constante do D.L. 263-A/2007, de 23 de Julho e da Portaria 794-B/2007, de 23 de Julho, que foi estendido à doação de prédios pelo art. 1º da Portaria 67/2010, de 3 de Fevereiro. Conforme dispõe o art. 8º, nº 3 do D.L. 263-A/2007, os negócios jurídicos celebrados nos termos deste decreto-lei estão dispensado de formalização por escritura pública quando esta seja obrigatória nos termos gerais. Neste caso, os interessados iniciam o procedimento formulando o seu pedido junto do serviço do registo competente, manifestando a sua opção por um dos modelos de contrato (art. 6º D.L. 263-A/2007), sendo o serviço de registo que procede à elaboração dos documentos que titulam os negócios, de acordo com o modelo previamente escolhido pelos interessados (art. 8º, nº 1, *b)* D.L. 263-A/2007).

Se a doação tiver por objecto bens móveis, a lei exige a forma escrita, a menos que ocorra a tradição da coisa concomitantemente ao acto (art. 947º, nº 2). A dispensa de forma escrita apenas ocorre na doação de coisas móveis acompanhada de tradição da coisa, constituindo, porém, nesse caso a tradição uma formalidade essencial ao contrato (cfr. art. 947º, nº 2 *in fine*), não se podendo considerar válida a doação se esta não se verificar[403].

[403] No Ac. RP 11/10/2001 (GONÇALO SILVANO), na *CJ* 26 (2001), 4, pp. 211-213 considerou-se que, tendo a doação de coisas móveis que ser celebrada por escrito, não seria válida por falta de forma a doação consistente no depósito de dinheiro em conta conjunta, que não é levantado

A exigência de forma especial ou da formalidade da tradição da coisa justifica-se pela necessidade de assegurar a seriedade da intenção do doador, evitando assim que um contrato que lhe impõe um sacrifício patrimonial possa resultar de declarações precipitadas.

6. A formação do contrato

6.1. Processo de formação do contrato de doação

O contrato de doação está sujeito a regras diferentes para a sua formação do que as que vigoram para o comum dos negócios jurídicos. Assim, a lei admite que a doação seja celebrada, quer entre presentes, quer entre ausentes. No entanto, neste último caso a proposta da doação não caduca pelo decurso dos prazos fixados no art. 228º, apenas se verificando essa caducidade se não for aceite em vida do doador (art. 945º, nº 1º).

Em consequência dessa solução, o receptor de uma proposta de doação, não tem o ónus de a aceitar logo, podendo vir a fazê-lo muito mais tarde, inclusivamente anos depois de a proposta ter sido formulada. No entanto, enquanto a proposta de doação não for aceite o doador pode proceder à sua revogação (art. 969º), extinguindo a possibilidade de o donatário proceder à sua aceitação.

O donatário pode aceitar a proposta de doação enquanto o doador for vivo (art. 945º, nº 1). A aceitação da doação está sujeita à forma exigida para o contrato (art. 945º, nº 3) parecendo que, salvo no caso de ter havido tradição da coisa para o donatário, terá que constar de uma declaração expressa, não sendo assim aplicável no âmbito da doação a regra do art. 234º[404]. Tratando-se de coisas imóveis, terá por isso a aceitação que constar de escritura pública ou documento particular autenticado (art. 947º, nº 1). Tratando-se de coisas móveis, se não se tiver verificado a tradição da coisa para o donatário, a aceitação terá que constar de documento escrito (art. 947º, nº 2).

Uma vez emitida a aceitação, esta terá que ser declarada ao doador sob pena de não produzir os seus efeitos (art. 945º, nº 3). O contrato só se considera concluído com a a recepção ou conhecimento da aceitação pelo doador (art. 224º, nº 1). Até lá, quer o doador, quer o donatário podem

até à morte da doadora. A decisão é inteiramente correcta, uma vez que o depósito em conta conjunta não priva o doador da disponibilidade das quantias depositadas pelo que não pode ser visto como tradição da coisa doada.

[404] Neste sentido, cfr. Biondi, *op. cit.*, p. 158 e Iacovino/Tavassi/Cassandro, *op. cit.*, p. 31.

revogar a sua declaração, não sendo inclusivamente admissível a renúncia a esta faculdade[405]. O art. 969º, nº 1, impõe que a revogação da proposta da doação observe as formalidades desta, mas não parece excluir que ela seja efectuada tacitamente, como na hipótese de o doador tornar a dispor dos bens doados[406]. Pode também se verificar a caducidade, quer da proposta quer da aceitação da doação, por morte de qualquer dos declarantes ou destinatários. Aqui é derrogada a regra geral do art. 231º, dado que na doação, em face do seu cariz *intuitu personae* os herdeiros do doador não ficam vinculados pela proposta do autor da sucessão, nem os herdeiros do donatário estão em condições de aceitar a doação, dado que a liberalidade não lhes era dirigida[407].

Se se tiver verificado a tradição da coisa móvel para o donatário, ou do seu título representativo, a recepção por este do objecto doado é considerada como aceitação, não sendo assim necessária a prática de mais qualquer acto. Já em caso de doação pura feita a incapaz (art. 951º, nº 2) ou a nascituro (art. 952º) o contrato produzirá efeitos mesmo sem a aceitação. Em qualquer destes casos, uma vez que a doação já se considera definitivamente concluída, não caducará por morte do doador nem este poderá posteriormente revogar a proposta.

6.2. Capacidade activa e passiva para o contrato de doação

A lei prevê regras especiais em relação à capacidade para efectuar doações (capacidade activa) ou para receber doações (capacidade passiva), reguladas nos arts. 948º e ss.

[405] Em Itália tem sido controvertida a admissibilidade da proposta de doação irrevogável. Enquanto autores como BIONDI, *op. cit.*, pp. 485 e ss., contestam a possibilidade de estipular a irrevogabilidade da proposta de doação, outros como FRANCESCO MESSINEO, "Irrevocabilitá e revocabilità dell'offerta o dell'accettazione nella donazione" na *RTDPC* 9 (1955), pp. 24-36 (35), TORRENTE, *op. cit.*, pp. 448 e ss. e IACOVINO/TAVASSI/CASSANDRO, *op. cit.*, pp. 36, admitem essa possibilidade. Parece-nos, no entanto, que admitir a estipulação da irrevogabilidade da proposta de doação, além de ser incongruente com o regime do testamento, apresentar-se-ia contrário ao requisito de espontaneidade inerente à doação.

[406] Pelo contrário, em Itália tem-se entendido que face à disposição do art. 782 III do *Codice*, a revogação da proposta de doação não estará sujeita a forma especial. Cfr. MESSINEO, *RTDPC* 9 (1955), pp. 27 e ss., TORRENTE, *op. cit.*, pp. 443, BIONDI, *op. cit.*, p. 477 e IACOVINO/TAVASSI/CASSANDRO, *op. cit.*, p. 34.

[407] Cfr. MESSINEO, *RTDPC* 9 (1955), pp. 32 e ss., TORRENTE, *op. cit.*, p. 447, BIONDI, *op. cit.*, pp. 488 e ss. e IACOVINO/TAVASSI/CASSANDRO, *op. cit.*, p. 35.

Examinemos sucessivamente estes regimes:

a) capacidade activa para as doações

Em relação à capacidade activa, dispõe-se no art. 948º, nº 1 que "têm capacidade para fazer doações todos os que podem contratar e dispor dos seus bens". Daqui resulta que a lei equipara a capacidade activa nas doações à capacidade contratual geral (art. 67º), da qual são apenas excluídos os menores (arts. 122º e ss.) e os maiores acompanhados em relação aos quais tenha sido estabelecida essa restrição (arts. 138º e ss.). Há, no entanto, que tomar em consideração que, no âmbito da doação, a incapacidade não pode ser suprida pelo poder paternal ou pela tutela ou pela representação legal do acompanhado, ao contrário do que se dispõe nos arts. 124º e 145º, nem mesmo com a autorização do Ministério Público, referida nos arts. 1889º e 1935º no art. 2º, nº 1, *b)* do D.L. 272/2001, de 13 de Outubro. Efectivamente, o art. 949º, nº 2 estabelece que "os representantes legais dos incapazes não podem fazer doações em nome destes"[408], solução que bem se compreende, dado que a realização de doações pelos representantes legais se apresentaria como contrária à natureza da doação que, sendo um negócio determinado por espírito de liberalidade, é de cariz essencialmente pessoal, tendo assim que ser realizada pelo próprio doador. Para além disso, uma doação por representante legal apresentar-se-ia como contrária à própria natureza do negócio, uma vez que seria o representante a actuar com espírito de liberalidade e, portanto, quem se assumiria como doador, mas a diminuição patrimonial correspondente ocorreria antes noutro património, o do seu representado[409].

A lei estabelece que a capacidade é regulada pelo estado em que o doador se encontrar ao tempo da declaração negocial (art. 948º, nº 2). Efectivamente, sabendo-se que a proposta de doação apenas caduca se não for aceita em vida do doador (art. 969º), podem ocorrer alterações na capacidade do doador entre o momento em que fez a declaração negocial e aquele em que o contrato vem a ser concluído. A lei considera, porém, como relevante apenas a situação da capacidade do doador no momento

[408] Esta norma é desnecessariamente repetida em relação ao tutor no art. 1937º *a)*.

[409] Naturalmente que a doação com encargos é abrangida por esta disposição. Por esse motivo, no Ac. RC 14/9/2006 (FERNANDO BAPTISTA), em *CJ* 31 (2006), 4, pp. 152-155, foi proibido o tutor de efectuar uma doação de prédios de um interdito a uma Santa Casa da Misericórdia, com o encargo de a mesma aceitar o interdito num dos seus lares.

da declaração negocial. Assim, se o doador era capaz, no momento em que fez a proposta de doação, essa proposta não perde a validade, se o doador tornar incapaz no momento da celebração do contrato[410]. Pelo contrário, se o doador era incapaz, no momento em que fez a proposta de doação, o facto de se ter tornado capaz antes de o contrato vir a ser celebrado não impede a invalidade do negócio.

Em relação à capacidade das pessoas colectivas para fazer doações, há que aplicar o princípio da especialidade previsto no art. 160º, que refere que "a capacidade das pessoas colectivas abrange todos os direitos e obrigações necessários ou convenientes à prossecução dos seus fins". Assim, se a realização de liberalidades se encontrar entre os fins da pessoa colectiva, como por exemplo, no caso de uma fundação ser instituída com fins de beneficiência, esta poderá naturalmente fazer doações. Já no caso das pessoas colectivas com fim económico interessado, como na hipótese das sociedades (cfr. art. 980º) parece que a realização de liberalidades se apresentará como contrária ao seu fim específico que é a repartição de lucros entre os sócios. No entanto, em relação às sociedades comerciais, o art. 6º, nº 2, do C.S.C vem referir que "as liberalidades que possam ser consideradas usuais, segundo as circunstâncias da época e as condições da própria sociedade não são havidas como contrárias aos fim desta". A razão que está subjacente a esta norma baseia-se na intenção de não considerar incompatível com o fim da sociedade, que é a obtenção de lucros, a realização de determinadas atribuições patrimoniais realizadas em conformidade com os usos do comércio como, por exemplo, as determinadas com fins de *marketing* ou de promoção institucional da sociedade, já que terão como fim último a maximização do seu lucro. Há que referir que neste caso, apesar da referência ao carácter usual das liberalidades, não estamos perante donativos conformes aos usos sociais (ex: ofertas de presentes pela sociedade em ocasiões festivas), uma vez que estes não seriam qualificados como doações, face ao que se dispõe no art. 940º, nº 2. Trata-se antes de verdadeiras doações, que a lei vem assim autorizar às sociedades comerciais, exigindo apenas que não extravasem do que se encontra estabelecido em termos de normalidade social na sua actividade, em face das condições da própria sociedade. Assim, uma sociedade comercial poderá oferecer

[410] Esta solução está aliás em conformidade com o que se dispõe nos arts. 226º e 231º do Código Civil.

determinada quantia a uma associação de estudantes para custear uma viagem de fim de curso, ou ao clube desportivo da terra para incrementar a prática desportiva. Naturalmente, porém, que já não lhe será permitido oferecer a um particular um dos seus imóveis, uma vez que esse tipo de doação extravasará completamente do que se tem por usual no âmbito da actividade societária.

b) capacidade passiva para as doações

Existem também algumas especialidades de regime em relação à capacidade passiva nas doações, ou capacidade para receber doações. Segundo o art. 950º, nº 1, "podem receber por doação todos os que não estão especialmente inibidos de as aceitar por disposição da lei", acrescentando o nº 2 que "a capacidade do donatário é fixada no momento da aceitação". Há, assim, uma situação de capacidade genérica para a recepção de doações (cfr. art. 67º), o que bem se compreende, uma vez que esse acto é considerado de mera administração, já que dele resulta sempre o enriquecimento do donatário. A lei exclui apenas os casos em que seja legalmente estabelecida uma inibição especial para a aceitação de doações, mas tal apenas se encontra prevista para a indisponibilidade relativa nas doações (arts. 953º e 2192º e ss.), o que corresponde, não a uma situação de incapacidade, mas antes a proibições específicas de doação entre pessoas determinadas.

Em função de a recepção da doação apenas poder beneficiar o donatário, a lei afastou-se do regime geral estabelecido para o suprimento da incapacidade em relação a este acto. Assim, em relação às doações puras (ou seja, aquelas que não têm encargos) feitas a incapazes vem a lei estabelecer que elas produzem efeitos independentemente de aceitação em tudo o que aproveitar ao donatário (art. 951º, nº 2). Não há assim neste caso necessidade de intervenção do representante legal, ou sequer de aceitação por parte do menor ou do maior acompanhado para que este venha a adquirir o objecto da doação. A doação pura a incapaz é assim no nosso Código um negócio jurídico unilateral, produzindo todos os seus efeitos, incluindo a transmissão da propriedade para o donatário, com base apenas na declaração negocial do doador. No entanto, após a realização da doação, os bens doados passam a ser administrados pelo representante legal, a menos que a doação tenha sido realizada contra a vontade deste ou que o doador tenha determinado a exclusão dessa administração (art. 1888º, nº 1 *b)* e *c)*, 1935º, nº 1, e 1971º, nº 1). Nestes casos, é lícito ao autor da doação proceder à designação de administrador, mas apenas em relação aos bens compreendidos na liberalidade (art. 1968º).

Já em relação às doações com encargos, mantém-se a necessidade de aceitação, pelo que a realização deste tipo de doação exige a intervenção dos representantes legais do donatário, para aceitarem a doação em nome deste (art. 951º, nº 1). Em face dos arts. 1889º nº 1), *l)* e 1938º, nº 1) *a)* e art. 4º do D.L. 272/2001, de 13 de Outubro exige-se mesmo a autorização do Ministério Público para a prática deste acto por intermédio dos representantes legais.

Através do art. 952º, a lei atribui ainda capacidade para receber doações aos nascituros concebidos e não concebidos, desde que sejam filhos de pessoa determinada, viva no momento da declaração de vontade do doador. Esta solução tem por base o art. 784º do Código italiano, tendo-se dilatado assim a solução do art. 1479º do Código Civil de 1867, que apenas abrangia os nascituros concebidos ao tempo da doação. Apesar das profundas raízes históricas da doação a nascituros[411], é extremamente controversa a necessidade de instituir esta figura no direito actual, o que apenas se pode

[411] No Direito Romano a doação a nascituros não era admitida, não só porque seria inconcebível o espírito de liberalidade em relação a pessoa inexistente, mas também porque era sempre necessário o consentimento da outra parte, que se exigiria mesmo que estivesse em causa a recepção de um benefício (cfr. D.44.7.55 (54), D.39.5.19.2. e D.50.17.69). Admitia-se, porém, a inclusão dos nascituros já concebidos no âmbito da sucessão legítima, na medida em que no âmbito da família patriarcal romana pareceria estranho excluir os *postumi* da sucessão do *de cuius*. A partir daqui, reconheceu-se a possibilidade de contemplar nascituros em sede de sucessão testamentária (Inst. 2.20.28), sendo incluídos os não concebidos em função do *cogitare de futuro* que caracteriza o testamento.
Posteriormente e por influência do cristianismo foi-se incrementando a protecção jurídica do nascituro, expressa na formulação "*nasciturus pro iam nato habetur*". Surgiu assim já no Direito intermédio a tentação de equiparar a capacidade passiva na doação à do testamento, para o que contribuiu a aceitação por Bartolus de que a doação pudesse contemplar provisoriamente pessoas incertas (*donatio ad incertas personas*), o que determinou que na prática notarial se aceitasse que a doação pudesse ser feita a ausentes, tendo a partir daí se equiparado a situação dos ausentes à dos nascituros, mesmo que não concebidos. A partir desta formulação estava aberto o caminho para que os Códigos Civis consagrassem a doação a concepturos, o que foi feito no Código Civil francês (art. 906) e no italiano (art. 1059, 4 do Código de. 1865 e 784 do actual). Já o BGB, como resulta dos §§ 1 e 516, não admite a doação a nascituros. Cfr. Giuseppe Stolfi, "La donazione ai non concepiti" in *Giur. It.* 1925, I-2, pp. 625-639 e "I nascituri non concepiti" (Studi di Diritto Privato", em *Annali Macerata*, 6 (1930), pp. 109-188, Giorgio Oppo, "Note sull'istituzione di non concepiti. I- La disposizione testamentaria", na *RTDPC* 2 (1948), pp. 66-111, Bianca, *op. cit.*, pp. 237 e ss. e Palazzo, *op. cit.*, pp. 265 e ss.

compreender em virtude do interesse de equiparação com a capacidade testamentária onde se pode justificar a necessidade de o testador fazer abranger os nascituros não concebidos (art. 2033º, nº 2), *a*)). Em relação à doação não se vê o que justifica a contemplação dos nascituros, dado que o doador pode em lugar disso fazer testamento a favor do nascituro ou efectuar-lhe uma doação a partir do momento em que ele venha a nascer. A doutrina italiana actual considera um resíduo histórico esta solução, que apenas fazia sentido como forma de tornear a proibição das substituições fideicomissárias, mas que passou a perder justificação a partir do momento em que elas foram limitadamente admitidas[412].

A lei admite apenas a doação a nascituros que sejam filhos de pessoa determinada. Esta disposição exclui consequentemente a possibilidade de contemplar os eventuais filhos adoptivos de outrem[413]. Não é necessário que o doador indique os dois progenitores do nascituro, bastando que se refira aos filhos de uma única pessoa determinada.

O regime da doação a nascituros não se encontra claramente estabelecido no Código. Em se tratando de uma doação pura, parece dever-se aplicar a regra do art. 951º, nº 2, produzindo assim a doação efeitos independentemente de aceitação, em tudo o que aproveite ao donatário[414]. Já tratando-se de uma doação com encargos, caberá aos pais, como representantes do nascituro, a competência para aceitar a doação, sendo, porém, necessária autorização do Ministério Público (arts. 951º, nº 1 e 1889º nº 1 *l*) e art. 4º do D.L. 272/2001, de 13 de Outubro). No entanto, como face à regra geral do art. 66º, nº 2, os direitos que a lei reconhece aos nascituros dependem do seu nascimento, naturalmente que a aquisição do direito pelo nascituro apenas se consolidará nesse momento, caducando a doação logo que haja a certeza de que o nascimento não se pode verificar.

O art. 952º, nº 2, vem ainda determinar que na doação a nascituros presume-se que o doador reserva para si o usufruto dos bens doados até ao nascimento do donatário. O estabelecimento desta presunção fazia sentido antes da reforma do Código Civil instituída pelo D.L. 496/77, dado que

[412] Cfr. TORRENTE, *op. cit.*, p. 363, BIONDI, *op. cit.*, p. 242, IACOVINO/TAVASSI/CASSANDRO, *op. cit.*, p. 134 e PALAZZO, *op. cit.*, p. 267.

[413] Cfr. IACOVINO/TAVASSI/CASSANDRO, *op. cit.*, p. 135.

[414] Em sentido contrário, PIRES DE LIMA/ANTUNES VARELA, *op. cit.*, II, sub art. 952º, nº 2, p. 255, entendem que cabe aos pais, como representantes do nascituro, a competência para aceitar a doação.

nessa altura os pais eram considerados usufrutuários legais dos bens dos filhos (art. 1893º, na sua anterior redacção), visando-se assim por esta via excluir esse usufruto legal. Actualmente, os pais não têm qualquer usufruto legal sobre os bens dos filhos, cabendo-lhe, no entanto, ainda que nascituros, representá-los e administrar os seus bens (art. 1878º, nº 1). Por outro lado, como se referiu, a aquisição do bem doado só se consolida no momento do nascimento (art. 66º, nº 2). Assim, em lugar de ter conservado esta presunção de reserva de usufruto, seria mais lógico o legislador de 1977 ter presumido que a doação a nascituros seria realizada com exclusão da administração dos pais (art. 1888º, nº 1 *c)*).

No entanto, uma vez que a presunção do art. 952º, nº 2, pode ser elidida (art. 350º, nº 2), nada impede o doador de não estabelecer uma reserva de usufruto a seu favor, permitindo a administração dos bens doados ao nascituro pelos pais (art. 1878º, nº 1) ou designar qualquer outra pessoa como administrador (art. 1968º). Pode ainda o doador estabelecer a reserva de usufruto a favor de qualquer outra pessoa, incluindo dos pais (art. 958º).

6.3. O mandato para doar

A lei proíbe também a atribuição por mandato da faculdade de escolha do donatário ou da designação do objecto da doação, o que se compreende em virtude de a doação pressupor uma relação directa entre o espírito de liberalidade daquele que sacrifica o seu património e o que vem a ser enriquecido por essa via. Efectivamente, sendo a doação um contrato de liberalidade, torna-se necessária à sua perfeição a total individualização e identificação do sujeito beneficiário, não se admitindo assim a doação *ad incertam personam*, pelo que se deverá excluir a possibilidade de o mandato atribuir ao mandatário a possibilidade de escolher o donatário que mais lhe agradar (*cui ipse velit*). Também pelo mesmo motivo não se admite a atribuição ao mandatário da faculdade de escolher por sua iniciativa o objecto da doação (*quae voles*), uma vez que nesse caso a diminuição do património do doador teria sido determinada por outrem, que não ele próprio[415].

O mandato para doar deve assim incluir a designação da pessoa do donatário e o objecto da doação, sendo considerado um mandato especial, por força do art. 1159º, nº 1. A lei admite, no entanto, que seja possível atribuir

[415] Cfr. Labriola, *op. cit.*, pp. 48-49, Iacovino/Tavassi/Cassandro, *op. cit.*, p. 134 e Palazzo, *op. cit.*, pp. 173 e ss.

por mandato a possibilidade de escolher o beneficiário da doação entre sujeitos determinados ou determinar o objecto da doação entre um conjunto de coisas indicadas pelo doador. A situação não deixa de ter alguma peculiaridade, na medida em que a declaração do mandatário vem completar a declaração negocial do mandante, mas parece que essa declaração não se torna essencial ao negócio, podendo o mandante a todo o tempo instruir o mandatário num sentido mais preciso.

6.4. O contrato-promessa de doação

Tem-se discutido na doutrina a admissibilidade do contrato-promessa de doação. Para alguns autores, não seria este um negócio admissível em virtude de, por um lado se pôr em causa o requisito de espontaneidade, que se considera dever presidir à doação e, por outro lado, a ser admissível o negócio, ele valeria logo como doação (cfr. art. 954º *c)*), não sendo consequentemente, uma verdadeiro contrato-promessa, além de que a promessa de doação poderia pôr em causa a proibição da doação de bens futuros (art. 942º)[416]. A resposta da maioria da doutrina tem sido, porém, no sentido da admissibilidade deste negócio, por se considerar que, além de a figura se encontrar expressamente prevista em Códigos estrangeiros[417], o requisito da espontaneidade não é posto em causa, uma vez que o contrato-promessa de doação é espontâneo, participando o contrato definitivo por arrastamento da mesma característica. Por outro lado, o contrato-promessa de doação não derroga a proibição da doação de bens futuros, na medida em que se adquire um direito de crédito à celebração do contrato e não um bem futuro[418].

[416] Cfr. BIONDI, *op. cit.*, pp. 1004 e ss. (que, no entanto, a conversão do contrato-promessa nulo em contrato definitivo, se se demonstrar que tal corresponde à vontade hipotética das partes), BALBI, *op. cit.*, p. 17. Entre nós é esta também a posição defendida por PEDRO ASCENSÃO BARBOSA, *Do Contrato-Promessa*, 2ª ed., Coimbra, Coimbra Editora, 1957, pp. 134-135, e LUIZ DA CUNHA GONÇALVES, *Tratado de Direito Civil em Comentário ao Código Civil Português*, IV, Coimbra, Coimbra Editora, 1931, nº 511, p. 271. Mais recentemente pronuncia-se igualmente neste sentido MENEZES CORDEIRO, *Tratado*, XI, pp. 413-414.

[417] Cfr. o §. 518 BGB e o art. 243º do Código das Obrigações suíço.

[418] Cfr. ERIDANO DE ABREU, "Da doação de direitos obrigacionais" em *Dir* 84 (1952), pp. 217-235 (226 e ss.), VAZ SERRA "Anotação Ac. STJ 18/5/1976" na *RLJ* 110 (1977), pp. 207-208 e 211-214, ANTUNES VARELA, "Anotação Ac. 16/7/1981", em *RLJ* 116 (1983), pp. 30-32 e 57-64 (61 e ss.), e PIRES DE LIMA/ANTUNES VARELA, *op. cit.*, II, sub art. 940º,

É, no entanto, questionável a forma como se articula a promessa de doação com o respectivo contrato definitivo. Para LARENZ, sendo a promessa de doação um contrato unilateral gerador de obrigações, corresponde já a uma doação, dado que ao atribuir gratuitamente um direito de crédito a outrem, o promitente constitui uma obrigação, o que onera o seu património, pelo que, fazendo-o por espírito de liberalidade já estaríamos perante uma doação. A efectivação da doação prometida, embora continuasse a ser uma atribuição gratuita, já não corresponderia a uma doação, mas antes ao cumprimento de uma obrigação. Assim, teríamos duas atribuições patrimoniais gratuitas, mas enquanto a primeira reuniria as características da doação, tal não aconteceria com a segunda, por existir *animus solvendi* em lugar de *animus donandi*[419]. Esta posição é seguida entre nós por VAZ SERRA[420] . Já ANTUNES VARELA sustenta não apenas o carácter vinculativo do contrato-promessa de doação, mas também que a execução da promessa, não sendo uma segunda doação, participa da primeira[421]. A seu ver, no exemplo da promessa de doação do imóvel, haverá que distinguir entre a doação do crédito à celebração do contrato prometido (que constituiria o contrato-promessa propriamente dito) e a doação do imóvel em si (que correspondendo ao contrato prometido, representa ainda uma atribuição patrimonial gratuita). A doação estaria essencialmente no primeiro momento, mas o segundo constituiria ainda uma doação, dado que, além de consistir numa atribuição patrimonial gratuita participa ainda do espírito de liberalidade que determinou o contrato-promessa, o qual constitui a sua causa jurídica[422]. Finalmente, ANA PRATA, embora considere que o

nº 9, p. 240. Pronuncia-se também, embora com hesitação, em sentido afirmativo, ANA PRATA, *O contrato-promessa e o seu regime civil*, Coimbra, Almedina, 1995, pp. 305 e ss. (315).

[419] Cfr. LARENZ, *Schuldrecht* II-1, § 47, pp. 200-201.

[420] Cfr. VAZ SERRA, *RLJ* 110 (1977), p. 213.

[421] Cfr. ANTUNES VARELA *RLJ* 116 (1983), p. 61, e PIRES DE LIMA/ANTUNES VARELA, *op. cit.*, II, sub art. 940º, nº 9, p. 240. Cfr. ainda RIBEIRO DE FARIA, *Obrigações*, I, p. 252, nota (2).

[422] Afirma efectivamente, ANTUNES VARELA, *RLJ* 116 (1983), pp. 61 e ss., que, sendo uma atribuição *solvendi causa* "o *contrato prometido* não representa uma segunda doação, mas não pode deixar de ser considerado uma *disposição* (ou atribuição) *gratuita* feita pelo disponente a favor do beneficiário, visto ser efectuado *sem nenhum correspectivo ou contraprestação* por parte deste". Mas, "o facto de o contrato prometido (...) não constituir em si mesmo uma doação (por falta do *espírito de liberalidade*, próprio da disposição *donandi causa*), não impede que ele integre uma doação, visto que a sua *causa* (a relação jurídica subjacente) está no contrato-promessa, marcado por esse espírito de liberalidade".

cumprimento da promessa dificilmente poderia constituir uma liberalidade, face à existência de *animus solvendi*, uma vez que a promessa de doação é incompatível com a execução específica, defende ainda existir um espaço de liberdade no contrato solutório, o que a leva a considerar a situação análoga à doação remuneratória, prevista no art. 941º[423].

Parece claro que, em face do art. 954º *c)*, o contrato-promessa de doação tem que ser qualificado como doação, sujeito naturalmente às mesmas regras. Já parece mais controverso que o contrato definitivo ainda possa ser doação, atenta a tradicional incompatibilidade entre o *animus solvendi* e o *animus donandi*. No entanto, dado que neste contrato não deixa de existir novamente um exercício da autonomia privada, ainda que em cumprimento da obrigação anterior, entendemos que ainda é possível a sua qualificação como doação. Efectivamente, a espontaneidade que se verificou no primeiro contrato tem que ser novamente renovada no contrato solutório, pelo que nada impedirá a sua qualificação como doação.

Reconhecida a admissibilidade do contrato-promessa de doação, há que esclarecer qual a respectiva forma. Se a promessa respeitar à doação de um imóvel, a transmissão deste terá que ser concretizada por escritura pública ou documento particular autenticado, nos termos dos arts. 947º, nº 1 (redacção do D.L. 116/2008, de 4 de Julho), pelo que o contrato-promessa de doação terá que ser realizado por escrito, nos termos do art. 410º, nº 2 do Código Civil[424]. Se a promessa de doação respeitar a outras direitos, também parece que deverá ser exigida a forma escrita, dado que o art. 947º, nº 2 o exige para toda e qualquer doação que não seja realizada mediante a tradição da coisa, e o contrato-promessa de doação corresponde a uma doação obrigacional[425].

Em qualquer caso, apesar do seu cariz vinculativo, não parece que o contrato-promessa admita a execução específica, por a tal se opôr a natureza da obrigação assumida (art. 830º, nº 1)[426]. Verificando-se uma situação de ingratidão do donatário, parece, em face do art. 970º, que a revogação poderá abranger, quer o contrato-promessa de doação, quer a doação realizada em cumprimento daquele[427].

[423] Cfr. Ana Prata, *O contrato-promessa*, p. 315.

[424] Neste sentido, Antunes Varela, *RLJ* 116 (1983), pp. 62.

[425] Cfr. Vaz Serra, *RLJ* 110 (1977), pp. 212-213.

[426] Neste sentido, Ana Prata, *O contrato-promessa*, p. 315.

[427] Cfr. Antunes Varela, *RLJ* 116 (1983), pp. 62.

7. Invalidade e confirmação da doação

A doação pode ser nula, seja porque não obedeceu à forma legal (art. 947º), seja porque se verifica uma situação de indisponibilidade relativa (art. 953º). O regime da nulidade da doação afasta-se, porém, do que vigora para a generalidade dos negócios jurídicos, uma vez que admite o que qualifica como "confirmação da doação nula", a realizar pelos herdeiros do doador. Efectivamente, o art. 968º estabelece que "não pode prevalecer-se da nulidade da doação o herdeiro do doador que a confirme depois da morte deste ou lhe dê voluntária execução, conhecendo o vício e o direito à declaração de nulidade". A nossa doutrina considera não se estar neste caso perante uma verdadeira confirmação, sendo antes uma situação de confirmação imprópria, já que não se verifica uma verdadeira sanação da invalidade do acto, mas antes uma perda ou renúncia individual ao direito de declarar a sua nulidade[428].

A confirmação prevista no art. 968º, pode ser expressa ou tácita nos termos gerais (art. 217º), referindo o legislador expressamente um caso de declaração tácita que é a voluntária execução da doação por parte do herdeiro do doador. A confirmação pressupõe, porém, em qualquer caso o conhecimento do vício e do direito à declaração de nulidade. Assim, se o herdeiro manifestar concordância com a doação, ou proceder voluntariamente à execução desta, sem saber da existência do vício ou do seu direito à invocação da nulidade, não ficará por isso impedido de a invocar a partir do momento em que dela tomou conhecimento.

8. Efeitos da doação

8.1. Generalidades

O art. 954º indica os seguintes efeitos da doação:

a) a transmissão da propriedade da coisa ou da titularidade do direito;
b) a obrigação de entregar a coisa;
c) a assunção da obrigação, quando for esse o objecto do contrato.

Desta norma é possível inferir uma variação de efeitos nas doações, consoante o objecto do contrato corresponda à transmissão de uma coisa ou direito ou antes à assunção de uma obrigação. No primeiro caso, a doação

[428] Cfr. Rui de Alarcão, *A confirmação dos negócios anuláveis*, Coimbra, Almedina, 1971, pp. 128 e ss. e Pires de Lima/Antunes Varela, *op. cit.*, II, sub art. 968º, nº 1, p. 275.

é um contrato real *quoad effectum*, gerando, nos termos do art. 408º, nº 1, a transmissão automática da propriedade da coisa ou da titularidade do direito (art. 954º, *a*)) e ficando o doador obrigado a entregar a coisa correspondente (art. 954º *b*)). No segundo caso, a doação é um contrato meramente obrigacional, gerando apenas a constituição de uma obrigação, que vincula o doador, adquirindo o donatário o correspondente direito de crédito (art. 954º *c*)).

Examinemos assim sucessivamente estas duas situações:

8.2. A doação real

Conforme se referiu, quando a doação respeita à transmissão de uma coisa ou direito, constitui um contrato real *quoad effectum*, uma vez que a celebração do contrato acarreta a automática transmissão da propriedade para o donatário (art. 408º, nº 1 e 954º *a*). Se, no entanto, se tratar de doação verbal de coisas móveis, a lei exige a tradição da coisa para a celebração do contrato, pelo que nesse caso a doação será igualmente um contrato real *quoad constitutionem* (art. 947º, nº 2).

Quando a lei não exige a tradição da coisa para constituir o contrato de doação, o doador fica onerado com a obrigação de proceder à sua entrega (art. 954º *b*)). Essa obrigação aparece regulada no art. 955º, aliás em termos bastante semelhantes aos do art. 882º. À semelhança do que sucede com o comprador, é assim atribuído ao donatário um direito de crédito à entrega da coisa pelo vendedor, o qual concorre com a acção de reivindicação (art. 1311º), que pode exercer enquanto proprietário da coisa doada. O cumprimento da obrigação de entrega corresponderá a um acto material, a tradição física ou simbólica do bem, que atribui ao donatário a posse da coisa entregue (art. 1263º *b*)), a qual pode, porém, ocorrer previamente com a verificação do constituto possessório (art. 1263º *c*) e 1264º). No caso de a coisa doada já estar na posse do donatário, ou de a doação respeitar a direitos sobre coisas incorpóreas, nem sequer a entrega se torna necessária, pelo que esta obrigação é um elemento natural, mas não essencial do contrato de doação.

Em relação ao objecto da obrigação de entrega, este corresponde, em primeiro lugar, à coisa doada, podendo ela ser específica ou genérica. A obrigação de entrega de coisa específica é objecto de regulação especial art. 955º, nº 1, em termos semelhantes mas não integralmente coincidentes com os do art. 882º, nº 1. Efectivamente, estabelece-se que a coisa deve ser entregue no estado em que se encontrava ao tempo da aceitação, o que implica que, após a aceitação da doação, o doador fica também onerado com um dever específico relativamente à custódia da coisa, dever que ele deve executar com a diligência de um bom pai de família, nos termos gerais (art. 799º, nº 2 e 487º, nº 2), respondendo por incumprimento se o não demonstrar ter efectivamente cumprido esse dever (art. 799º, nº 1)[429]. Antes dessa aceitação, porém, e sabendo-se que esta pode ocorrer muito posteriormente à emissão da proposta do doador, não há qualquer oneração deste com esse dever de custódia, pelo que se a coisa se deteriorar ou perder no período que decorre entre a emissão da proposta de doação e a sua aceitação pelo doador, não haverá qualquer responsabilidade.

A lei esclarece ainda que a obrigação de entrega abrange, salvo estipulação em contrário, além da própria coisa doada, as suas partes integrantes, os frutos pendentes e os documentos relativos à coisa ou direito (art. 955º, nº 2, que reproduz a disposição do art. 882º, nº 2). Salvo estipulação em contrário, não é assim lícito ao doador, após a aceitação da doação, proceder à separação de coisas móveis que se encontrem ligadas materialmente ao prédio vendido com carácter de permanência, ou proceder à colheita de frutos pendentes, ou ainda conservar quaisquer documentos relativos à coisa ou direito. Não se reproduziu no contrato de doação a disposição do art. 882º, nº 3, que, relativamente aos documentos que contêm outras matérias de interesse para o alienante, obriga este a entregar pública-forma ou fotocópia desses documentos. Esses documentos são assim excluídos da obrigação de entrega, o que bem se compreende, pois sendo a doação um contrato gratuito não se justifica impor ao doador encargos suplementares que deverão ser antes suportados pelo donatário. Caberá a este assim recorrer à solicitação de apreensão e reprodução dos documentos, nos termos dos arts. 575º e 576º.

8.3. A doação obrigacional

O art. 954º *c)* refere que também constitui efeito da doação a assunção da obrigação, se este for o objecto do contrato. Encontra-se, assim, prevista nesta disposição a doação obrigacional, nos termos da qual o doador assume, por espírito de liberalidade, uma obrigação para com o donatá-

[429] Neste sentido, cfr. Pires de Lima/Antunes Varela, *op. cit.*, II, , sub art. 955, nº 2, pp. 258-259.

rio. Neste caso estão preenchidos os requisitos do art. 940º, uma vez que a assunção de uma obrigação para com o donatário diminui o património do doador, em virtude do aumento do passivo correspondente, e produz um enriquecimento do donatário, que vê aumentar o seu passivo em virtude da constituição do crédito a seu favor. Dessa forma, sendo essa atribuição realizada por espírito de liberalidade, estar-se-á naturalmente perante uma doação.

Apesar de o art. 954º não o referir, a doação pode ter como efeito, não apenas a constituição de uma obrigação, mas também a sua extinção[430]. Efectivamente, o art. 863º, nº 2, refere que a remissão do crédito, se tiver o carácter de liberalidade, é havida como doação, na conformidade dos arts. 940º e ss. Aqui também estão preenchidos os requisitos do art. 940º, uma vez que a extinção de um crédito provoca no doador a diminuição do seu activo e produz no donatário a diminuição do seu passivo, preenchendo-se assim respectivamente os elementos do empobrecimento do doador e do enriquecimento do donatário. Em consequência, verificando-se o correspondente espírito de liberalidade, nenhuns motivos há para que a remissão do crédito não seja qualificável como doação.

9. Cláusulas acessórias nas doações

9.1. Generalidades

A lei não se limita a prever os elementos essenciais da doação, vindo também regular especificamente nos arts. 958º e ss. certas cláusulas acessórias, que é uso as partes incluirem neste contrato. Ir-se-ão, por isso, em seguida examinar essas cláusulas.

9.2. Reserva de usufruto

A primeira cláusula acessória da doação, referida no art. 958º consiste na denominada reserva de usufruto, que o legislador prevê expressamente que pode ser instituído pelo doador, quer a favor de si próprio, quer a favor de terceiro (art. 958º, nº 1). Em bom rigor, esta previsão não seria necessária, uma vez que a lei não estabelece restrição aos direitos que podem ser objecto da doação, e a denominada reserva de usufruto nada mais é do que uma simples doação apenas da nua propriedade, quando a reserva é realizada a favor do doador, ou uma doação simultânea da nua propriedade

[430] Cfr. Pires de Lima /Antunes Varela, *op. cit.*, II, sub art. 954º, nº 4, p. 258.

e do usufruto a pessoas diferentes, quando a reserva é constituída a favor de terceiro. A razão para esta previsão expressa resulta por isso apenas do facto de se ter receado que, sem ela, pudesse ser questionada a admissibilidade desta cláusula, com base na velha regra "*donner et retenir ne vaut*"[431].

O doador pode assim livremente instituir uma reserva de usufruto. No caso de doação a nascituros, presume-se mesmo que essa reserva é por ele instituída até ao nascimento do donatário (art. 952º, nº 2).

A reserva de usufruto a favor do doador não dispensa, porém, o donatário do ónus de aceitar a doação da nua propriedade, o que tem que fazer em vida do doador, nos termos gerais (art. 945º, nº 1). No caso de reserva de usufruto a favor de terceiro, quer o nu proprietário, quer o usufrutuário, terão que aceitar a doação em vida do doador, sem o que não adquirirão os respectivos direitos.

O art. 958º, nº 2, refere ainda que, no caso de "haver reserva de usufruto a favor de várias pessoas, simultânea ou sucessivamente, são aplicáveis as disposições dos arts. 1441º e 1442º". Exige-se, assim, que os donatários-usufrutuários, simultâneos ou sucessivos, existam ao tempo em que o direito do primeiro usufrutuário se torne efectivo, o que exclui a possibilidade de atribuição destes usufrutos a favor de nascituros, solução que se compreende, dado que por essa via se poderia contornar as restrições à instituição de substituições fideicomissárias. Para além disso, se o usufruto for instituído conjuntamente a favor de várias pessoas, só se consolida com a propriedade por morte da última que sobreviver. Há, assim, um direito de acrescer entre os usufrutuários, que implica que extinto o direito de um, seja reforçada a posição dos outros, apenas se verificando a aquisição plena da propriedade com a extinção do último usufruto.

9.3. Reserva do direito de dispor de coisa determinada ou de certa quantia sobre os bens doados

Outra cláusula acessória é a reserva do direito de dispor de coisa determinada ou de certa quantia sobre os bens doados (art. 959º). Efectivamente, no âmbito do direito vigente, o doador pode reservar-se a faculdade de dispor por acto *inter vivos* ou *post mortem* de qualquer objecto compreendido na doação ou de qualquer quantia sobre os bens doados, ou seja, de uma parte específica do complexo material que constitui o objecto da doação.

431 Cfr. PIRES DE LIMA /ANTUNES VARELA, *op. cit.*, II, sub art. 958º, nº 1, p. 262.

Neste caso, o doador conserva uma faculdade potestativa de disposição, que lhe permite restringir o objecto da doação. A natureza dessa claúsula parece variar consoante esteja em causa o direito de dispor de coisa determinada ou o direito a certa quantia sobre os bens doados. No primeiro caso, a situação assemelha-se a uma condição resolutiva potestativa[432]. A reserva, embora não impeça o donatário de alienar a coisa, institui uma propriedade resolúvel por arbítrio do doador em relação à coisa reservada. No segundo caso, a formulação é mais complexa pois a faculdade de disposição faz surgir uma obrigação a cargo do donatário de pagar a referida quantia, parecendo por isso que neste caso há antes lugar à instituição de um encargo sujeito à condição suspensiva potestativa de exercício da faculdade de disposição. Daí que o donatário, não seja de acordo com as regras gerais obrigado a satisfazer o encargo senão nos limites do direito doado[433].

A lei exige, porém, a determinação do objecto da reserva de disposição, seja através da individualização da coisa, seja através da limitação da quantia, pelo que será nula a cláusula que a estabeleça em termos indeterminados (qualquer coisa ou qualquer quantia)[434].

Essa faculdade não se transmite aos herdeiros, pelo que caduca com a morte do doador (art. 959º, nº 2). Tal compreende-se na medida em que nos negócios de liberalidade deve atender-se especialmente à vontade do seu autor, para além de que a reserva institui uma situação de incerteza sobre a titularidade dos bens doados, que não convém que seja prorrogada excessivamente.

Para além disso, a reserva, quando respeite a coisas imóveis ou móveis sujeitos a registo, carece de ser registada (art. 959º, nº 2 *in fine* e 94º *b)* do C.R.P.). A consequência da falta de registo parece ser, nos termos gerais, a ineficácia da reserva perante terceiros, não impedindo o seu exercício entre as partes. Não sendo o bem sujeito a registo, parece que o exercício da reserva pode ser livremente oponível a terceiros, dado que, no caso contrário, a reserva perderia qualquer efeito prático.

432 Qualificando esta cláusula como uma condição resolutiva potestativa, veja-se Torrente, *op. cit.*, p. 465 e Iacovino/Tavassi/Cassandro, *op. cit.*, p. 240.

433 Cfr. Biondi, *op. cit.*, pp. 863 e ss. e Iacovino/Tavassi/Cassandro, *op. cit.*, p. 241

434 Em sentido contrário Torrente, *op. cit.*, pp. 465 e ss., entende que a reserva pode abranger todo o objecto da doação. Mas como referem Iacovino/Tavassi/Cassandro, *op. cit.*, p. 240 parece preferível considerar a previsão normativa como facto excepcional, sendo que a extensão da reserva a tudo o que foi doado apareceria como indício da falta de uma vontade segura por parte do doador.

9.4. Cláusula de reversão

Uma das estipulações admitidas na doação é a cláusula de reversão (*clause de retour*)[435], prevista no art. 960º, nos termos da qual se determina que o bem doado regressa à titularidade do doador em caso de pré-decesso do donatário ou do donatário e seus descendentes, presumindo-se ser esta última a solução aplicável, salvo estipulação em contrário (art 960º, nº 2). Esta cláusula significa que o doador não deseja estender a sua generosidade a todos os herdeiros e legatários do donatário, mas antes pretende limitá-la a este ou, como a lei presume supletivamente, a ele e aos seus descendentes, visando-se assim que o bem doado permaneça sempre naquela estirpe familiar.

Conforme se pode verificar, a cláusula de reversão afecta a doação de uma condição resolutiva (art. 270º)[436]. Esta fica resolvida se a morte do donatário, ou dele e seus descendentes, se verificar antes da morte do doador. Conforme, também é regra na condição resolutiva (art. 276º), a sua verificação tem efeito retroactivo, pelo que a lei vem determinar que "os bens doados que pela cláusula de reversão regressem ao património do doador passam livres dos encargos que lhes tenham sido impostos enquanto estiverem em poder do donatário, ou de terceiros a quem hajam sido transmitidos" (art. 961º). Atribui-se assim natureza real à reversão, não sendo esta afectada por outros actos de disposição. Haverá, no entanto, que tomar em consideração, quer a usucapião, quer a aquisição prevista no art. 1301º a favor de terceiros de boa fé.

No caso de se tratar de bens imóveis ou de móveis sujeitos a registo, a cláusula de reversão terá que ser registada (art. 960, nº 3, e 94º *b)* do C.R.P.), sem o que naturalmente não será oponível aos herdeiros ou legatários do donatário, ou a quaisquer subadquirentes.

9.5. Substituições fideicomissárias

O art. 962º, nº 1 refere-nos que são admitidas substituições fideicomissárias nas doações. A substituição fideicomissária ou fideicomisso é uma figura que se encontra prevista no âmbito da sucessão testamentária, regulada

[435] Cfr., sobre ela, ROMANO MARTINEZ, *Da cessação*, pp. 291 e ss.,

[436] Cfr. neste sentido, TORRENTE, *op. cit.*, pp. 468 e ss., IACOVINO/TAVASSI/CASSANDRO, *op. cit.*, p. 242 e PALAZZO, *op. cit.*, p. 326 e, entre nós, PIRES DE LIMA / ANTUNES VARELA, *op. cit.*, II, sub art. 961º, p. 267.

pelos art. 2286º e ss., para onde o art. 962º, nº 2 remete, com as necessárias correcções[437]. Em sucessão testamentária admitem-se ainda outros tipos de substituições como a directa (arts. 2281º e ss.) ou a pupilar e quase-pupilar (arts. 2297º e ss.), mas estes não são abrangidos pela remissão do art. 962º, uma vez que não têm cabimento em sede de doação[438].

De acordo com a definição do art. 2286º, "diz-se substituição fidecomissária, ou fideicomisso, a disposição pelo qual o testador impõe ao herdeiro instituído o encargo de conservar a herança, para que ela reverta, por sua morte, a favor de outrem; o herdeiro gravado com o encargo chama-se fiduciário, e fideicomissário o beneficiário da substituição". Trata-se assim de uma situação em que o donatário instituído em primeiro lugar (fiduciário) fica obrigado a conservar o objecto da liberalidade para que ele reverta por morte em benefício de um segundo donatário (o fideicomissário). O fiduciário é considerado um proprietário a termo, tendo o gozo e administração dos bens (art. 2290º, nº 1)), nos mesmos termos do que o usufrutário, salvo no que for incompatível com a natureza do fideicomisso (art. 2290º, nº 2), embora possa, em caso de evidente necessidade ou utilidade, alienar os bens, mediante autorização judicial (art. 2291º).

Dado que a remissão do art. 962º não exclui o art. 2295º, serão também admissíveis, em sede de doação, os denominados fideicomissos irregulares, como a proibição de o donatário dispor dos bens por acto entre vivos ou por morte, caso em que serão havidos como fideicomissários os seus herdeiros legítimos (art. 2295º *a)* e nº 2); as doações em que se determine a atribuição a um segundo donatário do que delas restar por morte do primeiro donatário (art. 2295º *b)*) e as doações a favor de pessoa colectiva em que se determina com quem ficarão os bens, no caso de esta se extinguir (art 2295º *c)*). Nestes dois últimos casos, o fiduciário pode dispor dos bens por acto entre vivos, sem necessidade de autorização judicial (art. 2295º, nº 3).

[437] Cfr. sobre a substituição fideicomissária, Baptista Lopes, *Das doações*, pp. 103 e ss., Oliveira Ascensão, *Direito Civil. Sucessões*, 5ª ed., Coimbra, Coimbra Editora, 2000, pp. 232 e ss., Rabindranath Capelo de Sousa, *Lições de Direito das Sucessões*, I, 4ª ed., Coimbra, Coimbra Editora, 2000, pp. 219 e ss. e Luís Carvalho Fernandes, *Lições de Direito das Sucessões*, 2ª ed., Lisboa, Quid iuris, 2001, pp. 232 e ss.

[438] No âmbito do Código Civil Italiano, o art. 795 admite as substituições directas nas doações, para o caso de o donatário não as poder ou não as querer aceitar. Conforme referem Pires de Lima/Antunes Varela, *op. cit.*, II, sub art. 962º, nº 3, p. 268, não se justifica instituir esta solução, já que, ao contrário da sucessão testamentária, na doação o doador tem sempre a possibilidade de fazer nova liberalidade, no caso de a primeira se frustrar.

Também por força do art. 962º ,nº 2, é aplicável o art. 2294º à aceitação da doação por parte do fideicomissário, o que implica que a aceitação por este apenas tem que ocorrer após ela lhe ser devolvida com a morte do fiducíario (art. 2293º). Há, assim neste caso uma derrogação à regra do art. 945º, que determina que a doação tem que ser aceite em vida do doador. Efectivamente, para que a doação produza os seus efeitos, basta que o fiduciário a aceite em vida do doador. Se o fiduciário não aceitar a doação, não se aplicará a regra do art. 2293º, nº 3, que prevê a conversão da substituição fideicomissária em directa, com imediata aquisição dos bens por parte do fideicomissário. Efectivamente, esta regra justifica-se em relação ao testamento, mas não faz qualquer sentido em sede de doação, uma vez que o doador não está impedido, perante a recusa do donatário-fiduciário de estabelecer a liberalidade noutros termos (por exemplo, contemplando imediatamente o fideicomissário ou estabelecendo outro fiduciário) ou de a revogar, enquanto não se verificar essa aceitação (art. 969º)[439].

A cláusula fideicomissária está sujeita a registo, nos termos do art. 94º *b)* C.R.P.

9.6. Doação sujeita a condição

Apesar de não expressamente prevista na lei é também claramente admissível a sujeição da doação a uma condição, sendo-lhe aplicável directamente o regime geral da condição[440], ou seja, os arts. 270º e ss. Assim, nos termos gerais, as condições na doação podem ser suspensivas ou resolutivas, positivas ou negativas, casuais, potestativas ou mistas. A sua verificação tem eficácia retroactiva (art. 276º) e o negócio na pendência da condição é regulado pelos arts. 272º e ss.

Há, porém, uma excepção à aplicação do regime geral da condição, conforme resulta do art. 967º que determina que as condições (ou encargos) física ou legalmente impossíveis, contrários à lei, à ordem pública, ou ofensivos dos bons costumes ficam sujeitos às regras estabelecidas em matéria testamentária, determinando neste caso a aplicação à doação do regime do testamento em substituição do regime geral da condição. Não é assim aplicável, em sede de doação, o disposto no art. 271º que determina a nulidade de todo o negócio subordinado a uma condição contrária à lei,

[439] Cfr. Pires de Lima/Antunes Varela, *op. cit.*, II, sub art. 962º, nº 3, p. 268.

[440] Cfr. Torrente, *op. cit.*, pp. 459 e ss. Iacovino/Tavassi/Cassandro, *op. cit.*, p. 35

à ordem pública, ou ofensiva dos bons costumes, e também considera nulo o negócio subordinado a condição suspensiva física ou legalmente impossível, apenas se admitindo a sua validade se ele for subordinado a condição resolutiva física ou legalmente impossível, caso em que é a condição resolutiva que se considera não escrita. Em sede de doação vigora antes o regime do art. 2230º, que não faz afectar de nulidade estas doações. Efectivamente, se elas forem física ou legalmente impossíveis, consideram-se como não escritas e não prejudicam o donatário, salvo declaração em contrário[441]. Se forem contrárias à lei, à ordem pública ou ofensivas dos bons costumes, consideram-se igualmente não escritas, ainda que o donatário tenha declarado o contrário, salvo se se puder concluir que a doação foi essencialmente determinada por esse fim, caso em que será integralmente nula (cfr. art. 2186º). No entanto, mesmo em relação às doações nulas, admite-se a sua confirmação pelos herdeiros do donatários nos termos do já referido art. 968º.

Entre as condições proibidas, e que por isso se consideram como não escritas temos as de "residir ou não residir em certo prédio ou local, de conviver ou não conviver com certa pessoa, de não fazer testamento, de não transmitir a determinada pessoa os bens deixados ou de não os partilhar ou dividir, de não requerer inventário, de tomar ou deixar de tomar o estado eclesiástico ou determinada profissão e as cláusulas semelhantes" (art. 2232º). Efectivamente, este tipo de condição restringe consideravelmente a liberdade do donatário que, para receber a doação, se veria forçado a perder a liberdade de escolher livremente a sua residência, as pessoas das suas relações, a possibilidade de dispor dos seus bens, a sua liberdade religiosa e a liberdade de escolha da profissão. É, por isso, compreensível que a lei venha excluir este tipo de doações, considerando-as não escritas, ainda que o doador tenha declarado o contrário.

Outra condição legalmente vedada é a condição de casar ou não casar (art. 2233º, nº 1). Efectivamente, a liberdade matrimonial constitui um princípio fundamental do nosso Direito da Família pelo que ninguém pode ser constrangido a celebrar ou não celebrar o casamento, sendo nula qualquer condição referente a esse facto. O art. 2233º, nº 2, considera todavia válida a doação de usufruto, uso, habitação, pensão ou outra prestação

[441] O clássico exemplo da condição fisicamente impossível é aquela que obrigava a beber toda a água do oceano, constante de um testamento norte-americano.

contínua ou periódica para produzir efeito enquanto durar o estado de solteiro ou viúvo do donatário. Apesar de a lei não o referir expressamente, parece ser também de admitir este tipo de doações enquanto se mantiver a condição de divorciado do donatário.

Há, no entanto, um caso especial de condição que, se for estabelecida, provoca a nulidade da própria disposição e não apenas a consideração como não escrita da condição. Trata-se da condição captatória, referida no art. 2231º, e que consiste na condição de que o donatário faça igualmente uma disposição, a favor do doador ou de outrem. Efectivamente, a doação tem que ser realizada por espírito de liberalidade, não fazendo, por isso, sentido que se mantenha, quando é determinada antes pela intenção de obter uma outra disposição, desta vez em benefício do doador ou de terceiro. Aplicar-se, no entanto, também neste caso o disposto no art. 968º.

A estipulação de uma condição suspensiva ou resolutiva na doação está sujeita a registo, nos termos do art. 94º *b)* CRP.

9.7. Doação modal

A lei admite a possibilidade de as doações serem oneradas com encargos (art. 963º, nº 1)[442]. O modo ou encargo consiste numa restrição imposta ao beneficiário da liberalidade que o obriga à realização de determinada prestação no interesse do autor da liberalidade, de terceiro, ou do próprio beneficiário[443], podendo por isso, consoante os casos, revestir tanto a natureza de uma obrigação em sentido técnico, como a de um mero ónus jurídico[444]. Apesar de por vezes se intitular a doação com encargos de doação onerosa, não se pode neste caso falar da existência de onerosidade, pois se assim fosse, estaríamos não perante uma doação, mas antes perante uma compra e venda. Só existe doação com encargos quando, apesar da realização do encargo, o donatário ainda recebe um benefício

[442] Cfr. Guilherme Moreira, *Instituições de Direito Civil*, II – *Das Obrigações*, Coimbra, França Amado, 1916, nº 197, pp. 614 e ss., Antunes Varela, *Ensaio sobre o conceito do modo*, Lisboa, Atlântida, 1955, pp. 55 e ss., 221 e ss., e 251 e ss., Galvão Telles, *Manual dos contratos*, pp. 281 e ss., Baptista Lopes, *Das doações*, pp. 108 e ss. e Rosário Ramalho, *Dir.* 122 (1990), pp. 673 e ss.

[443] Pelo AUJ 7/97, de 25/2/1997, publicado no D.R. 1ª Série-A, de 9/4/1997, foi uniformizada a jurisprudência, no sentido de que "a cláusula modal a que se refere o art. 963º do Código Civil abrange todos os casos em que é imposto ao donatário o dever de efectuar uma prestação, quer seja suportada pelas forças do bem doado, quer o seja pelos restantes bens do seu património".

[444] Cfr. Rosário Ramalho, *Dir.* 122 (1990), p. 727.

que represente um valor superior àquele que se obrigou a despender em consequência dos encargos, o que implica não representarem estes uma contraprestação pelo recebimento da doação, mas antes uma restrição ao benefício dela resultante[445].

Uma vez que funciona como uma restrição à liberalidade e não como uma contraprestação, o encargo fica limitado ao valor da própria liberalidade, estabelecendo por isso o art. 963º, nº 2 que o donatário não é obrigado a cumprir os encargos senão dentro dos limites da coisa ou do direito doado. Assim, o encargo não pode superar o valor da doação[446], podendo inclusivamente, de acordo com a regra do art. 398º, nº 2, não ter valor patrimonial, bastando que corresponda a um interesse digno de protecção legal, para o seu beneficiário ou mesmo para o próprio doador.

À semelhança do que sucede com a condição, os encargos não podem, porém, ser impossíveis, contrários à lei, à ordem pública ou ofensivos dos bons costumes. Se forem física ou legalmente impossíveis, consideram-se não escritos e não prejudicam o donatário, salvo declaração em contrário. Se forem contrários à lei, à ordem pública ou ofensivos dos bons costumes, consideram-se igualmente não escritos, ainda que o testador tenha declarado o contrário, salvo se se puder concluir que a doação foi essencialmente determinada por esse fim, caso em que será integralmente nula (cfr. arts. 967º, 2245º, 2230º e 2186º).

A aposição de encargos não transforma a doação em negócio oneroso, nem sequer em *negotium mixtum cum donatione*, na medida em que a obrigação do donatário é meramente acessória, e não pode exceder o montante da liberalidade.

Um exemplo de doação com encargos é a que imponha ao donatário o pagamento das dívidas do doador, referida no art. 964º. Trata-se de um encargo cuja estipulação se compreende, uma vez que, se o doador efectuar uma doação que abranja grande parte do seu património, pode legitimamente querer acautelar-se, para a hipótese de não poder futuramente pagar as suas dívidas, em virtude da doação que fez. Uma forma de assegurar essa situação, consiste em vincular o donatário ao pagamento das suas obriga-

[445] Neste sentido, já Guilherme Moreira, *loc. cit.*

[446] A observância deste limite pode ser difícil de averiguar em certos casos. No Ac. STJ 1/7/2010 (Oliveira Vasconcelos), em *CJ-ASTJ* 18 (2010), 2, pp. 124-130, considerou-se ser admissível estipular na doação de um prédio urbano com reserva de usufruto o encargo de sustentar e tratar, na saúde e na doença, o doador.

ções. Neste caso, a lei vem presumir, salvo declaração em contrário, que o encargo se limita ao pagamento das dívidas que existirem ao tempo da doação, não abrangendo consequentemente dívidas futuras (art. 964º, nº 1). Para que a doação possa ter como encargo o pagamento de dívidas futuras do doador é, aliás, exigível que se determine o seu montante no acto da doação (art. 964º, nº 2). Efectivamente, se assim não acontecesse, o donatário seria colocado totalmente nas mãos do doador, uma vez que estaria obrigado a satisfazer qualquer dívida que o doador futuramente contraísse.

O cumprimento do encargo pode ser exigido tanto pelo doador, os seus herdeiros, ou qualquer interessado (art. 965º). Estabelece-se assim uma legitimidade difusa para exigir o cumprimento da obrigação, derrogando-se as regras gerais que apenas atribuem essa legitimidade ao credor (arts. 817º e ss.). Na doação com encargos, independentemente de o doador, seus herdeiros, ou qualquer pessoa interessada no cumprimento, serem ou não credores do encargo, têm a possibilidade de exigir do donatário o seu cumprimento. Assim, se alguém fizer uma doação a determinada entidade, com a obrigação de esta oferecer uma refeição aos pobres na noite de Natal ou doar um terreno com a obrigação de aí ser instituído um jardim público, qualquer interessado poderá legitimamente reclamar o cumprimento desse encargo.

Caso o encargo não venha a ser cumprido, quer o doador, quer os seus herdeiros poderão resolver a doação, mas apenas se esse direito lhes tiver sido conferido pelo contrato (art. 966º)[447]. Não é, assim, qualquer interessado que pode requerer a resolução da doação, sendo a legitimidade para esse efeito limitada ao doador e seus herdeiros, e depende da sua instituição por cláusula contratual. Ao contrário do que se prevê no art. 436º, parece que a resolução da doação terá que ser realizada judicialmente[448]. Paras poder determinar a resolução, o incumprimento do encargo terá necessariamente que ser culposo, não havendo assim lugar à resolução em caso de impossibilidade de cumprimento não culposa[449].

[447] Cfr. Romano Martinez, *Da cessação*, pp. 293 e ss. Ao contrário do que se prevê em sede de disposição testamentária (art. 2248º), a resolução da doação por não cumprimento dos encargos só é admitida se ela for prevista no próprio acto e não também se resultar da doação que ela não seria cumprida sem o encargo.

[448] Neste sentido, cfr. Pires de Lima/Antunes Varela, *op. cit.*, II, sub art. 966º, nº 6, p. 273 e Rosário Ramalho, *Dir.* 122 (1990), p. 703.

[449] Neste sentido, cfr. Ac. RG 21/6/2011 (Rosa Tching) em *CJ* 36 (2011), 3, pp. 290-292.

10. Proibições de doação

10.1. Generalidades

À semelhança do que vimos suceder no âmbito da compra e venda, existem também diversas proibições de celebração de doações. O Código actual pretendeu equiparar as indisponibilidades relativas nas doações às vigentes em sede de sucessão testamentária. Assim, o art. 953º vem estabelecer que é aplicável às doações, devidamente adaptado, o disposto nos arts. 2192º a 2198º. Temos assim estabelecida a proibição de doações, directamente ou por interposta pessoa (cfr. art. 2198º) a favor do tutor, curador, administrador legal de bens e protutor (art. 2192º), médicos, enfermeiros e sacerdotes (arts. 2194º e 2195º) cúmplice do doador adúltero (art. 2196º) e intervenientes na doação (art. 2197º). Para além disso, o art. 1761º prevê ainda a proibição da doação entre casados se vigorar entre eles o regime imperativo da separação de bens. Finalmente, a certas entidades, como os partidos políticos e as associações sindicais e patronais, é vedado, para garantia da sua independência o recebimento de certas doações.

10.2. Doações a favor de tutor, administrador legal de bens, ou protutor que substitua o tutor, ou acompanhante

A primeira proibição de doações é aquela que abrange a disposição efectuada pelo incapaz a favor dos pais, do tutor, curador ou administrador legal de bens, bem como a favor do protutor, se tiver alguma vez exercido as funções de tutor, ou ao seu acompanhante no caso dos maiores. Haverá que distinguir aqui, no entanto, várias situações. Se a doação é feita durante o período de incapacidade, nem seria necessário instituir uma situação de indisponibilidade relativa, dado que falta ao doador a capacidade activa para realizar a doação (art. 948º, nº 1). No entanto, essa indisponibilidade relativa vem a ser genericamente estabelecida não apenas para abranger as doações feitas a estas pessoas após a cessação da incapacidade, mas também para sancionar a celebração destas doações com a nulidade, em lugar da mera anulabilidade[450]. Neste âmbito, há que considerar não apenas a proibição do art. 2192º, aplicável às doações por força do art. 953º, mas também o disposto no art. 1937º *a)* que abrange igualmente esta situação.

Os arts. 2192º e 953º estabelecem a proibição de os maiores acompanhados fazerem doação a favor do seu acompanhante ou administrador

[450] Cfr. Pires de Lima/Antunes Varela, *op. cit.*, II, pp. sub art. 953º, nº 1, p. 256.

legal de bens, *ainda que estejam aprovadas as respectivas contas*, considerando nulas estas mesmas doações (art. 2192º, nº 1). Serão, porém, válidas essas disposições (pressupondo-se a respectiva capacidade) quando se trate de descendentes, ascendentes, colaterais até ao terceiro grau, cônjuge do doador ou pessoa com quem este viva em união de facto (art. 2192º, nº 2). Há, assim, salvo no caso de se tratar de doações a favor dos familiares referidos no art. 2192º, nº 2, uma proibição genérica de maiores acompanhados efectuarem doações a favor do seu acompanhante ou administrador legal de bens, ou ainda do protutor que os substituísse, sendo essas doações consideradas nulas, mesmo que já se tivesse verificado a extinção da incapacidade.

Há também, em relação aos menores, a proibição de o tutor "receber do pupilo, directamente ou por interposta pessoa, quaisquer liberalidades, por acto entre vivos ou por morte, se tiverem sido feitas *depois da sua designação e antes da aprovação das respectivas contas*, sem prejuízo para as deixas testamentárias no nº 3 [hoje nº 2] do art. 2192º" (art. 1937º *c)*). Esta proibição é extensiva ao administrador de bens, por força do art. 1971º, nº 1 e também parece dever sê-lo em relação ao protutor, sempre que este substitua o tutor (art. 1956º *b)*). A sanção para este acto será a nulidade da doação, nos termos do art. 294º. Daqui resulta que, se a tutela ou a administração legal de bens for efectuada em relação a um menor, a doação não é proibida se for realizada depois de o menor atingir a maioridade e já estiverem aprovadas as respectivas contas[451]. Mesmo que não estejam aprovadas as contas, parece que a doação também não será proibida se for efectuada a favor dos familiares referidos no nº 2 do art. 2192º[452].

[451] A proibição das doações a estas entidades, enquanto não estiverem aprovadas as respectivas contas, foi instituída no nosso Código Civil, por influência do art. 779º do Código Civil italiano. Esta solução é normalmente justificada por razões de tutela do doador que, embora já tenha visto finda a sua incapacidade, continuaria a estar sob influência do tutor, administrador de bens ou do protutor até ao momento de aprovação das contas. Cfr. BALBI, *op. cit.*, p. 26 e TORRENTE, *op. cit.*, p. 381. No entanto, tem vindo no entanto a ser contestada pela doutrina mais recente, que não vê razão para aplicar a sanção da nulidade a estas doações apenas por serem realizadas antes de estarem aprovadas as respectivas contas, não só porque a aprovação das contas em nada influi na situação do doador, mas também porque a proibição em questão não constitui qualquer incentivo para que as contas sejam apresentadas. Cfr. BIONDI, *op. cit.*, pp. 277 e ss. e IACOVINO/TAVASSI/CASSANDRO, *op. cit.*, p. 175.

[452] Apesar de o art. 1937º *c)* apenas exceptuar as deixas testamentárias, parece que essa excepção terá que valer igualmente para as doações por força do art. 953º.

A indisponibilidade relativa a favor destas entidades tem assim um conteúdo diferente, consoante se trate de menores ou antes de maiores acompanhados. No primeiro caso, a indisponibilidade relativa dura apenas até à aprovação das contas pelo tutor, curador, administrador legal de bens ou protutor, quando substitua algumas destas entidades. No segundo caso, mantém-se mesmo após essa aprovação das contas pelo acompanhante ou administrador legal de bens.

10.3. Doação a favor de médicos, enfermeiros ou sacerdotes

O art. 2194º, também aplicável à doação por força do art. 953º, determina que "é nula a disposição a favor do médico ou enfermeiro que tratar o testador, ou do sacerdote que lhe prestar assistência espiritual, se o testamento for feito durante a doença e o seu autor vier a falecer dela". A razão para a instituição desta proibição prende-se com o facto de a doença colocar o autor da liberalidade numa posição de especial fragilidade perante estas pessoas, pelo que se deve exigir que ela seja realizada fora desse período ou que essa intenção seja mantida em data posterior.

Aplicando esta norma com adaptações à doação, verifica-se a sua nulidade sempre que seja realizada durante um período de doença a favor do médico, enfermeiro que o tratar ou de um sacerdote que lhe prestar assistência espiritual. Ao contrário do que sucede com o testamento, não parece que na doação se deva exigir que o doador venha a falecer da doença bastando que a doação tenha sido feita durante esse período. Efectivamente, aquele requisito faz sentido em relação ao testamento, uma vez que ele só produz os seus efeitos com a morte do testador, podendo ser livremente revogável até esse momento. Assim, se o testador não faleceu da doença de que foi tratado[453], teria entretanto podido revogar o testamento e, se o não fez, foi porque decidiu manter a liberalidade. Mas já não faz qualquer sentido em relação à doação, uma vez que esta produz os seus efeitos logo que vem a ser aceite, e não pode ser posteriormente revogada, a não ser com base em ingratidão do donatário (art. 970º e ss.). Deverão assim ser consideradas nulas todas as doações efectuadas durante o período de

[453] No sentido de que o art. 2194º só é aplicável se o doente vier a falecer da doença de que foi tratado e não doutra ainda que crónica, veja-se o Ac. 25/10/2001 (Teresa Pais), na *CJ* 26 (2001), 4, pp. 125-128 que considerou inaplicável o art. 2194º ao caso de um doente que morre de ataque cardíaco e sofria do coração, tendo efectuado determinada disposição a favor de um dos médicos que regularmente o tratava.

doença do doador a favor destas pessoas, independentemente de o doador vir a falecer da doença ou não. Caso a doação seja realizada após a cura do doador esta já será considerada válida, pelo que também nada impedirá de reiterar a liberalidade, celebrando novo contrato de doação após a sua cura.

10.4. Doação a favor do notário, intérprete ou testemunhas que tenham intervenção no acto

Face ao art. 2195º, igualmente aplicável à doação por força do art. 953º, é também nula a doação a favor do notário, intérprete e testemunhas que tenham intervenção no acto. Esta solução justifica-se, já que os intervenientes no acto notarial poderiam influenciar ilegitimamente o doador para realizar a liberalidade, que assim deixaria de ser um acto livre. Há, aliás, impedimentos expressos a estas entidades para a prática de actos notariais a seu favor, referidos nos arts. 5º, 6º e 68º do Código do Notariado.

10.5. Doação a favor do cúmplice do doador adúltero

Uma outra situação de indisponibilidade relativa respeita às doações a favor do cúmplice do doador adúltero, referida no art. 2196º, nº 1, aplicável por força do art. 953º. A lei instituiu esta proibição por motivos de tutela da instituição familiar[454] e também por considerar lesivo dos interesses do outro cônjuge permitir a realização de doações pelo seu consorte ao cúmplice no adultério. É, no entanto, de referir que esta disposição tem duas importantes excepções, na medida em que não se aplicará se, à data da aceitação, o casamento já estava dissolvido ou os cônjuges separados judicialmente de pessoas e bens ou separados de facto há mais de seis anos, nem se a doação se limitar a assegurar alimentos ao beneficiário (art. 2196º, nº 2, adaptado por força do art. 953º).

10.6. Doações entre cônjuges sujeitos ao regime imperativo de separação de bens

Existe ainda uma outra indisponibilidade relativa em relação à doação entre casados, dado que o art. 1762º determina que é nula a doação entre

[454] No Ac. STJ 24/1/2002 (SILVA PAIXÃO), em *CJ-ASTJ* 10 (2002), 1, pp. 51-54, considerou-se não ser inconstitucional o art. 2196º por o valor de tutela da família prevalecer sobre o da tutela da propriedade e que não envolve abuso de direito ser o próprio doador a solicitar a declaração de nulidade da doação.

casados, se vigorar imperativamente entre os cônjuges o regime da separação de bens[455]. Esta situação é aquela que ocorre se o casamento for celebrado sem precedência do processo de publicações ou por quem tenha completado sessenta anos de idade (art. 1720º, nº 1). Esta proibição compreende-se uma vez que, nas doações entre casados, quando admitidas, os bens adquiridos tornam-se incomunicáveis, ou seja, são considerados bens próprios do donatário, seja qual for o regime de bens (art. 1757º). Assim, se fosse admitida a doação entre casados no âmbito do regime imperativo da separação de bens, estar-se-ia a defraudar o espírito da instituição deste regime, permitindo-se a livre passagem dos bens de um dos cônjuges para o outro. Ora, se a lei impõe imperativamente o regime da separação de bens nesta situação, é por recear que a intenção de um dos cônjuges tenha sido enriquecer à custa do outro, não fazendo sentido admitir que esta regra pudesse ser torneada mediante a celebração de doações. Daí a proibição que se encontra instituída.

No entanto, o art. 1720º, nº 2, vem estabelecer que esta proibição não impede que os nubentes, ou seja, os noivos façam entre si doações. Assim, esta indisponibilidade relativa só se verifica com a instituição do vínculo matrimonial, não proibindo a realização de doações antes desse momento.

10.7. Doações a favor de partidos políticos e de estruturas de representação de trabalhadores e empregadores

Uma outra proibição de doações respeita à situação dos partidos políticos, cujo financiamento é regulado pela Lei 19/2003, de 20 de Junho, alterada pelo D.L. 287/2003, de 11 de Janeiro, pela Lei 64-A/2008, de 31 de Dezembro, pela Lei 55/2010, de 24 de Dezembro, pela Lei 1/2013, de 3 de Janeiro e pela Lei Orgânica 5/2015, de 10 de Abril. No intuito de estimular a sua independência, a lei proíbe a realização de quaisquer donativos anónimos, bem como de donativos de natureza pecuniária ou em espécie a partidos políticos por parte de pessoas colectivas nacionais ou estrangeiras (art. 8º, nº 1, da Lei 19/2003), sendo que essa proibição abrange mesmo as aquisições de bens ou serviços por valor inferior ao de mercado, a recepção de pagamentos por preço manifestamente superior ao valor de mercado

[455] Cfr. Pereira Coelho/Guilherme de Oliveira, *op. cit.*, pp. 456 e ss. e Rita Lobo Xavier, *op. cit.*, p. 195.

e o pagamento de despesas por terceiros (art. 8º, nº 3, da Lei 19/2003). É assim proibida a realização de doações pecuniárias ou de negócios mistos *cum donatione* a partidos políticos por parte de pessoas colectivas, apenas sendo estas admitidas quando provêm de pessoas singulares identificadas. Mas mesmo neste caso, a doação pecuniária está sujeita ao limite anual de 25 vezes o indexante de apoios sociais por doador, criado pela Lei nº 53-B/2006, de 29 de Dezembro, impondo-se que sejam obrigatoriamente titulados por cheque ou por tranferência bancária (art. 7º, nº 1, da Lei 19/2003, na redacção da Lei 64-A/2008) e depositados em contas bancárias exclusivamente destinadas a esse efeito e nas quais só podem ser efectuados depósitos que tenham essa origem (art. 7º, nº 2, da Lei 19/2003, na redacção da Lei 64-A/2008). Quanto às doações anónimas, a Lei 19/2003 veio a proibir em absoluto a sua realização, mas a Lei 64-A/2008 alterou o seu art. 3º, nº 3, passando a consagrar uma excepção para os montantes de valor inferior a 25 % do indexante de apoios sociais desde que, no período de um ano, não ultrapassem 50 vezes o valor desse indexante.

Também em relação às estruturas de representação colectivas dos trabalhadores e às associações de empregadores existe, para assegurar o pleno exercício da sua liberdade, uma proibição de receber doações por parte de entidades a elas estranhas. Efectivamente, o art. 405º, nº 1, do Código do Trabalho, estabelece que "as estruturas de representação colectiva são independentes do Estado, de partidos políticos, de instituições religiosas ou associações de outra natureza, sendo proibida qualquer ingerência destes na sua organização e gestão, bem como o seu recíproco financiamento", regime esse que é igualmente aplicável às associações de empregadores, por força do art. 446º, nº 2. Será, assim, proibida a doação realizada a favor destas entidades.

11. Modalidades atípicas de doações

11.1. A doação remuneratória

Apesar das suas características especiais, o legislador não deixou de incluir no conceito de doação a figura da doação remuneratória, referindo o art. 941º que "é considerada doação a liberalidade remuneratória de serviços recebidos pelo doador, que não tenham a natureza de dívida exigível". Está-se perante uma situação em que o doador recebeu determinados serviços, os quais não têm, porém, a natureza de dívida exigível. No entanto, o facto de o doador ter ficado grato pela recepção do serviço, leva-o a querer remunerar quem lho prestou, ainda que em termos jurídicos a isso não seja obrigado[456].

É essencial, para que haja doação remuneratória que a remuneração dos serviços prestados não possa corresponder a qualquer obrigação por parte do receptor. Assim, se o beneficiário dos serviços se limita à restituição do enriquecimento que lhe causou a recepção dessa prestação (art. 473º e 479º), ou procede apenas à remuneração de uma gestão de negócios, nos casos em que a lei atribui esse direito ao gestor (arts. 464º e 470º), naturalmente que não se está perante uma doação remuneratória. Também não haverá doação remuneratória, se se estiver perante uma situação de cumprimento de obrigação natural (arts. 402º e ss.)[457] ou, conforme acima se referiu, de donativo conforme aos usos sociais (a chamada gorjeta: art. 940º, nº 2)[458].

Apesar de tudo, não deixa de haver nas doações remuneratórias uma conexão entre o serviço e a doação, uma vez que a intenção do doador é remunerar o serviço prestado. No entanto, como essa remuneração não constitui uma dívida exigível a lei considera ainda estarem presentes os requisitos de liberdade e espontaneidade correspondentes ao *animus donandi* e que faltam no *animus solvendi*. Efectivamente, apesar de o devedor poder considerar que está a remunerar um serviço prestado, o facto de essa remuneração não corresponder nem a uma obrigação civil, nem a uma obrigação natural, leva a que essa prestação não possa ser vista como cumprimento (*solutio*) ou mesmo dação em cumprimento (*datio in solutum*), pelo que, não podendo qualificar-se esta situação como pagamento de serviços prestados, vem ela a ser qualificada como doação (remuneratória).

Mas se a intenção remuneratória não é incompatível com o espírito de liberalidade, pode justificadamente perguntar-se qual a razão da autono-

[456] Um exemplo de uma doação remuneratória será a hipótese de alguém estar em perigo de vida e outrem conseguir salvá-lo, levando a que aquele lhe dê uma quantia avultada por reconhecimento, apesar de não estar obrigado a fazê-lo.

[457] Pode, no entanto, tornar-se em certos casos difícil a distinção entre estas duas situações, que radicará na existência de *animus solvendi* ou *animus donandi*. Efectivamente, conforme refere Vaz Serra, "Obrigações naturais", no *BMJ* 53 (1956), pp. 5-172 (76), "se alguém concede a outrem, depois de prestados serviços sem se contar com a remuneração deles, uma retribuição por esses serviços (havendo, pois, não um *animus donandi*, mas um *animus solvendi*), o caso será ou poderá ser de cumprimento de obrigação natural; se, diversamente, alguém faz a outrem uma atribuição que, embora determinada por gratidão ou reconhecimento, é realizada sem a intenção de cumprir uma obrigação, o caso será de doação (remuneratória)".

[458] Cfr. Pires de Lima/Antunes Varela, *op. cit.*, II, sub art. 941º, nº 1, p. 242.

mização da figura da doação remuneratória. Para alguma parte da doutrina esta autonomização justifica-se pela atribuição de relevância jurídica a um específico motivo do doador[459]. Para outros a doação remuneratória, embora ainda possuindo o *animus donandi* possuiria uma causa típica, distinta da doação em geral[460].

As doações remuneratórias são, no entanto, sujeitas a um regime mais benéfico para o donatário, do que o que é comum nestes contratos. Efectivamente, em primeiro lugar, elas não são revogáveis por ingratidão do donatário (art. 975º *b)*), e em segundo lugar, gozam do privilégio de serem as últimas doações a ser objecto de redução por inoficiosidade, caso se verifique a ofensa da legítima dos herdeiros legitimários (art. 2172º, nº 3 e 2173º, nº 2).

11.2. A doação por morte

Uma outra modalidade atípica de doação, que se encontra quase integralmente proibida no nosso Direito consiste na doação por morte[461]. Consiste esta na situação em que o doador efectua por espírito de liberalidade ao donatário uma atribuição patrimonial à custa do seu património, mas determina que a corresponde aquisição apenas se verificará com a morte dele, doador.

A lei proíbe em princípio a doação por morte (art. 946º, nº 1), com o que se pretende evitar pressões sobre o autor da sucessão, manter-lhe a disponibilidade dos seus bens enquanto estiver vivo, e evitar decisões precipitadas, que não poderiam ser livremente revogáveis, ao contrário do que sucede com as disposições testamentárias[462]. Efectivamente, a doação por morte levantaria o problema de, apesar de se estabelecer que a aquisição só se verificará por morte do doador, no entanto o respectivo contrato de doação vem a ser celebrado em vida deste, com a aceitação do donatário.

[459] Cfr. G. Oppo, *Adempimento e liberalitá*, Milano, Giuffrè, 1947, pp. 162 e ss., Torrente, *op. cit.*, pp. 269 e ss., e BALBI, *op. cit.*, pp. 64 e ss.

[460] Cfr. Biondi, *op. cit.*, p. 732 e Palazzo, *op. cit.*, pp. 58 e ss.

[461] Cfr Inocêncio Galvão Telles, *Direito das Sucessões. Noções Fundamentais*, 6ª ed., Coimbra, Coimbra Editora, 2001, pp. 127 e ss., Pereira Coelho, *Direito das Sucessões*, Coimbra, J. Abrantes, 1992, pp. 26 e ss., Oliveira Ascensão, *Sucessões*, pp. 93 e ss., Carlos Pamplona Corte-Real, *Direito da Família e das Sucessões*, II- *Sucessões*, Lisboa, Lex, 1993, p. 81, e Carvalho Fernandes, *A conversão dos negócios jurídicos civis*, Lisboa, Quid iuris, 1993, pp. 588 e ss. e *Sucessões*, pp. 516 e ss.

[462] Cfr. Oliveira Ascensão, *Sucessões*, p. 93.

Ora, atenta a regra da estabilidade dos contratos (art. 406º, nº 1), a doação por morte, uma vez celebrada, não poderia mais ser livremente revogada, assim se defraudando a regra expressa quanto ao testamento, que é a da sua livre revogabilidade (art. 2179º, nº 1), a qual é irrenunciável (art. 2311º). Efectivamente, a vontade da lei é a de que as disposições de última vontade correspondam efectivamente à última vontade do autor da sucessão, pelo que pretende que elas resultem de um negócio unilateral revogável como o testamento e não de um contrato. Daí a proibição, no art. 2028º, nº 1, da sucessão contratual, só sendo os contratos sucessórios (onde se inclui a doação por morte) admitidos nos casos previstos na lei (art. 2028º, nº 2). Estes casos correspondem às disposições por morte efectuadas na convenção antenupcial (art. 1700º e 1701º), onde se incluem as doações para casamento (art. 1753º, nº 1 e 1755º, nº 2).

O âmbito de aplicação da proibição da doação por morte tem sido objecto de controvérsia na doutrina. Para uma posição, seguida por PEREIRA COELHO e RABINDRANATH CAPELO DE SOUSA, a lei apenas proibiria as doações em que a morte constitui a verdadeira causa ou concausa da atribuição patrimonial, uma vez que só estas são abrangidas pela proibição dos pactos sucessórios. Nada impediria, porém, as partes de estabelecer, através de cláusulas acessórias, que os efeitos da doação fiquem condicionados ou sejam diferidos para a data da morte do doador. Seria assim admissível quer a doação com reserva de usufruto (art. 958º), ou com a faculdade de disposição por morte de coisa determinada (art. 959º), quer a estipulação da doação sujeita ao termo da morte do doador (doação *cum moriar*) ou subordinada à condição de pré-falecimento do doador (doação *si praemoriar*)[463]. Já outra posição, sustentada por GALVÃO TELLES, PIRES DE LIMA/ANTUNES VARELA, CARVALHO FERNANDES e MENEZES CORDEIRO, defende que, ao referir a doação por morte, a lei quis abranger tanto os casos de contratos sucessórios em que a morte funciona como causa da devolução dos bens, como as situações em que as partes condicionem a doação à pré-morte do doador ou estabeleçam essa morte como termo incerto[464]. Por nosso lado, também aderimos a esta

[463] Cfr. PEREIRA COELHO, *Sucessões*, pp. 26 e ss. e CAPELO DE SOUSA, *op. cit.*, pp. 30 e ss.

[464] Cfr. GALVÃO TELLES, *Sucessões*, pp. 116-117, PIRES DE LIMA/ANTUNES VARELA, *op. cit.*, II, sub art. 946º, nº 1, pp. 248-249, CARVALHO FERNANDES, *Sucessões*, p. 517 e MENEZES CORDEIRO, *Tratado*, XI, p. 400.

última posição, por considerarmos ser extremamente difícil distinguir na prática entre as duas situações, o que abriria as portas a que esta proibição fosse facilmente defraudada.

Apesar de nula, a doação por morte pode ser havida como disposição testamentária, se tiverem sido observadas as formalidades dos testamentos (art. 946º, nº 2)[465]. Neste caso, está-se perante uma aplicação particular da regra do art. 293º, admitindo-se a conversão do negócio nulo num negócio de tipo e conteúdo diferente, sem que seja necessário demonstrar que a vontade hipotética das partes iria nesse sentido[466]. Efectivamente, as razões da proibição da doação por morte radicam no seu carácter contratual e, em princípio, irregovável, pelo que, sendo o testamento um negócio unilateral e revogável (art. 2179º, nº 1) não há obstáculo a que a doação por morte possa ser objecto dessa conversão. Exige-se, no entanto, que tenham sido observadas as formalidades dos testamentos, o que levanta a dúvida de saber que formalidades são essas. Para Galvão Telles, Pires de Lima e Antunes Varela e para Baptista Lopes, a exigência destas formalidades implica que a doação seja feita por escritura pública e que nela intervenham duas testemunhas, por força do art. 67º, nº 1 *a)* e nº 3 do Código do Notariado[467]. Mas a exigência das testemunhas foi contraditada por Oliveira Ascensão, que sustentou que a regra do art. 946º, nº 2, não pode ser entendida literalmente, uma vez que seria impossível uma doação revestir todas as formalidades dos testamentos, dado que só um testamento o poderia fazer, bastando por isso que a doação tenha sido feita por escritura pública ou forma notarial equivalente[468]. A sua posição foi posteriormente seguida por Pamplona Corte-Real[469] e Carvalho Fernandes[470].

Pensamos ser esta última a melhor solução. Efectivamente, exigir neste caso todas as formalidades dos testamentos equivaleria a tornar partica-

[465] Esta solução já resultava do art. 1457º do C.C. 1867.

[466] Cfr. Oliveira Ascensão, *Sucessões*, pp. 94-95 e Carvalho Fernandes, *Conversão*, p. 591.

[467] Cfr. Galvão Telles, *Sucessões. Parte Geral*, Coimbra, Coimbra Editora, 2004, p. 20, Pires de Lima/Antunes Varela, *op. cit.*, II sub art. 946º, nº 3, p. 249 e Baptista Lopes, *Das Doações*, Coimbra, Almedina, 1970, p. 37.

[468] Cfr. Oliveira Ascensão, *Sucessões*, p. 95.

[469] Cfr. Carlos Pamplona Corte-Real, *Família e Sucessões*, p. 81. Este autor sustenta tratar-se de entendimento pacífico, o que não julgamos correcto.

[470] Cfr. Carvalho Fernandes, *Conversão*, pp. 596 e ss.

mente impossível qualquer hipótese de conversão ao abrigo do art. 946º, nº 2. Por outro lado, a verdade é que a intervenção das testemunhas não se apresenta como essencial, dado que o art. 67º, nº 2 do Código do Notariado admite a sua dispensa pelo notário, no caso de haver urgência e dificuldade em as conseguir. Parece, por isso, suficiente que a doação revista a forma de escritura pública.

11.3. A partilha em vida

Uma modalidade específica de doação consiste na partilha em vida[471], prevista no art. 2029º. Refere esta norma que "não é havido como sucessório o contrato pelo qual alguém faz doação entre vivos, com ou sem reserva de usufruto, de todos os seus bens ou parte deles a algum ou alguns dos presumidos herdeiros legitimários, com o consentimento dos outros, e os donatários pagam ou se obrigam a pagar a estes o valor das partes que proporcionalmente lhes tocariam nos bens doados" (nº 1). Trata-se assim de um caso específico de doação a um presumido herdeiro legitimário, em que este assume o encargo de pagar aos outros presumidos herdeiros legitimários, com o acordo destes, o valor em dinheiro correspondente à parte que lhes caberia[472]. Esse encargo abrange inclusivamente os herdeiros legitimários futuros ou posteriormente descobertos, uma vez que o nº 2 estabelece que "se sobrevier ou se tornar conhecido outro presumido herdeiro legitimário, pode este exigir que lhe seja composta em dinheiro a parte correspondente". O pagamento das respectivas tornas em dinheiro pode ser relizado logo na altura da doação ou posteriormente, impondo o art. 2029º, nº 3, que neste último caso seja realizada a actualização pecuniária correspondente.

Conforme resulta da expressa qualificação legal, a partilha em vida não é considerada um pacto sucessório, sendo dessa forma qualificada pelo legislador como uma modalidade específica de doação entre vivos, especificidade essa que lhe advém de ser feita a um presumido herdeiro

[471] Cfr. Baptista Lopes, *Doações*, pp. 37 e ss., Oliveira Ascensão, *Sucessões*, pp. 98 e ss., 379 e 541 e ss., Pamplona Corte-Real, *Sucessões*, pp. 322 e ss., Capelo de Sousa, *Sucessões*, pp. 36 e ss.

[472] O negócio da partilha em vida só pode ser celebrado com presumidos herdeiros legitimários, pelo que não haverá partilha em vida se, por exemplo, decidir distribuir os seus bens pelos netos, estando os filhos vivos, dado que são estes, e não aqueles, os presumidos herdeiros legitimários. Cfr. Baptista Lopes, *Doações*, p. 38.

legitimário, com encargos estabelecidos a favor dos outros presumidos herdeiros legitimários. Há, no entanto, uma clara função sucessória do negócio que consiste em por via da realização dessa doação a favor de alguns dos presumidos herdeiros e de encargos a favor dos restantes se pretender já instituir em vida uma repartição da herança do doador, em termos que não difeririam dos que ocorreriam se a sua morte se tivesse já verificado. Por esse motivo, esta doação entre vivos adquire algumas características especiais. Assim, em primeiro lugar, ela pressupõe o consentimento não apenas do donatário, mas também dos outros presumidos herdeiros legitimários, o que não se exigiria numa comum doação com encargos, em que os beneficiários do encargo não necessitam de o aceitar para que a doação produza os seus efeitos.

Para além disso, o negócio da partilha em vida não parece dever ser sujeito, como sucede com as outras doações, ao regime do chamamento à colação (art. 2104º) ou da redução por inoficiosidade (arts. 2168º e ss.)[473]. Efectivamente, a aplicação destes institutos destruiria completamente os fins da partilha em vida, que consiste precisamente em antecipar em vida do doador a repartição da herança que seria feita na altura da sua morte, sendo certo que desde 1977 a lei tutela por outra via a situação dos herdeiros legitimários não abrangidos ao lhes permitir que seja composta em dinheiro a parte correspondente (art. 2029º, nº 2). A exclusão da imputação e colação deve aplicar-se mesmo que os bens partilhados venham a ser objecto de uma valorização excepcional, que implique que deixem de ter correspondência com o valor das tornas. Efectivamente, a verificar-se tal valorização, ela deve ser atribuída nos termos gerais ao proprietário do bem, não se devendo admitir que os outros envolvidos na partilha a venham questionar por motivos supervenientes depois de nela terem consentido.

11.4. As doações para casamento

Uma outra modalidade específica de doação consiste na doação para casamento, a que fazem referência os arts. 1753º e ss. do Código Civil[474]. Nos

[473] Questiona esta solução, Carlos Pamplona Corte-Real, *Sucessões*, pp. 324 e ss. Para Pereira Coelho, *Sucessões*, pp. 33 e ss., Oliveira Ascensão, *Sucessões*, p. 543 e Capelo de Sousa, *Sucessões*, I, pp. 39-40, nota (65) a partilha em vida é sujeita à redução por inoficiosidade nos termos gerais, mas envolve a dispensa de colação.

[474] Cfr. Pires de Lima/Braga Da Cruz, *Direitos da Família*, II- *Efeitos jurídicos do casamento. Doações matrimoniais*, 3ª ed., Coimbra, Coimbra Editora, 1953, pp. 266 e ss., Pessoa Jorge,

termos do art. 1753º, nº 1, a doação para casamento "é a doação feita a um dos esposados, ou a ambos, em vista do seu casamento". Estamos assim perante uma verdadeira doação, ainda que realizada em vista do casamento, e não perante os donativos que os usos sociais mandam realizar em consequência da promessa de casamento, regulados especificamente nos arts. 1592º e ss.[475].

A doação para casamento é sujeita a grandes especialidades de regime, o que leva a que o legislador refira expressamente que as disposições dos arts. 940º a 979º apenas são aplicáveis subsidiariamente (art. 1753º, nº 2).

Essencial à doação para casamento é que seja feita em vista do casamento, tendo como donatário um ou ambos os esposados. Já o doador pode ser tanto o outro esposado como terceiro referindo, por isso, o art. 1754º que "as doações para casamento podem ser feitas por um dos esposados ao outro, pelos dois reciprocamente, ou por terceiro a um ou a ambos os esposados". Quer as doações entre esposados, quer as doações de terceiros aos esposados podem ser celebradas tanto *inter vivos* como *mortis causa*, havendo assim nesta sede uma derrogação à proibição da doação por morte, instituída no art. 946º. As doações por morte aos esposados podem inclusivamente abranger uma parte ou a totalidade de herança futura, conforme se prevê expressamente nos arts. 1700º e ss., o que implica ser também derrogada nesta sede a proibição de a doação abranger bens futuros, referida no art. 942º[476].

A lei refere, no art. 1756º, nº 2, que "as doações para casamento só podem ser feitas na convenção antenupcial", acrescentando o nº 2 que "a inobservância do número anterior importa, quanto às doações por morte, a sua nulidade, sem prejuízo do disposto no nº 2 do artigo 946º, e, quanto às doações em vida, a inaplicabilidade do regime especial desta secção". Temos, assim, uma dependência da aplicação do regime da doação para casamento, do facto de esta ter sido celebrada na convenção antenupcial, determinando a lei a aplicação do regime geral da doação (nomeadamente,

"Doações para casamento. Doações entre casados (Anteprojecto de dois capítulos do futuro Código Civil)" em *BMJ* 124 (1963), pp. 287-344 (293 e ss.), PIRES DE LIMA/ANTUNES VARELA, *Código Civil Anotado*, IV, 2ª ed., Coimbra, Coimbra Editora, 1992, sub arts. 1753º e ss., pp. 450 e ss., PEREIRA COELHO/GUILHERME DE OLIVEIRA, *Família*, pp. 470 e ss.

[475] Cfr. sobre este regime, MENEZES LEITÃO, *O enriquecimento*, pp. 535 e ss., reed., pp. 516 e ss.

[476] Cfr. PEREIRA COELHO/GUILHERME DE OLIVEIRA, *op. cit.*, p. 471.

a proibição da doação por morte), caso essa forma não seja respeitada[477]. A doutrina tem, porém, entendido que, desde que a doação conste de escritura pública e os nubentes nela figurem como noivos se considera parte da convenção antenupcial, mesmo que não seja celebrada nenhuma outra por os cônjuges adoptarem o regime de bens supletivo[478].

Relativamente aos efeitos da doação para casamento, haverá que distinguir entre as doações *inter vivos* ou *mortis causa*, subdistinguindo nestas últimas, consoante a doação abranja bens certos ou determinados ou uma herança, no seu todo ou em parte.

Quanto às doação *inter vivos*, o art. 1755º, nº 1, vem referir que, salvo estipulação em contrário, as doações para casamento *inter vivos* apenas produzem os seus efeitos na data da celebração do casamento, sendo consequentemente apenas a partir desse momento que o donatário se torna titular dos bens doados ou credor das obrigações assumidas pelo donatário.

Já as doações *mortis causa*, em virtude da remissão do art. 1755º, nº 2, para os arts. 1701º a 1703º são consideradas pactos sucessórios, o que implica que apenas por morte do doador venha o donatário a adquirir os direitos correspondentes. A lei não deixa, porém, de considerar que antes da morte do doador o donatário já possui uma expectativa jurídica de aquisição do objecto da doação, variando a tutela dessa expectativa consoante o objecto da doação consista em bens certos ou determinados, ou numa quota ou na totalidade da herança.

No caso de a doação ter por objecto bens determinados, o donatário terá apenas, até à morte do doador, uma expectativa de aquisição desses bens, ainda que ela seja fortemente tutelada, ao se instituir a irrevogabilidade do pacto sucessório, não se permitindo sequer que o doador prejudique o donatário por actos gratuitos de disposição (art. 1701º, nº 1). Mesmo em

[477] Esta remissão para o regime geral da doação, não parece excluir uma acção de enriquecimento, nos termos do art. 473º, nº 2, por forma a exigir a restituição do enriquecimento do donatário, se o casamento não vier a ser celebrado. Efectivamente, nesse caso verifica-se a realização de uma prestação em vista de um efeito (o casamento) que não se vem a verificar, o que leva à qualificação da situação como um caso de aplicação da *condictio causa data* prevista na parte final do art. 473º, nº 2 do Código Civil. Cfr. Menezes Leitão, *O enriquecimento*, pp. 538 e ss., reed., pp. 520 e ss.

[478] Cfr. Cunha Gonçalves, *Tratado de Direito Civil em comentário ao Código Civil Português*, VI, Coimbra, Coimbra Editora, 1932, pp. 718-719, Pires de Lima/Braga da Cruz, *op. cit.*, p. 307, Pires de Lima/Antunes Varela, *op. cit.*, IV, sub art. 1756º, nº 3, pp. 468-469 e Pereira Coelho/Guilherme de Oliveira, *op. cit.*, p. 471.

relação a actos onerosos, o doador apenas pode, com autorização escrita do donatário ou o seu suprimento judicial, proceder à alienação dos bens doados com fundamento em grave necessidade, própria ou dos membros da família a seu cargo (art. 1701º, nº 2). Nessa situação, o donatário concorrerá à sucessão do doador como legatário do valor que os bens doados teriam ao tempo da morte deste, devendo ser pago com preferência a todos os demais legatários do doador (art. 1701º, nº 3). A posição do donatário é assim objecto de grande tutela, uma vez que os bens doados deixam de ser livremente disponíveis pelo doador, só o podendo ser a título oneroso em situações excepcionais, mas adquirindo nesse caso o donatário um crédito prioritário sobre a herança, quanto ao valor desses bens.

No caso de a doação ter por objecto uma quota ou a totalidade da herança, também só no momento da morte os bens se transmitem para o donatário, continuando este, porém, a possuir uma expectativa juridicamente tutelada, ainda que em termos inferiores ao que sucede na hipótese anterior. Tal explica-se, uma vez que não estando em causa bens determinados, mas apenas a herança futura, dado que o seu valor só se determina no momento da abertura da sucessão, nada impediria em princípio o doador de continuar a dispor dos seus bens por acto entre vivos, apenas lhe sendo vedado efectuar disposições *mortis causa* incompatíveis com a doação. No entanto, a lei considerou que, se se admitisse ao doador efectuar disposições gratuitas entre vivos, a posição do donatário poderia ser por essa via afectada, o que se pretendeu evitar estabelecendo que os bens doados em vida contam para efeitos de determinação da herança a receber pelo donatário[479]. Assim, se a doação *mortis causa* abranger uma quota de herança, o cálculo dessa quota será efectuado, conferindo-se os bens que o doador tenha disposto gratuitamente depois da doação (art. 1702º, nº 1). Já se a doação tiver por objecto a totalidade da herança, pode o doador dispor gratuitamente, em vida ou por morte, de uma terça parte dela, também calculada nos mesmos termos (art. 1702º, nº 2). Esse direito pode, ser, porém, objecto de renúncia, total ou parcial, no acto de doação (art. 1702º, nº 3). O doador pode, no entanto, em qualquer das situações dispor livremente dos seus bens a título oneroso, dado que a contraprestação a receber se integrará na futura herança, a adquirir pelo donatário no momento da abertura da sucessão.

[479] Cfr. Pereira Coelho/Guilherme de Oliveira, *op. cit.*, p. 472.

Salvo estipulação em contrário, os bens doados por um dos esposados ao outro são considerados bens próprios do donatário, seja qual for o regime matrimonial (art. 1757º). Assim, mesmo que os cônjuges tenham estipulado a comunhão geral de bens, nem por isso os bens doados por um dos esposados ao outro deixarão de se considerar bens próprios, por a lei presumir que neste caso a intenção do doador não é ficar com comunhão no bem doado. Daí que esta regra admita estipulação em contrário e nem sequer tenha aplicação ao caso de bens doados por terceiro aos esposados.

Para além disso, as doações entre esposados não são revogáveis por mútuo consentimento dos contraentes (art. 1758º), com o que se pretende evitar que um dos cônjuges exerça indevidamente influência sobre o outro por forma a obter a revogação da doação, que se integrou na convenção antenupcial. Este regime já não é, porém, aplicável às doações feitas por terceiro aos esposados, em que esta questão não se colocará.

As doações para casamento estão sujeitas à redução por inoficiosidade nos termos gerais (art. 1759º). Efectivamente, o facto de a doação ser realizada para casamento não permite ao doador afectar a legítima dos seus herdeiros legitimários, pelo que, se se verificar essa situação, a doação para casamento pode ser reduzida por inoficiosidade nos termos gerais dos arts. 2168º e ss.

A doação para casamento está sujeita a casos particulares de extinção, já que o art. 1760º vem estabelecer a sua caducidade se o casamento não vier a ser celebrado no prazo de um ano, vier a ser declarado nulo ou anulado, ou vier a ocorrer divórcio ou separação judicial de pessoas e bens por culpa do donatário, se este vier a ser considerado único ou principal culpado. No caso de doações feitas por terceiro a ambos os esposados, se apenas um for declarado único ou principal culpado do divórcio ou separação, a caducidade abrange apenas a parte dele. Se se tratar de doações por morte estas caducam ainda, no caso de o donatário falecer antes do doador, salvo se, sendo a doação feita por terceiro, nascerem descendentes do casamento, hipótese em que estes são chamados a suceder nos bens doados em lugar do donatário (art. 1703º)[480].

[480] Cfr. Pires de Lima/Antunes Varela, *op. cit.*, IV, sub art. 1760º, nº 4, pp. 477 e ss. Anteriormente ao actual Código, a doutrina discutia, perante o art. 1177º do Código de Seabra, a possibilidade de as doações em vida também caducarem pelo predecesso do doador. No sentido afirmativo, vide Abranches Ferrão, *op. cit.*, II, pp. 40-41 e 55. Contra, veja-se

A natureza jurídica da doação para casamento tem vindo a ser objecto de discussão no âmbito da doutrina. A tese tradicional, defendida entre nós por ABRANCHES FERRÃO, e mais recentemente por PEREIRA COELHO/GUILHERME DE OLIVEIRA sustenta que se trata de uma doação subordinada à condição *si nuptiae sequantur*[481]. Outra posição, seguida por PIRES DE LIMA/BRAGA DA CRUZ considera constituir a doação para casamento um negócio jurídico sujeito a termo incerto[482]. Uma outra posição sustentada por PIRES DE LIMA/ANTUNES VARELA considera que a doação para casamento constitui um tipo particular de doação, que apresenta como causa jurídica específica a futura celebração do casamento[483].

A qualificação da doação para casamento como negócio condicional tem vindo a ser objecto de acertada crítica. Efectivamente, a doação para casamento não se adequa ao regime da retroactividade do negócio condicional (art. 276º), uma vez que só produz os seus efeitos desde a data do casamento (art. 1755º, nº 1). Por outro lado, na doação para casamento não ocorre a subordinação pelas partes dos efeitos do negócio a um acontecimento futuro e incerto, uma vez que o doador tem o casamento por certo quando efectua a doação e a dependência desta em relação ao casamento resulta directamente da lei. A ideia da qualificação da doação para casamento como um negócio a termo incerto parece-nos artificiosa, uma vez que, sendo a doação realizada em vista do casamento (art. 1753º, nº 1) o casamento é em relação à doação algo mais que uma simples estipulação do momento em que se iniciam os efeitos do negócio (art. 278º). Aderimos, por isso, à posição que sustenta constituir a doação para casamento uma modalidade específica de uma doação que tem como causa jurídica a celebração do casamento, face à dependência em que esta fica da sua celebração, conforme se pode ver da análise do regime.

MANUEL DE ANDRADE, "Caducidade das doações aos esposados", no *BFD* 9 (1925-1926), pp. 300-378. Actualmente, porém, é líquido que o art. 1703º só é aplicável às doações por morte.

[481] Cfr. ANTÓNIO DE ABRANCHES FERRÃO, *Doações*, II, p. 6 e PEREIRA COELHO/GUILHERME DE OLIVEIRA, *op. cit.*, p. 470.

[482] Cfr. PIRES DE LIMA/BRAGA DA CRUZ, *op. cit.*, II, pp. 272 e 306.

[483] Cfr. PIRES DE LIMA/ANTUNES VARELA, *op. cit.*, IV, sub art. 1753º, nº 4, pp. 452 e ss que, depois de excluirem a qualificação da celebração do casamento como *conditio iuris*, condição voluntária, expectativa jurídica ou pressuposição do negócio, vêm a concluir que ele constitui a causa do negócio, entendida não como simples motivo, mas como motivo determinante, apesar de se tratar de uma causa futura.

11.5. As doações entre casados

Uma outra modalidade específica de doação é a doação entre casados[484], regulada pelos arts. 1761º a 1766º. Conforme resulta logo do art. 1761º, o regime geral da doação, previsto nos arts. 940º a 979º, apenas é aplicável à doação entre casados a título subsidiário, o que ilustra bem as grandes especialidades de regime que apresenta este caso particular de doação.

A especialidade principal da doação entre casados, referida no art. 1765º é a sua livre revogabilidade. Efectivamente, a lei estabelece que as doações entre casados podem a todo o tempo ser revogadas pelo doador, sem que lhe seja lícito renunciar a esse direito, não se transmitindo, porém, essa faculdade aos herdeiros do doador. A justificação para essa solução reside no facto de através da doação entre casados se visar tradicionalmente reforçar a situação patrimonial do cônjuge, para além do que resultaria do regime normal da sucessão por morte[485]. Por esse motivo se considera que a doação entre casados desempenha uma função testamentária, sendo dessa forma sujeita igualmente à livre revogabilidade que caracteriza os testamentos (arts. 2187º e 2311º e ss.)[486].

A doação entre casados é proibida nos casos em que vigorar imperativamente entre os cônjuges o regime da separação de bens (art. 1762º). Nos termos do art. 1720º, correspondem estes casos a casamentos celebrados sem precedência de processo preliminar de publicações – os quais, nos termos do art. 1622º, apenas são admitidos se houver justo receio de morte próxima de algum dos nubentes ou iminência de parto – ou a casamentos celebrados por quem já tenha completado sessenta anos de idade. O regime imperativo da separação de bens é imposto nestes casos por se recear que o objectivo de um dos nubentes seja o de enriquecer à custa do outro, cuja morte já se antecipa. Pelo mesmo motivo se vem impor a nulidade da doação entre casados, já que por esta via se poderia tornear a imposição da separação de bens, e proceder à desejada transferência de bens entre os

[484] Cfr. PESSOA JORGE, em *BMJ* 124 (1963), pp. 292 e ss., RITA LOBO XAVIER, *op. cit.*, pp. 195 e ss., PEREIRA COELHO/GUILHERME DE OLIVEIRA, *op. cit.*, pp. 456 e ss. e PAULA BARBOSA, *Doações entre cônjuges. Enquadramento jus-sucessório*, Coimbra, Coimbra Editora, 2008, passim.

[485] Precisamente por esse motivo se pode questionar a manutenção deste instituto, a partir do momento em que o cônjuge passou a ser herdeiro legitimário (art. 2157º). Cfr., a este propósito, as reflexões de RITA LOBO XAVIER, *op. cit.*, pp. 204 e ss.

[486] Sobre a revogação do testamento, cfr. JOÃO MENEZES LEITÃO, *Da Revogação do Testamento e de Disposições Testamentárias*, tese de mestrado não publicada, Lisboa, 1992.

patrimónios particulares dos cônjuges. É, no entanto, de referir que o art. 1720º, nº 2, já admite a realização de doações entre os nubentes, o que não pode deixar de se estranhar, uma vez que por essa via se abre uma porta a que seja defraudada aquela disposição.

Uma outra regra específica da doação entre casados é a de que a doação de coisas móveis, ainda que acompanhada da tradição da coisa, deve constar de documento escrito (art. 1763º, nº 1, que derroga assim o regime geral do art. 947º, nº 2). Esta solução resulta do facto de, dada a comunhão de vida que existe normalmente entre os cônjuges, dificilmente se poder considerar que a tradição da coisa para o donatário corresponda a um efectivo desapossamento do doador, não se podendo assim atribuir à tradição os seus efeitos normais, designadamente quanto à demonstração da seriedade da declaração do doador. Exige-se, por isso, para garantia de correspondência com a vontade deste, a celebração de um documento escrito.

Os cônjuges não podem celebrar doações recíprocas no mesmo acto (art. 1763º, nº 2), o que está em harmonia com a proibição dos testamentos de mão comum (art. 2181º). Efectivamente, as doações entre casados podem desempenhar uma função testamentária, atenta a sua natureza livremente revogável, pelo que a sua celebração no mesmo documento poderia constituir um óbice a essa livre revogabilidade. Admite-se, no entanto, a estipulação de reservas de usufruto ou de rendas vitalícias a favor do sobrevivente nas doações dos cônjuges a terceiro (art. 1763º, nº 3).

A lei estabelece que só podem ser doados bens próprios do doador (art. 1764º, nº 1) e que os bens doados não se comunicam, seja qual for o regime matrimonial (art. 1764º, nº 2). O fundamento para estas duas regras é o princípio da imutabilidade das convenções antenupciais, do qual resulta que, salvo casos excepcionais, não é permitido alterar os regimes de bens legalmente fixados (art. 1714º). A admissibilidade legal da doação entre casados já constitui uma excepção a esse regime, mas ela limita-se à possibilidade de transferir por doação, livremente revogável, bens próprios de um dos cônjuges para o outro, não sendo permitida a alteração do seu património comum. Efectivamente, se a doação entre casados abrangesse bens comuns, eles seriam transformados em bens próprios do donatário, com possibilidade de voltarem a ser comuns se a doação fosse revogada. Também se os bens doados se integrassem na comunhão, a revogação da doação entre casados devolver-lhes-ia o estatuto de bens próprios do doador, gerando-se assim uma incerteza constante quanto aos bens que efectivamente integram o património comum dos cônjuges, com o qual contam os seus credores comuns para satisfação dos seus créditos[487].

A doação entre casados está sujeita a causas particulares de extinção dado que, além da já referida livre revogabilidade que as caracteriza (art. 1765º), o art. 1766º vem estabelecer a sua caducidade em três situações: *a)* o donatário falecer antes do doador, salvo se este confirmar a doação nos três meses posteriores à morte dele, a qual deve revestir a forma exigida para a doação; *b)* o casamento vier a ser declarado nulo ou anulado, independentemente do disposto em matéria de casamento putativo; e *c)* vier a ocorrer divórcio ou separação judicial de pessoas e bens[488]. Esta caducidade explica-se em virtude de a doação entre casados ter como causa específica a relação de casamento que vigora entre doador e donatário, pelo que se considera que a invalidade ou dissolução do casamento deva igualmente afectar a doação entre casados.

12. O regime das perturbações da prestação no contrato de doação

12.1. Generalidades

Em relação à doação, verifica-se, como normalmente sucede nos contratos gratuitos, que o elemento da gratuitidade conduz a uma moderação no regime de responsabilidade do doador em caso de perturbações da prestação, quer derivadas da sua ilegitimidade para alienar a coisa doada, quer derivadas da existência de vícios ou limitações do seu direito em relação a essa coisa. Essa moderação resulta da ausência de uma garantia específica em relação à coisa, que nos contratos gratuitos é prestada tal como é[489], o que conduz a que a responsabilidade do doador seja normalmente limitada ao dolo, a menos que ele tenha expressamente assumido outro tipo de responsabilidade.

[487] Cfr. Rita Lobo Xavier, *op. cit.*, p. 201.

[488] O art. 1766º *c)* refere que a caducidade só opera se o divórcio ou separação judicial de pessoas e bens ocorrer "por culpa do donatário, se este vier a ser considerado único ou principal culpado", mas essa referência deve considerar-se tacitamente revogada, em virtude da revogação expressa do art. 1787º CC pela Lei 61/2008, de 31 de Outubro, que eliminou a declaração de culpa no divórcio litigioso. Neste sentido, cfr. Ac. RC 21/2/2017 (António Magalhães), processo 2201/15.8T8CTB, na *CJ* 42 (2017), 2, pp. 31-34.

[489] Cfr. Stefan Grundmann, "Zur Dogmatik der unentgeltlichen Rechtgeschäfte", em *AcP* 198 (1998), pp. 457-488 (462).

12.2. Doação de bens alheios

A doação de bens alheios constitui a mais grave perturbação no âmbito do contrato de doação, uma vez que o doador só pode doar coisas próprias e não alheias, não podendo sequer a doação abranger bens futuros (art. 942º). Por esse motivo, o art. 956º, nº 1, vem instituir a nulidade da doação de bens alheios. Por motivos de tutela da boa fé do donatário, vem-se, porém, estabelecer que o doador não pode opor a nulidade ao donatário de boa fé. Em relação ao verdadeiro proprietário da coisa doada, o contrato será ineficaz, enquanto *res inter alios* (cfr. art. 406º, nº 2).

Conforme acima se referiu, uma das características dos contratos gratuitos é a moderação da responsabilidade do doador pelos danos causados ao donatário em virtude de perturbações da prestação. Coerentemente com esse entendimento, o art. 956º, nº 2 vem estabelecer a regra geral da irresponsabilidade do doador pelos prejuízos causados ao donatário. Essa responsabilidade só se verificará se o donatário estiver de boa fé e se verifique algum dos seguintes factos:

a) ter o doador assumido expressamente a obrigação de indemnizar o prejuízo;
b) ter o doador agido com dolo;
c) ter a doação carácter remuneratório;
d) ser a doação onerosa ou modal, ficando neste caso a responsabilidade do donatário limitada ao valor dos encargos.

A regra geral da irresponsabilidade do doador pelos prejuízos causados pela doação de bens alheios justifica-se porque, não recebendo ele qualquer contrapartida pelo bem doado, não deve ser sujeito à sanção da obrigação de indemnização, sendo que, por outro lado, apesar de o donatário poder perder o bem, não vem a sofrer um dano efectivo, na medida em que o seu património não diminui, apenas não se concretiza o incremento patrimonial que lhe tinha sido prometido.

Esta regra sofre, no entanto, algumas excepções, sendo a primeira o facto de o doador se ter expressamente responsabilizado pelo prejuízo. Exige-se uma declaração expressa, não bastando assim a prática de factos de onde possa tacitamente inferir-se a declaração. Efectuando o doador essa declaração, torna-se controvertida a natureza da doação. Para alguns autores, trata-se de uma doação com um duplo objecto, estabelecido alternativamente no contrato: a coisa doada, se ela não se tornar evicta, ou o montante do prejuízo causado ao donatário em consequência da evicção no caso contrário[490]. Para outros, o facto de doador assumir a responsabilidade pela evicção da coisa doada não constitui uma doação em alternativa do bem ou de uma soma de dinheiro, mas antes a instituição de uma garantia adicional que torna mais segura a liberalidade, e que se reconduz à promessa de entrega de uma quantia igual ao dano causado pela evicção[491]. Esta assunção da responsabilidade não se presume, entendendo a doutrina que face à sua importância para a determinação do conteúdo da atribuição donativa tem que ser declarada expressamente pela forma exigida para o contrato de doação, seja em cláusula deste seja em acto posterior[492].

A segunda hipótese é a de o doador ter actuado com dolo, expressão neste caso deve ser entendida no sentido de ilícito intencional, nos termos do art. 483º[493]. Abranger-se-ão aqui quer os casos em que o doador visou intencionalmente com o seu comportamento causar ao donatário o prejuízo da evicção da coisa doada, como no caso de o doador saber estar a doar um bem alheio ou, após a doação, tornar a dispor do bem antes de o donatário proceder ao seu registo. Parece que, de acordo com a regra geral do art. 487º deverá caber ao donatário a prova de que o doador actuou com dolo[494]. Neste caso, a responsabilidade do doador compreende-se, uma vez que visando ele intencionalmente causar prejuízo ao donatário, justifica-se que responda por esses prejuízos.

A terceira hipótese é a de a doação ter carácter remuneratório. A responsabilidade pelo doador pela evicção na doação remuneratória fundamenta-se no facto de não se justificar privar nesse caso o donatário do valor do bem doado, dado que seria por essa via posto em causa o fundamento moral da doação remuneratória, a gratidão do doador em relação ao donatário, que justifica uma maior definitividade e certeza na atribuição patrimonial[495].

A quarta hipótese é a doação ser onerosa ou modal, ficando neste caso a responsabilidade do doador limitada ao valor dos encargos. Também

[490] Cfr. BIONDI, *op. cit.*, p. 551.

[491] Cfr. BALBI, *op. cit.*, p. 50.

[492] Cfr. BALBI, *op. cit.*, p. 50 e IACOVINO/TAVASSI/CASSANDRO, *op. cit.*, p. 271.

[493] Cfr. BIONDI, *op. cit.*, p. 552 e IACOVINO/TAVASSI/CASSANDRO, *op. cit.*, p. 272.

[494] Cfr. IACOVINO/TAVASSI/CASSANDRO, *op. cit.*, p. 272.

[495] Cfr. BALBI, *op. cit.*, p. 51 e IACOVINO/TAVASSI/CASSANDRO, *op. cit.*, p. 273. É esta mesma definitividade e certeza que justificam que a doação remuneratória não possa ser revogada por ingratidão do donatário (art. 975º *b*)).

aqui se compreende a responsabilização, pois apesar de não existir a correspectividade de prestações não é justo que, em consequência da evicção, o donatário fosse forçado a suportar os encargos através dos seus próprios bens e não por via da aquisição da coisa doada, da qual por definição os ónus constituem um limite.

É imputável no prejuízo do donatário o valor da coisa ou do direito doado, mas não os benefícios que ele deixou de obter em consequência da invalidade (art. 956º, nº 3). Incluem-se assim na indemnização apenas os danos emergentes, no âmbito dos quais o mais importante é a evicção da coisa doada, mas outros prejuízos ainda se poderão incluir como o facto de o donatário ter tido que pagar ao proprietário uma quantia para conservar a coisa doada, ou ter suportado despesas judiciais em consequência do litígio, ou ainda ter feito benfeitorias na coisa doada[496].

A lei estabelece ainda que, não havendo lugar a indemnização, o donatário fica sub-rogado nos direitos que possam competir ao doador relativamente à coisa ou direito doado (art. 956º, nº 4). Assim se, por exemplo, o doador fez benfeitorias na coisa doada enquanto ela esteve na sua posse o direito ao seu reembolso é transferido para o donatário em consequência da doação.

12.3. Doação de bens onerados ou de coisas defeituosas

O art. 957º vem ainda esclarecer que o doador não responde pelos ónus ou limitações do direito, nem pelos vícios da coisa doada, a menos que se tenha expressamente responsabilizado ou haja procedido com dolo.

A regra da irresponsabilidade do doador compreende-se na medida em que, apesar de haver uma redução do valor do bem doado, o donatário não deixa de obter um enriquecimento patrimonial, não se justificando que o doador responda pela diminuição de valor do bem que o donatário contava receber quando nada entrou no seu património, como contrapartida desse valor. A coisa entra no património do donatário tal como é, sem que ele possa reclamar pelos seus defeitos[497]. Como diz habitualmente o povo, a cavalo dado não se olha o dente.

[496] Cfr. Torrente, *op. cit.*, pp. 507 e ss., Biondi, *op. cit.*, pp. 559 e ss., e Iacovino/Tavassi/Cassandro, *op. cit.*, p. 271. Estes autores sustentam, no entanto, que o reembolso das benfeitorias voluptuárias depende de o doador ter actuado com dolo.

[497] Cfr. Balbi, *op. cit.*, p. 52 e e Iacovino/Tavassi/Cassandro, *op. cit.*, p. 274.

Esta regra sofre, no entanto, duas excepções, sendo a primeira o facto de o doador se ter expressamente responsabilizado e a segunda o facto de ter actuado com dolo (art. 957º, nº 1).

Em relação à assunção de responsabilidade, a lei determina que ela tenha que ser realizada por forma expressa. Não haverá assim responsabilização do doador se ela apenas se puder deduzir de factos concludentes, exigindo-se antes uma declaração expressa no sentido da responsabilização. Neste caso, o donatário sabe que no âmbito da generosidade do doador se encontra ainda a indemnização por eventuais defeitos da coisa, pelo que poderá reclamá-la, caso esses defeitos se verifiquem.

A outra hipótese é a de o doador ter actuado com dolo. Em relação ao significado da expressão dolo, na Itália alguma doutrina considera-o equivalente a má fé, nos termos do art. 253º admitindo assim a responsabilidade desde que haja consciência dos vícios e eles sejam ocultados do donatário[498]. Para outra, pelo contrário, o dolo deve ser entendido como intenção de prejudicar o donatário, não pelo menor valor que a coisa viciada teria em relação a uma isenta de vícios, mas, por exemplo, em virtude do uso que o donatário poderia fazer dela, julgando-a sã[499]. Entre nós, PIRES DE LIMA e ANTUNES VARELA pronunciam-se no sentido de que o dolo "revestirá em regra a forma de *ocultação* intencional dos vícios, com a intenção de enganar o donatário"[500]. Parece, no entanto, não bastar o simples *animus decipiendi* para estabelecer a responsabilidade, exigindo-se antes que o doador tenha efectiva intenção de prejudicar o donatário.

13. Extinção das doações

13.1. A revogação por ingratidão do donatário

Referiu-se acima que até à aceitação o doador pode livremente revogar a proposta de doação, desde que observe as formalidades desta (art. 969º). No entanto, uma vez aceite a doação, esta torna-se em princípio irrevogável, só sendo admitida a sua revogação, em caso de ingratidão do donatário (art. 970º)[501].

[498] Cfr. TORRENTE, *op. cit.*, p. 515 e e IACOVINO/TAVASSI/CASSANDRO, *op. cit.*, p. 276.

[499] Cfr. BIONDI, *op.cit.*,p. 564 e BALBI, *op. cit.*, p. 53.

[500] Cfr. PIRES DE LIMA/ANTUNES VARELA, *op. cit.*, II, sub art. 957º, nº 3, p. 262.

[501] Sobre a revogação da doação, cfr. ROMANO MARTINEZ, *Da cessação*, pp. 295 e ss. Anteriormente à reforma do Código Civil de 1977, a lei admitia ainda outro fundamento da doação que era a superveniência de filhos legítimos ao doador (arts. 970º e ss., redacção

O conceito jurídico de ingratidão do donatário tem muito pouco a ver com o seu correspondente significado na linguagem comum[502], sendo muitíssimo mais restrito. Efectivamente, o art. 974º vem-nos referir que "a doação pode ser revogada por ingratidão, quando o donatário se torne incapaz, por indignidade, de suceder ao doador, ou quando se verifique alguma das ocorrências que justificam a deserdação". Assim, apenas se admite a revogação por ingratidão se ocorrer, relativamente ao donatário uma situação que, caso se verificasse em relação a um herdeiro, pudesse ser qualificada como justificativa de indignidade (art. 2034º) ou de deserdação (art. 2166º).

Assim, relativamente às situações de indignidade, temos que o donatário poderia ver revogada a doação por ingratidão nas seguintes situações:

a) o donatário ter sido condenado como autor ou cúmplice de homicídio doloso, ainda que não consumado, contra o doador ou contra o seu cônjuge, descendente, ascendente, adoptante ou adoptado;
b) ter o donatário sido condenado por denúncia caluniosa ou falso testemunho contra as mesmas pessoas, relativamente a crime a que corresponda pena de prisão superior a dois anos, qualquer que seja a sua natureza;
c) ter o donatário, por meio de dolo ou coacção, induzido o doador a fazer, revogar ou modificar o testamento, ou disso o impedir;
d) ter o doador dolosamente subtraído, ocultado, inutilizado, falsificado ou suprimido o testamento, antes ou depois da morte do doador, ou se ter aproveitado de algum desses factos.

Por sua vez relativamente às situações que justificam a deserdação, são igualmente fundamentos de revogação da doação por ingratidão do donatário:

original). Presumia-se que a doação poderia não ter sido feita, se o doador soubesse que viria a ter filhos do casamento, e daí admitir-se que pudesse ser revogada com esse fundamento. Com a justa abolição pela Constituição das discriminações contra filhos nascidos fora do casamento, restava ao legislador, ou estender este regime à superveniência de quaisquer filhos ao doador, ou proceder à sua revogação. Optou-se por esta última solução, o que pensamos ser correcto, já que não faz sentido pôr em causa a aquisição do donatário, apenas pelo motivo de superveniência de filhos ao doador. Cabe a este avaliar a possibilidade de vir a ter futuramente filhos, aquando da realização da doação.

502 De acordo com o *Dicionário da Língua Portuguesa Contemporânea*, da Academia de Ciências de Lisboa, Verbo, 2001, considera-se ingratidão, a "qualidade do que não agradece os favores ou ajudas, do que é ingrato" e a "falta de reconhecimento a um benefício recebido".

a) Ter sido o donatário condenado por algum crime doloso cometido contra a pessoa, bens ou honra do doador, ou do seu cônjuge, ou de algum descendente, ascendente, adoptante ou adoptado, desde que ao crime corresponda pena superior a seis meses de prisão;
b) ter sido o donatário condenado por denúncia caluniosa ou falso testemunho contra as mesmas pessoas;
c) ter o donatário, sem justa causa, recusado ao doador ou ao seu cônjuge os devidos alimentos[503].

São esses os casos de revogação da doação por ingratidão do donatário taxativamente previstos na lei. Fora destes casos não há possibilidade de revogação da doação, pelo que, por muito que o doador se arrependa da liberalidade que fez, após a aceitação da mesma pelo donatário já não poderá voltar atrás.

Refere, porém, o art. 975º certas situações, em que nem sequer se admite a possibilidade de revogação por ingratidão do donatário. São elas:

a) as doações para casamento;
b) as doações remuneratórias;
c) o doador haver perdoado ao donatário.

As doações para casamento, previstas nos arts. 1753º e ss. são, conforme se referiu, aquelas que são feitas a um dos esposados ou a ambos em vista do seu casamento. Estas constituem uma modalidade específica de doações, que tem como causa jurídica o casamento, pelo que são sujeitas a um regime especial (art. 1753º, nº 2), no qual se inclui a exclusão da sua revogação por ingratidão do donatário[504].

[503] Efectivamente, o donatário pode estar sujeito à obrigação de prestar alimentos ao doador, quer por constituir uma das pessoas referidas no art. 2009º, quer por força do art. 2011º, que faz transferir a obrigação alimentar dessas pessoas para o donatário, na medida em que os bens doados permitissem assegurar ao doador meios de subsistência. No Ac. RC 17/6/2008 (Távora Vítor), em *CJ* 33 (2008), 3, pp. 32-33 considerou-se, no entanto, que este caso de ingratidão pressupõe a existência de sentença que condene o donatário no pagamento de alimentos ao doador e a recusa daquele na sua concessão.

[504] Poderia, porém, questionar-se se com a alteração do art. 1758º do Código Civil pelo D.L. 496/77, de 25 de Novembro, não visou o legislador eliminar a exclusão da revogação da doação para casamento por ingratidão do donatário. Não nos parece que tenha sido esse o caso, pois nessa hipótese teria que ter sido alterado o art. 975º *a)*, que se manteve em vigor.

Também as doações remuneratórias não são revogáveis por ingratidão do donatário. O legislador entendeu que, tendo presidido à doação não o simples espírito de liberalidade, mas ainda a intenção de remunerar os serviços recebidos pelo doador que não tenham a natureza de dívida exigível (art. 941º), justificava-se excluir a possibilidade de revogação por ingratidão do donatário.

Finalmente, a revogação por ingratidão extingue-se no caso de o doador haver perdoado ao donatário, uma vez que seria um verdadeiro *venire contra factum proprium* admitir que após ter declarado perdoar o donatário, o doador viesse revogar a doação. O perdão tem assim os efeitos de uma renúncia ao direito de revogar a doação, a qual é admitida desde que realizada posteriormente à verificação da situação de ingratidão (cfr. art. 977º *a contrario*).

A acção de revogação da doação por ingratidão está sujeita a prazos específicos, referidos no art. 976º. Efectivamente, dispõe esta norma que "a acção de revogação por ingratidão não pode ser proposta, nem depois da morte do donatário, nem pelos herdeiros do doador, salvo o caso previsto no nº 3 e caduca ao cabo de um ano, contado desde o facto que lhe deu causa ou desde que o doador teve conhecimento desse facto".

13.2. A colação

Para além da revogação por ingratidão do donatário, existem ainda outras causas de extinção das doações. Uma delas é a colação, ou a conferência dos bens doados, prevista nos arts. 2104º e ss[505]. Consiste esta na obrigação que é imposta aos descendentes que pretendam entrar na sucessão do ascendente de restituir à massa da herança, para efeitos de igualação da partilha, os bens ou valores que lhes foram doados por este (art. 2104º, nº 1). A colação constitui assim uma causa de extinção das doações em vida, que é estabelecida para efeitos de reconstituição do património da herança, pretendendo-se que os donatários participem na partilha com os outros herdeiros como se não tivessem recebido quaisquer doações.

O fundamento da colação é a presunção de que o autor da sucessão, quando quis efectuar uma doação a favor de um dos seus descendentes,

[505] Cfr. Baptista Lopes, *Doações*, pp. 199 e ss., Oliveira Ascensão, *Sucessões*, pp. 196-197 e 530 e ss., Pamplona Corte-Real, *Da imputação de liberalidades na sucessão* legitimária, Lisboa, CEF, 1989, pp. 988 e ss. e *Sucessões*, pp. 310 e ss. e Carvalho Fernandes, *Sucessões*, pp. 387 e ss.

não pretendeu beneficiá-lo em relação aos outros, mas apenas antecipar o que posteriormente lhe viria a ser atribuído na herança. Nada impede, no entanto, o doador de elidir esta presunção e beneficiar efectivamente a posição de um dos seus descendentes em relação aos outros, desde que não afecte a legítima que lhes cabe como herdeiros legitimários, bastando para isso que efectue a doação por conta da quota disponível. Por esse motivo, a lei estabelece a possibilidade de o doador dispensar a colação, no acto de doação ou posteriormente (art. 2113º, nº 1). No entanto, se a doação tiver sido acompanhada de alguma formalidade externa, só pela mesma forma, ou por testamento, pode ser dispensada a colação (art. 2113º, nº 2). Em qualquer caso, a colação presume-se sempre dispensada nas doações manuais e nas doações remuneratórias (art. 2113º, nº 3)[506].

Se não houver lugar à colação a doação é imputada na quota disponível (art. 2114º, nº 1), o que implica a possibilidade de redução por inoficiosidade (art. 2168º e ss.), caso o valor da doação ultrapasse essa quota[507]. Apenas no caso de não haver lugar à colação por o donatário repudiar a herança sem ter descendentes que o representem a doação é imputada na quota indisponível (art. 2114º, nº 2).

Nos termos do art. 2105º, "só estão sujeitos à colação os descendentes que eram à data da doação presuntivos herdeiros legitimários do doador". Assim, os outros herdeiros legitimários, como o cônjuge e os ascendentes (art. 2157º) não são sujeitos à colação[508]. Essa solução compreende-se por só em relação aos descendentes fazer sentido presumir que a intenção do doador foi apenas antecipar o que lhes caberia na sua sucessão, não sendo tal intenção normal nas doações efectuadas aos outros herdeiros legitimários. Para além disso, exige-se que os descendentes sejam ao tempo da doação presuntivos herdeiros legitimários do doador, ou seja, aqueles que seriam chamados à sucessão em caso de morte deste, uma vez que também só neste caso faz sentido aquela presunção. Assim se, por exemplo, o autor da sucessão efectuou a doação a um neto, sendo ainda vivo o

[506] Baptista Lopes, *Doações*, p. 207, entende que o emprego do advérbio sempre leva a considerar esta presunção *iuris et de iure*. Nesse entendimento, porém, estas doações nunca seriam sujeitas a colação, o que não é seguramente o espírito do legislador.

[507] Cfr. Ac. RP 22/4/2008 (Vieira e Cunha), em *CJ* 33 (2008), 2, pp. 208-210.

[508] Pretende, no entanto, Oliveira Ascensão, *Sucessões*, pp. 532 e ss., que o cônjuge deve ser sujeito à colação, quando concorre com descendentes. Como sustenta Carvalho Fernandes, *Sucessões*, pp. 392 e ss., não parece, porém, ser essa a solução legalmente instituída.

pai deste, a doação deve presumir-se feita por conta da quota disponível, dado que o mais provável era que fosse o filho e não o neto que fosse chamado à sucessão. Se, no entanto, ao tempo da doação ao neto, o pai deste já tivesse falecido, já se presume vir a ser o neto chamado à sucessão por virtude do direito de representação (arts. 2039º e ss.), sendo, por isso, a doação a este sujeita à colação.

"A obrigação de conferir recai sobre o donatário, se vier a suceder ao doador, ou sobre os seus representantes, ainda que estas não hajam tirado benefício da liberalidade" (art. 2106º). Se doação está sujeita à colação, esta não é prejudicada pelo facto de o donatário falecer antes do doador, mesmo que os herdeiros daquele não tenham tirado qualquer proveito da liberalidade. Se os descendentes do donatário quiserem entrar na sucessão do doador, por via do direito de representação que lhes cabe (art. 2039º), continuam a ter que restituir os bens ou valores doados, mesmo que estes não tenham sido para si transmitidos aquando da morte do donatário, por terem sido dissipados em vida por este.

Não estão sujeitas a colação as doações feitas ao cônjuge do presuntivo herdeiro legitimário (art. 2107º, nº 1), sendo, no caso de doação feita a ambos os cônjuges, apenas sujeita a colação a parte que competia ao presuntivo herdeiro legitimário (art. 2107º, nº 2). No entanto, a doação não se considera feita a ambos os cônjuges só porque entre eles vigora o regime da comunhão geral (art. 2107º, nº 3).

A colação tem por objecto tudo quanto o falecido houver disposto gratuitamente em proveito dos descendentes (art. 2110º, nº 1), incluindo as atribuições gratuitas que não pudessem ser qualificadas como doação nos termos do art. 940º (cfr. art. 2104º, nº 2). Exceptuam-se apenas as despesas com o casamento, alimentos, estabelecimento e colocação dos descendentes, na medida em que se harmonizem com os usos e a condição social e económica do falecido (art. 2110º, nº 2). Também devem ser conferidos os frutos da coisa doada, mas apenas se tiverem sido percebidos desde a abertura da sucessão (art. 2111º), pelo que os frutos percebidos antes dessa data pertencem ao donatário. Este é, aliás, equiparado quanto a benfeitorias ao possuidor de boa fé, sendo-lhe aplicável o disposto nos arts. 1273º e ss. (art. 2115º). Assim, o donatário tem direito ao reembolso das benfeitorias necessárias, bem como a levantar as benfeitorias úteis efectuadas na coisa, se o puder fazer sem detrimento dela, ou à sua restituição segundo o enriquecimento por despesas, na hipótese contrária (art. 1273º). Quanto às benfeitorias voluptuárias, o seu levantamento dependerá de este poder ser feito sem detrimento da coisa (art. 1275º).

O donatário responde perante a herança pelas deteriorações que culposamente tenha causado nos bens doados (art. 2116º), mas já não pelo perecimento da coisa, ocorrido em vida do autor da sucessão, por facto que não lhe seja imputável (art. 2112º)[509].

Nos termos do art. 2108º, nº 1, a colação pode efectuar-se de duas formas: *a)* pela imputação do valor da doação ou da importância das despesas na quota hereditária; *b)* pela restituição material dos próprios bens doados. Em princípio, será adoptada a primeira forma, uma vez que a segunda depende do acordo de todos os herdeiros. Se, no entanto, os bens remanescentes na herança não permitirem a igualação das posições dos diversos herdeiros, tal implica que devam ser reduzidas as doações, a menos que ocorra a inoficiosidade (art. 2108º, nº 2). Efectivamente, com a colação pretende-se apenas fazer reentrar na herança os bens doados aos descendentes, mas não proceder à sua redução para igualação das quotas hereditárias. Essa redução apenas ocorre se a doação exceder o valor da legítima que caberia ao donatário.

Efectuando-se a doação pela imputação do valor dos bens doados, o art. 2109º, nº 1, manda atender para esse efeito ao valor que eles têm à data da abertura da sucessão (e não ao valor que tinham no momento da doação). Se os bens já não existirem nessa data (por previamente terem sido consumidos, alienados, onerados, ou tiverem perecido por culpa do donatário) manda-se atender ao valor que hipoteticamente teriam nessa data, se não se tivessem verificado esses factos (art. 2109º, nº 2). Se, porém, a doação teve por objecto dinheiro ou envolveu encargos em dinheiro que a oneraram e foram cumpridos pelo donatário, determina-se a sua actualização nos termos do art. 551º (art. 2109º, nº 3).

A lei refere que a eventual redução das doações sujeitas à colação constitui um ónus real, que incide sobre os bens doados (art. 2118º, nº 1), estabelecendo mesmo em relação aos bens imóveis, que não pode fazer-se o

[509] Se o perecimento se deu por culpa do donatário, naturalmente que ele responde pelo valor dos bens. Também se o perecimento se deu após a data da abertura da sucessão, mesmo que por caso fortuito, o donatário é responsável, uma vez que o art. 2109º o obriga a conferir o valor que os bens doados tiverem nessa data. Cfr., neste sentido, Oliveira Ascensão, *Sucessões*, p. 536. Em sentido contrário, defendendo que o donatário só responde por culpa, mesmo após a abertura da sucessão, cfr. Baptista Lopes, *Doações*, p. 214.

registo da doação sem se efectuar simultaneamente o registo desse ónus (art. 2118º, nº 2) Coerentemente com esse entendimento, o art. 2º, nº 1 q) C.R.P) sujeita a registo "o ónus de eventual redução das doações sujeitas a colação". Através dessa solução visa-se evitar que os bens doados possam ser transmitidos para terceiro, ficando o donatário insolvente em relação à obrigação de conferir o seu valor. Com a instituição de um ónus real, sujeito a registo, pretender-se-ia que os bens doados continuassem a responder por essa obrigação, mesmo no caso de terem sido transmitidos para terceiro. A disposição não pode deixar, porém, de se considerar infeliz, uma vez que não apenas a figura não reúne as características para poder ser qualificada como ónus real[510], como também não é a colação que importa a redução das doações, mas apenas a inoficiosidade, à qual são sujeitos todos os donatários e não apenas os descendentes que forem presuntivos herdeiros legitimários. Na colação há apenas uma conferência do valor dos bens doados, sendo que a sua restituição em espécie depende do acordo de todos os interessados. Não se entende, por isso, a necessidade de instituição desta limitação à sua transmissão[511].

13.3. A redução por inoficiosidade

Uma outra causa de extinção das doações é a redução por inoficiosidade[512], referida nos arts. 2168º e ss. Nos termos do art. 2168º, são inoficiosas as liberalidades, entre vivos ou por morte, que ofendam a legítima dos herdeiros legitimários, podendo estas ser objecto de redução por forma a que não venham a afectar a legítima.

[510] Os ónus reais são obrigações de prestação de géneros ou dinheiro, impostas a quem seja num certo momento titular de um direito real. Cfr. Oliveira Ascensão, *Reais*, pp. 586 e ss., Henrique Mesquita, *Obrigações reais e ónus reais*, Coimbra, Almedina, 1990, pp. 439 e ss. e Carvalho Fernandes, *Lições de Direitos* Reais, 3ª ed., Lisboa, Quid Juris, 2000, pp. 180 e ss. A obrigação de conferir os bens doados não reveste essa natureza, uma vez que não é determinada *propter rem*. Não há assim aqui um ónus real, mas antes um direito real de garantia sobre os bens doados.

[511] Cfr., no mesmo sentido, Oliveira Ascensão, *Sucessões*, p. 538 e Pamplona Corte-Real, *Da imputação*, pp. 1029 e ss., Carvalho Fernandes, *Sucessões*, p. 400. Já Henrique Mesquita, *Obrigações reais*, p. 461, considera esta disposição apenas aplicável às doações sujeitas à colação que forem inoficiosas, únicas sujeitas a redução, nos termos do art. 2108º, nº 2. Não faz, porém, sentido que só nesse caso de inoficiosidade se institua o "ónus real".

[512] Cfr., sobre ela, Baptista Lopes, *Doações*, pp. 231 e ss., Oliveira Ascensão, *Sucessões*, p. 383 e ss., Carlos Pamplona Corte-Real, *Da imputação*, pp. 1037 e ss. e *Sucessões*, pp. 73 e ss. e 327 e ss. e Carvalho Fernandes, *Sucessões*, pp. 410 e ss.

A legítima consiste na porção de bens que o autor da sucessão não pode dispor, por a lei a destinar ao seu cônjuge, descendentes ou ascendentes (arts. 2156º e 2157º). Esta corresponde a metade da herança se apenas existir cônjuge (art. 2158º) ou se, não existindo este, houver apenas um filho (art. 2158º, nº 2). A legítima eleva-se, porém, a dois terços se existir tanto cônjuge como filhos ou mais do que um filho (art. 2159º). Havendo descendentes de segundo grau e seguintes, estes apenas têm direito à legítima que caberia ao seu ascendente (art. 2160º). Não havendo descendentes, mas antes ascendentes, se estes concorrerem com o cônjuge, a legítima é de dois terços da herança (art. 2161º, nº 1). Se apenas houver ascendentes, a legítima é de metade ou de um terço da herança, conforme forem chamados os pais ou os ascendentes do segundo grau e seguintes (art. 2161º, nº 2).

Para o cálculo da legítima, deve atender-se ao valor dos bens existentes no património do autor da sucessão à data da sua morte, ao valor dos bens doados, às despesas sujeitas à colação e às dívidas da herança (art. 2162º, nº 1). Assim, se à data da morte do doador se verificar que a doação que ele fez ultrapassa o montante da quota disponível da herança, vindo a ofender a legítima, esta é considerada inoficiosa, podendo o herdeiro legitimário ou os seus sucessores requerer que a liberalidade seja reduzida (ou mesmo totalmente eliminada) em tanto quanto for necessário para que a legítima seja preenchida (art. 2169º), exigindo-se, no entanto, que tenha aceite a herança (art. 2178º). O momento relevante para a determinação da inoficiosidade é o da abertura da sucessão, não havendo por isso lugar à redução se a liberalidade era inoficiosa no momento em que foi feita, mas entretanto tiver deixado de o ser por se terem integrado na herança outros bens. Pelo contrário, já se efectuará a redução se a liberalidade, não sendo oficiosa no momento em que o foi feita, vem a sê-lo no momento da abertura da sucessão. Daí que o herdeiro legitimário só possa pedir a redução após a abertura da sucessão, estando-lhe vedado solicitá-la antes desse momento[513]. A acção de redução de liberalidades inoficiosas deve ser instaurada no prazo de dois anos, a contar da aceitação da herança pelo herdeiro legitimário (art. 2178º). Em vida do autor da sucessão não é permitido aos herdeiros a renúncia ao direito de reduzir as liberalidades (art. 2170º), com o que se pretende evitar a influência que o autor da sucessão

513 Se a doação for dissimulada por outro negócio, admite-se, porém, que o herdeiro legitimário possa invocar a nulidade ainda em vida do autor da sucessão, nos termos do art. 242º, nº 2.

sobre eles quisesse exercer. Após a morte do doador, naturalmente que essa renúncia já será admitida.

Pode suceder que a inoficiosidade não resulte apenas de doações efectuadas em vida do autor da sucessão, mas também de disposições testamentárias, o que ocorre sempre que o doador tenha feito também um testamento. Nesta hipótese, a lei considera que as doações efectuadas em vida devem ser as últimas liberalidades a ser reduzidas[514], abrangendo a redução em primeiro lugar as diposições testamentárias a título de herança, em segundo lugar os legados, e só se após a eliminação destas liberalidades não estiver ainda preenchida a legítima se vai efectuar a redução das doações em vida (art. 2171º)[515]. Neste caso, a redução efectua-se começando pela última liberalidade efectuada, passando-se sucessivamente às seguintes até ao integral preenchimento da legítima (art. 2173º, nº 1). Apenas se as doações tiverem sido efectuadas no mesmo acto ou na mesma data, se efectua a redução entre elas rateadamente, salvo se alguma delas for remuneratória, uma vez que nesse caso goza da preferência de ser reduzida em último lugar (arts. 2173º, nº 2 e 2172º, nº 3).

Verificando-se a redução, a liberalidade extinguir-se-á na medida desta, revertendo esses bens, no todo ou em parte, para a herança. A forma de se proceder à redução é sujeita, no entanto, a regras especiais, constantes dos arts. 2174º e ss. Assim, se os bens doados forem divisíveis, a redução será efectuada separando deles a parte necessária para preencher a legítima (art. 2174º, nº 1). Sendo os bens indivisíveis, haverá que efectuar uma distinção, consoante a importância da redução exceda ou não metade do valor dos bens. No primeiro caso, eles pertencem integralmente ao herdeiro legitimário, que deverá entregar ao donatário o resto em dinheiro. No segundo caso, os bens pertencem integralmente ao donatário, que terá que pagar em dinheiro ao herdeiro legitimário a importância da redução

[514] As doações efectuadas em vida não são necessariamente doação entre vivos, podendo abranger doações por morte, nos casos em que são admitidas. Cfr. Baptista Lopes, *Doações*, p. 243, nota (1) e Pamplona Corte-Real, *Sucessões*, p. 329.

[515] Esta regra é injuntiva, pelo que o testador não poderá estabelecer solução diferente no testamento. Efectivamente, se, por exemplo, ele declarasse que as disposições testamentárias apenas deveriam ser reduzidas após as doações, tal representaria uma revogação da doação, fora dos casos em que é admitida. Cfr. Baptista Lopes, *Doações*, p. 243. Oliveira Ascensão, *Sucessões*, p. 386 admite, porém, que o doador estabeleça, no âmbito de uma doação, que esta será reduzida à frente de outras doações que vier a fazer mais tarde.

(art. 2174º, nº 2). A reposição daquilo que se despendeu gratuitamente a favor dos herdeiros legitimários em consequência da redução é feita igualmente em dinheiro (art. 2174º, nº 3).

Se os bens doados tiverem perecido por qualquer causa ou tiverem sido alienados ou onerados, o donatário ou os seus sucessores são responsáveis pelo preenchimento da legítima em dinheiro, até ao valor desses bens (art. 2175º)[516]. Se, no entanto, se verificar a insolvência dos responsáveis, o encargo de redução não se transmite aos donatários anteriores (art. 2176º). Efectivamente, a insolvência do devedor é um risco do credor, pelo que não pode ser transferido para outros donatários, cujas doações, segundo a ordem da redução, já não se poderiam considerar inoficiosas.

Em relação a frutos e benfeitorias, o donatário é considerado possuidor de boa fé até à data do pedido de redução (art. 2177º). Consequentemente, faz seus os frutos naturais percebidos até esse momento e os frutos civis correspondentes ao mesmo período (art. 1270º, nº 1). Para além disso tem direito ao reembolso das benfeitorias necessárias, bem como a levantar as benfeitorias úteis efectuadas na coisa, se o puder fazer sem detrimento dela, ou à sua restituição segundo o enriquecimento por despesas, na hipótese contrária (art. 1273º). Quanto às benfeitorias voluptuárias, o seu levantamento dependerá de este poder ser feito sem detrimento da coisa (art. 1275º).

A acção de redução de liberalidades oficiosas caduca no prazo de dois anos a contar da aceitação da herança pelo herdeiro legitimário (art. 2178º). Uma vez que o direito de redução só pode ser exercido a partir da data da aceitação da herança, é irrelevante que o donatário tenha possuído as coisas doadas pelo tempo necessário à usucapião antes desse momento, dado que tal não constitui causa de extinção desse direito.

[516] Ao contrário do que sucede na colação, em que a responsabilidade do donatário pelo perecimento dos bens antes da abertura da sucessão depende de culpa (art. 2116º), neste caso a responsabilidade é objectiva, respondendo o donatário sempre pelo perecimento dos bens, independentemente de ter tido ou não culpa nessa situação.

Parte VII
DO CONTRATO DE SOCIEDADE

Secção única
O contrato de sociedade civil

1. Generalidades. Nota Histórica

O contrato de sociedade, disciplinado nos arts. 980º e seguintes do Código Civil é seguramente, de entre os contratos em especial, aquele cuja estrutura se apresenta mais complexa, sendo ao mesmo tempo, o que desempenha as funções mais vastas[517].

Esta actual configuração do instituto tem por base uma riquíssima evolução histórica, durante a qual se vieram a incorporar neste contrato elementos provenientes de vários ordenamentos jurídicos.

É discutida a forma pela qual o contrato de sociedade tem origem no Direito Romano. A maioria da doutrina considera-o derivado do chamado *consortium ercto non cito*, espécie de compropriedade solidária em que incorriam os bens da herança quando os herdeiros não requeriam a divisão hereditária[518]. Deste instituto teria derivado a mais antiga forma de sociedade

[517] Cfr. sobre a sociedade civil, RAUL VENTURA, *Apontamentos sobre sociedade civis*, Coimbra, Almedina, 2006 e MENEZES CORDEIRO, *Tratado*, XI, pp. 489 e ss.

[518] Esta explicação encontra-se num fragmento das Institutas de Gaio, descoberto no Cairo em 1933 (*Gai Inst.* 3.154 *a)* e 3.154 *b)*): "*Sed ea quidem societas, de qua loquimur, id est quae nudo consensu contrahitur iuris gentium est, itaque inter omnes homines naturali ratione consistit. Est autem aliud genus societatis proprium civium Romanorum. Olim enim mortuo pater familias inter suos heredes quaedam erat legitima simul et naturalis societas, quae appelabatur ercto non cito, id est dominio non diviso: erctum enim dominium est, unde eius dominus dicitur: ciere autem dividere est unde caedere et secere dicimus...*". Cfr. VINCENZO ARANGIO-RUIZ, *La societá in Diritto Romano*, Napoli, Jovene, 1950, p. 4). Sobre essa figura pode consultar-se, além deste autor, pp. 3 a 18, LASTIG, "Beiträge zur Geschichte des Handelsrechts", em *ZHR* 24 (1879), pp. 387-449, J. ARIAS RAMOS, "Los origines del contrato de sociedad: "consortium" y "societas", na *RDP* 26 (1942), pp. 141-153, EMILIO ALBERTARIO, "Appunti sul consorzio familiare romano", na *RDComm* 32 (1934), I,

no Direito Romano, a *societas omnium bonorum*[519]. Segundo LASTIG[520] a transição dá-se por se ter admitido a participação no *consortium* de herdeiros não presumíveis ou de filhos emancipados. A *collatio* com estes implicou a passagem de uma *communio hereditatis* para uma communio abrangendo outros bens. E foi por meio desta evolução que se chegou à *societas omnium bonorum*, sociedade entre familiares para a qual se podia entrar com quaisquer bens dos seus membros, independentemente de qual fosse a sua origem, tais como heranças, legados, ou o dote da mulher[521].

Apenas mais tarde surgiram e se desenvolveram outras sociedades, como a *societas universarum quae ex quaestu veniunt*, para a qual entravam apenas os ganhos a título oneroso derivados da actividade dos sócios, mas a cujas obrigações se sujeitava todo o seu património, e, as sociedades particulares, como a *societas unius rei*, em que apenas um bem era posto em comum pelos sócios, e a *societas alicuius negotiationis*, que abrangia sómente o exercício de determinada actividade económica[522].

A sociedade nem sempre teve, porém, natureza consensual, sendo muito discutido entre os Romanistas qual a época em que a adquiriu. Para vários autores, entre os quais ALBERTARIO[523], o texto das Institutas de GAIUS (Gai Inst. 154 *a)* e 154 *b)*) demonstra que, além da *societas quae consensu contrahitur nudo*, os Romanos conheceriam na época clássica uma outra *societas* derivada não do consenso mas da *re*. A primeira seria *iuris gentium* e a segunda *iuris civilis*. Nesse entendimento, esta *societas re contracta* repre-

págs. 227-238, FILIPPO CANCELLI, "Societá (Diritto Romano)", *voce*, no *NssDI*, vol. 17, *maxime* a págs. 496 e segs. Entre nós, veja-se MENEZES CORDEIRO, *Tratado*, XI, pp. 493 e ss.

519 Cfr. BOLAFFI, *La Societá semplice*, Milano, Giuffrè, 1947, pp. 11 e 16 e segs.

520 Cfr. LASTIG, *ZHR* 24 (1879), p. 409. Cfr. também ARIAS RAMOS, *op. cit.* a págs. 142.

521 D.17.2.3.1: "*Cum specialiter omnium bonorum societas coita est, tunc hereditas, legatum, quod donatum est aut quoque ratione acquisitum comunioni acquiratur*". D.17.2.65.16: "*Si unus ex sociis maritus sit distrahatur societas manente matrimonio, dotem maritus praecipere debet, quia apud eum esse debet, qui onere sustinet. Quod si jam dissoluto matrimonio societas distrahatur, eadem die recipienda est dos qua solvi debet*".

522 Cfr. BOLAFFI, *op. cit.*, pp. 16-17 e ARIAS RAMOS, *op. cit.*, a pp 142. Já PERNICE, *Marcus Antistius Labeo. Das römische Privatrecht im ersten Jahrhunderte der Kaiserzeit*, Halle, Waisenhauses, 1873, I, pp. 443 e segs.), que sustenta que a origem destas várias sociedades não é comum. Assim, a *societas omnium bonorum* derivaria do *consortium* ; a *societas quaestuaria* teria por base a *fides* e as relações comerciais em que esta assenta; a *societas unius rei* derivaria da *politio*, acordo entre o proprietário de um campo e o seu agricultor, pelo qual este recebe a troco do seu trabalho uma parte dos benefícios.

523 Cfr. ALBERTARIO, *RDComm* 32 (1934), I, p. 232.

sentaria uma identificação entre a sociedade e a compropriedade, ainda vigente na época clássica[524].

Mais longe, porém, foi WIEACKER[525], para quem a sociedade não assumiu em caso algum a natureza de contrato consensual na época clássica, só a vindo a adquirir no Direito Justinianeu. Segundo este autor a *societas*, tal como o *ercto non cito*, não passava de uma relação entre pessoas que gozavam em comum certos bens, tendo por isso natureza real e não contratual. O argumento fundamental em que este autor se baseia é a estrutura da *actio pro socio*, completamente distinta das *actiones ex contractu*, por vir dirigida à obtenção da dissolução da relação societária, enquanto estas se dirigem a obter a satisfação dos créditos.

Apesar destas objecções, ARANGIO RUIZ[526] e CANCELLI[527] pronunciam-se no sentido de a sociedade já ter natureza consensual na época clássica. É óbvio que na *societas* existe uma comunhão de bens, mas esta distingue-se da compropriedade e da *communio incidens* pela existência de negociações contratuais (*habere tractatum* – D.17.2.32. – "*Nam cum tractatum habito societas coita est, cum sine tractatu, in re ipsa et negotio communiter gestum videtur*"), ou pela ocorrência da *affectio societatis*, elemento intencional que demonstra a necessidade do consenso, sem o qual não se incorre em sociedade, mas na compropriedade (D.17.2.31 – "*ut puta, cum non affectione societatis, incidimus in communionem*").

O factor fundamental através do qual se chega à consensualidade do vínculo societário seria o desenvolvimento económico posterior à conquista do Mediterrâneo, que levou a reconhecer eficácia jurídica à *fides* e à *bona fides*, enquanto elementos geradores do consenso[528]. A *actio pro socio* constitui justamente um dos *bonae fidei iudicia*[529], o que parece apontar no sentido da consensualidade, em desabono das teses realistas.

[524] Cfr. ARANGIO RUIZ, *op. cit.*, a págs. 32 e segs.

[525] F. WIEACKER, *Societas: Hausgemeinschaft und Erwerbsgesellschaft*, I-*Untersuchungenz zur Geschichte des romischen Gesellschaftsrechts*, Weimar, Böhlaus, 1936, pp. 101 e ss., 273 e ss., 341 e ss. e *passim*, Cfr. também ARANGIO RUIZ, *op. cit.*, a pp. 60 e por FILIPPO CANCELLI, *op. cit.*, a págs. 499.

[526] Cfr. ARANGIO-RUIZ, *op. cit.*, pp. 63 e segs.

[527] Cfr. CANCELLI, *NssDI* 17, pp. 498 e segs.

[528] Cfr. ARANGIO-RUIZ, *op. cit.*, pp. 62 e 183 e segs. Sobre a *fides* e a *bona fides*, pode consultar-se MENEZES CORDEIRO, *Da boa fé no Direito Civil*, I, Coimbra, Almedina, 1984, págs. 53 e segs.

[529] Cfr. ARANGIO RUIZ, *op. cit.*, pp. 62 e 183 e segs. Sobre os *bonae fidei judicia*, mas sem referências específicas à *actio pro socio*, cfr. MENEZES CORDEIRO, *Da Boa Fé*, pp. 71-105.

Ao contrário do que sucede no Direito actual, a *societas* romana não possuía necessariamente fins lucrativos, nem sequer tinha que ser dirigida ao exercício de uma actividade económica, podendo haver sociedade com o simples gozo comum de bens ou serviços[530]. Já não era, porém, possível, a constituição de uma sociedade simplesmente para a prossecução de um fim altruístico[531].

Outro dos elementos característicos da *societas* romana é o facto de o vínculo social não produzir efeitos em relação a terceiros. Em consequência, qualquer negócio celebrado com um sócio, mesmo no interesse e por conta da sociedade, apenas a este obrigava[532].

Problema discutido pelos Romanistas é a forma de transmissão dos bens com que os sócios entram para a sociedade. Com efeito, refere o Digesto a propósito da *societas omnium bonorum* (D.17.2.1.1.): "*In societate omnium bonorum omnes res, quae coentium sunt, continuo communicantur*". A expressão indica a existência, neste caso, de uma transmissão dos bens por mero efeito do contrato (*transitus legalis*), em contradição com as formas tradicionais pelas quais esta se operava no Direito Romano (*traditio, mancipatio, in iure cessio*)[533]. Chegou-se a afirmar que existiria neste contrato uma forma de *traditio tacita*[534] mas, como refere BOLAFFI[535], essa teoria não passa de um expediente interpretativo para não reconhecer o que, em termos práticos, corresponde à eficácia real do contrato.

Elemento importante, e que demonstra o carácter rigorosamente *intuitu personae* deste contrato, é o facto de a morte de um dos sócios provocar inabalavelmente a dissolução da sociedade, sem possibilidade de se estipular o contrário[536].

Em conclusão, poderá afirmar-se que *a sociedade se apresenta no Direito Romano como um contrato consensual intuitu personae, sem reflexos em relação a*

[530] CANCELLI, *NssDI* 17, p. 496.

[531] BOLAFFI, *op. cit.*, p. 16, nota (15).

[532] ARANGIO-RUIZ, *op. cit.*, pp. 78-93, e CANCELLI, *NssDI* 17, p. 509. Lê-se em D.17.2.82: "*iure societatis per socium aere alieno non obligatur (nisi in communem arcam pecuniae versae sunt)*".

[533] Para uma análise das várias teses sobre esta questão, cfr. CANCELLI, *NssDI* 17, pp. 504 e segs.

[534] J. ARIAS RAMOS, *RDP* 26 (1942), a págs. 153.

[535] Cfr. BOLAFFI, *op. cit.*, a pp. 19.

[536] Gai Inst., 3.152, e D.17.2.59. Cfr. ARANGIO-RUIZ, *op. cit.*, pp. 157-162, e CANCELLI, *NssDI* 17, p. 512.

terceiros, em virtude do qual duas ou mais pessoas colocam em comum bens e serviços, com o fim de os usar e fruir numa proporção pré-estabelecida[537].

Com o Direito Intermédio a sociedade adquire outra caracterização, dada a introdução, através da influência do Direito dos povos germânicos, do conceito de comunhão germânica ou propriedade de mão comum. Nesta, ao contrário da compropriedade romana, não se admite a existência de quotas ou partes ideais susceptíveis de divisão pela *actio communi dividundo*. Entende-se que o mesmo direito pertence em comum a todos os titulares, não sendo divisível, nem podendo um dos titulares dispor individualmente dos bens comuns[538].

A consequência dogmática da introdução deste elemento na esfera societária foi o vir permitir uma autonomia patrimonial, com a destinação de certos bens ao exercício da empresa, com os quais os credores passaram a poder contar para a garantia dos seus direitos[539]. O desenvolvimento posterior do comércio entre os Estados levou, no entanto, à autonomização de sociedades especialmente vocacionadas para o seu exercício: as sociedades comerciais. Segundo se julga, estas tiveram o seu aparecimento com a chamada *compagnia* nas cidades italianas, antecedente da moderna sociedade em nome colectivo. É, no entanto, no século XIV que surge a sociedade por acções. O seu surgimento foi originado pela necessidade de certas cidades obterem fundos para acorrer a despesas públicas ou a expedições militares. Praticou-se por essa razão, a contracção de empréstimo público para fins determinados, sujeito a registo com indicação do nome dos credores, aos quais eram entregues títulos correspondentes a quotas de igual valor: *partes* . Os bons resultados obtidos levaram à adopção de esquema semelhante por parte das companhias privadas, o que generalizou o instituto[540].

O extraordinário incremento das sociedades comerciais levou a um progressivo apagamento do contrato de sociedade civil, relegado para o plano da economia agrária. Este surge nas codificações como uma fusão

537 Trata-se de uma definição semelhante à de ARANGIO-RUIZ, *op. cit.*, a pp 63.

538 Cfr. GIOVANNI DIURNI, "Societá (Diritto Intermédio)", voce, no *NssDI*, a pp. 524. Este autor refere que a *gesamte Hand* deriva da concepção germânica da propriedade como pertença do território a todo o povo, sem que qualquer pessoa tivesse limitações ao gozo deste.

539 Cfr. DIURNI, *NssDI* 17, p. 524, e BOLAFFI, *op. cit.*, págs. 22 e segs.

540 DIURNI, *NssDI* 17, p. 529.

dos elementos românicos e germânicos atrás referidos[541], mas a sua aplicação prática tem sido reduzida. Só com o Código Civil Italiano de 1942 é que a contraposição sociedade civil – sociedades comerciais é resolvida, com a unificação dos dois ramos de Direito e a criação da *societá semplice*, como tipo e protótipo de sociedade (arts 2251º e segs.).

Como seria de esperar, o avanço técnico trazido pelo legislador italiano, em sede de sociedade, acabaria por ter decisiva influência no Código Civil Português de 1966. Por essa razão, rompendo com a tradição do nosso antigo Direito[542], o legislador de 1966 veio disciplinar nos arts. 980º e segs. uma sociedade civil, em tudo idêntica à *societá semplice* italiana. Permaneceu no entanto, intacta, a sua contraposição às sociedades comerciais, derivada da autonomia do Direito Comercial, que ficou intocada. Em consequência, manteve-se uma certa indefinição sobre o âmbito a atribuir às sociedades civis pelo nosso Direito[543]. A nosso ver esta situação deverá ser resolvida com a qualificação da sociedade civil como tipo de sociedade, em paralelo com os quatro tipos de sociedades comerciais, afastando-se a concepção da sua contraposição baseada na autonomia dos ramos de Direito[544].

[541] Apenas o *Code Napoleon*, quase exclusivamente influenciado na parte dos contratos pelo Direito Romano, intentou construír uma sociedade civil com essa caracterização, desde logo pela ineficácia do vínculo em relação a terceiros (art. 1862º e segs.). Nunca, porém, a doutrina e a jurisprudência aceitaram tão grande contradição com as sociedades comerciais, sendo a este ponto elucidativo o comentário de TROPLONG, *Commentaire du Contrat de Societé*, Bruxelles, Meline, Cans et Compagnie, 1843, p. 304 e segs. Verifica-se que apesar da influência deste ordenamento no Código Civil de 1867, o Visconde de Seabra decidiu consagrar a eficácia externa do vínculo societário (arts. 1272º e segs.).

[542] A nosso ver é apenas explicável pela influência cultural do Direito Romano, a divisão por Seabra das sociedades civis em sociedades universais, particulares, familiares e parcerias rurais.

[543] Ao contrário do que seria de esperar essa indefinição foi agravada com a entrada em vigor do novo Código das Sociedades Comerciais. Com efeito, enquanto o art. 2º CSC considera Direito subsidiário as normas do Código Civil sobre a sociedade, o art. 1º, nº 3, CSC veda hoje, em absoluto, a possibilidade de se constituír uma sociedade civil para a prática de actos de comércio (ao contrário do art. 104º do CCom que admitia essa possibilidade). A aplicação dos arts. 980º e segs. fica portanto, restrita às sociedades que não tenham por objecto a prática desses actos. No entanto, o art. 36º, nº 2, do CSC manda aplicar às relações entre os sócios das sociedades comerciais e terceiros, antes da celebração da escritura pública, as regras das sociedades civis. A contradição é patente.

[544] Efectivamente, apesar da redacção extremamente ampla do art. 980º do Código Civil não parece que este preceito possa admitir a constituição de sociedades civis atípicas, que não adoptem nem a estrutura dos tipos de sociedades comerciais nem a estrutura societária

2. Elementos e características qualificativas do contrato de sociedade

2.1. Conceito de Sociedade

O art. 980º do nosso Código Civil introduz o capítulo relativo à sociedade com uma definição legal: "Contrato de sociedade é aquele em que duas ou mais pesoas se obrigam a contribuír com bens ou serviços para o exercício em comum de certa actividade económica que não seja de mera fruição, a fim de repartirem os lucros dessa actividade"[545]. Neste âmbito regula-se genericamente o contrato de sociedade, ainda que se deva referir que o nosso Direito admite que em certas circunstâncias uma sociedade possa não resultar de um contrato, podendo ser instituída por negócio unilateral como no caso das sociedades unipessoais (cfr. arts. 488º e 270º-A a 270º-G do CSC) ou até por acto legislativo, como na hipótese de transformação de empresas públicas em sociedades unipessoais. O objecto da nossa análise será, porém, apenas o contrato de sociedade, pelo que a ele nos vamos restringir.

desenhada nos arts. 980º e segs. do Código Civil. Conforme refere TRIMARCHI, *Istituzioni di Diritto Privato*, 7ª ed., Milão, Giuffré, 1986, pp. 691, as sociedades são organizações destinadas a intervir no tráfico como sujeitos económicos e muitas vezes as quotas dos sócios destinam-se à circulação económica. Ora, a tutela dos terceiros que contratam com a sociedade ou adquirem a participação dos sócios impõe a existência de um princípio de tipicidade das formas societárias, a que não foge a nossa sociedade civil, apesar de esta constituir um tipo muito mais aberto do que os tipos das sociedades comerciais, como o demonstra a pluralidade de sistemas de administração admitida pelo art. 985º do Código Civil, bem como as possibilidades de limitação de responsabilidade abertas pelo art. 992º.
Em sentido contrário, sustentando a existência de sociedades atípicas, de que seriam exemplos, entre outras, a sociedade oculta, a sociedade de pessoas constituída por sociedades de capitais e o consórcio, cfr. AURELIO MORELLO, *Le società atipiche*, Milão, Giuffrè, 1983, maxime pp. 331 e ss. Não nos parece, porém, que a sua argumentação seja procedente.
Em consequência do princípio da tipicidade societária, deverá considerar-se nulo o contrato-promessa de sociedade que não indique o tipo a adoptar. Cfr. sobre este problema VINCENZO BUONOCORE/GAETANO CASTELLANO/RENZO COSTI, *Società di persone*, I, Milano, Giuffré, 1980, pp. 24 e ss.

[545] A definição é praticamente decalcada dos arts. 2247º e 2248º do Código Italiano. Semelhante é também o art. 1832º do Código Civil Francês. Muito mais amplo é o § 705 do B.G.B., que não exige a existência de um fim lucrativo, mas apenas a obrigação recíproca de prossecução de um fim comum, pela forma determinada no contrato, especialmente através das entradas estipuladas. O art. 1º do *Partnership Act* inglês de 1890, por outro lado, não faz referência à obrigação de entrada, mas apenas ao exercício em comum de negócios tendo em vista o lucro.

A definição de sociedade constante do art. 980º parece-nos lacunosa por não incluír o elemento *organização*, conformador de toda a actividade societária. Não nos convencem, a este respeito, os argumentos aduzidos por PIRES DE LIMA e ANTUNES VARELA[546], no sentido de que o elemento *organização* se situa para além do simples aspecto negocial que retrata a origem da sociedade, e que o art. 980º não dá uma definição de sociedade, mas do contrato de sociedade. Sendo o contrato de sociedade um contrato de execução duradoura[547], uma sua análise apenas no momento genético acaba por dar uma visão totalmente falseada da figura. Se toda a execução contratual é exercida através de uma organização, como o demonstram os arts. 985º e segs., esta tem necessariamente de constituír um dos elementos do contrato. Esse elemento não deixa aliás, de estar presente no momento genético. Com efeito, sendo a actividade económica que os sócios propuseram desenvolver prosseguida necessariamente através de uma organização, a contribuição por parte destes com bens e serviços para essa actividade já pressupõe essa organização, sem a qual será inútil[548].

Feita, porém, esta ressalva, o art. 980º acaba por conseguir uma noção práticamente compreensiva dos elementos que constituem o contrato de sociedade. Assim, nós tenderíamos a autonomizar quatro elementos nesta figura:

- *o instrumento*: contribuição com bens ou serviços;
- *o objecto*: exercício em comum de uma actividade económica que não seja de mera fruição;

[546] Cfr. PIRES DE LIMA/ANTUNES VARELA, *Código Civil Anotado*, II, 4ª ed., Coimbra, Coimbra Editora, 1996, sub art. 980º, nº 2, p. 285. A bipartição da caracterização da sociedade de acordo com os seus momentos genético e funcional, apelando-se ao conceito de contrato no primeiro e de organização no segundo, corresponde à forma mais clássica de enfrentar o problema, a qual continua a contar com autorizados defensores. Cfr. VINCENZO BUONOCORE, GAETANO CASTELLANO e RENZO COSTI, *op cit.*, pp. 4-5 e as transcrições doutrinais aí constantes.

[547] Cfr. GIAN CARLO M. RIVOLTA, "La societá como rapporto di durata", na *RS* 7 (1962), pp. 34-52.

[548] A doutrina mais actual superou a tradicional utilização do elemento *organização* para separar as fases de formação e de execução do contrato, fazendo apelo à noção de contrato de organização, mais explicativa da estrutura societária que a de contrato comutativo. Cfr. SALVATORE PESCATORE, *Attivitá e comunione nelle strutture societarie* , Milão, Giuffrè, 1974, p. 59, e, GIORGIO FORNASIERO, *Organizzazione e intuitus nelle societá* , Pádua, Cedam, 1987, págs. 79 e segs.

- *a organização*: forma coordenada de prossecução do objecto;
- *o fim*: a repartição dos lucros[549].

Examinemos sucessivamente cada um destes elementos.

2.2. Elementos constitutivos da sociedade

2.2.1. *O instrumento*: contribuição com bens ou serviços

Não pode haver qualquer dúvida relativamente à essencialidade das contribuições dos sócios, enquanto elemento constitutivo do contrato de sociedade. Sem essa contribuição frustrar-se-ia inclusive a possibilidade de surgirem os outros elementos. Com efeito, conforme refere Di Sabato[550], se o fim do contrato de sociedade é a obtenção de lucros e o lucro representa o aumento do valor do património no termo da actividade social, ou dos seus ciclos periódicos, em relação aos elementos utilizados para produzi-lo, é obvio que a atribuição, por parte dos sócios, dos meios necessários ao exercício da actividade social, constitui um elemento essencial do contrato.

É, no entanto, necessário precisar que essa essencialidade se verifica unicamente em relação à assunção, por parte dos sócios, das obrigações de contribuír, não se exigindo para a constituição do vínculo social que exista uma contribuição efectiva. Esta solução resulta claramente do art. 980º, que apenas exige que "uma ou mais pessoas se obriguem a contribuir". Não é assim a sociedade um contrato real *quoad constitutionem* , uma vez que o elemento essencial deste contrato é a obrigação dos sócios, e não a prestação efectiva de bens ou serviços por parte destes[551].

[549] Cfr. Ghidini, *Societá Personali*, Pádua, Cedam, 1972, pp. 35 e segs., e, Ferri, *Le Societá*, Vol. X, Tomo III, do *Trattato di Diritto Civile Italiano*, dirigido por Filippo Vassali, Turim, Unione Tipografico, 1971, págs. 1 e segs., e 14 e segs. Aurelio Morello, *Le Societá atipiche*, Milão, Giuffré, 1983. a pp. 352 chama a atenção para a proeminência que o objecto assume neste conjunto de elementos. Com efeito, quer o instrumento quer a organização são apenas suportes lógicos para a sua verificação e o fim lucrativo não passa de um simples elemento qualificativo, destinado a distinguir a sociedade das associações (cfr. art. 157º do Código Civil).

[550] Di Sabato, *Manuale delle Societá* , 3ª Edição, Torino, UTET, 1990, pág. 6-7.

[551] Em face do Direito Italiano, onde o art. 2247 do *Codice* refere "*due o piú persone conferiscono beni o servizi* " , já se defendeu a solução inversa. Cfr. Giorgio Fornasiero, *op. cit.*, p. 95. Contra, porém, Ferri, *Le societá*, no *Trattato di Diritto Civile Italiano*, Vol. X, Tomo III, Torino, Utet, 1971, p. 14.

Essa obrigação tem, no entanto, como sujeito activo, não os outros sócios individualmente considerados, mas antes a sociedade enquanto entidade personificada. Isto porque as entradas dos sócios destinam-se funcionalmente a possibilitar o exercício de uma empresa. Ora, no contrato de sociedade esse exercício vem a ser prosseguido através de uma organização. Assim, o titular do direito de crédito correspondente terá de ser a própria organização e, portanto, a sociedade enquanto entidade jurídica[552].

Em face destas considerações julgamos desnecessário autonomizar como requisito do contrato de sociedade a dotação a esta de um património inicial – fundo comum – ao contrário do que tem sido referido por diversos autores[553]. Com efeito, se por esta afirmação se entende a atribuição do direito às entradas dos sócios[554], essa atribuição verifica-se desde logo no próprio contrato, dada a necessária convergência das obrigações para a organização através da qual se prossegue a actividade económica, sendo desnecessária a menção deste requisito. Se, porém, com essa tese se pretende antes defender que o contrato de sociedade exige sempre a existência de uma atribuição de bens em propriedade e não de simples créditos sobre os sócios, a afirmação é incorrecta pois nada justifica essa restrição à autonomia privada[555]. Não há, por exemplo, quaisquer obstáculos legais à constituição de uma sociedade apenas com sócios de indústria.

[552] Cfr. Pires de Lima/Antunes Varela, *op. cit.*, sub art. 980º, nº 4, p. 285. Discordamos da opinião defendida por estes autores no sentido de um sócio poder exigir dos sócios faltosos a prestação em falta, apesar de essa prestação não vir dirigida a ele, mas ao conjunto dos sócios. A única entidade que pode exigir a prestação é o titular do direito correspondente e esse titular é a sociedade. O poder de os sócios exigirem as entradas só existirá no caso de estes terem poderes de administração da sociedade, mas nesta hipótese é esta, através de um dos seus orgãos, que pratica o acto.

[553] Cfr. Luís Brito Correia, *Direito Comercial*, 2º Vol., Lisboa, AAFDL, 1989, pp. 13 e ss.

[554] Luís Brito Correia, *loc. cit.* A exigência de dotação à sociedade de um fundo comum, que no caso dos sócios de indústria seria constituído pelo direito de crédito às suas contribuições é defendida, com muito desenvolvimento, por Buonocore/Castellano/Costi, *op. cit.*, pp 9-10, nota (11) e pp. 387 e ss., mas não convence da utilidade deste conceito. Nessa hipótese, o fundo comum confunde-se efectivamente com a obrigação de entrada, o que sujeita a Ciência do Direito a uma proliferação inútil de conceitos, violando-se a regra da lógica *entia non sunt multiplicanda*.

[555] Neste sentido Di Sabato, *op. cit.*, p. 7, Fornasiero, *op. cit.*, pp. 98-99 e Morello, *op. cit.*, p. 358, nota (204). Efectivamente, a partir do momento em que se estabeleça uma distinção entre a assunção da obrigação de entrada e a constituição de um fundo comum, terá que se

Julgamos, por isso, desnecessária a autonomização do elemento *fundo comum* na elaboração do conceito de sociedade.

2.2.2. *O objecto*: exercício em comum de uma actividade económica que não seja de mera fruição

A simples verificação da existência de uma contribuição com bens e serviços por parte dos sócios não individualiza suficientemente a sociedade em face de outros contratos, dado a que as prestações a que os sócios se vinculam encontram-se em outros tipos contratuais, por cujas normas, aliás, se regem (art. 984º). O que caracteriza a sociedade, é, no entanto, a funcionalização atribuída a essas prestações que só se tornam relevantes em ordem à prossecução em comum de determinada actividade. Essa actividade que os sócios se propõem exercer vem a constituír o segundo elemento do contrato de sociedade, o chamado *objecto social.*

A referência legal a uma "actividade" implica a exigência de uma realização pré-ordenada de actos com vista à obtenção de um fim. Não existe, portanto, sociedade, quando as partes se propõem praticar um único acto, como no caso da compra de um prédio em compropriedade para revenda com lucro[556]. As actividades a desenvolver pelos sócios podem ser as mais variadas, embora tenham de estar previamente determinadas no contrato. Com efeito, o art. 980º exige que a actividade a desenvolver pelos sócios seja certa, pelo que se faltar essa determinação o contrato não pode deixar de considerar-se nulo por indeterminabilidade do objecto (art. 280º, nº 1).

considerar que não se encontra na lei nenhuma exigência deste último requisito. Essencial ao contrato, nos termos do art. 980º, são as obrigações dos sócios, não o fundo comum.

[556] Di Sabato, *op. cit.*, p. 8. Utilizámos o exemplo deste autor por nos parecer bastante feliz, embora façamos salientar que se trata de um acto de comércio (C.Com. art. 463º, nº 4), os quais não podem constituír objecto de sociedades civis (art. 1º, nº 3, C.S.C.). O actualmente revogado art. 104º do Código Comercial estabelecia que as sociedades comerciais poderiam constituír-se para a prática de *um* acto de comércio. A solução mereceria, aliás, o aplauso de Ferrer Correia, *Lições de Direito Comercial*, Vol. II, *Sociedades Comerciais*, Coimbra, Universidade de Coimbra, 1968, pp. 10-11. Discordamos desta solução e pensamos que já não é de admitir a qualificação face ao art. 1º do CSC. Com efeito, o exemplo apontado demonstra apenas uma pluralidade de sujeitos na realização de um acto de comércio. Não havendo qualquer "actividade" que as partes se proponham continuadamente desenvolver, não é possível delinear um objecto social faltando, consequentemente, um dos elementos da noção de sociedade.

Porém, para se poder falar em sociedade é ainda necessário:

- que essa actividade tenha conteúdo económico, não podendo este consistir na mera fruição;
- que essa actividade seja exercida *em comum* pelos sócios.

Quanto ao primeiro requisito, é necessário referir que, representando a sociedade uma forma de exercício colectivo de uma empresa, apenas poderão constituír seu objecto as actividades susceptíveis de criar riqueza. Daí que as actividades a prosseguir pelos sócios tenham de ser actividades dinâmicas, dirigidas à produção de lucros, ficando fora do seu objecto todas as formas de aproveitamento estático dos bens, como é a mera fruição[557].

Quanto ao segundo requisito, a exigência de que o exercício dessa actividade se realize em comum pelos sócios, pressupõe, por seu turno, dois elementos:

- que os sócios assumam em conjunto o risco da sua actividade;
- que os sócios concorram na direcção da mesma actividade[558].

[557] Menezes Cordeiro, *Da Boa Fé no Direito Civil*, II, Coimbra, Almedina, 1984, pág. 1177, defende que a expressão "fruição" não está empregue no art. 980º em sentido técnico, dado que a percepção de frutos, naturais ou outros, é uma actividade produtiva, apta a integrar um objecto social. Discordamos. A nosso ver a lei refere-se efectivamente à fruição em sentido técnico e, portanto, à percepção de frutos. Só que a exclusão não abrange a fruição em geral, mas a mera fruição. O legislador quis afastar do âmbito do contrato de sociedade as fruições estáticas, exigindo que o objecto social tenha de consistir numa actividade económica dinâmica. Exige-se, por isso, algo mais que a normal reprodução dos bens, sendo necessário, como se refere no Acórdão da Relação de Lisboa de 13 de Abril de 1977, C. J., II, 2, p. 402, um processo de produção caracterizado pela transformação física ou económica desses bens num valor económico novo.

[558] Cfr. Galgano, *Le societá de persone*, Vol. XXVIII, do *Tratatto di Diritto Civile e Commerciale*, dirigido por Cicu e Messineo, Milano, Giuffrè, 1972, p. 16. Conforme refere Morello, *op. cit.*, pp. 354 e ss. a expressão "exercício em comum de uma actividade económica" pode ter dois conteúdos. O primeiro é a exigência de comunhão nos lucros e perdas dessa actividade, dizendo-se então que **o risco** é comum. O segundo é o de os participantes poderem influenciar ou determinar a actividade de empresa, dizendo-se então que **a gestão** é comum.
No âmbito da sociedade civil é suficiente a comunhão no risco, sendo a comunhão na gestão um elemento natural (art.985, nº 1), mas não essencial à existência da sociedade (art. 985, nº 2). Exige-se, no entanto, conforme se refere no texto, uma **direcção comum**, que compete aos administradores segundo as regras dos arts. 985 e ss.

A divisão do risco por todos os sócios assume-se como uma característica essencial da prossecução em comum do objecto social, sendo por essa razão nulo o pacto que exclua um sócio da sua participação nas perdas[559]. Já a exigência de uma direcção comum para a actividade dos sócios vai implicar a autonomização de um terceiro elemento integrante do tipo societário: o chamado elemento *organização*.

2.2.3. *A organização*: estrutura coordenadora da gestão da actividade societária

Conforme referimos atrás, entendemos que o art. 980º ao não mencionar o elemento *organização* constrói uma visão incompleta do contrato de sociedade. Com efeito, neste tipo de contratos, encontramos simultaneamente situações de comunhão de interesses – síntese do interesse dos sócios na prossecução do objecto[560] – e situações típicas de contraposição entre os interesses individuais dos sócios e o interesse social[561], presentes durante toda a relação societária. Esse contraste sócio-sociedade é resolvido através da interposição de uma organização, destinada a gerir a prossecução desse objecto[562]. Daí o surgimento de todo um sistema de orgãos, através dos quais se prossegue a execução do contrato (arts. 985º e ss. do Código Civil). Deste elemento deriva, por outro lado, o carácter extraordinariamente complexo da posição jurídica dos sócios que, para além das obrigações que assumiram pelo contrato, ficam sujeitos ao poder potestativo da organização que criaram, constrangedor da sua actividade[563/564].

559 Cfr. o art. 994º. Os sócios de indústria não respondem, em princípio, pelas perdas sociais, mas apenas nas relações internas (art. 992º, nº 2).

560 Cfr. PESCATORE, *op. cit.*, a pp. 176.

561 Sobre o conceito de interesse social cfr. JAEGER, *L'interesse sociale*, Milão, Giuffrè, 1964, passim e GIOVANNI SILVIO COCO, *Sulla volontá colletiva in Diritto Privato*, Milano, Giuffrè, 1967, pp. 75-138.

562 Cfr. FORNASIERO, *op. cit.*, pp. 84 e segs. Entre nós, refere OLIVEIRA ASCENSÃO, *Direito Civil. Teoria Geral*, I- *Introdução. As Pessoas. Os Bens*, 2ª ed., Coimbra, Coimbra Editora, 2000, p. 309 "a sociedade civil tem uma organização estável, propícia à formação da vontade colectiva".

563 Com efeito, apesar da redacção do art. 983º, nº 1, os arts. 985º, nºs 2 e 3, 986º, 991º "in fine", 1003º e 1005º, são indiciadores da existência de sujeições dos sócios a poderes potestativos da sociedade, mediante deliberação social.

564 Para um exame mais aprofundado deste elemento cfr. FORNASIERO, *op. cit.*, pp. 79 e ss., e PESCATORE, *op. cit.*, pp. 32 e s.

2.2.4. *O fim*: a repartição dos lucros

O fim para a qual converge toda a actividade societária é a repartição dos lucros. Constitui este, com efeito, o momento da realização do interesse individual dos sócios, por força do qual se subordinaram ao interesse social na prossecução do objecto. Por essa mesma razão é que o art. 980º vem considerar elemento do conceito de sociedade o fim de *repartir* os lucros e não a sua produção. Esta apresenta-se, no entanto, como um fim implícito, determinante inclusive das actividades que os sócios podem exercer[565]. Faltando o elemento *fim lucrativo* não existe sociedade, mas sim associação (art. 157º).

2.3. Características qualificativas da sociedade civil

2.3.1. A sociedade civil como pessoa colectiva

Tem sido bastante discutido na doutrina o problema da personalidade jurídica das sociedades civis. A explicação para esta discussão é de ordem histórica[566]. De acordo com a tradição romanística nenhuma sociedade poderia ter personalidade jurídica, uma vez que esta era vista como um contrato como qualquer outro, sujeito igualmente à regra da ineficácia do vínculo contratual em relação a terceiros. Ora, não havendo eficácia do vínculo contratual em relação a terceiros faltaria de todo a base para a personificação.

É a criação da sociedade anónima, totalmente dirigida para o exterior, que vai colocar o problema da personificação da sociedade. A partir daí tem-se vindo a reconhecer paulatinamente a personalidade jurídica das diversas sociedades comerciais, incluindo as sociedades de pessoas[567]. No

[565] FERRI, *Le società*, Vol. X, Tomo III do *Trattato di Diritto Civile Italiano*, sob a direcção de FILIPPO VASSALI, Torino, Utet, pp. 19 e segs.

[566] Para um aprofundamento da evolução da discussão sobre a personalidade colectiva, cfr. as obras de MENEZES CORDEIRO, *Da responsabilidade civil dos administradores das sociedades comerciais*, Lisboa, Lex, 1997, pp. 265 e ss. e *Tratado de Direito Civil*, IV-*Parte geral. Pessoas*, 3ª ed., Coimbra, Almedina, 2017, pp. 545 e ss.

[567] Na Alemanha, no entanto, a sociedade em nome colectivo não tem sido considerada como pessoa colectiva, por se considerar que esta exigiria uma separação perfeita entre o património dos sócios e o da sociedade. Esta posição já foi seguida entre nós por GUILHERME MOREIRA, "Da personalidade collectiva", na *RLJ* 40 (1907), pp. 385-388, 401-403 e 433-436, *RLJ* 40 (1908), pp. 449-451, 465-467, 481-483, 513-515, 545-547, 577-579, 593-595, 609-611 e 641-644, *RLJ* 41 (1908), pp. 2-4, 15-19, 33-35, 49-51, 81-83, 97-99, 129-131, 145-147, 177-179, 193-195, 225-227, 241-243, 257-260, 289-291, 305-307, 321-323, 337-339, 353-355, 368-371,385-387 e 401-404, *RLJ* 41 (1909), pp. 433-435, 449-451, 465-467, 497-500, 513-515, 529-532, 545-547,

entanto, esta evolução tem deixado de fora a sociedade civil, a que parte da nossa doutrina tem vindo a recusar a atribuição de personalidade jurídica. Tem sido essa a posição de PIRES DE LIMA/ANTUNES VARELA[568] e CARLOS MOTA PINTO[569].

Outra posição, sufragada por CASTRO MENDES[570], OLIVEIRA ASCENSÃO[571], MENEZES CORDEIRO[572] e CARVALHO FERNANDES[573] tem defendido, pelo contrário que as sociedades civis gozariam de personalidade jurídica.

A lei é bastante ambígua nesta matéria, permitindo retirar argumentos a favor de ambas as soluções. Contra a tese da personalidade jurídica das sociedades civis militaria o facto de o art. 22º do CPC fazer referência a sociedades sem personalidade jurídica e de os art. 2033º, nº 2 *b)* e art. 2º, nº 1 *d)* CIRE contraporem as sociedades civis às pessoas colectivas. Para além disso, invoca-se a desnecessidade do art. 1000º, caso a sociedade tivesse personalidade jurídica, atento o facto de o art. 851º afastar a possibilidade de a compensação poder basear-se em créditos alheios.

A favor da personalidade jurídica das sociedades civis, invoca-se o facto de o art. 2033º, nº 2 *b)* lhes atribuir capacidade testamentária passiva, o que seria impossível atribuir a uma entidade sem personalidade jurídica[574]. Salienta-se, por outro lado, a personalidade jurídica existe a partir do momento em que se cria um centro autónomo de imputação de efeitos jurídicos e que as disposições dos arts. 980º e segs., ao estabelecerem uma organização estável, propícia à formação da vontade colectiva, são de molde a fazer interpor entre os sócios e terceiros uma nova subjectividade, distinta do conjunto dos sócios[575].

561-563, 577-579, 593-595 e 609-611 e *RLJ* 42 (1909), pp. 2-4, pp. 17-19, 33-35, 49-51, 65-68, 81-84, 97-99, 113-115, 129-131, 145-163, 193-195, 225-227 e 257-259 (*RLJ* 40 (1907), p. 385, *RLJ* 41 (1908), pp. 2 e 225 e *RLJ* 42 (1909), p. 2).

568 Cfr. PIRES DE LIMA/ANTUNES VARELA, *op. cit.*, II, sub art. 980º, nº 8 pp. 287-288.

569 Cfr. CARLOS MOTA PINTO, *Teoria Geral do Direito Civil*, 3ª ed., Coimbra, Coimbra Editora, 1985, pp. 294-295.

570 Cfr. JOÃO DE CASTRO MENDES, *Teoria Geral do Direito Civil*, I, Lisboa, AAFDL, 1978, pp. 280 e ss.

571 Cfr. OLIVEIRA ASCENSÃO, *Teoria Geral*, I, pp. 309 e ss.

572 Cfr. MENEZES CORDEIRO, *Tratado*, XI, pp. 569 e ss.

573 Cfr. LUÍS CARVALHO FERNANDES, *Teoria Geral do Direito Civil*, I, 3ª ed., Lisboa, Universidade Católica, 2001, pp. 499 e ss. (504 e ss.).

574 Cfr. CASTRO MENDES, *Teoria Geral*, I, pp. 284 e ss.

575 Cfr. OLIVEIRA ASCENSÃO, *Teoria Geral*, I, pp. 309-310.

Efectivamente, o regime jurídico da sociedade civil demonstraria essa situação a partir dos seguintes elementos:

- prevê transmissões de bens dos sócios para a sociedade (art. 984º) e da sociedade para os sócios (art. 1021º);
- admite a permanência da sociedade como unipessoal durante seis meses (art. 1007 *c)*, o que se apresenta como incompatível com a não personificação da sociedade;
- permite a existência de limitação da responsabilidade de alguns sócios (art. 997º, nº 3), instituindo assim uma autonomia patrimonial perfeita;
- evita a confusão entre o património da sociedade e o dos sócios (art. 1000º)[576].

Parece-nos que este regime depõe decisivamente a favor da personalidade jurídica das sociedades civis. No entanto, e conforme refere MENEZES CORDEIRO, haverá que ponderar a posição de terceiros, evitando-se que eles possam ser confontados com a personificação de um ente com que não contavam pelo que, para se reconhecer plenamente a personalidade jurídica das sociedades civis, haverá que exigir a sua constituição por escritura pública, com as especificações referidas no art. 167º (art. 158º, por analogia). Nos outros casos, não se poderá reconhecer uma personalidade jurídica plena, estando-se no entanto perante "pessoas rudimentares"[577].

2.3.2. O problema da qualificação do contrato de sociedade

Embora não directamente em relação às sociedades civis, dada a muito menor importância destas no tráfego jurídico em comparação com as sociedades comerciais, a doutrina tem vindo a colocar o problema da natureza jurídica do acto por força do qual se vem a criar uma nova subjectividade: a pessoa jurídica sociedade.

Com efeito, a partir do reconhecimento geral nos diversos países europeus, da personalidade jurídica das sociedades de capitais, os conceitos de contrato e pessoa colectiva passaram a contrapor-se em sede de sociedade, ora através da opção doutrinária por um deles, ora através da sua conju-

[576] Cfr. OLIVEIRA ASCENSÃO, *Teoria Geral*, I, pp. 309 e ss., MENEZES CORDEIRO, *Tratado*, IV, p. 850 e CARVALHO FERNANDES, *Teoria*, I, pp. 505-506.

[577] Cfr. MENEZES CORDEIRO, *Tratado*, IV, pp. 849 e ss.

gação. Assim, enquanto na França e na Itália, contrato e pessoa colectiva foram sempre considerados pelos Autores como elementos concorrentes na sociedade, coordenando-se em razão da sua função, na Alemanha, eles foram, durante algum tempo, considerados elementos incompatíveis, insusceptíveis de subsistir na mesma figura jurídica[578]. Foi o caso de GIERKE[579], para quem as sociedades dotadas de personalidade jurídica não podem nascer de um contrato, já que este é destinado a criar relações entre as partes, e não a criar sujeitos de direito, o acto de fundação da sociedade, seria, por isso, não um negócio jurídico, mas um acto não negocial unilateral – acto social constitutivo.

Outro autor alemão, KUNTZE[580], por seu turno, embora considerasse a constituição da sociedade como um acto negocial, entendia que este não poderia ser um contrato, já que os sócios não prosseguem interesses contrapostos, mas sim interesses comuns. Daí que este autor configure a constituição da sociedade como um acto complexo, composto de um feixe de declarações negociais paralelas dirigidas a um único fim: a criação da pessoa jurídica sociedade.

Entre nós, OLIVEIRA ASCENSÃO vem defender uma concepção mista, considerando que na sociedade, além de um contrato, existiria um acto colectivo[581].

As concepções anticontratualistas da sociedade, ou, a sua visão bicéfala, como um contrato por um lado, e como uma pessoa jurídica por outro, têm vindo a ser superadas por obra da doutrina italiana, onde tem sido desenvolvido um esforço notável para obter uma explicação do fenómeno

[578] Cfr. UMBERTO FERRANTE, *Il problema della qualificazione delle societá*, Milão, Giuffrè, 1974, págs. 24 e segs., que neste ponto seguimos de perto.

[579] GIERKE, *Die Genossenschaftstheorie und die Deutsche Rechtsprechung*, Berlim, 1887, cit. por FERRANTE, *op. cit.*, págs. 25 e ss. Pode consultar-se também LUÍS BRITO CORREIA, *op. cit.*, pp. 113 e ss. e PINTO FURTADO, *Curso de Direito das Sociedades*, 4ª ed., Coimbra, Almedina, 2001, págs. 71 e ss. Este último autor refere, no entanto, GUILHERME MOREIRA, *Instituições de Direito Civil Português*, II – *Das Obrigações*, Coimbra, Ed. Autor, 1916, págs. 586-587, como seguidor da doutrina de GIERKE, o que não consideramos correcto. Para GIERKE, a constituição da sociedade opera-se por um acto não negocial, enquanto para GUILHERME MOREIRA se opera por um negócio jurídico unilateral.

[580] JOHANNES EMIL KUNTZE, "Der Gesamtakt, ein neuer Rechtsbegriff", in *Festgabe der Leipziger JuristenFakultat für Dr. Jur, Otto Muller zum 14. Mai. 1892*, Leipzig, Veit, 1892, págs. 29-87 (43 e ss. e 73 e ss. referindo-se especificamente à sociedade por acções). Cfr. FERRANTE, *op. cit.*, págs. 30 e segs. Cfr. também LUÍS BRITO CORREIA, *op. cit.*, pp. 114 e ss.

[581] Cfr. OLIVEIRA ASCENSÃO, *Teoria Geral*, I, pp. 242 e ss.

societário em termos puramente contratualistas. Surge assim, por obra essencialmente de Ascarelli, a categoria do *contrato plurilateral* definido no art. 1420º do *Codice Civile* como o contrato com mais de duas partes, em que as prestações de cada uma são dirigidas à obtenção de um fim comum, em relação ao qual o Código Italiano consagra um regime específico nos arts. 1420º, 1446º, 1459º, e 1466º, e cuja teorização a doutrina desenvolve[582].

A categoria de contrato plurilateral é posta em causa, porém, pela admissibilidade, sem quaisquer restrições, das sociedades de dois sócios, em face das quais se verifica não ser a pluralidade de partes o elemento caracterizador do contrato de sociedade[583]. Daí que tenha surgido, por obra de Graziani, a proposta de qualificação da sociedade como um contrato de fim comum[584]. Corresponderia esta categoria ao tipo de contratos em que as prestações das partes se dirigem à obtenção de uma finalidade comum, ao contrário dos contratos comutativos em que a prestação de uma parte contratual tem a sua justificação na prestação da outra. A sociedade seria por isso um contrato em que a prestação de cada sócio não teria o seu correspectivo na dos outros sócios, sendo satisfeito o interesse dos contraentes através da sua participação no resultado útil obtido através da exploração da empresa comum[585].

A qualificação da sociedade como contrato de fim comum apresenta-se inteiramente correcta do ponto de vista dogmático. Revela, no entanto, deficiências, quando examinada a nível normativo. Em primeiro lugar, porque o conceito de comunhão de fim diz respeito essencialmente aos elementos funcionais de sociedade, acabando por esquecer os estruturais. De facto, como refere Pescatore[586], se a noção de comunhão de fim

[582] Pronunciaram-se a favor da qualificação da sociedade como contrato plurilateral: Galgano, *op. cit.*, pp. 135 e segs., e Brunetti, *Trattato del Diritto delle Societá*, I- *Parte generale. Società personale. Societá di armamento*, 2ª ed., Milão, Giuffrè, 1948, págs. 103 e ss. Entre nós, esta qualificação é também defendida por Raul Ventura, *Apontamentos*, pp. 49 e ss., Pinto Furtado, *Curso*, pp. 73 e ss.

[583] Cfr. Vittorio Salandre, "Il contrato plurilaterale e le societá di due soci", na *RTDPC* 3 (1949), pp. 836 e ss.

[584] Cfr. Ghidini, *Societá*, pp. 81 e ss. A qualificação da sociedade como contrato de fim comum foi defendida entre nós por Ferrer Correia, *Lições de Direito Comercial*, Vol. II, *Sociedades Comerciais*, Coimbra, Universidade de Coimbra, 1968, págs. 51 e ss.

[585] Ferrer Correia, *loc. cit.*

[586] Pescatore, *Attivitá e Comunione nelle struture societarie*, Milão, Giuffrè, 1977, pág. 198, nota (66).

exprime com clareza o nexo de relação entre os diversos participantes no fenómeno societário, prescinde do elemento organizativo existente neste contrato, o qual se destina em última análise, a dar execução a esse fim comum. Para além disso, a qualificação da sociedade como contrato de fim comum não tem qualquer relevo em termos de aplicação a este contrato de normas particulares[587]. A qualificação apresenta-se, por isso, mais descritiva que explicativa.

Por estas razões, damos a nossa adesão à formulação de FERRI[588] e de FERRANTE[589], que qualificam o fenómeno jurídico societário como integrante de uma categoria mais vasta, composta pelos contratos associativos. De facto, os vários elementos que descortinámos no contrato de sociedade encontram-se em geral em todos os fenómenos associativos, que se caracterizam justamente pela cooperação entre vários sujeitos para a realização de um interesse comum a todos. É possível, por isso, individualizar sempre um *objecto,* por meio do qual se determina a actividade concretamente exercida, um *fim* correspondente ao interesse prosseguido, e uma *organização,* estrutura por cujo intermédio o grupo de associados prossegue a sua actividade com vista ao interesse comum[590].

2.3.3. A sociedade como contrato consensual

Conforme referimos *supra* o contrato de sociedade exige apenas a sua celebração pelas partes para se constituír, não sendo necessário uma efectiva atribuição de bens à sociedade (*datio rei*). O preenchimento do elemento instrumental deste contrato verifica-se com a simples assunção de obrigações por parte dos sócios. Por essa razão a sociedade não é um contrato real *quoad constitutionem,* mas antes um contrato consensual.

2.3.4. A sociedade civil como contrato primordialmente não formal

Ao contrário das sociedades comerciais, cuja constituição está sujeita a forma escrita, salvo se forma superior for exigida pela natureza dos bens com que os sócios entram para a sociedade (art. 7º, nº 1, CSC, na redacção do D.L. 76-A/2006, de 29 de Março), o art. 981º do Código Civil não

587 UMBERTO FERRANTE, *Il problema della qualificazione delle societá* , Milão, Giuffrè, 1974, pp. 123 e ss.

588 FERRI, "Societá (in generale)" , voce, no *NssDI* 17, pp. 532 e segs.

589 UMBERTO FERRANTE, *loc. cit.*

590 Cfr. FERRI, *loc. cit.*

exige a observância de forma especial para a constituição de sociedades civis vigorando portanto quanto a estas a regra geral do art. 219º. O art. 981º excepciona, porém, o caso de essa forma ser exigida pela natureza dos bens com que os sócios entram para a sociedade. A razão de ser dessa disposição reside na possibilidade de, através das entradas dos sócios, poderem ser atribuídos à sociedade direitos para cuja transmissão a lei exige forma especial. As mesmas razões de segurança no comércio jurídico que justificam, nestes contratos, a adopção de uma forma especial passam também a vigorar em relação ao contrato de sociedade, pelo que a lei o vem sujeitar à mesma forma[591].

O art. 981º, nº 2, vem estabelecer que a falta de forma "só anula todo o negócio se este não puder converter-se segundo o disposto no art. 293º, de modo que à sociedade fique o simples uso e fruição dos bens cuja transferência determina a forma especial, ou se o negócio não puder reduzir-se, nos termos do art. 292º, às demais participações". Poder-se-ia julgar que esta norma não teria sentido útil, não passando de uma pedagógica repetição dos preceitos da parte geral, mas não julgamos assim. Nos termos do art. 293º, para haver conversão de um negócio nulo é necessária a demonstração de que o fim prosseguido pelas partes permite supor que estas assim o teriam querido, se tivessem previsto a invalidade. Assim, é ao interessado na conversão que cabe o ónus da prova da factualidade correspondente (art. 342º). Em sede de sociedade, porém, face à instrumentalização das entradas em relação à prossecução em comum da mesma actividade, o art. 981º, nº 2, vem presumir ser a conversão em princípio possível, passando a caber ao não interessado nela ilidir essa presunção (art. 350º). Só depois é que se desencadeia a aplicação do art. 292º, que vem determinar que para gerar a nulidade de todo o negócio é necessária a demonstração de que os sócios restantes o não teriam celebrado sem a entrada para a qual não foi respeitada a forma legal[592]. O art. 981º, nº 2 impõe assim uma clara inversão no que seria o funcionamento normal dos arts. 292º e 293º no âmbito da Parte Geral.

[591] PIRES DE LIMA/ANTUNES VARELA, *op. cit.*, II sub art. 981º, nº 1, p. 289, adoptam uma concepção diferente, entendendo que o contrato de sociedade funciona relativamente à entrada de bens como simples contrato preliminar, não obstante a lei ter decidido sujeitar quanto à forma o regime do contrato ao regime das entradas dos sócios. Explicaremos infra a razão porque discordamos da opinião destes ilustres autores.

[592] Igualmente no sentido da precedência da conversão sobre a redução, cfr. RAUL VENTURA, *Apontamentos*, p. 67.

2.3.5. A sociedade como contrato de execução continuada ou duradoura

É pacífica a qualificação da sociedade como contrato de execução duradoura. Efectivamente, se nesta figura podem surgir obrigações de carácter instantâneo como, por exemplo, a entrada de um bem em propriedade que gera a obrigação de entrega (arts. 983º e 984º, al. *a*)), os interesses contratuais dos sócios só podem ser satisfeitos através do exercício continuado da actividade duradoura que se propuseram desenvolver. Por essa mesma razão, as obrigações típicas do contrato de sociedade são obrigações de cumprimento ininterrupto, tais como a obrigação de colaboração, a obrigação de não concorrência e as obrigações derivadas do exercício da gerência[593]. Consequência do carácter duradouro desta relação contratual é a faculdade de denúncia *ad nutum*, prevista no art. 1002º do Código Civil, quando o contrato não tenha prazo fixado[594].

2.3.6. A sociedade como contrato sinalagmático e oneroso

O contrato de sociedade deve ser incluído na categoria dos contratos sinalagmáticos, uma vez que faz nascer obrigações recíprocas a cargo de todas as partes. O facto de não existir, em sede de sociedade, uma contraposição de interesses entre as partes, excluí a correspectividade entre as suas prestações mas não exclui o sinalagma, apenas o faz configurar-se de uma maneira específica[595]. Verifica-se que as prestações dos sócios não são contrapostas, mas harmonizáveis entre si, em função da obtenção de um fim comum. A correspectividade coloca-se por isso, não entre as várias prestações dos sócios, mas entre a prestação de cada sócio e o resultado útil obtido na exploração da empresa comum, constitutivo do direito aos lucros e à quota de liquidação. Por essa mesma razão, a resolução por incumprimento do contrato de sociedade, correspondente ao instituto da exclusão de sócio (arts. 1003º e 1004º do Código Civil), exige para a verificação dos seus pressupostos que seja afectada a prossecução da empresa comum, não se bastando com a mera falta de cumprimento das obrigações do sócio.

[593] Cfr. Gian Carlo Rivolta, *RS* 7 (1962), pp. 34 e ss.

[594] Cfr. José Carlos Brandão Proença, *A resolução do contrato no Direito Civil – Do Enquadramento e do Regime* , Coimbra, 1982, pp. 38 e ss. e Paulo Alberto Videira Henriques, *A desvinculação unilateral ad nutum nos contratos civis de sociedade e mandato*, Coimbra, Universidade de Coimbra/Coimbra Editora, 2001, pp. 37 e ss.

[595] Neste sentido Brunetti *op. cit.*, págs. 108 e segs., e Di Sabato, *op. cit.*, pp. 50 e ss.

Também por essa razão o titular do poder de resolução – exclusão – é a sociedade, enquanto entidade jurídica, uma vez que é a esta que cabe a gestão da empresa comum[596].

Pese embora a qualificação da sociedade como contrato sinalagmático, pensamos, em face da especial configuração que o sinalagma apresenta, não se lhe deverem ser aplicadas as normas relativas à excepção de não cumprimento do contrato (arts. 428º e segs.). Um sócio não poderá por isso recusar-se, por exemplo, a efectuar a sua entrada enquanto os outros não o fizerem[597]. A favor desta solução aponta igualmente a estrutura essencialmente produtiva do negócio jurídico societário, no qual as prestações a que os sócios se obrigam não representam senão instrumentos para a prossecução em comum de uma actividade económica. A invocação da *exceptio* poria, por isso, em crise, todo o contrato, em vez de, como é paradigmático ter uma função de coerção ao cumprimento das obrigações[598].

A sociedade assume-se, por outro lado, como um contrato oneroso, dada a necessidade de haver uma atribuição patrimonial por parte de todos os contraentes, uma vez que o art. 983º, que estabelece a obrigação de entrada dos sócios é inderrogável.

2.3.7. A sociedade como contrato aleatório

Conforme referimos supra, a correspectividade de atribuições e sacrifícios existente no contrato de sociedade verifica-se entre a prestação de cada sócio e o resultado útil da exploração da empresa comum, constitutivo do direito aos lucros e à quota de liquidação. Por essa razão impõe-se a classificação da sociedade na categoria dos contratos aleatórios. Efectivamente, embora a atribuição patrimonial dos sócios seja certa, o seu correspectivo

[596] A exclusão efectua-se por deliberação dos sócios, tomada por maioria (art. 1005º), e não pela totalidade deles, como teria de suceder se fosse a estes e não à sociedade que coubesse o poder de exclusão (cfr. AVELÃS NUNES, *O Direito de Exclusão de Sócios nas Sociedades Comerciais*, Coimbra, Almedina, 1968, pp. 291 e ss e MENEZES LEITÃO, *Pressupostos da Exclusão de Sócio nas Sociedades Comerciais*, Lisboa, AAFDL, 1989, pp. 43 e ss.).

[597] Neste sentido, MESSINEO, "Le strutture delle società", artigo publicado em *Studi di Diritto delle Società*, 2ª ed., Milano, Giuffrè, 1958, a págs. 31-58 e GHIDINI, *Società Personali*, Pádua, CEDAM, 1972, pp. 81 e ss. Levantando o problema da sua eventual admissibilidade nas sociedades de dois sócios, mas acabando por se pronunciar em sentido negativo, BRUNETTI, *Trattato del Diritto delle Società*, I, Milano, Giuffrè, 1946, pág. 110.

[598] Cfr. JOÃO CALVÃO DA SILVA, *Cumprimento e sanção pecuniária compulsória*, Coimbra, 1987, pp. 329 e segs.

patrimonial é incerto, pois ignora-se no momento da celebração o *an* e o *quantum* do lucro, o que corresponde obviamente à existência de uma álea ou risco económico neste contrato[599].

2.3.8. A sociedade civil como contrato *intuitu personae*

A existência de uma responsabilidade ilimitada e solidária dos sócios pelas dívidas da sociedade (art. 997º), impõe que se verifique para a celebração do contrato uma relação de confiança mútua entre todos, sem a qual a sociedade civil não teria condições de funcionamento. Daí que se deva qualificar a sociedade civil como um contrato *intuitu personae*, atenta a importância fundamental que nesta reveste a pessoa dos sócios. Dessa caracterização derivam, como afirma GHIDINI[600] os seguintes corolários:

- Uma intensidade especial dos deveres de boa fé (art. 762º, nº 2 do Código Civil) em ordem à não frustração da confiança e colaboração societárias;
- A intransferibilidade das quotas sociais sem o consentimento de todos os sócios (art. 995º);
- A não continuação, em princípio, da sociedade, com os herdeiros do sócio falecido (art. 1001º);
- Consequentemente a não transmissibilidade por morte, dos direitos e obrigações emergentes do contrato-promessa de sociedade (art. 412º).

2.3.9. A sociedade civil como contrato obrigacional e ainda real *quoad effectum*, quando a entrada estipulada consistir na transferência de um direito real

O facto de as entradas no contrato de sociedade não serem típicas, antes podendo consistir em quaisquer bens ou serviços (arts. 980º e 983º, nº 1), desde que aptos para a prossecução da actividade económica que os sócios se propõem desenvolver, dá origem a que a sociedade, que se apresenta primordialmente como um contrato obrigacional, venha a ter natureza real quando a entrada consista na transmissão de um direito real.

Nesse caso a sociedade adquire características de um contrato real *quoad effectum*. Não nos convence a este respeito, a posição defendida por PIRES

[599] Neste sentido, GHIDINI, *Società Personali*, pp. 91 e ss.

[600] Cfr. GHIDINI, *Società Personali*, pp. 90-91.

de Lima e Antunes Varela[601], de que nessa hipótese a sociedade funciona, no que toca à entrada de bens, como simples contrato preliminar dessa transferência, que só se daria por virtude de um posterior acto do sócio. Com efeito, militam a favor da solução contrária razões históricas, razões derivadas dos princípios gerais do nosso Direito e a própria interpretação teleológica do art. 984º.

Quanto às razões de ordem histórica consistem estas no facto de que desde o Direito Romano se ter admitido que a transmissão dos bens dos sócios para a sociedade se dá por mero efeito do contrato (*transitus legalis*, cfr. D.17.2.1.1.). Não se vê razões para que o Código Civil alterasse este regime, estabelecendo uma transmissão muito mais complexa.

Para além disso, em face dos princípios gerais do nosso Direito, a regra é a de que a transmissão dos direitos reais sobre coisa determinada se dá por mero efeito do contrato (arts. 408º e 1317º, *a)*). Não se encontra qualquer fundamento para que esta regra seja afastada em sede de sociedade.

Por último, o art. 984º dispõe:

> "A execução da prestação, a garantia e o risco da coisa são regulados nos termos seguintes:
>
> *a)* Se a entrada consistir na transferência ou constituição de um direito real, pelas normas do contrato de compra e venda."

Ora, no contrato de compra e venda não existem normas reguladoras de qualquer obrigação de transferência de propriedade[602], mas tão só da obrigação de entrega da coisa (art. 879º, al. *b)*). Quando o art. 984º se refere à execução da prestação, só pode consequentemente abranger a entrega da coisa e nunca qualquer transferência de propriedade que não é prestação mas antes um efeito real do contrato de compra e venda. Deve, por isso, entender-se, face à remissão para este contrato, que a transmissão dos direitos reais se verifica com a própria celebração do contrato de sociedade, ficando os sócios obrigados à entrega da coisa objecto desse direito (art. 984º).

[601] Pires de Lima/Antunes Varela, *op. cit.*, II sub art. 981º, nº 1, p. 289.

[602] Que só existe em contratos como a promessa de compra e venda (arts. 410º e 874º), ou o mandato sem representação (art. 1181º, nº 1), através da obrigação de celebrar um contrato que titule essa transferência.

Daí que o contrato de sociedade seja qualificável nestes casos como contrato real *quoad effectum*[603].

3. As relações internas

3.1. Obrigações dos sócios

3.1.1. A obrigação de entrada

Já se referiu supra que constitui elemento essencial do contrato de sociedade a existência de uma contribuição de bens ou serviços por parte dos sócios (art. 980º). Mencionámos na altura que essa contribuição se efectua através da assunção de uma obrigação por parte dos sócios. Importa neste momento discorrermos sobre o regime dessa obrigação, que o legislador denomina de obrigação de entrada, e que vem regulada nos arts. 983º e 984º do Código Civil.

A lei não delimita quais os bens ou serviços que podem constituir objecto da obrigação de entrada, limitando-se a apresentar uma enumeração exemplificativa, aliás muito restrita, de algumas entradas possíveis no art. 984º. A especialidade desse artigo torna, porém, impossível qualquer extensão de regime, pelo que parece ser deixado à disponibilidade das partes determinar livremente o objecto das entradas dos sócios. Verifica-se, no entanto, que em face de uma redacção semelhante dos arts. 2253º a 2255º do Código Civil Italiano, a doutrina desse país procedeu a uma teorização em abstracto das entidades susceptíveis de constituír objecto da obrigação de entrada. Assim é que GHIDINI[604], por exemplo, considera admissíveis as entradas consistentes em dinheiro, na atribuição da propriedade ou do gozo de um bem, na atribuição de um crédito ou de uma posição contratual e na indústria do sócio, e não admissíveis as entradas consistentes no nome, na assunção de garantia, ou numa actividade omissiva.

Pronunciamo-nos contra esse método de teorização. Para nós, as entidades susceptíveis de constituir objecto da obrigação de entrada só podem ser determináveis em concreto, através da ponderação da sua utilidade para a realização do objecto social. Parece óbvio que qualquer entidade útil para a realização do objecto social possa constituír objecto da entrada do sócio. Assim sendo, uma apreciação em abstracto desta questão revela-se muito pouco produtiva[605].

[603] Defende a mesma qualificação, PINTO FURTADO, *Curso*, p. 98

[604] Cfr. *Societá Personali* , pp. 113 e ss.

[605] Resulta claro que apenas em concreto se pode determinar a admissibilidade da estipulação de certas entradas. Imagine-se, por exemplo, o caso de um sócio, músico de grande fama,

É, no entanto, de fazer várias restrições a esta forma de análise. Em primeiro lugar, não parecem ter idoneidade para constituir objecto de entrada dos sócios, as contribuições desprovidas de valor pecuniário. Sendo destinada à prossecução de uma actividade económica (art. 980º), a entrada terá necessariamente que possuir valor pecuniário, como resulta da redacção do art. 983º, nº 2. Existe, assim, em sede de contrato de sociedade uma derrogação à regra do art. 398º, nº 2.

Igualmente não poderão constituir objecto de entrada dos sócios as realidades que se apresentem como simples efeito do contrato de sociedade e não constituam uma contrapartida assumida pelo sócio em relação à sua participação social. Será o caso, por exemplo, da assunção de responsabilidade pelas dívidas sociais (art. 997º). Constituindo esta um dos elementos da participação social[606], a sua inclusão como objecto da obrigação de entrada, equivaleria a tirar sentido útil a essa obrigação, enquanto elemento do contrato de sociedade. Ora a sociedade necessita das entradas para a prossecução do seu objecto, não podendo bastar-se com uma mera garantia do sócio pelas obrigações que irá assumindo[607].

O objecto das entradas pode ser, por isso, o mais amplo possível. Este, no entanto, como o de qualquer prestação terá de ser determinado ou determinável (art. 280º). Se a obrigação de entrada não estiver determinada no contrato nem existirem elementos para a sua determinação o negócio não pode deixar de se considerar nulo por falta de um elemento essencial[608/609].

autorizar a sociedade a utilizar o seu nome na firma social. Naturalmente que essa autorização poderá legitimamente consistir objecto da sua entrada, se a sociedade se dedicar à exploração de espectáculos musicais, ou à venda de instrumentos de música. Dificilmente poderá, porém, ser admitida como objecto idóneo da sua entrada se a sociedade se dedicar à construção civil, dada a total falta de utilidade dessa contribuição.

[606] Embora possa ser excluída, em certos casos (cfr. art. 997º, nº 3).

[607] Di Sabato, *op. cit*, pág. 97. Este autor excepciona, porém, o caso da atribuição pelo sócio de uma outra garantia pessoal ou real à sociedade.

[608] Sendo indetermináveis apenas as entradas de alguns sócios, o negócio deverá reduzir-se, nos termos do art. 292º, por aplicação analógica do art. 981º, nº 2.

[609] Não foi transposta para o nosso Direito a regra do art. 2253º, parte final, do *Codice Civile*, que estabelece que se as entradas não forem determinadas presume-se que os sócios estarão obrigados em partes iguais a conferir tudo o que seja necessário para a realização do objecto social. Entendemos que a opção do legislador foi correcta. Com efeito, semelhante solução apresenta-se arbitrária face à normal vaguidade que assume a estipulação do objecto social.

Distinta da determinação das entradas do sócio é, no entanto, a sua avaliação (art. 983º, nº 2). Os dois conceitos não se confundem. A avaliação não é exigida para a perfeição do contrato, podendo os sócios deixar de proceder a ela, caso em que vigorará a presunção do art. 983º, nº 2,[610]. Reveste, porém, extraordinária importância para os contraentes, uma vez que é em face dela que se distribuem os lucros (art. 992º, nº 1) e se determina a parte que cabe a cada sócio na partilha dos bens sociais (art. 1018º, nº 1).

Não se encontra no Código Civil, conforme se referiu, uma regulação geral da obrigação de entrada. Apenas o art. 984º faz sujeitar a um regime normativo delimitado certas categorias de entradas, correspondentes a efeitos típicos de outros contratos, através de uma remissão para a disciplina desses contratos. Essa remissão é, no entanto, limitada unicamente às normas relativas à execução da prestação, garantia e risco da coisa. Sem intenção de proceder à análise da disciplina de outras categorias de contratos importa que nos debrucemos sobre este regime.

Antes de mais fazemos salientar que a redacção do art. 984º se apresenta bastante deficiente. Em primeiro lugar, não abrange sequer as categorias de entradas mais importantes – como as entradas em dinheiro ou em indústria –, ficando por determinar qual o regime a aplicar a estas. Por outro lado, a remissão não é homogénea. Nos casos das alíneas *a)* e *b)* remete-se para os contratos que são fonte típica dos bens objecto daquelas entradas (compra e venda e locação), enquanto na alínea *c)* se remete para uma disciplina de efeitos, sem mencionar a fonte que lhes serve de base. Se entendermos, como parece correcto, que essa fonte é o contrato de sociedade, assiste-se a uma devolução. O art. 984º regula a execução da prestação, garantia e risco da coisa pelos arts. 577º e 424º e segs., e os arts. 578º e 425º devolvem a regulação dos requisitos e efeitos da cessão para os arts. 980º e segs.[611].

Por último, a contraposição entre a remissão para as normas da compra e venda ou para as da locação também não é perfeita. Antes de mais, sendo amplamente discutida na doutrina a natureza real ou pessoal do direito do locatário, parece criticável que o art. 984º venha afirmar com

[610] GHIDINI, *op. cit.*, pág. 112.

[611] A remissão do art. 984º, al. *a)* revela-se totalmente desnecessária dado que os arts. 577º e ss., e 424º e ss., aplicam-se independentemente dessa remissão e só em casos muito pontuais regulam as relações entre as partes do negócio que lhes serve de base. É esse, por exemplo, o caso da garantia que o próprio art. 984º *c)* vem derrogar.

carácter de lei que o direito do locatário não tem natureza real. Para além disso, sendo a compra e venda um contrato cujo objecto não está limitado à transmissão de direitos reais, mas antes abrange a transmissão de qualquer direito (art. 874º), não se entende a razão porque o art. 984º limita a remissão aos casos das entradas em direitos reais. Por outro lado, pense-se no caso de a entrada do sócio consistir no uso e fruição de uma coisa. Como determinar se essa situação se rege pelas normas do contrato de locação ou se integra antes um usufruto regido pelas normas da compra e venda? Essa determinação só se poderá fazer em concreto, através, por exemplo, do exame do regime das obras (art. 1036º ou arts. 1472º e 1473º) e dos vícios da coisa conferida (arts. 1032º ou 913º e segs.). Mas a necessidade desse exame destrói só por si o sentido útil da remissão.

A nosso ver o art. 984º carece de uma interpretação correctiva. Verifica-se, com efeito, que a sua função é tão só a de sujeitar as entradas dos sócios ao regime dos outros contratos em que estas se apresentem como efeito típico. Isto sucede porque a sociedade civil, apesar de se apresentar como um contrato típico, possui um elemento atípico: a obrigação de entrada dos sócios[612]. A sua atipicidade impede o legislador de lhe estabelecer um regime próprio. No entanto, quando o objecto da entrada do sócio se reconduz a um elemento de um tipo contratual previsto na lei, o legislador manda aplicar o regime desse contrato, por intermédio da teoria da combinação. O contrato de sociedade apresenta-se, nesta altura, quanto a este elemento, praticamente como um contrato misto, de tipo duplo ou geminado, em que de um lado aparece a participação social e os direitos que a integram, regida pelas normas do contrato de sociedade, e do outro a entrada do sócio, integrante de outro tipo contratual por cujas normas se rege[613]. O art. 984º representa assim, apenas uma sujeição do contrato de sociedade, neste seu elemento atípico, ao regime dos contratos mistos, de tipo duplo ou geminados, e uma aplicação da teoria da combinação[614].

[612] Igualmente atípico, apesar de ser o mais relevante nesta categoria de contratos, é o elemento objecto social. Por essa razão, o fim lucrativo e a organização revelam-se os elementos mais caracterizadores do tipo, permitindo individualizar a sociedade em confronto com os outros contratos associativos.

[613] Defende uma concepção semelhante UMBERTO ROMAGNOLI, *La prestazione di lavoro nel contratto di societá*, Milano, Giuffrè, 1967, p. 167.

[614] É esse o sentido de o art. 984º limitar a remissão à execução da prestação, garantia e risco da coisa. Note-se, no entanto, quanto à forma o disposto no art. 981º.

A aplicação desse regime terá, no entanto, que se coordenar com a instrumentalização das entradas para a prossecução do objecto social, em face da qual se poderá entender não deverem ser aplicadas certas normas[615].

Com base nestas considerações julgamos serem igualmente aplicáveis à execução da prestação do sócio de indústria as normas do contrato de trabalho, designadamente no que diz respeito a faltas, horário de trabalho e período de férias. A especificidade da situação jurídica societária implica, no entanto, a inaplicabilidade das normas sobre trabalho extraordinário ou sobre o despedimento, substituído pelo instituto da exclusão de sócio (art. 1003º, al. *c*))[616].

3.1.2. Deveres acessórios impostos pela boa fé

Apesar de o art. 983º, nº 1, referir que os sócios estão somente obrigados às entradas estabelecidas no contrato, encontram-se no regime do contrato de sociedade pelo menos mais duas limitações à actividade pessoal dos sócios:

- a proibição do uso dos bens sociais para fins estranhos à sociedade (art. 989º);
- a proibição da concorrência (art. 990º).

Importa precisar neste momento qual o alcance e a função destas duas limitações, para o que se impõe uma análise das razões que as justificam.

Para a doutrina italiana, a proibição de concorrência que incumbe aos sócios apresenta-se como um aspecto particular do dever de colaboração[617], correspondendo a uma prestação autónoma do sócio. A abstenção da actividade económica concorrente por parte deste representaria um bem económico que seria conferido à sociedade como prestação integrante do objecto contratual[618].

[615] Será esse o caso do art. 984º, al. *c*), *in fine*.

[616] Romagnoli, *op. cit.*, maxime a págs. 153-226. Este autor recorre, no entanto, a uma formulação mais complexa, autonomizando a sociedade *pecunia-opera* como tipo societário individualizado, com um regime específico. A págs. 99 configura a irresponsabilidade do sócio de indústria nas relações internas como um resíduo ideológico da protecção atribuída ao factor trabalho, inassociável aos riscos que normalmente caracterizam o investimento de capital.

[617] Dalmartello, *L' esclusione dei soci dalle societá commerciali*, Pádua, CEDAM, 1937, pág. 175.

[618] Neste sentido Ernesto Simonetto, "L' apporto nel contratto di societá", na *RDC* 4 (1958), I, pp. 1-68 (29-32), e, em seu seguimento Giorgio Fornasiero, *Organizzazzione e intuitus nelle societá* , Padova, Cedam, 1984, pp. 105-107, que consideram a abstenção de

Discordamos de que a abstenção de concorrência se possa considerar uma prestação do contrato de sociedade, enquanto elemento do dever de colaboração do sócio. Isto porque esse dever tem carácter necessariamente positivo – contribuição com bens e serviços (art. 980º) – enquanto a proibição de concorrência impõe uma actuação negativa do sócio. Por outro lado, não nos parece que a *ratio legis* do art. 990º do Código Civil seja efectuar uma atribuição patrimonial à sociedade, sendo antes esta disposição explicável pelo facto de a confiança societária desaparecer quando o sócio exerce actividade concorrente com a sociedade, uma vez que este pode passar a apropriar-se individualmente da clientela, das técnicas de produção e dos investimentos desenvolvidos por esta[619].

A proibição de concorrência vem então a constituir, não uma prestação autónoma do contrato de sociedade, mas sim um dever acessório de lealdade imposto pela boa fé (art. 762º, nº 2, do Código Civil) que vai impedir que o sócio utilize a sua participação social para fins não contratuais, lesando assim as legítimas expectativas dos outros sócios[620].

Da mesma forma deverá ser entendida a proibição do uso dos bens sociais para fins estranhos à sociedade, prevista no art. 989º. Esta norma corporiza igualmente um dever acessório de lealdade, que impõe ao sócio a abstenção de qualquer actuação que possa desvirtuar os fins do contrato, como seria obviamente o caso da utilização em proveito próprio dos bens destinados à actividade societária.

Os arts. 989º e 990º apresentam-se assim como simples manifestações de um dever acessório de lealdade, a cargo dos sócios. Parece óbvio, no entanto, que não esgotam o conteúdo desse dever, sendo apenas meras referências exemplificativas. Outro exemplo de uma violação desse dever será o caso de o sócio utilizar as informações obtidas nos termos do art. 988º por forma a causar dano à sociedade. Note-se, como referimos atrás, que a necessidade de existência, durante toda a vida societária, de uma relação de confiança e colaboração entre os sócios impõe neste contrato uma intensidade especial dos deveres de boa fé em ordem a não frustrar essa colaboração. Os deveres inerentes à participação social são assim muito mais vastos do que o art. 983º, nº 1, poderia fazer supor.

concorrência incluída no conceito económico de bem e, portanto recondutível ao art. 2247º do *Codice Civile*.

619 Menezes Cordeiro, "Concorrência laboral e justa causa de despedimento", na *ROA* 46 (1986), a pp. 504 -505.

620 Cfr. Menezes Cordeiro, *Da boa fé,* pp. 606 e ss.

3.2. Direitos dos sócios

A participação social apresenta-se como uma situação jurídica complexa, por força da qual advém para os sócios todo um conjunto de direitos de diferente natureza. Interessa-nos, neste momento, proceder a uma breve análise do seu conteúdo.

Um primeiro direito que advém para o sócio da celebração do contrato de sociedade é o de *exprimir a sua vontade* em todas as fases relevantes da vida societária, de modo a concorrer para a formação da vontade social. É nesse sentido que várias disposições exigem o "consentimento unânime de todos os sócios", nos casos previstos nos arts. 989º, 990º e 995º, o "acordo dos sócios" previsto nos arts. 1007º, 1008º, 1011º, 1018º e 1019º, e a "deliberação da maioria" prevista nos arts. 986º. nº 3, 991º, e 1005º. Todas estas situações corporizam um direito dos sócios de, através da manifestação da sua vontade, influenciarem a vida societária[621].

Questão importante a resolver é a de determinar se quando o Código se refere à deliberação da maioria, esta se forma segundo o número dos sócios ou através da soma do valor das entradas[622]. Pronunciamo-nos no sentido de ser através do critério do número dos sócios, face ao carácter eminentemente personalista que assumem estas sociedades, assentes, como referimos, numa intensa colaboração societária que extravasa da simples assunção da obrigação de entrada.

Outro direito que a lei atribui aos sócios é o de *fiscalização dos administradores* previsto no art. 988º. Verifica-se, porém, apesar da designação comum, que esta disposição atribui aos sócios dois direitos de natureza e conteúdo diferentes: *o direito à informação*, mediante o qual o sócio pode obter em qualquer altura as informações que necessite sobre os negócios da sociedade e consultar os documentos a eles relativos, e *o direito à prestação de contas*, que o sócio pode exigir apenas periodicamente, nos termos do art. 988º, nº 2.

O direito à informação dos sócios funda-se, para além do genérico interesse que o sócio tem em conhecer os negócios sociais, na existência de uma responsabilidade ilimitada e solidária, em princípio, dos sócios pelas dívidas sociais, a qual poderá ser desencadeada pela actuação dos administradores, se estes não estiverem sujeitos a nenhuma fiscalização por

[621] Cfr. Di Sabato, *op. cit.*, pp. 107 e ss.

[622] Di Sabato, *loc. cit.*

parte dos sócios[623]. É de defender, face ao carácter *intuitu personae* destas sociedades, que este direito não possa ser exercido por intermédio de mandatários ou representantes. Consequentemente, o administrador poderá legitimamente recusar-se a revelar os segredos sociais a estranhos, ainda que mandatados pelo sócio[624].

A prestação de contas assume uma relevância especial que extravasa do âmbito de uma fiscalização dos administradores, inserindo-se também na esfera do direito aos lucros, pois apenas depois da sua realização é possível a distribuição dos lucros pelos sócios[625]. Com efeito, dessa prestação de contas depende a própria averiguação da existência de lucros que, como se sabe, representam o excesso do valor do património social sobre o montante das entradas dos sócios. Caso esse valor se apresente negativo ou em equilíbrio, não haverá lucros a distribuir, podendo os sócios nada receber, em face do carácter aleatório do contrato de sociedade. Daí a importância da prestação de contas na estrutura deste direito, determinante do seu conteúdo.

Examinemos agora, precisamente, o âmbito do *direito aos lucros* que corresponde, como se referiu, à plena realização do interesse individual dos sócios, determinante da celebração do contrato de sociedade. A doutrina tem tido, porém, certa dificuldade em equacionar o direito aos lucros adveniente da celebração do contrato de sociedade (arts. 980º, 994º, e 999º, nº 1) com o direito à distribuição periódica dos lucros (art. 991º) e o direito aos lucros concretamente distribuídos. Assim é que RIEZLER[626] entende que o direito aos lucros se apresenta como um direito tripartido, inte-

[623] MESSINEO, *Controllo del socio sulla amministrazione di societá di persone e rappresentanza* , nos *Studii di Diritto delle Societá* , 2º ed., Milão, Giuffrè, 1958, pág. 77-83.

[624] Neste sentido MESSINEO, *op. cit.*, e FERRI, *Le Societá*, Vol. X, Tomo III, do *Trattato di Diritto Civile Italiano* , dirigido por FILIPPO VASSALI, Turim, UTET, págs. 188 – 189.

[625] Apesar de o nosso Código Civil não ter reproduzido a parte final do art. 2262º do Código Civil Italiano, entendemos, face à redacção do art. 991º que a solução não poderá ser diversa, pois sem a prestação de contas os sócios não têm elementos para tomar a deliberação a que se refere essa disposição. Já é, porém, mais discutível se essa prestação de contas terá de revestir a estrutura de um balanço. Em sentido afirmativo cfr. PIERO SCHLESINGER, "L' approvazione del rendiconto annuale nelle societá di persone", na *RS* 10 (1965), pp. 807-845, e, em seu seguimento, DI SABATO, *op. cit.*, págs. 110 e ss.

[626] *Staudingers Kommentar zum B.G.B.*, 9ª Ed., Munique, Berlim e Leipzig, 1925, I, § 35, III, pág. 228 (cit. por GUIDO ROSSI, "Diritto ali utili e diritto alla quota di liquidazione", na *RS* 2 (1957), pp. 272-293 (274)).

grando, de um lado o direito aos lucros entendido como elemento essencial do contrato de sociedade, que se vem a corporizar num direito à quota de liquidação após a dissolução desta (art. 999º), de outro lado um direito à repartição periódica dos lucros, e por último um direito sobre o dividendo deliberado, entendido como um comum direito de crédito, embora com origem societária. Para Guido Rossi[627], pelo contrário, apenas existe um direito individual dos sócios aos lucros, do qual a sociedade não pode dispor; não existe qualquer direito dos sócios ao dividendo, uma vez que a sociedade pode dele dispor como entender por simples deliberação da maioria (cfr. art. 991º). Existe, no entanto, obviamente um direito de crédito dos sócios sobre os lucros distribuídos, uma vez que depois da distribuição dos lucros, a sociedade já não poderá condicioná-los, pois assumem a configuração de direito adquirido.

Toda a questão reside assim, na existência ou não de um direito ao dividendo anual, tendo como objecto a distribuição periódica dos lucros. Por nosso lado, entendemos ser a solução afirmativa, em face da redacção do art. 991º. Trata-se, porém, de um direito não delimitado, uma vez que a sociedade pode deduzir as quantias que entenda necessárias à prossecução dos fins sociais, sendo essa deliberação conformadora do conteúdo do direito do sócio.

A distribuição dos lucros e perdas pelos vários sócios encontra-se dependente de certas regras, constantes dos arts. 992º e 993º do Código Civil. Trata-se, no entanto, de regras supletivas, pelo que se os sócios determinarem no contrato o método de proceder a essa repartição será esse o critério que se aplica. Se o contrato se limitar a regular a participação nos lucros, presumir-se à que a participação nas perdas será idêntica, não respondendo, porém, os sócios de indústria nas relações internas por essas perdas (art. 992º, nºs 4 e 2). O contrato poderá, no entanto, livremente estabelecer uma participação nas perdas diferente da participação nos lucros, contanto que essa cláusula não represente uma violação do disposto no art. 994º, caso em que será nula.

Não havendo qualquer convenção, os sócios participam nos lucros e perdas da sociedade, segundo a proporção das respectivas entradas (art. 992º, nº 1). As entradas presumem-se iguais em valor se este não for determinado no contrato (art. 983º, nº 1), pelo que em princípio a distribuição

[627] Cfr. Rossi, *RS* 2 (1957) p. 278.

dos lucros se fará em partes iguais. O art. 992º, nº 3, estabelece, porém, duas excepções a esta regra quanto:

- à situação do sócio de indústria;
- à situação do sócio que apenas se obrigou a facultar à sociedade o uso e fruição de uma coisa.

Em relação a estes dois casos, não parece valer, em sede da distribuição de lucros, a presunção de paridade de valor prevista no art. 983º, nº 2, pelo que haverá sempre que proceder a uma avaliação[628], a efectuar pelo tribunal, de acordo com juízos de equidade[629].

Cabendo a divisão dos ganhos e perdas a terceiro, este tem por obrigação efectuá-la de acordo com o critério estipulado, ou de acordo com juízos de equidade se nada se tiver convencionado (art. 993º). Não sendo por este efectuada no tempo devido[630] passará a sê-lo pelo tribunal, de acordo com os mesmos juízos. Neste caso o tribunal já não ficará sujeito à regra do art. 992º, nº 1.

[628] Parece ser esta a solução que resulta do confronto entre o art. 983º, nº 2, e o art. 992º, nº 3. Outro entendimento possível seria o de que o art. 992º, nº 3, teria carácter subsidiário, apenas se aplicando quando a presunção do art. 983º, nº 2, não pudesse funcionar. Efectivamente essa presunção não funciona sempre, estando restrita à situação de haver apenas entradas de bens *in natura* e equivalentes entradas em dinheiro. Basta existirem duas entradas em dinheiro por parte dos sócios, uma de mil euros e outra de oitocentos, para a presunção do art. 983º, nº 2, ser inaplicável às outras entradas de bens *in natura*. Poder-se-ia, por isso, pensar que seria nestes casos que se aplicaria o art. 992º, nº 3.
Apesar de possível, não acolhemos, porém, essa interpretação. As entradas em indústria e no uso e fruição de bens são tratadas de forma peculiar pela lei, que de certo modo as desvaloriza em face das outras (cfr. art. 1018º, nº 1). A intenção do legislador parece ser, portanto, a de as excluir da regra da paridade prevista no art. 983º, nº 2, sendo sempre necessária, no silêncio do contrato, a avaliação prevista no art. 992º, nº 3. No mesmo sentido, cfr. RAUL VENTURA, *Apontamentos*, pp. 78 e ss.

[629] Apesar da redacção do art. 992º, nº 3, entendemos que o que ao tribunal cabe determinar é o *valor* dessas entradas, sendo em face dele que se determina a participação nos lucros de acordo com a regra do art. 992º, nº 1. Discordamos, em absoluto, da tese defendida por GALGANO, *Le società*, pp. 228-229, no sentido de que a fixação do quinhão do sócio de indústria nos lucros deverá ser regulada pelos princípios que presidem à fixação de retribuição do contrato de trabalho. Com efeito, apesar de à execução de prestação do sócio de indústria poderem, como defendemos, ser aplicadas as regras do contrato de trabalho, a distribuição dos lucros nada tem a ver com a retribuição, sendo abusivas quaisquer comparações.

[630] Não se tendo estipulado prazo no contrato para o terceiro efectuar a divisão deverá recorrer-se à fixação judicial do prazo prevista no art. 777º, nº 2, C.C. e 1026º do CPC.

Sendo a divisão efectuada por terceiro existe um direito de recurso dos sócios para o tribunal, segundo as normas dos arts. 993º, nºs 2 e 3.

3.3. A estrutura organizativa

Referimos já a importância que assume o elemento organização no contrato de sociedade, do qual depende a execução contratual. No caso das sociedades civis, essa organização estrutura-se unicamente numa relação de administração, mediante a qual se atribuem poderes de gestão da empresa social a todos ou alguns dos sócios ou a terceiros, que assumem a qualidade de administradores.

A administração constitui assim um orgão da sociedade enquanto entidade jurídica, ao qual cabe prosseguir o seu objecto. Verifica-se, no entanto, que a relação de administração adquire uma certa autonomia na estrutura do contrato de sociedade, regulando-se pelas normas do mandato (art. 987º, nº 1).

Apesar da remissão para esse regime, nota-se que a situação jurídica da administração da sociedade se apresenta bastante mais complexa do que a simples execução de um mandato. Os administradores possuem autonomia na gestão da prossecução do objecto social, não podendo os sócios, durante o exercício da administração, ingerir-se nos negócios sociais ou dar instruções aos administradores ao contrário do que resultaria do art. 1161º, al. *a)*. Por outro lado, competem aos administradores efectivos poderes de direcção da empresa comum, a que os sócios terão de se sujeitar[631].

O art. 985º deixa à disponibilidade das partes a estipulação da modalidade de exercício da administração. Esse artigo estabelece, no entanto, com carácter supletivo, o regime da administração disjunta, havendo referências exemplificativas aos sistemas de administração conjunta e maioritária.

No sistema de administração disjunta (art. 985º, nº 1) os poderes de administração concentram-se integralmente em cada um dos administradores, podendo estes individualmente praticar todos os actos que incumbem àquele orgão, sem necessidade do consentimento nem sujeição às directivas dos outros. A actividade dos administradores não fica, porém, isenta de controle, uma vez que a lei atribui também a cada administrador o direito

[631] Cfr. a análise de GALGANO, *op. cit.*, a págs. 177 e segs.

de oposição aos actos que os outros pretendam realizar, cabendo à maioria decidir sobre o mérito da oposição (art. 985º, nº 2)[632].

Entendemos que a oposição de um administrador tem como efeitos a perda da competência dos administradores para praticar esse acto, que fica suspensa até à deliberação da maioria. Tratando-se de uma declaração receptícia essa oposição terá de ser recebida pelo destinatário para produzir efeitos (art. 224º)[633]. Ao contrário do que à primeira vista poderia parecer somos de opinião que os destinatários deverão ser *todos os outros administradores*. Com efeito, a oposição tem por função evitar a prática de um acto e não a sua realização por determinado administrador. Não faria sentido permitir que, depois da oposição ao acto que um administrador pretendesse praticar, outro viesse a realizá-lo antes da deliberação da maioria sobre o assunto.

Ao contrário do que foi defendido por FERRER CORREIA[634], entendemos que a oposição ao acto afecta inclusive os poderes de representação do administrador perante terceiros. Não nos convence o argumento apresentado por este ilustre autor de que o preceito se encontra colocado no capítulo relativo às relações internas. O art. 996º atribui, em sede de relações com terceiros, a representação da sociedade aos administradores *de acordo com as regras do art. 995º*. Assim, a oposição terá efeitos também em sede de representação. A solução é, aliás, a mais lógica. Atribuir à administração o simples efeito de tornar o administrador responsável perante os sócios nos termos gerais se a sua actuação não viesse a ser ratificada pela maioria, torná-la-ia vazia de conteúdo. O administrador responde sempre perante a sociedade pelos danos que culposamente lhe causar nos termos gerais, e qualquer sócio pode tornar efectiva essa responsabilidade (art. 987º, nº 2).

Entendemos, portanto, que a oposição do administrador ao acto que o outro pretende praticar suspende os poderes individuais de administração e representação necessárias para a prática desse acto. Deverá, no entanto,

[632] Cabe aqui legitimamente questionar a que maioria se refere este artigo. O art. 2257º do Código Italiano que adopta solução semelhante refere-se expressamente à maioria dos sócios, incluindo os não administradores. Em face do nosso Direito pensamos, porém, que o art. 985º, nº 2 apenas abrange os administradores. Nada justifica, neste caso, a ingerência dos sócios não administradores na gestão da sociedade.

[633] PIRES DE LIMA/ANTUNES VARELA, *op. cit.* II, sub art. 985º, nº 3, pp. 295-296.

[634] Citado por PIRES DE LIMA/ANTUNES VARELA, *op. cit.* II, sub art. 985º, nº 3, p. 296.

aplicar-se por analogia o disposto no art. 996º, nº 2, estabelecendo que essa falta de poderes não é oponível a terceiros que sem culpa a ignorem.

A oposição não devolve, porém, essa competência para a maioria dos administradores. A esta cabe apenas decidir sobre o mérito da oposição exercendo, através de um exame dos seus motivos, o poder de confirmar ou revogar o acto de oposição. Revogada a oposição, os poderes para a prática desse acto devolvem-se a cada um dos administradores.

Apesar da redacção do art. 985º, nº 2, é óbvio que a oposição não é um direito dos administradores, mas sim um poder funcional[635] que deve ser exercido verificadas certas condições e apenas nesse caso. Daí que os administradores respondam para com a sociedade pelos prejuízos derivados do seu exercício infundado ou inclusive pelo seu não exercício quando houvesse razões para se proceder à oposição, de acordo com o art. 486º.

Os sócios podem ainda estabelecer nos termos do art. 985º, nºs 3, 4, e 5, os sistemas de *administração conjunta* e *maioritária*. No primeiro sistema a administração precisa do consenso de todos os administradores para praticar os actos compreendidos na sua competência, enquanto no segundo sistema se exige apenas uma deliberação da maioria.

Em qualquer destes dois sistemas os administradores isoladamente possuem, porém, competência para praticar os actos urgentes, destinados a evitar à sociedade um dano iminente (art. 985º, nº 5).

A possibilidade de revogação dos poderes de administração varia consoante estes forem atribuídos no contrato ou em acto posterior (art. 986º). No primeiro caso os poderes de administração incorporam-se na participação social como direito individual dos sócios, pelo que a relação de administração, embora sujeita da mesma forma às regras do mandato (art. 987º, nº 1) corporiza um mandato de interesse comum, apenas revogável ocorrendo justa causa (art. 1170º, nº 2)[636]. Quando a designação é feita em acto posterior[637] a relação de administração adquire autonomia em relação à participação social, pelo que os arts. 986º, nº 3, e 987º mandam aplicar o art. 1170º, nº 1, sem restrições, salvo quanto à simples exigência de uma deliberação de maioria (cfr. o art. 1173º).

[635] Neste sentido GHIDINI, *Societá Personali.*, p. 366.

[636] A revogação só poderá ser, no entanto, pronunciada pelo tribunal (art. 986º, nº 1), o que bem se compreende dada a necessidade de protecção dos direitos individuais dos sócios em face da maioria.

[637] O que só por si pressupõe o afastamento da regra supletiva do art. 985º, nº 1.

4. As relações externas

4.1. A representação da sociedade

O art. 996º atribui a representação da sociedade aos administradores nos termos do contrato ou de harmonia com as regras fixadas no art. 985º. Verifica-se assim uma coexistência nos mesmos sujeitos dos poderes de administração e representação da sociedade. Trata-se, no entanto, de poderes de função e âmbito diverso que por isso não se confundem. O poder de administração tem por conteúdo a possibilidade de exercer a gestão da empresa comum, enquanto a faculdade de representação compreende a imputação à sociedade dos actos praticados em seu nome. Daí que se possa legitimamente perguntar se existirão obstáculos legais a que o contrato estabeleça uma dissociação desses poderes, atribuindo a uma entidade a função de administrar e a outra a de representar a sociedade.

A solução legal é no entanto, no sentido da sua inadmissibilidade. O art. 996º é imperativo quanto à associação dos poderes de representação à competência dos administradores. Apenas através da exclusão, modificação ou limitação de competência de administração se poderá correlativamente afastar os poderes de representação da sociedade. No entanto, nos termos do art. 996º, nº 2, essas deliberações não são oponíveis a terceiros que sem culpa os ignorassem, ficcionando-se legalmente a culpa do terceiro se à deliberação foi dada a publicidade conveniente. Ao que parece bastará para esse efeito a emissão de circulares, anúncios ou publicação nos jornais[638].

Os poderes de representação da sociedade estarão porém limitados à prática dos actos necessários ou convenientes para a prossecução do objecto social nos termos do art. 160º. A prática pelo administrador em representação da sociedade de um acto que extravasa do objecto social terá de se considerar ineficaz em relação a esta nos termos dos arts. 268º e 269º.

O art. 996º não obsta, apesar da sua redacção, a que a sociedade constitua procuradores, nos termos gerais (arts. 262º e segs.).

4.2. A responsabilidade pelas obrigações sociais

Refere o art. 997º, nº 1, que pela dívidas sociais responde a sociedade e, pessoal e solidariamente os sócios. Estamos neste caso perante uma regra supletiva pelo que, nos termos do art. 997º, nº 3, os sócios poderão no contrato limitar ou excluir a sua responsabilidade ou inclusivamente estabelecer um regime de conjunção, valendo quanto à oponibilidade destas

[638] Neste sentido Pires de Lima/Antunes Varela, *op. cit.*, II, sub art. 996º, nº 3, p. 308.

cláusulas a terceiros a regra do art. 996º, nº 2. Excepciona-se, porém, o caso dos sócios administradores e, bem assim, a situação de os sócios confiarem a administração exclusivamente a terceiras pessoas.

Tem sido bastante discutida na doutrina qual a natureza da responsabilidade dos sócios pelas dívidas sociais. Para alguns autores, entre os quais GALGANO[639] os sócios *respondem por um débito próprio*, derivado da assunção do risco pelo exercício de uma empresa. A favor desta tese apresentam o argumento da conexão legal entre o exercício dos poderes de administração e a responsabilidade pelas dívidas sociais (art. 997º, nº 3). Da gestão efectiva da empresa derivaria uma assunção do risco respectivo, sendo essa a razão porque aos sócios-administradores não é permitido afastar o regime da responsabilidade ilimitada. A mesma situação se verificaria quando os sócios confiassem a administração exclusivamente a terceiros. Essa confiança teria como efeito uma co-responsabilização pela actuação do terceiro, através da assunção desse risco.

Para outros autores, entre os quais DI SABATO[640] a responsabilidade dos sócios pelas dívidas sociais *corresponde a uma responsabilidade por débito alheio*. Segundo este autor, se se tratasse de uma responsabilidade solidária por débito próprio cada sócio teria apenas direito de regresso para com os outros sócios segundo a proporção da sua participação nas perdas. Deste modo a sociedade veria extinto o seu débito, podendo cancelá-lo do seu passivo, o que produziria naturalmente um aumento do valor do património social. Só que assim se violariam, como bem demonstra este autor, duas regras fundamentais:

- a de que os sócios só estão obrigados às entradas estabelecidas no contrato (art. 983º, nº 1), dado que a tese criticada sujeita o sócio a variadíssimas contribuições, em cada momento da vida social;
- o conteúdo do direito aos lucros, entendido como mais-valia do activo sobre o passivo. Com efeito, a posição de que os sócios que pagam dívidas sociais cumprem débitos próprios leva a que seja falseado o valor do património social em virtude de sucessivos cancelamentos de dívidas[641].

[639] Cfr. GALGANO, *Le societá*, pp. 251 e segs.

[640] Cfr. DI SABATO, *op. cit.*, pp. 133 e segs.

[641] DI SABATO, *op. cit.*, a págs. 134. Para uma análise mais completa do debate sobre esta questão cfr. FRANCESCO VASSALI, *Responsabilitá d' impresa e potere di amministrazione nelle societá personali*, Milão, Giuffrè, 1973, págs. 7-10 e passim.

Daí que se deva entender que a responsabilidade dos sócios pelas dívidas sociais representa apenas uma garantia legal de obrigação alheia, juridicamente imputável à sociedade. Essa garantia é imperativa, quando o sócio exerce a administração ou quando os sócios a confiam exclusivamente a terceiros. Mas essa imperatividade, explicável em virtude do princípio do risco de empresa[642], não pode levar a subverter o facto de as obrigações serem assumidas em representação da sociedade, e portanto a esta deverem ser imputadas (art. 258º).

Em consequência, o sócio que paga uma dívida social torna-se credor da sociedade, nos termos do art. 592º. Se vier a exercer o seu direito de regresso contra os outros sócios, todos se tornarão credores da sociedade na parte que a cada um compete. No entanto, o sócio demandado pode sempre obviar a esta situação exigindo a prévia excussão do património social nos termos do art. 997º, nº 2.

A configuração da responsabilidade do sócio como uma simples relação de garantia, de certa forma semelhante à da fiança, justifica a nosso ver, que a ela se aplique analogicamente o disposto no art. 635º. O credor da sociedade não poderá assim obter título executivo contra os sócios numa acção intentada apenas contra a sociedade. Os sócios, porém, poder-lhe-ão opôr eficazmente em acção intentada contra eles o caso julgado favorável à sociedade.

O art. 997º, nº 4, refere ainda que o sócio não pode eximir-se à responsabilidade por determinada dívida sob o pretexto de esta ser anterior

[642] MORELLO, *op. cit.*, pp. 458 e ss. explica a imperatividade da responsabilidade dos sócios administradores com o fundamento de que se destina a garantir os credores sociais de que a pessoa que com eles contrata em representação da sociedade é também pessoalmente responsável pelas obrigações que assumiu em nome desta. Tirando todas as consequências desta posição, o autor vai ao ponto de defender que o administrador não sócio também se deve considerar pessoalmente responsável pelas dívidas que contraiu em nome da sociedade. Parece-nos clara a inviabilidade desta solução. Nos termos do art. 992º os responsáveis pelas obrigações da sociedade são os sócios e não os administradores. O art. 992º, nº 3 procura apenas impedir que os sócios que exercem a gestão ou a delegam em absoluto transfiram para os credores da sociedade o risco dessa gestão. Não tem por conteúdo estabelecer uma garantia pessoal do representante da sociedade pelos actos que ele pratique em nome desta, nem essa regra se pode considerar sequer implícita. Se a administração for, por exemplo, entregue simultaneamente a alguns sócios e a não sócios a lei apenas impõe a responsabilidade dos sócios administradores pelos actos praticados pelo administrador não sócio. Não sujeita este a essa responsabilidade.

à sua entrada para a sociedade. Segundo PIRES DE LIMA e ANTUNES VARELA[643] esta disposição apenas se aplicará se o ingresso do sócio derivou da aquisição de quota de um anterior sócio. Tratando-se, pelo contrário, de uma situação do aumento do número dos sócios verifica-se uma reorganização da sociedade pelo que nada impedirá que a responsabilidade do novo sócio seja limitada às dívidas posteriores.

Concordamos com a solução proposta por estes ilustres professores. Com efeito, o sócio que ingressa na sociedade adquire, por força desse ingresso, todos os direitos e obrigações inerentes à participação social e, em consequência, a responsabilidade conexa com o estado do património social. nada impede, porém, nos termos do art. 997º, nº 3, que os sócios modifiquem ou limitem essa responsabilidade aquando da sua entrada para a sociedade, aplicando-se a este caso a regra do art. 996º, nº 2.

4.3. Responsabilidade por factos ilícitos

O art. 998º, nº 1, estabelece uma responsabilidade objectiva da sociedade pelos actos e omissões dos seus representantes, agentes ou mandatários, em tudo idêntica aos termos gerais (art. 500º). O art. 998º, nº 2, vem, no entanto, referir que o lesado apenas pode exigir dos sócios a satisfação do débito correspondente depois de excutido o património da sociedade e o do representante, agente ou mandatário. Essa disposição parece por isso afastar a possibilidade de o lesado se dirigir directamente aos sócios nos termos do art. 997º, nº 2. A razão para esta solução será o facto de a lei pretender possibilitar o exercício do direito de regresso da sociedade contra o autor do dano, o que o sócio por definição não poderá fazer.

5. Extinção do vínculo social relativamente a um sócio

5.1. Morte do sócio

Dispõe o art. 1001º, nº 1, que, no caso de morte de um sócio, se o contrato nada estipular em contrário, deverá a sociedade liquidar a sua quota em benefício dos herdeiros; mas os sócios supérstites terão a faculdade de optar pela dissolução da sociedade, ou pela continuação com os herdeiros se vierem a acordo com eles[644]. Esta disposição, que teve origem no art. 2284º do Código Civil Italiano, corresponde a uma forte tradição da

[643] Cfr. PIRES DE LIMA/ANTUNES VARELA, *op. cit.*, II, sub art. 997º, nº 5, p.310.

[644] Cfr. ROMANO MARTINEZ, *Da cessação*, p. 304.

prática comercial vigente em vários países europeus, especialmente em França, que consistia na estipulação de uma cláusula contratual atribuindo à sociedade uma tripla alternativa no caso de morte do sócio: liquidação da quota, dissolução da sociedade ou continuação com os herdeiros, havendo acordo destes. Era a chamada *cláusula da tripla opção*[645].

O regime actual não corresponde no entanto, como bem demonstra GHIDINI[646], a qualquer situação de tripla opção. A morte do sócio produz, em face do art. 1001º, uma única consequência legal: a obrigação de a sociedade liquidar a quota em benefício dos herdeiros. Esta obrigação não deriva de uma escolha da sociedade mas da própria lei e corresponde ao único direito cuja satisfação os herdeiros lhe podem exigir. A sociedade tem apenas uma faculdade alternativa de optar pela sua própria dissolução, provocando uma liquidação geral de todo o seu património desde que o comunique aos herdeiros no prazo de sessenta dias (art. 1001º, nº 2). Poderá igualmente escolher a continuação com os herdeiros, mas esta depende do acordo destes, o que implica que não se trate de uma possibilidade com que se possa contar em abstracto. Qualquer destas deliberações terá, em princípio que ser tomada por unanimidade, uma vez que tal é exigido quer para a dissolução (arts. 1007º e 1008º), quer para a alteração do contrato (art. 982º), salvo se se tiver estipulado contratualmente que basta o simples voto maioritário.

Tem sido amplamente discutido em Itália qual a natureza deste regime e as suas articulações com o fenómeno jurídico sucessório[647]. Parece-nos, no entanto, que esta deriva em termos claros da lei. Sendo o contrato de sociedade civil celebrado exclusivamente *intuitu personae* é óbvio que a participação social, enquanto situação jurídica complexa, não se pode transmitir por morte aos herdeiros (art. 2025º, nº 1). Encontram-se, porém, incluídos nessa participação social direitos e obrigações com carácter exclusivamente patrimonial, tais como o direito aos lucros e à quota de liquidação, e a participação nas perdas. Estes são objecto de sucessão nos termos gerais (art. 2024º). Assim se explica que a sociedade deva liquidar no prazo de seis meses a quota, para satisfação dos correspondentes direitos dos herdeiros (cfr. o art. 1021º).

[645] Cfr. FERRI, *Le societá*, p. 211.

[646] Cfr. GHIDINI, *Societá Personali*, p. 478. No mesmo sentido ILARIO MENGHI, *La morte del socio nelle societá di persone, La disciplina legale*, Milão, Giuffrè, 1984, pp. 61 e segs.

[647] Para uma análise das diversas posições em conjunto cfr. ILARIO MENGHI, *op. cit.*, pp. 49 e segs.

A sociedade pode nos termos referidos optar pela sua própria dissolução. Neste caso refere a lei (art. 1001º, nº 3) que os herdeiros assumem *todos* os direitos inerentes, na sociedade em liquidação, à quota do sócio falecido. Parece assim que a opção pela dissolução da sociedade faz operar uma integral sucessão na participação social. Essa situação verifica-se porque a sociedade civil em liquidação perde o *intuitus personae* que a caracteriza[648]. O facto de deixar de prosseguir o objecto social torna desnecessária a intensa relação de colaboração societária que era exigida para esse efeito e que aparece como pressuposto desse *intuitus personae.* Deixa assim de haver obstáculo à sucessão, pelo que esta se opera, com retroacção dos seus efeitos à data da morte do sócio (art. 2031º).

Na hipótese de continuação da sociedade com os herdeiros, a qual exige o acordo destes (art. 1001º, nº 1, *in fine*), a sua situação jurídica já não tem natureza sucessória. A substituição do sócio defunto pelos seus herdeiros não se produz *jure hereditatis* mas sim através da sua adesão por acordo com os supérstites ao contrato social[649]. É esse acordo que determina o ingresso dos herdeiros, constituindo a sucessão hereditária sómente um pressuposto da sua celebração. Em bom rigor, porém, esta até se revela desnecessária uma vez que o acordo dos sócios com terceiro é sempre acto idóneo para produzir o seu ingresso na sociedade.

Devido à origem negocial deste ingresso dos herdeiros na sociedade, derivado da sua vontade, terá de se entender que a responsabilidade destes pelas dívidas sociais não está neste caso limitada ao património here-

[648] Esta solução tem sido defendida por grande parte da doutrina italiana desde AULETTA, e parece-nos efectivamente a melhor por não nos parecerem convincentes as críticas que lhe foram dirigidas. Assim é que DI SABATO, *op. cit.*, p. 143, refere ser impossível juridicamente atribuir aos herdeiros certas situações passivas inerentes à participação social sem exigir o seu consentimento, como no caso de a sociedade em liquidação vir a contraír novas obrigações (art. 1009º, nº 2), ou na situação de responsabilidade pelas dívidas precedentes (art. 997º, nº 4). A objecção parece-nos infundada. Sendo a participação social um bem incluído na herança, verifica-se que, mesmo que os herdeiros nela sucedam, a sua responsabilidade é sempre limitada às forças da herança (art. 2071º). Não se vê assim razão material para defesa da solução contrária. A outra objecção apresentada por ILARIO MENGHI, *op. cit.*, pp. 65-66, de que sendo a participação social um simples valor variável, não poderia como tal ser objecto de sucessão, também nos parece falha de fundamento. A sociedade entra em liquidação justamente para determinar o valor correspondente aos direitos que os sócios possuem sobre o património social. Não vemos em que é que isso possa constituir obstáculo à sucessão.

[649] Neste sentido FERRI, *op. cit.*, pág. 212.

ditário e abrange nos termos do art. 997º, nº 4, qualquer dívida, mesmo que anterior à sua entrada para a sociedade[650].

Tratando-se de uma norma supletiva, o art. 1001º pode ser derrogado por estipulação em contrário no pacto social. Essa derrogação não poderá, porém, infringir a proibição legal dos pactos sucessórios constante do art. 2028º.

5.2. A exoneração e exclusão de sócios

A exoneração do sócio prevista no art. 1002º corresponde ao direito que individualmente lhe é atribuído de se desvincular da sociedade exigindo a liquidação da sua quota nos termos do art. 1021º[651]. Os pressupostos desse direito variam, porém, conforme a sociedade tenha ou não duração contratualmente estipulada. Assim:

- não havendo estipulação de prazo, a exoneração é livre;
- havendo estipulação de prazo, a exoneração é necessariamente motivada, só sendo possível nas condições fixadas no contrato, ou quando ocorra justa causa.

Os efeitos da exoneração são no entanto diferidos, só se produzindo no fim do ano social em que é feita a comunicação respectiva, mas nunca antes de decorridos três meses sobre essa comunicação (art. 1002º, nº 3).

Como se pode verificar pela análise do art. 1002º, o instituto da exoneração, nas suas duas formas, livre e motivada, corresponde à aplicação ao contrato de sociedade dos princípios gerais sobre a cessação dos efeitos nos contratos. A exoneração livre representa o exercício de um direito de denúncia, vigente em sede de relações contratuais duradouras, por força do qual se tutela a liberdade individual, neste caso no seu conteúdo de renúncia ao exercício em comum com outras partes de uma actividade económica continuada[652]. A exoneração motivada corresponde à categoria da resolução do contrato, com base em lei ou convenção (art. 432º). A exoneração fundada em justa causa terá que ter por base uma actuação da sociedade, susceptível de vir a lesar a prossecução do objecto social como,

[650] Salvo, claro, a possibilidade de limitação da sua responsabilidade nos termos do art. 997º, nº 3.

[651] Cfr. sobre a exoneração do sócio, ROMANO MARTINEZ, *Da cessação*, pp. 304 e ss.

[652] GALGANO, *Le società*, pág. 269.

por exemplo, nos casos de a sociedade não deliberar excluir um sócio ou destituir um administrador quando se verifique justa causa para o fazer[653].

A exclusão do sócio, prevista nos arts. 1003º e 1004º do Código Civil, corresponde da mesma forma à categoria da resolução por não cumprimento, que atribui à sociedade direito a desvincular-se de um sócio que não realiza os seus deveres para com aquela[654]. Esta forma de resolução do contrato apresenta, no entanto, uma configuração específica, explicável devido ao peculiar funcionamento do sinalagma no contrato de sociedade. Com efeito, o facto de o sinalagma se colocar entre a prestação de cada sócio e o resultado útil que este obtém na exploração da empresa comum implica que a sua estrutura seja a de uma relação triangular sócio-sociedade-sócio. Essa situação vai implicar que só fundamente a exclusão o incumprimento do sócio que venha a afastar a prossecução do objecto social e, por outro lado, que o titular desse direito seja a sociedade enquanto entidade a quem cabe a prossecução desse objecto[655].

Os pressupostos legais de exclusão correspondem assim a situações em que o interesse social, entendido como interesse comum dos sócios na realização do contrato, vem a ser posto em causa por um sócio que dificulta essa realização. Não parece bastar, no entanto, para fundamentar a exclusão uma simples falta de cumprimento de uma obrigação do sócio. Existindo, como se referiu, nas sociedades civis uma relação de confiança no sócio presume-se que enquanto essa relação se mantiver a sociedade terá interesse na presença do sócio. Daí que para haver fundamento de exclusão tenha de se verificar, em face do não cumprimento do sócio, uma ruptura efectiva na relação de confiança societária que torne impossível a prossecução do objecto social com o sócio a excluir. Por isso se diz que neste tipo de contratos o inadimplemento tem uma *função sintomática*[656].

[653] Hoje estes exemplos estão corporizados, em sede de sociedades em nome colectivo, no art. 185º do Código das Sociedades Comerciais.

[654] Cfr. Romano Martinez, *Da cessação*, pp. 306 e ss.

[655] A conclusão de que o direito de exclusão pertence à sociedade e não aos sócios retira-se do art. 1005º, nº 1, uma vez que este refere que a exclusão se efectua por deliberação da maioria dos sócios, e não por todos eles, como seria necessário para dissolver os vínculos contratuais que os ligavam ao sócio a excluír, se este direito lhes coubesse individualmente. Neste sentido, Avelãs Nunes, *op. cit.*, pp. 291 e ss.

[656] Cfr. João Baptista Machado, "Pressupostos da resolução por incumprimento", em AAVV *Estudos em Homenagem ao Prof. Doutor J. J. Teixeira Ribeiro*, II- *Iuridica*. Coimbra, 1979, pp. 343-411 (357) e em ID, *Obra dispersa*, I, Braga, Scientia Iuridica, 1991, pp. 125-193 (137).

O que vai determinar a exclusão é a avaliação dos seus efeitos na relação jurídica societária.

É neste sentido que deve ser entendida a referência à "gravidade" da violação contratual praticada pelo sócio, constante do art. 1003º, al. *a)*, e o caso de exclusão em caso de benefício do acompanhamento, precendendo decisão do tribunal que o haja decretado, referido no art. 1003º, al. *b)*. Neste último caso a perda de confiança no sócio é, por assim dizer, automática, e uma vez que se trata de um contrato *intuitu personae* não é possível qualquer intervenção do acompanhante. Daí que seja permitida à sociedade a exclusão do sócio. Os casos previstos nas alíneas *c)* e *d)* do art. 1003º correspondem igualmente a situações de não cumprimento do sócio que implicam uma perda autónoma do interesse da sociedade na manutenção da sua presença, que justifica a exclusão.

Parece-nos ser igualmente um caso de exclusão a liquidação da quota do sócio por força da execução instaurada contra este por um seu credor particular, prevista no art. 992º, nº 2. Trata-se, no entanto, de um caso especial de tutela dos interesses dos credores particulares dos sócios, ao mesmo tempo que dos da sociedade. O credor particular do sócio[657] não pode, por causa do já referido *intuitus personae* executar a participação social do seu devedor, apenas lhe sendo permitido executar o direito aos lucros e à quota de liquidação do sócio devedor. Apenas no caso de insuficiência dos bens deste poderá exigir que a sociedade proceda à liquidação da sua quota nos termos do art. 1021º (art. 999º, nº 2). Neste caso a sociedade poderá liquidar a quota do sócio, ao mesmo tempo que o exclui. Ao contrário do que poderia parecer, o fundamento desta exclusão não é a execução intentada pelo credor, mas sim a *insuficiência de bens do sócio*, uma vez

[657] É duvidoso o que possa entender-se pela expressão "credor particular do sócio". GHIDINI, *Societá Personali*, p. 703, discute a questão de se poder ou não considerar como tal o sócio que, tendo pago dívidas sociais, pretende exercer o seu direito de regresso contra os outros, referindo que na Alemanha, WEIPERT, HUECK e SCHLEGELBERGER, sustentam que essa situação representaria uma violação do direito de fidelidade à sociedade. O próprio GHIDINI, pelo contrário, defende que a expressão "credor particular do sócio" só exclui os credores sociais, tendo o sócio que paga dívidas sociais todo o direito a beneficiar da faculdade prevista no art. 999º, uma vez que não é credor social. O autor exceptua únicamente o caso de a sua actuação violar as regras da boa-fé, como no exemplo de o sócio ter pago as dívidas sociais com esse intuito exclusivo. Por nosso lado, entendemos que os sócios que pagam dívidas sociais, apesar de terem direito de regresso sobre os outros, tornam-se credores da sociedade nos termos do art. 592º, pelo que defendemos que não caem no âmbito deste artigo.

que só em face desta deverá a sociedade liquidar a participação social (art. 999º, nº 2). Verifica-se aqui igualmente um caso de infracção dos deveres contratuais do sócio, dado que, tratando-se de sócio de responsabilidade ilimitada, a sua situação patrimonial se vai reflectir na actividade social. Daí que a doutrina tenha entendido[658] que do contrato de sociedade não deriva apenas uma assunção de responsabilidade subsidiária pelas dívidas sociais, semelhante à fiança. Encontra-se igualmente incluído no dever de colaboração dos sócios um dever acessório de conferir crédito à sociedade, resultante da sua boa situação patrimonial, que é violado quando a situação patrimonial do sócio se torna negativa, o que vai dar lugar à resolução por não cumprimento e, portanto, à exclusão nos termos do art. 999º, nº 2.

É discutível se em face da exigência da liquidação da quota, apresentada pelo credor particular, a sociedade estará *ipso facto* obrigada a excluír o sócio. Entre nós Avelãs Nunes[659] defendeu que neste caso a sociedade não perde toda a margem de apreciação, podendo evitar a liquidação da quota se pagar ao credor particular a parte do débito não coberta pelos restantes bens do sócio-devedor, e restando-lhe ainda a possibilidade de deliberar a sua própria dissolução, caso em que o credor terá de aguardar pela liquidação total. Pode ainda conceber-se a possibilidade de o sócio permanecer como sócio de indústria. Por aqui já se vê que continua a pertencer à sociedade a deliberação sobre a oportunidade de exclusão.

6. Dissolução e liquidação da sociedade

6.1. As causas de dissolução

A supressão do vínculo societário da ordem jurídica opera-se através de uma forma específica, diferente das já conhecidas em sede de teoria geral dos contratos. A verificação, em sede de sociedade, de uma causa dissolutória não produz a ineficácia superveniente do vínculo com a consequente extinção da relação obrigacional complexa que este corporizava[660]. A extinção da sociedade apresenta-se como um processo, ou seja, como

[658] Cfr. Simonetto, *RDC* 4 (1958), I, pp. 32 e ss., e Giorgio Fornasiero, *op. cit*, pp. 107-108.

[659] Cfr. Avelãs Nunes, *op. cit.*, pp. 106 – 107.

[660] Sobre a caracterização das causas de extinção dos contratos em geral cfr. Menezes Leitão, *Direito das Obrigações*, II, 12ª ed., Coimbra, Almedina, 2018, pp. 101 e ss., Menezes Cordeiro, *Direito das Obrigações*, II, reimpressão, Lisboa, AAFDL, 1987, pp. 162 e segs., Romano Martinez, *Da cessação*, passim, e José Carlos Brandão Proença *A resolução do contrato no Direito Civil, Do Enquadramento e Regime*, Coimbra, 1982, pp. 15 e ss.

um facto jurídico complexo de formação sucessiva, que se origina com a dissolução (art. 1007º), que se processa através de uma liquidação do património social (art. 1010º) e que, finalmente se concretiza com a partilha (art. 1018º). É necessário, portanto, toda uma série de factos para desencadear o efeito extintivo do contrato social, o qual só se verifica após a ocorrência do último da série. O que não quer dizer que os anteriores não produzam efeitos jurídicos. Só que esses efeitos apresentam-se como tendo natureza preparatória ou preliminar de outros actos cuja ocorrência visam possibilitar. É o que se passa com *a dissolução da sociedade*, primeiro elemento do processo que vai desencadear a sua extinção, originada pela verificação dos eventos que o art. 1007º designa por *causas de dissolução*[661].

Procedamos a um breve exame de cada uma dessas causas:

a) *O acordo dos sócios* (art. 1007º, al. *a)*). Esta causa de dissolução corresponde à aplicação ao contrato de sociedade, dos princípios gerais de Direito das Obrigações, segundo os quais se admite a extinção dos contratos por mútuo consentimento dos contraentes (art. 406º). O único desvio que existe, em sede de sociedade, é a possibilidade de que a deliberação de dissolução seja tomada por voto maioritário, quando no contrato assim se estipula ou quando este permite a modificação das suas cláusulas por voto de simples maioria (art. 1008º, nº 1).

b) *O decurso do prazo fixado no contrato, não havendo prorrogação* (art. 1007º, al. *b)*). Trata-se novamente de uma mera aplicação ao contrato de sociedade das regras gerais dos negócios jurídicos que admitem a estipulação de termo final (art. 278º), a partir do qual o negócio jurídico deixa de produzir os seus efeitos. A sociedade, embora seja normalmente de duração indeterminada admite a estipulação de prazo, o que faz inclusive variar o seu regime (cfr. art. 1002º). Aos sócios é, no entanto, sempre facultada a possibilidade de prorrogarem o prazo fixado, nos termos do art. 982º. Neste caso não chega a verificar-se qualquer causa de dissolução, uma vez que foi modificada a estipulação negocial que lhe daria origem, não tendo, por isso, qualquer relevância jurídica mas apenas fáctica o decurso desse

[661] Neste sentido ANTÓNIO SOARES, *As causas de dissolução das sociedades civis e o regresso à actividade*, Lisboa, não publicado, 1987. Sobre a dissolução da sociedade, veja-se ROMANO MARTINEZ, *Da cessação*, pp. 311 e ss.

prazo. Consideramos, por isso, desnecessária a ressalva do art. 1007º, al. *b)*, *in fine*, dado que neste caso a dissolução nem sequer se desencadeia.

A referência é tanto mais lamentável, quando é susceptível de originar confusão com a situação referida no art. 1008º, nº 2. Vem esta disposição dizer que a prorrogação do prazo fixado no contrato pode ser validamente convencionada até à partilha, considerando-se tacitamente prorrogada a sociedade por tempo indeterminado se os sócios continuarem a exercer a actividade social, salvo se das circunstâncias resultar que não houve essa intenção. Ora, parece óbvio que a prorrogação a que se refere este artigo não obsta a que a sociedade se tenha dissolvido e iniciado o processo de liquidação, cuja revogação ocorre apenas para o futuro. O art. 1008º, nº 2, não é assim um factor impeditivo da dissolução mas um verdadeiro *regresso à actividade*, inteiramente semelhante ao previsto no art. 1019º.

c) *A realização do objecto social, ou o facto de este se tornar impossível* (art. 1007º, al. *c)*). É esta também uma causa de dissolução, que nada apresenta de original, em face das regras gerais, dado que é sabido que as obrigações se extinguem com o cumprimento (art. 762º), ou com a sua impossibilidade superveniente (arts. 790º e ss.). A dissolução da sociedade por realização do objecto social é, no entanto, uma hipótese rara pois o objecto social assume normalmente uma configuração vaga, através da simples referência a um ramo de actividade. Poderá, no entanto, ocorrer esta hipótese no caso de uma sociedade se constituir para explorar unicamente a realização de um empreendimento, e este se venha a verificar. Os exemplos da segunda hipótese já são os mais frequentes, podendo a impossibilidade da realização do objecto ser derivada de factores externos, como revogação de uma concessão administrativa, ou internos, como a verificação de discórdias insanáveis entre os sócios.

d) *Extinção da pluralidade dos sócios, se no prazo de seis meses não vier a ser reconstituída* (art. 1007º, al. *a)*). Trata-se neste caso de uma causa de dissolução de efeitos diferidos, uma vez que a redução dos sócios à unipessoalidade não faz operar imediatamente a dissolução, deixando a lei ao sócio um prazo para refazer a base pessoal da sociedade, só se verificando a dissolução se esta não se reconstituir no decurso deste prazo.

Desta situação deriva que se a redução à unipessoalidade se vier a verificar pelo facto da morte, exoneração ou exclusão do sócio, este ou os seus herdeiros terão unicamente direito à quota de liquidação nos termos do art. 1021º, e não à liquidação e partilha geral do património nos termos dos arts. 1010º e segs., que só se desencadeará dentro de seis meses, prazo durante o qual podem ficar satisfeitos os direitos correspondentes (art. 1021º, nº 3)[662].

e) *Decisão judicial que declare a sua insolvência* (art. 1007º, al. *e*)). Neste caso a dissolução da sociedade perde relevância autónoma, apresentando-se como um simples efeito colateral de um processo judicial, uma vez que a liquidação que se vai operar rege-se, em tudo, pelas normas do CIRE, e não pelos arts. 1010º e segs., que correspondem a uma forma privada de liquidação. A verificação deste caso de dissolução opera-se unicamente para fazer efectivar a responsabilidade pessoal dos sócios, nos termos do art. 1016º, nº 2.

f) *Outra causa de dissolução prevista no contrato.* O art. 1007º, al *f*), admite em termos muito gerais a estipulação pelas partes de causas autónomas de dissolução, no âmbito da autonomia privada (art. 405º). Não parece existirem, por isso, quaisquer restrições a essa faculdade de estipulação.

6.2. A liquidação da sociedade

Conforme se referiu *supra*, a dissolução da sociedade não opera automaticamente a extinção do vínculo societário, mas antes dá origem ao desencadear de um processo dirigido à obtenção dessa extinção, processo esse que o legislador denomina de liquidação da sociedade e que vem regulado nos art. 1010º e ss. do Código Civil.

Verifica-se, assim, que mesmo após a dissolução da sociedade, o contrato social continua a vincular os sócios, embora apenas para o fim limitado de liquidar o património social. Indicadores dessa situação são o facto de se manter a obrigação de entrada dos sócios, e a possibilidade de efectivação da sua responsabilidade por perdas, que incumbe aos liquidatários

[662] A análise desta causa de dissolução levanta o problema de admissibilidade da sociedade unipessoal, questão que não podemos abordar aqui. Cfr. , no entanto, Ferrer Correia, *Sociedades Fictícias e Unipessoais*, Coimbra, 1948, e *Lições de Direito Comercial*, Vol. II, Coimbra, U.C., 1968, pp. 154 e ss., e José Lamartine Corrêa de Oliveira, *A dupla crise do conceito de pessoa jurídica* , São Paulo, Saraiva, 1979.

(art. 1016º, nº 2). Subsiste dessa forma o elemento *organização*, que se corporiza na sujeição dos sócios a poderes potestativos da sociedade (art. cit.).

A organização da sociedade sofre, porém, uma modificação profunda durante o estado de liquidação. Efectivamente, a simples superveniência do facto dissolutivo opera uma drástica redução dos poderes de administração e representação da sociedade, os quais nos termos do art. 1009º ficam limitados à prática de actos meramente conservatórios ou, no caso de não terem sido nomeados liquidatários, dos actos necessários à liquidação do objecto social. Em consequência, as obrigações que assumem extravasando os seus poderes não vinculam a sociedade, embora esta não possa opôr essa situação a terceiros de boa fé (art. 1009º, nº 2).

A fase de liquidação inicia-se com uma alteração orgânica da estrutura societária, segundo a forma de liquidação que vier a ser acordada pelos sócios (art. 1011º). Em lugar dos administradores surge um outro orgão: os liquidatários, os quais embora com uma posição idêntica à dos administradores na estrutura social (art. 1013º) regem-se supletivamente, por um diverso sistema de funcionamento (confronte-se o art. 985º, nº 1, com o art. 1013º, nº 2), e possuem poderes funcionais mais delimitados, dirigidos à obtenção do fim único de liquidação, e exercidos não unicamente no interesse e por conta dos sócios, mas também no interesse dos credores sociais (cfr. arts. 1015º e 1016º, nº 1).

Os elementos *objecto social* e *fim lucrativo* são igualmente modificados com a simples entrada da sociedade em liquidação. O objecto passa a consistir exclusivamente na actividade liquidatária, correspondendo à esfera de poderes dos liquidatários mencionada no art. 1015º, in fine, e o fim modifica-se, deixando de consistir na obtenção dos lucros e passando a ser a realização da partilha dos bens sociais. Daí que os sócios deixem de possuir na sua esfera jurídica um direito abstracto aos lucros para passarem a ser titulares de um direito à quota de liquidação, os quais, nas palavras de Guido Rossi[663], são como que o verso e o reverso da mesma medalha.

A extinção da sociedade só se verifica com a partilha dos bens sociais, podendo os sócios até essa altura, revogar a dissolução e, consequentemente, a liquidação iniciada, através do *regresso à actividade*, previsto nos arts. 1019º e 1008º, nº 2. Tendo-se verificado a dissolução por causa imperativa, o que, note-se, ocorre nos casos do art. 1007º, als. *c), d)* e *e)*, é no

[663] Rossi, *RS* 1957, pp. 272 e segs.

entanto necessário que tenham cessado as razões que a desencadearam. Esse regresso à actividade devolve ao contrato de sociedade os seus efeitos iniciais. Não constitui, porém, uma renovação do vínculo societário, dado que este nunca se extinguira mas apenas iniciara um processo extintivo. O regresso à actividade é tão só uma revogação desse processo extintivo.

Para se produzir a extinção da sociedade é necessário que se verifique a partilha dos bens sociais de acordo com as regras do art. 1018º. De harmonia com estas o activo remanescente é destinado ao reembolso das entradas realizadas, com excepção das que consistirem na indústria do sócio ou no uso e fruição de um bem (art. 1018º, nº 1). Quanto a estas últimas, elas são desvalorizadas pelo legislador que nada atribui ao sócio de indústria dando apenas ao sócio que entra com o uso e fruição de um bem o direito de o levantar no estado em que se encontra (art. 1017º). Se o activo for insuficiente para integral reembolso das entradas dos sócios, a diferença será distribuída rateadamente de acordo com a proporção que a cada um cabe nas perdas. Verificando-se, pelo contrário, um excesso patrimonial este é repartido entre os sócios de acordo com a sua participação nos lucros (art. 1018º, nº 3). Em qualquer caso, ainda que o contrato não o preveja, poderão os sócios acordar que a partilha se faça em espécie (art. 1018º, nº 4).

Parte VIII
DOS CONTRATOS DE CONCESSÃO DE GOZO

Secção 1
Do contrato de locação

1. Noção e aspectos gerais

No âmbito do título dos contratos em especial, constante do Livro II – Direito das Obrigações do Código Civil, a locação encontra-se referida nos arts. 1022º a 1113º[664], correspondendo à figura da *locatio conductio rei*

[664] Cfr. Inocêncio Galvão Telles, *Arrendamento. Lições ao Curso do 5º ano jurídico no ano lectivo de 1944/1945*, publicadas pelos alunos Bento Garcia Domingues e Manuel A. Ribeiro, Lisboa, Pro Domo, 1945/1946, José Pinto Loureiro, *Tratado da locação*, 3 vols., Coimbra, Coimbra Editora, 1946, Luís da Cunha Gonçalves, *Tratado*, VIII, pp. 636 e ss. e *Dos contratos em especial*, Lisboa, Ática, 1953, pp. 297 e ss., Rui Vieira Miller, *Arrendamento Urbano. Breves notas às correspondentes disposições do Código Civil*, Coimbra, Almedina, 1967, João de Matos, *Manual do Arrendamento e do Aluguer*, 2 vols., Porto, Fernando Machado, 1968, Pires de Lima/Antunes Varela, *op. cit.*, II, sub arts. 1022º e ss., pp. 339 e ss., António Menezes Cordeiro/Francisco Castro Fraga, *Novo regime do arrendamento urbano*, com a colaboração de Ana Sousa Botelho e Maria Esperança Espadinha, Coimbra, Almedina, 1990, Jorge Henrique da Cruz Pinto Furtado, *Manual do Arrendamento Urbano*, 4ª ed., I e II, Coimbra, Almedina, 2007, Jorge Alberto Aragão Seia, *Arrendamento Urbano*, 6ª ed., Coimbra, Almedina, 2002, Pedro Romano Martinez, *Obrigações*, pp. 153 e ss. e "Regime da locação civil e contrato de arrendamento urbano", em António Menezes Cordeiro/ Luís Menezes Leitão/Januário da Costa Gomes, *Estudos em homenagem ao Prof. Doutor Inocêncio Galvão Telles*, III- *Direito do Arrendamento Urbano*, Coimbra, Almedina, 2002, pp. 7-32, Januário da Costa Gomes, *Constituição da relação de arrendamento urbano*, Coimbra, Almedina, 1980 e *Arrendamentos para habitação*, 2ª ed., Coimbra, Almedina, 1996 e Menezes Cordeiro, *Tratado*, XI, 581 e ss. Especificamente sobre o novo regime do arrendamento urbano (NRAU), cfr. Menezes Cordeiro, "A aprovação do NRAU (Lei nº . 6/2006, de 27 de Fevereiro): primeiras notas", em *O Direito* 138 (2006), II, pp. 229-242, e *Tratado*, XI, pp. 881, e ss., António Menezes Cordeiro (org.), *Leis do Arrendamento Urbano Anotadas*, Coimbra, Almedina, 2014, Menezes Leitão, *Arrendamento Urbano*, 5ª ed., Coimbra, Almedina, 2012,

do Direito Romano[665]. Originariamente o regime da locação no Código Civil abrangia ainda os arts. 1064º a 1082º, relativos ao arrendamento rural sendo os arts. 1183º a 1120º, relativos ao arrendamento urbano e rústico não rural. As disposições do Código Civil que tratavam do arrendamento rural vieram, porém, a ser revogadas pelo D.L. 201/75, de 15 de Abril. Actualmente o regime do arrendamento rural consta do D.L. 294/2009, de 13 de Outubro. Já a matéria do arrendamento urbano e rústico não rural veio a ser revogada pela alínea *a)* do nº 1 do art. 3º do D.L. 321-B/90, de 15 de Outubro, que aprovou o Regime do Arrendamento Urbano (RAU), sucessivamente alterado pelo D.L. 278/93, de 10 de Agosto, D.L. 257/95, de 30 de Setembro, D.L. 64-A/2000, de 22 de Abril, e D.L. 329-B/2000, de 22 de Dezembro, mas a Lei 6/2006, de 27 de Fevereiro, que aprovou o Novo Regime do Arrendamento Urbano (NRAU), voltou a reintroduzir essa matéria no Código Civil, o que se manteve após a sua revisão pela Lei 31/2012, de 14 de Agosto, entretanto alterada pela Lei 79/2014, de 19 de Dezembro, pelas Leis 42/2017 e 43/2017, de 14 de Junho, e pelas Leis 12/2019, e 13/2019, de 12 de Fevereiro. Em matéria de arrendamento urbano, para além dessa lei, há ainda que contar com os diplomas complementares constantes dos Decretos-Leis 157/2006 (alterado pelo Decreto-Lei 306/2009, de 23 de Outubro, pela Lei 30/2012, de 14 de Agosto, pela Lei 79/2014, de 19 de Dezembro, pelas Leis 42/2017 e 43/2017, de 14 de Junho, e pela Lei 13/2019, de 12 de Fevereiro), 158/2006 (este alterado pelo Decreto-Lei 266-C/2012, de 31 de Dezembro, e pela Lei 79/2014, de 19 de Dezembro), 159/2006 (alterado e republicado pelo Decreto-Lei 67/2019, de 21 de Maio), 160/2006, todos de 8 de Agosto.

Joaquim Sousa Ribeiro, "O novo regime do arrendamento urbano: contributos para uma análise", em *CDP* nº 14 (Abril/Junho 2006), pp. 3-24, Maria Olinda Garcia, *A nova disciplina do arrendamento urbano*, 2ª ed., Coimbra, Coimbra Editora, 2006, e *Arrendamentos para comércio e* equiparados, Coimbra, Coimbra Editora, 2006, Fernando Augusto Cunha de Sá/Leonor Coutinho, *Arrendamento Urbano 2006*, Coimbra, Almedina, 2006, Manteigas Martins/A. Raposo Subtil/Luís Filipe Carvalho, *O novo regime do arrendamento urbano*, Lisboa, Vida Económica, 2006, Margarida Grave, *Novo regime do arrendamento urbano. Anotações e comentários*, 3ª ed., Lisboa, ed. autor, 2006, Laurinda Gemas/Albertina Pedroso/João Caldeira Jorge, *Arrendamento Urbano*, Lisboa, Quid Juris, 2006, Fernando de Gravato Morais, *Novo Regime do Arrendamento Comercial*, Coimbra, Almedina, 2006 e Ferreira de Almeida, *Contratos*, II, pp. 191 e ss.

[665] Cfr. sobre esta, António Santos Justo, "A *locatio conductio rei* (Direito Romano)", no *BFD* 78 (2002), pp. 13-41.

A definição de locação consta do art. 1022º que dispõe o seguinte:

> "Locação é o contrato pelo qual uma das partes se obriga a proporcionar à outra o gozo temporário de uma coisa, mediante retribuição".

Desta definição resulta logo que o contrato de locação se caracteriza por uma específica prestação: a de proporcionar a outrem o gozo de uma coisa corpórea, bem como pela estipulação de uma contrapartida pecuniária para essa obrigação. Para além disso, a locação caracteriza-se pelo seu carácter transitório, uma vez que apenas pode ser celebrada por período temporário.

A locação desempenha uma importante função económica, na medida em que permite ao titular de direitos de gozo sobre determinada coisa obter um rendimento, concedendo temporariamente o gozo dessa coisa a outrem, o que pode fazer sem abdicar do direito correspondente. Por outro lado, permite a quem não tem capacidade económica para adquirir os bens de que necessita obter o gozo correspondente aos mesmos, mediante o pagamento de uma quantia inferior ao que lhe custaria a sua aquisição. Por fim, a locação facilita o aproveitamento económico dos bens, na medida em que estes, em caso de não utilização pelo seu titular, em lugar de ficarem inactivos, podem ser aplicados à satisfação de necessidades alheias.

Se o art. 1022º define o contrato de locação é, no entanto, de referir que nem sempre a relação locatícia tem que resultar de um contrato[666]. Assim, na lei actual admite-se a constituição da relação de arrendamento através de sentença judicial, que o art. 1793º prevê para a hipótese de divórcio (ou separação judicial de pessoas e bens – art. 1794º) e que o art. 4º, nº 4, da Lei 135/99, de 28 de Agosto estendeu à simples quebra da união de facto (cfr. hoje o art. 4º, da Lei 7/2001, de 11 de Março, na redacção da Lei 23/2010, de 30 de Agosto). Prevêem-se ainda hipóteses de arrendamentos impostos por orgãos públicos[667], os quais por isso não se poderão conside-

[666] Cfr., especialmente Carlos Lacerda Barata, "Formação do contrato de arrendamento urbano", em António Menezes Cordeiro/Luís Menezes Leitão/Januário da Costa Gomes, *Estudos em homenagem ao Prof. Doutor Inocêncio Galvão Telles,* III- *Direito do Arrendamento Urbano,* Coimbra, Almedina, 2002, pp. 49-83.

[667] Essa situação encontra-se prevista no art. 20º do D.L. 157/2006, de 8 de Agosto, que aprovou o Regime Jurídico das Obras em Prédios Arrendados (RJOPA), o qual, na redacção da Lei 30/2012, estabelece que em caso de obras coercivas no prédio arrendado e para efeitos de obtenção do reembolso do custo das mesmas, pode a entidade promotora arrendar os

rar como tendo a sua fonte em contratos. É também objecto de controvérsia na doutrina a possibilidade de constituição do direito do locatário por usucapião, tendo ainda havido nos anos conturbados de 1974-1975 situações de ocupação de prédios, que a legislação posterior resolveu converter em contratos de arrendamento[668].

Nos termos do art. 1023º é possível distinguir entre duas modalidades de locação: o aluguer e o arrendamento. Efectivamente, a locação é denominada de aluguer quando recai sobre coisa móvel e arrendamento quando recai sobre coisa imóvel. O arrendamento admite, por sua vez, várias modalidades. Efectivamente, consoante recaia sobre prédios urbanos ou sobre prédios rústicos, poderemos falar em arrendamento urbano ou rústico. O arrendamento urbano pode ser para fins habitacionais ou para fins não habitacionais. O arrendamento rústico pode constituir arrendamento rural quando tiver fins agrícolas, florestais ou outras actividades de produção de bens ou serviços associadas à agricultura, à pecuária e à floresta (art. 2º, nº 1, RAR), ou arrendamento rústico não rural, quando tiver por objecto outros fins. O arrendamento de prédios rústicos presume-se arrendamento rural, quando do contrato e respectivas circunstâncias não resulte destino diferente (art. 2º, nº 2, RAR). Caso o arrendamento de prédios rústicos seja realizado para outros fins é sujeito ao regime do arrendamento urbano para fins não habitacionais, conjuntamente com o regime geral da locação (art. 1108º, *in fine*). O arrendamento rural pode constituir arrendamento agrícola, arrendamento florestal ou arrendamento de campanha (art. 3º, nº 1, RAR), sendo que, quando as partes não expressem a sua vontade, o arrendamento considera-se agrícola (art. 3º, nº 2, RAR).

2. Elementos constitutivos do contrato de locação

2.1. Generalidades

Em face do art. 1022º, é possível considerar os seguintes elementos constitutivos do contrato de locação:

a) obrigação de proporcionar a outrem o gozo de uma coisa.
b) carácter temporário;
c) retribuição.

fogos devolutos, por concurso público, pelo prazo de dois anos, renovável. PINTO FURTADO, *Manual*, I, p. 24, considera esta solução de duvidosa constitucionalidade.

[668] Essa conversão foi efectuada pelo D.L. 198-A/75, de 14 de Abril, tendo sido continuada pelo D.L. 294/77, de 20 de Julho, que o susbtituiu. Cfr. JANUÁRIO GOMES, *Constituição*, pp. 31 e ss.

Examinemos sucessivamente estes elementos:

2.2. Obrigação de proporcionar a outrem o gozo de uma coisa

O primeiro elemento do contrato de locação, conforme definido no art. 1022º é a obrigação de proporcionar a outrem o gozo de uma coisa. Essa obrigação constitui a prestação característica do contrato de locação, sendo referida no art. 1031º *b)* como uma obrigação de conteúdo positivo: "assegurar [ao locatário] o gozo da coisa para os fins a que esta se destina".

A previsão expressa desta obrigação do locador constitui uma inovação do Código Civil, uma vez que noutras disposições tem-se torneado a referência a esta situação, por forma a evitar que a lei viesse a tomar posição numa questão que tem levantado controvérsia doutrinária. Assim, no art. 1595º do Código Civil de 1867 referia-se que "dá-se o contrato de locação, quando alguém traspassa a outrem, por certo tempo, e mediante retribuição, o uso e fruição de certa coisa". Da mesma forma, o hoje revogado art. 1º do RAU também não previa uma obrigação do locador, definindo o arrendamento urbano como "o contrato pelo qual uma das partes concede à outra o gozo temporário de um prédio, no todo ou em parte, mediante retribuição".

Efectivamente, tem sido controvertida na doutrina a configuração da locação como instituindo uma efectiva obrigação de o locador assegurar ao locatário o gozo da coisa. Alguns autores, propugnando a natureza real do direito do locatário, contestaram que o gozo da coisa conferido pelo contrato resultasse de uma obrigação do locador, entendendo existir antes um direito do gozo do locatário inerente à coisa e dotado de sequela, que por isso se poderia considerar como real[669]. Outros, defendendo que não faria sentido considerar o locador vinculado positivamente a assegurar o gozo da coisa ao locatário, vieram sustentar que a sua obrigação teria antes conteúdo negativo, podendo ser considerada ou como uma prestação de *pati* (tolerar o gozo da coisa pelo locatário) ou *non facere* (não perturbar esse

[669] É esta a posição de OLIVEIRA ASCENSÃO, *Reais*, pp. 536 e ss., embora restrita ao direito do arrendamento. Era também a doutrina de MENEZES CORDEIRO, *Da natureza do direito do locatário*, Lisboa, Separata da ROA, 1980, *passim*, maxime pp. 138 e ss., em relação à locação em geral, mas o autor veio rever a sua posição, em *A posse: Perspectivas dogmáticas actuais*, 3ª ed., Coimbra, Almedina, 2000, pp. 72-73 defendendo agora que sendo a locação estruturalmente real, mantém-se, porém, como um direito obrigacional uma vez que historicamente deriva de uma situação jurídica que no Direito Romano era defendida por *actiones in personam*.

gozo)[670]. Por nossa parte, tendemos a aceitar a qualificação legal, entendendo assim que ao locador é atribuída no art. 1031º *b)* uma obrigação de conteúdo positivo de assegurar o gozo da coisa ao locatário, diferentemente do que sucede no comodato em que, atenta a natureza gratuita do contrato, é antes atribuída a essa obrigação um conteúdo negativo (art. 1133º, nº 1). No entanto, o facto de ser uma obrigação de conteúdo positivo não implica naturalmente que o locador esteja continuadamente a assegurar o gozo da coisa ao locatário, uma vez que, tendo a coisa lhe sido entregue, e estando ele consequentemente na sua posse, torna-se desnecessária qualquer intervenção do locador para assegurar esse gozo, bastando normalmente a sua abstenção em praticar actos que o impeçam ou diminuam (cfr. art. 1037º, nº 1), a não ser em casos excepcionais, como na hipótese de haver necessidade de fazer reparações na coisa locada (cfr. art. 1036º). A lei é, aliás, expressa no sentido de que o locador não tem obrigação de assegurar o gozo da coisa contra actos de terceiro (art. 1037º, nº 1, *in fine*), cabendo antes ao locatário o uso das acções possessórias para a sua tutela (art. 1037º, nº 2).

2.3. Carácter temporário

Outro dos elementos essenciais do contrato de locação é o carácter temporário do gozo proporcionado ao locatário. Esta situação resulta logo da definição do art. 1022º e encontra-se expressamente determinada no art. 1025º a proibição de a locação se celebrar por mais de trinta anos, sendo reduzida a esse limite, quando celebrada por tempo superior ou como contrato perpétuo. Foi assim alterado o regime do art. 1600º do Código Civil de 1867, que se tinha mantido através do art. 2º do Decreto nº 5411, nos termos do qual a locação poderia estabelecer-se pelo tempo que aprouvesse aos estipulantes, o que levou a que se tivessem chegado a celebrar no país arrendamentos com a duração de centenas de anos[671]. Há, no entanto,

[670] A configuração da prestação do locador como uma prestação de *pati* foi defendida por Carnelutti e Natoli. Já a sua configuração como uma prestação de *non facere* foi sustentada por Messineo, Guarino, Dalmartello e Henri, Leon e Jean Mazeaud (referidos por Menezes Cordeiro, *Da natureza*, pp. 57 e ss. e Pinto Furtado, *Manual*, I, p. 32). Entre nós, manifesta alguma adesão a esta posição Pinto Furtado, *Manual*, I, p. 33, já que embora admita uma adstrição do locador a comportamentos positivos (como na obrigação de reparações ou outras despesas urgentes: art. 1036º) defende que, no essencial, a sua obrigação tem conteúdo negativo: não perturbar o uso da coisa pelo locatário.

[671] Cfr. Pires De Lima/Antunes Varela, *op. cit.*, II, sub art. 1025º, nº 2, p. 348 e Pinto Furtado, *Manual*, I, p. 41 e ss.

um caso em que o arrendamento pode ser celebrado por duração superior, já que em relação ao arrendamento florestal o art. 1065º do Código Civil, entretanto revogado pelo D.L. 205/75, de 15 de Abril tinha fixado o seu prazo máximo de celebração em 90 anos, tendo o art. 7º do D.L. 394/88, de 8 de Novembro, reduzido esse prazo máximo para 70 anos, o qual se mantém no art. 9º, nº 4, do RAR.

O prazo de 30 anos previsto no art. 1025º corresponde apenas ao limite máximo do prazo inicial do contrato e não ao seu limite de duração, pelo que nos casos de arrendamentos sujeitos a renovação forçada, nos termos do 1054º do Código Civil, naturalmente que nada impedirá que o jogo das renovações leve a que o contrato de arrendamento tenha uma duração máxima superior a trinta anos[672].

O NRAU veio ainda permitir, nos termos do arts. 1099º e ss., que o arrendamento possa ser celebrado como contrato de duração indeterminada. Este tipo de contratos não coloca, porém, obstáculos à natureza temporária do arrendamento[673]. Efectivamente, além de o arrendamento se poder sempre extinguir por denúncia (art. 1100º e ss. e 1110º), são limitadas as possibilidades de este se transmitir por morte (arts. 1106º e 1113º).

2.4. Retribuição

O último elemento essencial do contrato de locação é a retribuição. Efectivamente, a locação é um contrato essencialmente oneroso, surgindo como contrapartida das prestações do locador uma contraprestação do locatário, de pagar a renda ou aluguer (art. 1038º *a*)). A obrigação do locatário tem por objecto uma prestação pecuniária de quantidade, que se caracteriza pelo seu carácter periódico. Quer no arrendamento urbano (art. 1075º, nº 1), quer no arrendamento rural (art. 11º, nº 1, RAR), a lei refere que a renda constitui uma prestação pecuniária, o que parece afastar a possibilidade de as partes não a fixarem em dinheiro, ainda que se admita a sua fixação em moeda específica (arts. 552º e ss.) ou em moeda estrangeira (art. 558º).

[672] Em sentido contrário, Pinto Furtado, *Manual*, I, pp. 44-45, sustenta que a renovação forçada dos arrendamentos só é possível enquanto não for esgotado o prazo máximo do art. 1025º que instituiria assim não apenas um prazo máximo inicial, mas também um limite de duração do arrendamento. No sentido defendido Pires de Lima/Antunes Varela, *op. cit.*, II, sub art. 1025º, nº 4, p. 348.

[673] Já neste sentido, em relação aos antigos arrendamentos de prédios rústicos por tempo indeterminado, cfr. Galvão Telles, *Arrendamento*, pp. 95-96.

3. Características qualificativas do contrato de locação

3.1. A locação como contrato nominado e típico

A locação é, em primeiro lugar, um contrato nominado, uma vez que a lei o reconhece como categoria jurídica, e típico porque estabelece para ele um regime, quer no âmbito do Código Civil (arts. 1022º e ss.), quer em diversos diplomas especiais relativos às diversas modalidades de arrendamento, como o arrendamento urbano (Novo Regime do Arrendamento Urbano, aprovado pela Lei 6/2006, de 27 de Fevereiro, e revisto pela Lei 31/2012, de 14 de Agosto, revista pela Lei 79/2014, de 19 de Dezembro, pelas Leis 42/2017 e 43/2017, de 14 de Junho, e pelas Leis 12/2019, e 13/2019, de 12 de Fevereiro, e complementada pelos D.L 157/2006, alterado pelo D.L. 306/2009, de 23 de Outubro, pela Lei 30/2012, de 14 de Agosto, pela Lei 79/2014, de 19 de Dezembro, pelas Leis 42/2017 e 43/2017, de 14 de Junho, e pela Lei 13/2019, de 12 de Fevereiro, 158/2006, alterado pelo Decreto-Lei 266-C/2012, de 31 de Dezembro, e pela Lei 79/2014, de 19 de Dezembro, 159/2006 (alterado e republicado pelo Decreto-Lei 67/2019, de 21 de Maio), 160/2006, todos de 8 de Agosto), e o arrendamento rural (Regime do Arrendamento Rural, aprovado pelo D.L. 294/2009, de 13 de Outubro).

3.2. A locação como contrato consensual

A locação deve ser entendida como um contrato consensual (por oposição a real *quoad constitutionem*). Efectivamente, a noção legal de locação do art. 1022º não inclui a entrega como elemento necessário à constituição do contrato e o art. 1031º *a)* faz referência expressa à obrigação do locador de entregar ao locatário a coisa locada. Isso só por si demonstra que a locação se constitui antes da entrega da coisa locada, ao contrário do que se exige nos contratos reais *quoad constitutionem*[674].

[674] No art. 1º do R.A.U. dava-se uma noção de arrendamento como o contrato pelo qual "uma das partes concede à outra o gozo de uma coisa", o que foi apontado como podendo admitir a interpretação de que o arrendamento teria passado a ser um contrato real *quoad constitutionem*. A nossa doutrina considerou, porém, que se tratava de uma má redacção dessa norma, mantendo-se assim, o arrendamento como um contrato consensual, dada a falta de qualquer fundamento, histórico ou lógico, para a solução contrária. Nesse sentido, cfr. Paulo Mota Pinto, *Declaração tácita*, pp. 447-448, nota (25), Aragão Seia, *Arrendamento*, p. 79 e Romano Martinez, *Obrigações*, p. 164, nota (2). Actualmente, com a revogação desta disposição pelo NRAU, o problema deixou de se colocar.

3.3. A locação como contrato não formal ou formal, consoante os casos

A locação pode ser um contrato formal ou não formal, consoante se trate de arrendamento ou aluguer.

O arrendamento é hoje um contrato necessariamente formal. Exige-se, efectivamente, a forma escrita para os contratos de arrendamento urbano (art. 1069º), e para os contratos de arrendamento rural (art. 6º, nº 1 RAR). Assim, em relação ao arrendamento vigora genericamente a sujeição a forma escrita[675]. No entanto, o art. 1069º, nº 2, estabelece que "na falta de redução a escrito do contrato de arrendamento que não seja imputável ao arrendatário, este pode provar a existência de título por qualquer forma admitida em direito, demonstrando a utilização do locado pelo arrendatário sem oposição do senhorio e o pagamento mensal da respectiva renda por um período de seis meses", admitindo assim que a falta de redução a escrito possa ser suprida por essa via.

Já o aluguer é, pelo contrário, sujeito à regra geral da consensualidade (art. 219º). Em certos casos, exige-se, no entanto, forma escrita, como sucede com o aluguer de veículos sem condutor (art. 17º do D.L. 354/86, de 23 de Outubro).

3.4. A locação como contrato obrigacional (e não real *quoad effectum*). O problema da natureza do direito do locatário

Uma das grandes controvérsias no âmbito do contrato de locação diz respeito à sua qualificação ou não como contrato real *quoad effectum*. Esta discussão prende-se com a controvérsia em torno da natureza jurídica do direito do locatário. Efectivamente, enquanto que para a posição clássica, sufragada entre nós por GALVÃO TELLES, PIRES DE LIMA/ANTUNES VARELA, ROMANO MARTINEZ e JANUÁRIO GOMES[676], o locatário é meramente titular de um direito pessoal de gozo, não produzindo con-

[675] Anteriormente, o art. 1029º, nº 1 *a)* do Código Civil referia ainda que deveriam ser sujeitos a escritura pública os arrendamentos sujeitos a registo, solução igualmente aplicável pela alínea *b)* do art. 1029º, em relação aos arrendamentos para o comércio e indústria e exercício de profissão liberal. No entanto, o D.L. 64-A/2000, de 22 de Abril veio possibilitar a celebração destes arrendamentos, bem como o trespasse e cessão de exploração de estabelecimento comercial por contrato escrito, dispensando-se a escritura pública. Deixou, assim, de se exigir a escritura pública para a celebração de qualquer arrendamento.

[676] Cfr. GALVÃO TELLES, *Arrendamento*, pp. 305 e ss., PIRES DE LIMA/ANTUNES VARELA, *op. cit.*, II, sub art. 1022º, nº 2, p. 342 e sub art. 1º RAU, nº 2, p. 480, ROMANO MARTINEZ, *Obrigações*, pp. 160 e ss. e JANUÁRIO GOMES, *Constituição*, pp. 122 e ss.

sequentemente o contrato de locação quaisquer efeitos reais, outra posição, defendida entre nós por Oliveira Ascensão[677] e por Menezes Cordeiro numa primeira fase do seu pensamento[678], sustentou a natureza real do direito do locatário.

A favor da tese personalista tem-se afirmado que a locação não aparece colocada no Código Civil no livro III, relativo aos direitos reais, como se imporia se o legislador lhe quisesse atribuir essa natureza. Por outro lado, o art. 1031º *b)* do Código Civil expressamente qualifica o gozo da coisa como correspondendo a uma obrigação por parte do locador, o que naturalmente corresponde a um direito de crédito do locatário. Por outro lado, noutras disposições o legislador vem expressamente qualificar o direito do locatário como correspondendo a um direito pessoal de gozo (cfr. art. 1682º-A, nº 1 *a)* e nº 2).

A favor da tese realista tem-se afirmado que o art. 1037º, nº 2, atribui ao locatário o direito a utilizar, mesmo contra o locador, as acções atribuídas ao possuidor nos art. 1276º e ss. Ora, como a toda a acção corresponde um direito, o direito subjacente a estas só poderia ser a posse e, sendo a posse restrita pelo art. 1251º aos direitos reais, parece que por essa via teria que se qualificar a locação como um direito real. Por outro lado, o art. 1057º ao estabelecer que "o adquirente do direito com base no qual foi celebrado o contrato sucede nos direitos e obrigações do locador, sem prejuízo das regras do registo" vem determinar que a locação não é prejudicada no caso de o bem locado vier a ser adquirido por terceiro (*emptio non tollit locatum*). Ora, essa situação corresponderia à sequela, típica dos direitos reais.

A posição que temos vindo a defender[679] passa, porém, pela adesão à tese personalista, não nos parecendo aceitáveis os argumentos invocados pelas posições realistas. Efectivamente, o facto de a lei conceder as acções possessórias ao locatário nada demonstra, uma vez que essas acções têm sido concedidas noutras situações em que nunca se considerou existir um direito real, como em relação ao parceiro pensador (art. 1125º,

[677] Cfr. Oliveira Ascensão, *Reais*, pp. 536 e ss. e "Locação de bens dados em garantia (Natureza jurídica da locação)", na *ROA* 45 (1985), 2, pp. 345-390 (366 e ss.).

[678] Cfr. Menezes Cordeiro, *Da natureza*, passim, maxime, pp. 138 e ss. Actualmente o autor tem defendido a natureza de direito pessoal de gozo do direito do locatário. Cfr. por último em António Menezes Cordeiro (org.), *Leis do Arrendamento Anotadas*, sub art. 1022º, nºs 22 e ss., p. 27 e em *Tratado*, XI, pp. 694 e ss.

[679] Cfr. Luís Menezes Leitão, *Obrigações*, I, pp. 104 e ss.

nº 2) ao comodatário (art. 1133º, nº 2) e ao depositário (art. 1188º, nº 2). Por outro lado, apesar da referência no art. 1251º, nada justifica que o regime da posse não possa ser estendido a outras situações que não a dos direitos reais, pelo que a atribuição de posse ao locatário não constitui necessariamente argumento no sentido do carácter real do seu direito. Também o art. 1057º nada demonstra, uma vez que essa norma não constitui uma hipótese de sequela, mas antes a de uma transmissão imposta da obrigação do locador (sub-rogação legal)[680], dado que tem como pressuposto a aquisição do direito com base no qual foi celebrado o contrato, ou seja, uma aquisição derivada, não tendo que se demonstrar a válida constituição desse direito através de uma aquisição originária, ao contrário do que sucede nos direitos reais. Não há assim traços característicos da realidade no direito do locatário.

Antes pelo contrário, verifica-se que a lei actual estrutura, tal como o fazia o Direito Romano, a locação como um direito pessoal de gozo, contraposto a uma obrigação positiva do locador (art. 1031º *b)*). Dessa solução resultam várias consequências de regime. Uma delas é o facto de o locador poder constituir validamente o contrato, mesmo não sendo proprietário da coisa locada, apenas respondendo por incumprimento se não conseguir proporcionar o gozo da mesma ao locatário (art. 1034º). Outra é a circunstância de o direito do locatário não ser tutelável através da acção de reivindicação (art. 1311º), como sucede com os direitos reais, mas antes através da acção de cumprimento (art. 817º). Parece, assim, que a atribuição de carácter pessoal ao direito do locatário é a qualificação que melhor se harmoniza com o regime legal.

3.5. A locação como contrato oneroso

A locação constitui um contrato oneroso, uma vez que implica sacrifícios económicos para ambas as partes. Efectivamente, enquanto que o locador abdica do gozo da coisa o locatário abdica do correspondente preço locativo, assumindo assim ambas as partes sacrifícios económicos equivalentes.

[680] Cfr. Carlos Mota Pinto, *Cessão da posição contratual* (reimp.), Coimbra, Almedina, 1982, pp. 84 e ss. e Pinto Furtado, *Manual*, I, p. 63.

3.6. A locação como contrato sinalagmático

A locação consiste num contrato sinalagmático, uma vez que a obrigação do locador de proporcionar ao locatário o gozo da coisa (art. 1031º *b*)) tem como correspectivo a obrigação de pagar a renda ou aluguer (art. 1038º *a*)), ficando assim ambos os contraentes sujeitos a obrigações recíprocas.

3.7. A locação como contrato comutativo

A locação constitui um contrato comutativo, uma vez que as atribuições patrimoniais de ambas as partes – concessão de gozo da coisa e pagamento do preço locativo – se apresentam como certas e não como aleatórias.

3.8. A locação como contrato de execução duradoura

A locação constitui um contrato de execução duradoura, uma vez que as prestações de qualquer das partes aparecem relacionadas com um certo período de tempo que delimita o seu conteúdo e extensão. A prestação do locador de proporcionar o gozo da coisa ao locatário (art. 1031º *a*)) constitui uma prestação contínua, uma vez que não sofre qualquer interrupção, mas antes se exerce por forma continuada. Já a prestação do locatário de pagar a renda ou aluguer (art. 1038º *a*)) constitui uma prestação de natureza periódica, uma vez que não é executada ininterruptamente, mas antes se renova em sucessivos períodos de tempo.

4. Objecto da locação

Nos termos do art. 1023º, podem ser objecto de locação tanto as coisas imóveis como as móveis, denominando-se a locação de arrendamento no primeiro caso e de aluguer no segundo. A classificação entre coisas móveis e imóveis é, porém, uma classificação que se restringe às coisas corpóreas, sendo certo que a locação não se restringe a estas categorias de coisas. Efectivamente, podem ser objecto de locação coisas incorpóreas como o estabelecimento comercial, referido expressamente no art. 1109º.

A locação pode abranger tanto a totalidade como parte de uma coisa. Assim, nos prédios urbanos podem ser arrendados separadamente partes do prédio, ou até apenas muros e terraços (para publicidade) ou janelas (para assistir a um cortejo). Nos prédios rústicos podem ser arrendados separadamente a várias pessoas as diversas culturas existentes no prédio.

5. Forma do contrato de locação

Conforme acima se referiu, a locação pode ser um contrato formal ou não formal, consoante se trate de arrendamento ou aluguer.

É em primeiro lugar exigida forma escrita para o contrato de arrendamento urbano (art. 1069º, nº 1). No entanto, o art. 1069º, nº 2, admite que, não sendo a falta de redução a escrito do contrato de arrendamento imputável ao arrendatário, este possa provar a existência de título por qualquer forma admitida em direito, demonstrando a utilização do locado pelo arrendatário sem oposição do senhorio e o pagamento mensal da respectiva renda por um período de seis meses.

Para além disso, a celebração do contrato de arrendamento obedece a determinadas formalidades, como prévia obtenção de licença de utilização do imóvel, quando exigível (art. 1070º, nº 1) e a inclusão no contrato de toda uma série de elementos, constantes de diploma especial (art. 1070º, nº 2), o qual é presentemente o D.L. 160/2006, de 8 de Agosto.

Também o arrendamento rural deve ser celebrado por escrito (art. 6º, nº 1 RAR), sendo que a não redução a escrito dos contratos celebrados ou renovados na vigência desse diploma gera a sua nulidade (art. 6º, nº 2, RAR). Para além disso, no prazo de 30 dias após a sua celebração, o senhorio deve entregar o original do contrato na repartição de finanças da sua residência ou sede social, que comunicam a entrega à respectiva direcção regional (art. 6º, nº 3, RAR).

Quanto ao aluguer, embora normalmente sujeito à regra da consensualidade (art. 219º), em certos casos, a lei vem exigir que seja celebrado por escrito, como sucede com o aluguer de veículos sem condutor, em que se exige a redução do contrato a escrito, em triplicado, com inclusão de uma série de menções, devendo o contrato ser numerado e o original arquivado na empresa exploradora pelo prazo mínimo de dois anos a contar do seu termo (art. 17º do D.L. 354/86, de 23 de Outubro).

6. Formação do contrato de locação

6.1. Capacidade para a celebração do contrato de locação

Refere o art. 1024º, nº 1 que a locação constitui para o locador um acto de administração ordinária, sempre que for celebrada por prazo inferior a seis anos. Consequentemente, têm capacidade para celebrar contratos de locação até esse prazo todos os que podem contratar e administrar os seus bens, o que ocorre genericamente em relação às pessoas singulares (art. 67º).

Apenas os incapazes de contratar, como os menores (arts. 122º e ss.), ou os maiores acompanhados (arts. 138º e ss.), estarão impedidos de celebrar contratos de locação. Nestes casos, será o representante legal (pais, tutor, administrador de bens ou acompanhante) que poderá celebrar os respectivos contratos. Nesse caso, no entanto, o contrato de locação caducará com a cessação dos poderes legais de administração (art. 1051º, nº 1 *c)*). No caso de o maior de dezasseis anos adquirir bens com o produto do seu trabalho, pode validamente administrar e dispor deles (art. 127º, nº 1 *a)*), pelo que nesse caso terá capacidade para celebrar contratos de locação[681].

Em relação às pessoas colectivas, refere o art. 160º, que a sua capacidade "abrange todos os direitos e obrigações necessários ou convenientes à prossecução dos seus fins", apenas dela se exceptuando "os direitos e obrigações vedados por lei ou que sejam inseparáveis da personalidade singular". Não há assim em princípio obstáculos para que a pessoa colectiva celebre contratos de locação, quer como locadora, quer como locatária. Essa legitimidade ocorre mesmo em relação ao arrendamento para habitação, uma vez que a pessoa colectiva apenas não pode celebrar contratos de arrendamento para habitação própria, mas nada a impede de celebrar contratos de arrendamento para habitação alheia[682].

6.2. Legitimidade para a celebração do contrato de locação

Uma vez que a locação constitui um acto de administração ordinária para o locador, sempre que seja celebrada por prazo inferior a seis anos, pode o respectivo contrato ser celebrado por mandatário com poderes gerais de administração (art. 1159º, nº 1), bem como todos os que possuam esses poderes, como os pais, tutores, ou administradores de bens dos menores, (arts. 1889º *m)* a contrario, 1935º, 1971º), os acompanhantes dos maiores (art. 145º), os curadores provisórios (art. 94º) ou definitivos do ausente (art. 110º), o consignatário de rendimentos (art. 661º, nº 1 *b)*); o cabeça-de--casal (art. 2087º, nº 1) e os administradores de sociedades e outras pessoas colectivas.

Há, no entanto, algumas situações de pluralidade de titulares do imóvel em que a lei exige o consentimento de todos eles para se poder celebrar

681 Cfr. JANUÁRIO GOMES, *Constituição*, p. 271.

682 PINTO FURTADO, *Manual*, I, pp. 362 e ss., sustenta que os arrendamentos para habitação celebrados por pessoas colectivas têm um regime especial, não podendo ser considerados vinculísticos.

um contrato de arrendamento. Assim, estando em causa um arrendamento de prédio indiviso feito pelo consorte ou consortes administradores, este só será considerado válido se os restantes comproprietários manifestarem, antes ou depois do contrato, o seu assentimento (art. 1024º, nº 2). Também carece do consentimento de ambos os cônjuges, salvo se entre eles vigorar o regime da separação de bens, o arrendamento de imóveis próprios ou comuns (art. 1682º-A, nº 1 *a*)), sendo sempre exigido esse consentimento, se o arrendamento incidir sobre a casa de morada da família (art. 1682º-A, nº 2).

No caso de arrendamento com prazo certo superior a seis anos ou com duração indeterminada, já não é, porém, admissível a sua celebração por quem tenha apenas competência para administrar o prédio, exigindo-se poderes de administração extraordinária ou de disposição[683]. Nesse caso, o arrendamento apenas poderá ser celebrado pelo proprietário (art. 1305º), usufrutuário (art. 1444º), fiduciário (art. 2290º) ou procuradores destes com poderes especiais para o acto. O arrendamento pode ainda ser celebrado pelo arrendatário, no caso de este se encontrar autorizado a subarrendar o prédio, total ou parcialmente.

Já em relação ao locatário, a lei não toma posição expressa sobre a sua qualificação como acto de administração ou disposição, o que originou certa controvérsia doutrinária. Para CUNHA GONÇALVES, a locação deveria ser considerada em relação ao locatário sempre como um acto de mera administração, uma vez que, seja qual for o prazo, este só tem a lucrar com a locação[684]. Mas já GALVÃO TELLES considerou que a celebração do arrendamento nunca se poderia considerar, em relação ao arrendatário, como acto de mera administração, uma vez que não se destina à conservação ou mera frutificação de bens, antes implicando a assunção de obrigações pelo locatário[685]. Já para JANUÁRIO GOMES, o arrendamento é um acto de disposição quando celebrado por prazo superior a seis anos e um acto de administração extraordinária se celebrado por prazo inferior. O autor defende assim que o arrendamento não pode ser celebrado por mandatário sem poderes especiais (art. 1159º) e que os pais (art. 1889º, nº 1, alíneas *h*)

[683] Cfr. neste sentido, JANUÁRIO GOMES, *Constituição*, p. 274 e PINTO FURTADO, *Manual*, I, p. 370.

[684] Cfr. CUNHA GONÇALVES, *Tratado*, VIII, p. 685.

[685] Cfr. GALVÃO TELLES, *Arrendamento*, p. 148.

e *m*)), o tutor (art. 1938º), o administrador de bens (art. 1971º) e o curador (art. 94º) só podem tomar de arrendamento com autorização do tribunal (actualmente do Ministério Público)[686].

Em nosso entender, a locação é para o locatário uma simples assunção de obrigações como contrapartida do gozo de uma coisa, pelo que, desde que não seja celebrada por um prazo excessivo ou desproporcionado, pode ser considerada um acto de mera administração. Pode assim ser celebrada por mandatário com poderes gerais de administração (art. 1159º) e só não pode ser celebrada pelos pais se o prazo estipulado ultrapassar a maioridade do menor (art. 1889º *h*)). Em relação ao tutor, ser-lhe-á permitido tomar de arrendamento, se for para assegurar habitação ao pupilo (o que é uma componente do seu direito a alimentos) ou tal se mostre necessário à administração do património dele (art. 1938º, nº 1, *d*)), sendo este regime igualmente aplicável ao administrador de bens (art. 1971º) e curador (art. 94º).

6.3. O contrato-promessa de locação

Também a locação pode ser objecto de contrato-promessa nos termos gerais (art. 410º do Código Civil). O contrato-promessa de locação é, em princípio, consensual, só tendo que ser celebrado por documento escrito, assinado pela parte que se vincula, no caso em que para o contrato definitivo seja exigida forma especial (cfr. art. 410º, nº 2), o que já se viu ocorrer para a locação de imóveis (cfr. art. 1069º, e art. 6º do RAR). Não é, porém, aplicável à promessa de arrendamento o art. 410º, nº 3, uma vez que o arrendamento não constitui um direito real.

Em caso de não cumprimento da promessa de locação, deve entender-se que a mesma estará normalmente sujeita à execução específica (art. 830º), uma vez que a natureza da obrigação assumida não é incompatível com essa figura[687]. Uma vez que não estamos perante uma das promessas a que se refere o art. 410º, nº 3, a execução específica pode ser afastada pelas partes (art. 830º, nº 1 e 830º, nº 3 *a contrario*), o que se presumirá se tiver sido estipulado sinal ou fixada uma pena para o não cumprimento da promessa.

[686] Cfr. Januário Gomes, *Constituição*, pp. 324-325.

[687] Cfr. Pinto Furtado, *Manual*, I, p. 333.

7. Efeitos essenciais da locação
7.1. Obrigações do locador
7.1.1. Obrigação de entrega

Refere o art. 1031º *a)* que a primeira obrigação do locador é a de entregar ao locatário a coisa locada. Ao contrário do que sucede na compra e venda (art. 882º) e na doação (art. 955º) a lei não concretiza o regime da obrigação de entrega no âmbito do contrato de locação. Essa solução explica-se pelo facto de não se justificar instituir uma obrigação de custódia do locador em relação à coisa após a celebração do contrato, uma vez que o locador responde sempre por vícios da coisa locada que datem do momento da entrega, se não provar que os desconhecia sem culpa (art. 1032º *b)*) ou que os defeitos eram conhecidos ou cognoscíveis pelo locatário (art. 1033º *a)* e *b)*). Também não se justifica estabelecer supletivamente que a obrigação de entrega abranja os frutos pendentes e as partes integrantes, e muito menos os documentos relativos à coisa ou direito, uma vez que caberá às partes determinar a extensão da locação.

A entrega da coisa pode ser material ou simbólica, sendo esta última a mais comum relativamente a coisas imóveis.

7.1.2. Obrigação de assegurar ao locatário o gozo da coisa para os fins a que esta se destina

O locador é ainda obrigado a assegurar ao locatário o gozo da coisa para os fins a que esta se destina (art. 1031º *b)*). Efectivamente, o principal direito do locatário é o direito de gozo da coisa locada. Constituindo, conforme se referiu, esse um direito pessoal de gozo, estrutura-se com base numa obrigação do senhorio. No entanto, a verdade é que não deixa de se conferir ao locatário a posse da coisa locada, sendo-lhe consequentemente atribuída a possibilidade de, em caso de ser privado do gozo da coisa, ou perturbado no exercício dos seus direitos, utilizar as acção possessórias, referidas nos arts. 1276º e ss., ainda que contra o próprio dono. O locatário tem assim posse em nome próprio da coisa locada, correspondente ao seu direito de gozo sobre ela[688], tendo ainda, nos termos do art. 1253º *c)* posse em nome alheio do direito do locador. Nos termos gerais, pode, no

[688] Trata-se, no entanto, de uma posse correspondente ao exercício de um direito pessoal de gozo e não de um direito real. Cfr. Galvão Telles, *Arrendamento*, p. 307 e Romano Martinez, *Obrigações*, p. 161.

entanto, sempre exigir do locador que cumpra a sua obrigação de lhe assegurar o gozo da coisa locada.

Essa obrigação pode implicar a necessidade de o locador fazer reparações e outras despesas necessárias à conservação da coisa locada (art. 1036º). O locatário pode assim exigir do locador que as efectue. Caso o locador entre em mora quanto a essa obrigação, se as despesas ou as reparações, pela sua urgência, se não compadecerem com as delongas de um processo judicial, pode o locatário fazê-las extrajudicialmente, com direito ao seu reembolso (art. 1036º, nº 1). Caso a urgência não consinta qualquer dilação, o locatário pode mesmo efectuar as reparações e despesas, independentemente de mora do locador, contanto que o avise a tempo (art. 1036º, nº 2).

7.1.3. Pagamento dos encargos da coisa locada

Refere o art. 1030º que "os encargos da coisa locada, sem embargo de estipulação em contrário, recaem sobre o locador, a não ser que a lei os imponha ao locatário". Incide assim sobre o locador a obrigação de suportar os encargos da coisa locada, a menos que a lei disponha coisa diferente. Não parece possível admitir a derrogação desta disposição por convenção em contrário das partes, uma vez que a expressão "sem embargo de convenção em contrário" expressa claramente o cariz injuntivo desta norma[689]. Para efeitos desta disposição, constituem encargos da coisa locada os impostos prediais, as taxas, os prémios de seguro e os encargos de condomínio. No âmbito do arrendamento rural, o art. 8º *a)* do RAR considera expressamente como nula a cláusula pela qual o arrendatário se obrigue ao pagamento de prémio de seguro contra incêndios de edifícios, bem como de contribuições, impostos ou taxas que incidam sobre prédios compreendidos no arrendamento e que sejam devidas pelo senhorio.

No âmbito do arrendamento urbano, a solução é, no entanto, diferente, dado que o art. 1078º, nº 1, remete para a estipulação escrita das partes o regime dos encargos da coisa locada. Para efeitos desta disposição constituem encargos da coisa locada, os impostos prediais, as taxas, os prémios

[689] Em sentido contrário, veja-se, porém, PIRES DE LIMA/ANTUNES VARELA, *op. cit.*, II, sub art. 1030º, nº 2, p. 357, que, no entanto, reconhecem estar a interpretar esta expressão em sentido diferente do habitual, e também ROMANO MARTINEZ, *op. cit.*, p. 191, nota (1) e MENEZES CORDEIRO, *Tratado*, XI, p. 727.

de seguro, os encargos de condomínio, bem como o pagamento de bens ou serviços relativos ao local arrendado. Estes encargos ficarão assim a cargo de quem forem contratualmente atribuídos. A lei determina, porém, que eles devem ser contratados por aquele que for responsável pelo seu pagamento (art. 1078º, nº 4).

No arrendamento de fracção autónoma, a lei presume que ficam a cargo do senhorio os encargos e despesas referentes à administração, conservação e fruição de partes comuns do edifício, bem como do pagamento de serviços comuns (art. 1078º, nº 3). Assim, se nada for estipulado em contrário, o senhorio será responsável pelo pagamento dessas despesas.

7.1.4. Obrigação de reembolso de benfeitorias

O art. 1046º, nº 1, estabelece que, salvo quanto às obras, reparações e despesas que a lei faz correr por conta do senhorio, o locatário é equiparado, salvo estipulação em contrário, ao possuidor de má fé quanto a benfeitorias que haja efectuado na coisa locada. Desta solução resulta assim que o locatário tem direito a ser indemnizado das benfeitorias necessárias que haja efectuado bem como levantar as benfeitorias úteis, se tal puder ser efectuado sem detrimento da coisa, havendo lugar à restituição do enriquecimento por despesas no caso contrário (art. 1273º). O locatário, não tem, porém, direito ao levantamento de benfeitorias voluptuárias (art. 1275º). A solução é, no entanto, exceptuada em relação ao aluguer de animais, já que o art. 1046º, nº 2, estabelece que as despesas da sua alimentação correm sempre, na falta de estipulação em contrário, por conta do locatário.

Há ainda a considerar os regimes especiais relativos aos diversos casos de arrendamento. Assim, em relação ao arrendamento urbano, resulta do art. 1074º, nºs 2 e 3, que a realização de obras pelo arrendatário depende de cláusula do contrato ou de autorização por escrito do senhorio, salvo se se verificar a mora do senhorio ou uma urgência improrrogável na realização das obras, caso em que o arrendatário pode proceder à sua realização, com direito a reembolso. Nesta última situação, o arrendatário pode efectuar a compensação pelo valor das despesas com a obrigação de pagamento da renda (art. 1074º, nº 3, *in fine*, juntando os respectivos comprovativos (art. 1074º, nº 4).

No caso de o arrendatário efectuar licitamente as obras terá direito, no final do contrato, a uma "compensação" por essas obras, nos termos aplicáveis às benfeitorias realizadas pelo possuidor de boa fé (art. 1074º, nº 5).

O arrendatário terá assim direito ao reembolso das benfeitorias necessárias e ao levantamento das benfeitorias úteis, quando este possa ser efectuado sem detrimento da coisa, tendo direito à restituição do enriquecimento por despesas no caso contrário (art. 1273º). O arrendatário pode ainda levantar as benfeitorias voluptuárias que tenha feito, não se dando detrimento da coisa, perdendo as mesmas na hipótese contrária (art. 1275º, nº 1)[690]. O arrendatário terá ainda direito de retenção (art. 754º)[691]. A lei admite, porém, estipulação em contrário, pelo que este regime poderá ser derrogado por convenção das partes, designadamente estabelecendo que o arrendatário não terá direito a qualquer indemnização pelas obras que venha a fazer no prédio, o que aliás costuma ser estabelecido nas cláusulas contratuais gerais relativas ao arrendamento urbano.

Já no âmbito do arrendamento rural, o art. 23º, nº 1, RAR admite que o arrendatário possa fazer acções de recuperação, com direito a reembolso, sempre que o senhorio esteja em mora quanto à obrigação de fazer reparações urgentes, que não se compadeçam com a demora do procedimento judicial, e ainda quando a urgência não consinta qualquer dilação. Já em relação às benfeitorias úteis, o art. 23º, nº 2, RAR estabelece que o arrendatário apenas as pode fazer com o consentimento do senhorio. Na falta deste, essas benfeitorias não dão direito a qualquer tipo de indemnização aquando da cessação do contrato de arrendamento (art. 23º, nº 4, RAR). Já se se verificar o consentimento do senhorio, as mesmas dão direito a uma indemnização quando revertam para o senhorio após cessação do contrato de arrendamento (art. 23º, nº 5, RAR), o que a lei estabelece, salvo convenção em contrário (art. 23º, nº 5, RAR), Nos termos do art. 24º, nº 1, RAR essa indemnização "é calculada tendo em conta o custo suportado pelo arrendatário, as vantagens das quais o mesmo delas haja usufruído na vigência do contrato em virtude do que fez no imóvel e o proveito patrimonial e de rendimentos que delas resulte, futuramente, para o senhorio". O pagamento da indemnização pode aliás ser fraccionado de forma a que as prestações se efectuem aquando da percepção pelo senhorio dos benefícios resultantes das benfeitorias (art. 24º, nº 2, RAR).

690 Para Menezes Cordeiro, *O Direito* 138 (2006), II, p. 241, a interpretação literal do preceito implicaria o pagamento de uma compensação por todas as benfeitorias, em lugar do *ius tollendi*. Parece-nos, no entanto, que a remissão para a posse de boa fé implica a sujeição ao respectivo regime, estando a expressão "compensação" utilizada em sentido impróprio.

691 Neste sentido, veja-se Cunha de Sá/Coutinho, *op. cit.*, p. 72.

7.1.5. Obrigação de preferência

Outra obrigação para o locador, no âmbito do arrendamento, é a de dar preferência ao arrendatário, na venda ou dação em cumprimento do prédio arrendado[692]. A obrigação de dar preferência encontra-se estabelecida em todas as modalidades de arrendamento, ainda que com regimes diferentes.

No âmbito do arrendamento urbano, no caso de compra e venda ou dação em cumprimento do local arrendado há mais de dois anos (art. 1091º, nº 1, *a)*)[693], assim como na celebração de novo contrato de arrendamento, em caso de caducidade do seu contrato por ter cessado o direito ou terem findado os poderes legais de administração com base nos quais o contrato fora celebrado (art. 1091º, nº 1 *b)*). Neste último caso, no entanto, a obrigação de preferência só se mantém enquanto não for exigível a restituição do prédio, nos termos do art. 1053º (art. 1091º, nº 2). O direito de preferência do arrendatário é graduado imediatamente acima do direito de preferência conferido ao proprietário do solo pelo art. 1535º do Código Civil (art. 1091º, nº 3) e sujeito ao regime geral dos arts. 416º a 418º e 1410º do mesmo Código (art. 1091º, nº 5), salvo quanto à forma e ao prazo de comunicação (art. 1091º, nº 4) ao regime da venda da coisa juntamente com outras (art. 1091º, nºs 6 e 7).

No âmbito do arrendamento rural, o art. 31º, nº 2, do RAR atribui aos arrendatários com, pelo menos, três anos de vigência do contrato, o direito de preferirem na transmissão do prédio arrendado, em caso de venda ou dação em cumprimento do mesmo, direito esse que, no entanto, é graduado abaixo do direito do co-herdeiro ou comproprietário (art. 31º, nº 3, RAR). O exercício da preferência vai, no entanto, obrigar o arrendatário a cultivar o prédio directamente, como seu proprietário, durante pelo menos cinco anos, salvo caso de força maior, devidamente comprovado

[692] Cfr. José de Oliveira Ascensão, "Subarrendamento e direitos de preferência no novo regime do arrendamento urbano", na *ROA* 51 (1991), 1, pp. 45-73 (55 e ss.) e "Direito de preferência do arrendatário", em António Menezes Cordeiro/Luís Menezes Leitão/Januário da Costa Gomes, *Estudos em homenagem ao Prof. Doutor Inocêncio Galvão Telles, III- Direito do Arrendamento Urbano*, Coimbra, Almedina, 2002, pp. 249-273.

[693] É de referir que, enquanto que o art. 47º, nº 1, do RAU, bastava-se com o facto de o arrendamento durar há mais de um ano, este art. 1091º, n1º, *a)* passou a exigir que o arrendamento tenha sido celebrado há mais de três anos. Do art. 59º, nº 2, do NRAU resulta, porém, que se o arrendatário já fosse titular do direito de preferência à data da entrada em vigor do NRAU, não o perderá em consequência dessa entrada em vigor.

(art. 31º, nº 4, RAR). Caso o arrendatário incumpra essa obrigação, fica vinculado a pagar ao anterior proprietário o valor equivalente ao quíntuplo da última renda vencida e a transmitir a propriedade ao preterido com o exercício da preferência, se este o desejar, pelo preço que este adquiriu o prédio (art. 31º, nº 5, RAR).

7.2. Obrigações do locatário

7.2.1. Obrigação de pagamento da renda ou aluguer

7.2.1.1. Generalidades

A principal obrigação do locatário é a obrigação de pagamento da renda ou aluguer[694]. Em relação à locação em geral, a obrigação de pagamento da renda encontra-se prevista nos arts. 1039º e ss., sendo no entanto essa obrigação objecto de regras específicas em relação às diversas modalidades de arrendamento, referidas nos arts. 1075º e ss., e 11º e ss. do RAR.

Examinemos sucessivamente essas regras:

7.2.1.2. Fixação e alteração da renda e aluguer

Resultando o contrato de locação da autonomia privada das partes, é também em princípio por convenção entre elas que é fixado o montante da renda ou aluguer, bem como o seu objecto. Há, no entanto, algumas restrições legais à possibilidade de estipulação das partes, no âmbito dos regimes especiais de arrendamento, quer em relação ao objecto da renda quer em relação às possibilidades da sua alteração.

Examinemos sucessivamente essas restrições:

7.2.1.2.1. Arrendamento urbano

Resultando o contrato de arrendamento urbano da autonomia privada das partes, é também em princípio por convenção entre elas que é fixado o montante da renda. Pode, porém, questionar-se se o arrendamento se pode considerar validamente celebrado, se as partes nada estipularem sobre o montante da renda. O entendimento que nos parece preferível é o de que a renda não tem que estar determinada, no momento da celebração do

[694] Cfr. António Sequeira Ribeiro, "Renda e encargos no contrato de arrendamento urbano", em António Menezes Cordeiro/Luís Menezes Leitão/Januário da Costa Gomes, *Estudos em homenagem ao Prof. Doutor Inocêncio Galvão Telles*, III – *Direito do Arrendamento Urbano*, Coimbra, Almedina, 2002, pp. 87-157.

contrato, bastando que seja determinável[695], e sendo aplicável a essa determinação os critérios do art. 883º, por força do art. 939º[696].

Em relação ao objecto da renda, o art. 1075º, nº 1, determina apenas que ele corresponde a uma prestação pecuniária periódica (cfr. arts. 550º e ss.), parecendo assim serem hoje de novo admissíveis as cláusulas de pagamento da renda em moeda específica (arts. 552º e ss.) ou em moeda estrangeira (art. 558º), ao contrário do que anteriormente dispunha o art. 19º, nº 1 do RAU.

Uma vez fixada a renda, o seu montante pode ser objecto de alteração. A primeira situação em que tal ocorre respeita à actualização da renda, que se encontra estabelecida no art. 1077º, cujo nº 1 remete para a estipulação das partes a possibilidade de actualização da renda e o respectivo regime. É assim perfeitamente admissível a convenção de rendas escalonadas, em que as partes determinam previamente um incremento do valor da renda, ao longo da vigência do contrato.

Apenas no caso de ausência de estipulação, a lei determina que a renda é actualizada anualmente, de acordo com os coeficientes de actualização vigentes (art. 1077º, nº 2 *a)*), podendo a primeira actualização ser exigida um ano após a vigência do contrato e as seguintes, sucessivamente, um ano após a actualização anterior (art. 1077º, nº 2, *b)*). Estabelece o art. 24º, nº 1, do NRAU que essa actualização resulta da totalidade da variação do índice de preços no consumidor, sem habitação, correspondente aos últimos doze meses e para os quais existam valores disponíveis à data de 31 de Agosto, apurado pelo Instituto Nacional de Estatística, devendo este fazer publicar no Diário da República até 30 de Outubro de cada ano um aviso mencionando o referido coeficiente (art. 24º, nº 2 NRAU). A renda assim apurada é arredondada para a unidade cêntimo imediatamente superior (art. 25º, nº 1, NRAU), sendo aplicado o mesmo arredondamento no caso de determinação da renda com recurso a fórmulas aritméticas (art. 25º, nº 2, NRAU).

Para efeitos de actualização, o senhorio deve comunicar, por escrito e com a antecedência mínima de 30 dias, o coeficiente de actualização e a

[695] Neste sentido, veja-se PINTO LOUREIRO, *Tratado da locação*, I, pp. 72-73, e JANUÁRIO GOMES, *Constituição*, pp. 70 e ss. (72). Em sentido contrário, defendendo a necessidade de fixação da renda aquando da celebração do contrato, GALVÃO TELLES, *Arrendamento*, pp. 97-98.

[696] Considerando aplicáveis estes critérios ao contrato de locação, apesar de este não se enquadrar *apertis verbis* no art. 939º, veja-se PINTO FURTADO, *Manual*, I, pp. 50-51.

nova renda dele resultante (art. 1077º, nº 2, *c*)), tendo essa comunicação que obedecer ao disposto nos arts. 9º e ss. do NRAU.

7.2.1.2.2. Arrendamento rural

No âmbito do arrendamento rural, o art. 11º, nº 1, do RAR vem estabelecer que a renda é anual, previamente estipulada e corresponde a uma prestação pecuniária. O art. 11º, nº 3, do RAR, estabelece, porém, que, no âmbito do arrendamento florestal, as partes podem acordar a fixação de uma parte da renda variável em função da produtividade do prédio.

A alteração da renda apenas pode ser efectuada nos casos previstos no próprio RAR (art. 11º, nº 2 do RAR).

Efectivamente, este diploma prevê que, salvo estipulação em contrário, as rendas são actualizáveis anualmente, com base no coeficiente "resultante da totalidade de variação do índice de preços do consumidor, sem habitação, correspondente aos últimos 12 meses e para os quais existem valores disponíveis à data de 31 de Agosto, apurado pelo Instituto Nacional de Estatística, I. P., e publicado no *Diário da República* até 30 de Outubro de cada ano" (art. 11º, nº 5, do RAR).

Estabelece-se ainda que "quando, no prédio arrendado, e durante o período fixado no contrato, o senhorio realize, com o acordo expresso do arrendatário, obras de beneficiação, com exclusão das acções de recuperação do prédio, pode ser convencionada, por iniciativa do senhorio, uma alteração da renda, que carece de acordo expresso do arrendatário" (art. 11º, nº 6, do RAR).

Para além disso, a renda pode ser objecto de alteração por ocorrência de circunstâncias imprevisíveis e anormais, nos termos do art. 12º do RAR. Efectivamente, refere o nº 1 desta disposição que "quando no prédio rústico arrendado, e durante o período fixado no contrato, se verifiquem, por circunstâncias imprevisíveis e anormais alheias à vontade do arrendatário, alterações com impacte significativo na regular e normal capacidade produtiva do prédio, pode ser convencionada, por iniciativa de qualquer das partes, uma alteração temporária ou definitiva da renda, sem prejuízo do disposto no artigo anterior". O nº 2 acrescenta que "no caso do arrendamento florestal e das culturas agrícolas permanentes, presume-se que a ocorrência de circunstâncias imprevisíveis e anormais provoca alterações com impacte significativo na regular e normal capacidade produtiva do prédio, sempre que aquelas circunstâncias causem a perda de, pelo menos, um terço das plantações das culturas permanentes ou da plantação florestal explorada no prédio".

7.2.1.3. Tempo do cumprimento

Em relação ao tempo do pagamento, a renda nunca constitui uma obrigação pura (cfr. art. 777º, nº 1), uma vez que sendo uma obrigação periódica, haverá sempre que estipular o momento do seu vencimento, podendo este resultar das disposições supletivas da lei. Em relação à locação em geral, refere o art. 1039º, nº 1, que o pagamento deve ser efectuado no último dia da vigência do contrato ou do período a que respeita, se as partes ou os usos não fixarem outro regime.

Esta solução não corresponde, no entanto, à que vigora nas diversas modalidades de arrendamento, uma vez que neste âmbito é costume estipular antecipação de renda, pelo que no arrendamento urbano a lei consagra mesmo supletivamente a regra da antecipação. Assim, o art. 1075º, nº 2, refere que, "na falta de convenção em contrário, se as rendas estiverem em correspondência com os meses do calendário gregoriano, a primeira vencer-se-á no momento da celebração do contrato e cada uma das restantes no 1º dia útil do mês imediatamente anterior àquele a que diga respeito". Esta regra é supletiva, mas a lei estabelece limites às convenções de antecipação, proibindo as partes de estipularem antecipações de renda por período superior a três meses (art. 1076º, nº 1).

Já no âmbito do arrendamento rural, estabelece o art. 11º, nº 4, do RAR que "salvo cláusula em contrário, o pagamento da renda deve ser efectuado até ao último dia do ano a que respeita, no domicílio ou sede social do senhorio à data do vencimento, findo o qual se considera o arrendatário em mora".

7.2.1.4. Lugar do cumprimento

Relativamente ao lugar do cumprimento da obrigação de pagar a renda ou aluguer, este encontra-se estabelecido para a locação em geral no art. 1039º, nº 1, que nos refere que esse pagamento deve ser efectuado no domicílio do locatário à data do vencimento, se as partes ou os usos não fixarem outro regime. A renda ou aluguer constitui assim uma obrigação de colocação, sendo por esta via derrogado o regime geral do art. 774º que estabelece como lugar de cumprimento das obrigações pecuniárias o domicílio do credor à data do vencimento.

A regra supletiva do art. 1039º não costuma, no entanto, ser observada em relação ao arrendamento onde, por força de estipulação ou dos usos, é comum estabelecer que o lugar do pagamento seja no domicílio do senhorio ou de procurador por ele designado. Na falta de convenção ou uso é essa, no entanto, a regra que vigora pelo que, coerentemente, o art. 1039º, nº 2, vem estabelecer que "se a renda ou aluguer houver de ser pago no domicílio, geral ou particular, do locatário ou de procurador seu, e o pagamento não tiver sido efectuado, presume-se que o locador não veio nem mandou receber a prestação no dia do seu vencimento".

A regra do art. 1039º, nº 1, é, porém, exceptuada em relação ao arrendamento rural. Efectivamente, o art. 11º, nº 4, do RAR, vem estabelecer que a renda deve ser paga no domicílio ou sede social do senhorio à data do vencimento.

7.2.1.5. Consequências da mora do locatário

O art. 1041º estabelece um regime específico para a mora do locatário, prevendo que, em lugar dos tradicionais juros moratórios fixados no art. 806º, o locador tem o direito de exigir, além das rendas ou alugueres em atraso uma indemnização correspondente a 20% do que for devido, salvo se o contrato for resolvido com base na falta de pagamento. Assim, o atraso do locatário pode determinar uma indemnização de 20% das rendas em dívida que apenas não será devida se o locador resolver o contrato com base na falta de pagamento. Neste último caso, a lei considera a resolução como sanção suficiente para o locatário pelo que não se estabelece juros de mora suplementares pelo atraso de pagamento de rendas. Nada impede, porém, as partes de estipular uma cláusula penal moratória para cobrir o atraso no pagamento das rendas, mesmo em caso de resolução do contrato[697].

É ainda de referir que, uma vez que o art. 1042º, nº 2, determina que o direito à indemnização ou à resolução do contrato cessa se o locatário fizer cessar a mora no prazo de oito dias após o seu começo[698], existe uma tolerância legal em relação à mora do arrendatário durante esse prazo, a qual não tem consequências para ele.

[697] Neste sentido, vide Ac. RC 27/6/2002 (Urbano Dias), em CJ 27 (2002), 3, pp. 117-119 que considerou válida uma cláusula penal de juros de mora de 9% sobre as rendas em dívida sempre que não for possível exigível a indemnização legal de 50%.

[698] Nos termos dos arts. 297º e 279º *d)*, esse prazo é havido como correspondendo a uma semana.

Também no âmbito do arrendamento rural se estabelece que o senhorio tem o direito de exigir, além das rendas em atraso, uma indemnização de valor igual a 50% do que for devido, salvo se o contrato for resolvido com base na falta de pagamento das rendas, caso em que terá direito apenas às rendas devidas (art. 13º, nº 1 do RAR). O direito à indemnização ou à resolução do contrato cessa se o arrendatário fizer cessar a mora no prazo de sessenta dias a contar do seu começo (art. 13º, nº 2, do RAR). Para além disso, o arrendatário pode pôr fim à mora oferecendo ao senhorio do pagamento das rendas em atraso, bem como a indemnização referida (art. 13º, nº 6, do RAR). Enquanto não forem pagas as rendas em atraso e a indemnização, o senhorio pode recusar o recebimento de novas rendas, as quais são consideradas em dívida para todos os efeitos (art. 13º, nº 5, do RAR). No entanto, o recebimento das rendas subsequentes não priva o senhorio do direito à resolução do contrato, ou à indemnização referida, com base nas prestações em mora (art. 13º, nº 6, do RAR).

7.2.1.6. Garantias de pagamento

A obrigação de pagamento da renda pode, nos termos gerais, ser objecto de qualquer garantia que as partes venham a estipular para a hipótese de incumprimento pelo locatário. Esta regra encontra-se expressamente formulada no âmbito do arrendamento urbano, art. 1076º, nº 2, determina que "as partes podem caucionar, por qualquer das formas legalmente previstas, o cumprimento das obrigações respectivas". Trata-se, neste caso, de uma caução de fonte negocial, pelo que o art. 624º, nº 1, admite que ela seja prestada por qualquer garantia, real ou pessoal.

A forma mais comum de garantia do pagamento das obrigações do arrendatário é, no entanto, a prestação de fiança, com renúncia do fiador ao benefício da excussão. Face à revogação do art. 655º do Código Civil pelo art. 2º, nº 1, do NRAU, deixa de existir qualquer presunção de limitação da fiança ao período inicial de duração do arrendamento, e qualquer limite à estipulação das partes relativamente ao respectivo prazo, na ausência de nova convenção. Assim, se for prestada fiança em relação ao pagamento da renda, esta manter-se-á em princípio durante todo o período de vigência do arrendamento, incluindo as suas renovações. Nada obsta, porém, que as partes convencionem que o fiador apenas se obriga pelo período inicial de duração do contrato, excluindo as suas renovações, ou que a fiança se extinga logo que ocorra qualquer alteração da renda[699].

[699] Neste sentido, Cunha de Sá/Coutinho, *op. cit.*, p. 14.

A lei obriga, no entanto, o senhorio a notificar o fiador da mora e das quantias em dívida, no prazo de 90 dias, caso o arrendatário não faça cessar a mora (art. 1041º, nº 5), estabelecendo-se que o senhorio apenas pode exigir do fiador a satisfação dos seus direito de crédito após efectuar a referida notificação (art. 1041º, nº 6).

7.2.2. Obrigação de facultar ao locador o exame da coisa locada

Uma outra obrigação que incumbe sobre o locatário é a de facultar ao locador o exame da coisa locada (art. 1038º *b)*), situação que visa permitir ao locador controlar o bom estado da coisa, e eventualmente suprir deficiências ou exigir responsabilidade pelos danos a esta causados. Trata-se de um direito do locador que, no entanto, tem que ser exercido em termos moderados, uma vez que constantes e sucessivos exames da coisa locada corresponderiam a uma perturbação do gozo pelo locatário. Nesse caso, a exigência do locador será ilegítima, por abuso de direito (art. 334º)[700], caso em que poderá naturalmente o locatário obstar a essa perturbação do gozo.

7.2.3. Obrigação de não aplicar a coisa a fim diverso daquele a que ela se destina

Uma das mais importantes obrigações do locatário é o de não aplicar a coisa a fim diverso daquele a que ela se destina. Efectivamente é normal no contrato de locação a determinação do fim a que se destina a coisa locada, com base no qual se delimitam as possibilidades da sua utilização pelo locatário. As partes devem, por isso, proceder à sua estipulação contratual. Se não o fizerem, e das respectivas circunstâncias não resultar o fim a que a coisa locada se destina, estabelece o art. 1027º que passa a ser permitido ao locatário aplicá-la a quaisquer fins lícitos, dentro da função normal das coisas de igual natureza.

Especialmente importante se mostra a determinação do fim nos arrendamentos, que gera a aplicação de regimes específicos.

Conforme já se referiu, os prédios rústicos podem ser arrendados para fins agrícolas, florestais ou outras actividades de produção de bens ou serviços associadas à agricultura, à pecuária ou à floresta, caso em que constituem arrendamento rural, sujeito ao RAR (art. 2º, nº 1, do RAR), sendo

[700] Neste sentido, cfr. PIRES DE LIMA/ANTUNES VARELA, *op. cit.*, II, sub art. 1038º, nº 3, p. 370.

que qualquer arrendamento que recaia sobre prédios rústicos, quando do contrato e respectivas circunstâncias não resulte destino diferente, presume-se arrendamento rural (art. 2º, nº 2, do RAR). Se, porém, os prédios rústicos forem arrendados com outros fins, ficam sujeitos ao regime do arrendamento urbano, conjuntamente com o regime geral da locação civil (art. 1108º, *in fine*).

Quanto aos prédios urbanos, eles podiam, no âmbito do RAU, ser arrendados para habitação, comércio ou indústria, profissão liberal ou outros fins lícitos (art. 3º, nº 1 do RAU), sendo sujeitos respectivamente aos arts. 74º e ss., 110º e ss., 121º e ss., e 123º do RAU. Se nada se estipulasse, o arrendatário só poderá utilizar o prédio para habitação (art. 3º, nº 2, do RAU). Já o NRAU, limita-se a distinguir entre o arrendamento para fim habitacional e o arrendamento para fim não habitacional (art. 1067º, nº 1), regendo-se o primeiro especificamente pelos arts. 1092º e ss., e o segundo pelos arts. 1108º e ss., ainda que, neste último caso, continue haver algumas diferenciações de regime entre o arrendamento para comércio e indústria e para o exercício de profissão liberal (cfr. art. 1112º). Caso as partes não estipulem o fim do contrato de arrendamento urbano, determina o art. 1067º, nº 2, que o local arrendado pode ser usado no âmbito das suas aptidões, tal como resultem da licença de utilização. Na falta de licença de utilização, o arrendamento vale como habitacional se o local for habitável ou como não habitacional se o não for, salvo se outro destino lhe tiver vindo a ser dado (art. 1067º, nº 3).

7.2.4. Obrigação de não fazer da coisa locada uma utilização imprudente

Outra obrigação do locatário, referida no art. 1038º *d)*, é a de não fazer da coisa locada uma utilização imprudente. Esta obrigação encontra-se explicitada no art. 1043º, nº 1, que estabelece que "na falta de convenção, o locatário é obrigado a manter e restituir a coisa no estado em que a recebeu, ressalvadas as deteriorações inerentes a uma prudente utilização, em conformidade com os fins do contrato". O dever de não efectuar uma utilização imprudente corresponde assim para o locatário a um dever de manutenção da coisa no mesmo estado em que foi recebida, uma vez que a locação não deve implicar para o locador qualquer deterioração da coisa. A descrição do estado da coisa ao tempo da entrega deve ser efectuada pelas partes em documento, presumindo o legislador, na falta desse documento, que a coisa foi entregue ao locatário em bom estado de conservação (art.

1043º, nº 2). Se ocorrer a perda da coisa ou deteriorações desta não correspondentes a uma prudente utilização, a lei presume a responsabilidade do locatário, podendo, porém, este elidir a presunção demonstrando que não resultaram de causa que lhe seja imputável nem a terceiro a quem tenha permitido a utilização da coisa (art. 1044º)[701].

No âmbito dos regimes especiais de arrendamento, a lei vem, porém, efectuar alguma concretização e por vezes atenuação deste dever que incumbe sobre o locatário. Assim, o art. 1073º, correspondendo de forma praticamente idêntica ao hoje revogado art. 4º do RAU determina ainda que "é lícito ao arrendatário realizar pequenas deteriorações no prédio arrendado quando elas se tornem necessárias para assegurar o seu conforto ou comodidade" (nº 1), acrescentando o nº 2 que "as deteriorações referidas no número anterior devem, no entanto, ser reparadas pelo arrendatário antes da restituição do prédio, salvo estipulação em contrário". No âmbito do arrendamento rural, o art. 17º, nº 2, RAR proíbe expressamente ao arrendatário "faltar ao cumprimento de uma obrigação legal ou contratual, com prejuízo directo para a produtividade, substância ou função económica e social do prédio" (art. 17º, nº 2, *b)* RAR), "não utilizar apropriadamente e com regularidade o prédio ou usar o mesmo para fins diferentes do estipulado no contrato" (art. 17º, nº 2, *c)* RAR) e "não velar pela boa conservação dos bens ou causar prejuízos graves nos que, não sendo objecto do contrato, existam no prédio arrendado" (art.17º, nº 2, *d)* RAR).

7.2.5. Obrigação de tolerar as reparações urgentes, bem como quaisquer outras que sejam ordenadas por autoridade pública

Outra obrigação do locatário é a de tolerar as reparações urgentes, bem como quaisquer outras que sejam ordenadas por autoridade pública. Efectivamente, pode haver necessidade de reparações urgentes para evitar a deterioração da coisa locada, sendo que por vezes a própria autoridade pública impõe essas reparações para evitar maiores riscos. Nestes casos, terá naturalmente o locatário que suportar essa perturbação no gozo da coisa em ordem a evitar maiores riscos para o prédio.

[701] Cfr. Ac. STJ 17/4/2008 (Urbano Dias), em *CJ-ASTJ* 16 (2008), 2, pp. 35-37 e Ac. STJ 25/6/2009 (Lázaro Faria), em *CJ-ASTJ* 17 (2009), 2, pp. 139-143.

7.2.6. Obrigação de não proporcionar a outrem o gozo total ou parcial da coisa por meio de cessão onerosa ou gratuita da sua posição jurídica, sublocação ou comodato, excepto se a lei o permitir ou o locador o autorizar

O contrato de locação é visto em relação à pessoa do locatário como um contrato *intuitu personae*, considerando-se assim que o locador se obriga apenas a proporcionar o gozo da coisa ao locatário e não a terceiro. É, por isso, vedado ao locatário proceder à transmissão do gozo da coisa a terceiro, seja qual for o título jurídico pelo qual essa transmissão se opere, como seja a cessão onerosa ou gratuita da sua posição jurídica, a sublocação ou o comodato. Essa proibição só cessa, caso a lei venha a permitir essa cessão ou o locador a venha a autorizar.

Efectivamente, em certos casos a lei permite a transmissão do gozo da coisa a terceiro sem consentimento do senhorio. É o que sucede no arrendamento urbano para fins não habitacionais nos casos de locação de estabelecimento comercial ou industrial (art. 1109º), trespasse do estabelecimento comercial ou industrial (art. 1112º, nº 1 *a)*) e cessão da posição do arrendatário para o exercício de profissão liberal (art. 1112º, nº 1 *b)*). Para além disso, no arrendamento para habitação é permitido que habitem com o arrendatário, para além de todas as pessoas que com ele vivam em economia comum, um máximo de três hóspedes, salvo cláusula em contrário (art. 1093º). Consequentemente, nestas situações não se considerará infringida a proibição do art. 1038º *f)*.

Ocorrendo o consentimento do locador, também é possível ao arrendatário proceder à cessão do gozo da coisa a terceiro. Tratando-se de arrendamento urbano, o consentimento do senhorio para subarrendar o prédio deve ser dado por escrito (art. 1088º, nº 1). No âmbito do arrendamento rural, exige-se acordo expresso com o senhorio para o subarrendamento, ou cedência por comodato ou qualquer outra forma, total ou parcialmente, dos prédios arrendados, ou a ainda a cedência a terceiros da posição contratual do arrendatário (art. 10º do RAR). O art. 1049º vem, porém, estabelecer que o locador não tem direito à resolução do contrato com fundamento na violação do disposto nas alíneas *f)* e *g)* do art. 1038º se tiver reconhecido o beneficiário da cedência como tal, pelo que se o locador vier a reconhecer o beneficiário da cedência, deixa de poder obter a resolução do contrato com esse fundamento.

7.2.7. Obrigação de comunicar ao locador, dentro de quinze dias, a cedência do gozo da coisa, sempre que esta seja permitida ou autorizada

Mesmo quando a lei permite ou o locador autoriza o locatário a ceder o gozo da coisa a terceiro, está o locatário obrigado a comunicar que efectuou essa cedência no prazo de quinze dias após a sua verificação (art. 1038º *g)*, sem o que a cedência será ineficaz em relação ao locador e lhe permitirá resolver o contrato (cfr., no arrendamento urbano, o art. 1083º, nº 2 *e)*).

Estabelece, no entanto, o art. 1049º que o locador não tem direito à resolução do contrato com fundamento na violação do disposto nas alíneas *f)* e *g)* do art. 1038º, se tiver reconhecido o beneficiário da cedência como tal, ou ainda, no caso da alínea *g)*, se a comunicação lhe tiver sido feita por este, pelo que, se houver reconhecimento do novo locatário ou tiver sido este a cumprir a obrigação de comunicar no prazo de quinze dias a cedência, perderá o senhorio a possibilidade de resolver o contrato.

7.2.8. Obrigação de avisar imediatamente o locador, sempre que tenha conhecimento de vícios na coisa, ou saiba que a ameaça algum perigo, ou que terceiros se arrogam direitos em relação a ela, desde que o facto seja ignorado pelo locador

Outra obrigação que recai sobre o locatário é a de avisar o locador sempre que conheça a existência de vícios na coisa, que algum perigo a ameaça, ou que terceiros se arrogam direitos em relação a ela (art. 1038º *h)*). Trata-se de uma obrigação que é imposta ao locatário em virtude de lhe ser atribuida a posse da coisa locada, que lhe implica um dever de custódia mínimo da mesma, concretizado na imposição de um aviso ao senhorio, sempre que o locatário venha a ter conhecimento de riscos para a coisa.

A lei não prevê a resolução do contrato como sanção para o incumprimento desta obrigação, mas estabelece que o senhorio deixa de responder pelos vícios da coisa locada, ao contrário do que normalmente a lei prevê (art. 1032º), se o locatário não avisou do defeito o locador, como lhe competia (art. 1033º *d)*).

7.2.9. Obrigação de restituir a coisa locada, findo o contrato

A restituição da coisa locada findo o contrato constitui igualmente uma obrigação do locatário (art. 1038º *i)*), surgindo como consequência da natureza temporária da locação (art. 1022º). No âmbito do arrendamento urbano, essa obrigação encontra-se regulada no art. 1081º.

A lei estabelece inclusivamente no art. 1045º, nº 1 que "se a coisa locada não for restituída por qualquer causa, logo que finde o contrato, o locatário é obrigado, a título de indemnização, a pagar até ao momento da restituição a renda ou aluguer que as partes tenham estipulado, excepto se houver fundamento para consignar em depósito a coisa devida". É, assim, estabelecida uma indemnização equivalente ao montante da renda devida, que se presume ser a compensação adequada para o atraso na restituição da coisa. Parece, porém, que as partes não estarão impedidas, nos termos do art. 810º, de estabelecer uma cláusula penal para o atraso na restituição de montante superior a este, desde que não seja de montante manifestamente excessivo (art. 812º)[702].

8. Proibições de locação

Existe uma única proibição específica de locação, que respeita ao arrendamento de bens do incapaz a favor dos seus pais, acompanhante, tutor, administrador legal de bens ou protutor que exerça as funções de tutor. Efectivamente, refere o art. 1892º, já anteriormente mencionado, que sem autorização do tribunal (actualmente do Ministério Público, por força do D.L. 272/2001) não podem os pais tomar de arrendamento, ainda que por intermédio de hasta pública, bens do filho sujeito ao poder paternal, excepto nos casos de sub-rogação legal, de licitação em processo de inventário ou de outorga em partilha judicialmente autorizada. Esta proibição abrange o arrendamento celebrado por interposta pessoa o que ocorrerá nos casos referidos no art. 579º, nº 2 (art. 1892º, nº 2).

No caso de ser celebrado sem autorização do Ministério Público, o arrendamento é anulável a requerimento do menor, até um ano depois de atingir a maioridade ou ser emancipado, ou, se ele entretanto falecer, pelos seus herdeiros, excluídos os próprios pais responsáveis, no prazo de um ano a contar da morte do filho (art. 1893º, nº 1). A anulação pode continuar a ser requerida após este prazo se for demonstrado que só se teve conhecimento do referido arrendamento nos seis meses anteriores

[702] No Ac. RC 27/6/2002 (URBANO DIAS), em *CJ* 27 (2002), 3, pp. 117-119 considerou-se que as partes podem, em derrogação do art. 1045º, estipular uma cláusula penal de montante superior à renda, para a indemnização devida em caso de restituição da coisa findo o contrato.

à proposição da acção (art. 1893º, nº 2). Enquanto o menor não atingir a maioridade ou for emancipado, pode a acção de anulação ser instaurada ainda pelas pessoas com legitimidade para requerer a anulação do poder paternal, contanto que seja instaurada no ano seguinte à prática dos actos impugnados (art. 1893º, nº 3).

Apesar de não autorizado, o arrendamento pode ser objecto de confirmação pelo tribunal (art. 1894º), caso em que naturalmente se extinguirá o direito de anulação.

Já em relação ao tutor, o art. 1937º *b)* veda-lhe em absoluto a possibilidade de tomar de arrendamento, directamente ou por interposta pessoa, ainda que seja em hasta pública, bens ou direitos do menor, excepto nos casos de sub-rogação legal, de licitação em processo de inventário ou de outorga em partilha judicialmente autorizada. Esta proibição é extensiva ao administrador de bens, por força do art. 1971º, nº 1, ao acompanhante de maiores com funções de representação legal e administração de bens, por força dos arts. 145º, nºs 4 e 5, e também parece dever sê-lo em relação ao protutor, sempre que este substitua o tutor (art. 1956º *b)*). É assim proibido o arrendamento de bens do menor ou incapaz, realizada a favor de qualquer destas pessoas. Caso esse arrendamento venha a ser celebrado, o negócio não será apenas considerado anulável mas nulo, ainda que se trate de uma nulidade sujeita a regime especial, na medida em que não pode ser invocada pelo tutor ou seus herdeiros, nem pela interposta pessoa de quem ele se tenha servido e é sanável mediante confirmação do incapaz, depois da cessação da incapacidade, mas somente enquanto não for declarada por sentença transitada em julgado (art. 1939º).

9. Vicissitudes do contrato de locação

9.1. Transmissão da posição contratual do locador

A necessidade de tutelar a posição do locatário, em caso de transmissão da coisa locada a terceiro, levou à consideração de que essa transmissão não deveria afectar o direito do locatário, estabelecendo-se assim uma transmissão contratual forçada da posição do locador para qualquer adquirente da coisa locada. Foi este o princípio denominado de *emptio non tollit locatum* (a compra não afecta a locação), vigente na maioria dos direitos modernos, entre os quais o direito alemão[703]. Consagrando este princípio, o art.

[703] Neste último formulou-se a regra *Kauf bricht nicht Miete*, referida actualmente no § 566 BGB.

1057º do Código Civil vem estabelecer que "o adquirente do direito com base no qual foi celebrado o contrato sucede nos direitos e obrigações do locador, sem prejuízo das regras do registo", sendo essa doutrina desnecessariamente reiterada no art. 20º, nº 1 do RAR. Fica assim consagrada a doutrina de que o locatário pode sempre opor o seu direito em relação a qualquer adquirente do direito com base no qual foi celebrado o contrato, sujeitando-o a continuar com ele o contrato de locação, mesmo que o adquirente desconhecesse totalmente a existência desse contrato no momento que adquiriu o bem[704].

Pressuposto da aplicação do art. 1057º é apenas a aquisição do direito com base no qual foi celebrado o contrato, independentemente da forma como essa transmissão se opere, seja por acto entre vivos, seja *mortis causa*. Também no caso de constituição de um novo direito sobre o bem locado deve dar-se a transmissão da posição de locador para o novo titular no caso de esse novo direito implicar a exclusividade do gozo sobre a coisa locada (ex: a constituição de um usufruto)[705]. Mais controversa tem sido a questão da manutenção do direito do locatário em caso de venda executiva do bem, mas parece que a mesma deverá igualmente ocorrer, uma vez que o direito do locatário não se encontra incluído nos direitos que caducam com essa venda, nos termos do art. 824º, nº 2, bem como na alienação em processo de insolvência, face ao que se dispõe no art. 109º CIRE[706].

[704] Caberá, nessa hipótese, ao adquirente a aplicação do regime da venda de bens onerados (arts. 905º e ss.).

[705] Neste sentido, ROMANO MARTINEZ, *Obrigações*, p. 206.

[706] Em sentido contrário, cfr. OLIVEIRA ASCENSÃO, *ROA* 45 (1985), 2, pp. 363 e ss., HENRIQUE MESQUITA, *Obrigações reais e ónus reais*, Coimbra, Almedina, 1990, p. 140, nota (18), A. LUÍS GONÇALVES, "Anotação Ac. RC 30/3/1993" em *RDES* 40 (1999), nº 1, pp. 95-101, e ROMANO MARTINEZ, *Da cessação*, p. 327, nota (652), alterando a posição por si defendida em ROMANO MARTINEZ, *Obrigações*, pp. 206-207. Na jurisprudência, cfr., Ac. RC 30/3/1993 (BARATA FIGUEIRA), na *RDES* 40 (1999), nº 1, pp. 87-94, Ac. STJ 3/12/1998 (FERREIRA DE ALMEIDA), no *BMJ* 482 (1999), pp. 219-225, Ac. RL 28/9/2006 (ANA LUÍSA GERALDES), na *CJ* 31 (2006), 4, pp. 63-67, Ac. RL 26/6/2008 (PEREIRA RODRIGUES), na *CJ* 33 (2008), 3, pp. 117-119, Ac. RE 19/6/2008 (MARIA ALEXANDRA MOURA SANTOS), na *CJ* 33 (2008), 3, pp. 250-253, Ac. RC 21/10/2008 (HÉLDER ROQUE), em *CJ* 33 (2008), 4, pp. 24-26 e Ac. STJ 16/9/2014 (ALVES VELHO), processo 351/09.9TVLSB.L1.S1., em *CJ-ASTJ* 22 (2014), 3, pp. 43-45. No sentido da nossa posição, veja-se Ac. STJ 25/2/1993 (RAMIRO VIDIGAL), na *CJ-ASTJ* 1 (1993), 1, pp. 147-150, Ac. RL 15/5/1997 (FRANCISCO MAGUEIJO), na *CJ* 22 (1997), 3, pp. 87-90 e Ac. RL 16/9/2008 (ABRANTES GERALDES), em *CJ* 33 (2008), 4, pp. 80-85.

Relativamente ao objecto da transmissão, parece que salvo acordo em contrário, apenas se transmitirão para o adquirente os direitos e obrigações do locador respeitantes à execução futura do contrato, permanecendo na esfera do anterior locador os direitos e obrigações respeitantes ao período locativo anterior à transmissão. Assim, a menos que ocorra simultaneamente uma cessão de créditos a rendas vencidas não poderá o novo locador reclamar o pagamento de rendas respeitantes a períodos de tempo anteriores à transmissão, nem requerer a resolução do contrato com este fundamento[707]. Da mesma forma, vem estabelecer o art. 1058º a inoponibilidade da liberação ou cessão de rendas ou de alugueres não vencidos ao sucessor entre vivos do locador, na medida em que tais rendas ou alugueres respeitem a períodos de tempo não decorridos à data da sucessão.

9.2. Sucessão na posição de locador

Uma outra vicissitude no contrato de locação é a sucessão por morte na posição de locador. Dado que o contrato de locação não é considerado como *intuitu personae* em relação ao locador, verifica-se em caso de morte deste a sucessão dos seus herdeiros na relação de arrendamento (art. 2024º). Essa solução é desnecessariamente explicitada no art. 20º, nº 1, do RAR.

9.3. Transmissão da posição contratual do locatário

Nos termos do art. 1059º, nº 2, do Código Civil, "a cessão da posição do locatário está sujeita ao regime geral dos arts. 424º e ss. do Código Civil, sem prejuízo das disposições especiais deste capítulo". Remete-se assim integralmente para o regime geral da cessão da posição contratual, o que implica que esta só possa normalmente ser realizada com o consentimento do senhorio (art. 424º), podendo este resolver o contrato se a cessão for efectuada sem o seu consentimento (art. 1083º, nº 2 *e)*). Caso o arrendamento tenha por objecto a casa de morada de família, a cessão da posição contratual do arrendatário depende ainda do consentimento do seu cônjuge (art. 1682º-B, *c)*).

Admitem-se, porém, na lei casos em que a transmissão da posição contratual do arrendatário não depende do consentimento do senhorio.

No âmbito do arrendamento urbano para habitação ocorre uma dessas situações no caso previsto no art. 1105º, nº 1, onde se refere que, incidindo

[707] Neste sentido, PIRES DE LIMA/ANTUNES VARELA, *op. cit.*, sub art. 1057º, nº 4, p. 401, PEDRO ROMANO MARTINEZ, *op. cit.*, p. 205, e PINTO FURTADO, *Manual*, II, p. 600.

o arrendamento sobre casa de morada de família os cônjuges podem, em caso de divórcio ou de separação judicial de pessoas e bens decidir o seu destino, podendo optar pela transmissão do arrendamento ou pela sua concentração a favor de um deles. Na falta de acordo, admite-se que o tribunal possa igualmente determinar essa transmissão ou concentração, tendo em conta a necessidade de cada um, os interesses dos filhos e outros factores relevantes (art. 1105º, nº 2). Esse regime aplica-se igualmente em caso de separação dos membros da união de facto, face ao que se dispõe nos art. 4º da Lei 7/2001, de 11 de Maio, na redacção da Lei 23/2010, de 30 de Agosto.

No âmbito do arrendamento para fim não habitacional é igualmente permitida a transmissão da posição contratual do arrendatário, sem consentimento do senhorio, no caso de trespasse de estabelecimento comercial ou industrial (art. 1112º, nº 1 *a)*), ou de cessão do arrendamento para o exercício de profissão liberal a pessoa que no prédio arrendado continue a exercer a mesma profissão liberal, ou a sociedade profissional de objecto equivalente (art. 1112º, nº 1, *b)*). A transmissão deve ser celebrada por escrito, sob pena de nulidade (art. 1112º, nº 3), e depende do consentimento do outro cônjuge, salvo se o regime do casamento for o da separação de bens (art. 1682º-A, nº 1 *b)*).

O trespasse por venda ou dação em cumprimento do estabelecimento comercial atribui ao senhorio direito de preferência[708], mas as partes podem excluí-lo por convenção (art. 1112º, nº 4). Anteriormente a lei conferia ainda essa preferência no caso de cessão do arrendamento para o exercício de profissão liberal (arts. 116º e 121º do RAU, hoje revogados), mas inexplicavelmente a lei actual deixou de o fazer. Existe, no entanto, um direito de preferência no trespasse conferido ao Estado, autarquias locais e pessoas colectivas de direito público, caso o negócio seja realizado em fraude ao imposto de selo (art. 70º, nº 1, CIS)[709].

[708] Cfr. Manuel Januário da Costa Gomes, "Cessão da posição de arrendatário e direito de preferência do senhorio", em António Menezes Cordeiro/Luís Menezes Leitão/Januário da Costa Gomes, *Estudos em homenagem ao Prof. Doutor Inocêncio Galvão Telles, III – Direito do Arrendamento Urbano*, Coimbra, Almedina, 2002, pp. 493-536 e Maria Olinda Garcia, *Arrendamentos para comércio*, pp. 93 e ss.

[709] Efectivamente, nos termos do nº 27.1. da TGIS o trespasse de estabelecimento comercial, industrial e agrícola é sujeito a imposto de selo, sendo a taxa de 5% sobre o valor do trespasse. Se por inexactidão do preço ou simulação deste, o imposto do selo tiver sido liquidado por valor inferior ao devido, o Estado, as autarquias locais e demais pessoas colectivas de direito público poderão preferir na aquisição desde que assim o requeiram perante os tribunais

Mesmo que permitida por lei, a transmissão da posição de arrendatário deve ser comunicada ao senhorio no prazo de quinze dias (art. 1038º *g)* e 1112º, nº 3, *in fine*)[710], sem o que essa transmissão será ineficaz em relação ao senhorio, podendo este resolver o contrato (art. 1083º, nº 2, *e)*), a menos que tenha reconhecido o beneficiário da cedência como tal ou que a comunicação lhe tenha sido efectuada por este (art. 1049º). Apenas no caso previsto no art. 1105º se estabelece que a notificação deve ser efectuada oficiosamente ao senhorio pelo juiz ou pelo conservador do registo civil (art. 1105º, nº 3), pelo que a sua omissão não terá quaisquer consequências para o arrendatário.

9.4. Sucessão na posição do locatário

Ao contrário do que sucede em relação ao locador, a locação é qualificada como um contrato *intuitu personae* em relação ao locatário, pelo que habitualmente caduca por morte deste ou, tratando-se de uma pessoa colectiva, pela extinção desta (art. 1051º, *d)*). Admite-se, porém, convenção em contrário, pelo que as partes poderão afastar esse cariz *intuitu personae*, estabelecendo a transmissão por morte do direito do locatário.

O cariz *intuitu personae* é, no entanto, objecto de alguma atenuação no âmbito do arrendamento urbano onde actualmente ocorre uma comunicação do direito em relação ao respectivo cônjuge, nos termos gerais e de acordo com o regime de bens vigente (art. 1068º). Da mesma forma, são previstas algumas hipóteses de transmissão por morte do direito do arrendatário, as iremos em seguida referir.

A primeira situação de transmissão por morte da posição de arrendatário ocorre no arrendamento urbano para habitação[711], onde o art. 1106º,

comuns e provem que o valor por que o imposto deveria ter sido liquidado excede em 30% ou em ¤ 5000, pelo menos, o valor sobre que incidiu (art. 70º, nº 1, CIS).

[710] Em sentido contrário, sustenta GRAVATO MORAIS, *Novo regime*, p. 151, que o prazo de comunicação do trespasse será de um mês por aplicação analógica do art. 1109º, nº 2, relativo à locação de estabelecmento. Parece-nos, porém, que se trata de realidades não equiparáveis e que a sistemática do Código impõe que sempre que a lei não preveja prazo diferente, se aplique o praxo geral de quinze dias, previsto no art. 1038º *g)*. Neste sentido, OLINDA GARCIA, *Arrendamentos para comércio*, pp. 108-109.

[711] Cfr. JOÃO MENEZES LEITÃO, "Morte do arrendatário habitacional e sorte do contrato", em ANTÓNIO MENEZES CORDEIRO/LUÍS MENEZES LEITÃO/JANUÁRIO DA COSTA GOMES, *Estudos em homenagem ao Prof. Doutor Inocêncio Galvão Telles*, III- *Direito do Arrendamento Urbano*, Coimbra, Almedina, 2002, pp. 275-371, MARIA OLINDA GARCIA, "Transmissão do direito

nº 1, estabelece que este não caduca por morte do arrendatário quando lhe sobreviva:

a) Cônjuge com residência no locado[712];
b) Pessoa que com o arrendatário vivesse em união de facto e há mais de um ano;
c) Pessoa que com ele residisse em economia comum e há mais de um ano.

O art. 1106º, nº 2, esclarece que nos dois últimos casos a transmissão da posição de arrendatário depende, à data da morte do arrendatário, o transmissário residir no locado há mais de uma ano.

Do art. 1106º, nº 3, resulta que a ordem da transmissão abrange, em primeiro lugar, o cônjuge sobrevivo ou pessoa que com o falecido vivesse em união de facto. Em segundo lugar, surge o parente ou afim mais próximo, preferindo, de entre estes, em igualdade de circunstâncias, o mais velho. Na falta de parentes ou afins são chamadas as pessoas que viviam em economia comum com o arrendatário, preferindo de entre estas a mais velha.

O art. 1106º, nº 4 exclui, no entanto, o direito à transmissão se à data da morte do arrendatário o titular desse direito tiver outra casa, própria ou arrendada, na área dos concelhos de Lisboa ou do Porto e seus limítrofes ou no respectivo concelo, quanto ao resto do país.

Actualmente deixou de se limitar a uma única a transmissão por morte do arrendamento para habitação, podendo esta ocorrer sucessivamente, caso exista em caso de falecimento do novo arrendatário alguém em condições de lhe suceder, nos termos do art. 1106º.

No entanto, a transmissão por morte do arrendamento deixou de ser prejudicial ao senhorio, dado que não afecta a duração normal do contrato, atento o abandono legal do vinculismo arrendatício. Efectivamente, se o contrato for celebrado por prazo certo, a transmissão por morte não

ao arrendamento habitacional por morte do arrendatário (alterações introduzidas pelas Leis nºs 6/2001 e 7/2001, ambas de 11 de Maio)", no *BFD* 78 (2002), pp. 629-637, e José Diogo Falcão, "A transmissão do arrendamento para habitação por morte do arrendatário no NRAU", na *ROA* 67 (2007), 3, pp. 1163-1194.

712 A transmissão por morte do arrendamento para o cônjuge apenas deve ocorrer nos casos em que o arrendamento não se lhe tenha comunicado, nos termos do art. 1068º, uma vez que, se houver comunicação, não se chega a verificar a caducidade do arrendamento, em consequência da morte de apenas um dos cônjuges, concentrando-se o arrendamento no outro titular.

impede a oposição à renovação pelo senhorio, nos termos desse prazo (art. 1097º). Já se o contrato for de duração indeterminada, a morte do arrendatário não afecta o direito do senhorio a denunciar com a antecedência mínima de dois anos sobre a data em que pretenda a cessação (art. 1101º *c*)). Porém, se a morte do arrendatário tiver ocorrido nos seis meses anteriores à data da cessação do contrato, esta dá ao transmissário o direito de permanecer no local por período não inferior a seis meses a contar do decesso (art. 1106º, nº 5).

A transmissão ou a concentração do arrendamento por morte do arrendatário deve ser comunicada ao senhorio, com cópia dos documentos comprovativos, no prazo de três meses a contar da ocorrência (art. 1107º, nº 1), devendo a comunicação obedecer aos formalismos dos arts. 9º e ss. do NRAU. A inobservância deste prazo não prejudica a transmissão do contrato, mas obriga o transmissário a indemnizar por todos os danos resultantes da omissão (art. 1107º, nº 2).

A transmissão por morte dos contratos celebrados antes da vigência do RAU obedece, porém, a um regime especial constante dos arts. 57º e 57º-A NRAU.

Há menos condicionalismos à transmissão do arrendamento urbano para comércio e indústria, já que neste caso o art. 1113º, nº 1, limita-se a estabelecer que "o arrendamento não caduca por morte do arrendatário, mas os sucessores podem renunciar à transmissão, comunicando a renúncia ao senhorio no prazo de três meses, com cópia dos documentos comprovativos da ocorrência". Pareceria, assim, que neste caso apenas a renúncia teria que ser comunicada, deixando o sucessor de ter que o fazer se pretendesse a continuação do arrendamento. No entanto, dado que o art. 1113º, nº 2, estabelece que "é aplicável o disposto no art. 1107º, com as necessárias adaptações", parece que se exige igualmente que a transmissão seja comunicada, sob pena de responsabilização do transmissário pelos danos resultantes da omissão. Qualquer das comunicações obedece aos requisitos constantes dos arts. 9º e ss. do NRAU.

A transmissão por morte dos contratos de arrendamento não habitacional celebrados antes da vigência do D.L. 257/95, de 30 de Setembro, obedece, porém, a um regime especial constante do art. 58º NRAU.

O arrendamento rural também admite em termos limitados a transmissão por morte da posição do arrendatário, em termos muito semelhantes ao arrendamento urbano para habitação. Assim, nos termos do art. 20º, nºs 2 e 3, do RAR, o arrendamento não caduca com a morte do arrendatário, transmitindo-se pela seguinte ordem:

a) ao cônjuge não separado de pessoas e bens ou de facto;
b) à pessoa que, no momento da morte do arrendatário, vivesse com ele há mais de dois anos em condições análogas às dos cônjuges;
c) aos parentes ou afins na linha recta, que vivessem em comunhão de mesa e habitação ou em economia comum com o arrendatário há mais de um ano consecutivo, , preferindo os parentes aos afins, os descendentes aos ascendentes e os de grau mais próximo aos de grau mais remoto;

Em princípio, a transmissão por morte do arrendamento rural apenas pode ocorrer uma única vez, admitindo-se, no entanto, duas transmissões, se a primeira for a favor do cônjuge sobrevivo ou da pessoa que com ele vivesse em condições análogas às dos cônjuges, e se a ele sobreviverem parentes ou afins na linha recta do primitivo arrendatário nas condições acima referidas (cfr. art. 20º, nºs 4 e 5, do RAR).

O arrendamento rural também não caduca em caso de extinção do arrendatário pessoa colectiva, transmitindo-se para a entidade para quem, de acordo com a legislação aplicável, devem ser transmitidos os direitos e obrigações da entidade extinta (art. 20º, nº 2, *b)*, do RAR).

Caso os titulares do direito à transmissão queiram suceder no arrendamento rural, devem, no prazo de seis meses, notificar o senhorio da intenção de exercer o seu direito (art. 20º, nº 6, do RAR).

9.5. Sublocação

Uma outra vicissitude do contrato de locação consiste na sublocação, regulada genericamente quanto à locação nos arts. 1060º e ss., e depois, quanto às diversas modalidades de arrendamento, nos arts. 1088º e ss., e 10º do RAR[713].

Conforme dispõe o art. 1060º, "a locação diz-se sublocação, quando o locador a celebra com base no direito de locatário, que lhe advém de um

[713] Cfr. Oliveira Ascensão, *ROA* 51 (1991), 1, pp. 45 e ss. e Romano Martinez, *O subcontrato*, Coimbra, Almedina, 1989, pp. 27 e ss. e "Subarrendamento", em António Menezes Cordeiro/Luís Menezes Leitão/Januário da Costa Gomes, *Estudos em homenagem ao Prof. Doutor Inocêncio Galvão Telles*, III – *Direito do Arrendamento Urbano*, Coimbra, Almedina, 2002, pp. 237-247.

precedente contrato locativo". A sublocação consiste assim num subcontrato, já que, tendo por base um anterior contrato de locação em que é locatário, o sublocador celebra um novo contrato de locação com pessoa diferente (o sublocatário), contrato esse que se sobrepõe ao anterior, mas que dele fica dependente e portanto a ele se subordina.

A sublocação pode ser total ou parcial, consoante o sublocador conceda ao sublocatário todo o gozo do bem locado ou apenas uma parte dele.

Uma vez que é obrigação do locatário não proporcionar o gozo da coisa a terceiro, naturalmente que a sublocação pressupõe o consentimento do senhorio, sendo proibida sem esse consentimento (arts. 1038º *f)*, 1088º, e 10º do RAR. Nos termos do art. 1088º, a autorização para subarrendar o prédio deve ser dada por escrito. Já o art. 10º, nº 1, do RAR apenas exige que a autorização do senhorio resulte de acordo expresso.

Mesmo ocorrendo autorização para a sublocação deve a mesma ser comunicada ao senhorio no prazo de 15 dias após a sua verificação (art. 1038º *g)*). Dispensa-se, porém, quer a autorização quer a comunicação se o locador reconhecer o sublocatário como tal (arts. 1049º, 1061º e 1088º, nº 2). Apenas após a comunicação ou o reconhecimento do sublocatário pelo locador é que a sublocação se considera eficaz em relação ao locador (art. 1060º). Não sendo a sublocação eficaz em relação ao locador, a sua realização dá-lhe direito a resolver o contrato (art. 1083º, nº 2, *e)*).

Sendo a sublocação uma relação locatícia como qualquer outra, é-lhe naturalmente aplicável o regime da locação. Há, porém, algumas especialidades a considerar. Assim, em primeiro lugar, e para evitar a especulação, o legislador vem colocar um limite à renda que pode ser cobrada do sublocatário, estabelecendo que esta não deve ser "superior ou proporcionalmente superior ao que é devido pelo contrato de locação, aumentado de vinte por cento, salvo se outra coisa tiver sido convencionada com o locador" (art. 1062º). Por outro lado, a lei admite que o locador possa exigir directamente do sublocatário a prestação que lhe é devida, se tanto o locatário como o sublocatário estiverem em mora quanto às respectivas prestações de renda ou aluguer (art. 1063º)[714]. No âmbito do arrendamento urbano, admite-se mesmo no caso de subarrendamento total, que o senhorio se possa fazer

[714] Não parece tratar-se neste caso da mera aplicação da acção sub-rogatória, referida no art. 606º, sendo antes uma hipótese de acção directa. Cfr. ROMANO MARTINEZ, *O subcontrato*, pp. 170 e ss. e *Obrigações*, p. 216.

substituir ao arrendatário, mediante notificação judicial, considerando-se resolvido o primeiro arrendamento e passando o subarrendatário a arrendatário directo (art. 1090º, nº 1). Da mesma forma, se o senhorio receber alguma renda do subarrendatário e lhe passar recibo após a extinção do arrendamento, será o subarrendatário havido como arrendatário directo (art. 1090º, nº 2). Finalmente, a sublocação depende da manutenção do contrato de locação, pelo que, no âmbito do arrendamento urbano, o art. 1089º vem estabelecer que "o subarrendamento caduca com a extinção, por qualquer causa, do contrato de arrendamento, sem prejuízo da responsabilidade do sublocador para com o sublocatário, quando o motivo da extinção lhe seja imputável".

10. O regime das perturbações da prestação no contrato de locação

10.1. Regime geral

10.1.1. Vícios da coisa locada

A existência de vícios na coisa locada corresponde a uma perturbação da prestação no contrato de locação, dado que o locador é obrigado a assegurar ao locatário o gozo da coisa para os fins a que esta se destina (art. 1031º *b)*). Coerentemente com este enquadramento, o art. 1032º vem estabelecer que, quando a coisa locada padecer de vício que não lhe permita realizar cabalmente o fim a que é destinada, ou carecer das qualidades necessárias a esse fim ou asseguradas pelo locador, considera-se o contrato não cumprido, desde que ocorra uma das seguintes situações: *a)* o defeito datar, pelo menos, do momento da entrega e o locador não provar que o desconhecia sem culpa; *b)* o defeito surgir posteriormente à entrega, por culpa do locador.

A lei distingue entre vícios e falta de qualidades. Conforme acima se referiu, a expressão "vícios", tendo um conteúdo pejorativo, abrangerá as características da coisa que levam a que esta seja valorada negativamente, enquanto que "a falta de qualidades", embora não implicando a valoração negativa da coisa, a coloca em desconformidade com o contrato. Há assim vício sempre que a coisa apresente objectivamente imperfeições, as quais que têm que ser suficientemente graves para impedir o fim a que a coisa é destinada, o qual é estipulado pelas partes ou resulta das normas supletivas legais. Há, pelo contrário, falta de qualidades sempre que a coisa, não sendo objectivamente defeituosa, não tenha a idoneidade necessária para realizar o fim pretendido pelas partes ou não tenha as características que foram asseguradas pelo locador.

Para desencadearem a responsabilidade do locador, o vício ou a falta de qualidades têm que resultar de culpa sua (art. 798º), a qual se presume nos termos gerais (art. 799º). A lei distingue, no entanto, as situações de defeitos datados do momento da entrega, em relação aos quais compete ao locador provar que os desconhecia sem culpa (art. 1032º *a)*), dos defeitos surgidos posteriormente à entrega por culpa do locador (art. 1032º *b)*). Estes últimos são de verificação rara[715], pelo que se compreende que seja o locatário a ter demonstrar que o locador teve culpa na sua verificação. Não sendo estabelecida a culpa do locador em relação aos defeitos da coisa, não será da sua responsabilidade a violação da obrigação do art. 1031º *b)*, pelo que o locatário nada mais poderá exigir ao locador[716].

Para além disso, o art. 1033º vem estabelecer que o locador deixa de responder pelos defeitos da coisa nas seguintes situações:

a) Se o locatário conhecia o defeito quando celebrou o contrato ou recebeu a coisa;
b) Se o defeito já existia ao tempo da celebração do contrato e era facilmente reconhecível, a não ser que o locador tenha assegurado a sua inexistência ou usado de dolo para o ocultar;
c) Se o defeito for da responsabilidade do locatário;
d) Se este não avisou do defeito o locador, como lhe cumpria.

O conhecimento dos defeitos pelo locatário leva ao afastamento da responsabilidade do locador, uma vez que nesses casos, o locatário aceita conscientemente celebrar o contrato de locação nessas condições. É, aliás, frequente as partes convencionarem o arrendamento de prédios "no estado em que se encontram", o que implica ser assumido inicialmente que o prédio não está em condições de servir para o fim a que é destinado, impli-

[715] Cfr. Pires de Lima/Antunes Varela, *op. cit.*, II, sub art. 1032º, nº 3, p. 361 e Januário Gomes, *Constituição*, p. 345.

[716] Em sentido contrário, Pires de Lima/Antunes Varela, *op. cit.*, II, sub art. 1032º, nº 4, p. 361 sustentam que a demonstração de que o devedor desconhecia sem culpa os defeitos anteriores ou que o defeito posterior não se deve a culpa do locador não isenta este do cumprimento da obrigação do art. 1031º *b)*, pelo que o locatário poderá exigir-lhe que repare os defeitos, sob pena de responder por incumprimento. No sentido defendido, Januário Gomes, *Constituição*, p. 347 que salienta, com razão, que tal corresponderia a estabelecer uma responsabilidade objectiva do locador em relação aos defeitos, a qual não resulta minimamente da lei.

cando consequentemente que o locatário fará à sua conta as reparações e melhoramentos necessários para lhe permitir a utilização da coisa locada[717].

Também se considera que o locador não deve responder por defeitos facilmente reconhecíveis, dado que cabe ao locatário o ónus de verificar o estado da coisa, salvo se o locador assegurar a inexistência de defeitos ou usado de dolo para os ocultar, uma vez que nesse caso ele tem uma responsabilidade específica pelo facto de o locatário ter aceite celebrar o contrato nessas condições.

A responsabilidade do locador também não se verifica se o defeito for da responsabilidade do locatário, dado que neste caso é o locatário que coloca a coisa com vícios ou sem as qualidades necessárias à realização do fim do contrato, pelo que deve, por sua conta, repor o bem em condições de satisfazer o fim contratual.

Finalmente, a responsabilidade cessa se o locatário não avisou do defeito o locador, como lhe competia. Efectivamente, estando o locatário obrigado a avisar imediatamente o locador, sempre que tenha conhecimento de vícios na coisa (art. 1038º *h)*), compreende-se que o incumprimento deste dever seja sancionado com a irresponsabilidade do locador por esses defeitos.

O art. 1035º estabelece que o regime das perturbações da prestação no contrato de locação não obsta à anulação desse contrato por erro ou dolo, nos termos gerais. Assim, ao contrário do que sucede na venda de coisas defeituosas, em que a existência de defeitos na coisa é primordialmente enquadrada no regime do erro ou do dolo (arts. 913º e 905º), em relação à locação esses defeitos são enquadráveis no regime do incumprimento, o que é explicável em função da qualificação como pessoal do direito do locatário. Não há, no entanto, obstáculos a que o locatário proceda à anulação do contrato por erro ou dolo, caso estejam verificados os respectivos pressupostos, que são em relação ao erro a sua essencialidade e cognoscibilidade para o declaratário (arts. 251º e 247º) e quanto ao dolo a essencialidade e intenção ou consciência de induzir ou manter em erro o declaratário (art. 253º).

[717] Tem-se entendido que, caso essa cláusula seja convencionada, o locatário não adquire direito ao reembolso das despesas efectuadas, uma vez que elas são compensadas pelo baixo valor estipulado para a renda. Cfr. Cunha Gonçalves, *Contratos*, p. 321.

10.1.2. Ilegitimidade do locador ou deficiência do seu direito

O art. 1034º acrescenta que são aplicáveis as disposições relativas aos vícios da coisa locada a situações correspondentes à ilegitimidade do locador ou deficiência do seu direito, como nas hipóteses de o locador não ter a faculdade de proporcionar a outrem o gozo da coisa locada (art. 1034º *a*)); o seu direito não ser de propriedade ou estar sujeito a alguns ónus ou limitações que excedam os limites normais inerentes a este direito (art. 1034º *b*)); ou o direito não possuir os atributos que o locador assegurou ou estes atributos cessarem posteriormente por culpa dele (art. 1034º *c*)), ainda que qualquer destas situações só se considere falta de cumprimento do contrato quando determinar a privação, definitiva ou temporária, do gozo da coisa por parte do locatário (art. 1034º, nº 2).

Daqui resulta que, ao contrário do que sucede com a venda de bens alheios, que é nula (art. 892º), a locação de bens alheios é considerada válida, solução aliás compreensível perante um contrato que não é translativo de direitos, mas antes constitutivo de obrigações. Apenas quando o locatário é privado do gozo da coisa é que pode reagir perante o locador, mas a situação já não é de invalidade, mas antes de incumprimento do contrato[718].

O art. 1035º admite, no entanto, que o locatário possa também nestes casos proceder à anulação do contrato por erro ou dolo, nos termos gerais.

10.2. O regime específico da locação de bens de consumo

Estendendo consideravalmente entre nós o âmbito de aplicação da Directiva 1999/44/CE, o art. 1º-A, nº 2, do D.L. 67/2003, de 8 de Abril, aditado pelo D.L. 84/2008, de 21 de Maio, vem determinar que o regime das garantias nas vendas de bens de consumo é ainda aplicável à locação de bens de consumo. Estando assim em causa uma locação de bens de consumo, o regime dos arts. 1032º e ss. é substituído pela aplicação com as necessárias adaptações do regime do D.L. 67/2003, de 8 de Abril, alterado pelo D.L. 84/2008, de 21 de Maio. O locador tem assim o dever de que o bem dado em locação seja conforme com o contrato (art. 2º, nº 1, D.L. 67/2003), o que se presumirá não se verificar sempre que ocorra algum dos factos negativos referidos no art. 2º, nº 2, do D.L. 67/2003. Caso se verifique essa

[718] Cfr. neste sentido, já Cunha Gonçalves, *Contratos*, p. 304. Posteriormente, veja-se Januário Gomes, *Constituição*, pp. 279 e ss.

não conformidade com o contrato, o locatário tem direito a que a conformidade seja reposta sem encargos, por meio de reparação ou de substituição, a uma redução adequada da renda ou à resolução do contrato (art. 4º D.L. 67/2003, na redacção do D.L. 84/2008).

11. Extinção do contrato de locação

11.1. Generalidades

O contrato de locação está sujeito às causas gerais de extinção dos contratos, abrangendo assim tanto a revogação, como a resolução, a caducidade, a denúncia ou a oposição à renovação (cfr., para o arrendamento urbano, o art. 1079)[719]. O regime da cessação do contrato de arrendamento tem natureza injuntiva, o que se compreende, face à importância dos interesses em jogo (art. 1080º).

11.2. Revogação

A primeira forma de extinção do contrato de locação corresponde à revogação, situação em que as partes põem termo ao contrato celebrando um contrato extintivo, o que é admissível nos termos gerais por mútuo consenso, ao abrigo da autonomia privada (art. 406º, nº 1). Em consequência, no âmbito do arrendamento urbano vem prever-se que "as partes podem, a todo o tempo, revogar o contrato, mediante acordo a tanto dirigido" (art. 1082º, nº 1). Nos termos do art. 1082º, nº 2, a revogação do arrendamento urbano está sujeita à forma escrita, sempre que o acordo não seja imediatamente executado ou contenha cláusulas compensatórias (como o pagamento ao arrendatário de uma quantia como contrapartida da cessação do arrendamento) ou quaisquer outras cláusulas acessórias. Sendo o acordo imediatamente executado (o que corresponde à denominada revogação real do arrendamento) nem sequer se exige qualquer forma.

11.3. Resolução

11.3.1. Resolução pelo locador

O locador pode resolver o contrato com fundamento no incumprimento das obrigações do locatário (cfr. art. 801º), mas essa resolução é sujeita a certos condicionamentos. Assim, não é todo e qualquer incumprimento

[719] Em geral, sobre a extinção do contrato de locação, cfr. ROMANO MARTINEZ, *Da cessação do contrato*, 2ª ed., Coimbra, Almedina, 2006, pp. 315 e ss.

das obrigações do locatário que fundamenta a resolução, exigindo-se um incumprimento especialmente grave, que no âmbito do arrendamento urbano é inclusivamente objecto de uma tipificação exemplificativa de fundamentos (art. 1083º, nºs 2 e 3), a qual assume mesmo carácter taxativo no arrendamento rural (art. 17º, nº 2, do RAR). Para além disso, embora a resolução do contrato de locação possa ser feita tanto judicial como extrajudicialmente (art. 1047º), no âmbito do arrendamento por vezes a lei exige o recurso à via judicial para promover essa resolução, através da denominada acção de despejo (cfr. art. 1084º, nº 2, art. 14º do NRAU, e 32º do RAR). Uma vez que se trata de um contrato de execução continuada, a resolução não opera retroactivamente, pelo que não obriga a restituir as prestações já realizadas (art. 434º, nº 2).

No âmbito do arrendamento urbano encontra-se previsto, como fundamento genérico de resolução, o incumprimento das obrigações da contraparte (art. 1083º, nº 1), que, pela sua gravidade e consequências, torne inexigível à outra parte a manutenção do arrendamento (art. 1083º, nº 2).

Em relação ao senhorio, a lei indica, no entanto, a título exemplificativo alguns fundamentos de resolução do arrendamento urbano:

a) Mora superior a dois meses no pagamento da renda, encargos e despesas (art. 1083º, nº 3), cessando, porém, este fundamento se o arrendatário puser fim à mora no prazo de um mês (art. 1084º, nº 3), ou se, na acção judicial pagar ou depositar as somas devidas até à contestação (art. 1048º);

b) Constituir-se o arrendatário em mora superior a oito dias por mais de quatro vezes, seguidas ou interpoladas, num período de 12 meses, com referência a cada contrato (art. 1083º, nº 4), devendo, porém, o senhorio avisar o arrendatário da sua intenção de pôr termo ao contrato após o terceiro atraso (art. 1083º, nº 6);

c) Oposição à realização de obra ordenada por autoridade pública (art. 1083º, nº 3), cessando, porém, igualmente este fundamento se o arrendatário, no prazo de três meses, cessar essa oposição (art. 1084º, nº 5).

d) Violação reiterada e grave de regras de higiene, de sossego, de boa vizinhança ou de normas constantes do regulamento do condomínio (art. 1083º, nº 2 *a)*).

e) Utilização do prédio contrária à lei, aos bons costumes ou à ordem pública (art. 1083º, nº 2 *b)*).

f) Uso do prédio para fim diverso daquele a que se destina (art. 1083º, nº 1 *c)*)
g) Não uso do locado por mais de um ano, salvo nos casos previstos no nº 2 do art. 1072º (art. 1083º, nº 2, *d)*)
h) Cessão, total ou parcial, temporária ou permanente e onerosa ou gratuita, quando ilícita, inválida ou ineficaz perante o senhorio (art. 1083º, nº 2, *e)*), o que corresponde à violação das obrigações do arrendatário, a que se referem os arts. 1038º *f)* e *g)*, perdendo, porém, o senhorio o direito à resolução do contrato se tiver reconhecido o beneficiário da cedência como tal ou se a comunicação lhe tiver sido efectuada por este (art. 1049º)[720].

Atendendo ao carácter exemplificativo dos actuais fundamentos de resolução do arrendamento urbano é manifesto que se poderão igualmente enquadrar aqui outros casos de incumprimento pelo arrendatário, como a realização de deteriorações e obras no imóvel, a violação dos limites legais ou contratuais relativos a hóspedes e a cobrança ao subarrendatário de renda superior à permitida[721].

No âmbito do arrendamento urbano, a resolução do contrato tem que ser exercida no prazo de um ano, a contar do conhecimento do facto que lhe serve de fundamento, sob pena de caducidade, sendo esse prazo reduzido para três meses nas hipóteses orevistas nos nºs 3 e 4 do art. 1083º. Tratando-se, no entanto, de facto continuado ou duradouro, esse prazo conta-se a partir da data em que o facto tiver cessado (art. 1085º).

Já no arrendamento rural, ainda que os fundamentos de resolução estejam previstos em cláusula geral (art. 17º, nº 1, do RAR), a realização da mesma pelo locador é sujeita a fundamentos típicos taxativos, que correspondem aos seguintes factos, praticados pelo arrendatário (art. 17º, nº 2, do RAR):

a) Não pagar a renda no tempo e lugar próprios;
b) Faltar ao cumprimento de uma obrigação legal ou contratual, com prejuízo directo para a produtividade, substância ou função económica e social do prédio;

[720] Para maiores desenvolvimentos sobre estes fundamentos de resolução, cfr. MENEZES LEITÃO, *Arrendamento Urbano*, pp. 140 e ss.
[721] Cfr., detalhadamente, MENEZES LEITÃO, *Arrendamento Urbano*, pp. 147 e ss.

c) Não utilizar apropriadamente e com regularidade do prédio ou usar o mesmo para fins diferentes do estipulado no contrato;

d) Não zelar pela boa conservação dos bens ou causar prejuízos graves nos que, não sendo objecto do contrato, existam no prédio arrendado;

e) Realizar, sem consentimento do senhorio, investimentos em obras ou construções que alterem a natureza, a estrutura geofísica e as características essenciais do prédio, sem prejuízo do disposto no capítulo V do RAR;

f) Subarrendar ou ceder por comodato, total ou parcialmente, os prédios arrendados ou ainda ceder a sua posição contratual, sem cumprimento das obrigações legais.

11.3.2. Resolução pelo locatário

Ao contrário do que se prevê em relação ao locador, em que o vinculismo vigente no arrendamento determina a tipificação das causas de resolução, em relação ao locatário não se prevê qualquer tipificação semelhante, sendo esta genericamente admissível nos casos de incumprimento da obrigação ou cumprimento defeituoso (art. 801º, nº 2, e no âmbito do arrendamento urbano, art. 1083º, nº 2, *in princ.*). Coerentemente com esta formulação, refere o art. 1050º que "o locatário pode resolver o contrato, independentemente de responsabilidade do locador: *a)* Se por motivo estranho à sua própria pessoa ou dos seus familiares for privado do gozo da coisa, ainda que só temporariamente; *b)* Se na coisa locada existir ou sobrevier defeito que ponha em perigo a vida ou a saúde do locatário ou dos seus familiares"[722]. No âmbito do arrendamento urbano, são igualmente referidos casos específicos de resolução pelo arrendatário no art. 1083º, nº 5, e no art. 5º, nº 7, do D.L. 160/2006, de 8 de Agosto. No arrendamento rural, os fundamentos específicos da resolução pelo arrendatário encontram-se no art. 17º, nº 4, RAR.

A resolução pelo locatário opera por declaração à outra parte, nos termos gerais (cfr. art. 436º, nº 1, e 1084º, nº 1), a qual, no arrendamento urbano e no arrendamento rural, tem que obedecer aos formalismos res-

[722] ROMANO MARTINEZ, *Obrigações*, pp. 220-221, pretende não estar aqui em causa uma verdadeira resolução, dado que não pressupõe a culpa do locador. A verdade, no entanto, é que a culpa não é pressuposto da resolução, mas apenas da indemnização.

pectivamente dos arts. 9º e ss. NRAU e dos arts. 26º e 27º RAR (cfr.. art. 29º, nº 1, do RAR).

11.4. Caducidade

11.4.1. Regime geral

Conforme se sabe, a caducidade consiste na extinção do contrato em virtude da verificação de um facto jurídico *stricto sensu*. No âmbito do contrato de locação, as causas de caducidade encontram-se tipificadas no art. 1051º do Código Civil.

A primeira causa de caducidade *é o decurso do prazo estipulado ou estabelecido por lei* (art. 1051º, nº 1, *a)*). Esta causa de caducidade pressupõe, no entanto, que não se tenha verificado a renovação do contrato, a qual é a regra no âmbito do arrendamento (cfr. art. 1054º).

A segunda causa de caducidade é *ter-se verificado a condição a que as partes subordinaram o contrato, ou tornando-se certo que não pode verificar-se, conforme a condição seja resolutiva ou suspensiva* (art. 1051º, nº 1, *b)*). Efectivamente, a verificação da condição resolutiva ou a certeza da não verificação da condição suspensiva levarão, nos termos dos arts. 270º e ss., à extinção do contrato. Há, no entanto, que referir que a aposição de uma condição resolutiva aos contratos de arrendamento sofre, porém, alguma limitação, dado que a mesma não poderá ser usada para defraudar os fundamentos de resolução do contrato, atenta a natureza imperativa dos mesmos (art. 1080º)[723]. No arrendamento rural não se inclui a condição resolutiva entre os fundamentos de caducidade do contrato (art. 18º, nº 1, do RAR).

A terceira causa de caducidade é *ter cessado o direito ou findarem os poderes de administração com base nos quais o contrato foi celebrado* (art. 1051º, nº 1, *c)*). A operatividade desta causa de caducidade é objecto de alguma restrição pelo art. 1052º, que estabelece que essa caducidade não ocorrerá no caso de: *a)* o contrato ser celebrado pelo usufrutuário e a propriedade se consolidar na sua mão; *b)* o usufrutuário alienar o seu direito ou renunciar a ele, pois nestes casos o contrato só caduca pelo termo normal do usufruto; e *c)* se for celebrado pelo cônjuge administrador. Esta causa de extinção encontra-se também expressamente prevista em sede de arrendamento rural (art. 18º, nº 1, *b)* do RAR).

[723] Neste sentido, MARIA OLINDA GARCIA, *Arrendamentos para comércio*, pp. 179-180.

A quarta causa de caducidade é *a morte do locatário ou, tratando-se de pessoa colectiva, a extinção desta, salvo convenção escrita em contrário* (art. 1051º, nº 1, *d)*). Conforme acima se referiu, há, porém, casos em que a lei admite a transmissão por morte do arrendamento (cfr. arts. 1106º e 1113º, e 20º, nºs 2 a 6 do RAR). Relativamente à morte do senhorio, esta não é normalmente considerada causa de caducidade do contrato (cfr. arts. 1057º, e 20º, nº 1, do RAR).

A quinta causa de caducidade é *a perda da coisa locada* (art. 1051º, nº 1 *e)*). Neste caso, dado que o contrato de locação fica sem objecto, é manifesto que ocorrerá a sua extinção por caducidade.

Ocorre a caducidade no caso de *expropriação por utilidade pública, a não ser que a expropriação se compadeça com a subsistência do contrato* (art. 1051º, nº 1, *f)* e art. 18º, nº , *c)*, e nºs 2 a 5 do RAR).

Finalmente, ocorre a caducidade do contrato de arrendamento caso se verifique a *cessação pelo arrendatário dos serviços que determinaram que a coisa locada lhe fosse entregue* (art. 1051º, nº 1, *g)*).

11.4.2. Eventual renovação do contrato e direito de preferência no futuro arrendamento do prédio

A caducidade do arrendamento pode, no entanto, vir a ser sanada, já que o art. 1056º estabelece que "se, não obstante a caducidade do arrendamento, o arrendatário se mantiver no gozo da coisa pelo lapso de um ano, sem oposição do senhorio, o contrato considera-se igualmente renovado nas condições do art. 1054º". A permanência pelo arrendatário do gozo da coisa, pelo prazo de um ano, sem oposição do senhorio, funciona assim como uma causa de renovação do contrato, mesmo após a verificação da sua extinção, correspondendo a uma autêntica sanação da caducidade. Parece, no entanto, que o âmbito desta norma é restrito às hipóteses referidas nas alíneas *a)*, *b)* e *g)* do art. 1051º, nº 1, já que não se pode aplicar nem à perda da coisa locada (art. 1051º, nº 1 *e)*), por incompatível com a permanência do gozo pelo arrendatário, nem à expropriação por utilidade pública (art. 1051º, nº 1, *f)*), sob pena de se pôr em causa a aplicação desta. Por outro lado, uma vez que a lei exige que a permanência do gozo seja do *arrendatário* e que não haja oposição do *senhorio* (art. 1056º), naturalmente que também esta renovação não se aplicará em caso de morte do arrendatário ou da sua extinção, sendo pessoa colectiva (art. 1051º, nº 1, *d)*), onde quem poderá gozar já não é o arrendatário, nem de cessação do direito ou dos poderes legais de administração com base nos quais o contrato foi celebrado (art. 1051º, nº 1, *c)*), onde a não oposição do senhorio não tem qualquer relevância, atento o facto de o direito ou os poderes que tinha terem cessado[724].

No âmbito do arrendamento urbano, o art. 1091º, nº 1, *b)* estabelece um direito de preferência do arrendatário na celebração de novo contrato de arrendamento, em caso de caducidade do seu contrato por ter cessado o direito ou terem findado os poderes legais de administração com base nos quais o contrato fora celebrado, estabelecendo-se que esse direito apenas existe enquanto não for exigível a restituição do prédio nos termos do art. 1053º (art. 1091º, nº 2).

Verifica-se igualmente a previsão de um direito de preferência na celebração de novo arrendamento no âmbito do arrendamento rural, já que o art. 31º, nº 1, do RAR vem estabelecer que "quando a cessação do contrato de arrendamento ocorrer por causa não imputável ao arrendatário, este goza do direito de preferência nos contratos de arrendamento celebrados nos cinco anos seguintes".

11.5. Denúncia e oposição à renovação

11.5.1. Generalidades

Constituem igualmente formas de extinção do contrato de locação a denúncia e a oposição à renovação. Esta duas figuras distinguem-se porque na primeira, aplicável aos contratos de duração indeterminada, a declaração do senhorio a pôr termo ao contrato pode ocorrer em qualquer altura, enquanto na segunda, aplicável aos contratos em relação aos quais tenha sido estipulado um prazo renovável, apenas pode ocorrer no fim desse prazo, impedindo que o contrato se renove por períodos subsequentes.

Uma vez que o contrato de locação é sujeito a um prazo supletivo, mesmo que as partes não o determinem (cfr. art. 1026º), o processo de extinção da relação locatícia para o futuro constitui normalmente um caso de oposição à renovação.

Genericamente, estabelece o art. 1054º, nº 1, que "findo o prazo do arrendamento, o contrato renova-se por períodos sucessivos, se nenhuma das partes o tiver denunciado no tempo e pela forma convencionados ou

[724] Em sentido contrário, ROMANO MARTINEZ, *Obrigações*, p. 230, parece admitir que nestes casos a renovação prevista no art. 1056º se opere mediante uma transmissão da posição contratual, que não vemos que esteja em lugar algum consagrada.

designados na lei", acrescentando o nº 2, que "o prazo de renovação é igual ao do contrato, mas é apenas de um ano se o prazo for mais longo". Nos termos do art. 1055º, a denúncia tem que ser comunicada ao outro contraente com a antecedência mínima seguinte:

a) 120 dias, se o prazo for igual ou superior a seis anos;
b) 60 dias, se o prazo for de um a seis anos;
c) 30 dias, quando o prazo for de três meses a um ano;
d) Um terço do prazo, quando este for inferior a três meses.

11.5.2. Denúncia e oposição à renovação pelo locador

11.5.2.1. O regime do arrendamento urbano

11.5.2.1.1. Generalidades

Esta disposições relativas à locação em geral vêm a ser, porém, afastadas no âmbito do arrendamento urbano, onde actualmente a lei distingue entre os arrendamentos com prazo certo (arts. 1095º e ss.) e com duração indeterminada (arts. 1099º e ss.), sendo aplicáveis aos primeiros normalmente a oposição à renovação e aos segundos a denúncia.

Supletivamente, no arrendamento para habitação, se as partes nada convencionarem, o contrato tem-se por celebrado com prazo certo pelo período de cinco anos (art. 1094º, nº 3). Já no arrendamento para fins não habitacionais, em caso de ausência de estipulação, considera-se o arrendamento celebrado com prazo certo, pelo período de cinco anos, não podendo o arrendatário denunciá-lo com antecedência inferior a um ano (art. 1110º, nº 2).

11.5.2.1.2. Os contratos com duração indeterminada

O arrendamento com duração indeterminada aproxima-se bastante do regime tradicional dos arrendamentos vinculísticos, uma vez que, enquanto admite amplamente a denúncia pelo arrendatário, obrigando apenas a uma antecedência mínima de 120 dias, ou 60 dias, se o contrato tiver até um ano de duração efectiva (art. 1100º), restringe consideravelmente a faculdade de denúncia do senhorio, continuando a limitá-la às hipóteses tradicionais da denúncia para habitação (art. 1101º *a)*) – ainda que tenham sido abolidas as limitações à denúncia constantes do art. 107º RAU – e para demolição ou para a realização de obra de restauração ou restauro profundos que obriguem à desocupação do locado, desde que não resulte local com características semelhantes ás do locado em que seja possível a manutenção do arrendamento (art. 1101º, *b*)). A este fundamentos tradicionais acrescentou-se um novo fundamento: a comunicação ao arrendatário com antecedência não inferior a cinco anos anos sobre a data em que pretenda a cessação (art. 1101º *c*)). É de referir, no entanto, que "da denúncia pelo senhorio não pode resultar uma duração total do contrato inferior a dois anos" (art. 1103º, nº 10).

O primeiro fundamento de denúncia pelo senhorio consiste na necessidade de habitação pelo próprio ou pelos seus descendentes em 1º grau (art. 1101º *a*))[725]. Relativamente à *denúncia para habitação própria do senhorio*, esta depende, para além do pagamento ao arrendatário do montante equivalente a um ano de renda, de o senhorio "ser proprietário, comproprietário ou usufrutuário do prédio há mais de dois anos, ou, independentemente deste prazo, se o tiver adquirido por sucessão" (art. 1102º, nº 1, *a*)); e de "não ter, há mais de um ano, na área dos concelhos de Lisboa ou do Porto e seus limítrofes ou na respectiva localidade quanto ao resto do país casa própria ou arrendada que satisfaça as necessidades de habitação própria ou dos seus descendentes em 1º grau" (art. 1102º, nº 1, *b*)). Relativamente à *denúncia para habitação dos descendentes*, esta depende de igualmente o senhorio possuir o mesmo tempo de titularidade dos direitos acima referidos, salvo se tiver adquirido o prédio por sucessão, e da mesma ausência de casa que satisfaça as necessidades de habitação, ausência essa que neste caso é relativa antes ao descendente (art. 1102º, nº 3). Apesar de a redacção da lei não o sugerir, é manifesto que a denúncia para habitação dos descendentes obriga da mesma forma ao pagamento do montante equivalente a um ano de renda ao arrendatário. Em qualquer dos casos, a indemnização devida pela denúncia deve ser paga no mês seguinte ao trânsito em julgado da decisão que a determine (art. 1103º, nº 5).

A denúncia para habitação obriga ainda o senhorio a dar ao local a utilização invocada no prazo de três meses e por um período mínimo de dois anos (art. 1103º, nº 5). O incumprimento desta obrigação, salvo caso de força maior, obriga o senhorio ao pagamento de uma indemnização equivalente a 10 anos de renda (art. 1103º, nº 9).

O outro fundamento de denúncia pelo senhorio, referido no art. 1101º, *b*) é a demolição ou realização de obra de remodelação ou restauro pro-

[725] Cfr. António Sequeira Ribeiro, *Sobre a denúncia do contrato de arrendamento urbano para habitação*, Lisboa, Lex, 1996.

fundos que obriguem à desocupação do locado, desde que não resulte local com características semelhantes ás do locado em que seja possível a manutenção do arrendamento.

O nº 6 do art. 1103º determina que a denúncia com este fundamento obriga o senhorio, mediante acordo e em alternativa:

a) Ao pagamento de uma indemnização correspondente a dois anos de renda, de valor não inferior a duas vezes o montante de 1/15 do valor patrimonial tributário do locado;

b) A garantir o realojamento do arrendatário por período não inferior a três anos;

A lei esclarece que na falta de acordo prevalece a solução prevista na alínea *a)* (art. 1103º, nº 7).

A denúncia com este fundamento é objecto de legislação especial (art. 1103º, nº 11), a qual foi durante muitos anos a Lei nº 2088, de 3 de Julho de 1957, cuja última alteração foi efectuada pelo D.L. 329-B/2000, de 22 de Dezembro[726]. Actualmente esse regime consta dos arts. 6º e ss. do Regime Jurídico das Obras em Prédios Arrendados, aprovado pelo D.L. 157/2006, de 8 de Agosto, alterado pelo D.L. 306/2009, de 23 de Outubro, pela Lei 79/2014, de 19 de Dezembro, pelas Leis 42/2017 e 43/2017, de 14 de Junho, e pela Lei 13/2019, de 12 de Fevereiro (RJOPA).

A lei institui ainda como fundamento de denúncia dos contratos de duração indeterminada pelo senhorio a comunicação ao arrendatário com antecedência não inferior a cinco anos sobre a data em que pretenda a cessação (art. 1101º *c)*). Essa denúncia deve, porém, ser confirmada pelo senhorio em comunicação com a antecedência máxima de 15 meses e mínima de um ano sobre a data em que se pretende a sua efectivação (art. 1104º).

A denúncia pelo senhorio baseada nos fundamentos referidos no art. 1101º *a)* e *b)* é feita mediante comunicação ao arrendatário com antecedência não inferior a seis meses sobre a data pretendida para a desocupação e da qual conste de forma expressa, sob pena de ineficácia, o fundamento da denúncia (art. 1103º, nº 1, e art. 8º, nº 1, RJOPA). Já a denúncia pelo senho-

[726] Cfr., sobre esta, LUÍS GONÇALVES DA SILVA, "Cessação do contrato de arrendamento para aumento da capacidade do prédio", em ANTÓNIO MENEZES CORDEIRO/LUÍS MENEZES LEITÃO/JANUÁRIO DA COSTA GOMES, *Estudos em homenagem ao Prof. Doutor Inocêncio Galvão Telles*, III- *Direito do Arrendamento Urbano*, Coimbra, Almedina, 2002, pp. 537-571.

rio baseada no fundamento referido no art. 1101º *c)*, bem como a denúncia pelo arrendatário, a que se refere o art. 1100º, apenas exigem uma comunicação à outra parte, com a antecedência legalmente exigível. Uma vez que não se trata de comunicação destinada à cessação do contrato por resolução, não há que aplicar o disposto no art. 9º, nº 7, do NRAU, sendo assim suficiente o escrito assinado pelo declarante e remetido por carta registada com aviso de recepção (art. 9º, nº 1, NRAU).

No caso do arrendamento não habitacional não é admitida a denúncia para habitação pelo senhorio (art. 1110º-A, nº 1), sendo que a denúncia para obras ou por comunicação com antecedência mínima de cinco anos obriga o senhorio a indemnizar separadamente o arrendatário e os trabalhadores do estabelecimento pelos prejuízos que comprovadamente resultem da cessação do contrato de arrendamento (art. 1110º-A, nº 2).

11.5.2.1.3. Os contratos com prazo certo

No âmbito dos arrendamentos com prazo certo, o art. 1095º, nº 1, obriga a que o prazo conste de cláusula inserida no contrato, acrescentando o nº 2, que esse prazo tem o limite mínimo de um ano e máximo de 30 anos, sendo sujeito a esses limites quando os ultrapasse (art. 1095º, nº 2). O limite mínimo não é, no entanto, aplicável aos contratos para habitação não permanente ou para fins especiais transitórios, designadamente por motivos profissionais, de educação e formação ou turísticos, neles exarados (art. 1095º, nº 3), os quais aliás também não são sujeitos à renovação automática (art. 1096º, nº 1).

Os contratos com prazo certo não enquadráveis nesta categoria são sujeitos a renovação automática, nos termos do art. 1096º, nº 1, a menos que haja estipulação das partes em contrário. Quando aplicável, a renovação automática ocorre no termo do contrato e por períodos sucessivos de igual duração, ou de três anos se esta for inferior (art. 1096º, nº 1), sendo que qualquer das partes se pode opor à renovação (art. 1096º, nº 2), variando a antecedência necessária consoante a iniciativa parta do senhorio (art. 1097º, nº 1) ou do arrendatário (art. 1098º, nº 1). A lei estabelece, no entanto, que a primeira oposição à renovação por parte do senhorio apenas produz efeitos decorridos três anos da celebração do contrato, mantendo-se o contrato em vigor até essa data (art. 1097º, nº 3), podendo, no entanto, o senhorio denunciá-lo para habitação caso necessite da casa para habitação própria ou dos seus familiares em primeiro grau (art. 1097º, nº 4).

Nos termos do art. 1098º, nº 3, o arrendatário pode ainda, decorrido um terço do prazo de duração inicial do contrato ou da sua renovação, denunciá-lo a todo o tempo, mediante comunicação ao senhorio com a antecedência de 120 ou 60 dias, consoante o prazo seja superior ou inferior a um ano.

Já no âmbito do arrendamento não habitacional o art. 1110º, nº 1, coloca a fixação do prazo, denúncia e oposição à renovação na estipulação das partes, acrescentando o nº 2 que "na falta de estipulação, o contrato considera-se celebrado com prazo certo, pelo período de cinco anos, não podendo o arrendatário denunciá-lo com antecedência inferior a um ano". No entanto, independentemente do prazo estipulado, a lei prevê que nos primeiros cinco anos de duração do contrato o senhorio não se pode opor à renovação do mesmo (art. 1110º, nº 4). Findo o prazo inicial, e a menos que as partes tenham estipulado a não renovação do contrato, o mesmo renova-se por períodos sucessivos de igual duração ou de cinco anos se esta for inferior (art. 1110º, nº 3).

11.5.2.2. O regime do arrendamento rural

A denúncia e a oposição à renovação são igualmente consideradas causas de cessação do arrendamento rural por iniciativa do senhorio, exigindo-se a forma escrita para a comunicação (art. 19º, nº 1, do RAR) e estabelecendo-se que a mesma compreende necessariamente todo o objecto do arrendamento (art. 19º, nº 2, do RAR).

A oposição à renovação pode ser efectuada pelo senhorio, com a antecedência de um ano relativamente ao termo do prazo do arrendamento ou da sua renovação (art. 19º, nº 3, do RAR).

Já em relação à denúncia pelo senhorio, o art. 19º, nº 4 do RAR apenas a permite nos contratos de arrendamento agrícola, se o senhorio for emigrante e: *a)* tenha sido ele quem arrendou o prédio ou o tenha adquirido por sucessão; *b)* necessitar de regressar ou ter regressado a Portugal há menos de um ano: e querer explorar directamente o prédio arrendado. A denúncia apenas é possível a partir do terceiro ano do contrato de arrendamento ou da sua renovação e deve ser realizada com a antecedência de um ano sobre o momento em que deva produzir efeitos. O senhorio que a realize fica, porém, obrigado, salvo caso de força maior, à exploração directa, por si ou membro do seu agregado familiar, durante um prazo mínimo de cinco anos (art. 19º, nº 7, do RAR). Incumprindo o senhorio essa obrigação, o arrendatário adquire direito a indemnização igual ao quíntuplo das rendas do período em que esteve ausente e à reocupação do prédio, se assim o desejar, iniciando-se outro contrato (art. 19º, nº 8 do RAR).

O arrendatário pode, porém, opor-se à oposição à renovação e à denúncia pelo senhorio, desde que tenha mais de 55 anos e resida ou utilize o prédio há mais de 30 anos e o rendimento do prédio constitua a fonte principal ou exclusiva de rendimento para o seu agregado familiar (art. 19º, nº 9, do RAR).

Verificando-se a cessação do contrato por oposição ou denúncia do senhorio o arrendatário tem direito à indemnização por benfeitorias realizadas nos termos do art. 23º RAR e pelas pelas plantações e melhoramentos fundiários que tenham tornado o prédio mais produtivo, realizados com o consentimento do senhorio (art. 19º, nº 10 do RAR). No caso da denúncia por senhorio emigrante adquire ainda o direito a indemnização correspondente a 1/12 da renda anual por cada ano de contrato, não podendo o valor de indemnização ser inferior um ano de renda (art. 19º, nº 11, do RAR).

11.5.3. Denúncia e oposição à renovação pelo locatário

Uma vez que não há restrições à denúncia pelo locatário, este pode livremente opor-se à renovação do contrato, nos termos gerais, para o fim do prazo do contrato ou da renovação, desde que o comunique ao senhorio com a antecedência legalmente exigida (arts. 1054º, 1055º e 1098º, nº 1).

No arrendamento com prazo certo, prevê, porém, o art. 1098º, nº 2, que o arrendatário o pode denunciar a todo o tempo, após seis meses de duração efectiva do contrato. Também no arrendamento urbano com duração indeterminada, o art. 1100º estabelece em relação ao arrendatário a denúncia *ad nutum*, admitindo, portanto, que este, sem qualquer justificação ponha termo ao contrato após seis meses de duração efectiva do contrato.

Exige-se apenas uma comunicação ao senhorio, de acordo com os formalismos do art. 9º, nº 1, NRAU, com uma antecedência não inferior a 60 ou 120 dias sobre a data em que pretende a cessação, consoante o prazo ou a duração efectiva seja inferior ou superior a um ano. A denúncia produz efeitos no final do mês correspondente do calendário gregoriano, extinguindo-se assim nessa data o contrato de arrendamento (art. 1098º, nº 2, e art. 1100º, nº 1).

No arrendamento rural, o arrendatário pode igualmente opor-se livremente à renovação do contrato, com a antecedência de um ano relativamente ao termo do prazo de arrendamento ou da sua renovação (art. 19º, nº 3, do RAR).

O arrendatário pode também denunciar o contrato, sem possibilidade de oposição do senhorio, em caso de abandono da actividade agrícola ou florestal, ou quando o prédio ou prédios objecto do arrendamento, por motivos alheios à sua vontade, não permitam o desenvolvimento das actividades agrícolas ou florestais de forma economicamente equilibrada e sustentável (art. 19º, nº 5, do RAR). Nesse caso, a denúncia deve ser notificada ao senhorio com a antecedência de um ano (art. 19º, nº 6, do RAR).

A comunicação de oposição à renovação ou denúncia devem ser realizadas por escrito (art. 19º, nº 1, do RAR), compreendendo necessariamente todo o objecto do arrendamento (art. 19º, nº 2, do RAR).

Secção 2
Do contrato de parceria pecuária

1. Noção e aspectos gerais

O contrato de parceria pecuária encontra-se regulado nos arts. 1121º e ss. do Código Civil[727], definindo-o o art. 1121º como "o contrato pelo qual uma ou mais pessoas entregam a outra ou outras um animal ou certo número deles, para estas os criarem, pensarem e vigiarem, com o ajuste de repartirem entre si os lucros futuros em certa proporção". Trata-se de um dos contratos mais antigos da humanidade, tradicionalmente designado por *contrato de animais a ganho*. As Ordenações Filipinas, faziam-lhe referência, considerando-o uma modalidade de locação já que no Livro IV, tit. LXIX, se vedava a celebração de certos "arrendamentos de gados ou colmeias", que contivessem cláusulas leoninas, o que documentava a exploração económica a que muitas vezes era sujeito o locatário. Já o Código Civil de 1867, regulando este contrato nos seus arts. 1304º e ss., considerou-o antes uma modalidade de parceria rural, ao lado da parceria agrícola, sendo aquela por sua vez uma espécie do género sociedade.

2. Características qualificativas do contrato de parceria pecuária

A parceria pecuária apresenta algumas similitudes com a locação de animais, prevista no art. 1046º, nº 2, dela se distinguindo apenas pelo facto de não existir uma contrapartida certa, consistente no pagamento do aluguer, mas antes uma repartição de lucros futuros entre as partes, o que leva a

[727] Cfr. Cunha Gonçalves, *Contratos*, pp. 45 e ss., e *Tratado de Direito Civil em comentário ao Código Civil Português*, VII, Coimbra, Coimbra Editora, 1933, pp. 370 e ss., Pires de Lima/Antunes Varela, *op. cit.*, II, sub arts. 1121º e ss., pp. 728 e ss. e Menezes Cordeiro, *Direitos Reais*, Lisboa, Lex, reimp. 1979, pp. 695 e ss.

que este contrato se aproxime igualmente da sociedade. As características qualificativas do contrato de parceria pecuária afastam-se, no entanto, bastante das que correspondem ao contrato de locação.

A parceria pecuária é, em primeiro lugar, um contrato nominado e típico, uma vez que a lei reconhece a categoria no Código Civil e disciplina o seu regime (arts. 1121º e ss.).

A parceria pecuária é um contrato não formal, dado que a lei não o sujeita a forma especial, podendo consequentemente ser celebrado por qualquer forma (art. 219º).

A parceria pecuária constitui, no entanto, um contrato real *quoad constitutionem*, dado que a formulação do art. 1121º ("contrato pelo qual uma ou mais pessoas entregam a outra ou outras um animal ou certo número deles...") pressupõe a necessidade de entrega dos animais para se poder operar a constituição do contrato, não ficando consequentemente este constituído antes dessa entrega.

A parceria pecuniária é, por outro lado, um contrato obrigacional, na medida em que faz surgir para o parceiro pensador a obrigação de guardar e tratar dos animais (art. 1124º) e para o parceiro proprietário a obrigação de assegurar a sua utilização (art. 1125º). A parceria pecuária não constitui um contrato real *quoad effectum*, uma vez que não se transmite, por força do contrato, a propriedade dos animais, que continuam na esfera do parceiro proprietário.

Para além disso, a parceria pecuária é ainda um contrato oneroso, na medida em que existem sacrifícios patrimoniais para ambas as partes.

A parceria pecuária parece ainda ser, à semelhança da sociedade, um contrato sinalagmático, em que o sinalagma se apresenta com uma configuração específica, na medida em que o nexo de reciprocidade não se coloca entre as prestações de cada um dos parceiros, mas antes entre cada uma delas e o resultado da exploração em termos de lucros. Admite-se, por isso, a resolução por incumprimento (art. 1122º, nº 2).

A parceria pecuária pode ser ainda considerada como um contrato aleatório, uma vez que enquanto as atribuições patrimoniais dos parceiros se apresentam como certas, já é incerta a respectiva contrapartida, correspondente aos lucros da exploração[728].

[728] Em sentido contrário, ainda que admitindo a existência de riscos no contrato, cfr. Pires de Lima/Antunes Varela, *op. cit.*, II, sub art. 1121º, nº 5, p. 730.

Finalmente, a parceria pecuária é um contrato de execução continuada, na medida em que o conteúdo e extensão das obrigações é delimitado em função do tempo, pelo que normalmente será estipulado um prazo, admitindo-se a denúncia do contrato a todo o tempo, sempre que este seja estipulado sem prazo.

3. Regime aplicável

É relativamente parca a regulação do contrato de parceria pecuária no âmbito do Código Civil, e daí que o art. 1128º mande aplicar subsidiariamente na falta de convenção os usos da terra. Encontra-se, no entanto, alguma regulação deste contrato, que se examinará de seguida.

Relativamente à forma, e como se referiu, a lei não estabelece qualquer exigência formal para o contrato, pelo que este poderá ser celebrado por qualquer meio (art. 219º).

Em termos de objecto, a lei admite que o contrato tenha tanto por objecto tanto um único animal como certo número deles, parecendo, no entanto, mais comum a hipótese de o contrato ter por objecto universalidades de animais, caso em que os lucros corresponderão às crias que futuramente vierem a integrar a universalidade[729]. Não há quaisquer restrições ao tipo de animais que pode ser objecto deste contrato, apenas sendo pressuposto que da actividade de criação, penso e guarda se possa esperar algum lucro.

Relativamente às obrigações do parceiro pensador, estabelece o art. 1124º que este "é obrigado a empregar na guarda e tratamento dos animais o cuidado de um pensador diligente". Adoptou-se portanto o critério geral da apreciação da culpa em abstracto, com base na diligência de um bom pai de família em face das circunstâncias do caso (arts. 487º, nº 2, e 799º, nº 2)[730]. Assim, se com base na falta de diligência do parceiro pensador sobrevierem danos aos animais, este responderá por esses danos perante o parceiro proprietário.

Relativamente às obrigações do parceiro proprietário, que correspondem a direitos do parceiro pensador, estabelece o art. 1125º, nº 1, a obrigação de o parceiro proprietário assegurar a utilização dos animais ao

[729] Cfr. Cunha Gonçalves, *Contratos*, p. 46.

[730] Diferentemente, o art. 1306º do C.C. de 1867, estabelecia o critério da culpa em concreto, consistente no cuidado que o pensador habitualmente tinha nas próprias coisas.

parceiro pensador. Esta obrigação, semelhante à do locador (art. 1031º *b*)), implica naturalmente a atribuição ao parceiro pensador de um direito à posse dos animais, sem o que essa utilização seria impossível. Por esse motivo, o art. 1125º, nº 2, atribui ao parceiro pensador a possibilidade de recorrer às acções possessórias, sempre que for privado dos seus direitos ou perturbado no exercício deles, o que implica naturalmente a qualificação do direito do parceiro pensador como um direito pessoal de gozo, sujeito à regra do art. 407º. Não está, porém, o parceiro pensador limitado a essa tutela, uma vez que pode, nos termos gerais, recorrer à acção de cumprimento contra o parceiro proprietário (art. 817º), responsabilizá-lo pelo seu incumprimento (art. 798º) e, eventualmente, resolver o contrato (arts. 801º, nº 2, e 1122º, nº 2).

O direito pessoal de gozo atribuído ao parceiro pensador tem, no entanto, limites relacionados com o fim do contrato. Em relação ao gado lanígero, estabelece expressamente o art. 1127º que o parceiro pensador não pode fazer a respectiva tosquia sem disso prevenir o parceiro proprietário, e que se não o prevenir, pagará o dobro da parte que deveria pertencer ao parceiro proprietário.

Relativamente ao risco pela perda ou deterioração dos animais, resultante de facto não imputável ao parceiro pensador, estabelece o art. 1126º, nº 1, que esse risco é atribuído ao proprietário, solução que está em harmonia com o princípio geral *res perit domino*, e que se compreende pelo facto de o contrato não envolver qualquer transmissão de direitos reais, pelo que não se justifica que ocorra qualquer transferência de risco (cfr. art. 796º). Pode dar-se, porém, o caso de se poder retirar algum benefício dos animais que se perderam ou deterioraram, como no caso de venda para abate, ou da venda dos despojos. Nesse caso, vem estabelecer o art. 1126º, nº 2, que o benefício respectivo pertence ao proprietário até ao valor dos animais no momento da entrega, sendo o excedente um lucro do negócio, no qual participa o parceiro pensador. Este regime de distribuição do risco é considerado injuntivo, pelo que as partes não o poderão alterar (art. 1126º, nº 3).

Quanto às causas de extinção da parceria pecuária[731], ela pode extinguir-se pelas causas de extinção normais dos contratos.

Assim, em primeiro lugar a parceria pecuária pode terminar em consequência de uma revogação por mútuo acordo, nos termos gerais (art. 406º, nº 1).

[731] Sobre estas, cfr. ROMANO MARTINEZ, *Da cessação*, pp. 361 e ss.

Para além disso, a parceria pecuária pode ser extinta por via da resolução por incumprimento (cfr. art. 801º, nº 2, e 432º), uma vez que a qualquer dos contraentes é dado esse direito se a outra parte não cumprir as suas obrigações (art. 1122º, nº 2).

Depois, a parceria pecuária pode ser extinta em virtude de caducidade. O primeiro caso de caducidade é naturalmente o decurso do prazo, o qual pode resultar de estipulação das partes ou dos usos da terra (cfr. art. 1122º, nº 1). Para além disso, consideram-se ainda como hipóteses de caducidade do contrato a morte do parceiro pensador, a perda dos animais, a cessação do direito ou a extinção dos poderes legais de administração com base nos quais o contrato foi celebrado, e ainda a verificação da condição resolutiva a que as partes o subordinaram (art. 1123º).

A última causa de extinção da parceria é a denúncia do contrato. Efectivamente, refere o art. 1122º, nº 1 que "na falta de usos, qualquer dos contraentes pode, a todo o tempo, fazer caducar o contrato", o que corresponde manifestamente a um caso de denúncia.

Secção 3
Do contrato de comodato

1. Noção e aspectos gerais

Encontra-se regulado nos arts. 1129º e ss. o contrato de comodato[732], que corresponde ao empréstimo de coisas determinadas. A designação "comodato" tem origem no latim *commodum datum*, dado em benefício, e por isso as Ordenações Filipinas, Liv. IV, tit. LIII, referiam que este contrato "é chamado comodato, porque se dá para cómodo e proveito somente do que recebe a cousa". O comodato diferencia-se da locação, por lhe faltar o cariz oneroso, bem como do mútuo, por incidir sobre coisas determinadas, e não sobre coisas fungíveis.

[732] Cfr. sobre o comodato, CUNHA GONÇALVES, *Contratos*, pp. 243 e ss., PIRES DE LIMA/ ANTUNES VARELA, *op. cit.*, II, sub arts. 1129º e ss., pp. 740 e ss., MENEZES CORDEIRO, *Direitos Reais*, pp. 700 e ss., e JÚLIO MANUEL VIEIRA GOMES, "Do contrato de comodato", em *CDP* nº 17 (Janeiro/Março 2007), pp. 3-31.
Na doutrina italiana, veja-se FRANCO CARRESI, *Il Comodato. Il mutuo*, Torino, Utet, 1957 (vol. VIII, t. 2, fasc. 5 e 6, do *Trattato di Diritto Civile Italiano*, dirigido por FILIPPO VASSALLI), pp. 5-85, GIUSEPPE TAMBURRINO, "Comodato (diritto civile)", na *ED* VII, Milano, Giuffrè, 1960, pp. 994-1006, GIORGIO GIAMPICCOLO, *Comodato e mutuo*, vol.V, fasc. VII, do *Trattato di Diritto Civile*, de GIUSEPPE GROSSO e FRANCESCO SANTORO-PASSARELLI, Milano, Vallardi, 1972, pp. 3-41, LUMINOSO, *op. cit.*, pp. 639 e ss., RAFFAELE TETI, "Comodato", em *Digesto delle discipline privatistiche. Sezione civile*, 4ª ed., III, Torino, Utet, 1988, pp. 37-48, TOMMASO OBERDAN SCOZZAFAVA, "Il comodato", em PIETRO RESCIGNO (org) *Trattato di Diritto Privato*, XII, Torino, Utet, 1985, pp. 611-638, FRANCO PASTORI, *IL contrato di comodato*, Bologna, Cisalpino, 1997, BIANCA GARDELLA TEDESCHI, "Sintesi di informazione Deposito – Comodato – Mutuo", em *RDC* 41 (1995), 2, pp. 633-651 (639 e ss.).

2. Características qualificativas do contrato de comodato

2.1. O comodato como contrato real *quoad constitutionem*

O art. 1129º define o comodato como "o contrato pelo qual uma das partes entrega", o que faz naturalmente pressupor o seu cariz real *quoad constitutionem*, como era a sua característica no Direito Romano, e continua a ser mantida nos Direitos por este influenciados[733]. Assim, antes da entrega da coisa não se encontra constituído qualquer contrato de comodato, pelo que não poderá ser exigida a entrega da coisa em comodato. Nada impede, no entanto, as partes de celebrarem um contrato-promessa de comodato, mas esse contrato não estará sujeito à execução específica referida no art. 830º, por esta não ser aplicável em sede de contratos reais *quoad constitutionem*.

2.2. O comodato como contrato não formal

Não se encontra estabelecida na lei qualquer forma para o contrato de comodato, pelo que ele será naturalmente considerado como não formal, nos termos do art. 219º, mesmo que respeite a bens imóveis. Não é argumento em sentido contrário a exigência de forma escrita para o arrendamento urbano (art. 1069º), levando a que um contrato gratuito tenha uma forma menos solene que o seu correspondente oneroso. Efectivamente, no comodato a garantia de ponderação e seriedade da declaração negocial do comodante é assegurada pela tradição da coisa, necessária à conclusão do contrato, podendo ainda o comodante, mesmo tendo sido estabelecido prazo, resolver sempre o contrato se tiver justa causa (art. 1140º), ao contrário dos termos apertados em que se admite a resolução do arrendamento pelo senhorio (art. 1083º)[734].

2.3. O comodato como contrato gratuito

O comodato é um contrato gratuito, uma vez que, apesar de fazer surgir obrigações para o comodatário, referidas no art. 1135º, nenhuma dessas obrigações se apresenta como contrapartida da utilização da coisa por parte do comodante. A gratuitidade constitui aliás uma característica essencial do contrato de comodato, pelo que, se for estipulada qualquer contrapres-

[733] Cfr. o art. 1803 do *Codice Civile*. É de referir, no entanto, que o § 598 BGB não faz qualquer referência à entrega como elemento constitutivo do comodato, o que levaa que na doutrina alemã seja predominante a tese como que o qualifica como contrato consensual. Cfr. PIRES DE LIMA/ANTUNES VARELA, *op. cit.*, sub art. 1129º, nº 3, p. 741, e TETI, *Digesto*, III, p. 37.

[734] Cfr. TEDESCHI, *RDC* 41 (1995), 2, p. 644.

tação como contrapartida do uso da coisa, o contrato passará a ser qualificado como de locação se essa contraprestação tiver natureza pecuniária ou como um contrato atípico nas restantes situações. A gratuitidade do comodato não é, porém, afectada se for estabelecido algum encargo, uma vez que nesse caso não existe qualquer contraprestação, mas antes uma restrição ao benefício concedido ao comodatário. Apesar de não expressamente prevista na lei, a figura do comodato modal é claramente admissível, à semelhança do que ocorre com a doação (cfr. o art. 963º)[735].

2.4. O comodato como contrato não sinalagmático

Apesar de fazer surgir obrigações para ambas as partes, não existe qualquer nexo de correspectividade entre essas obrigações, pelo que o comodato tem que ser considerado como um contrato bilateral imperfeito, não sinalagmático[736].

3. A formação do contrato

3.1. Processo de formação do contrato de comodato

Sendo um contrato real *quoad constitutionem*, o comodato apenas se considera perfeito com a entrega da coisa, não sendo o simples consenso idóneo para produzir para o comodante a obrigação de entregar a coisa. Ao contrário do que sucede com a doação, a lei não considera poder dispensar a entrega com a celebração por escrito do contrato. Efectivamente, o único índice considerado relevante para dar eficácia jurídica à declaração do comodante é a entrega[737].

Caso, no entanto, o acordo seja seguido da entrega, ele considera-se vinculante juridicamente, definindo as obrigações das partes e determinando o uso da coisa pelo comodatário. Se não ocorrer entrega, o acordo não deixa de ser juridicamente relevante como elemento da *facti species* negocial, podendo assim originar uma responsabilidade pré-contratual pelo interesse contratual negativo.

Uma vez que o contrato só se perfecciona com a entrega, em caso de celebração do contrato com mais de uma pessoa, para efeitos do art. 407º

[735] Cfr. Teti, *Digesto*, III, p. 39 e Scozzafava, *op. cit.*, pp. 618 e ss. Sobre esta figura, cfr. detalhadamente Andrea Mora, *Il comodato modale*, Milano, Giuffrè, 2001, passim, maxime pp. 55 e ss.

[736] Cfr. Teti, *Digesto*, III, p. 40 e Scozzafava, *op. cit.*, pp. 620-621.

[737] Cfr. Teti, *Digesto*, III, p. 41 e Scozzafava, *op. cit.*, p. 617.

prevalecerá o direito do comodatário a quem vier primeiro a ser entregue a coisa.

3.2. Capacidade e legitimidade das partes

A questão da capacidade e da legitimidade para a celebração de contratos de comodato deve ser resolvida face à sua qualificação como acto de administração ordinária ou extraordinária. A melhor posição é a de que o comodato é um acto de administração ordinária para o comodatário e de administração extraordinária para o comodante.

Em termos de capacidade, poderão celebrar contratos de comodato todos os que não estejam abrangidos por alguma incapacidade, como a resultante de menoridade ou de medida de acompanhamento. Mesmo certos comodatos poderão ser abrangidos no âmbito das excepções à incapacidade e praticados pelo próprio incapaz, como nas hipóteses referidas no art. 127º ou em geral no art. 145º, nº 1.

Em termos de legitimidade pode celebrar contratos de comodato quem seja titular de qualquer direito de gozo sobre a coisa, designadamente o proprietário e o usufrutuário, mas não o locatário (art. 1038º *f)*), nem o depositário (cfr. art. 1189º), nem o próprio comodatário (art. 1135º *f)*), salvo havendo autorização do proprietário. Também os que possuam simples poderes de administração de bens alheios não terão em princípio legitimidade para emprestar os bens, já que isso implicaria um desvio dos fins para que a administração é concedida. É, no entanto, de referir que, relativamente aos pais, o art. 1889º não inclui o comodato de bens do menor entre os actos sujeitos a autorização do Ministério Público, nem em relação ao tutor, protutor e administrador de bens se proíbe ou sujeita a autorização do Ministério Público a celebração de contratos de comodato (arts. 1937º, 1938º, 1956º *b)* e 1971º). Daqui parece resultar que os contratos de comodato celebrados por estas entidades serão válidos, ainda que susceptíveis de os constituir em responsabilidade por desvio dos fins da administração. Já relativamente aos cônjuges, o art. 1682º-A exige o consentimento de ambos, salvo se entre eles vigorar o regime da separação de bens, para a constituição de direitos pessoais de gozo sobre imóveis próprios ou comuns, exigindo sempre esse consentimento para a constituição de direitos pessoais de gozo sobre a casa de morada de família, pelo que naturalmente o cônjuge não poderá isoladamente celebrar qualquer comodato que abranja esses bens, e se o fizer esse comodato será anulável a requerimento do outro cônjuge (art. 1687º).

4. Objecto do contrato

Conforme expressamente dispõe o art. 1129º, podem ser objecto do comodato tanto coisas móveis como imóveis. As coisas móveis não podem, no entanto, corresponder a coisas consumíveis como o dinheiro, a menos que delas se pretenda fazer uma utilização atípica como no caso do comodato *ad pompam vel ostentationem*. Já as coisas fungíveis não consumíveis podem ser objecto de comodato se se estabelecer a obrigação de restituição da *eadem res*, já que no caso contrário estar-se-á antes perante um mútuo.

5. Obrigações do comodante

5.1. Obrigação de não perturbar o uso da coisa pelo comodatário

Uma vez que se trata de um contrato gratuito as obrigações do comodante são extremamente limitadas. Efectivamente, ao contrário do que sucede na locação (art. 1031º *b)*), o comodato nem sequer institui uma obrigação de o comodante assegurar o gozo da coisa para os fins a que esta se destina, não sendo assim atribuída ao comodatário qualquer garantia de idoneidade da coisa para os fins do contrato, o que representa uma menor tutela do seu interesse de cumprimento[738]. A sua obrigação é antes puramente negativa, não correspondendo a assegurar o uso da coisa, nem mesmo a mantê-la em estado de servir aos fins para que foi emprestada, mas apenas a comportar-se de modo a que por acção sua não venha o comodatário a sofrer privação do uso da coisa[739]. Não parece, porém, que a obrigação do comodante possa ser confundível com o dever geral do *neminem laedere*, uma vez que o comodante se encontra numa situação específica em relação ao comodatário especialmente propícia a pertubar-lhe o uso através do simples exercício dos seus poderes. Assim, o comodante não deverá, por exemplo, reivindicar do comodatário a coisa emprestada ou dispor dela a favor de outrem[740].

5.2. Obrigação de reembolso de benfeitorias

Uma outra obrigação do comodante é ainda a de restituir as benfeitorias ao comodatário. O art. 1138º estabelece que o comodatário é equiparado ao possuidor de má fé quanto a benfeitorias que haja efectuado na coisa emprestada. Desta solução resulta que o comodatário tem direito a ser

[738] Cfr. GRUNDMANN, *AcP* 198 (1998), pp. 479.

[739] Cfr. CARRESI, *op. cit.*, p. 54.

[740] Cfr. GIAMPICCOLO, *op. cit.*, pp. 30 e ss.

indemnizado das benfeitorias necessárias que haja realizado bem como levantar as benfeitorias úteis, se tal puder ser efectuado sem detrimento da coisa, havendo lugar à restituição do enriquecimento por despesas no caso contrário (art. 1273º). O comodatário não tem, no entanto, direito ao levantamento de benfeitorias voluptuárias (art. 1275º). A solução é, porém, exceptuada em relação ao empréstimo de animais, já que o art. 1138º, nº 2, estabelece que as despesas da sua alimentação correm sempre, na falta de estipulação em contrário, por conta do comodatário.

6. Direitos do comodatário

6.1. Direito de uso da coisa

Em resultado do contrato, o comodatário adquire um direito pessoal de gozo sobre os bens objecto do comodato. Esse direito é, porém, normalmente limitado ao uso da coisa, já que o art. 1132º refere expressamente que só por força de convenção expressa o comodatário pode fazer seus os frutos colhidos. Mesmo o direito de uso do comodatário não é absoluto, já que é objecto de uma limitação pelas partes. A convenção de definição do uso pode inclusivamente ser tácita, em resultado da natureza da coisa e da necessidade invocada pelo comodatário. A afectação da coisa a uso diverso do estipulado é expressamente proibida pelo art. 1135º *c)*, sendo que o art. 1136º, nº 2, responsabiliza objectivamente o comodatário por todos os danos que a coisa venha a sofrer, caso tenha desrespeitado essa proibição. Se o comodatário extravasar do seu direito de uso, o comodante terá justa causa de resolução do contrato (art. 1140º)[741].

O uso tem normalmente um termo final, estipulado pelas partes ou resultante da determinação do uso. Havendo prazo certo estipulado, esse prazo não é prorrogado pelo facto de o comodatário continuar a necessitar de utilizar a coisa, após o seu decurso, salvo se o comodante der o seu assentimento, mas também o comodatário não é obrigado a restituir a coisa antes do fim do prazo, mesmo que já tenha terminado o uso. No caso de o prazo resultar da determinação do uso, é a sua conclusão que determina o vencimento da obrigação do comodatário (art. 1137º, nº 1). Na falta de prazo convencionado ou resultante de determinação do uso, o comodatário estará obrigado a entregar a coisa logo que lhe seja exigida

[741] Neste sentido, veja-se Ac. STJ 5/7/2012 (Fernando Bento), em *CJ-ASTJ* 20 (2012), 2, pp. 174-178.

(art. 1137º, nº 2), o que corresponde ao regime geral das obrigações puras (art. 777º, nº 1)[742].

Tendo o direito do comodatário natureza pessoal, não pode ser oposto ao titular de um direito real maior sobre o bem. O direito do comodatário apenas prevalece contra outros direitos pessoais de gozo se tiver sido constituído em primeiro lugar (art. 407º). O comodato confere, porém, ao comodatário a posse da coisa, o que lhe permite a tutela possessória dessa situação (art. 1133º, nº 2).

O direito de uso da coisa pelo comodatário é determinado pelo fim do contrato. Apenas se este não for determinado pelo contrato ou resultar das respectivas circunstâncias é que é permitido ao comodatário aplicar a coisa a quaisquer fins lícitos, dentro da função normal das coisas de idêntica natureza (art. 1131º). Caso a coisa tenha sido emprestada para um fim específico, diferente da sua função normal, será vedada ao comodatário outra utilização que não essa, não podendo sequer utilizar a coisa no âmbito da sua função normal[743]. Se esse fim específico não foi determinado, o comodatário apenas poderá utilizar a coisa para fins lícitos, dentro da sua função normal.

Tem sido questionado em relação aos fins da coisa emprestada ao comodatário, se não haverá restrições legais a esses fins, designadamente se é possível um empréstimo da coisa comodada com o fim de que sobre ela seja constituída uma garantia real ou se é possível o empréstimo de títulos de crédito e acções a fim de permitir ao comodatário exercer os direitos correspondentes ao título. Em relação ao empréstimo da coisa para constituição de garantia a favor de terceiro, parece que nada impede que esse tipo de empréstimo seja celebrado, ainda que naturalmente a garantia fique muito mais precária, uma vez que não apenas se extingue com a morte do comodatário (art. 1141º), como também o comodante poderá revogar o comodato se para isso tiver justa causa (art. 1140º)[744]. Já em relação ao

[742] O comodato sem prazo, em que o comodatário deve restituir a coisa logo que lhe seja exigida, corresponde à figura do precário, qualificado hoje como um subtipo do comodato. Neste sentido, Júlio Gomes, *CDP* nº 17 (Janeiro/Março 2007), pp. 7-8, e nota (18).

[743] Cfr. Andrea Mora, *op. cit.*, p. 90, que aponta o exemplo um coleccionador de livros antigos emprestar a um fotógrafo volumes para que ele tire uma fotografia publicitária de uma livraria. Sendo a função normal dos livros a leitura, naturalmente que esta não será permitida neste caso ao fotógrafo.

[744] Pires de Lima/Antunes Varela, *op. cit.*, sub art. 1131º, nº 3, p. 746, sugerem para tornear estas dificuldades que se estabeleça a adesão do comodante ao próprio acto de constituição de garantia.

empréstimo de títulos de crédito ou de acções para permitir o exercício dos respectivos direitos, a situação tem gerado mais controvérsia na doutrina, ainda que a posição maioritária seja no sentido da admissibilidade destes empréstimos[745].

6.2. Direito de retenção

Actualmente a lei confere igualmente direito de retenção ao comodatário, que se encontra previsto no art. 755º *e)*. O direito de retenção do comodatário encontrava-se referido nas Ordenações Filipinas (Livro IV, título LIV, § 1º), mas não veio a ser contemplado no Código de Seabra, com a justificação de que a situação não era equiparável à do mandatário e do depositário, uma vez que nestes contratos é o credor da restituição quem beneficia do contrato, enquanto no comodato é o próprio devedor dessa obrigação. Actualmente a lei confere expressamente ao comodatário o direito de retenção, o que não é muito coerente com a equiparação efectuada no art. 1138º, nº 1 entre este e o possuidor de má fé (cfr. art. 756º *b)*). A aparente contradição entre estas normas deve ser, porém, resolvida no sentido de que a equiparação entre o comodatário e o possuidor de má fé é realizada apenas para delimitar o conteúdo da obrigação prevista no art. 1273º e não para excluir o direito de retenção[746].

Em caso de exercício deste direito de retenção o comodatário deixa, porém, de poder usar e fruir a coisa comodada, ficando apenas com os direitos referidos nos arts. 758º e 759º. Se o comodatário, a pretexto do direito de retenção, continuar a proceder ao uso e fruição da coisa verifica-se uma situação de enriquecimento sem causa à custa do comodante (art. 473º), que terá direito à restituição correspondente (art. 479º)[747].

7. Obrigações do comodatário

7.1. Obrigação de guardar e conservar a coisa emprestada

As obrigações do comodatário encontram-se referidas no art. 1133º, em termos bastante semelhantes às obrigações do locatário, referidas no

[745] Neste sentido, TAMBURRINO, *ED* VII, pp. 1000-1001 e 1003.

[746] Neste sentido, vide o Ac. STJ 7/10/1982 (JOSÉ DOS SANTOS SILVEIRA), no *BMJ* 320 (1982), pp. 407-415 = *RLJ* 119 (1986), pp. 179-185, com anotação favorável de ANTUNES VARELA a pp. 185-186 e 200-205. Aplaude a decisão do acórdão, mas discorda da fundamentação, MENEZES CORDEIRO, *Da Boa Fé*, pp. 613 e ss.

[747] Neste sentido, Ac. RC 15/3/2011 (FONTE RAMOS), na *CJ* 36 (2011), 2, pp. 19-21.

art. 1038º, sendo a primeira obrigação a de guardar e conservar a coisa emprestada. Esta obrigação acaba assim por se subdividir em duas, sendo a primeira a de guarda e a segunda a de conservação. A obrigação de conservação consiste em manter o bem no estado em que foi recebido, salvas as deteriorações causadas pelo uso prudente. A obrigação de guarda tem um conteúdo mais amplo, implicando uma actividade de vigilância directa, destinada não apenas a prevenir eventuais deteriorações da coisa, mas também em salvaguardar a posição subjectiva do comodante em relação a esta[748].

O comodatário está sujeito a um regime especial de diligência em relação à sua obrigação de custódia da coisa, a que se refere o art. 1136º[749], o qual difere do critério geral da diligência do bom pai de família, segundo as circunstâncias do caso, previsto nos arts. 799º, nº 2 e 487º, nº 2[750]. Efectivamente, o comodatário responde se podia salvar a coisa, ainda que mediante o sacrifício de coisa própria de valor não superior, o que corresponde a um critério de diligência diferente[751]. Aplica-se, no entanto, naturalmente em relação ao comodatário também nesta situação a presunção de culpa do art. 799º, nº 1[752], pelo que caberá ao comodatário demonstrar que não poderia ter evitado a perda ou deterioração da coisa, mesmo com o sacrifício de coisa própria.

Se o comodatário permitiu a utilização por outrem da coisa ou a aplicou a um fim diferente daquele a que ela se destina é responsável objectivamente, independentemente da diligência que tenha utilizado relativa-

748 Cfr. SCOZZAFAVA, *op. cit.*, p. 631.

749 Cfr. sobre esta situação, NUNO AURELIANO, *Risco*, pp. 439 e ss.

750 A especialidade da situação do comodatário já era prevista nas Ordenações Filipinas, Livro IV, t. LIII, § 2º, onde se prevê que o comodatário tinha que guardar a coisa com toda a diligência, como se fosse sua, pois era responsável não apenas por dolo e culpa grande, mas ainda por qualquer culpa leve e levíssima. Também no art. 1516, e § único do CC 1867, embora se atribuísse ao dono da coisa o risco do seu perecimento se o comodatário não a aplicasse a fim diferente daquele a que ela se destinava, já se responsabilizava o comodatário em caso de força maior ou caso fortuito se "podendo salvar a coisa emprestada não a salvou ou preferiu salvar as suas, deixando perder a emprestada".

751 Em sentido contrário, qualificando a norma do art. 1805, I, do *Codice* como uma responsabilidade por caso fortuito, veja-se SCOZZAFAVA, *op. cit.*, p. 632.

752 Neste sentido, veja-se o Ac. RP 25/2/2002 (FONSECA RAMOS) na *CJ* 27 (2002), pp. 214-216, que aplica a presunção de culpa do art. 799º. nº 1 ao caso de um comodatário que deixou que lhe furtassem o veículo emprestado.

mente à guarda ou conservação da coisa (art. 1136º, nº 2)[753]. Temos assim uma situação de *casus culpa determinatus*, já que se o comodatário violar essas suas obrigações torna-se responsável pelos danos posteriormente ocorridos, mesmo que não tenham em concreto resultado de culpa sua. Como muitas vezes sucede na responsabilidade objectiva, ou quando é estabelecida uma presunção de culpa, admite-se, no entanto, que o comodatário possa elidir a sua responsabilidade, mediante a demonstração da relevância negativa da causa virtual.

Refere ainda o art. 1136º, nº 3, que a avaliação do bem faz presumir que o risco de perecimento ou deterioração da coisa corre por conta do comodatário, mesmo que ele não pudesse evitar o prejuízo mediante o sacrifício de coisa própria. Efectivamente, resulta dessa avaliação uma presunção de transferência de risco, na medida em que a indicação da quantia por que se estima a coisa faz presumir que o comodatário se vincula a pagar essa quantia, em caso de perecimento da coisa.

7.2. Obrigação de facultar ao comodante o exame da coisa emprestada

Uma outra obrigação que incumbe sobre o comodatário é a de facultar ao comodante o exame da coisa emprestada (art. 1135º *b)*). A instituição desta obrigação visa permitir ao comodante controlar o bom estado da coisa, e a aplicação que dela está a ser feita pelo comodatário, podendo em consequência dessa averiguação determinar a resolução do contrato (art. 1140º) ou exigir responsabilidade pelos danos causados na coisa emprestada (cfr. art. 1136º). O direito de exame do comodatário não pode, porém, ser exercido em termos excessivos, sob pena de se pôr em causa a obrigação do comodante de se abster de actos que impeçam ou restrinjam o uso da coisa pelo comodatário.

7.3. Obrigação de não aplicar a coisa a fim diverso daquele a que ela se destina

Uma outra obrigação que incumbe sobre o comodatário é a de não aplicar a coisa a fim diverso daquele a que ela se destina. Efectivamente, é normal no contrato de comodato a determinação do fim a que se destina a coisa emprestada, com base no qual se delimita o direito de uso do comodatário. As partes devem, por isso, proceder à sua estipulação contratual. Só

[753] Cfr. Scozzafava, *op. cit.*, p. 632.

se não o fizerem, e das respectivas circunstâncias não resultar o fim a que a coisa emprestada se destina, é que passa a ser permitido ao comodatário aplicá-la a quaisquer fins lícitos, dentro da função normal das coisas de igual natureza (art. 1131º). Assim, se o comodatário aplicar a coisa a fim diferente do estipulado pelas partes ou, não havendo estipulação, a aplicar a um fim ilegal ou a um fim que extravase da sua função normal responderá perante o comodante por incumprimento desta obrigação. Se em consequência dessa aplicação a um fim não permitido, ocorrer a perda ou deterioração da coisa, o art. 1136º, nº 2, vem estabelecer uma responsabilidade agravada do comodatário, dado que este passa a responder objectivamente pelos danos causados, a menos que consiga demontrar que, mesmo sem a sua conduta ilegal, esses danos continuariam a ocorrer (relevância negativa da causa virtual).

7.4. Obrigação de não fazer da coisa emprestada uma utilização imprudente

Outra obrigação do comodatário, referida no art. 1135º *d)*, é a de não fazer da coisa emprestada uma utilização imprudente. Esta obrigação encontra-se explicitada no art. 1043º, nº 1, aplicável ao comodato por força do art. 1137º, nº 3, que estabelece que "na falta de convenção, o locatário é obrigado a manter e restituir a coisa no estado em que a recebeu, ressalvadas as deteriorações inerentes a uma prudente utilização, em conformidade com os fins do contrato". O dever de não efectuar uma utilização imprudente corresponde assim para o comodatário a um dever de manutenção da coisa no mesmo estado em que foi recebida, uma vez que o comodato não deve implicar para o comodante qualquer deterioração da coisa. As partes podem elaborar um documento, descrevendo o estado da coisa no momento da entrega, presumindo o legislador, na falta desse documento, que a coisa foi entregue ao comodatário em bom estado de conservação (art. 1043º, nº 2, aplicável por força do art. 1137º, nº 3).

7.5. Obrigação de tolerar quaisquer benfeitorias que o comodante queira realizar na coisa

Outra obrigação do comodatário é a de tolerar as benfeitorias que o comodante queria realizar na coisa. Uma vez que a lei não distingue a que benfeitorias se refere, parece que poderão estar em causa tanto benfeitorias necessárias, como úteis ou voluptuárias, o que se compreende, uma vez que sendo o comodato um contrato gratuito, dele não deve resultar a afectação do direito de realização de benfeitorias pelo proprietário. No entanto, o direito do comodante em realizar as benfeitorias não pode representar uma privação de uso da coisa por parte do comodatário (cfr. art. 1133º, nº 1), uma vez que nesse caso estar-se-ia perante um abuso de direito (art. 334º)[754].

7.6. Obrigação de não proporcionar a terceiro o uso da coisa, excepto se comodante o autorizar

Outra obrigação do comodatário é a de não proporcionar o uso da coisa a terceiro, salvo se o comodante o autorizar (art. 1135º *f*)). Efectivamente, o contrato de comodato, como qualquer contrato gratuito, é visto em relação à pessoa do beneficiário como um contrato *intuitu personae*, considerando-se por isso que o comodante concedeu o direito de uso tomando exclusivamente em consideração a pessoa do comodatário e não a de terceiro. É, por isso, vedado ao comodatário proporcionar o uso da coisa a terceiro, seja qual for o título jurídico pelo qual o faça, a não ser após obtido o consentimento do comodante.

Caso o comodatário desrespeite a sua obrigação de não permitir que terceiro use a coisa sem para tal estar autorizado, incorrerá em responsabilidade contratual perante o comodante nos termos gerais (art. 798º). Se, porém, em consequência dessa utilização não autorizada por terceiro, ocorrer a perda ou deterioração da coisa, o art. 1136º, nº 2, vem estabelecer uma responsabilidade agravada do comodatário, dado que este passa a responder objectivamente pelos danos causados, a menos que consiga demontrar que, mesmo sem a sua conduta ilegal, esses danos continuariam a ocorrer (relevância negativa da causa virtual).

7.7. Obrigação de avisar imediatamente o comodante, sempre que tenha conhecimento de vícios na coisa, ou saiba que a ameaça algum perigo, ou que terceiros se arrogam direitos em relação a ela, desde que o facto seja ignorado do comodante

Outra obrigação que recai sobre o comodatário é a de avisar o comodante sempre que conheça a existência de vícios na coisa, que algum perigo a ameaça, ou que terceiros se arrogam direitos em relação a ela (art. 1135º

[754] Cfr. Pires de Lima/Antunes Varela, *op. cit.*, II, sub art. 1135º, nº 6, p. 752.

g)). Trata-se de uma obrigação que é imposta ao comodatário em virtude de lhe ser atribuída a posse da coisa emprestada, concretizada na imposição de um aviso ao comodante, sempre que o comodatário venha a ter conhecimento de riscos para a coisa. No entanto, o comodatário tem, para além deste, o dever de guarda e conservação da coisa (art. 1135º *a))*, pelo que, mesmo cumprindo o seu dever de aviso para com o comodante, não fica impedido de continuar a zelar em ordem a que nenhum dano sobrevenha em relação à coisa.

7.8. Obrigação de restituir a coisa emprestada, findo o contrato

A restituição da coisa emprestada findo o contrato constitui igualmente uma obrigação do comodatário (art. 1135º *h))*, surgindo como consequência da natureza temporária do comodato, enquanto concessão de gozo de bens alheios. Trata-se de uma obrigação que tem por fonte o contrato e não depende da qualidade de proprietário do comodante. Parece, por isso, dever aplicar-se ao comodato o regime do art. 1192º, pelo que não poderá, em princípio, o comodatário recusar a restituição ao comodante com o fundamento de que este não é proprietário da coisa, nem tem sobre ela outro direito[755].

A obrigação de restituição do comodatário abrange não apenas a coisa, mas também os respectivos frutos, a menos que o comodatário tenha sido autorizado a fazê-los seus (cfr. art. 1132º).

A obrigação de restituição é normalmente sujeita a prazo, findo o qual a coisa deve ser restituída ao comodante, incorrendo o comodatário em mora, se o não fizer. Mesmo não sendo convencionado prazo certo para a restituição vale como convenção nesse sentido a determinação do uso da coisa, pelo que o comodatário fica vinculado a ter que a restituir logo que o uso finde, independentemente de interpelação (art. 1137º, nº 1). Apenas se não for estipulado prazo para a restituição, nem determinado o uso da coisa, é que a obrigação de restituição constituirá uma obrigação pura, caso em que o comodatário só será obrigado a restituir a coisa quando tal lhe for exigido (art. 1137º, nº 2). Sendo estipulado prazo, o respectivo benefício correrá, nos termos gerais, por conta do devedor (art. 779º).

O não cumprimento atempado da obrigação de restituição constituirá o comodatário em mora, sendo este condenado a indemnizar os danos

[755] Neste sentido, Pires de Lima/Antunes Varela, *op. cit.*, II, sub art. 1135, nº 9, p. 753.

causados ao comodante (art. 804º, nº 1), no âmbito dos quais se incluirá naturalmente a privação do uso da coisa comodada[756].

8. O regime das perturbações da prestação no comodato

Em relação ao comodato, verifica-se, como normalmente sucede nos contratos gratuitos, que o elemento da gratuitidade conduz a uma moderação no regime de responsabilidade do comodante em caso de perturbações da prestação, derivada da existência de vícios ou limitações do seu direito em relação a essa coisa ou de vícios da própria coisa. Essa moderação resulta da ausência de uma garantia específica em relação a qualidades da coisa que nos contratos gratuitos é prestada tal como é[757], o que conduz a que a responsabilidade do comodante seja normalmente limitada ao dolo, a menos que ele tenha expressamente assumido outro tipo de responsabilidade (art. 1134º).

9. Extinção do contrato

O contrato de comodato pode extinguir-se, nos termos gerais, por caducidade, denúncia ou resolução[758].

Em relação à caducidade do comodato, ele pode extinguir-se em primeiro lugar pelo decurso do prazo, se as partes o estipularam expressamente. Mesmo que tal não tenha acontecido, a lei presume a existência de um prazo no comodato, em resultado da determinação pelas partes do uso da coisa. Assim, quando ela é emprestada para um uso determinado, o comodatário deve restituí-la ao comodante logo que o uso finde, independentemente de interpelação (art. 1137º, nº 1). Apenas se não foi fixado prazo para a restituição, nem determinado o uso da coisa, é que o comodatário é obrigado a restituí-la logo que seja exigida (art. 1137º, nº 2)[759].

[756] Neste sentido, vide, o Ac. RL 11/10/2012 (Ondina Alves), em *CJ* 37 (2012), 4, pp. 80-85.

[757] Cfr. Grundmann, *AcP* 198 (1998), pp. 462.

[758] Cfr. Romano Martinez, *Da cessação*, pp. 365 e ss.

[759] No Ac. RC 27/6/2006 (Isaías Pádua), em *CJ* 31 (2006), 3, pp. 20-24, foi reconhecida possibilidade de estipulação de um comodato de imóvel por toda a vida do comodatário, o qual excluiria a possibilidade de reivindicação durante esse prazo, nos termos do art. 1311º, nº 2. Mas já no Ac. STJ 15/12/2011 (Salazar Casanova), em *CJ-ASTJ* 19 (2011), 3, pp. 174-179, se considerou que a estipulação de um prazo incerto, como o relativo à vida do comodatário, implica a aplicação do art. 1137º, nº 2, podendo consequentemente o comodante exigir a restituição da coisa a todo o tempo. Parece ser esta última a melhor posição.

Estamos nesse caso perante a figura do comodato precário, cuja duração não é determinada, ficando assim a sua extinção apenas dependente da exigência da coisa pelo comodante, a qual corresponde à denúncia do contrato.

O contrato caduca ainda por morte do comodatário, nos termos do art. 1141º. Efectivamente, o comodato, como todos os contratos gratuitos, tem cariz *intuitu personae*. Assim, se falece o comodatário, mesmo que tenha sido estipulado um prazo de vigência do empréstimo e esse prazo ainda não tenha decorrido, os seus herdeiros são obrigados a restituir imediatamente ao comodante a coisa emprestada. Já não se prevê, porém, idêntica solução para a morte do comodante, ocorrendo em consequência discussão sobre se, nessa hipótese, os herdeiros estão obrigados a respeitar o prazo estabelecido no contrato, uma vez que nele sucedem, ou se poderão exigir do comodatário a imediata restituição da coisa[760]. Por nosso lado, tendemos a admitir a primeira solução, podendo, no entanto, os herdeiros do comodante resolver o contrato se para isso tiverem justa causa (art. 1140º).

Conforme acima se referiu, existe no contrato de comodato uma muito menor protecção do interesse de cumprimento do comodatário, o que se traduz numa grande ampliação da possibilidade de extinção do contrato por parte do comodante. Assim, ainda que tenha sido estipulado um prazo, o comodante pode resolver o contrato se para tanto tiver justa causa (art. 1140º)[761]. Ora, conforme tem sido defendido pela nossa doutrina[762], neste conceito de justa causa inclui-se, não apenas a falta de cumprimento das obrigações do comodatário, mas também a necessidade da coisa emprestada por parte do comodante, não prevista ao tempo da celebração do

[760] Cfr. TEDESCHI, *RDC* 41 (1995), 2, p. 644, com referências jurisprudenciais. Negando que a morte do comodante seja causa de extinção do contrato, mas admitindo um direito de resolução por parte dos herdeiros, LUMINOSO, *op. cit.*, p. 662.

[761] A referência a prazo faz supor a estipulação de um termo (*certus an*) Assim, se tiver sido estipulada uma condição (*incertus an*), como na hipótese de se emprestar um apartamento até que o comodatário encontre outra habitação, parece que se tratará de um comodato sem prazo, podendo o comodante exigir a restituição da coisa a todo o tempo. Já o termo *incertus quando* como a estipulação do empréstimo até à morte do comodatário poderá considerar-se como fixação de prazo. Cfr. TEDESCHI, *RDC* 41 (1995), 2, p. 642.

[762] Cfr. BAPTISTA MACHADO, em *Estudos Teixeira Ribeiro*, IV, p. 365 e em *Obra Dispersa*, I, p. 144 e PIRES DE LIMA/ANTUNES VARELA, *op. cit.*, II, sub art. 1140º, nº 2, p. 759.

contrato[763], a qual pode inclusivamente consistir numa possibilidade de aplicar economicamente a coisa[764].

[763] Cfr., neste sentido, o § 605 BGB, o art. 1809, II, do *Codice*, bem como o art. 1513º do nosso Código Civil de 1867. Conforme refere GRUNDMANN, *AcP* 198 (1998), pp. 480, a necessidade da coisa não poderia existir ou estar prevista ao tempo da celebração do contrato, sob pena de a resolução pelo comodante ser inadmissível em virtude do *venire contra factum proprium*.

[764] Cfr. GRUNDMANN, *AcP* 198 (1998), pp. 480, que salienta que a função desse regime é proteger o comodante de desvantagens não previstas ao tempo da celebração do contrato. Em sentido contrário, veja-se, porém, entre nós, JÚLIO GOMES, *CDP* nº 17 (Janeiro/Março 2007), p. 28, nota (85).

Parte IX
DOS CONTRATOS DE CONCESSÃO DE CRÉDITO

Secção única
Do contrato de mútuo

1. Noção e aspectos gerais

O mútuo encontra-se previsto nos arts. 1142º e ss. do Código Civil[765], correspondendo ao denominado empréstimo de coisas fungíveis.

Durante muito tempo, o mútuo foi encarado apenas como uma das modalidades de empréstimo. Actualmente, tem-se defendido que o mútuo civilístico pertence a uma categoria ampla de contratos que se caracteriza por ter por objecto um financiamento: os contratos de crédito. Entre esses incluir-se-iam, entre outros, a abertura de crédito, o *leasing* e o *factoring*. Perante a sucessiva autonomização destes contratos, o mútuo previsto no Código Civil, anteriormente o protótipo destes contratos, tem visto o seu papel reduzido, que hoje quase pode considerar-se como meramente residual[766].

[765] Cfr. Cunha Gonçalves, *Contratos*, pp. 247 e ss., Pires de Lima/Antunes Varela, *op. cit.*, pp. sub arts. 1142 e ss., pp. 761 e ss., Menezes Cordeiro, *Manual de Direito Bancário*, 4ª ed., Coimbra, Almedina, 2010, pp. 623 e ss., João Redinha, "Contrato de mútuo", em Menezes Cordeiro (org.), *Direito das Obrigações*, III, 2ª ed., Lisboa, AAFDL, 1991, pp. 185-262 e Ferreira de Almeida, *Contratos*, II, pp. 141 e ss.
Na doutrina italiana, veja-se Alfredo Galasso, *Mutuo e deposito irregulare*, I- *La costituzione del rapporto*, Milano, Giuffrè, 1968, Carresi, *op. cit.*, pp. 91-152, Giampiccolo, *op. cit.*, pp. 45-117, Rafaele Teti, "Il mutuo", em Pietro Rescigno (org) *Trattato di Diritto Privato*, XII, Torino, Utet, 1985, pp. 639-687, Bianca Gardella Tedeschi, "Mutuo", em *Digesto delle discipline privatistiche. Sezione civile*, XI, Torino, Utet, 1994, pp. 537-558 e Luca Nivarra / Giuseppe Werther Romagno, *Il mutuo*, Milano, Giuffrè, 2000.

[766] Cfr. Tedeschi, *RDC* 41 (1995), 2, p. 646.

2. Características qualificativas do contrato de mútuo

2.1. O mútuo como contrato nominado e típico

O mútuo é, em primeiro lugar, um contrato nominado e típico, porque a lei não apenas o reconhece como categoria jurídica, definindo-o no art. 1142º, como também estabelece o seu regime, encontrando-se o mútuo civil previsto nos arts. 1142º e ss., e o mútuo comercial, como modalidade do empréstimo mercantil, nos arts. 394º e ss. CCom.

2.2. O mútuo como contrato primordialmente não formal

Relativamente à forma do mútuo, rege o disposto no art. 1143º, na redação do D.L. 116/2008, de 4 de Julho, que nos refere que ", sem prejuízo do disposto em lei especial, o contrato de mútuo de valor superior a € 25.000 só é válido se for celebrado por escritura pública ou por documento particular autenticado e o de valor superior a € 2500 euros, se o for por documento assinado pelo mutuário". Consequentemente, abaixo deste valor o mútuo pode ser celebrado verbalmente. No entanto, se as partes estipularem como remuneração do mútuo uma taxa de juro diferente da legal, deverão efectuá-lo por escrito, sem o que serão devidos apenas os juros legais (art. 559º, nº 2). Exceptua-se o empréstimo mercantil entre comerciantes que admite, seja qual for o seu valor, qualquer meio de prova (art. 396º CCom.). O mútuo pode ser assim qualificado como um contrato primordialmente não formal, já que só acima de certos valores é sujeito a forma especial.

Nos casos em que o mútuo exige escritura pública ou documento particular autenticado, sendo o mesmo realizado com hipoteca, a escritura pode ser substituída pelo procedimento especial de transmissão, oneração e registo imediato de imóveis, que permite dispensar a escritura pública. Efectivamente, o art. 2º, nº 1, *e)* do D.L. 263-A/2007, na redacção do D.L. 122/2009, de 21 de Maio, permitiu a extensão desse regime a outros negócios jurídicos por portaria do membro do Governo responsável pela área da justiça, tendo a Portaria 1167/2010, de 10 de Novembro, efectuado essa extensão ao mútuo e demais contratos de crédito e de financiamento com hipoteca.

2.3. A questão do carácter real *quoad constitutionem* do mútuo e a discussão em torno da admissibilidade do mútuo consensual.

O carácter real *quoad constitutionem* do mútuo é objecto de ampla discussão na doutrina.

No âmbito do Direito Romano, o mútuo correspondia a uma forma de constituição de obrigações *ex re*, na medida em que o mutuário, por ter recebido do mutuante coisas fungíveis (normalmente dinheiro) se obrigava a restituir outro tanto do mesmo género e qualidade[767]. Em consequência desta formulação, o mútuo veio a ser qualificado durante todo o Direito Intermédio como um contrato real *quoad constitutionem*.

No âmbito da pré-codificação francesa, POTHIER vai atribuir outro conteúdo ao mútuo, ao integrá-lo juntamente com o comodato e a locação, numa categoria de contratos que têm como função genérica o empréstimo de coisas, embora se diferenciem pela sua estrutura específica.

O *Code Civil* francês, de 1804, aceitando a concepção de POTHIER colocou o mútuo (*prêt de consommation*) a par do comodato (*prêt á usage*) como modalidades de empréstimo, afirmando sempre a sua natureza real *quoad constitutionem* (arts. 1875 e 1892). Ao contrário da natureza essencialmente gratuita do comodato (art. 1876), o Código introduziu, porém, a possibilidade de estipulação de juros como remuneração do mútuo (art. 1905). A natureza real *quoad constitutionem* do mútuo foi igualmente adoptada no art. 1813 do *Codice Civile* italiano, ainda que nos trabalhos preparatórios tivessem surgido propostas no sentido da consensualidade[768].

Também na altura da elaboração do BGB a natureza real *quoad constitutionem* do mútuo foi expressamente posta em causa, tendo o projecto do redactor principal qualificado expressamente o mútuo como um contrato consensual (§ 605). Não foi, no entanto, essa a solução que veio a ser consagrada na versão definitiva do BGB, onde foi expressamente consagrada a natureza real *quoad constitutionem* do contrato (§ 607)[769]. Após a Reforma do Direito das Obrigações alemão, de 2001, passou a adoptar-se, pelo contrário, a tese da consensualidade do mútuo (novo § 488 BGB).

O art. 1142º do nosso Código Civil, influenciado pelo art. 1813 do Código Civil italiano parece pressupor o carácter real *quoad constitutionem*

[767] A inserção do mútuo entre as obrigações *ex re* é expressamente referida por GAIUS, em *Gai Inst*. 3.89,90. "*aut enim re contrahitur obligatio, aut verbis, aut litteris, aut consensu. Re contrahitur obligatio velut mutui datione*".

[768] Cfr. LUCA NIVARRA / GIUSEPPE WERTHER ROMAGNO, *op. cit.*, pp. 11 e ss.

[769] Cfr. NICOLO VISALLI, "La promessa di mutuo nell'ambito della teoria del contratto reale", em *RDC* 46 (2000), I, pp. 63-103 (70-71).

do mútuo[770], uma vez que ao estabelecer que o mútuo é "o contrato pelo qual uma das partes empresta" parece colocar a entrega das coisas fora da fase de execução do contrato, na medida em que se insere na sua fase formativa. Efectivamente, esta redacção é semelhante às outras formulações de contratos reais *quoad constitutionem*, que referem a entrega da coisa como integrando a constituição do contrato (cfr. arts. 1129º e 1185º) afastando-se do modelo dos contratos consensuais que fazem antes referência a uma obrigação de entregar a coisa (cfr. art. 1022º e 1031º *a)*). Essa posição não é, no entanto, pacífica na doutrina.

A posição clássica vai no sentido da realidade do contrato de mútuo, mantendo-se grande parte dos autores fiéis a essa doutrina[771]. Para os autores que defendem essa natureza real *quoad constitutionem* do mútuo, tem-se desenvolvido, no entanto, certa controvérsia sobre a natureza da entrega da coisa no âmbito da estrutura do contrato, havendo quem tenha considerado que ela constituiria a prestação voluntária de um indevido, ou que seria recondutível à forma do contrato, ou que corresponderia a um requisito da declaração negocial, necessário à subsistência do tipo, na medida em que a lei não admite outra forma de as partes celebrarem este contrato.

Em contrariedade à posição clássica, alguns autores sustentam que a realidade do mútuo não passa de um resquício histórico, que não desempenha hoje qualquer função útil, sendo pelo contrário prejudicial. Assim, a entrega das coisas mutuadas não teria a função de elemento constitutivo do negócio, mas antes seria um acto executivo do contrato, não necessariamente contemporâneo da sua celebração. Ao entregar as coisas mutuadas, o mutuante estaria a cumprir uma obrigação já existente, como seria demonstrado pelo estabelecimento em certos casos de uma responsabilidade pelos vícios das coisas mutuadas, apenas justificável na hipótese de existir uma obrigação de entrega dessas coisas em conformidade com o contrato[772].

[770] Neste sentido, PIRES DE LIMA/ANTUNES VARELA, *op. cit.*, sub art. 1142º, nº 3, pp. 761-762

[771] Cfr. ANGELO LUMINOSO, *op. cit.*, pp. 681 e ss. e 686 e ss. NICOLO VISALLI, *RDC* 46 (2000), I, p. 65. Para uma crítica à doutrina da consensualidade, cfr. LUCIO RICCA, *op. cit.*, pp. 84 e ss. Entre nós, essa posição é sustentada por PIRES DE LIMA/ANTUNES VARELA, *op. cit.*, II, sub art. 1142º, nº 3, pp. 761-762, ANTUNES VARELA, *Ensaio*, p. 116, nota (2), e GALVÃO TELLES, *Manual dos Contratos*, pp. 464-465. Na jurisprudência, veja-se o Ac. RC 25/11/2008 (ISAÍAS PÁDUA), em *CJ* 33 (2008), 5, pp. 23-25.

[772] Cfr. especialmente CARRESI, *op. cit*, pp. 115 e ss. Entre nós, esta posição parece ser igualmente sufragada por JOÃO DE CASTRO MENDES, *Teoria Geral do Direito Civil*, II, Lisboa,

Uma tese intermédia entre estas duas sustenta que existe um hiato entre a celebração do contrato e a produção de alguns dos seus efeitos. De acordo com esse entendimento, o contrato é celebrado no momento do acordo das partes, mas este não faz nascer a obrigação restitutória nem produz a transferência da propriedade, uma vez que esta pressupõe a entrega das coisas mutuadas, que seria assim considerada uma *conditio iuris* de certos efeitos do contrato[773] ou como uma concausa da sua eficácia[774].

Uma outra posição, seguida entre nós por VAZ SERRA, CARLOS MOTA PINTO, MENEZES CORDEIRO, JOÃO REDINHA, e PESTANA DE VASCONCELOS admite o mútuo consensual, ao lado do mútuo real e da promessa de mútuo[775]. Para estes autores, a entrega não é condição de validade do contrato, pelo que o facto de as partes acordarem na sua não realização tem apenas como efeito tornar atípico esse mesmo contrato. No entanto como, ao abrigo da autonomia privada, nada impede as partes de celebrarem contratos diferentes dos previstos no Código, ficaria na sua disponibilidade a celebração do mútuo como real ou como consensual.

Na doutrina também se encontram posições sustentando uma diferença de natureza real e consensual entre o mútuo gratuito e o oneroso. Enquanto que o mútuo gratuito seria sempre um contrato *real quoad constitutionem*, o mútuo oneroso seria um contrato consensual[776]. Esta posição funda-se numa doutrina que sustenta que a *traditio* só faz sentido em contratos gratuitos, dado que se destina a substituir a demonstração da causa

AAFDL, 1985 (mas 1979), pp. 309-310, que interpreta a expressão "empresta" do art. 1142º, como "pôe à disposição de, entregando ou permitindo que o mutuário tome, ou vinculando-se a entregar", considerando, por isso, que a natureza real do mútuo não se impõe.

773 É esta a tese de GIUSEPPE OSTI, "Contratto", em *NovissDI* IV (1959) pp. 462-535 (485).

774 É esta a tese de VALERIO DI GRAVIO, *Teoria del contratto reale e promessa di mutuo*, Milano, Giuffrè, 1989, pp. 83 e ss. Este texto pode igualmente ser visto em NIVARRA / ROMAGNO, *op. cit.*, pp. 28 e ss.

775 Cfr. VAZ SERRA, "Notas acerca do contrato de mútuo", na *RLJ* 93 (1960), pp. 65-69, 81-83, 97-100, 129-131, 161-164 e 177- 180 (67 e ss. e passim), MOTA PINTO, *Cessão*, pp. 13 e ss., em nota, e *Teoria Geral*, pp. 398-399, MENEZES CORDEIRO, *Tratado de Direito Civil*, II – *Parte Geral. Negócio jurídico. Formação, comteúdo e interpretação, vícios da vontade, ineficácia e invalidade*, 4ª ed., Coimbra, Almedina, 2014, pp. 98 e ss., JOÃO REDINHA, *op. cit.*, pp. 205 e ss., e LUÍS MIGUEL PESTANA DE VASCONCELOS, *Dos contratos de cessão financeira (factoring)*, Coimbra, Universidade de Coimbra/Coimbra Editora, 1999, pp. 374 e ss., nota (922).

776 Cfr. neste sentido, ANDREA MORA, *op. cit.*, pp. 74-75 e TETI, em RESCIGNO (org.), *Trattato*, XI, pp. 650 e ss.

desses contratos[777]. Assim, enquanto nos contratos onerosos a promessa de uma prestação tem a sua causa facilmente demonstrável na estipulação da contraprestação, nos contratos gratuitos essa causa não aparece, o que justifica que a promessa não seja accionável se não tiver ocorrido a tradição.

A tese do cariz consensual do contrato de mútuo contradiz claramente o disposto na nossa lei, que o qualifica como um contrato real *quoad constitutionem* e não prevê qualquer obrigação de entrega das coisas que constituem o seu objecto. Efectivamente, a definição do mútuo, constante do art. 1142º é idêntica às definições de outros contratos reais *quoad constitutionem*, como a parceria pecuária (art. 1121º), o comodato (art. 1129º), e o depósito (art. 1185º), afastando-se das fórmulas definitórias dos contratos consensuais, onde se prevê uma obrigação de entrega, como a compra e venda (arts. 874º e 879º *b)*) e a locação (arts. 1022º e 1031º *b)*). As qualificações jurídicas podem ser afastadas pelo intérprete, mas não quando delas resulte a aplicação de determinado regime, como é aqui o caso.

A tese de que a *traditio* não é elemento constitutivo do contrato, mas apenas *conditio iuris* de alguns dos seus efeitos ou concausa da eficácia do contrato é também de criticar, dado que efeitos como a transmissão da propriedade e a obrigação de restituição têm a sua causa na estipulação das partes, não podendo ser vistos como resultado da *traditio*. Para além disso, não se apresenta como correcto distinguir o momento formativo do contrato do momento da produção da sua eficácia, assim estabelecendo uma desnecessária cisão entre elementos integrantes de uma *facti species* constitutiva unitária, até porque essa cisão se apresenta como contrária ao princípio consensualístico, segundo o qual o acordo das partes desencadeia todos os efeitos do contrato[778]. Finalmente, salienta-se que a *traditio* depende de uma actuação espontânea das partes que por esse motivo deve ser vista como integrando o processo da formação e não ser considerada como um elemento estranho ao mesmo.

[777] Assim, RODOLFO SACCO, "Causa e consegna nella concessione del mutuo, del deposito e del comodato", em *BBTC* 34 (1971), I, pp. 502-556 (546 e ss.), e RODOLFO SACCO / GIORGIO DE NOVA, *Il contratto*, I, Torino, Utet, 1993, pp. 709 e ss, GIORGIO DE NOVA, *Il tipo contrattuale*, Padova, Cedam, 1974, pp. 109-110, TETI, em RESCIGNO (org.), *Trattato*, XI, pp. 650 e ss. (este texto encontra-se igualmente em NIVARRO/ROMAGNO, *op. cit.*, pp. 54-55), e GARDELLA TEDESCHI, em *Digesto*, XI, 1994, p. 539 e ss.

[778] Cfr. NICOLO VISALLI, em *RDC* 46 (2000), 1, pp. 65-66.

Finalmente, a tese que limita o cariz real *quoad constitutionem* ao mútuo gratuito, não considerando como tal o mútuo oneroso parece-nos ser igualmente criticável, na medida em que a qualificação dos contratos como reais *quoad constitutionem* corresponde a uma escolha legislativa, que não aparece necessariamente associada à gratuitidade desses contratos[779]. Para além disso, considera-se que a gratuitidade do contrato não torna a promessa da prestação privada de causa, dado que esta deve ser procurada na função económico-social típica do contrato. Ora, do ponto de vista hermenêutico, não haveria qualquer distinção entre o mútuo oneroso e o mútuo gratuito que permita justificar que ao primeiro fosse atribuído cariz consensual e ao segundo real *quoad constitutionem*, dado que a definição legislativa relativa ao contrato de mútuo não é limitada ao mútuo gratuito, mas antes pelo contrário considera que o mútuo se presume oneroso (art. 1145º)[780].

Parece assim de aceitar a posição que sustenta o cariz real *quoad constitutionem* do mútuo. Não parece, porém, justificar-se defender que a *traditio* corresponda a uma prestação do indevido, tendo a obrigação de restituição cariz extracontratual. Efectivamente, a definição normativa do contrato real é clara quanto ao fundamento contratual da obrigação de restituição[781], e sendo a estipulação das partes o pressuposto da aplicação da sua disciplina jurídica é incorrecto reconduzi-lo à lei[782]. Para além disso, a aplicação da repetição do indevido exige um determinado *animus solvendi*, enquanto na *datio mutui* existe antes *animus contrahendi*.

A tese de que a *traditio* corresponde à forma do contrato é igualmente criticável, uma vez que as funções que lhe são assacadas não são idênticas às da forma, correspondendo antes a um elemento constitutivo do tipo contratual[783].

Efectivamente, a função da tradição corresponde a um elemento essencial para a constituição do contrato, sendo exigida em casos de juridicidade duvidosa, em que os vínculos assumidos pelas partes tanto podem corresponder efectivamente a relações jurídicas, como a relações de obsequiosidade e cortesia (pense-se, por exemplo, na promessa de empréstimo

[779] Cfr. Di Gravio, *op. cit.*, p. 57.

[780] Cfr. Luminoso, *op. cit.*, p. 688, Navarra/Romagno, *op. cit.*, p. 55 e Nicolo Visalli, em *RDC* 46 (2000), 1, p. 67.

[781] Cfr. Di Gravio, *op. cit.*, p. 42.

[782] Cfr. Visalli, *RDC* 46 (2000), I, p. 64.

[783] Cfr. Nicolo Visalli, em *RDC* 46 (2000), 1, p. 70.

gratuito). Ao se exigir a tradição, garante-se que a relação entre as partes deixa o plano da mera obsequiosidade e cortesia, passando a atingir o nível da juridicidade, uma vez que a partir da tradição há um indício seguro de que a vontade das partes é efectivamente a de constituir um vínculo contratual, pelo que todas as pretensões resultantes desse vínculo passam a ser juridicamente tuteladas[784].

O mútuo é assim claramente entre nós um contrato real *quoad constitutionem*, exigindo a tradição das coisas mutuadas para a sua constituição. Essa tradição não tem, no entanto, que corresponder a uma entrega material das coisas mutudas, podendo considerar-se suficiente que o mutuante atribua ao mutuário a disponibilidade jurídica das quantias mutuadas, como sucederá, por exemplo, se a soma for creditada na conta-corrente do mutuário.

2.4. O mútuo como contrato obrigacional e real *quoad effectum*

Uma vez que a celebração do mútuo, para a qual se exige a entrega das coisas mutuadas (art. 1142º) vai implicar a produção de efeitos reais, não há obstáculos à qualificação do mútuo como um contrato real *quoad effectum*, na medida em que a sua celebração produz efeitos reais[785]. No entanto, é manifesto que o mútuo constitui um caso especial no âmbito dos contratos reais *quoad effectum*, na medida em que, apesar de se poder considerar que também neste caso é por mero efeito do contrato que se produzem efeitos reais, como prevê o art. 408º, nº 1, a verdade é que a função essencial dessa norma é a de dispensar a entrega da coisa para a transmissão da propriedade, o que não ocorre no mútuo, uma vez que a sua própria celebração pressupõe essa entrega.

2.5. O mútuo como contrato naturalmente oneroso, podendo ser também gratuito

No âmbito do Código de Seabra, o mútuo constituia um contrato essencialmente gratuito (arts. 1523º e ss. C. C. 1867), dado que a estipulação de qualquer remuneração o convertia num contrato de usura. Uma vez que a expressão "usura" adquiriu um sentido pejorativo, o Código actual admite no âmbito deste contrato tanto o mútuo gratuito como o oneroso.

[784] Cfr. NICOLO VISALLI, em *RDC* 46 (2000), 1, p. 71.

[785] Neste sentido, cfr. NIVARRA/ROMAGNO, *op. cit.*, p. 239 e, entre nós, JOÃO REDINHA, *op. cit.*, p. 221.

Refere assim o art. 1145º, nº 1, que as partes podem convencionar o pagamento de juros como retribuição do mútuo; este presume-se oneroso em caso de dúvida. Daqui resulta que a onerosidade, não sendo uma característica essencial, é uma característica natural do mútuo, uma vez que vigora uma presunção de onerosidade[786]. Não há obstáculos, no entanto, a que as partes estipulem a gratuitidade deste contrato, derrogando a presunção. Em qualquer caso, tanto o mútuo oneroso como o mútuo gratuito constituem um esquema causal unitário[787].

A presunção do art. 1145º, nº 1, aplica-se ainda que o mútuo não verse sobre dinheiro, pelo que também neste caso ele constituirá um contrato naturalmente oneroso[788]. Efectivamente, não apenas a lei não distingue entre objectos do mútuo para efeitos de aplicação desta presunção, como também o art. 1145º, nº 2, expressamente estabelece que "ainda que o mútuo não verse sobre dinheiro, observar-se-á relativamente a juros o disposto no artigo 559º e, havendo mora do mutuário, o disposto no art. 806º", o que implica uma total identificação de regimes entre o mútuo pecuniário e o não pecuniário.

A presunção da onerosidade do mútuo funciona relativamente à estipulação de juros à taxa legal, dado que, se as partes quiserem estipular uma taxa diferente, terão que o fazer por escrito (art. 559º, nº 2). Cabe, porém, perguntar se se exige alguma forma especial se as partes quise-

[786] Referem Pires de Lima/Antunes Varela, *op. cit.*, sub art. 1145º, nº 1, p. 767 terse inspirado esta solução no art. 1815 do Código italiano, uma vez que anteriormente esta presunção apenas vigorava no âmbito comercial (art. 395º CCom), exigindo-se no mútuo civil que fossem convencionados juros, para que o contrato tivesse natureza de usura (arts. 1508º e 1636º do C.C. 1867). Salienta, porém, com razão Menezes Cordeiro, *Manual de Direito Bancário*, p. 625 que a presunção de onerosidade faz sentido no mútuo comercial, mas não no mútuo civil, uma vez que regra geral os empréstimos celebrados entre particulares não têm qualquer juro estipulado. A solução italiana compreende-se em face de este país ter unificado no Código Civil o seu Direito Civil e Comercial, o que não sucedeu em Portugal.

[787] Neste sentido, Luminoso, *op. cit.*, p. 712 e Nivarra/Romagno, *op. cit.*, pp. 273 e ss.

[788] Em sentido contrário, Pires de Lima/Antunes Varela, *op. cit.*, II, sub art. 1145º, nº 2, p. 768, afirmam que "de um modo geral, se o mútuo tiver por objecto coisa fungível que não seja dinheiro, as circunstâncias afastam, em regra, aquela presunção de onerosidade". A questão tem sido muito discutida na doutrina italiana. No sentido de que o mútuo não pecuniário consiste num contrato naturalmente gratuito, pronunciou-se Teti, em Rescigno (org.), *Trattato*, XI, p. 674-675. Mas é claramente dominante a tese que propugna a onerosidade natural deste contrato, sustentada, entre outros, por Giampiccolo, *op. cit.*, p. 85 e Nivarra/Romagno, *op. cit.*,, p. 274.

rem estipular expressamente o carácter gratuito do mútuo. A doutrina italiana tem respondido maioritariamente em sentido negativo, considerando que a estipulação do carácter gratuito do mútuo não está sujeita a forma especial, podendo resultar inclusivamente do conteúdo do contrato ou dos elementos que o acompanham, desde que deles resulte com toda a probabilidade que a vontade das partes vai nesse sentido[789]. No entanto, caso o mútuo tenha por objecto dinheiro, o acordo de exoneração de juros apenas se aplicará em relação àqueles que seriam devidos até à data do vencimento da obrigação de restituição do capital, uma vez que após essa data, com a entrada do mutuário em mora passam a ser automaticamente devidos juros legais (art. 805º, nº 2 *a)* e 806º). Uma vez que o mutuário de dinheiro deve em princípio cumprir no domicílio do credor (art. 774º), a ultrapassagem do prazo de cumprimento implicará sem mais a sua constituição em mora[790].

2.6. A questão do cariz sinalagmático do contrato de mútuo

A eventual natureza sinalagmática do contrato de mútuo tem vindo a ser objecto de controvérsia na doutrina. Para a posição clássica, defendida pela maioria da doutrina italiana[791], e entre nós por PIRES DE LIMA e ANTUNES VARELA, PESSOA JORGE, e RIBEIRO DE FARIA[792], se o mútuo se apresenta como um contrato real *quoad constitutionem*, também é naturalmente um contrato unilateral, uma vez que a prestação do mutuante (a entrega das quantias mutuadas) não é objecto de uma obrigação, mas antes um pressuposto necessário à constituição do contrato. Consequentemente, neste entendimento, o mútuo só geraria obrigações para o mutuário: a restituição do capital, a que acresceria no mútuo oneroso a obrigação de pagamento dos juros.

Esta posição tem vindo a ser, porém, contraditada por autores como CARRESI, que se pronunciam no sentido do carácter bilateral do mútuo,

[789] Cfr. especialmente, GARDELLA TEDESCHI, em *Digesto*, XI, 1994, p. 546 e NIVARRA/ROMAGNO, *op. cit.*, pp. 314 e ss.

[790] Cfr. NIVARRA/ROMAGNO, *op. cit.*, p. 315.

[791] Cfr. GIAMPICCOLO, *op. cit.*, pp. 65 e ss., LUMINOSO, *op. cit.*, pp. 710-711 e NIVARRA/ROMAGNO, *op. cit.*, p. 237.

[792] Cfr. PIRES DE LIMA/ANTUNES VARELA, *op. cit.*, II, sub art. 1145º, nº 2, p. 767, RIBEIRO DE FARIA, *Obrigações*, I, p. 225, e PESSOA JORGE, *Direito das Obrigações*, 1º, Lisboa, AAFDL, 1975/1976, p. 160, nota (1).

na medida em que, como o qualificam como um contrato consensual, sustentam a existência de uma obrigação do mutuante de proporcionar ao mutuário o gozo das coisas entregues[793], que surge em correspectividade com a obrigação do mutuário de pagar os juros[794]. Outros autores, como DI GRAVIO, seguido entre nós por JOÃO REDINHA, entendem que a obrigação de pagamento de juros se encontra em correspectividade com uma obrigação do mutuante de se abster de exigir a restituição das coisas mutuadas ao mutuário, sendo essa situação que justifica a resolução por incumprimento[795]. No Direito Alemão, a alteração do Direito das Obrigações, efectuada pela *Schuldrechtsmodernisierungsgesetz*, determinou a expressa qualificação do mútuo oneroso como contrato sinalagmático, na medida em que a obrigação do mutuante de colocar à disposição do mutuário uma determinada quantia em dinheiro surge em correspectividade com a obrigação de pagamento dos juros (novo § 488 BGB)[796].

Essas posições parecem, no entanto, de rejeitar, na medida em que, face ao cariz real *quoad constitutionem* do mútuo, é manifesto que não recai sobre o mutuante qualquer obrigação relativa à entrega das coisas mutuadas, e muito menos de proporcionar o gozo das mesmas, que passam para a propriedade do mutuário pelo facto da entrega. Não faz também sentido pretender-se existir uma obrigação do mutuante de se abster de exigir a sua restituição, uma vez que essa restituição tem por objecto coisas distintas das mutuadas, a qual corresponde a uma obrigação do mutuário, sujeita a prazo. O mútuo é, assim, um contrato unilateral, uma vez que as obrigações resultantes do contrato surgem unicamente para o mutuário.

2.7. O mútuo como contrato comutativo

Uma vez que as atribuições patrimoniais existentes no mútuo são certas e não dependem de qualquer risco, deve o mesmo ser considerado como contrato comutativo.

[793] Cfr., neste sentido, CARRESI, *op. cit.*, p. 117 e 138 e ss.

[794] Cfr. CARRESI, *op. cit.*, p. 146.

[795] Cfr. DI GRAVIO, *op. cit.*, p. 177 e JOÃO REDINHA, *op. cit.*, pp. 243 e ss.

[796] Neste sentido, veja-se expressamente HANSJÖRG WEBER, *Kreditsicherheiten. Recht der Sicherungsgeschäfte*, 7ª ed., München, Beck, 2002, p. 23

2.8. O mútuo como contrato sem cariz *intuitu personae*

A posição maioritária na doutrina vai no sentido de que o mútuo não tem cariz *intuitu personae*[797], o que nos parece ser igualmente a posição a perfilhar. Efectivamente, não se encontram no mútuo quaisquer traços característicos dos contratos *intuitu personae*, como seja, por exemplo, a intransmissibilidade *mortis causa* do contrato, ou a sua livre revogação, e não parece que a celebração do mútuo esteja especialmente ligada à pessoa do mutuário.

3. Objecto do mútuo

Conforme resulta do art. 1142º, o mútuo tem por objecto dinheiro ou outra coisa fungível. Embora os mútuos mais comuns correspondam àqueles que têm por objecto dinheiro, a verdade é que o mútuo não se reduz a esse objecto, na medida em que pode igualmente abranger outras coisas fungíveis, as quais, nos termos do art. 207º são aquelas que se determinam pelo seu género, qualidade e quantidade, quando constituam objecto de relações jurídicas, correspondendo às coisas *quae pondere, numero, mensurave constant* do Direito Romano[798]. As coisas fungíveis corresponderão normalmente a coisas consumíveis (art. 208º), como aliás sucede com o dinheiro, embora tal não tenha necessariamente que ocorrer já que há coisas fungíveis que não são consumíveis como os produtos industriais estereotípicos, nada impedindo que estas sejam mutuadas, e há coisas consumíveis que não são fungíveis, como por exemplo, uma garrafa de vinho de um raríssima colheita de que restem apenas muito poucos exemplares[799].

A exigência da fungibilidade relaciona-se com a função e efeitos do contrato, na medida em que apenas em relação a essas coisas existe a possibilidade de restituição *in genere*, ou seja, com bens que, apesar de ontologicamente diferentes, coincidem economicamente com aqueles que foram antes entregues[800]. Tem sido, porém, controvertido se a fungibilidade deve

[797] Cfr. LUMINOSO, *op. cit.*, p. 699 e NIVARRA/ROMAGNO, *op. cit.*, pp. 187 e ss.

[798] Cfr. Inst. 3.14.pr.: "*Mutui autem datio in his rebus consistit, quae pondere numero mensurave constant, veluti vino oleo frumento pecunia numerata aere argento auro*".

[799] Cfr. CARRESI, *op. cit.*, p. 123, TETI, em RESCIGNO (org.), *Trattato*, XI, p. 657 e NIVARRA/ROMAGNO, *op. cit.*, p. 214. Com esta consideração ultrapassa-se a concepção do *Code Civil*, cujo art. 1892 denomina o mútuo como *prêt de consommation* e o refere como tendo por objecto "*une certaine quantité de choses qui se consomment par l'usage*".

[800] Cfr. CARRESI, *op. cit.*, p. 121, GIAMPICCOLO, *op. cit.*, pp. 75-76, e NIVARRA/ ROMAGNO, *op. cit.*, p. 208.

ser exigida em sentido objectivo, correspondendo a uma característica natural das coisas ou se podem ser também incluídas como objecto do mútuo coisas fungíveis em sentido subjectivo, ou seja, aquelas a que as partes atribuem no caso concreto essa característica, ainda que em sociedade normalmente não a revistam. A maior parte da doutrina pronuncia-se no sentido de que apenas as coisas fungíveis em sentido objectivo podem ser objecto do mútuo[801], posição que parece dever seguir-se. Efectivamente, não apenas é esse o entendimento histórico do mútuo, como também parece dever considerar-se o contrato pelo qual alguém se obriga a devolver a própria coisa infungível ou outra equivalente como estranho ao esquema do mútuo, uma vez que o *idem* se encontra na obrigação restitutória, ainda que acrescido de um *aliud* em alternativa, enquanto que dos arts. 1142º e 1144º, resulta que o *idem* se transfere e é apenas é objecto de restituição o *tantundem eiusdem generis*. A figura constituiria assim um contrato misto de comodato ou locação, acopulado a uma promessa ou opção de venda ou permuta[802].

Estando em causa uma situação de fungibilidade objectiva, tem sido discutido o cariz fungível de certas coisas. Assim, é manifesto que os imóveis nunca podem revestir a característica da fungibilidade[803]. Em relação às universalidades de facto (art. 206º, nº 1), tem-se considerado que têm uma individualidade constante, mesmo quando são compostas de coisas fungíveis, o que exclui a possibilidade de constituirem objecto de mútuo, apenas se admitindo o mútuo sobre as coisas fungíveis singulares que integram a universalidade (cfr. art. 206º, nº 2), caso em que essas dela se destacam para assumir uma posição jurídica própria[804]. Também em relação aos animais, não parece de admitir a sua qualificação como coisas fungíveis em ordem a poderem ser objecto de mútuo[805]. Já, pelo contrário, em relação à

801 Cfr. CARRESI, *op. cit.*, pp. 121-122, LUMINOSO, *op. cit.*, p. 706 e NIVARRA/ROMAGNO, *op. cit.*, pp. 209 e ss.

802 Cfr. neste sentido FRAGALI, *apud* NIVARRA/ROMAGNO, *op. cit.*, p. 210.

803 Cfr. LUMINOSO, *op. cit.*, p. 706 e NIVARRA/ROMAGNO, *op. cit.*, p. 212.

804 Cfr. NIVARRA/ROMAGNO, *op. cit.*, p. 213.

805 No Direito francês, o art. 1894 do *Code Civil* exclui expressamente os animais do âmbito do mútuo. No Direito italiano a solução é controvertida, admitindo alguma doutrina que possam ser objecto do mútuo os animais considerados no comércio por critérios meramente quantivativos, como o número e o peso (cfr. GIAMPICCOLO, *op. cit.*, 76, e NIVARRA/ROMAGNO, *op. cit.*, pp. 210-211). Entre nós, o Código faz referência ao aluguer de animais (art. 1046º, nº 2) e qualifica expressamente o seu empréstimo como comodato (art. 1139º), o

energia, parece que esta se poderá considerar como uma coisa fungível, em ordem a poder ser objecto de mútuo[806]. Aliás, deve admitir-se que mesmo os bens imateriais, quando constituam coisas fungíveis, possam ser objecto de mútuo. Pelo contrário, não poderão constituir objecto de mútuo as prestações de facto. Não é consequentemente um mútuo o impropriamente denominado "empréstimo de trabalhadores ou prestadores de serviços"[807], ocorrendo antes aí uma cessão temporária da posição contratual nos contratos ou uma indicação do credor para a realização da prestação a terceiro.

Tendo por objecto coisas fungíveis, não é necessário que o mútuo se refira a uma pluralidade de coisas, uma vez que mesmo apenas uma coisa fungível pode ser mutuada, se for determinada por referência a um género[808]. No entanto, em virtude da natureza real do mútuo, é necessário que a quantidade de coisas fungíveis mutuadas esteja determinada no momento da celebração do contrato[809]. Também em razão da natureza real do mútuo se exclui que este possa abranger coisas futuras[810].

4. Forma do mútuo

A forma do contrato de mútuo encontra-se estabelecida no art. 1143º (redacção do D.L. 116/2008, de 4 de Julho) que refere que, sem prejuízo do disposto em lei especial, o mútuo de valor superior a € 25.000 só é válido se for celebrado por escritura pública ou por documento parti-

que parece afastar a sua qualificação como coisas fungíveis e só estas podem ser objecto de mútuo. Parrte da doutrina sempre defendeu que se deveria deixar de considerar os animais como coisas, reconhecendo-lhe alguns direitos. Cfr. MENEZES CORDEIRO, *Tratado*, III, pp. 271 e ss. e FERNANDO ARAÚJO, *A hora dos direitos dos animais*, Coimbra, Almedina, 2003. Este último autor, a pp. 215, considera que mesmo a fungibilidade individual dos animais dentro de uma espécie não conflitui com o seu "direito ao não sofrimento". O legislador viria a consagrar esta solução doutrinária, através da Lei 8/2017, de 8 de Março, que deixou de considerar os animais como coisas, passando a qualificá-los como "seres vivos dotados de sensibilidade e objeto de proteção jurídica em virtude da sua natureza" (novo art. 201º-B).

806 Cfr. neste sentido, GIAMPICCOLO, *op. cit.*, p. 76, LUMINOSO, *op. cit.*, p. 706 e NIVARRA/ ROMAGNO, *op. cit.*, pp. 211-212

807 Cfr. GIAMPICCOLO, *op. cit.*, p. 76 e NIVARRA/ROMAGNO, *op. cit.*, p. 219. É muito frequente o uso desta designação para o caso específico dos jogadores de futebol.

808 É esta a opinião corrente na doutrina italiana. Cfr. GIAMPICCOLO, *op. cit.*, p. 75, TETI, em RESCIGNO (org.), *Trattato*, XI, pp. 656-657, GARDELLA TEDESCHI, em *Digesto*, XI, 1994, p. 544, LUMINOSO, *op. cit.*, p. 706 e NIVARRA/ ROMAGNO, *op. cit.*, pp. 207-208.

809 Cfr. NIVARRA/ ROMAGNO, *op. cit.*, p. 208.

810 Cfr. NIVARRA/ROMAGNO, *op. cit.*, p. 212.

cular autenticado, e o de valor superior a € 2500 se o for por documento assinado pelo mutuário.

Assim, o contrato de mútuo de valor superior a € 25.000 tem que ser celebrado por escritura pública ou por documento particular autenticado. Esta exigência de forma é, no entanto dispensada, caso seja adoptado o procedimento especial de transmissão, oneração e registo de imóveis, constante do D.L. 263-A/2007, de 23 de Julho e da Portaria 794-B/2007, de 23 de Julho, que abrange o mútuo (art. 2º, nº 1, *e)* do D.L. 263-A/2007 e Portaria 1167/2010, de 10 de Novembro), já que o art. 8º, nº 3 do D.L. 263-A/2007, estabelece que os negócios jurídicos celebrados nos termos deste decreto-lei estão dispensado de formalização por escritura pública quando esta seja obrigatória nos termos gerais. Acima do valor de € 2.500 exige-se um documento escrito, que apenas tem que ser assinado pelo mutuário.

Abaixo destes valores, o mútuo não necessita de forma especial, pelo que pode ser celebrado por qualquer modo. No entanto, caso o mútuo envolva juros superiores à taxa legal, a convenção relativa a esses juros tem que ser celebrada por escrito, sem o que serão devidos apenas os juros legais (art. 559º, nº 2). A lei parece ainda exigir a celebração do mútuo através de documento escrito para que o mutuante possa ser sub-rogado pelo devedor nos direitos do credor, de acordo com o referido no art. 591º, sendo que neste caso a omissão da celebração por escrito, quando não seja exigida, apenas afectará a sub-rogação e não a válida constituição do mútuo.

Há ainda exigências específicas de forma escrita, bem como na inclusão de certas menções, relativamente a certos mútuos de escopo, como no caso do crédito ao consumo (cfr. art. 12º, nº 1, do D.L. 133/2009, de 2 de Junho, na redacção do D.L. 42-A/2013, de 28 de Março).

5. A formação do contrato de mútuo

5.1. O processo de formação do contrato de mútuo

Conforme acima se referiu, o mútuo, enquanto contrato real *quoad constitutionem*, exige a tradição da coisa para se constituir. No caso do mútuo, ao contrário do que sucede noutros contratos reais *quoad constitutionem*, a tradição não implica apenas a transmissão da posse sobre as coisas, mas antes a transmissão da própria propriedade sobre elas, uma vez que tem por objecto coisas fungíveis e a *datio* de coisas fungíveis implica normalmente a perda da sua propriedade pelo *dans* em virtude da *commixtio* que se verifica com as coisas que pertencem ao *accipiens*.

A tradição das coisas no mútuo tem assim uma específica função instrumental, na medida em que se destina a assegurar a aquisição dos bens pelo mutuário (art. 1144º), essencial a que ele possa dispor dos mesmos. Tem-se, por isso, entendido não ser necessária para a obtenção desse efeito a tradição material dos bens, podendo a tradição ser simbólica, como na entrega de títulos representativos das mercadorias ou ficta, como na *traditio brevi manu*[811]. Também a entrega das coisas a um terceiro, autorizado a recebê-las por conta do mutuário, satisfará o requisito da tradição[812]. Assim, por exemplo, satisfará o requisito da tradição no mútuo a creditação de uma soma em dinheiro em determinada conta do mutuário junto de uma instituição bancária[813].

A tradição é um acto jurídico bilateral, na medida em que exige a intervenção de ambas as partes na relação contratual, o autor e o receptor das coisas mutuadas. Como tal, participa da estrutura negocial da *facti species* que integra, devendo ser cumprida, não apenas com a consciência e a vontade de praticar o acto, mas ainda com a intenção específica de dar e receber a título de mútuo as coisas que constituem o seu objecto[814].

5.2. Capacidade e legitimidade das partes

O mútuo é considerado um acto de administração extraordinária, tanto para o mutuante como para o mutuário, e quer seja estipulado a título gratuito, quer oneroso[815]. Tal qualificação explica-se pelos riscos que o

[811] O exemplo mais comum de *traditio brevi manu* corresponde à situação de um depositário acordar com o depositante a sua passagem à situação de mutuário. Cfr. Giampiccolo, *op. cit.*, p. 80 e Luminoso, *op. cit.*, pp. 702-703. Da mesma forma, tem sido aceite para constituir o mútuo a *traditio brevi manu* imprópria, em que o devedor acorda com o credor que passará a conservar a título de mútuo a quantia que deve a outro título. Cfr. Luminoso, *op. cit.*, p. 703 e Nivarra/Romagno, *op. cit.*, p. 153 e ss. Nesses casos, tem sido controvertido se a obrigação anterior se extingue por novação ou por compensação. Defende estar-se perante uma hipótese de novação, Galasso, *op. cit.*, pp. 179 e ss.

[812] Giampiccolo, *op. cit.*, p. 80, e Galasso, *op. cit.*, pp. 184 e ss., Luminoso, *op. cit.*, p. 703, e Nivarra/Romagno, *op. cit.*, p. 150 e 154. Dado que o mutuante perderá a propriedade sobre as coisas mutuadas com a entrega ao terceiro é irrelevante que este não proceda por sua vez à sua transferência para o mutuário.

[813] Cfr. Nivarra/Romagno, *op. cit.*, p. 163. Dúvidas têm sido, no entanto, suscitadas quando a entidade bancária deposita a quantia mutuada em conta aberta na própria instituição, dado que nesse caso essa entidade continua titular das espécies mutuadas, limitando-se a inscrever a crédito o seu valor na relação de conta-corrente que mantém com o beneficiário.

[814] Cfr. Luminoso, *op. cit.*, p. 702 e Nivarra/Romagno, *op. cit.*, p. 150.

[815] Cfr. Gardella Tedeschi, em *Digesto*, XI, 1994, p. 544.

contrato acarreta: em relação ao mutuante, ele perde a propriedade das coisas mutuadas, recebendo em troca um apenas um crédito; em relação ao mutuário, pelo facto de prejudicar o seu património qualquer cálculo incorrecto sobre as suas possibilidades de restituir o *tantundem* ou eventualmente dos juros[816].

Assim, em termos de capacidade, poderão celebrar contratos de mútuo todos os que não estejam abrangidos por alguma incapacidade, como a resultante de menoridade ou de medida de acompanhamento. Mesmo certos mútuos poderão ser abrangidos no âmbito das excepções à incapacidade e praticados pelo próprio incapaz, como nas hipóteses referidas no art. 127º ou em geral no art. 145º, nº 1.

Relativamente à legitimidade, é de referir que o mútuo constitui um contrato translativo, na medida em que determina a transmissão da propriedade das coisas mutuadas pelo facto da entrega (art. 1144º). Por esse motivo, a legitimidade para celebrar contratos de mútuo é limitada ao proprietário das coisas ou a quem tenha a faculdade de disposição sobre elas[817]. Não parece, no entanto, que a celebração do mútuo por quem não tenha legitimidade para dispor das coisas mutuadas possa implicar a não transmissão da propriedade sobre as mesmas, na medida em que uma *datio* de coisas fungíveis implica sempre uma transmissão da propriedade, em função da *commixtio* que se verifica, e atento o facto de a reivindicação ser apenas idónea à restituição de coisas determinadas (art. 1311º)[818]. No entanto, não deve deixar de se considerar aplicável a regra do art. 892º, até por força da remissão do art. 939º. Assim, um mútuo celebrado com dinheiro alheio

[816] TETI, em RESCIGNO (org.), *Trattato*, XI, p. 668.

[817] Cfr. CARRESI, *op. cit.*, p. 119, GIAMPICCOLO, *op. cit.*, p. 73, GARDELLA TEDESCHI, em *Digesto*, XI, 1994, p. 544, LUMINOSO, *op. cit.*, pp. 698-699 e NIVARRA ROMAGNO, *op. cit.*, p. 183.

[818] Cfr. neste sentido SACCO/DE NOVA, *Il contratto*, I, pp. 702 e ss. Esta posição é, no entanto, minoritária na doutrina italiana que, aplicando o regime da posse vale título, considera que a propriedade apenas é adquirida no caso de o mutuário estar de boa fé (cfr. GIAMPICCOLO, *op. cit.*, pp. 73 e ss., GALASSO, *op. cit.*, pp. 105 e ss. (107), LUMINOSO, *op. cit.*, p. 699 e NIVARRA/ROMAGNO, *op. cit.*, pp. 184-185. Na medida em que entre nós não vigora o regime da posse vale título, e face à impossibilidade prática da reivindicação, temos sustentado que a entrega de dinheiro faz perder a propriedade sobre as espécies monetárias. Cfr. MENEZES LEITÃO, *O enriquecimento*, p. 479, reed., p. 463. No mesmo sentido, ainda que com diferente fundamentação, veja-se JÚLIO GOMES, *O conceito de enriquecimento, o enriquecimento forçado e os vários paradigmas do enriquecimento sem causa*, Porto, Universidade Católica, 1998, pp. 615 e ss. (634).

será considerado nulo, não gerando para o mutuário o prazo de utilização do capital nem para o mutuante o direito a juros e à restituição do capital.

A nulidade do mútuo coloca-se, porém, no âmbito da relação entre as partes, na medida em que, conforme acima se salientou, não pode afectar a posição do titular do dinheiro que se vê privado da sua propriedade. Tem sido, por isso, divergente na doutrina quais os meios de reacção deste contra o mutuante. Uma parte da doutrina entende que o titular das coisas fungíveis poderia sub-rogar-se ao mutuante no exercício dos respectivos direitos[819], mas esta posição tem sido contraditada com o fundamento de que a utilização de dinheiro alheio para celebração do mútuo não basta para alterar a pessoa que figura no contrato, uma vez que foi exclusivamente em relação a esta que o mutuário aceitou vincular-se[820]. Parece assim que o titular das coisas fungíveis apenas poderá, verificados os respectivos pressupostos, solicitar ao mutuante o direito de indemnização pelos danos sofridos, com fundamento na responsabilidade civil, ou o direito à restituição por enriquecimento, com fundamento no enriquecimento por intervenção[821].

5.3. A celebração do mútuo por intermédio de mandatário ou representante

Face aos efeitos estabelecidos para o mútuo, é manifesto que, quando celebrado por representante do incapaz, este constitui um acto que excede a administração ordinária, quer para o mutuante, que se vê privado dos bens mutuados, quer para o mutuário, que assume a obrigação de restituir o *tantundem*, para além de eventuais juros.

Assim, em relação ao mandato, uma vez que o mandato geral só compreende os actos de administração ordinária (art. 1159º, nº 1), parece que a celebração do mútuo por mandatário ou representante terá que envolver a concessão de poderes especiais para esse acto.

Em relação à representação legal dos incapazes, também parece que o mútuo se encontra entre os actos que apenas podem ser praticados pelo representante legal com autorização do Ministério Público, e isto quer o representado seja colocado na posição de mutuante, quer na posição de

[819] Cfr. especialmente, Galasso, *op. cit.*, p. 107.

[820] Cfr. Giampiccolo, *op. cit.*, p. 74, e Nivarra/Romagno, *op. cit.*, p. 186.

[821] Já Carresi, *op. cit.*, pp. 120-121 admite antes que o proprietário possa exercer contra o mutuante a acção de repetição do indevido.

mutuário. Efectivamente, em relação aos pais, o art. 1889º *a)* e *g)* proíbem, sem autorização do Ministério Público, quer a alienação e oneração de bens (salvo tratando-se de alienação onerosa de coisas susceptíveis de perda ou deterioração), quer a contracção de empréstimos, sendo anuláveis, a requerimento do menor, esses actos, quando celebrados sem autorização (art. 1893º). O facto de terem sido utilizados apenas rendimentos do menor para a celebração do mútuo e não bens de capital não afasta esta proibição, uma vez que o mútuo não se encontra entre os actos autorizados pelo art. 1896º[822].

Estas proibições são extensivas ao tutor pelo art. 1938º *a)*, ao administrador de bens, por força do art. 1971º, nº 1 e também parece que ao protutor, sempre que este substitua o tutor (art. 1956º *b)*), ainda que neste caso a sanção para a prática destes actos seja antes a da nulidade (art. 1939º). Em relação ao acompanhante de maiores, estas proibições são-lhe igualmente extensíveis se tiver funções de representação legal (art. 145º, nº 4) ou de administração total ou parcial dos bens do acompanhado (art. 145º, nº 5).

Relativamente aos cônjuges, nos termos do art. 1682º, cada um dos cônjuges poderá ser mutuante das coisas fungíveis que lhe pertençam, bem como das coisas comuns de que tenha a administração, sem necessidade de intervenção do outro cônjuge. Quanto à assunção da qualidade de mutuário, qualquer dos cônjuges tem legitimidade para o fazer por si (art. 1690º), mas a dívida só responsabilizará ambos se o empréstimo for contraído com o consentimento do outro cônjuge, for efectuado para atender aos encargos normais da vida familiar, for celebrado pelo cônjuge administrador em proveito comum do casal e nos limites dos seus poderes de administração, ou se for contraído no exercício do comércio, a menos que, neste último caso, se prove que não foi contraído em proveito comum do casal (art. 1691º).

Se, no entanto, o mútuo for celebrado por administrador de uma pessoa colectiva nos limites do seu objecto social, será visto como um acto de administração ordinária[823].

[822] É esta também a posição prevalecente na doutrina italiana, com o argumento de que o mútuo excede sempre a administração ordinária, mesmo que represente apenas a aplicação de rendimentos. Cfr. Giampiccolo, *op. cit.*, p. 72, e Nivarra/Romagno, *op. cit.*, p. 192.

[823] Neste sentido, cfr. Carresi, *op. cit.*, p. 117, Giampiccolo, *op. cit.*, p. 71, Teti, em Rescigno (org.), *Trattato*, XI, p. 668 e ss., Gardella Tedeschi, em *Digesto*, XI, 1994, p. 544, Luminoso, *op. cit.*, p. 698 e Nivarra/Romagno, *op. cit.*, pp. 188 e ss.

5.4. O contrato-promessa de mútuo

Admitido o cariz real *quoad constitutionem* do mútuo, é questionável a admissibilidade da promessa de mútuo[824].

A posição tradicional era a da inadmissibilidade dessa promessa na medida em que, para alguns autores[825], não faria sentido que o legislador impusesse às partes o ónus de efectuar a tradição da coisa para efeitos de constituição do mútuo, para depois as dispensar desse ónus, em relação à celebração do respectivo contrato-promessa. Tal corresponderia a duas soluções contraditórias por parte do mesmo legislador, já que, se se atribui ao mútuo a natureza de contrato real, exigindo-se que a respectiva declaração negocial seja acompanhada da *traditio*, não se poderia admitir que uma declaração negocial tivesse um efeito mediato semelhante, que era o de prometer constituir um mútuo sobre essas coisas. Ora, o cariz real *quoad constitutionem* do mútuo justificar-se-ia pelo interesse do mutuário em só restituir o *tantundem* após ter entrado na posse das coisas mutuadas e pelo interesse do mutuante em permanecer livre do contrato até ao momento da entrega. Efectivamente, o mútuo destinar-se-ia tradicionalmente a suprir necessidades temporárias de bens de consumo, que alguém forneceria a outrem por razões de amizade e colaboração. Nestes termos a promessa de mútuo repugnaria à consciência social, na medida em que o mutuante se obrigaria a algo que deveria corresponder a uma sua decisão espontânea[826].

A esta argumentação tem sido, porém, respondido que a tradição das coisas mutuadas é exigida por lei para a constituição do mútuo, mas não da promessa de mútuo, que constitui um tipo negocial distinto. Para além disso, afirma-se que não há identidade entre a obrigação de *dare* que seria típica do mútuo consensual e a obrigação resultante da promessa de mútuo

[824] Conforme refere Nicolo Visalli, em *RDC* 46 (2000), 1, pp. 81-82, a promessa de mútuo distingue-se da abertura de crédito, uma vez que nesta o acreditante se obriga a colocar à disposição do acreditado uma soma de dinheiro por um certo período de tempo ou por tempo indeterminado, que o acreditado pode ou não levantar; na promessa de mútuo há antes uma específica obrigação de contratar que só por si não confere a disponibilidade de quantias em dinheiro. A promessa de mútuo também se distingue da opção de mútuo, uma vez que nesta há apenas uma proposta irrevogável de contrato e não uma autónoma obrigação de contratar. Finalmente, a promessa de mútuo distingue-se do empréstimo obrigacionista, dado que nele ocorre uma oferta ao público.

[825] Cfr. Carresi, *op. cit.*, pp. 113.

[826] Cfr. Nivarra/Romagno, *op. cit.*, p. 13.

que consiste em emitir uma nova declaração negocial acompanhada da tradição da coisa, o que implica uma prestação não apenas de *dare*, mas também e principalmente de *contrahere*, ou seja de *facere* negocial[827]. Ora, reconhecendo o nosso direito o contrato-promessa como figura geral (art. 410º) não parece haver razão para excluir a sua aplicabilidade no caso do mútuo. Teríamos assim um contrato-promessa em que a obrigação do promitente não consiste apenas num *facere* jurídico, mas também num *dare*[828].

Reconhecida a admissibilidade da promessa de mútuo, tem sido, porém, controvertida a questão da possibilidade de recurso à execução específica, prevista no art. 830º, com o fundamento de que no caso da promessa de mútuo, bem como nos outros contratos reais *quoad constitutionem*, a sentença não pode produzir os efeitos da declaração negocial do faltoso, uma vez que essa declaração não produz qualquer efeito acompanhada da tradição da coisa. À objecção de que a entrega de uma coisa também pode ser objecto de execução específica nos termos estabelecidos no art. 827º tem-se replicado com o argumento de que a execução para entrega de certa coisa é um acto idóneo para efectuar a transferência forçada da posse ou detenção da coisa, mas não para realizar a transferência de propriedade, como ocorre na *datio mutui*[829]. Parece, assim, de defender a exclusão da execução específica no âmbito da promessa de mútuo[830].

O incumprimento da promessa de mútuo apenas poderá assim dar lugar à obrigação de indemnização pelos danos causados ao credor. A doutrina tem, porém, questionado qual o montante da indemnização que poderá ser atribuída por esse incumprimento[831]. Para alguns autores, a indemnização

[827] Cfr. Nicolo Visalli, em *RDC* 46 (2000), 1, p. 74.

[828] Esta é a posição maioritária na doutrina italiana em relação ao art. 1822 do *Codice*. Cfr. Giampiccolo, *op. cit.*, p. 60, e Luminoso, *op. cit.* , pp. 693 e ss. e 733 e ss. Não deixam, porém, de existir autores como Carresi, *op. cit.*, pp. 114-115, que entendem não representar a promessa de mútuo nada mais do que um contrato definitivo de mútuo consensual. Para uma análise dos termos do debate, cfr. Nivarra/Romagno, *op. cit.*, pp. 401 e ss.

[829] Cfr. Nicolo Visalli, em *RDC* 46 (2000), 1, p. 73.

[830] Também esta tem sido a posição maioritariamente defendida em Itália. Cfr. Galasso, *op. cit.*, p. 223, nota (154) e 237-238, Giampiccolo, *op. cit.*, p. 116, e Luminoso, *op. cit.*, pp. 694 e 734-735. Já os autores que defendem a qualificação da promessa de mútuo como contrato definitivo a título consensual aceitam a possibilidade de execução específica para entrega de coisa certa, quando o mútuo tenha por objecto coisas especificamente determinadas. Neste sentido, cfr. Teti, em Rescigno (org.), *Trattato*, XI, p. 655 (excluindo, porém, o mútuo gratuito) e Di Gravio, *op. cit.*, pp. 250-251.

[831] Cfr. Nivarra/Romagno, *op. cit.*, pp. 408 e ss.

pela não celebração do mútuo corresponderá à diferença entre a taxa de juro estipulada e aquela que o beneficiário da promessa veio a obter noutro mútuo que veio a celebrar[832]. Parece, porém, preferível a posição que sustenta não haver limite para a indemnização neste caso, nada impedindo o beneficiário de reclamar outros danos sofridos em virtude do incumprimento dessa obrigação de contratar, como por exemplo os resultantes da indisponibilidade do capital até à contracção do empréstimo alternativo[833].

Por outro lado, e dado que a promessa de mútuo corresponde ainda uma obrigação de *facere*, não sendo assim uma obrigação pecuniária e não tendo por isso como objecto coisas fungíveis, não parece que possa extinguir-se por compensação (cfr. art. 847º *a)*).

A doutrina discute ainda se o direito à celebração do contrato de mútuo pode ser objecto de cessão. A posição preferível parece ser a que sustenta a cedibilidade da promessa de mútuo, o que só não se verificará se as partes atribuirem cariz *intuitu personae* ao contrato[834].

6. Invalidade do contrato de mútuo

O mútuo pode ser naturalmente considerado inválido, caso se verifiquem as causas gerais de invalidade dos contratos. Uma das causas mais comuns de invalidade é a falta de forma, sendo nulo o mútuo, nos termos do art. 220º, se não for observada a forma prevista no art. 1143º. Nesse caso, e por força do art. 289º, a nulidade tem efeito retroactivo, cabendo ao mutuário restituir o capital e ao mutuante a restituição dos juros eventualmente cobrados[835]. Admite-se, no entanto, que esta última obrigação possa ser excluída em virtude do abuso de direito, caso tenha sido criada no mutuante uma justificada confiança de que essa invalidade não viria a ser invocada[836].

[832] Cfr. especialmente Galasso, *op. cit.*, p. 223.

[833] Cfr. Giampiccolo, *op. cit.*, p. 117 e Luminoso, *op. cit.*, p. 735.

[834] Cfr. Nivarra/Romagno, *op. cit.*, p. 413.

[835] No Assento do STJ 4/95, de 17 de Maio (Miguel Montenegro), publicado no *Diário da República* nº 114/1995, Série I-A de 17/5/1995, referente a uma situação de mútuo inválido, estabeleceu-se que "auando o Tribunal conhecer oficiosamente da nulidade de negócio jurídico invocado no pressuposto da sua validade, e se na acção tiverem sido fixados os necessários factos materiais, deve a parte ser condenada na restituição do recebido, com fundamento no n.º 1 do artigo 289.º do Código Civil".

[836] Neste sentido, cfr. Ac. RC 30/6/2015 (Catarina Gonçalves), processo 2943/13.2TBLRA.C1, em *CJ* 40 (2015), 3, pp. 34-40.

Para além das causas gerais de invalidade dos contratos, existe uma causa específica relativa à invalidade do mútuo, que consiste no mútuo usurário. Efectivamente, refere o art. 1146º, nº 1, que é havido como usurário o contrato de mútuo em que sejam estipulados juros anuais, que excedam os juros legais, acrescidos de 3% ou 5%, conforme exista ou não garantia real. Uma vez que, de acordo com a Portaria 291/2003, de 8 de Abril, a taxa de juros legais é de 4%, daqui resulta que não se admite a estipulação de juros superior a 7% ou 9% ao ano, consoante exista ou não garantia real. O facto de se poder estipular uma taxa superior de juros em virtude da ausência de garantia real resulta de a taxa de juro envolver um prémio pelo risco assumido, que se justifica elevar em caso de ausência de garantias.

As taxas acima mencionadas referem-se exclusivamente a juros remuneratórios, podendo ser estipulado um montante superior em relação aos juros moratórios. Efectivamente, quanto a estes rege o art. 1146º, nº 2 que refere que é também havida como usurária a cláusula penal que fixar como indemnização devida pela falta de restituição do empréstimo relativamente ao tempo de mora mais do que o correspondente a 7% ou 9% acima dos juros legais, conforme exista ou não garantia real, o que implica poder a estipulação de juros moratórios pela não restituição do mútuo elevar-se a 11%, na presença de garantia real, e a 13% na sua ausência.

Os limites aqui referidos respeitam, no entanto, apenas em relação a juros indemnizatórios ou moratórios não envolvendo outros custos de concessão do crédito. Assim, se, por exemplo, for exigido ao mutuário um seguro de vida, o seu custo não conta para efeitos dos limites em relação à estipulação de juros[837].

A estipulação de juros usurários não envolve a invalidade total do contrato, nem prejudica a subsistência do mútuo, uma vez que neste caso, o art. 1146º, nº 3, impõe, em derrogação ao regime do art. 292º, a redução da taxa de juro remuneratório ou moratório aos montantes máximos acima referidos, ainda que tenha sido outra a vontade dos contraentes. Admite-se, porém, que o mútuo possa ser anulado por usura com fundamento no desrespeito do art. 282º, caso estejam preenchidos os seus pressupostos, sendo que a aplicação dessa disposição não é prejudicada por terem sido respeitados os limites relativos à estipulação de juros (art. 1146º, nº 4). Não é, porém, considerado usurário o mútuo celebrado pelo simples

[837] Neste sentido, cfr., na doutrina alemã, WEBER, *op. cit.*, p. 32.

facto de as prestações estipuladas estarem acima do rendimento normal do mutuário[838].

7. Efeitos do mútuo

7.1. Generalidades

O contrato de mútuo tem em primeiro lugar um efeito real, respeitante à transmissão da propriedade das coisa para o mutuário, pelo facto da entrega (art. 1144º) e um efeito obrigacional, consistente na restituição do *tantundem eiusdem generis*, por parte do mutuário (art. 1142º, *in fine*). A esta obrigação acresce ainda, no mútuo oneroso, a obrigação de pagamento dos correspondentes juros por parte do mutuário (art. 1145º e 1146º). Uma vez que, dada a natureza real *quoad constitutionem* do mútuo, não é possível configurar uma obrigação de entrega da coisa por parte do mutuante, não surgem quaisquer obrigações para ele, sendo assim o mútuo um contrato unilateral, podendo este, no entanto, ser responsabilizado pelos vícios das coisas mutuadas[839].

7.2. Transferência da propriedade

Refere o art. 1144º que as coisas mutuadas tornam-se propriedade do mutuário pelo facto da entrega. Verifica-se, assim, que é a entrega que determina a transferência da propriedade sobre as coisas, independentemente do seu consumo ou da sua confusão no património do mutuário. Uma vez que a entrega coincide com a celebração do contrato, sem a qual este não se constitui, pode considerar-se o mútuo um contrato real *quoad effectum*, na medida em que a sua celebração produz efeitos reais[840]. No entanto, dado que o mútuo só se constitui com a entrega das coisas mutuadas, nunca se transmitirá a propriedade pelo simples acordo das partes, mesmo que haja prévia determinação das coisas que irão ser mutuadas, exigindo por isso especificamente o art. 1144º que ocorra a sua entrega, o que retira sentido útil à aplicação do art. 408º, nº 1, cuja função é precisamente a de permitir a transmissão da propriedade, independentemente de ocorrer ou não a entrega da coisa.

[838] Cfr. WEBER, *op. cit.*, p. 32.

[839] Cfr. LUMINOSO, *op. cit.*, pp. 710-711 e NIVARRA/ROMAGNO, *op. cit.*, p. 237.

[840] Neste sentido, cfr. NIVARRA/ROMAGNO, *op. cit.*, p. 239 e, entre nós, JOÃO REDINHA, *op. cit.*, p. 221.

A transmissão da propriedade que ocorre no mútuo tem uma natureza meramente instrumental, face à função creditícia presente neste contrato. Efectivamente, sabendo-se que a possibilidade de utilizar o dinheiro e as outras coisas fungíveis implica a disposição sobre elas, a lei atribui ao mutuário o direito de propriedade sobre essas coisas, que é o único direito que permite exercer plenamente essa faculdade de disposição (art. 1305º)[841]. Mas essa atribuição da propriedade é um mero instrumento jurídico, para permitir o exercício da função creditícia, e não um objectivo final do contrato, e daí que ocorra uma obrigação de restituição de *tantundem eiusdem generis*.

A transmissão da propriedade, que ocorre no mútuo pelo facto da entrega (art. 1144º), vai implicar, nos termos gerais, a transmissão do risco do perecimento das coisas mutuadas para o mutuário (*res perit domino*, art. 796º, nº 1)[842]. Assim, se as coisas mutuadas perecerem, o mutuário continua obrigado à restituição do *tantundem eiusdem generis*, não podendo invocar a seu favor a impossibilidade objectiva de cumprimento (cfr. art. 1149º).

7.3. Obrigações do mutuário

7.3.1. A obrigação de restituição do *tantundem eiusdem generis*

A obrigação do mutuário presente no contrato de mútuo consiste essencialmente na restituição do *tantundem eiusdem generis*, ou seja, na restituição de outro tanto do mesmo género do que foi recebido. Trata-se de uma obrigação essencial ao mútuo, presente quer no mútuo oneroso, quer no mútuo gratuito, e que se destina a reequilibrar a situação patrimonial das partes, colocando-as na situação em que se encontravam ao tempo da conclusão do negócio[843].

Tendo por objecto o *tantundem eiusdem generis*, a obrigação do mutuário consistirá, por isso, numa obrigação pecuniária, quando tiver sido recebida uma quantia em dinheiro ou a uma obrigação genérica no caso contrário, correspondendo sempre o género àquele da prestação recebida. Neste último caso, a restituição pelo mutuário deve fazer-se *in natura* e não por equivalente pecuniário, o que significa que o património do mutuante

[841] Cfr. Giampiccolo, *op. cit.*, pp. 82-83, Luminoso, *op. cit.*, p. 711 e Nivarra/Romagno, *op. cit.*, p. 239.

[842] Cfr. Nivarra/Romagno, *op. cit.*, pp. 240 e ss.

[843] Cfr. Luminoso, *op. cit.*, p. 718 e Nivarra/Romagno, *op. cit.*, p. 249.

deve ser repristinado na sua composição qualitativa originária, independentemente das alterações de valor que as coisas mutuadas tenham entretanto sofrido[844].

Daqui resulta que a obrigação de restituição do mútuo, tendo por objecto unidades distintas daquelas que foram recebidas, deve, porém, identificar-se com estas em termos de qualidade e quantidade. Não será consequentemente um mútuo o contrato em que o receptor se comprometa a restituir coisas de natureza diferente daquelas que foram recebidas[845]. Fala-se, por isso, num princípio de homogeneidade qualitativa e quantitativa da prestação do mutuário em relação à prestação do mutuante[846].

Esse princípio não é, porém, absoluto, já que se admite em certos casos a existência de variações quantitativas e qualitativas na obrigação de restituição, a que iremos fazer em seguida referência.

Em relação às variações quantitativas, elas podem resultar de as partes, para se protegerem contra as alterações de valor da moeda, estipularem cláusulas de salvaguarda ou de garantia, determinando o *quantum* da obrigação de restituição por referência a certos índices como os do custo de vida, o câmbio de certa moeda estrangeira ou o preço de certos bens. Nestes casos, para além de se estabelecer um desvio ao princípio do nominalismo monetário, estabelece-se ainda uma atenuação do princípio da identidade quantitativa da obrigação de restituição[847]. Não sendo questionada a licitude dessas cláusulas[848], parece que delas não resulta a transformação da obrigação do mutuário de obrigação pecuniária (ou simplesmente genérica) em dívida de valor, uma vez que o mutuário continua

[844] Cfr. LUMINOSO, *op. cit.*, pp. 718-719 e NIVARRA/ROMAGNO, *op. cit.*, p. 250-251.

[845] Alguma doutrina italiana reconduz, porém, ao esquema negocial do mútuo o denominado contrato de *mohatra*, pelo qual alguém transfere a outrem a propriedade de um bem, fungível ou infungível, para que a outra parte o venda e conserve a quantia recebida a título de empréstimo. Cfr. CARRESI, *op. cit.*, pp. 136-137. Seguindo NIVARRA/ROMAGNO, *op. cit.*, pp. 225 e ss., entendemos ser este um contrato atípico de concessão de crédito, na medida em que é estranho ao mútuo a restituição de bens de género diverso do que se recebeu, bem como o encargo de os alienar.

[846] Cfr. NIVARRA/ROMAGNO, *op. cit.*, p. 216.

[847] Cfr. CARRESI, *op. cit.*, pp. 128 e ss. e NIVARRA/ROMAGNO, *op. cit.*, pp. 128-129.

[848] Defendendo especificamente a licitude da cláusula-ouro, cfr. CARRESI, *op. cit.*, p. 129, GIAMPICCOLO, *op. cit.*, p. 96, GARDELLA TEDESCHI, em *Digesto*, XI, 1994, p. 549, PIETRO CARUSI, *Il negozio giuridico notarile*, II, 5ª ed., Milano, Giuffrè, 1994, p. 1209 e NIVARRA/ROMAGNO, *op. cit.*, pp. 220 e ss.

obrigado a restituir coisas do mesmo género, havendo apenas uma delimitação quantitativa da restituição por referência a determinados índices[849].

Admitem-se também variações qualitativas no objecto da obrigação de restituição, já que o art. 1149º determina que "se o mútuo recair em coisa que não seja dinheiro e a prestação se tornar impossível ou extremamente difícil por causa não imputável ao mutuário, pagará este o valor que a coisa tiver no momento e o lugar do vencimento da obrigação". Neste caso, naturalmente que a obrigação restitutória terá por objecto bens de natureza diferente daqueles que foram entregues, o que constitui uma importante atenuação da regra de que o mutuário tem que restituir bens do mesmo género e qualidade (art. 1142º)[850].

Relativamente ao prazo da obrigação da restituição, há que começar por referir que no contrato de mútuo a estipulação de um prazo aparece como essencial ao próprio contrato, pelo que nunca pode a obrigação do mutuário ser considerada pura (cfr. art. 777º, nº 1). Não é, porém, necessário o recurso ao tribunal para fixação do prazo para a restituição (cfr. art. 777º, nº 2)[851], dado que se estabelece no art. 1148º uma solução alternativa. Assim, se se tratar de mútuo gratuito, é concedido ao mutuário um prazo suplementar de trinta dias, após a exigência do seu cumprimento (art. 1148º, nº 1), admitindo-se, no mútuo oneroso em que não seja fixado prazo, que qualquer das partes o denuncie com a antecedência mínima de trinta dias (art. 1148º, nº 2). Desta regra apenas se exceptua o empréstimo de cereais e outros produtos rurais a favor do lavrador ou dos locadores rurais que recebam como contrapartida do arrendamento de terras géneros semelhantes, já que nesse caso se presume que o empréstimo é efectuado até à colheita seguinte de produtos semelhantes (arts. 1148º, nºs 3 e 4)[852].

Relativamente ao tempo do cumprimento da obrigação do mutuário, há ainda que começar por referir que as partes podem, nos termos gerais, convencionar que a restituição não se fará integralmente, mas sim por partes, derrogando a regra do art. 763º. Neste caso, teremos em relação à obrigação de restituição uma obrigação fraccionada que, poderá, no caso do mútuo oneroso, ser realizada simultaneamente com a obrigação de paga-

[849] Cfr., neste sentido, NIVARRA/ROMAGNO, *op. cit.*, pp. 218 e ss.

[850] Cfr. GIAMPICCOLO, *op. cit.*, p. 96, e NIVARRA/ROMAGNO, *op. cit.*, pp. 224-225.

[851] Ao contrário do que prevê expressamente o art. 1817 do *Codice*.

[852] Esta presunção pode ser ilidida por prova em contrário, nos termos gerais (art. 350º, nº 2).

mento dos juros por parte do mutuário, a qual constitui antes uma obrigação periódica. As duas obrigações manter-se-ão sujeitas, no entanto, a regimes diversos, pelo que, por exemplo, às prestações de restituição por parte do mutuário não se aplicará o prazo de prescrição do art. 310º do Código Civil[853]. Da mesma forma, se o mutuário faltar ao pagamento de uma prestação relativa à restituição do capital, o mutuante pode imediatamente exigir a restituição por inteiro, nos termos do art. 781º[854], regime que não se aplica às prestações de juros[855], em que a falta de cumprimento na data do vencimento apenas autoriza o mutuante a resolver o contrato (art. 1150º).

Relativamente ao lugar do cumprimento da obrigação do mutuário, ela deve ocorrer no que for convencionado no contrato. Caso, porém, falte essa convenção, haverá que distinguir consoante se trate de dinheiro ou de coisas fungíveis de outra natureza. Se tiver por objecto dinheiro, a obrigação do mutuário corresponderá a uma obrigação pecuniária, pelo que nos termos gerais deverá ser cumprida no lugar do domicílio que o credor tiver ao tempo do cumprimento (art. 774º). Já se tiver por objecto coisas fungíveis distintas do dinheiro, haverá que aplicar o critério geral do lugar do domicílio do devedor, constante do art. 772º do Código[856]. Esta solução parece vigorar, mesmo que se trate de mútuo gratuito[857].

7.3.2. A obrigação de juros

A outra obrigação que recai sobre o mutuário no mútuo oneroso, o que se presume ser a regra (art. 1145º, nº 1), é a obrigação de pagamento de juros, a qual se aplica mesmo que o mútuo não verse sobre dinheiro (art. 1145º, nº 2).

A obrigação de juros tem carácter acessório em relação à obrigação principal de restituição do capital, sobre a qual é moldada. No entanto,

[853] Cfr. NIVARRA/ROMAGNO, *op. cit.*, pp. 251 e ss.

[854] Em Itália esta solução encontra-se expressamente prevista no art. 1819 do *Codice*.

[855] Decidiu por isso bem o AUJ de 25/3/2009 (CARDOSO DE ALBUQUERQUE), publicado no DR, 1ª Série, nº 86, de 5 de Maio de 2009 que "no contrato de mútuo oneroso liquidável em prestações, o vencimento imediato destas, ao abrigo de cláusula de redacção conforme ao art. 781º do Código Civil não implica a obrigação de pagamento dos juros remuneratórios nelas incorporados".

[856] Não se aplica neste caso o art. 773º, nº 2, já que não se está perante coisas fungíveis que devam ser escolhidas de um género determinado.

[857] Neste sentido, CARRESI, *op. cit.*, p. 152.

essa acessoriedade apenas existe no momento genético[858], já que, após a sua constituição, o crédito de juros não fica necessariamente dependente do crédito de capital, podendo qualquer deles ser cedido ou extinguir-se sem o outro (art. 561º).

Se as partes não efectuaram qualquer determinação do montante dos juros, é aplicável supletivamente a taxa de juro legal (art. 559º, nº 1), a qual é presentemente de 4%, por força da Portaria 291/2003, de 8 de Abril.

As partes podem, no entanto, estabelecer outra taxa aplicável, desde que o façam por escrito, sem o que serão devidos apenas os juros legais (art. 559º, nº 2). Essa estipulação está, no entanto, sujeita aos limites do art. 1146º.

No caso de serem ultrapassados esses limites, a convenção fica reduzida aos máximos ainda que seja outra a vontade das partes. Temos assim um caso de nulidade parcial, em que, ao contrário do que sucede no art. 292º, a lei determina a redução automática, sem permitir que as partes demonstrem que a sua vontade hipotética não iria nesse sentido. Como nulidade que é, é invocável a todo o tempo por qualquer das partes e pode ser declarada oficiosamente pelo tribunal (art. 286º). Cabe ao mutuário exigir a restituição dos juros usurários com fundamento na invalidade do negócio (art. 289º).

8. Cláusulas acessórias no contrato de mútuo

8.1. Generalidades

A estipulação de cláusulas acessórias é naturalmente admitida em relação a qualquer contrato. A natureza real *quoad constitutionem* do mútuo coloca, porém, alguns problemas relativamente à estipulação de algumas cláusulas. Nas páginas seguintes, faremos referência às questões que têm sido colocadas nesta sede[859].

8.2. A condição

Tem-se admitido a possibilidade de estipulação no mútuo, de uma condição resolutiva, caso em que a obrigação de restituição surgiria antes do

[858] Cfr. TETI, em RESCIGNO (org.), *Trattato*, XI, p. 679-680 e NIVARRA/ROMAGNO, *op. cit.*, p. 274.

[859] Cfr. NIVARRA/ROMAGNO, *op. cit.*, pp. 143 e ss., que neste ponto seguimos com alguma proximidade.

prazo, com a verificação de determinado evento[860]. É, no entanto, de salientar que, constituindo o mútuo um contrato de prestações duradouras, a verificação da condição resolutiva não poderia ter eficácia retroactiva, uma vez que a tal se opõe a natureza do acto (cfr. art. 276º)[861]. Já não parece de admitir a estipulação de uma condição resolutiva quanto ao próprio surgimento da obrigação de restituição, uma vez que tal equivaleria a excluir um elemento essencial do mútuo[862].

Já quanto à condição suspensiva, a admissibilidade da sua estipulação tem vindo a ser discutida em relação com a controvérsia em torno da natureza real ou consensual do contrato de mútuo[863]. Para os autores que defendem a natureza consensual do mútuo não se coloca qualquer problema à admissibilidade de estipulação da condição suspensiva, a qual é possível como em qualquer contrato. Já para os autores que defendem a natureza real *quoad constitutionem* do mútuo a questão coloca-se de maneira diferente, consoante a verificação da condição suspensiva ocorra antes da tradição da coisa ou após a sua verificação. No primeiro caso, entende-se que a estipulação da condição não produz qualquer efeito, na medida em que o contrato apenas se constitui com a entrega, não havendo, por isso, antes dela um mútuo suspensivamente condicionado, mas antes um mútuo não constituído. Por outro lado, mesmo que se verifique a condição o mutuante não fica obrigado a entregar as coisas mutuadas, uma vez que a tradição é um acto livre. A estipulação da condição só pode, por isso, servir para impedir que a entrega produza os seus efeitos, caso o mutuante a decida realizar antes da verificação da condição.

Diferentes são as coisas quando a verificação da condição ocorra após a tradição da coisa. Nesse caso, entende-se que ocorre a estipulação de dois contratos em união alternativa: um contrato de depósito irregular, com efeitos imediatos, e que vigorará em definitivo em caso de não verificação

[860] Cfr. TETI, em RESCIGNO (org.), *Trattato*, XI, p. 671, e GARDELLA TEDESCHI, em *Digesto*, XI, 1994, p. 543.

[861] Neste sentido, GIAMPICCOLO, *op. cit.* p. 78 e NIVARRA/ROMAGNO, *op. cit.*, p. 144.

[862] Cfr. CARRESI, *op. cit.*, p. 124 e TETI, em RESCIGNO (org.), *Trattato*, XI, p. 671 (defendendo que se estaria nesse caso perante uma doação sob condição resolutiva, se o mútuo fosse gratuito, e um contrato aleatório atípico, empréstimo a todo o risco, se o mútuo fosse oneroso), GARDELLA TEDESCHI, em *Digesto*, XI, 1994, p. 543, e NIVARRA/ROMAGNO, *op. cit.*, p. 144.

[863] Cfr. NIVARRA/ROMAGNO, *op. cit.*, pp. 145 e ss.

da condição e um contrato de mútuo, que apenas produzirá os seus efeitos em caso de verificação da condição[864].

8.3. O termo

Relativamente ao termo final, tem-se considerado na doutrina que ele não constitui uma cláusula acessória do contrato de mútuo, na medida em que se apresenta como um elemento essencial para que o contrato possa desempenhar a sua função típica[865].

Já quanto ao termo inicial, a possibilidade da sua estipulação tem sido articulada com a discussão em torna da natureza real ou consensual do mútuo, à semelhança do que vimos suceder com a condição suspensiva. Remetemos, portanto, para o que acima referimos.

8.4. O modo ou encargo

Ao contrário do que sucede com a condição ou o termo, a lei não faz qualquer referência ao modo quando examina as cláusulas acessórias dos negócios jurídicos, apenas o referindo em sede de doação ou de testamento. Sabendo-se, no entanto, que a estipulação do modo é possível em qualquer contrato gratuito, e podendo o mútuo revestir essa natureza, a doutrina tem naturalmente admitido a sua estipulação, dentro dos limites que o caracterizam[866]. Entende-se, assim que o modo tem que consistir apenas numa restrição à gratuitidade do mútuo não podendo constituir um correspectivo da atribuição patrimonial realizada pelo mutuante[867], e deve ter carácter acessório na economia do contrato, o que significa que a cláusula de escopo não pode ser considerada como um modo, já que constitui antes um limite funcional da atribuição realizada pelo mutuante[868].

Em qualquer caso, o incumprimento do modo apenas pode constituir fundamento para a resolução do mútuo se assim tiver sido estipulado no contrato. Efectivamente, não apenas é essa a solução que vigora em sede de doação (art. 966.º), aplicável analogicamente ao mútuo, como também

[864] Cfr. GIAMPICCOLO, *op. cit.*, pp. 77-78,

[865] Cfr. CARRESI, *op. cit.*, p. 123, e TETI, em RESCIGNO (org.), *Trattato*, XI, p. 670.

[866] Cfr. GIAMPICCOLO, *op. cit.*, p. 78, TETI, em RESCIGNO (org.), *Trattato*, XI, p. 671, e NIVARRA ROMAGNO, *op. cit.*, pp. 146 e ss.

[867] Cfr. GARDELLA TEDESCHI, em *Digesto*, XI, 1994, p. 543.

[868] Cfr. GIAMPICCOLO, *op. cit.*, p. 79.

a lei só prevê a resolução para a hipótese de não pagamento dos juros no mútuo oneroso (art. 1150º) e não para o incumprimento dos encargos[869].

9. Proibições de mútuo

Há ainda que ponderar a necessidade de autorização judicial para a celebração de mútuos entre o titular de coisas fungíveis e o seu representante legal. Assim, o art. 1892º determina a proibição de, sem autorização do Ministério Público, os pais adquirirem directamente ou por interposta pessoa bens do filho sujeito ao poder paternal, o que naturalmente abrange a celebração de mútuos. No caso de o mútuo ser celebrado em contravenção a este artigo, o acto será anulável a requerimento do menor.

No caso do tutor, o art. 1937º *b)* determina mesmo a proibição absoluta de o tutor adquirir, directamente ou por interposta pessoa, bens ou direitos do menor, o que também envolve a aquisição de coisas fungíveis por via de mútuo, sendo a sanção para esse acto a nulidade, ainda que não invocável pelo tutor, nem pela pessoa de que este se tenha servido. Esta proibição é extensiva ao curador por força do art. 156º, ao administrador de bens, por força do art. 1971º, nº 1 e também parece dever sê-lo em relação ao protutor, sempre que este substitua o tutor (art. 1956º *b)*).

10. Modalidades especiais de mútuo

10.1. O empréstimo mercantil

Paralelamente ao mútuo civil, tem-se mantido no Código Comercial o denominado empréstimo mercantil. De acordo com a teoria do acessório, o art. 394º CCom qualifica o mútuo como comercial sempre que a coisa cedida seja destinada a qualquer acto mercantil. O empréstimo mercantil tem, no entanto, poucas especialidades em relação ao mútuo civil, constantes da sua parca regulação nos arts. 395º e 396º CCom.

A primeira norma estabelece que "o empréstimo mercantil é sempre retribuído" e que "a retribuição será, na falta de convenção, a taxa legal do juro calculado sobre o valor da cousa cedida". Esta norma tem que ser interpretada no sentido de estabelecer uma mera presunção, dado que, mesmo entre comerciantes, as partes podem sempre, ao abrigo da sua autonomia privada, decidir celebrar contratos de mútuo gratuitos[870]. Assim sendo, o

[869] Neste sentido, cfr. NIVARRA/ROMAGNO, *op. cit.*, p. 141.

[870] Neste sentido, MENEZES CORDEIRO, *Manual de Direito Bancário*, p. 627.

regime não é diferente do que actualmente consta dos arts. 1145º, nº 1, e 559º, nº 2, do Código Civil. Há, no entanto, taxa especiais para juros comerciais, a que se refere o art. 102º, § 3º do CCom. Nos termos do art. 102º, § 4º CCom (redacção do D.L. 62/2003, de 10/5) essa taxa não poderá ser inferior ao valor da taxa de juro aplicada pelo Banco Central Europeu à sua mais recente operação principal de refinanciamento efectuada antes do 1º dia de Janeiro ou Julho, consoante se esteja, respectivamente, no 1º ou no 2º semestre do ano civil, acrescida de 7 pontos percentuais. No caso, porém, de transacções comerciais sujeitas ao D.L. 62/2013, de 10/5, o acréscimo passa a ser de 8 pontos percentuais (art. 102 § 5º do CCom, na redacção do D.L. 62/2013, de 10/5).

Consequentemente, a Portaria, nº 277/2013, de 14 de Agosto, veio fixar para os créditos de que sejam titulares empresas comerciais, singulares ou colectivas a taxa de juro aplicada pelo BCE à sua mais recente operação principal de refinanciamento efectuada antes do 1º dia de Janeiro e de Julho, consoante se esteja no 1º ou no 2º semestre do ano civil, acrescida em 7 pontos percentuais, salvo no caso de transacções comerciais sujeitas ao Decreto-Lei 62/2013, de 10 de Maio, em que o acréscimo é de 8 pontos percentuais (art. 2º da Portaria). A taxa em causa é divulgada no Diário da República, II Série, por aviso da Direcção-Geral do Tesouro e Finanças, até aos dias 15 de Janeiro e 15 de Julho de cada ano (art. 3º da Portaria).

Já o art. 396º CCom vem estabelecer a liberdade de forma para o empréstimo mercantil entre comerciantes, solução que se compreende, uma vez que as necessidades da prática comercial pode levar a aligeirar o formalismo vigente no Direito Civil.

10.2. O mútuo bancário

Dentro das modalidades especiais de mútuo assume especial relevância o caso do mútuo bancário[871], o qual consiste no mútuo que é celebrado por instituições bancárias. Normalmente, o mútuo bancário corresponderá a um mútuo de escopo, uma vez que os empréstimos bancários costumam ser realizados tomando em atenção um fim específico a que o mutuário se compromete a aplicar as quantias mutuadas, mas tal não corresponde a uma característica essencial deste contrato.

[871] Cfr. Menezes Cordeiro, *Manual de Direito Bancário*, pp. 634 e ss. e João Calvão da Silva, *Direito Bancário*, Coimbra, Almedina, 2001, pp. 361-362.

O mútuo bancário possui uma especialidade de forma em relação ao mútuo civil e ao empréstimo mercantil, já que o artigo único do Decreto-Lei nº 32.765, de 29 de Abril de 1943, prescreve que "os contratos de mútuo ou de usura, seja qual for o seu valor, quando feitos por estabelecimentos bancários autorizados, podem provar-se por escrito particular, ainda mesmo que a outra parte contratante não seja comerciante".

O mútuo bancário é sujeito a regras específicas, constantes do D.L. 58/2013, de 8 de Maio. Esse diploma procede à classificação e contagem do prazo das operações de concessão de crédito, aos juros remuneratórios, à capitalização de juros e à mora do devedor (art. 1º D.L. 58/2013). Os créditos são considerados como de curto prazo, quando o prazo de vencimento não exceder um ano, como de médio prazo, quando o prazo for superior a um ano, mas inferior a cinco, e como de longo prazo, quando o prazo de vencimento exceder cinco anos (art. 4º, nº 1, D.L. 58/2013).

O art. 5º do D.L. 58/2013 determina que os prazos do mútuo bancário devem ser contados a partir da data em que os fundos são colocados à disposição do respectivo beneficiário e terminam na data estipulada para a liquidação final e integral das operações em causa (nº 1), sendo obrigatória a fixação da respectiva data de vencimento ou do critério para a determinação da mesma (nº 5).

Em caso de prorrogação dos prazos de qualquer operação de crédito deverá ser considerado o prazo global correspondente à totalidade do período transcorrido desde o início da operação até ao seu vencimento (art. 5º, nº 2, D.L. 58/2013). Já no caso de renovação, conta-se um novo prazo a partir da sua data (art. 5º, nº 3, D.L. 58/2013).

O mútuo bancário é ainda objecto de regras específicas relativamente a juros. Nos termos do nº 2, do Aviso do Banco de Portugal 3/93, de 20 de Maio, publicado no D.R. II Série de 20 de Maio de 1993, "são livremente estabelecidas pelas instituições de crédito e sociedades financeiras as taxas de juro das suas operações, salvo nos casos em que sejam fixadas por diploma legal", o que estabelece uma liberalização praticamente integral da taxa de juro bancária[872]. No caso de ocorrer alteração legal da taxa de juro no decurso do prazo de uma operação, a nova taxa é aplicada a partir da próxima contagem de juros, a menos que as partes tenham convencionado solução diferente por escrito.

[872] Cfr. Menezes Cordeiro, *Manual de Direito Bancário*, p. 635.

A forma de pagamento dos juros de operações bancárias encontra-se referida no art. 6º do D.L. 58/2013, que estabelece que regra geral o pagamento de juros será efectuado de acordo com o estipulado pelas partes para o pagamento de capital e juros, sendo os juros calculados sobre o montante do capital em dívida em cada momento (nº 3). Há, porém, regras diferentes para as operações de desconto de títulos de crédito, em que a cobrança de juros pode ser efectuada antecipadamente, por dedução ao valor nominal dos títulos (nº 1), e para as operações de abertura de crédito, empréstimos em conta corrente e similares, em que os juros são calculados em função da utilização efectiva de fundos pelo beneficiário, de acordo com as taxas de juro contratadas (nº 2).

Relativamente às consequências da mora do devedor, estabelece o art. 8º do D.L. 58/2013 que as instituições de crédito e parabancárias poderão cobrar nessa hipótese uma sobretaxa de 3%, a acrescer à taxa de juros remuneratórios aplicável à operação, considerando-se, na parte em que a exceda, reduzida a esse limite máximo (nº 1). Essa taxa incide sobre o capital vencido e não pago, podendo incluir-se nestes os juros remuneratórios capitalizados (nº 2).

Outra especialidade do mútuo bancário é o anatocismo, que tende a ser admitido em função de um uso bancário (cfr. art. 560º, nº 3)[873]. Derrogando a regra do art. 560º, nº 2, o art. 7º do D.L. 58/2013 admite a capitalização de juros remuneratórios, vencidos e não pagos, independentemente de notificação ao devedor (nº 2), desde que exista convenção escrita das partes nesse sentido, não podendo, porém, os juros ser capitalizados por períodos inferiores a um mês (nº 1). Nesse caso, os juros remuneratórios que integram cada prestação vencida e não paga só podem ser capitalizados uma vez (nº 3). Caso, no entanto, no contrato tenha sido estipulada carência de pagamento de juros, a capitalização de juros remuneratórios só se pode fazer por períodos superiores a três meses (nº 4). Já se estiver em causa a capitalização de juros moratórios, a mesma só é possível por acordo das partes, reduzido a escrito, e no âmbito da reestrturação ou consolidação de contratos de crédito (nº 5).

10.3. O mútuo garantido por penhor

Uma outra modalidade especial de mútuo é o mútuo garantido por penhor, regulado pelo Decreto-Lei 365/99, de 17 de Setembro, alterado

[873] Cfr. MENEZES CORDEIRO, *Manual de Direito Bancário*, p. 636.

pelo Decreto-Lei 114/2011, de 30 de Novembro. Esta actividade apenas é admitida a prestamistas sediados ou com estabelecimento estável em Portugal e devidamente licenciados, sendo apenas dispensados do licenciamento as instituições de crédito e as associações de socorros mútuos quando esse fim conste dos seus estatutos (cfr. arts. 2º e 3º do D.L. 365/99).

O contrato de mútuo garantido por penhor é obrigatoriamente reduzido a escrito, feito em dois exemplares e assinado por ambas as partes, ficando um deles na posse do mutuante, que se designará "termo de penhor" e o outro, denominado "cautela de penhor na posse do mutuário (art. 11º, nº 1 D.L. 365/99). Para além da redução a escrito, o contrato tem que conter um série de menções, referidas nos nºs 2 e 3 do art. 11º D.L. 365/99).

O contrato de mútuo garantido por penhor é naturalmente oneroso, sendo os montantes máximos das taxas de juro remuneratório a cobrar para os mútuos garantidos, quer por ouro, prata e jóias, quer por outras coisas, estabelecidas por portaria conjunta dos Ministros das Finanças e da Economia (art. 13º, nº 1) do D.L. 365/99), as quais devem ser comunicadas ao interessado antes da celebração do contrato (art. 13º, nº 2 D.L. 365/99). Para além da taxa de juro, o prestamista pode ainda cobrar, a título de avaliação da coisa, a importância que resultar da aplicação uma taxa única não superior a 1% sobre o valor da avaliação (art. 12º, nº 1 D.L. 365/99), devendo a existência dessa contraprestação ser comunicada ao interessado antes da realização da avaliação (art. 12º, nº 2, D.L. 365/99).

Em termos de prazo, o contrato de mútuo garantido por penhor é celebrado pelo prazo de um mês, sendo renovável por períodos iguais e sucessivos até ao máximo de dois anos (art. 14º, nº 1, D.L. 365/99). O contrato considera-se automaticamente renovado com o pagamento dos juros relativos ao mês anterior, bem como dos moratórios, se a eles houver lugar (art. 14º, nº 2 D.L. 365/99), sendo que essa renovação do contrato não permite a cobrança de quaisquer outras taxas ou comissões, designadamente a taxa de avaliação (art. 14º, nº 3, D.L. 365/99).

Os juros vencem-se com a celebração do contrato, sendo exigíveis a partir do 25º dia da data da celebração, salvo se o mutuário proceder à amortização antecipada (art. 15º, nº 1, D.L. 365/99). Neste último caso, sendo a amortização parcial, os juros vincendos passam a incidir sobre o capital em dívida (art. 17º, nº 3, D.L. 365/99).

Em caso de mora do mutuário, é aplicada a taxa de juro supletiva legal para dívidas civis, salvo se esta for inferior à taxa de juro remuneratório estipulada aquando da celebração do contrato (art. 16º, nº 1, D.L. 365/99). Os juros de mora são calculados ao dia e incidirão apenas sobre o capital em dívida (art. 16º, nº 2, D.L. 365/99), não sendo admitida qualquer capitalização de juros (art. 16º, nº 3, D.L. 365/99).

A lei permite a realização e amortização antecipada do empréstimo, mediante o pagamento do capital e juros devidos, podendo a amortização ser parcial, desde que não inferior a 10% do capital em dívida (17º, nºs 1 e 2, D.L. 365/99), devendo os valores das amortizações e dos juros pagos ser apensos ao contrato de penhor (art. 17º, nº 4, D.L. 365/99).

Uma vez efectuado o pagamento integral do capital, juros e comissões legais, pode ser efectuado o resgate da coisa dada em penhor (art. 18º, nº 1, D.L. 365/99), o qual pode por cláusula contratual ser condicionado a um pré-aviso de cinco dias úteis (art. 18º, nº 2, D.L.365/99).

10. 4. O mútuo de escopo

10.4.1. Caracterização geral

Uma outra modalidade específica de mútuo é o mútuo de escopo[874]. Consiste esta no mútuo em que o mutuário, além de se comprometer à restituição do capital e juros mutuados, se compromete ainda à aplicação das quantias mutuadas no âmbito de um fim específico, acordado com o mutuante. Trata-se de uma modalidade atípica de mútuo, uma vez que na sua configuração típica apenas se tutela o interesse do mutuante à restituição do capital, no mútuo gratuito, ou do capital e juros, no mútuo oneroso, não havendo qualquer restrição à livre aplicação das quantias mutuadas por parte do mutuário. Efectivamente, ao tornar-se proprietário delas, o mutuário adquire um poder insindicável de aplicar as quantias mutuadas da forma que entender, não tendo o mutuante a possibilidade de exercer qualquer contrôle sobre a forma dessa aplicação.

No âmbito do mútuo de escopo, essa liberdade do mutuário deixa de existir, uma vez que ele se compromete a aplicar as quantias mutuadas num fim específico, também do interesse do mutuante. Não parece, no entanto, que esta especificação do fim de aplicação do capital implique

[874] Sobre o mútuo de escopo, cfr. LUMINOSO, *op. cit.*, pp. 741 e ss. NICOLO VISALLI, em *RDC* 46 (2000), 1, pp. 89 e ss., NIVARRA/ROMAGNO, *op. cit.*, pp. 425 e ss., e MARINELA RISPOLI FARINA, "Mutuo di scopo", em *Digesto delle discipline privatistiche. Sezione civile*, XI, Torino, Utet, 1994, pp. 558-579. Entre nós, veja-se MENEZES CORDEIRO, *Manual de Direito Bancário*, pp. 636-637 e JOÃO CALVÃO DA SILVA, *Direito Bancário*, pp. 363-364.

a não qualificação do contrato como mútuo, uma vez que não deixam de estar nele presentes as características deste contrato[875].

A doutrina distingue neste âmbito três categorias, o mútuo de escopo legal, o mútuo de escopo legal facilitado e o mútuo de escopo voluntário, consoante o escopo do empréstimo toma em consideração interesses públicos ou antes interesses meramente privados[876].

O mútuo de escopo legal corresponde a financiamentos legalmente estabelecidos para fins específicos, em que o mutuante é uma instituição financeira e o mutuário uma entidade com requisitos legalmente estabelecidos, que fica obrigado a utilizar o financiamento para os fins legamente previstos, através de uma cláusula de destinação. Exemplo desta situação são os empréstimos bancários que normalmente só são concedidos, tomando em atenção uma finalidade específica, comunicada aos bancos, como os empréstimos para fins agrários, de reestruturação e reconversão industrial.

O mútuo de escopo legal facilitado corresponde àqueles empréstimos que são concedidos graças à intervenção do Estado ou de outro ente público, que concede determinadas subvenções (contributo em conta de juros ou em conta de capital ou garantias) em ordem a facilitar a concessão de crédito, ou procede ele mesmo a essa concessão, a taxas mais baixas do que as do mercado, comprometendo-se o particular à aplicação do financiamento a um fim determinado, que é assim objecto de incentivo público. Exemplo desta situação corresponde aos empréstimos à aquisição de habitação, os quais podiam ser anteriormente objecto de bonificação de juros, actualmente revogada pelo D.L. 305/2003, de 9 de Dezembro, mas que presentemente ainda são objecto de uma subvenção pelo Estado, consistente na possibilidade de dedução à colecta em IRS de parte do capital amortizado (cfr. art. 85º, nº 1 *a)* C.I.R.S.). Mantém-se ainda um regime especial de crédito bonificado à habitação a pessoa com deficiência, constante da Lei 64/2014, de 26 de Agosto.

No mútuo de fim convencional não há imposição legal de aplicação das quantias mutuadas a um fim convencionado, mas antes se estabele-

[875] Neste sentido, NICOLO VISALLI, em *RDC* 46 (2000), 1, pp. 96 e ss. Em sentido contrário, LUMINOSO, *op. cit.*, pp. 764 e ss. sustenta que o mútuo de escopo não é identificável no plano tipológico com o mútuo previsto no Código, uma vez que altera por tal forma os interesses das partes que tem que ser qualificado como uma figura autónoma.

[876] Cfr. RISPOLI FARINA, em *Digesto* XI, 1994, pp. 568 e ss.

cem limites à utilização das quantias mutuadas, em resultado da estipulação das partes.

Uma das questões que se coloca no âmbito do mútuo de escopo diz respeito à natureza real ou consensual do contrato. No âmbito do Direito italiano, já se defendeu que o mútuo de escopo teria natureza consensual e não real[877], dado que o financiamento vem a aparecer neste contrato como objecto de uma obrigação assumida pelo financiador e não como um elemento constitutivo do contrato. Também tem sido atribuída pela doutrina natureza sinalagmática ao mútuo de escopo, em virtude do carácter correspectivo da obrigação de escopo[878]. O argumento seria o de que a cláusula de destinação alteraria a natureza causal do contrato de mútuo, transformando-o num contrato de prestações correspectivas, na medida em que a obtenção do fim visado pelas partes vem a ser controlada durante a fase da execução do contrato, permitindo a aplicação dos remédios próprios dos contratos sinalagmáticos em caso de não cumprimento.

Não nos parece, porém, que as especificidades do mútuo de escopo provoquem uma alteração na estrutura do contrato, que leve a abandonar as qualificações apontadas para o mútuo. Efectivamente, o elemento novo é apenas a obrigação do mutuário de aplicação das quantias recebidas ao fim convencionado, e o aditamento dessa obrigação não implica alterações na estrutura do contrato. A não aplicação do dinheiro ao fim convencionado pode efectivamente determinar a restituição antecipada do capital e juros, bem como a perda das bonificações se tal for estipulado ou resultar de norma legal, mas a solução não é diferente do que se encontra estipulado para o incumprimento de outra obrigação acessória que é a do pagamento dos juros (art. 1150º).

10.4.2. Casos de mútuo de escopo

Entre os vários casos de mútuo de escopo contemplados em legislação especial encontram-se o crédito à habitação, o crédito ao consumo e o crédito ao sector das pescas.

O crédito à habitação é regulado pelo D.L. 349/98, de 11 de Novembro, alterado pelo D.L. 137-B/99, de 22 de Abril, pelo Decreto-Lei nº 1-A/2000, de 22 de Janeiro, pelo D.L. 320/2000, de 15 de Dezembro (que o republica

[877] Cfr. Luminoso, *op. cit.*, pp. 761-762 e Nivarra/Romagno, *op. cit.*, p. 428.
[878] Cfr. neste sentido Nivarra/Romagno, *op. cit.*, pp. 431 e ss.

em anexo), pelo D.L. 231/2002, de 2 de Novembro, pelo D.L. 305/2003, de 9 de Dezembro, pela Lei 60-A/2005, de 30 de Dezembro, pelo D.L. 107/2007, de 10 de Abril, pelo Decreto-Lei 222/2009, de 11 de Setembro, e pela Lei 59/2012, de 9 de Novembro[879].

O crédito ao consumo foi inicialmente regido entre nós pelo D.L. 359/91, de 21 de Setembro, que transpôs as Directivas 87/102/CEE, de 22 de Dezembro de 1986 e 90/88/CEE, de 22 de Fevereiro de 1990, tendo este diploma sido posteriormente alterado pelo D.L. 101/2000, de 2 de Junho, para efeitos de transposição da Directiva 98/7/CE, de 16 de Fevereiro de 1998, e pelo D.L. 82/2006, de 3 de Maio. Actualmente, o seu regime é regulado pelo D.L. 133/2009, de 2 de Junho, que transpõe a Directiva 2008/48/CE, de 23 de Abril de 2008, tendo este diploma sido sucessivamente alterado pelo D.L. 72-A/2010, de 17 de Junho, e pleo D.L. 42-A/2013, de 28 de Março, que transpõe a Directiva 2011/90/UE da Comissão de 14 de Novembro[880].

O crédito ao sector das pescas é regulado pelo D.L. 117/2000, de 4 de Julho, e pelo D.L. 179/2006, de 5 de Setembro.

11. O regime das perturbações da prestação no âmbito do mútuo

O facto de a entrega das coisas em mútuo ser um elemento necessário à constituição do contrato não impede a eventual responsabilização do mutuante, se ocorrer a verificação de qualquer perturbação na prestação. O Código Civil é, no entanto, extremamente parco no regime que estabelece para esta hipótese, já que o art. 1151º se limita a referir que "é aplicável à responsabilidade do mutuante, no mútuo gratuito, o disposto no art. 1134º". Desta remissão resulta, assim, que o mutuante, no mútuo gratuito, não responde por quaisquer vícios ou limitações de direito ou por vícios da coisa mutuada, a menos que se tenha expressamente responsabilizado ou tenha procedido com dolo. Estamos aqui, mais uma vez, perante o regime geral das perturbações da prestação nos contratos gratuitos, onde se estabelece que a coisa é prestada tal como é, não podendo o mutuante assim responder por qualquer perturbação da prestação que afecte o mutuá-

[879] Cfr., sobre este RUI MASCARENHAS ATAÍDE, "Crédito à habitação", em LUÍS MENEZES LEITÃO (org.), *Estudos do Instituto de Direito do Consumo*, Coimbra, Almedina, 2002, pp. 153-164.

[880] Sobre o crédito ao consumo, cfr. FERNANDO DE GRAVATO MORAIS, "Do regime jurídico do crédito ao consumo", em *SI* 49 (2000), nºs 286/288, pp. 375-411 e *União de contratos*, passim.

rio. Essa regra só é quebrada no caso de haver responsabilização expressa por parte do mutuante, caso em que ao mútuo acresce uma prestação de garantia, ou quando o mutuante quis intencionalmente causar prejuízo ao mutuário, uma vez que a existência de um ilícito intencional já deve constituir fundamento de responsabilização.

Esta exclusão de responsabilidade no mútuo gratuito não se aplicará, porém, no mútuo oneroso, já que nesse caso, a coisa não será prestada tal como é, mas como coisa idónea, ou seja sem vícios e com as qualidades necessárias à realização do fim contratual[881]. A lei deixa, no entanto, totalmente em aberto qual o regime aplicável neste caso. A solução que parece preferível é a de considerar que sendo o mútuo um contrato pelo qual se alienam bens, deverá aplicar-se quando este é oneroso o regime da compra e venda, em virtude da remissão do art. 939º, o que determina a aplicação, em sede de mútuo oneroso, dos arts. 905º e ss., e 913º e ss., com as necessárias adaptações[882].

A lei não resolve, porém, a situação específica do caso de o mútuo ser realizado com coisas alheias. Neste caso, naturalmente que a propriedade não se transmitirá para o mutuário pelo facto da entrega, ainda que possa naturalmente ocorrer por *commixtio*, mas ainda assim o proprietário do dinheiro teria direito a obter a restituição por enriquecimento sem causa, o que afectaria a situação do mutuário. Na doutrina italiana, tem-se defendido a aplicação neste caso do regime da venda de coisa alheia (art. 892º e ss.) ou de doação de bens alheios (art. 956º), consoante o mútuo seja ou não realizado a título oneroso[883].

12. Extinção do mútuo

As causas de extinção do mútuo podem ser de variada ordem[884].

A primeira é naturalmente o decurso do prazo concedido ao mutuário para utilização do capital, uma vez que este determina que o mutuário deva restituir nesse momento as quantias recebidas.

[881] Neste sentido, GIAMPICCOLO, *op. cit.*, pp. 101 e ss., TETI, em RESCIGNO (org.), *Trattato*, XI, pp. 680-681, LUMINOSO, *op. cit.*, p. 727 e NIVARRA/ROMAGNO, *op. cit.*, pp. 242 e ss.

[882] A mesma solução é defendida no Direito italiano. Cfr. GIAMPICCOLO, *op. cit.*, pp. 102-103, TETI, em RESCIGNO (org.), *Trattato*, XI, p. 680, GARDELLA TEDESCHI, em *Digesto*, XI, 1994, p. 554 e NIVARRA/ROMAGNO, *op. cit.*, p. 245.

[883] Cfr. LUMINOSO, *op. cit.*, pp. 727-728 e NIVARRA/ROMAGNO, *op. cit.*, p. 248.

[884] Cfr. ROMANO MARTINEZ, *Da cessação*, pp. 371 e ss.

Podem ainda ocorrer outras situações em que a obrigação de restituição pode ser exigida pelo mutuante antes do fim do prazo, como sucede se o mutuário se torna insolvente, ou deixa de prestar as garantias prometidas (art. 780º), deixar de realizar uma prestação, caso se tenha convencionado a restituição em prestações (art. 781º), e ainda em caso de incumprimento pelo mutuário da obrigação de pagamento dos juros no mútuo oneroso (art. 1150º)[885] ou por afectação das quantias entregues a fins diferentes daqueles para que foram emprestadas no mútuo de escopo. Naturalmente que a exigência de restituição antecipada pelo mutuante implicará que ele perca o direito aos juros vincendos, a partir do momento em que a restituição do capital se concretiza[886].

Da mesma forma, o mutuário pode decidir antecipar o cumprimento da obrigação relativamente ao prazo estipulado, ainda que no mútuo oneroso tal implique que satisfaça os juros por inteiro (art. 1147º).

Não constitui, porém, causa de extinção do mútuo a impossibilidade da obrigação de restituição, ao contrário do que sucede no regime geral (art. 790º). Efectivamente, quando o mútuo recai sobre dinheiro a obrigação de restituição constitui uma obrigação pecuniária, pelo que nesse caso o perecimento do género nunca se verificaria. Já no caso de o mútuo não recair sobre dinheiro, a lei admite a hipótese de a restituição se tornar impossível ou extremamente difícil por causa não imputável ao mutuário, mas neste caso ele deve pagar o valor que a coisa tiver no momento e no lugar do vencimento da obrigação (art. 1149º). Esta obrigação, com

[885] Esta situação é expressamente qualificada como resolução pelo art. 1150º, o que leva alguma doutrina a enquadrá-la na resolução por incumprimento (art. 801º, nº 2), o que demonstraria a natureza sinalagmática do mútuo oneroso. Cfr. CARRESI, *op. cit.*, p. 146, TETI, em RESCIGNO (org.), *Trattato*, XI, p. 683, LUMINOSO, *op. cit.*, p. 728, e NIVARRA/ROMAGNO, *op. cit.*, pp. 362 e ss. Outra doutrina, sustentando que a resolução por incumprimento não pode operar no mútuo oneroso, na medida em que este, sendo um contrato real *quoad constitutionem*, constitui também um contrato unilateral, configura esta situação antes como uma hipótese de perda do benefício do prazo. Cfr. AUGUSTO PINO, *Il contratto a prestazioni correspettive*, Padova, Cedam, 1963, pp. 182 e ss.

[886] Neste sentido, para a hipótese do art. 1150º, cfr. Ac. STJ 27/4/2005 (PIRES DA ROSA), na *CJ-ASTJ* 13 (2005), 2, pp. 66-69. No AUJ 7/2009, de 25 de Março (CARDOSO DE ALBUQUERQUE), publicado no D.R. I Série, nº 86 de 5/5/2009, pp. 2530-2458, foi uniformizada a jurisprudência no sentido de que "no contrato de mútuo oneroso liquidável em prestações, o vencimento imediato destas ao abrigo de cláusula de redacção conforme ao artigo 781º do Código Civil não implica a obrigação de pagamento dos juros remuneratórios nelas incorporados".

conteúdo semelhante à da restituição por enriquecimento sem causa (art. 479º, nº 1), tem o mesmo fundamento, na medida em que, embora a atribuição patrimonial do mutuante transmita a propriedade é uma atribuição efectuada a título não definitivo, pelo que a não restituição do *tantundem* enriquece injustificadamente o mutuário, obrigando a restituir um valor equivalente à prestação que deveria restituir[887].

[887] Cfr. Nivarra/Romagno, *op. cit.*, pp. 386 e ss.

Parte X

DOS CONTRATOS DE PRESTAÇÃO DE SERVIÇOS

Secção 1
Generalidades

O contrato de prestação de serviços aparece-nos definido no art. 1154º como "aquele em que uma das partes se obriga a proporcionar à outra certo resultado do seu trabalho intelectual ou manual, com ou sem retribuição". O contrato de prestação de serviços contrapõe-se ao contrato de trabalho, definido no art. 1152º como "aquele pelo qual uma pessoa se obriga, mediante retribuição, a prestar a sua actividade intelectual ou manual a outra pessoa, sob a autoridade e direcção desta". Efectivamente, enquanto que o objecto do contrato de prestação de serviços é o *resultado* do trabalho intelectual ou manual, no contrato de trabalho esse objecto consiste na própria *actividade* intelectual ou manual do trabalhador. Para além disso, enquanto que no contrato de prestação de serviços, o prestador actua com *independência* em relação à outra parte, no contrato de trabalho existe *subordinação jurídica* do trabalhador ao empregador, já que ele exerce a sua actividade sob a autoridade e direcção deste.

A prestação de serviços abrange, nos termos dos art. 1154º e ss. do Código Civil, como modalidades típicas o mandato, o depósito e a empreitada (art. 1155º). É manifesto, no entanto, que estas três modalidades típicas não esgotam o conteúdo da prestação de serviços, que constitui uma figura muito ampla. Precisamente por esse motivo, o art. 1156º vem determinar a extensão das disposições sobre o mandato, com as devidas adaptações, aos contratos de prestação de serviços que a lei não regule expressamente. Há assim que reconhecer que o contrato de prestação de serviços é um contrato atípico, que possui três modalidades típicas, as quais estão longe de esgotar o seu campo de aplicação.

Secção 2
Do contrato de mandato

1. Generalidades. Nota histórica

O mandato é descrito no art. 1157º como "o contrato pelo qual alguém se obriga a praticar um ou mais actos jurídicos por conta da outra"[888]. A palavra mandato vem do latim *manum datum*, pois na Roma antiga a sua celebração efectuava-se através de um aperto de mão, que simbolizava a aceitação da incumbência e a relação de confiança entre as partes, formalismo por vezes ainda hoje utilizado na celebração de contratos verbais[889].

A evolução histórica do mandato é controvertida[890]. A posição dominante encabeçada essencialmente por ARANGIO-RUIZ[891], considera que a

[888] Sobre o mandato, cfr. entre nós LUÍS DA CUNHA GONÇALVES, *Contratos*, pp. 49 e ss., e *Tratado*, VII, pp. 384 e ss., FERNANDO PESSOA JORGE, *O mandato sem representação*, Lisboa, Ática, 1961, reimp., Coimbra, Almedina, 2001, DURVAL FERREIRA, *Do mandato civil e comercial*, s.l., ed. autor, 1968, MANUEL JANUÁRIO GOMES, "Contrato de mandato", em ANTÓNIO MENEZES CORDEIRO (org.), *Direito das Obrigações, 3º- Contratos em especial*, 2ª ed., Lisboa, AAFDL, 1991, pp. 267-408 e ANTÓNIO MENEZES CORDEIRO, *Tratado de Direito Civil*, V- *Parte Geral. Exercício Jurídico*, 2ª ed., Coimbra, Almedina, 2015, pp. 95 e ss., e CARLOS FERREIRA DE ALMEIDA, *Contratos*, II, pp. 175 e ss. Na doutrina francesa, cfr. DUTILLEUL/DELEBECQUE, *op. cit.*, pp. 491 e ss. e BÉNABENT, *op. cit.*, pp. 355 e ss. Na doutrina italiana, veja-se principalmente FRANCESCO ALCARO (org.), *Il Mandato*, Milano, Giuffrè, 2000.

[889] Cfr. CUNHA GONÇALVES, *Contratos*, p. 49, e *Tratado*, VII, p. 387 e PESSOA JORGE, *O mandato*, pp. 18-19, nota (12).

[890] Cfr., sobre ela, GIUSEPPE PROVERA, "Mandato (storia)", na *ED* 25 (1975), pp. 311-321, DURVAL FERREIRA, *op. cit.*, pp. 11 e ss., PESSOA JORGE, *O mandato*, pp. 33 e ss., MANUEL JANUÁRIO GOMES, "Contrato de mandato", pp. 267 e ss., PEDRO DE ALBUQUERQUE, *A representação voluntária em Direito Civil (Ensaio de reconstrução dogmática)*, Coimbra, Almedina, 2004, pp. 100 e ss., e MENEZES CORDEIRO, *Tratado*, V, pp. 95 e ss.

[891] Cfr. VINCENZO ARANGIO-RUIZ, *Il mandato nel Diritto Romano*, Napoli, Jovene, 1949, pp. 44 e ss.

origem do mandato residiria no *ius gentium* romano, resultante da intensa actividade comercial que, a partir do séc. III a. C. se desenvolveu no mediterrâneo entre os romanos e os *peregrini*. As relações que origina teriam por base a *fides*, constituindo por isso a *actio mandati* um dos *bonae fidei iudiciae*. Efectivamente, considerar-se-ia que, com base na amizade e na confiança, poderia um mercador ser encarregado de transaccionar por conta de outrem mercadorias noutro local, entregando depois o resultado da gestão ao mandante, tendo as necessidades do tráfego comercial generalizado esta prática.

A esta tese tem-se, porém, objectado com a circunstância de o carácter essencialmente gratuito do mandato ser pouco compatível com essa explicação, considerando-se assim ter o instituto origem no *ius civile*, em resultado da actividade do *praetor urbanus* e não do *praetor peregrinus*. O mandato teria assim correspondido à juridificação pelo pretor de vínculos com relevância meramente moral ou social, o que teria sucedido por volta de 123 a. C., antes da *Lex Aebutia*[892].

Independentemente da origem, sabe-se que o mandato constituía no Direito Romano um contrato consensual (cfr. Gai Inst. 3.135.), baseado na *amicitas* e, por esse motivo, essencialmente gratuito (cfr. D.17.1.1.4: "*mandatum nisi gratuitum nullum est*"[893]), sendo o seu carácter vinculativo imposto inicialmente pela *fides* e depois pela *bona fides* (Gai Inst. 3.155)[894].

A gratuitidade do mandato, qualificada como um acto de um amigo, não excluía a possibilidade de o mandante demonstrar a sua gratidão pelo serviço prestado, inclusivamente através de uma prestação pecuniária, que por exprimir a honra de ter recebido o serviço, adquiriu o nome de *honorarium*. A partir de certa data passou mesmo a considerar-se que a promessa de honorários não era incompatível com a estrutura do mandato,

[892] Cfr. Alan Watson, *Contract of mandate in roman law*, Oxford, 1961, pp. 18 e ss. apud Giuseppe Provera, *ED* 25 (1975), p. 313, e Pedro de Albuquerque, *A representação*, p. 102.

[893] D.17.1.1.4: "*Mandatum nisi gratuitum nullum est: nam originem ex officio atque amicitia trahit, contrarium ergo est officio merces: interveniente enim pecunia res ad locationem et conductionem potius respicit*".

[894] Cfr. Menezes Cordeiro, *Tratado*, V, p. 96. O texto de Gai Inst. 3.155 é o seguinte: "*Mandatum consistit, sive nostra gratia mandemus sive aliena. Itaque sive ut mea negotia geras, sive ut alterius, mandaverim, contrahitur mandati obligatio, et invicem alter alteri tenebimur in id, quod vel me tibi vel te mihi bona fide praestare oportet*".

referindo Ulpianus, em D.17.1.6.pr. *"si remunerandi gratia honor intervenerit, eri mandati actio"*[895].

Este modelo do mandato ultrapassou todo o direito intermédio, tendo-se, porém, acentuado a faculdade de estipulação de uma remuneração para o mandatário, atento o facto de não parecer clara a distinção entre a *honor* e o *salarium*, que os glosadores vieram a equiparar. Por outro lado, e essencialmente por obra dos comentadores, veio a associar-se a representação ao mandato, entendendo-se que se o mandatário agisse no âmbito dos seus poderes, os efeitos dos actos que praticava repercutir-se-iam directamente na esfera do mandante[896].

É assim que o mandato nos surge nos arts. 1984 e ss. do Código Civil francês de 1804, que o associa necessariamente à representação[897]. Numa importante evolução, o Código Civil francês abandona o carácter essencialmente gratuito do mandato, limitando-se a estabelecer uma presunção de gratuitidade, que cede perante estipulação contrária (art. 1986)[898].

O modelo do Código Civil francês vem a ser integralmente seguido pelo Código Civil Português de 1867, que regula o mandato nos arts. 1318º e ss. Nesse âmbito é igualmente instituída a associação necessária do mandato à representação (o contrato é mesmo chamado de "mandato ou procuradoria": art. 1318ª), sendo a procuração definida como "o documento em que o mandante ou constituinte exprime o seu mandato" (art. 1319º). Da mesma forma, é estabelecida uma presunção de gratuitidade do mandato, não sendo estipulada remuneração, a qual, porém, não é aplicável "se o objecto do mandato for daqueles, que o mandatário trata por ofício ou profissão lucrativa" (art. 1331º).

O Código Civil de 1966 representou outra importante evolução no domínio do mandato, já que, na esteira da doutrina pandectística alemã, veio quebrar a ligação necessária entre a representação e o mandato, admitindo casos de mandato sem representação (arts. 1180º e ss.) e estabelecendo que a atribuição de poderes representativos resulta antes de um negócio autónomo: a procuração (arts. 262º e ss.). Por outro lado, veio

[895] Cfr. Provera, *ED* 25 (1975), pp. 314-315.

[896] Cfr. Provera, *ED* 25 (1975), pp. 318 e ss.

[897] Cfr. art. 1984 CC francês: *"Le mandat est l'acte par lequel une personne donne à une autre le pouvoir de faire quelque chose pour le mandant et en son nom"*. Na doutrina, veja-se Dutilleul/Delebecque, *op. cit.*, p. 504.

[898] Cfr. Manuel Januário Gomes, *Em tema de revogação do mandato civil*, Coimbra, Almedina, 1989, p. 83, nota (246).

estabelecer-se no art. 1158º que a presunção de gratuitidade do mandato vigora apenas no caso de o mandato não ter por objecto actos que o mandatário pratique por profissão, já que na hipótese inversa vigora antes uma presunção de onerosidade.

2. Elementos essenciais do contrato de mandato

2.1. Obrigação de praticar um ou mais actos jurídicos

Um dos elementos essenciais do contrato de mandato é que o mandatário assuma a obrigação de praticar actos jurídicos. Não é, portanto, mandato, o contrato no qual a obrigação assumida tenha por conteúdo actos materiais ou intelectuais, estando-se neste caso perante a prestação de serviços atípica (art. 1154º). Por esse motivo, também não constitui um mandato a figura do núncio, em qual alguém se obriga a transmitir a terceiro uma declaração negocial elaborada por outrem, já que nessa situação não há celebração de actos jurídicos pelo núncio, mas a mera actividade material de transmissão da declaração, o que faz recair também a figura na prestação de serviços atípica (art. 1154º). É de notar, no entanto, que a prestação de serviços atípica rege-se normalmente pelas regras do mandato (art. 1156º).

Os actos jurídicos objecto do mandato são normalmente negócios jurídicos, mas podem igualmente ser simples actos jurídicos. Tanto há mandato quando alguém encarrega outrem de comprar ou vender um bem, arrendar um imóvel, celebrar um mútuo ou uma prestação de serviços, como quando alguém encarrega outrem de interpelar os seus devedores ou pagar aos seus credores.

2.2. Actuação do mandatário por conta do mandante

Não basta, porém, para caracterizar o mandato que exista a obrigação de celebrar actos jurídicos, uma vez que esta pode resultar de vários outros contratos. É ainda necessário que os referidos actos jurídicos sejam realizados por conta do mandante. A expressão "por conta", com origem nas antigas contas dos comerciantes, significa neste caso a intenção de atribuir a outrem os efeitos do acto celebrado pelo mandatário, que assim se projectarão na esfera do mandante e não do mandatário[899]. Precisamente por

[899] Cfr. Pessoa Jorge, *O mandato*, pp. 192 e ss., Menezes Leitão, *A responsabilidade do gestor perante o dono do negócio no Direito Civil Português*, Lisboa, CEF, 1991, reed., Coimbra, Almedina, 2005, p. 199 e Januário Gomes, *Em tema*, p. 92, e "Contrato de mandato", pp. 278-279.

isso se diz que o mandatário pratica um "acto jurídico alheio"[900], dado que o acto não lhe pertence, já que todos os seus efeitos se irão antes repercutir na esfera jurídica do mandante[901].

A repercussão dos efeitos jurídicos na esfera do mandante pode, porém, ocorrer por duas formas, consoante se trate de mandato com ou sem representação. No mandato com representação, os actos jurídicos praticados pelo mandatário em nome do mandante produzem os seus efeitos directamente na esfera jurídica deste último (arts. 1178º e 258º). Já no mandato sem representação, os actos jurídicos praticados pelo mandatário produzem os seus efeitos na esfera jurídica deste (art. 1180º), sendo necessário um posterior acto de transmissão para que os direitos correspondentes possam ser adquiridos pelo mandante (art. 1181º, nº 1). Em ambos os casos existe, no entanto, uma actuação por conta do mandante, já que, quer por via directa, quer por via indirecta, vem a ser o mandante o destinatário final dos efeitos dos actos celebrados pelo mandatário.

3. Características qualificativas do contrato de mandato

3.1. O mandato como contrato nominado e típico

O mandato é, antes de tudo, um contrato nominado e típico, uma vez que a lei reconhece a sua categoria e estabelece o seu regime nos arts. 1157º e ss. do Código Civil.

3.2. O mandato como contrato primordialmente não formal

O mandato é normalmente um contrato consensual, dado que a lei não exige forma especial. Apenas o mandato judicial é sujeito a uma forma especial, nos termos do art. 43º CPC. No entanto, a procuração é sujeita a forma especial, atento o que se dispõe no art. 262º, nº 2, bem como no art. 116º CN, o que implica que quando o mandato seja associado à procuração (arts. 1178º e ss.), pelo menos esta terá que revestir forma especial. Já o mandato sem representação (arts. 1180º e ss.) não é sujeito a forma especial.

900 Cfr. Januário Gomes, "Contrato de mandato", p. 273.

901 Francesco Alcaro, "Il mandato: profili di inquadramento", em ID (org.), *Il Mandato*, Milano, Giuffrè, 2000, pp. 3-13 (9), fala a este propósito em *substituição jurídica*, na medida é "efeito indeclinável e fisiológico da actividade do mandatário o desvio e a imputação dos seus efeito jurídicos ao *dominus*".

3.3. O mandato como contrato que tanto pode ser gratuito como oneroso

Conforme acima se referiu, o mandato constituía no Direito Romano um contrato essencialmente gratuito (D.17.1.1.4.). Essa característica ainda se mantém presentemente apenas no actual Direito alemão (§ 662 BGB). No âmbito do Direito francês, a gratuitidade constitui uma mera presunção, que pode ser ilidida por estipulação das partes (art. 1986º C. C. fr.). No direito italiano vigora, pelo contrário, uma presunção de onerosidade do mandato (art. 1709º C.C. it.).

Na sequência do art. 1331º do C. C. 1867, o actual Código Civil vem estabelecer uma presunção de gratuitidade do mandato (art. 1158º, nº 1). Essa presunção é, no entanto, limitada às situações em que o mandato não tem por objecto actos que o mandatário pratique por profissão, já que no caso contrário vigora a presunção inversa. Temos assim duas presunções aplicáveis a hipóteses distintas. Presume-se oneroso o mandato que envolva actos que o mandatário pratique por profissão e presume-se gratuito o mandato estranho à actividade profissional do mandatário. Ambas as presunções são, no entanto, ilidíveis por prova em contrário (art. 350º, nº 2). No mandato comercial, pelo contrário, o art. 232º CCom parece consagrar injuntivamente a regra da onerosidade, não se limitando a derrogar a presunção de gratuitidade que vigora no âmbito civil[902].

Em caso de onerosidade do mandato, a retribuição é estabelecida, em primeiro lugar, com base no acordo das partes. Se faltar este, aplicar-se-ão as tarifas profissionais. Na falta destas, a situação será regulada pelos usos e, apenas se mais nenhum critério for aplicável, haverá que recorrer aos juízos de equidade (art. 1158º, nº 2).

3.4. O mandato como contrato sinalagmático ou sinalagmático imperfeito

O mandato pode ser sinalagmático ou sinalagmático imperfeito, consoante constitua um mandato oneroso ou gratuito[903].

Efectivamente, o mandato oneroso é um contrato sinalagmático, na medida em que gera obrigações recíprocas para ambas as partes. A obri-

[902] Neste sentido, JANUÁRIO GOMES, *Em tema*, p. 83, nota (247) e p. 281, nota (767). Em sentido contrário, sustentando tratar-se de uma mera presunção, cfr. PIRES DE LIMA/ ANTUNES VARELA, *op. cit.*, sub art. 1158º, nº 1, p. 789.

[903] Cfr. MENEZES CORDEIRO, *Tratado*, V, p. 108, e MANUEL JANUÁRIO GOMES, "Contrato de mandato", p. 293.

gação do mandante em pagar a retribuição devida (art. 1167º, *b)*) encontra-se em correspectividade com a obrigação do mandatário em executar o mandato (art. 1161º *a)*).

Já o mandato gratuito é um contrato sinalagmático imperfeito. Efectivamente, apesar de gerar obrigações tanto para o mandante (art. 1167º *a)*, *c)* e *d)*) como para o mandatário (art. 1161º), a verdade é que as obrigações do mandante não se encontram num nexo de correspectividade com as obrigações do mandatário, tendo por fundamento factos acidentais, distintos da obrigação de executar o mandato.

4. Forma do contrato de mandato

Conforme acima se referiu, o mandato é em princípio um contrato consensual, dado que a lei não exige forma especial. Exceptua-se apenas o mandato judicial, sujeito a uma forma especial, nos termos do art. 43º CPC, a qual corresponde à de instrumento público ou documento particular, nos termos do Código do Notariado e da legislação especial, ou declaração verbal da parte no auto de qualquer diligência que se pratique no processo.

Apesar de o mandato ser normalmente um contrato consensual, a verdade é que a procuração é sujeita a forma especial, atento o que se dispõe no art. 262º, nº 2, que a sujeita em princípio à forma do negócio que o procurador deva realizar. Esta disposição tem que ser conjugada com o art. 116º, nº 1, do CN, que estabelece que as procurações que exijam intervenção notarial podem ser lavradas por intrumento público, por documento escrito e assinado pelo representado com reconhecimento presencial da letra e assinatura ou por documento autenticado. Já as procurações conferidas também no interesse do procurador ou de terceiro devem ser lavradas por instrumento público cujo original é arquivado no cartório notarial (art. 116º, nº 2 CN).

Assim, quando o mandato seja associado à procuração, como sucede no mandato com representação (arts. 1178º e ss.), naturalmente que terá que ser adoptada esta forma, para que o negócio possa ser celebrado validamente. Mesmo nesses casos, porém, é a procuração e não o mandato que tem que obedecer à forma especial. O mandato pode respeitar essa forma se constar do mesmo documento, como normalmente sucede, mas tal acontecerá por arrastamento e não por necessidade[904].

[904] Neste sentido, Manuel Januário Gomes, *Em tema*, p. 111, e "Contrato de mandato", pp. 290-291.

Já o mandato sem representação (arts. 1180º e ss.) não é sujeito a forma especial[905]. Tem-se, porém, entendido que terá que obedecer à forma do contrato-promessa (art. 410º, nº 2), para que a obrigação de transferir os bens por parte do mandatário (art. 1181º, nº 1) possa ser sujeita à execução específica prevista no art. 830º[906]. Esta exigência de forma não é, porém, requisito de validade do contrato, mas apenas uma condição para que a obrigação de transferência possa ser executada especificamente.

5. A formação do contrato de mandato

5.1. O processo de formação do contrato de mandato

O mandato forma-se nos termos gerais dos contratos mediante a proposta do mandante e a aceitação do mandatário, as quais podem ser expressas ou tácitas, nos termos gerais (art. 217º). Normalmente no mandato com representação o mandante limita-se a enviar a procuração ao mandatário, o que equivale a uma proposta de mandato, que é por este tacitamente aceite quando exerce os poderes dela resultantes. No âmbito do mandato comercial, o art. 234º CCom obriga o comerciante que não quiser aceitar o mandato a efectuar uma recusa expressa, sob pena de responsabilidade.

Ao contrário do que sucede no regime geral dos contratos (cfr. art. 231º), parece que o mandato terá que ser aceite enquanto o proponente for vivo ou se mantiver capaz, já que caducando o mandato por morte, ou por sentença de acompanhamento do mandante, quando essa sentença, relativamente aos actos abrangidos pelo mandato, atribua poderes de representação ao acompanhante ou determine a necessidade de autorização prévia. (art. 1174º), por maioria de razão não se deve chegar a formar nos casos em que essas situações se verifiquem antes da aceitação[907]. Exceptuar-se-á, porém, o regime especial do mandato também conferido no interesse do mandatário ou de terceiro (cfr. art. 1175º), o qual só deve caducar com a incapacidade do proponente se houver fundamento para crer que essa fosse a sua vontade (art. 231º).

[905] Neste sentido, veja-se o Ac. STJ 22/6/2004 (AZEVEDO RAMOS), em *CJ-ASTJ* 12 (2004), 2, pp. 106-108.

[906] Neste sentido, MANUEL JANUÁRIO GOMES, "Contrato de mandato", p. 292.

[907] Neste sentido, CUNHA GONÇALVES, *Tratado*, VII, p. 411.

5.2. Capacidade das partes

Em relação ao mandante, a capacidade para a celebração dos contratos de mandato varia consoante o objecto do mesmo, já que quem não tem capacidade para praticar os actos pessoalmente também não o pode fazer por intermédio de mandatário. Nas palavras de CUNHA GONÇALVES, "quem tem a capacidade de praticar actos de administração pode constituir mandatário para um acto desta espécie; e, quem não pode dispor dos seus bens não pode, também, fazê-lo por meio de mandatários. A capacidade do mandante, portanto, determina-se pela natureza do acto delegado no mandatário. Não pode este fazer o que aquele o não poderia"[908].

Assim, se o mandato envolver a prática de actos que os incapazes possam praticar, como, em relação aos menores e maiores acompanhados, os actos referidos no art. 127º ou genericamente no art. 145º, nº 1, o mandato pode ser validamente conferido por essas pessoas. Se envolver actos de administração extraordinária ou de disposição do património, exigir-se-á a plena capacidade do mandante, sob a cominação de invalidade nos termos gerais.

Já em relação ao mandatário, tem-se defendido que o mandatário não tem que ser capaz, já que o mandante que contrata com mandatário incapaz assume os riscos correspondentes e o regime da incapacidade visa apenas proteger o património dos próprios e não o dos eventuais mandantes dos incapazes, sendo que aos terceiros só interessa saber se o mandatário tem os poderes necessários[909]. A solução parece-nos, porém, diferente. Efectivamente, em primeiro lugar, se a sentença de acompanhamento do mandatário atribuir poderes de representação ao acompanhante ou determinar a necessidade de autorização prévia para os actos compreendidos no mandato, este não se poderá considerar válido, pois se o contrato caduca com a verificação posterior dessa incapacidade (art. 1174º *a)*), não se vê como se poderia validamente constituir. Nos outros casos, haverá que distinguir entre mandato com e sem representação. Efectivamente, no mandato com representação, uma vez que os efeitos se produzem directamente na esfera do mandante, a incapacidade do mandatário não será em princípio relevante, salva a aplicação do art. 259º (cfr. art. 263º). Já no mandato sem representação, uma vez que o mandatário pratica o acto em nome próprio (art.

[908] Cfr. CUNHA GONÇALVES, *Tratado*, VII, p. 433.
[909] Cfr. CUNHA GONÇALVES, *Tratado*, VII, pp. 434-435.

1180º), terá que ter capacidade para tal, não podendo ser válido o mandato que tenha por objecto a prática de actos para os quais ele não é capaz[910].

5.3. Legitimidade das partes

Em termos de legitimidade, há que referir que o mandato que envolva actos de disposição de bens, naturalmente só pode ser conferido por quem tenha o poder de disposição desses bens. No caso da doação, em face do seu carácter pessoal, nem é sequer é permitido por mandato atribuir a outrem a faculdade de designar a pessoa do donatário ou de determinar o objecto da doação, salvo nos casos previstos no nº 2 do art. 2182º (art. 949º, nº 1).

Finalmente, há que referir que o mandato judicial e o mandato para reclamação e impugnação de actos administrativos e tributários, pelos conhecimento técnicos que exigem, só podem ser exercidos por advogados e solicitadores (art. 43º CPC e arts. 1º, nº 5 *a)*, nº 6 *c)* e 2º da Lei 49/2004, de 24 de Agosto).

6. Extensão do mandato

6.1. A distinção entre mandato geral e mandato especial

Resulta do art. 1159º uma distinção entre mandato geral e especial. Essa distinção não é, no entanto, explicada pelo actual legislador, ao contrário do que acontecia no Código Civil de 1867. Efectivamente, neste depois de se dizer que "a procuração pode ser geral ou especial" (art. 1323º), referia-se "a procuração geral é a que representa o mandato para todos e quaisquer actos, sem os especificar. A procuração especial é a que representa o mandato para certos e determinados negócios" (art. 1324º). "A procuração só pode autorizar actos de mera administração" (art. 1325º). Esta doutrina correspondia à estabelecida no Código Civil francês (arts. 1987 e 1988).

A distinção que resultava do Código de Seabra não é, porém, aceite pela doutrina actual, para a qual o mandato geral não necessita de abranger todos e quaisquer actos do mandante, bastando que recaia sobre uma categoria indeterminada de actos[911]. É, por isso, considerado como mandato geral aquele que seja conferido para gestão dos interesses do mandante em determinada região do país ou para uma das actividades económicas

[910] Neste sentido, cfr. Durval Ferreira, *op. cit.*, pp. 118 e ss.

[911] Cfr., neste sentido, Pires de Lima/Antunes Varela, *op. cit.*, sub art. 1159º, nº 2, p. 791 e Manuel Januário Gomes, "Contrato de mandato", pp. 320-321.

a que ele se dedica. Pelo contrário, será considerado como mandato especial aquele que abranja certos e determinados negócios.

6.2. Âmbito do mandato geral

Relativamente à extensão do mandato geral refere o art. 1159º, nº 1, que ele só compreende actos de administração ordinária, ou seja, actos que correspondam à normal conservação e frutificação do património, excluindo-se assim nomeadamente actos que se traduzam na extinção de direitos (como a confissão, desistência ou transacção), que envolvam alienação ou oneração de bens imóveis, ou que impliquem a assunção de obrigações de relevo.

A nossa doutrina tem entendido que o art. 1159º, nº 1, constitui uma norma supletiva, já que não haveria obstáculos a que as partes estabelecessem que o mandato geral envolvesse a prática de actos de diposição[912]. Parece-nos, porém, que para que se possam abranger actos de disposição, terá que haver um mandato especial simultaneamente conferido com o mandato geral. Não basta efectivamente que o mandante estipule que o mandatário está autorizado a praticar actos de disposição, sendo necessário concretizar os actos que o mandatário deve praticar, o que implica a atribuição concomitante de um mandato especial[913]. Para essa concretização, bastará, porém, a indicação do tipo abstracto de negócio que o mandatário pode praticar[914], não se exigindo a especificação do seu conteúdo e muito menos da parte com quem deve ser celebrado.

6.3. Âmbito do mandato especial

Uma regra específica no âmbito do mandato especial é a de que ele abrange, além dos actos nele referidos, todos os demais necessários à sua execução (art. 1159º, nº 2). Através desta norma estabelece-se o mandato especial deve abranger não apenas os actos principais que o mandatário foi encarregado de realizar mas também outros actos, que embora acessórios destes,

[912] Cfr. Pires de Lima/Antunes Varela, *op. cit.*, II, sub art. 1159º, nº 2, p. 791, Menezes Cordeiro, *Tratado*, V, p. 103 e Manuel Januário Gomes, "Contrato de mandato", p. 323.

[913] Esta parece ser a solução que resulta do art. 1708, II, do *Codice Civile* italiano, ao se exigir uma indicação expressa dos actos a praticar pelo mandatário que excedam a mera administração. No caso especial do mandato para doar, o art. 949º, nº 1, exige mesmo a determinação da pessoa do donatário e do objecto da doação, o que igualmente depõe no sentido defendido no texto.

[914] Neste sentido, Francesco Alcaro, "Caratteri e oggetto del mandato", em ID (org.), *Il mandato*, Milano, Giuffrè, 2000, pp. 17-30 (29).

aparecem necessários à execução ou conveniente execução do mandato, como seja a prestação de quitação, relativamente à cobrança da dívida, ou o registo da aquisição, relativamente a um mandato para compra. Esta permissão já não abrangerá, no entanto, outros actos principais, pelo que quem encarrega outrem de vender um prédio, não lhe dá igualmente mandato para o trocar ou hipotecar, nem sequer para celebrar a respectiva promessa de venda, uma vez que nenhum desses actos se pode considerar meramente acessório da venda e indispensável à sua realização[915].

7. Obrigações do mandante

7.1. Obrigação de fornecer os meios necessários à execução do mandato, se outra coisa não foi convencionada

A primeira obrigação do mandante, estabelecida no art. 1167º *a)* é a de "fornecer ao mandatário os meios necessários à execução do mandato, se outra coisa não foi convencionada". Trata-se da denominada *provisão para despesas*, também designada na linguagem forense por *preparos*. Efectivamente, embora as partes possam convencionar que o mandante pagará os custos do execução do mandato após a sua conclusão, o normal é que, para evitar excessivos encargos para o mandatário, o mandante venha a pôr à disposição deste previamente os meios necessários à sua efectivação. A lei atribui inclusivamente ao mandatário a faculdade de suspender a execução do mandato enquanto o mandante não cumprir essa obrigação (art. 1168º). Essa faculdade não depende de interpelação ao mandante para efectuar a provisão, uma vez que o mandante está vinculado legalmente a efectuar a provisão antes de o mandatário executar o mandato. A referência a mora constante deste artigo refere-se assim a uma mora *ex re*, existente desde o momento da celebração do contrato (art. 805º, nº 2 *a)*) e não a uma mora *ex persona*, dependente da interpelação (art. 805º, nº 1)[916].

[915] A posição de que a promessa de venda não se inclui entre os actos necessários à execução da venda é defendida na doutrina por Inocêncio Galvão Telles, "Garantia bancária autónoma (Parecer)", em *Dir.* 120 (1988), III-IV, pp. 581-604 (594-595) e Pires de Lima/Antunes Varela, *op. cit.*, II, sub art. 1159º, nº 3, p. 792. Na jurisprudência, cfr. Ac. RP 30/10/1970, sumarizado em *BMJ* 200 (1970), p. 289. Em sentido contrário, veja-se Menezes Cordeiro, *Tratado*, V, p. 104, e nota (320) e na jurisprudência, Ac. RL 7/5/1992 (Martins Ramires), em *CJ* 17 (1992), 3, pp. 175-177 (176).

[916] Neste sentido, Pires de Lima/Antunes Varela, *op. cit.*, II, sub art. 1168º, nº 2, pp. 806-807, Menezes Cordeiro, *Tratado*, V, p. 108 e Januário Gomes, "Contrato de mandato", pp. 366-367.

No âmbito da advocacia, o art. 103º do Estatuto da Ordem dos Advogados, aprovado pela Lei 145/2015, de 9 de Setembro, contempla igualmente a faculdade de o advogado exigir uma provisão para despesas (nº 1) que, se não for satisfeita, lhe permite renunciar a ocupar-se do assunto e recusar aceitá-lo (nº 2), não sendo o advogado obrigado a adiantar quaisquer encargos que não se encontrem provisionados para esse fim (nº 3)[917].

7.2. Obrigação de pagar a retribuição devida e fazer provisão por conta dela, consoante os usos

Conforme acima se referiu, o mandato presume-se gratuito, excepto se tiver por objecto actos que o mandatário pratique por profissão, caso em que se presume oneroso (art. 1158º, nº 1). Sendo o mandato oneroso, no caso de as partes não estipularem a remuneração, esta é determinada sucessivamente pelas tarifas profissionais, pelos usos ou por juízos de equidade (art. 1158º, nº 2).

No caso específico da advocacia, o mandato conferido a advogados presume-se naturalmente oneroso, face à regra do art. 1158º, nº 1. Em relação aos advogados, há aliás regras relativas à fixação dos honorários, constantes do art. 105º do Estatuto da Ordem dos Advogados, aprovado pela Lei 145/2015, de 9 de Setembro, cujo nº 1, estabelece que "os honorários do advogado devem corresponder a uma compensação económica adequada pelos serviços efectivamente prestados, que deve ser saldada em dinheiro e que pode assumir a forma de retribuição fixa", cabendo ao advogado, na falta de convenção prévia reduzida a escrito, fixar ele mesmo os honorários, em conta enviada ao cliente com discriminação dos serviços prestados (art. 105º, nº 2, EOA). Nessa fixação dos honorários, "deve o advogado atender à importância dos serviços prestados, à dificuldade e urgência do assunto, ao grau de criatividade intelectual da sua prestação, ao resultado obtido, ao tempo despendido, às responsabilidades por ele assumidas e aos demais usos profissionais" (art. 105º, nº 3).

Uma das regras na fixação dos honorários do advogado é a proibição, por razões de moralidade, da *quota litis*, uma solução muito antiga que até resulta do Direito Romano, encontrando-se prevista nas *Ordenações Filipinas*,

[917] Em consequência, no Ac. STJ 3/12/2009 (Custódio Montes), em *CJ-ASTJ* 17 (2009), 3, pp. 163-165, considerou-se não poder ser responsabilizado pela deserção de um recurso, o advogado que não adiantou, por falta de provisão, a taxa de justiça subsequente e multa, aquando da apresentação das alegações.

Liv. I, tit. 48, § 11º[918], bem como no art. 1358º do Código Civil Português de 1867 e actualmente no art. 106º do Estatuto da Ordem dos Advogados. Nos termos dessa última disposição é proibida ao advogado a celebração de pactos de *quota litis* (nº 1), considerando-se como tal "o acordo celebrado entre o advogado e o seu cliente, antes da conclusão definitiva da questão em que este é parte, pelo qual o direito a honorários fique exclusivamente dependente do resultado obtido na questão e em virtude do qual o constituinte se obrigue a pagar ao advogado parte do resultado que vier a obter, quer este consista numa quantia em dinheiro, quer em qualquer outro bem ou valor" (nº 2). O nº 3 vem, porém, considerar que "não constitui pacto de quota litis o acordo que consista na fixação prévia do montante dos honorários, ainda que em percentagem, em função do valor do assunto confiado ao advogado ou pelo qual, além de honorários calculados em função de outros critérios, se acorde numa majoração em função do resultado obtido".

Uma outra regra existente no âmbito da advocacia é a proibição de o advogado repartir honorários, "ainda que a título de comissão ou outra forma de compensação, excepto com advogados, advogados estagiários e solicitadores com quem colabore ou que lhe tenham prestado colaboração" (art. 106º EOA).

O art. 1167º *b)* admite também que o mandante possa ser sujeito a efectuar uma provisão por conta da remuneração. Trata-se, neste caso, da denominada provisão para honorários. Esta encontra-se igualmente prevista no art. 103º do Estatuto da Ordem dos Advogados, que atribui ao advogado a faculdade de exigir, para além de uma provisão para despesas, uma provisão para honorários (nº 1) que, se não for satisfeita, lhe permite renunciar a ocupar-se do assunto e recusar aceitá-lo (nº 2). Conforme acima se referiu, o advogado não é obrigado a adiantar quaisquer encargos que não se encontrem provisionados, nem sequer a utilizar a provisão para honorários para pagamento de despesas, após a extinção da provisão para estas, desde que a afectação da quantia a honorários seja do conhecimento do cliente (nº 3).

7.3. Obrigação de reembolsar o mandatário das despesas feitas

O art. 1167º *b)* impõe ao mandante o dever de "reembolsar o mandatário das despesas feitas que este fundadamente tenha considerado indispensá-

[918] Cfr. *Ordenações Filipinas*, Livro I, tit. 48, § 11º: "E defendemos a todos os Procuradores que não façam avença com as partes, para não haverem certa cousa, vencendo-lhes as demandas".

veis, com juros legais desde que foram efectuadas". A obrigação de reembolso de despesas compreende-se, dado que o mandatário actua por conta do mandante, devendo portanto compensá-lo pelo que ele tenha tido que adiantar para efeitos de execução do mandato. Esta obrigação é, no entanto, de surgimento eventual, surgindo caso tenha sido convencionada a inexistência de provisão para despesas ou, sendo esta insuficiente, o mandatário opte por não fazer uso da faculdade que lhe é conferida pelo art. 1168º.

A elegibilidade da despesa para reembolso é estabelecida com base num critério misto, simultaneamente subjectivo e objectivo, semelhante ao do art. 468º, nº 1, para a gestão de negócios. Efectivamente, exige-se em primeiro lugar que no julgamento do mandatário a despesa seja considerada como indispensável, mas esse julgamento tem que ter uma justificação fundada, sem o que não haverá lugar a reembolso, o que o excluirá no caso de despesas supérfluas ou excessivas.

A obrigação de reembolso de despesas vence juros legais (cfr. art. 559º), em relação ao momento em que foram efectuadas. Trata-se neste caso de juros compensatórios, destinados a compensar o mandatário por uma privação de capital que ele não deveria ter suportado[919].

7.4. Obrigação de indemnizar o mandatário do prejuízo sofrido em consequência do mandato

A última obrigação que incumbe sobre o mandante, nos termos do art. 1167º *d)*, é a de indemnizar o mandatário "do prejuízo sofrido em consequência do mandato, ainda que o mandante tenha procedido sem culpa". Verifica-se assim que o mandante não apenas tem que proceder ao reembolso das despesas realizadas pelo mandatário, mas também indemnizá-lo do prejuízo que o mandato lhe tenha causado, tendo essa responsabilidade natureza objectiva. A solução compreende-se pelo facto de o mandatário actuar por conta do mandante, pelo que devem repercutir-se na esfera jurídica deste, não apenas os ganhos obtidos pelo mandatário, mas também os prejuízos que a sua actuação tenha causado, o que a lei resolve através da instituição desta obrigação de indemnização.

A responsabilidade do mandante pelos danos sofridos pelo mandatário prescinde da culpa daquele, mas não dispensa a existência de um nexo

[919] Cfr. PIRES DE LIMA/ANTUNES VARELA, *op. cit.*, II, sub art. 1167º, nº 4, p. 805, e JANUÁRIO GOMES, "Contrato de mandato", pp. 369 e ss.

de causalidade (cfr. art. 563º), na medida em que a lei exige que o prejuízo seja sofrido em consequência do mandato, não se bastando com a sua mera ocorrência por ocasião deste. A causalidade do mandato em relação aos danos sofridos é naturalmente excluída sempre que o prejuízo tenha sido causado por terceiro ou resulte de um facto culposo do lesado (art. 570º)[920]. A causalidade deve ser provada pelo mandatário nos termos gerais (art. 342º, nº 1).

8. Direitos do mandatário

8.1. Generalidades

Os direitos que o mandato atribui ao mandatário têm correspondência nas obrigações do mandante, referidas no art. 1167º, correspondendo assim ao direito ao reembolso de despesas e indemnização pelos prejuízos causados, a que acresce, no mandato oneroso, o direito ao pagamento da retribuição estipulada. O mandatário poderá, no entanto, ter ainda direito a exigir o adiantamento correspondente antes de executar do mandato, através das já referidas provisões para despesas e para honorários.

8.2. Direito de retenção

O art. 755º, nº 1, *c)* atribui ao mandatário direito de retenção sobre as coisas que lhe tiverem sido entregues para execução do mandato, pelo crédito resultante da sua actividade. Incluem-se aqui os créditos cobrados, as mercadorias recebidas, títulos de crédito adquiridos ou documentos relativos aos actos praticados, que o mandatário tem o direito de reter até ver satisfeito o seu crédito sobre o mandante.

No caso específico da advocacia, o direito de retenção é sujeito a um regime especial, já que o art. 101º, nº 3, do EOA refere que o advogado, apresentada a nota de honorários e despesas, goza do direito de retenção sobre os valores, objectos ou documentos do cliente que estejam na sua posse "para garantia do pagamento dos honorários e reembolso das despesas que lhe sejam devidos pelo cliente, a menos que os valores, objectos ou documentos em causa sejam necessários para prova do direito do cliente ou que a sua retenção cause a este prejuízos irreparáveis". O direito de retenção não pode assim sobrepor-se aos direitos do cliente, cessando

[920] Cfr. Pires de Lima/Antunes Varela, *op. cit.*, II, sub art. 1167º, nº 5, pp. 805-806, e Januário Gomes, "Contrato de mandato", pp. 372-373.

sempre que seja necessário para a prova dos seus direitos ou o seu exercício cause prejuízos irreparáveis ao cliente.

No âmbito do mandato comercial, o art. 247º CCom concede ao mandatário privilégios mobiliários especiais relativamente às mercadorias a ele remetidas para serem vendidas por conta do mandante, os quais recaem ainda sobre as mercadorias por ele compradas, e sobre o preço das mercadorias por ele vendidas.

9. Obrigações do mandatário

9.1. Obrigação de executar o mandato com respeito pelas instruções recebidas

A obrigação principal do mandatário, constante do art. 1161º *a)* é a de praticar os actos compreendidos no mandato, segundo as instruções do mandante. Trata-se de uma disposição que tem paralelo no art. 465º *a)*, relativo à gestão de negócios e que se compreende pelo facto de o mandatário praticar actos jurídicos alheios e, portanto, dever realizá-los em conformidade com a vontade do seu efectivo titular, ou seja, o mandante. Essa vontade é comunicada nas instruções, que o mandatário deve respeitar, não executando o mandato em desconformidade com a vontade do mandante[921].

O dever estabelecido no art. 1161º *a)* é, no entanto, objecto de alguma modificação no art. 1162º, já que esta disposição estabelece que "o mandatário pode deixar de executar o mandato ou afastar-se das instruções recebidas, quando seja razoável supor que o mandante aprovaria a sua conduta, se conhecesse certas circunstâncias que não foi possível comunicar-lhe em tempo útil"[922]. Trata-se, neste caso, mais uma vez, do dever de respeito pela vontade do mandante, que implica que, ocorrendo circunstâncias novas que tornem presumível a modificação das suas intenções, o mandatário deva tomar em consideração essa situação nova, deixando de executar o mandato ou afastando-se das instruções recebidas[923].

[921] As instruções podem naturalmente ser comunicadas pelo mandante posteriormente à celebração do contrato. Em sentido contrário, considerando que as instruções têm que resultar do contrato, sob pena de se estar perante um contrato de trabalho, cfr. MENEZES CORDEIRO, *Tratado*, V, p. 105. Consideramos, no entanto, que é característico do mandato o dever de o mandatário observar a vontade do mandante, independentemente da altura em que é comunicada.

[922] Cfr., sobre esta disposição, PEDRO DE ALBUQUERQUE, *A representação*, pp. 919 e ss.

[923] A posição dominante é que existe aqui mesmo uma obrigação do mandatário e não uma mera permissão. Neste sentido, PIRES DE LIMA/ANTUNES VARELA, *op. cit.*, sub art. 1162º, nº

Em relação à diligência a observar na execução do mandato, não há qualquer regra especial, pelo que, por força dos arts. 799º, nº 2, e 487º, nº 2, haverá que observar a diligência do bom pai de família, de acordo com as circunstâncias do caso, efectuando-se assim uma avaliação da culpa em abstracto. Diferentemente, o art. 1336º do Código de 1867 estabelecia antes uma apreciação em concreto da culpa do mandatário, sujeitando-o "à diligência e cuidado de que é capaz". No âmbito específico da advocacia parece, porém, vigorar um modelo de diligência mais exigente, em virtude da perícia profissional exigida e da sujeição às *leges artis*, impondo, por isso, o art. 100º, nº 1 *b)* do Estatuto da Ordem dos Advogados o dever de "estudar com cuidado e tratar com zelo a questão de que seja incumbido, utilizando para o efeito todos os recursos da sua experiência, saber e actividade"[924].

9.2. Obrigações de informação e de comunicação

Para além da obrigação principal de executar o mandato, o mandatário está sujeito a obrigações de informação (art. 1161º *b)*) e de comunicação (art. 1161º *c)*). A obrigação de informação é executada a pedido do mandante, e destina-se a mantê-lo ciente do estado da gestão. Já a obrigação de comunicação é prestada espontaneamente, devendo o mandatário, com prontidão, informar o mandante da execução do mandato ou, se o não tiver executado, da razão por que assim procedeu (art. 1161º *c)*). Para além disso, e por força do art. 1162º, deve o mandatário comunicar ao mandante quaisquer circunstâncias que possam obstar à execução do mandato ou levar o mandante a modificar as suas instruções.

O art. 1163º vem estabelecer que "comunicada a execução ou inexecução do mandato, o silêncio do mandante por tempo superior àquele em que teria de pronunciar-se, segundo os usos ou, na falta destes, de acordo com a natureza do assunto, vale como aprovação da conduta do mandatário, ainda que este haja excedido os limites do mandato ou desrespeitado as instruções do mandante, salvo acordo em contrário". Temos aqui uma hipótese de relevância do silêncio como declaração negocial (art. 218º), ao

6, p. 797, MENEZES LEITÃO, *A responsabilidade do gestor*, p. 204, JANUÁRIO GOMES, "Contrato de mandato", p. 347, PEDRO DE ALBUQUERQUE, *A representação*, p. 919, nota (1435).

[924] Sobre a responsabilidade do advogado por incumprimento do mandato, cfr. Ac. RL 15/5/2008 (MANUEL GRANJA DA FONSECA), em *CJ* 33 (2008), 3, pp. 84-88.

qual é atribuído o significado de aprovação perante uma actuação do mandatário que extravase do âmbito do mandato ou desrespeite as instruções recebidos[925]. Por aplicação analógica do art. 469º, parece dever sustentar-se que a aprovação envolve a renúncia a qualquer indemnização por danos devidos a culpa do mandatário e vale como reconhecimento da exactidão das contas e dos créditos por este reclamados[926].

A aprovação do mandante relativamente à conduta do mandatário coloca-se, porém, exclusivamente no plano das relações internas, não significando uma ratificação de actos do representante praticados sem poderes[927].

9.3. Obrigação de prestar contas

Outra obrigação do mandatário, estabelecida no art. 1161º *d)* é a de prestar contas. Esta obrigação restringe-se naturalmente aos casos em que existam débitos e créditos recíprocos das partes surgidos no âmbito da relação de mandato, não se confundindo por isso com as obrigações de informação e comunicação acima referidas[928]. Em princípio as contas são prestadas no fim do mandato, tendo, porém, o mandante a faculdade de exigir a sua prestação a qualquer tempo. Caso seja requerida a intervenção do tribunal, a prestação de contas obedece ao processo constante dos arts. 941º e ss. do CPC.

A prestação de contas não é sujeita a formalismos particulares, mas também não se reconduz à simples formulação de um quadro aritmético, tendo que expressar de forma discriminada os débitos e créditos consti-

[925] Há, porém, que salientar a permissão do art. 1162º que, em atenção à vontade hipotética do mandatário, permite ao mandatário deixar de executar o mandato ou afastar-se das instruções recebidas. Neste caso, haverá, porém, uma extensão automática do mandato, pelo que não se estará perante uma hipótese de aplicação do art. 1163º. Neste sentido, cfr. PEDRO DE ALBUQUERQUE, *A representação*, pp. 924-925, nota (1449).

[926] Neste sentido, MENEZES CORDEIRO, *Tratado*, V, p. 107.

[927] Neste sentido, cfr. CARLOS LACERDA BARATA, *Sobre o contrato de agência*, Coimbra, Almedina, 1991, p. 53, nota (123), PAULO MOTA PINTO, *Declaração tácita*, pp. 666 e ss., nota (540), e PEDRO DE ALBUQUERQUE, *A representação*, p. 1273, nota (1436). Em sentido contrário, considerando o art. 1163º como uma restrição ao art. 268º, cfr. PIRES DE LIMA/ANTUNES VARELA, *op. cit.*, II, sub art. 1163º, nº 3, pp. 798-799, DURVAL FERREIRA, *op. cit.*, p. 166, nota (4), e MANUEL JANUÁRIO GOMES, "Contrato de mandato", pp. 351-352.

[928] Cfr. PIRES DE LIMA/ANTUNES VARELA, *sub* art. 1161º, nº 5, pp. 795-796 e MENEZES CORDEIRO, *Tratado*, V, p. 106.

tuídos na relação entre o mandante e o mandatário e o saldo respectivo. Não se institui, porém, uma relação de conta corrente, pelo que não se verificam os efeitos referidos no art. 346º CCom[929].

9.4. Obrigação de entregar ao mandante tudo o que recebeu em execução ou no exercício do mandato

Finalmente, a última obrigação que surge para o mandatário é a de entregar ao mandante tudo o que recebeu em execução do mandato ou no exercício deste, se não o despendeu normalmente no cumprimento do contrato (art. 1161º *e*)).

Uma questão que levantou controvérsia na doutrina foi a de determinar em que momento entra o mandatário em mora relativamente a esta obrigação[930], questionando-se se se exigiria interpelação por parte do mandante para a constituição do mandatário em mora e se se poderia considerar que a iliquidez excluiria a mora, atento o facto de ser ao mandatário que caberia efectuar a respectiva liquidação. No âmbito do Código Civil de 1867, José Alberto dos Reis defendeu a solução de que o mandatário apenas incorreria em mora, a partir da fixação judicial do saldo das contas que deveria entregar ao mandante, uma vez que até lá a obrigação seria de cumprimento impossível, não podendo, por isso, o mandatário ser constituído em mora com a interpelação[931], mas esta tese foi rejeitada pelo STJ estabeleceu por meio de assento de 20/12/1966 a doutrina de que o mandatário deve juros legais pelo saldo das contas do mandato a partir da data em que é interpelado para as prestar[932].

No âmbito do actual Código, o art. 1164º veio estabelecer que o mandatário deve pagar ao mandante os juros legais correspondentes às quantias que recebeu dele ou por conta dele, a partir do momento em que devia entregar-lhas ou remetê-las ou aplicá-las, segundo as suas instruções, o que significa ter-se consagrado a solução de que a partir do momento em que o mandatário deveria ter dado certo destino a uma quantia, de acordo com as instruções do mandante, ele constitui-se em mora, independente-

[929] Cfr. Dutilleul/Delebecque, *op. cit.*, p. 509.

[930] Seguimos neste âmbito Ribeiro de Faria, *Direito das Obrigações*, II, Coimbra, Almedina, s.d. (mas 1987), pp. 444-445, nota (1).

[931] Cfr. José Alberto dos Reis, "Anotação Ac. STJ 20/12/1940", na *RLJ* 74 (1941), pp. 45-48.

[932] Cfr. Assento 20/12/1966 (Lopes Cardoso), na *RLJ* 100 (1967), p. 212.

mente de interpelação[933]. Consequentemente, parece que não se poderá aplicar neste caso o art. 805º, nº 3, primeira parte, uma vez que, ainda que a obrigação seja ilíquida, a falta de liquidez é imputável ao devedor, já que ele pode apurar em cada momento pela compensação dos débitos e créditos a quantia que deve entregar[934].

9.5. Outras obrigações do mandatário

O mandatário pode ainda ter obrigações acessórias perante o mandante, designadamente a custódia de objectos que lhe sejam entregues por este para execução do mandato, aos quais se pode aplicar o regime do depósito, presumindo-se nesse caso a culpa do mandatário em caso de se verificar a sua perda ou deterioração[935].

10. Substitutos e auxiliares do mandatário

O regime da substituição do mandatário e da utilização por este de auxiliares encontra-se regulado no art. 1169º que nos refere que "o mandatário pode, na execução do mandato, fazer-se substituir por outrem, ou servir-se de auxiliares, nos mesmos termos em que o procurador o pode fazer". Temos assim que o regime da substituição e utilização de auxiliares pelo mandatário resulta integralmente de uma remissão para o regime da procuração, o qual consta do art. 264º.

Em face deste regime, convém distinguir a substituição da utilização de auxiliares. Fala-se em substituição do mandatário, quando ele encar-

[933] Conforme tem vindo a ser unanimente defendido pela doutrina, os juros previstos no art. 1146º são juros moratórios. Cfr. Vaz Serra, "Anotação Assento 20/12/1966" na *RLJ* 100 (1967-1968), pp. 217-224, Pires de Lima, "Anotação Assento 20/12/1966", na *RLJ* 100 (1967-1968), pp. 227-235 e Antunes Varela,"Anotação Ac. STJ 12/3/1968", na *RLJ* 102 (1969-1970), pp. 85-93 (91 e ss.).

[934] Cfr. Antunes Varela na *RLJ* 102 (1969-1970), pp. 91 e ss.

[935] No Ac. STJ 7/2/2002 (Neves Ribeiro), em *CJ-ASTJ* 10 (2002), 1, pp. 77-81 foi qualificado como contrato misto de depósito e mandato o contrato pelo qual alguém coloca num stand o automóvel próprio para ser vendido pelo dono do stand, entendendo-se que em caso de furto do veículo recai sobre o dono do stand a presunção de culpa de incumprimento da obrigação de guarda. Mas já no Ac. RP 17/1/2012 (Rodrigues Pires), em *CJ* 37 (2012), 1, pp. 175-179 se considerou constituir um contrato de mandato típico, o contrato pelo qual um pintor colocava quadros num restaurante, obrigando-se o dono deste a vendê-los a terceiros, entendendo que o mandatário responde como depositário, presumindo-se a sua culpa pelo furto dos quadros entregues.

rega outro mandatário de praticar os mesmos actos jurídicos de que foi encarregado pelo mandante, havendo assim um subcontrato de mandato, ou seja, um submandato[936]. Já a utilização de auxiliares não implica que estes pratiquem os actos jurídicos de que o mandatário foi encarregado, limitando-se a dar-lhe colaboração nas suas tarefas. Em termos simples, ocorrendo um submandato, estabelece-se uma relação de mandato entre o mandatário e o submandatário, enquanto que o vínculo que o mandatário estabelece com os seus auxiliares constitui antes uma relação de trabalho subordinado ou um contrato de prestação de serviços.

Da remissão para o art. 264º, nº 1, resulta que o mandatário só pode fazer-se substituir por outrem se o mandante o permitir, ou se essa faculdade de substituição resultar do conteúdo do mandato, ou da relação que o determina. Uma vez que o mandato é, em princípio, um contrato *intuitu personae*, a faculdade de substituição é excluída fora desses casos. Há, porém, situações, em que a lei faz presumir expressamente que foram conferidos ao mandatário poderes para substabelecer o mandato, como sucede no mandato judicial (art. 44º, nº 2, CPC).

Os usos forenses em Portugal introduziram a prática de o mandatário fazer o subestabelecimento do mandato com a declaração escrita "com reserva" ou "sem reserva". A primeira menção significa que o mandatário inicial se mantém a exercer as suas funções, apenas se tendo feito substituir em virtude de um impedimento transitório. Já a segunda significa que o mandatário pretende abdicar do exercício do mandato, passando assim o substituto a exercê-lo em exclusivo[937]. Hoje o substabelecimento sem reserva encontra-se expressamente previsto no art. 44º, nº 3 CPC, onde se refere que "o substabelecimento sem reserva implica a exclusão do anterior mandatário". Esta distinção parece estar igualmente subjacente ao art. 264º, nº 2, de onde resulta que, salvo declaração em contrário, a substituição não envolve exclusão do anterior mandatário, presumindo-se assim que os substabelecimento são com reserva, salvo se neles for declarado o contrário[938].

[936] Sobre o submandato, cfr. ROMANO MARTINEZ, *O subcontrato*, pp. 33 e ss.

[937] Para CUNHA GONÇALVES, *Contratos*, p. 71, a cláusula "sem reserva" não implica uma renúncia ao mandato, uma vez que esta depende de outras formalidades, mas apenas uma suspensão do seu exercício, espécie de renúncia provisória, podendo o mandatário inicial posteriormente reassumir essas funções.

[938] VAZ SERRA, "Anotação Ac. STJ 19/2/1974", na *RLJ* 108 (1975-1976), pp. 83-94 (92-93), e JANUÁRIO GOMES, "Contrato de mandato", pp. 337-338, rejeitam esta interpretação do

Uma vez estabelecido, o submandato fica sujeito ao regime do mandato, ficando o submandatário vinculado nos termos do arts. 1161º e ss., e assumindo o mandatário, como submandante, as obrigações resultantes dos arts. 1167º e ss[939]. O submandato pode extinguir-se nos termos gerais dos arts. 1170º e ss., estando ainda sujeito a uma causa de extinção autónoma, que é a cessação do vínculo principal de mandato[940].

Sendo celebrado o submandato, o mandatário responde perante o mandante pelos actos praticados pelo submandatário, mas, no caso de haver autorização para submandatar, essa responsabilidade vem a ser algo atenuada, já que o art. 264º, nº 3, aplicável por força do art. 1165º, dispõe que o mandatário apenas responde perante o mandante por actos praticados pelo submandatário "se tiver agido com culpa na escolha do substituto ou nas instruções que lhe deu". A responsabilidade do mandatário limita-se assim à *culpa in instruendo* ou *in eligendo*, ainda que, nos pareça que, por força do art. 799º, nº 1, caberá ao mandatário o ónus de demonstrar que não incorreu em qualquer dessas situações. Por outro lado, no caso do mandato profissional, parece impor-se ao mandatário um especial dever de vigilância em relação ao substituto, o que poderá justificar um alargamento da sua responsabilidade[941].

A utilização de auxiliares é, porém, sujeita a um regime diferente, nos termos do art. 264º, nº 4, aplicável por força do art. 1165º, que a admite "se outra coisa não resultar do negócio ou da natureza do acto que haja de praticar". O mandatário pode assim em princípio recorrer a auxiliares para a execução do mandato. Se o fizer, porém, parece que a sua responsabilidade por actos destes será objectiva, por aplicação directa do disposto no art. 800º.

art. 264º, nº 2, sustentando que "a declaração em contrário" aí referida não é do mandatário, mas antes do mandante, pelo que não poderia ser referida à "cláusula sem reserva". Parece-nos, porém, que a autorização do mandante se encontra antes referida no nº 1, sendo manifesto que o nº 2, se refere antes ao "procurador primitivo", e portanto à cláusula "sem reserva". Neste sentido, cfr. Pires de Lima/Antunes Varela, *Código Civil Anotado*, I, 4ª ed., Coimbra, Coimbra Editora, 1987, sub art. 264º, nº 2, pp. 245-246.

[939] Sobre o submandato, cfr. Pedro Romano Martinez, *O subcontrato*, pp. 33 e ss.

[940] Neste sentido, cfr. Manuel Januário Gomes, *Em tema*, p. 40.

[941] Esta solução tem sido defendida no âmbito do direito francês. Cfr. Bénabent, *op. cit.*, p. 376.

11. A pluralidade de partes na relação de mandato

O Código estabelece uma regulação especial para a pluralidade de partes na relação de mandato. A pluralidade de mandatários encontra-se regulada no art. 1160º, o qual nos refere que, se alguém encarregar várias pessoas da prática dos mesmos actos jurídicos, haverá tantos mandatos quanto as pessoas designadas, salvo se o mandante declarar que devem agir conjuntamente. A regra é assim a do *mandato disjunto*, em que cada mandatário tem o seu próprio dever de executar o mandato, independentemente da actuação dos outros mandatários. Pode, porém, ocorrer por declaração do mandante uma situação de *mandato conjunto*, em que os mandatários adquirem um dever de actuação conjunta na gestão.

Mesmo no caso de mandato conjunto, a regra não é, no entanto, a da solidariedade entre mandatários, mas a da conjunção (art. 1166º), regra que vigora, por maioria de razão, para o mandato disjunto. As partes podem, porém, em qualquer dos casos, estabelecer o regime da solidariedade, nos termos gerais (art. 513º).

O mandato conjunto caracteriza-se ainda por as causas de caducidade do mandato relativas a um dos mandatários afectarem igualmente os restantes, salvo convenção em contrário (art. 1177º).

A lei regula igualmente a pluralidade de mandantes, estabelecendo o art. 1169º que "sendo dois ou mais os mandantes, as suas obrigações para com o mandatário são solidárias, se o mandato tiver sido conferido para assunto de interesse comum". Desta norma resulta que a solidariedade das obrigações dos mandantes para com o mandatário, está dependente da existência de um assunto de interesse comum (*mandato colectivo*), pelo que, havendo interesses divergentes, haverá que aplicar o regime da conjunção, respondendo cada mandante na medida do seu interesse. Ocorrendo um assunto de interesse comum, deixa de ser permitido a cada mandante revogar individualmente o mandato, já que a revogação, para produzir efeitos, necessita de ser realizada por todos os mandantes (art. 1173º).

12. As relações com terceiros

12.1. A situação do mandato com representação

O mandato com representação vem a ser regulado nos arts. 1178º e 1179º, dos quais resulta uma clara dissociação entre a representação e o mandato. Efectivamente, a representação pressupõe a outorga de poderes representativos, que resulta da procuração (arts. 262º e ss.), e a invocação do nome do representado (*contemplatio domini*: art. 258º). Ora, do mandato resulta apenas o dever de praticar actos jurídicos por conta do mandante, o que não envolve necessariamente a outorga de poderes representativos nem implica a actuação em nome do mandante[942].

Pode, porém, o mandato vir a ser associado à representação, o que ocorre sempre que o mandatário tenha recebido poderes representativos (procuração) e actue em nome do mandante (*contemplatio domini*). Nesses casos, a actuação do mandatário exerce-se em representação do mandante, pelo que o regime da representação, constante dos arts. 258º e ss., é igualmente aplicável ao mandato (art. 1178º, nº 1). Se o mandatário, apesar de munido de poderes representativos, não actuar em nome do mandante, já o regime da representação não se poderá aplicar. No entanto, a outorga de poderes representativos faz constituir o mandatário no dever de actuar, não apenas por conta, mas em nome do mandante, a menos que outra coisa seja estipulada (art. 1178º, nº 2).

O mandato com representação constitui assim uma *facti species* negocial complexa, em que se integram a procuração e o mandato. Essa *facti species* não representa, porém, um mero somatório dos dois negócios, uma vez que as obrigações do mandatário se alteram quando o mandante lhe confere simultaneamente uma procuração, e os dois negócios apresentam ligações entre si em relação às suas causas de extinção.

Efectivamente, vistos isoladamente os dois negócios, o mandato constitui apenas o mandatário no dever de praticar actos jurídicos por conta do mandante (art. 1157º), enquanto que a procuração se reconduz a uma mera concessão de poderes representativos (art. 262º). A junção dos dois negócios faz surgir, porém, um dever novo, que é o de exercer o mandato em nome do mandante (art. 1178º, nº 2).

Por outro lado, apesar de constituirem dois negócios distintos, as causas de extinção da procuração estendem-se ao mandato e vice-versa. Assim, nos termos do art. 1179º, a revogação e a renúncia da procuração determinam a revogação do mandato. Mas também a extinção do mandato vai determinar a extinção da procuração, dado que constitui um caso de cessação da relação jurídica que lhe serve de base, nos termos do art. 265º, nº 1.

[942] Há, porém, casos especiais de mandato necessariamente representativo, como o mandato judicial (cfr. art. 44º CPC).

12.2. A situação do mandato sem representação

Nos termos do art. 1180º, o mandato sem representação é aquele que seja exercido por conta do mandante em nome do próprio mandatário, ou seja, sem *contemplatio domini*, isto mesmo que o mandatário tenha recebido poderes representativos ou o mandato seja conhecido dos terceiros que participem nos actos ou sejam destinatários destes.

No âmbito do mandato sem representação poderiam ser adoptadas em abstracto duas teses para resolver o problema da repercussão no mandante dos negócios celebrados entre o mandatário e terceiro: a tese da dupla transferência, segundo a qual os efeitos se repercutem na esfera do mandatário, sendo necessário um negócio autónomo para os transmitir para o mandante, e a tese da projecção imediata, segundo a qual os efeitos repercutem-se directamente na esfera do mandante, sem terem que passar pelo património do mandatário[943]. Entre estas existe uma posição intermédia, que sustenta a dupla transferência no mandato para adquirir e a projecção imediata no mandato para alienar[944].

No âmbito do mandato para adquirir, a lei portuguesa consagrou, no entanto, claramente a tese da dupla transferência[945], ao referir que se o

[943] A teoria da projecção imediata foi defendida entre nós por PESSOA JORGE, *O mandato*, pp. 291 e ss., e 334 e ss. Para este autor, a evolução do direito demonstraria não haver obstáculos a que os contratos pudessem afectar terceiros, desde que fosse respeitada a sua autonomia privada, o que seria o caso do mandato sem representação, podendo assim ser consagrada a projecção imediata. Já a tese da dupla transferência não corresponderia à intenção das partes, que não pretendem que o mandatário seja investido na propriedade dos bens a adquirir, os quais poderiam depois ser executados pelos seus credores ou transmitidos aos seus herdeiros, e querem que o mandante fique proprietário dos mesmos, e não mero credor de uma obrigação da sua transferência. A isto acresce que, na tese da dupla transferência, a natureza do acto pelo qual se procede à segunda transferência não se adequaria ao sistema de contratos reais do direito português, uma vez que a sua causa não seria a de uma compra e venda nem de uma doação, tratando-se ou de um negócio abstracto ou de um negócio causal fiduciário, não sendo nenhum deles admitido no nosso sistema.

[944] Cfr. ALESSANDRO GRAZIANI, "Il mandato senza rappresentanza", em *Giur. Comp. Dir. comm.* 1942, recolhido em ID, *Studi di diritto civile e commerciale*, Napoli, Jovene, 1953, pp. 101-108. De acordo com esta posição o agir em nome próprio do mandatário implica apenas que se produzam nele os efeitos do negócio, mas não exige que se deva verificar a seu favor um efeito que não é próprio do negócio que vai executar (como a prévia aquisição da propriedade), bastando a existência de uma autorização para que essa propriedade se transmita directamente para o terceiro.

[945] Cfr. neste sentido, PIRES DE LIMA/ANTUNES VARELA, *op. cit.*, II, sub art. 1181º, nºs 3 e 4, p. 827, GALVÃO TELLES, "Mandato sem representação", em *CJ* 8 (1983), 3, pp. 7-17 (10),

mandatário agir em nome próprio adquire os direitos e assume as obrigações resultantes dos negócios que celebra (art. 1180º). Os efeitos dos negócios não se repercutem assim directamente na esfera do mandante, mas antes na esfera do mandatário, de onde terão que ser posteriormente transferidos para o mandante.

Adoptando a tese da dupla transferência, o art. 1181º, nº 1, vem estabelecer uma obrigação para o mandatário de transferir para o mandante os direitos adquiridos em execução do mandato. Daqui resulta que como o bem é primeiramente adquirido pelo mandatário (cfr. art. 1180º), a sua efectiva aquisição pelo mandante depende de um novo negócio de transmissão, a celebrar entre ele e o mandatário, negócio esse que o mandatário se obriga a celebrar[946].

JANUÁRIO GOMES, *Em tema*, pp. 120 e 125 e "Contrato de mandato", p. 402, e MARIA JOÃO ROMÃO CARREIRO VAZ TOMÉ, "Sobre o contrato de mandato sem representação e o *trust*", em *ROA* 67 (2007), 3, pp. 1091-1161 (1115).

[946] Não parecendo existir qualquer dúvida no sentido da adopção pelo Código da doutrina da dupla transferência no âmbito do mandato para adquirir, tem havido alguma hesitação na qualificação como negocial do acto pelo qual o mandatário procede à segunda transferência. Essa hesitação deve-se, no essencial, à obra de PESSOA JORGE, *O mandato*, pp. 316-319 que, como defensor da tese da projecção imediata, sustentava que o segundo acto transmissivo não poderia ser uma compra e venda ou uma doação, pois tais contratos seriam inelutavelmente simulados, podendo, no entanto, constituir num acto com uma *causa solvendi obligationis mandati*. Mas já MIGUEL GALVÃO TELES, *Obrigação de negociar (Esboço de um estudo)*, I, Lisboa, polic. 1963, pp. 13-14 e 229-230 se pronunciou pela qualificação como negocial do acto pelo qual o mandatário transfere para o mandante os resultados económicos do seu contrato com terceiro. No âmbito do actual Código Civil, a doutrina tem sido maioritária na qualificação como negocial do acto pelo qual se procede à segunda transferência, falando-se de um negócio alienatório específico de execução do mandato. Assim, INOCÊNCIO GALVÃO TELLES, *CJ* 8 (1983), 3, pp. 10, e JANUÁRIO GOMES, *Em tema*, p. 126 e "Contrato de mandato", pp. 402-403. Apenas ANA PRATA, *O contrato-promessa*, p. 427, nota (1024) se pronuncia contra esta solução entendendo que do art. 1181º não resulta que a segunda transferência imposta ao mandatário revista natureza negocial, tratando-se antes de um acto translativo *solvendi causa*, de natureza não negocial, embora a pp. 900 venha, no entanto, algo contraditoriamente, sustentar a aplicação do art. 830º, em caso de não cumprimento da obrigação de transferência do mandatário.

Pronunciamo-nos pela natureza contratual da segunda transferência. Não se vê, efectivamente, como sustentar, perante um ordenamento baseado no sistema do título (art. 408º, nº 1) que seja possível operar a transferência dos direitos reais para outrem, sem o seu consentimento, através da mera prática de um acto não negocial. A segunda transferência tem que ser, assim, baseada num novo contrato entre mandante e mandatário, que este fica obrigado a celebrar, nos termos do art. 1181º, nº 1. Cfr., neste sentido, já MENEZES LEITÃO, *O enriquecimento*, pp. 559-560, nota (15), reed., p. 540, nota (1514).

No âmbito do mandato com representação, coloca-se o problema de saber quais as consequências jurídicas do facto de o mandatário incumprir a sua obrigação de transferência para o mandante. No âmbito do direito italiano, o art. 1706, I do *Codice* prevê a possibilidade de o mandante reivindicar do mandatário as coisas móveis não sujeitas a registo. Entre nós, essa solução é inadmissível, uma vez que o art. 1180º é claro no sentido de que as coisas objecto do contrato são adquiridas pelo mandatário, que é assim o verdadeiro e exclusivo proprietário delas[947]. Efectivamente, o mandante tem apenas contra o mandatário uma acção pessoal relativa à obrigação de transferência assumida por este e não uma acção real, de reivindicação dos bens adquiridos[948].

Coloca-se, no entanto, o problema de saber se o art. 830º, ao prever a execução específica da obrigação de contratar, não poderá ser aplicável ao mandato sem representação, atento o facto de o art. 1181º, nº 1, estabelecer uma obrigação de transferência para o mandante dos direitos adquiridos em execução do mandato, que a maioria da doutrina considera ter lugar através de um contrato. Parte da doutrina e alguma jurisprudência têm-se pronunciado em sentido contrário, com o argumento de que a execução específica prevista no art. 830º não pode ter lugar fora do contrato-promessa[949]. Mas a posição contrária é claramente prevalecente na doutrina

[947] No sentido de que o mandante não pode reivindicar a propriedade da coisas adquiridas pelo mandatário, vide Ac RP 20/2/1997 (Custódio Montes), na *CJ* 22 (1997), I, pp. 238-242, e na *RLJ* 131 (1998), pp. 20-26, que indeferiu a pretensão do mandante de ser considerado comproprietário das coisas adquiridas em execução do mandato. Esta decisão viria a ser confirmada pelo Ac STJ 22/2/2000 (Garcia Marques), no *BMJ* 494 (2000), pp. 320-33 que considerou que o mandato sem representação não permite reivindicar a compropriedade, mas apenas obter a condenação do réu a transferir essa propriedade.

[948] Cfr. neste sentido, Vaz Serra, "Anotação Ac. STJ 16/2/1978", na *RLJ* 111 (1978-1979), p. 246-249 (248 e nota (1)), Pires de Lima/Antunes Varela, *op. cit.*, II, sub art. 1181º, nº 3, p. 827, Galvão Telles, *CJ* 8 (1983), 3, pp. 9-10, e Januário Gomes, *Em tema*, p. 126.

[949] Neste sentido, cfr. Galvão Telles, *Obrigações*, p. 135, nota (1) e Antunes Varela, *Obrigações*, I, p. 337. Defendendo expressamente que a obrigação do mandatário, no mandato sem representação não é susceptível de execução específica, veja-se na jurisprudência, Ac. STJ 11/5/2000 (Abílio Vasconcelos) na *CJ ASTJ* 8-2 (2000), pp. 59-61 e no *BMJ* 497 (2000), pp. 357-363, Ac. RE 3/6/2004 (Bernardo Domingos), em *CJ* 29 (2004), 3, pp. 243-248 (admitindo, no entanto, a aplicação da sanção pecuniária compulsória), Ac. STJ 26/10/2004 (Moreira Camilo), em *CJ-ASTJ* 12 (2004), 3, pp. 84-90 e Ac. STJ 22/1/2008 (Azevedo Ramos), em *CJ-ASTJ* 16 (2008), 1, pp. 57-59.

e parece ser efectivamente a melhor posição[950]. Parece, no entanto, ser de exigir, quando o mandato sem representação se destine a aquisição de bens imóveis, que seja celebrado por escrito, nos termos do art. 410º, nº 2, em ordem a permitir a extensão analógica do art. 830º[951].

A execução específica deixa, porém, de ser possível, havendo incumprimento definitivo da obrigação, como no caso de o mandatário alienar o bem a terceiro, caso em que restará ao mandante o direito a uma indemnização. O mandante poderá, no entanto, reclamar em lugar desta o preço obtido pelo mandatário com essa alienação, caso decida aprovar a sua gestão[952].

Relativamente aos créditos adquiridos pelo mandatário, a lei admite que o mandante possa substituir-se-lhe no exercício dos respectivos direitos (art. 1181º, nº 2). Não se trata neste caso da acção sub-rogatória prevista nos arts. 606º e ss., a qual se exerce em benefício de todos os credores (art. 609º), mas antes de uma acção directa, mediante a qual se permite ao mandante, em substituição do mandatário, cobrar directamente a terceiros os créditos que o mandatário sobre eles tenha[953]. Neste âmbito, a lei desvia-se da tese da dupla transferência, a qual pressuporia que o crédito, para ser exercido pelo mandante fora do âmbito da acção sub-rogatória, teria que lhe ser previamente cedido pelo mandatário, através de uma cessão de créditos (arts. 577º e ss.).

Já pelo contrário, em relação às dívidas contraídas pelo mandatário, a tese da dupla transferência é plenamente observada, na medida em que o art. 1182º estabelece que o mandante deve assumi-las através do instituto

950 No sentido de que a obrigação do mandatário é susceptível de execução específica, cfr. MENEZES CORDEIRO, *Tratado*, V, p. 112, e nota (338), JANUÁRIO GOMES, *Em tema*, pp. 131 e ss. e *Assunção*, p. 35, nota (125), ANA PRATA, *O contrato-promessa*, p. 900, e HENRIQUE MESQUITA, "Anotação Ac RP 20/2/1997", na *RLJ* 131 (1998), pp. 26-32 (32). Na jurisprudência, cfr. Ac. RC 28/5/1996 (HERCULANO NAMORA), na *CJ* 21 (1996), 3, pp. 20-21, sumarizado no *BMJ* 457 (1996), p. 457, Ac. RL 2/11/1999 (ROQUE NOGUEIRA), em *CJ* 24 (1999), 5, pp. 74-76 (76), e Ac. RL 30/3/2000 (CORDEIRO DIAS), em *CJ* 25 (2000), 2, pp. 124-125.

951 Neste sentido, JANUÁRIO GOMES, *Em tema*, pp. 139 e ss.

952 Neste sentido, cfr. o Ac. RC 1/6/2004 (RUI BARREIROS), em *CJ* 29 (2004), 3, pp. 17-20.

953 Cfr. na doutrina italiana, CARLO SANTAGATA, "Crediti «ex mandato» e sostituzione del mandante", na *RDCiv* 9 (1963), I, pp. 628-664 e COSTANZA SETTESOLDI, "Il mandato ad acquistare ed ad alienare", em FRANCESCO ALCARO (org.), *Il mandato*, Milano, Giuffrè, 2000, pp. 101-247 (166 e ss.), e, entre nós, PIRES DE LIMA/ANTUNES VARELA, *op. cit.*, II, sub art. 1181º, nº 6, pp. 828-829. No Ac. RL 5/7/2000 (TORRES VEIGA), em *CJ* 25 (2000), 4, pp. 82-85 admite-se em consequência que o mandante se possa substituir ao mandatário no exercício dos direitos resultantes de um contrato-promessa por este celebrado.

da assunção de dívidas (arts. 595º e e ss.). Se o não puder fazer, deve entregar ao mandatário os meios necessários para as cumprir ou reembolsá-lo do que este houver dispendido nesse cumprimento[954]. Assim, o terceiro não pode demandar directamente o mandante por dívidas contraídas pelo mandatário, podendo apenas exercer, nos termos gerais, a acção sub-rogatória (arts. 606º e ss.)[955].

O art. 1183º esclarece que o mandatário não é responsável pela falta de cumprimento das obrigações assumidas pelas pessoas com quem haja contratado, salvo se, no momento da celebração do contrato conhecesse ou devesse conhecer a insolvência destas.

Uma das consequências da adopção da tese da dupla transferência é a de que os bens são adquiridos pelo mandatário (art. 1180º), pelo que naturalmente poderiam ser executados pelos credores deste, sem que ao mandante fosse conferida uma preferência especial. O legislador não adoptou, porém, esta solução na sua plenitude, permitindo a instituição de uma separação de patrimónios na esfera do mandatário. Assim, o art. 1184º vem estabelecer que "os bens que o mandatário haja adquirido em execução do mandato e devam ser transferidos para o mandante nos termos do nº 1 do art. 1181º não respondem pelas obrigações daquele, desde que o mandato conste de documento anterior à data da penhora desses bens e não tenha sido feito o registo da aquisição, quando esta esteja sujeita a registo". Consagra-se neste caso a impenhorabilidade pelos credores do mandatário dos bens adquiridos em execução do mandato e que se destinem a ser transferidos para o mandante, impenhorabilidade essa que se justifica pelo facto de que a agressão pelos credores do mandatário frustraria o objectivo final da transferência dos bens para o mandante, redundando assim em prejuízo deste. No entanto, para evitar a fraude aos credores do mandatário, essa impenhorabilidade depende da existência de documento anterior à penhora dos bens e do não registo da aquisição pelo mandatário[956], em

[954] No Ac. RL 3/2/2012 (António Valente), em *CJ* 37 (2012), 1, pp. 100-104 admitiu-se em consequência que o mandatário sem representação, encarregado da exportação de mercadorias, tem direito a ser reembolsado das despesas que suportou, mesmo que as mercadorias não tenham sido autorizadas a entrar no país de destino.

[955] Em Menezes Leitão, *O enriquecimento*, pp. 558 e ss., reed., pp. 539 e ss., explicámos a razão por que não se admite nesta situação uma acção de enriquecimento sem causa do terceiro contra o mandante.

[956] O não registo da aquisição pode ser neste caso dificultado, atenta a obrigatoriedade do registo agora consagrada no art. 8º-A, nº 1, *a)* do CRPred. de que não é exceptuada a situação

ordem a evitar a criação nos seus credores de uma expectativa legítima de que pudesse contar com esses bens para a satisfação do seu crédito[957].

Apesar de ter consagrado a tese da dupla transferência no mandato para adquirir, a lei não faz qualquer referência à situação vigente em sede de mandato para alienar. Em termos teóricos, tanto pode ser defendida a tese da *projecção imediata*, segundo a qual ocorre uma transferência directa do mandante para o terceiro adquirente do bem alienado pelo mandatário, como a tese da *dupla transferência*, que entende que a alienação se efectua através do património do mandatário. Esta última tese contempla duas versões, sendo uma a da *dupla transferência instrumental ou simultânea*, segundo a qual a transferência para o mandatário fica sujeita à *conditio iuris* da retransmissão do bem a terceiro, sendo instrumental e contemporânea da mesma[958], e outra a da *dupla transferência fiduciária*, segundo a qual a transferência no mandato sem representação corresponderia a um negócio fiduciário, pelo qual o mandatário adquiriria previamente a propriedade do mandatário, com a obrigação de a retransmitir a terceiro[959].

A doutrina portuguesa tem divergido entre a adopção da tese da projecção imediata e a tese da dupla transferência fiduciária.

A favor da tese da projecção imediata pronunciaram-se PIRES DE LIMA/ANTUNES VARELA e MANUEL JANUÁRIO GOMES. Para PIRES DE LIMA/ANTUNES VARELA, a venda de bens alheios apenas é nula, se o vendedor carecer de legitimidade para a realizar. Ora, o mandato, mesmo sem representação, conferiria ao mandatário a necessária legitimação para celebrar o negócio de transmissão de que foi encarregado. A venda seria assim válida, embora a coisa fosse alheia, perdendo o mandante a propriedade e adquirindo-a o terceiro, "como se o mandatário tivesse poderes de

da aquisição por mandatário sempre representação. Caso o registo venha a ser efectuado por qualquer das entidades referidas no art. 8º-B, nº 1, CRPred. não será manifestamente aplicável o art. 1184º.

[957] Cfr. GALVÃO TELLES, *CJ* 8 (1983), 3, p. 12.

[958] A doutrina da dupla transferência instrumental ou simultânea foi defendida na Itália por LUIGI CARRARO, *Il mandato ad alienare*, Padova, Cedam, 1947, pp. 72 e ss., e GUSTAVO MINERVINI, "Il transferimento nel mandato ad alienare in proprio nomine", na *RDComm* 48 (1950), I, pp. 484-496. Cfr. ainda as recensões de PESSOA JORGE, *O mandato*, pp. 288-289 e MANUEL JANUÁRIO GOMES, *Em tema*, pp. 120 e ss.

[959] Esta tese foi defendida entre nós, na vigência do Código de SEABRA, por JOÃO-BAPTISTA JORDANO, "Mandato para alienar", na *RDES* 6 (1950-1951), pp. 195-254 (234 e ss.). Cfr. ainda a recensão de PESSOA JORGE, *O mandato*, pp. 286-287.

representação". Os autores acrescentam, porém, que "dizer agora, se houve uma única transferência – do mandante para o terceiro – ou uma dupla transferência – do mandante para o mandatário e deste para o terceiro – ou referir o mecanismo técnico-jurídico por meio do qual se opera a eventual repercussão directa da transferência na esfera jurídica do mandante, não interessa senão no domínio da construção doutrinária"[960]. Embora discordando desta última afirmação, a posição vem a ser seguida por MANUEL JANUÁRIO GOMES, que considera que é o próprio mandato que confere legitimidade para alienar o bem, uma vez que através dele o mandante autoriza o mandatário a destacar um bem do seu património, com o fim de o alienar a terceiro. No entanto, "uma vez que o mandato não constitui contrato translativo, a transferência no mandato para alienar opera-se *recta via* do mandante para o terceiro. Daqui resultam, nomeadamente, as seguintes consequências: 1º) o mandante pode, antes da prática do acto gestório (alienação), *reivindicar* a coisa em poder do mandatário, ao passo que na hipótese da dupla transferência só se poderia socorrer de uma *acção pessoal*; 2º) o mandato não carece de qualquer forma *ad substantiam* para ser válido; 3º) os credores do mandante podem *penhorar* a coisa e até *impugnar* paulianamente a venda feita pelo mandatário, na medida em que estejam preenchidos os requisitos de procedência deste meio de conservação da garantia patrimonial"[961].

A favor da tese da dupla transferência fiduciária pronunciaram-se, no entanto, GALVÃO TELLES, CASTRO MENDES e MARIA JOÃO TOMÉ. Para GALVÃO TELLES, no mandato sem representação para alienar deve igualmente vigorar a tese da dupla transferência. Para o autor, esse mandato sem representação não levantará problemas de legitimidade se não supuser no agente determinado direito específico, como sucede na hipótese de aquisição de bens ou assunção de obrigações. Mas a questão da legitimidade já se colocará se o acto, seja de administração, seja de disposição, pressupuser a titularidade de um direito determinado, como na alienação ou oneração de bens. Neste caso, uma vez que o mandatário celebra o acto em nome próprio, só terá legitimidade se se apresentar como titular do direito, o que implica que o mandato tenha que ser acompanhado da alienação pelo mandante ao mandatário dos bens sobre que se exercerá a

[960] Cfr. PIRES DE LIMA/ANTUNES VARELA, *op. cit.*, sub art. 1181º, nº 4, pp. 827-828.
[961] Cfr. MANUEL JANUÁRIO GOMES, *Em tema*, p. 124.

actuação do mandatário. Ocorrerá, assim, uma alienação fiduciária prévia, na medida em que através desta não se visa tornar o mandatário proprietário pleno dos bens, mas apenas atribuir-lhe uma propriedade limitada, em ordem a conferir-lhe legitimidade para lhes dar o destino previsto no mandato[962]. Esta posição é igualmente defendida por CASTRO MENDES e MARIA JOÃO TOMÉ que sustentam que a execução do mandato sem representação para alienar pressupõe uma transferência fiduciária da propriedade, tendo o mandante que transmitir previamente a propriedade ao mandatário, que se compromete a usá-la unicamente para a retransmissão a terceiro[963].

Por nossa parte, tendemos igualmente a defender a tese da dupla transferência, pois não consideramos concebível que, sendo o mandato sem representação, ele venha a permitir da mesma forma a alienação de bens do mandante como se houvesse representação[964].

Assim, o mandante deverá previamente transferir fiduciariamente a propriedade ao mandatário (art. 1167º *a)*), que assume o encargo de a retransmitir a terceiro. Nessa situação, deverá aplicar-se analogicamente à aquisição de bens pelo mandatário o regime do art. 1184º[965], dado que o facto de o mandatário ter adquirido os bens em execução do mandato para os transmitir a terceiros justifica igualmente que os mesmos não sejam executados pelos credores pessoais daquele, desde que o mandato conste de documento anterior à penhora dos bens e não tenha sido efectuado o registo da aquisição, quando esta esteja sujeita a registo.

Se não ocorrer essa transferência prévia, deverá considerar-se que o mandatário celebra uma venda de bens alheios (art. 892º), a qual poderá ser convalidada mediante a aquisição do bem ao mandante (art. 895º), podendo o mandatário exigir que o mandante convalide esse negócio, ao abrigo do art. 1182º.

[962] Cfr. INOCÊNCIO GALVÃO TELLES, *Manual dos Contratos*, pp. 193-194.

[963] Cfr. CASTRO MENDES, *Teoria Geral*, II, p. 167 e MARIA JOÃO TOMÉ, *ROA* 67 (2007), 3, p. 1105.

[964] Neste sentido, veja-se na jurisprudência o Ac. RP 17/3/2011 (TELES DE MENEZES), na *CJ* 36 (2011), 2, pp. 200-204.

[965] Neste sentido, cfr. LUÍS MIGUEL PESTANA DE VASCONCELOS, *A cessão de créditos em garantia e a insolvência*, pp. 214 e ss., e MARIA JOÃO TOMÉ, *ROA* 67 (2007), 3, pp. 1107-1108.

13. Modalidades especiais de mandato

13.1. O mandato comercial

Uma das modalidades especiais de mandato é o mandato comercial[966], que o art. 231º CCom define como aquele em que "alguma pessoa se obriga a praticar um ou mais actos de comércio por mandato de outrem". Assim, sempre que o mandatário for encarregado da prática de actos de comércio (cfr. art. 2º CCom), o mandato é qualificado como comercial e sujeito às disposições dos arts. 231º e ss. CCom, que se repartem em três capítulos, sendo um relativo a disposições gerais (art. 231º a 247º CCom), outro relativo aos gerentes, auxiliares e caixeiros (arts. 248º a 265º CCom) e outro relativo à comissão (arts. 266º a 277º CCom).

Ao contrário do que vimos ocorrer no mandato civil (art. 1158º), o mandato comercial não se presume gratuito, tendo o mandatário direito a uma remuneração pelo seu trabalho), a qual será regulada por acordo das partes e, não o havendo, pelos usos da praça onde foi executado o mandato (art. 232º e § 1º CCom). Daqui resulta a necessária onerosidade do mandato comercial.

Em princípio, o mandato comercial é executado com representação, sendo o mandato sem representação qualificado como contrato de comissão e sujeito à disciplina dos arts. 266º e ss. CCom. Precisamente por esse motivo, o art. 242º CCom obriga o mandatário a exibir o mandato escrito aos terceiros com quem, haja de contratar e não poderá opor-lhes quaisquer instruções que houvesse recebido em separado do mandante, salvo provando que tinham conhecimento delas ao tempo do contrato.

O mandato comercial é sujeito a uma forma específica de constituição, em que o elemento preponderante é a declaração unilateral do mandante, a qual se considera aceite se não for recusada pelo mandatário. Assim, o art. 234º CCom estabelece que "o comerciante que quiser recusar o mandato comercial que lhe foi conferido, deve assim comunicá-lo ao mandante pelo modo mais rápido que lhe for possível, sendo, todavia, obrigado a praticar

[966] Cfr., sobre este, MENEZES CORDEIRO, *Manual de Direito Comercial*, pp. 482 e ss., PEDRO PAES DE VASCONCELOS, "Mandato bancário", em ANTÒNIO MENEZES CORDEIRO/LUÍS MENEZES LEITÃO/JANUÁRIO DA COSTA GOMES, *Estudos em Homenagem ao Professor Doutor Inocêncio Galvão Telles*, II- *Direito Bancário*, Coimbra, Almedina, 2003, pp. 131-155 e MANUEL JANUÁRIO GOMES "Contrato de mandato comercial. Questões de tipologia e regime", em FACULDADE DE DIREITO DE LISBOA (org.), *As operações comerciais*, Coimbra, Almedina, 1988, pp. 465-564

todas as diligências de indispensável necessidade para a conservação de quaisquer mercadorias que lhe hajam sido remetidas até que o mandante proveja". Nesse caso, se o mandante nada fizer, o mandatário deve proceder à consignação em depósito das mercadorias, ou à venda das que não for possível consignar, ou sejam necessárias para satisfazer as despesas incursas (art. 234º, § 1º CCom). Caso o mandatário incumpra qualquer destes deveres, está sujeito a responsabilidade perante o mandante (art. 234º, § 2º CCom). No entanto, pela realização destas diligências, o mandatário tem sempre direito a uma remuneração, mesmo em caso de recusa do mandato (art. 232º, § 2º CCom).

Quando é celebrado por escrito o mandato comercial fica sujeito a registo, bem como as suas alterações e extinção (art. 10º *a)* CRCom).

Em termos de extensão do mandato, o art. 231º, § único, CCom, estabelece que "o mandato comercial, embora contenha poderes gerais, só pode autorizar actos não mercantis por declaração expressa". Para além disso, o art. 233º CCom determina que "o mandato comercial, que contiver instruções especiais para certas particularidades do negócio, presume-se amplo para as outras; e aquele, que só tiver poderes para um negócio determinado, compreende todos os actos necessários à sua execução, posto que não expressamente indicados".

As obrigações do mandante e do mandatário comerciais não diferem muito das vigentes no âmbito civil. Assim, o mandante é obrigado a fornecer ao mandatário os meios necessários à execução do mandato, salvo convenção em contrário, podendo o mandatário suspender a execução do mandato enquanto não receber a provisão de fundos (art. 243º, § 1º e 2º CCom). Para além disso, deve pagar-lhe a retribuição devida, nos termos ajustados ou segundo os usos da praça (art. 232º, § 1º CCom). Finalmente, deve reembolsá-lo dos adiantamentos e despesas em que tenha incorrido, possuindo inclusivamente o mandatário um privilégio creditório mobiliário especial para cobrança desse crédito (arts. 246º e 247º CCom).

O mandatário tem, por sua vez, o dever de executar o mandato em conformidade com as instruções recebidas ou, na falta ou insuficiências delas, de acordo com os usos do comércio (art. 238º CCom). Para além disso, deve informar o mandante de todos os factos que possam levá-lo a modificar ou a revogar o mandato (art. 239º CCom) e comunicar-lhe sem demora a execução do mandato, presumindo-se a ratificação do mandante, se este não responder imediatamente, ainda que o mandatário tenha excedido os seus poderes (art. 240º CCom). Finalmente, o mandatário é obrigado a pagar juros ao mandante, a contar da data em que, conforme as ordens, lhe devia ter entregue ou expedido as quantias (art. 241º CCom). O mandatário comercial é, porém, ainda sujeito a deveres específicos de custódia das mercadorias recebidas (arts. 234º a 237º CCom), o que permite inserir traços do regime do depósito no âmbito do mandato comercial[967].

O art. 244º CCom regula ainda a questão da pluralidade de mandatários, referindo que, na falta de declaração do mandante de que devem agir conjuntamente, presumir-se-á que os mandatários deverão actuar em substituição uns dos outros, pela ordem de nomeação. Já no caso de haver declaração de actuação conjunta, mesmo que o mandato não seja aceite por todos os mandatários, se os que aceitarem constituirem a maioria, ficam obrigados a cumpri-lo (art. 244º, § único CCom).

Ao contrário do que se prevê na lei civil, a revogação e a renúncia do mandato comercial não são livres, tendo antes que ser justificadas, pelo que a revogação ou a renúncia injustificadas do mandato obrigam sempre a indemnizar a outra parte, mesmo que não tenha sido estipulada qualquer cláusula penal (art. 245º CCom)[968].

Conforme acima se referiu constituem situações especiais de mandato comercial as figuras dos gerentes de comércio, auxiliares e caixeiros, regulados nos arts. 248º e ss. CCom. Os gerentes de comércio são mandatários gerais do comércio de outrem (art. 248º CCom), actuando em representação dos seus mandantes (art. 250º CCom) e não podendo opor a terceiros limitações aos seus poderes de representação, salvo provando o respectivo conhecimento (art. 249º CCom). Os auxiliares de comércio distinguem-se dos gerentes por não terem mandato geral para o exercício do comércio, mas apenas para o desempenho constante de algum ou alguns dos ramos a que os comerciantes se dedicam, em nome e por conta destes (art. 256º CCom). Já os caixeiros são pessoas mandatadas para fazer algumas operações de comércio ou cobrar os créditos dos comerciantes em nome e por conta destes (arts. 257º e ss. CCom).

Importante na área do mandato comercial é igualmente a figura da comissão, anteriormente a forma mais comum de intermediação comercial,

[967] Neste sentido, MENEZES CORDEIRO, *Manual de Direito Comercial*, p. 485.

[968] Sobre o regime da revogação do mandato comercial, cfr. JANUÁRIO GOMES, *Em tema*, pp. 279 e ss., e "Contrato de mandato comercial", pp. 539 e ss.

mas que tem vindo a perder terreno para outros contratos de distribuição, como a agência. Ocorre o contrato de comissão "quando o mandatário executa o mandato mercantil sem menção ou alusão alguma ao mandante, contratando por si e em seu nome, como principal e único contraente" (art. 266º CCom). A comissão corresponde assim a um mandato comercial sem representação, ficando o comitente e o comissário sujeitos às mesmas obrigações de mandante e mandatário (art. 267º CCom). Como é típico do mandato sem representação, as relações estabelecem-se exclusivamente entre o comissário e as partes que com ele contratam, não havendo acção do comitente contra estas ou destas contra o comitente (art. 268º CCom), ainda que no âmbito das relações internas, o comissário deva retransmitir ao mandante os direitos adquiridos em execução do mandato[969].

O comissário não responde em princípio pelas obrigações das pessoas com que haja contratado, a não ser quando assuma essa responsabilidade pessoal por via de convenção ou dos usos (art. 269º, § 1º CCom). Nessa hipótese, o comissário adquire o direito a uma remuneração suplementar denominada de comissão *del credere* (art. 269º, § 2º CCom).

No caso de o comissário violar ou exceder os poderes resultantes da comissão, assume todas as consequências prejudiciais daí resultantes (art. 270º CCom). Assim, se vender as coisas a preço menor do que fora estipulado, ou do preço corrente na falta de estipulação, terá que pagar ao comitente a diferença de preço, a menos que prove a impossibilidade da venda por outro preço e de que assim se evitou prejuízo ao comitente (art. 270º, § 1º CCom). Se comprar coisas por preço maior do que o estipulado, o comitente pode decidir livremente aceitar ou recusar o contrato, a menos que o comissário aceite receber somente o preço estipulado (art. 270º, § 2º CCom). Também se o comissário comprar coisa de qualidade diferente da estipulada, o comitente não é obrigado a recebê-la (art. 270º, § 3º CCom). Da mesma forma, salvo havendo uso da praça em contrário, o comissário não pode conceder créditos sem autorização do comitente, sendo da sua conta e risco o crédito concedido, e podendo o comitente exigir o pagamento à vista, atribuindo ao comissário os juros eventuais (art. 271º, e § único CCom). Mesmo havendo autorização do comitente para a venda a prazo, deve o comissário ser especialmente criterioso na concessão de crédito, sob pena de responsabilidade pessoal (art. 272º CCom). A venda

[969] Neste sentido, MENEZES CORDEIRO, *Manual de Direito Comercial*, p. 488.

a prazo, salvo havendo convenção *del credere*, obriga ainda a um especial registo do nome dos compradores, sob pena de se considerar como efectuada a pronto pagamento (art. 273º CCom).

A lei impõe ainda ao comissário que realize operações por conta de vários comitentes, uma rigorosa separação das mercadorias e dos créditos que competem a cada um, em ordem a evitar qualquer confusão (arts 275º a 277º CCom). A lei admite ainda nos casos de compra e venda de letras, fundos públicos e títulos de crédito com curso comercial, bem como de mercadorias e géneros com preço de bolsa e de mercado, a possibilidade de o comissário celebrar directamente consigo próprio, os negócios de que tenha sido encarregado pelo comitente (art. 274º CCom), considerando-se que tal situação se verifica, sempre que neste tipo de contratos, o comissário não indique ao comitente o nome da pessoa com que foi celebrado o contrato (art. 274º, § único CCom).

13.2. O mandato judicial

Constitui igualmente uma modalidade especial de mandato o denominado mandato judicial, regulado nos arts. 43º e ss. do CPC. Esse mandato pode ser conferido por instrumento público ou por documento particular, nos termos do Código do Notariado e da legislação especial, e ainda por declaração verbal da parte no auto de qualquer diligência que se pratique no processo (art. 43º CPC.). Como é regra geral, o mandato só se constitui após aceitação do mandatário, a qual pode ser manifestada no próprio instrumento público ou em documento particular, ou resultar de comportamento concludente do mandatário (art. 44º, nº 4, C.P.C.).

Nos termos do art. 40º, nº 1, CPC, é obrigatória a outorga de mandato judicial a advogado nos seguintes processos: *a)* causas de competência de tribunais com alçada, em que seja admissível recurso ordinário; *b)* causas em que seja sempre admissível recurso, independentemente do valor: e *c)* recursos e causas propostas nos tribunais superiores. Ainda que seja obrigatória a constituição de advogado os advogados estagiários, os solicitadores ou as próprias partes podem fazer requerimentos em que não se levantem questões de direito (art. 40º, nº 2 CPC). Já nos processos em que não seja obrigatória a intervenção de advogado, a partes podem pleitear entre si, ou ser representadas por advogados estagiários ou por solicitadores (art. 42º CPC).

O mandato judicial é necessariamente um mandato representativo[970]. Efectivamente, o mandato atribui ao mandatário poderes para representar a parte em todos os actos e termos do processo principal e respectivos incidentes, mesmo perante os tribunais superiores, salvo quando se exija a outorga de poderes especiais por parte do mandante (art. 44º, nº 1, CPC), incluindo-se entre os poderes gerais conferidos ao mandatário o de substabelecer o mandato (art. 44º, nº 2 CPC), sendo que o substabelecimento sem reserva importa a exclusão do anterior mandatário (art. 44º, nº 3 CPC). A outorga de poderes especiais é legalmente exigida para que o mandatário possa confessar a acção, transigir sobre o seu objecto e desistir do pedido ou da instância, sendo então necessária procuração que os autorize expressamente a praticar qualquer desses actos (art. 45º, nº 2, CPC). O mandatário pode, no entanto, fazer afirmações e confissões expressas de factos nos articulados, as quais vinculam a parte, salvo se forem rectificadas ou retiradas enquanto a parte contrária as não tiver aceitado especificadamente (art. 46º CPC).

Como qualquer mandato, o mandato judicial pode extinguir-se por revogação e renúncia, determinando, no entanto, o art. 47º, nº 1, CPC, que estas devem ter lugar no próprio processo e ser notificadas, tanto ao mandatário ou ao mandante, como à parte contrária, só sendo a partir dessa notificação que produzem efeitos (art. 39º, nº 2, CPC).

14. Extinção do mandato

14.1. Generalidades

As causas de extinção normais dos contratos podem ser aplicáveis ao contrato de mandato, podendo este extinguir-se assim por caducidade (arts. 1174º e ss.), revogação por acordo das partes (art. 406º, nº 1), resolução por incumprimento das obrigações da outra parte (cfr. art. 801º, nº 2), de que constitui exemplo o caso do art. 1170º, nº 2), e denúncia do contrato, desde que realizada para o fim do prazo ou com a antecedência conveniente (cfr. art. 1172º *c)* e *d)*). Sucede, porém, que para além de estabelecer um regime específico para a caducidade do mandato, o legislador instituiu um direito de livre revogação unilateral do mesmo por qualquer das partes, vindo assim essa livre revogação de certa forma a absorver – ou a tornar desnecessária – a aplicação ao mandato das causas de extinção comuns dos contratos.

[970] Neste sentido, já PESSOA JORGE, *O mandato*, p. 24.

Analisaremos assim sucessivamente a revogação unilateral e a caducidade do mandato, fazendo ainda referência específica à situação especial do mandato também no interesse do mandatário e de terceiro.

14.2. A revogação unilateral do mandato

Ao contrário do que sucede no comum dos contratos, em que a revogação opera por acordo das partes (art. 406º, nº 1), o mandato admite uma causa de extinção atípica, que é a revogação unilateral[971], estabelecendo o art. 1170º, nº 1, que o mandato é livremente revogável por qualquer das partes, não obstante convenção em contrário ou renúncia ao direito de revogação. Temos assim estabelecida, com carácter injuntivo, a faculdade de livre revogação do mandato, solução que se compreende em face do cariz *intuitu personae* deste contrato. Efectivamente, o mandato pressupõe uma constante relação de confiança entre as partes, pelo que se deve extinguir logo que uma das partes entende que essa confiança não já subsiste. Por esse motivo se atribui a ambas as partes uma faculdade de revogação *ad nutum*, não vinculada, podendo qualquer delas livremente pôr termo ao vínculo a partir do momento em que o deseje.

A revogação unilateral do mandato pode, inclusivamente, ser tácita, considerando o art. 1171º que a mesma ocorre quando o mandante designa outra pessoa para a prática dos mesmos actos, considerando-se no entanto que a eficácia da mesma depende do seu conhecimento pelo mandatário.

A revogação unilateral do mandato, apesar de ser legalmente permitida e incondicionada, pode dar origem a uma indemnização à outra parte, no que constitui um caso de responsabilidade por factos lícitos ou pelo sacrifício[972], a qual abrange naturalmente os lucros cessantes que o mandatário perdeu em consequência da revogação[973]. Nos termos do art. 1172º, esta indemnização é devida nas seguintes situações:

[971] Cfr., sobre ela, ROMANO MARTINEZ, *Da cessação*, pp. 537 e ss., MANUEL JANUÁRIO DA COSTA GOMES, *Em tema*, passim, e ADELAIDE MENEZES LEITÃO, "«Revogação unilateral» do mandato, pós-eficácia e responsabilidade pela confiança", em ANTÓNIO MENEZES CORDEIRO/ LUÍS MENEZES LEITÃO/JANUÁRIO DA COSTA GOMES (org.), *Estudos em Homenagem ao Professor Doutor Inocêncio Galvão Telles*, I- *Direito Privado e Vária*, Coimbra, Almedina, 2002, pp. 305-346.

[972] Neste sentido, PIRES DE LIMA/ANTUNES VARELA, *op. cit.*, II, sub art. 1172º, nº 1, p. 813, ROMANO MARTINEZ, *Da cessação*, p. 544, e JANUÁRIO GOMES, *Em tema*, p. 269. Para ADELAIDE MENEZES LEITÃO, *op. cit.*, pp. 330 e ss., trata-se de um caso de responsabilidade pela confiança.

[973] Cfr. Ac. STJ 2/3/2011 (NUNO CAMEIRA), em *CJ-ASTJ* 19 (2011), 1, pp. 104-105.

a) se as partes assim o tiverem convencionado;
b) se tiver sido estipulada a irrevogabilidade ou houver renúncia ao direito de revogação;
c) se a revogação provier do mandante e disser respeito a mandato oneroso conferido por certo tempo ou para certo assunto, ou o mandante o revogue sem a antecedência conveniente;
d) se a revogação provier do mandatário e tiver sido realizada sem a antecedência conveniente.

Desta disposição resulta que a indemnização é devida, em primeiro lugar, se as partes atribuirem esse efeito à revogação do mandato, ou tiverem estabelecido cláusulas a determinar a irrevogabilidade ou a renunciar à livre revogação. Resulta assim desta disposição que estas cláusulas são válidas pois, embora não excluam a livre revogação do mandato, atribuem ao seu beneficiário um direito de indemnização quando aquela é exercida.

Para além disso, a indemnização é devida quando a revogação provier do mandante e se trate de mandato oneroso conferido por certo tempo ou para determinado assunto. Nestes casos, o mandatário conta receber a remuneração estipulada em função do tempo acordado ou da natureza do assunto, pelo que uma revogação antecipada frustra esse seu direito à remuneração, justificando assim a indemnização.

Por último, a indemnização é devida sempre que o mandato seja revogado sem a antecedência conveniente, independentemente de qual a parte que o revogue. Efectivamente, a revogação deve fazer-se com a antecedência adequada em ordem a evitar que a outra parte seja surpreendida com a sua ocorrência, o que a poderia lesar, pelo que, ocorrendo a revogação intempestivamente, deve ser atribuída indemnização à outra parte, que por essa via tenha sido lesada.

Se, porém, alguma parte tiver justa causa para a revogação do mandato, deixa de se justificar a atribuição de qualquer indemnização[974].

A revogação do mandato, conforme acima se referiu, vem a ser, no entanto, algo condicionada no caso de pluralidade de mandantes, sendo o mandato conferido para assunto de interesse comum (mandato colectivo), já que neste caso, a revogação tem que ser realizada por acordo de todos

[974] Neste sentido, Menezes Cordeiro, *Tratado*, V, p. 110, e Januário Gomes, *Em tema*, pp. 219 e 221 e ss.

os mandantes (art. 1173º)[975]. A solução explica-se pelo facto de que neste mandato os interesses individuais de cada um dos mandantes encontram-se conformados a um interesse comum, que o mandatário foi encarregado de prosseguir, e que não deve ficar inviabilizado pela revogação de um dos mandantes, tornando-se assim esta ineficaz se não for realizada por todos, e podendo nesse caso o mandatário continuar a proseguir a gestão[976].

No caso de pluralidade de mandatários, haverá que distinguir, conforme se refere no art. 1166º, consoante se estabeleça a actuação isolada de cada mandatário (mandato disjunto) ou se preveja um dever de actuação conjunta de todos (mandato conjunto). No primeiro caso, a revogação do mandato pelo mandante em relação a um dos mandatários não afecta a situação dos restantes, podendo estes continuar a executar a parte do mandato de que foram encarregados. No segundo caso, até por analogia com o art. 1177º, parece que a revogação do mandato em relação a um dos mandatários se estende a todos, salvo convenção em contrário, podendo, no entanto, o mandante conferir novo mandato aos restantes mandatários, se quiser que eles continuem a executar o negócio. A mesma solução vigorará se a revogação do mandato provier de um dos mandatários[977].

A revogação do mandato tem eficácia *ex nunc*, pelo que opera apenas para o futuro, tendo assim o mandante que aceitar a gestão realizada pelo mandatário até esse momento, surgindo além disso as obrigações relativas à liquidação da relação contratual, como as referidas nos arts. 1161º *d)* e *e)* e eventualmente as do art. 1167º, *b)*, *c)* e *d)*[978].

14.3. A caducidade do mandato

O mandato pode igualmente extinguir-se por caducidade, referindo o art. 1174º como causas de caducidade: *a)* a morte do mandante ou do mandatário; e *b)* a sentença de acompanhamento do mandante ou do mandatário, quando essa sentença, relativamente aos atos abrangidos pelo mandato, atribua poderes de representação ao acompanhante ou determine a necessidade de autorização prévia. A verificação da caducidade do mandato nes-

[975] Refere ADELAIDE MENEZES LEITÃO, *op. cit.*, p. 325, que "no mandato colectivo, a revogação unilateral surge como um negócio jurídico plurisubjectivo, que exige o acordo de todos os mandantes para que seja eficaz".

[976] Cfr. JANUÁRIO GOMES, *Em tema*, pp. 195 e ss.

[977] Neste sentido, cfr. JANUÁRIO GOMES, *Em tema*, pp. 199 e ss.

[978] Cfr. JANUÁRIO GOMES, *Em tema*, pp. 267 e ss.

tas situações compreende-se, já que, caracterizando-se o mandato como contrato *intuitu personae*, não é naturalmente transmissível por morte de qualquer das partes, extinguindo-se assim quando esta ocorre (art. 2025º). Também as medidas de acompanhamento do mandante ou do mandatário obriga à inserção de outrem, o acompanhante, na relação entre as partes, o que justifica a caducidade em homenagem a esse *intuitus personae*.

A caducidade do mandato é, no entanto, sujeita a um regime especial. Para além do caso especial do mandato conferido também no interesse do mandatário ou de terceiro, a examinar adiante, o art. 1175º determina que a morte ou a sentença de acompanhamento do mandante só faz caducar o mandato quando for conhecida do mandatário, ou quando da caducidade não possam resultar prejuízos para o mandante ou seus herdeiros. O diferimento da caducidade para o momento do conhecimento pelo mandatário compreende-se, em ordem a evitar que fosse posta em causa a sua legitimidade para a execução de um mandato cuja extinção desconhecia. Já quanto à exclusão da caducidade, quando da mesma possam resultar prejuízos para o mandante e seus herdeiros, esta compreende-se pela protecção dos interesses destas pessoas, que justifica o prolongamento do mandato em ordem a evitar a ocorrência de prejuízos[979].

Inversamente, a caducidade do mandato por morte ou sentença de acompanhamento do mandatário não é diferida para momento posterior, mas o legislador estabelece que os herdeiros devem avisar o mandante e tomar todas as providências até que ele próprio esteja em condições de providenciar, sendo que idêntica obrigação recai sobre as pessoas que convivam com o mandatário, em caso de incapacidade natural deste (art. 1176º). Dado que o mandato caduca em caso de morte do mandatário, a obrigação daqui resultante para os herdeiros não constitui um encargo da herança, mas antes uma obrigação pessoal, pela qual eles respondem com todo o seu património[980].

[979] A situação poderia ser reconduzida a um dever de protecção pós-contratual, imposto pela boa fé (art. 762º, nº 2). O legislador optou, porém, por estabelecer antes o prolongamento da eficácia do mandato.

[980] A maioria da doutrina (cfr. Menezes Cordeiro, "Da pós eficácia das obrigações", em ID, *Estudos de Direito Civil*, Coimbra, Almedina, 1987, pp. 143-197 (157), Romano Martinez, *Da cessação*, pp. 536-537, Januário Gomes, *Em tema*, p. 39, defende estar-se aqui perante uma situação de pós-eficácia do mandato. Essa solução não pode, porém, ser aceite, uma vez que a obrigação dos herdeiros ou dos conviventes com o mandatário não é transmitida,

Para além destas situações, o mandato pode caducar nos termos gerais pelo termo do prazo para que foi concedido, pela realização integral do seu objecto ou por esta se tornar impossível. No âmbito da legislação especial, encontra-se ainda prevista uma causa específica de caducidade do mandato, que é a declaração de insolvência do mandante, nos termos do art. 110º CIRE, solução que parece ser igualmente aplicável à situação de insolvência do mandatário[981].

14.4. O regime especial da extinção do mandato também no interesse do mandatário ou de terceiro

14.4.1. O regime da revogação unilateral pelo mandante

A lei prevê, no entanto, um regime especial para o mandato também no interesse do mandatário ou de terceiro[982]. Nesta hipótese, refere o art. 1170º, nº 2 que ele não pode ser revogado pelo mandante, sem o consentimento do interessado, salvo ocorrendo justa causa. Tal corresponde à recepção da doutrina de Cunha Gonçalves que, perante o art. 1364 do Código anterior, já sustentava que esta revogabilidade *ad nutum* por parte do mandatário apenas se poderia aplicar aos casos em que o mandato fosse conferido exclusivamente no interesse do mandante[983]. Tratando-se de mandato conferido também no interesse do mandatário ou de terceiro, já essa livre revogabilidade teria que se ter por excluída, ficando a revogação do mandato dependente de justa causa. Esta solução do art. 1170º, nº 2, tem correspondência no art. 265º, nº 3, relativo à procuração que, quando conferida também no interesse do procurador ou de terceiro, não pode ser igualmente revogada sem consentimento do interessado, salvo ocorrendo justa causa.

O mandato conferido no interesse do mandatário ou de terceiro tem sido qualificado na jurisprudência como aquele em que exista não um

surge *ex novo*, e dirige-se a sujeitos para quem o mandato nunca foi eficaz. Por outro lado, o seu objecto é apenas o de tomar as providências adequadas, o que não se confunde com a execução do mandato anterior. Em Menezes Leitão, *A responsabilidade do gestor*, p. 204, e nota (3), defendemos ocorrer aqui uma situação de gestão de negócios legalmente imposta.

981 Cfr. Menezes Leitão, *Código da Insolvência*, sub art. 110º, nº 2, pp. 185-186.

982 Cfr., na doutrina francesa, Dutilleul/Delebecque, *op. cit.*, pp. 532 e ss. e Bénabent, *op. cit.*, pp. 389 e ss. Para Durval Ferreira, *op. cit.*, pp. 68 e ss., esta figura não constitui um verdadeiro mandato, mas antes um contrato misto, em que ao mandato se associa outra convenção.

983 Cfr. Cunha Gonçalves, *Tratado*, VII, pp. 519 e ss.

interesse qualquer, mas um interesse integrado numa relação jurídica vinculativa, por meio da qual o mandante tenha prometido uma prestação ao mandatário ou terceiro, visando a concessão do mandato executar o direito correspondente[984]. Não basta, por isso, a existência de retribuição do mandatário, ou um interesse ideal do mesmo na execução do mandato, sendo necessário que objectivamente a execução do mandato produza efeitos, não apenas na esfera do mandante, mas também do mandatário ou do terceiro, em virtude de uma relação exterior ao mandato a que este venha dar execução[985]. Nestas circunstâncias, o mandato adquire um carácter de bilateralidade de interesses, pelo que, mesmo na ausência de uma expressa declaração das partes, não deve poder ser revogado apenas em função da vontade do mandante, ocorrendo assim uma solução completamente diversa do mandato comum, em que nem a cláusula de irrevogabilidade obsta à revogação do mandato, apenas constituindo o mandante em indemnização[986].

No caso do mandato também no interesse do mandatário, a justa causa aparece como um facto constitutivo do direito de revogação unilateral pelo mandante, o qual deixa de poder ser exercido sem que esta se verifique. Assim, na ausência de justa causa, a revogação pelo mandante não constituirá um mero caso de indemnização, nos termos do art. 1172º *b)*, mas antes será ineficaz para determinar a extinção do mandato, salvo se o contrário tiver sido estipulado[987]. Apesar de a justa causa ser um conceito vago e indeterminado, a carecer de preenchimento pelo julgador, poderá sustentar-se que esta existirá sempre que circunstâncias posteriores tornem inexigível ao mandante, de acordo com a boa fé, a manutenção da

[984] É esta a formulação utilizada nos Ac. STJ 24/1/1990 (Eliseu Figueira), no *BMJ* 393 (1990), pp. 588-593 (592), Ac. STJ 27/9/1994 (Costa Marques), na *CJ-ASTJ* 2 (1994), 3, pp. 66-68 (68) Ac. STJ 3/6/1997 (Lopes Pinto), no *BMJ* 468 (1997), pp. 361-369 (369), Ac. RC 20/11/2000 (Silva Freitas) em *CJ* 26 (2001), 5, pp. 24-30 (27), Ac. STJ 13/7/2010 (Fonseca Ramos), em *CJ-ASTJ* 18 (2010), 2, pp. 162-166, e Ac. STJ 2/3/2011 (Nuno Cameira), em *CJ-ASTJ* 19 (2011), 1, pp. 104-105.

[985] Cfr. Menezes Cordeiro, *Tratado*, V, pp. 109-110, e Januário Gomes, *Em tema*, pp. 146 e ss. No Ac. RP 17/12/2008 (Fernandes do Vale), em *CJ* 33 (2008), 5, pp. 192-196, considerou-se exitir essa situação quando o mandatário é encarregado de alienar um imóvel de que um terceiro possui uma quota em compropriedade.

[986] Cfr. Alessandro Graziani, "Mandato e procura irrevocabile", em *Giur. Comp. Dir. comm.* 1941, recolhido em ID, *Studi di diritto civile e commerciale*, Napoli, Jovene, 1953, pp. 83-91 (84).

[987] Cfr. Vaz Serra, "Anotação Ac.STJ 18/4/1975" em *RLJ* 109 (1976-1977), pp. 124-127 (127).

vinculação contratual[988]. Constituirá assim naturalmente justa causa de revogação o incumprimento das obrigações assumidas pelo mandatário perante o mandante no âmbito do negócio que determinou a outorga do mandato irrevogável[989].

14.4.2. O regime da caducidade do mandato

Outra especialidade do mandato também no interesse do mandatário ou de terceiro diz respeito à caducidade. Efectivamente, este mandato não caduca pela morte ou sentença de acompanhamento do mandante (art. 1175º, *in principio*), podendo assim o mandatário continuar a executar o mandato após a verificação desses factos, só podendo os herdeiros, o tutor, ou o curador, proceder à sua revogação se se verificasse a respectiva justa causa[990]. A não caducidade do mandato nesta situação compreende-se, já que o mandato também conferido no interesse do mandatário ou de terceiro atribui ao interessado um direito à execução do mandato, que não pode ser afectado pela morte, ou medida de acompanhamento do mandante.

É de notar, no entanto, que o art. 110º do CIRE não exclui o mandato também no interesse do mandatário ou de terceiro da caducidade determinada pela insolvência do mandante, solução que nos parece criticável[991].

[988] Cfr. Januário Gomes, *Em tema*, p. 220.

[989] Cfr. Ac. RC 20/11/2000 (Silva Freitas) em *CJ* 26 (2001), 5, pp. 24-30 (27)

[990] Neste sentido, quanto aos herdeiros, Ac. STJ 3/6/1997 (Lopes Pinto), no *BMJ* 468 (1997), pp. 361-369.

[991] Cfr. para mais desenvolvimentos, Menezes Leitão, *Código da Insolvência*, sub art. 110º, nº 3, p. 186.

Secção 3
Do contrato de depósito

1. Generalidades

O depósito encontra-se regulado nos arts. 1185º e ss. do Código Civil[992], sendo definido no art. 1185º como "o contrato pelo qual uma das partes entrega à outra uma coisa, móvel ou imóvel, para que a guarde e a restitua quando for exigida". A prestação característica do contrato de depósito consiste assim na guarda ou custódia de uma coisa, sendo para esse efeito que o depositante a entrega ao depositário, o qual se obriga a restituí-la quando este lha exigir. Essa obrigação de guarda pode surgir acessoriamente noutros contratos, como o mandato, a empreitada, o comodato (cfr. art. 1135º *a)*) e a parceria pecuária (art. 1124º), mas no depósito ele surge a título principal, constituindo o elemento essencial e distintivo deste contrato.

[992] Sobre o depósito, cfr. na doutrina francesa, DUTILLEUL/DELEBECQUE, *op. cit.*, pp. 661 e ss. e BÉNABENT, *op. cit.*, pp. 405 e ss. Na doutrina italiana, veja-se ANGELO DE MARTINI, "Deposito (Diritto Civile)", em *NovissDI* 5 (1960), pp. 497-517, ALFREDO GALASSO/GIUSEPPE GALASSO, "Deposito", em *Digesto delle discipline privatistiche. Sezione civile*, 4ª ed., V, Torino, Utet, 1989, pp. 251-274, ARTURO DALMARTELLO/GIUSEPPE B. PORTALE, "Deposito", na *ED* 12 (1964), pp. 236-273, e BIANCA GARDELLA TEDESCHI, "Sintesi di informazione Deposito – Comodato – Mutuo", em *RDC* 41 (1995), 2, pp. 633-651 (633 e ss.). Entre nós, veja-se CUNHA GONÇALVES, *Tratado*, VIII, pp. 5 e ss., PIRES DE LIMA/ANTUNES VARELA, *op. cit.*, II, sub arts. 1185º e ss., pp. 832 e ss., MENEZES CORDEIRO, *Direitos Reais*, pp. 703 e ss. e *Direito Bancário*, pp. 565 e ss., e CARLOS FERREIRA DE ALMEIDA, *Contratos*, II, pp. 173 e ss.

2. Características qualificativas do contrato de depósito

2.1. O depósito como contrato nominado e típico

O depósito constitui um contrato nominado e típico, uma vez que a lei reconhece a sua categoria e estabelece o seu regime nos arts. 1185º e ss. do Código Civil.

2.2. O depósito como contrato não formal

Dado que não há nenhuma disposição a estabelecer forma especial para o depósito, ele considera-se como um contrato não formal, podendo ser celebrado consensualmente (art. 219º). A liberdade de forma mantém-se mesmo que o depósito abranja bens imóveis, uma vez que nada justifica neste caso a exigência de forma, dado que o negócio não implica qualquer risco para o depositante, nem sequer institui um direito pessoal de gozo a favor do depositário[993].

2.3. O depósito como contrato que pode ser quer gratuito quer oneroso

Refere o art. 1186º que é aplicável ao depósito o disposto no art. 1158º. Daqui resulta, portanto, que o depósito se presume gratuito, excepto se tiver por objecto actos que o depositário pratique por profissão. Nesse caso, presume-se oneroso. Trata-se de uma inovação do actual Código Civil, inspirado pelo art. 1767 do *Codice Civile* italiano, dado que o art. 1432 do Código de Seabra estabelecia que o contrato de depósito era por natureza gratuito, apenas admitindo que o depositante convencionasse a prestação de gratificação. Há, no entanto, que referir que esta solução é quebrada quer no depósito comercial (art. 404º CCom), quer no depósito de coisa controvertida (art. 1203º), onde a regra é a atribuição de remuneração ao depositário.

2.4. O depósito como contrato real *quoad constitutionem*

Outra das características do depósito é a de exigir a entrega da coisa pelo depositante ao depositário para se constituir, sendo assim um contrato real *quoad constitutionem*. Efectivamente, o depósito é tradicionalmente incluído nesta categoria, exigindo-se a *traditio*, ou melhor, a *acceptio* da coisa a guardar, para se poder considerar constituído o vínculo. A justificação reside no facto de o depósito ser por vezes de delimitação difícil em relação a um

[993] Cfr. Dalmartello/Portale, *ED* 12 (1964), pp. 251.

negócio de cortesia, exigindo-se por isso um acto material que comprove a intenção do depositário em vincular-se juridicamente, só nesse momento se constituindo o contrato. Até lá o depositário tem o direito de se arrepender, não aceitando a entrega da coisa. Normalmente, é de exigir a tradição material da coisa, mas pode bastar uma tradição simbólica (entrega das chaves do carro a guardar) ou mesmo uma *traditio brevi manu* (como na hipótese de se acordar com o locatário a sua passagem a depositário)[994].

2.5. O depósito como contrato de execução continuada

A prestação principal e típica do depósito requer uma execução continuada, o que faz incluir o depósito nesta categoria de contratos[995]. Efectivamente, a prestação do depositário é determinada em função do seu tempo de duração, o que implica que o contrato possa ser sujeito a denúncia para o futuro (art. 1194º) e que a resolução por incumprimento não abranja as prestações já efectuadas (art. 434º, nº 2).

3. Forma do contrato de depósito

O depósito não é sujeito a qualquer forma especial, seja *ad substantiam*, seja *ad probationem*. Pode admitir-se, porém, a emissão de títulos de legitimação, que permitem o levantamento da coisa junto do depositário. Esses títulos de legitimação têm, no entanto, uma função de mera facilitação de prova, não excluindo a possibilidade de provar o depósito por outra via. Caso, no entanto, as partes limitem a prova a esse documento fica excluída a admissibilidade da prova testemunhal (art. 393º, nº 1)[996].

4. A formação do contrato de depósito

4.1. O processo de formação do contrato de depósito

O depósito não é sujeito a regras específicas de formação do contrato, valendo consequentemente aqui também o regime geral dos arts. 224º e ss. No entanto, como contrato real *quoad constitutionem* que é, o depósito necessita da tradição da coisa para o depositário para se poder considerar efectivamente constituído. Assim, mesmo que as partes tenham chegado

[994] Cfr. A. GALASSO/G. GALASSO, *Digesto*, V, p. 256.
[995] Neste sentido, DALMARTELLO/PORTALE, *ED* 12 (1964), p. 255, DE MARTINI, *NovissDI* 5 (1960), pp. 502-503, e A. GALASSO/G. GALASSO, *Digesto*, V, p. 274.
[996] Cfr. A. GALASSO/G. GALASSO, *Digesto*, V, p. 256

a consenso sobre todas as condições contratuais, antes de ocorrer a tradição da coisa, não existe depósito, pelo que não pode o depositário reclamar a sua entrega ao depositante.

4.2. Capacidade e legitimidade para o depósito

O depósito é considerado como um acto de administração ordinária, quer em relação ao depositante, quer em relação ao depositário, independentemente do facto de ser celebrado onerosa ou gratuitamente[997].

Assim, relativamente à capacidade para celebrar contratos de depósito, a regra é a de que podem depositar e ser depositários todas as pessoas com capacidade para praticar actos de mera administração. Efectivamente, uma vez que pelo depósito regular nada se aliena, a simples capacidade para a prática de actos de mera administração é suficiente para a celebração do depósito. Já no depósito irregular existe efectivamente uma alienação, mas esta é mera consequência do cariz fungível da coisa depositada, pelo que conservando o depositante a faculdade de exigir a restituição a todo o tempo, há que considerar igualmente como suficiente a capacidade para praticar actos de mera administração[998].

Relativamente à legitimidade para celebrar contratos de depósito, esta existe em relação a qualquer pessoa que tenha a detenção da coisa, uma vez que esta basta para que possa praticar actos relativos à sua custódia e conservação como é o depósito. Precisamente por esse motivo, o art. 1192º, nº 1, proíbe o depositário de recusar a restituição com fundamento na situação jurídica do depositante em relação à coisa, salvo quando esteja a ser objecto de acção de reivindicação (art. 1192º, nº 2), ou chegue ao seu conhecimento que a coisa provém de crime (art. 1192º, nº 3). Têm assim legitimidade para celebrar contratos de depósito, não apenas o proprietário, como também o locatário, e o credor pignoratício. Já em relação ao comodatário e ao próprio depositário, a lei considera os respectivos contratos *intuitu personae*, pelo que será necessário autorização da outra parte para o depósito. A ausência dessa autorização não torna, porém, nulo o depósito ou o subdepósito celebrados, mas apenas os constitui em incumprimento do contrato.

[997] Cfr. A. Galasso/G. Galasso, *Digesto*, V, p. 263.
[998] Cfr. Cunha Gonçalves, *Tratado*, VIII, p. 15.

4.3. O contrato-promessa de depósito

Apesar da natureza real *quoad constitutionem* do depósito, não há obstáculos à celebração de um contrato-promessa de depósito, nos termos gerais (art. 410º), a qual, porém, não poderá ser sujeita à execução específica, já que, tratando-se de um contrato real *quoad constitutionem*, a isso se opõe a natureza da obrigação assumida (art. 830º, nº 2). O depositário responderá, porém, por incumprimento da obrigação de celebrar o contrato. Já em relação ao depositante, tem-se entendido que o cumprimento da promessa não lhe pode ser exigível, já que, podendo ele exigir a restituição da coisa a todo o tempo (arts. 1185º e 1194º), por maioria de razão poderá recusar-se à celebração do depósito por motivos supervenientes, designadamente por ter perdido a confiança no depositário[999].

5. Objecto do depósito

O depósito tem por objecto uma coisa corpórea, que pode ser móvel ou imóvel. Abrangem-se assim no âmbito do depósito os edifícios, terrenos, animais, jóias, dinheiro, peças de mobiliário, títulos de crédito, acções, documentos, etc. Podem ainda ser objecto de depósito as coisas fungíveis, ainda que neste caso o contrato seja configurado como depósito irregular (art. 1205º). Já não poderão ser objecto de depósito as coisas incorpóreas, como os créditos ou outros bens imateriais[1000].

O depósito de coisas móveis pode ser aberto ou cerrado. É cerrado o depósito em que as coisas sejam incluídas em cofre, caixa, mala, envolve ou qualquer outro invólucro, o qual vem a ser fechado e selado, em ordem a permanecer assim durante o depósito. Nesse caso, o depositário vai responder pela integralidade do invólucro, obrigando-se não apenas a guardá-lo, mas também a não o devassar (art. 1191º, nº 1), pelo que, se ele for violado, presume-se que na violação houve culpa do depositário e, se este não elidir a presunção, considerar-se-á verdadeira a descrição efectuada pelo depositante (art. 1191º, nº 2)[1001].

[999] Cfr. Cunha Gonçalves, *Tratado*, VIII, pp. 7-8.

[1000] Cfr. Bénabent, *op. cit.*, p. 406, e Cunha Gonçalves, *Contratos*, p. 192.

[1001] Sobre o depósito cerrado, cfr. Paula Ponces Camanho, *O contrato de depósito bancário*, reimp. Coimbra, Almedina, 2005, p. 71, nota (149), que salienta a sua escassa importância actual perante o desenvolvimento do serviço bancário de cofre-forte, que é preferido dos clientes.

6. Obrigações do depositante

6.1. Obrigação de pagar a retribuição devida, quando seja esse o caso

O depositante tem em relação ao depositário as obrigações estabelecidas no art. 1199º, sendo a primeira delas a obrigação de pagar a retribuição devida, quando seja o caso.

O pagamento da retribuição encontra-se regulado no art. 1200º do Código Civil, o qual estabelece que essa remuneração, quando outra coisa se não tenha convencionado, deverá ser paga no termo do depósito. No entanto, se a remuneração for fixada por períodos de tempo, pagar-se-á no fim de cada um deles.

Se o depósito terminar antes do fim do prazo, o depositário pode exigir uma remuneração proporcional ao tempo decorrido (art. 1200º, nº 2). No entanto, se for o depositante a exigir a restituição antes do prazo convencionado, terá ele que satisfazer integralmente a remuneração convencionada (art. 1194º).

6.2. Obrigação de reembolso de despesas

À semelhança do que sucede com o mandante (art. 1167º *c)*), também o depositante é obrigado a reembolsar o depositário "das despesas que ele fundadamente tenha considerado indispensáveis para a conservação da coisa, com juros legais desde que foram efectuadas" (art. 1199º *b)*). O reembolso de despesas justifica-se pelo facto de a actividade de o depositário ser realizada no interesse do depositante, o que torna equitativo que este suporte os encargos correspondentes.

As despesas elegíveis para reembolso são estabelecidas com base num critério simultaneamente subjectivo e objectivo. Exige-se em primeiro lugar que o depositário tenha julgado a despesa indispensável e em segundo lugar que haja razões justificativas para esse seu julgamento. Assim, não são apenas objecto de reembolso as despesas efectivamente indispensáveis, podendo igualmente sê-lo aquelas que realmente o não sejam, mas que o depositário justificadamente considerou como tais. Já em relação a despesas úteis, não existe qualquer obrigação de reembolso por parte do depositante[1002].

A obrigação de reembolso de despesas vence juros legais (cfr. art. 559º), em relação ao momento em que foram efectuadas. Trata-se neste caso de

[1002] Cfr. Pires de Lima/Antunes Varela, *op. cit.*, II, sub art. 1199º, nº 3, p. 853.

juros compensatórios, destinados a compensar o depositário por uma privação de capital que ele não deveria ter suportado.

6.3. Obrigação de indemnização

Existe ainda a obrigação de o depositante indemnizar o depositário "do prejuízo sofrido em consequência do depósito, salvo se o depositante houver procedido sem culpa" (art. 1199º *c)*). Ao contrário do que se prevê em relação ao mandato, em que o mandante responde objectivamente pelos danos sofridos pelo mandatário em consequência do mandato (art. 1167º *d)*), no depósito o depositante não tem responsabilidade objectiva pelos danos sofridos pelo depositário em virtude do depósito, ainda que se presuma a sua culpa em relação a esses danos. A diferença de regime compreende-se pelo facto de o mandatário praticar um acto jurídico alheio, cujos riscos devem ser integralmente suportados pelo mandante. O depositário, pelo contrário, tem um negócio próprio, cujos riscos deve assumir.

Os danos causados ao depositário podem, porém, ter por base a culpa do depositante, que a lei entende dever ser presumida nesta situação. Efectivamente, se o depositante efectuar um depósito que envolva perigos especiais, como o de produtos inflamáveis, explosivos, tóxicos, ou animais perigosos ou doentes, naturalmente que se justifica indemnizar o depositário pelos danos causados, a menos que demonstre que tomou as providências exigidas pelas circunstâncias exigidas para prevenir esse risco, como o adequado acondicionamento do objecto do depósito, ou a prestação de informação ao depositário. O próprio princípio da boa fé (art. 762º, nº 2) faria surgir deveres de protecção e informação nesse caso, sendo por isso compreensível a instituição da presunção de culpa no art. 1199º *c)*, que o depositante pode ilidir nos termos gerais.

Exige-se, para além disso, que aquele depósito em questão tenha sido causa dos danos sofridos pelo depositário (art. 563º), pelo que, no caso de não se poder estabelecer esse nexo de causalidade, o depositário não terá direito a qualquer indemnização do depositante.

7. Direitos do depositário

7.1. Generalidades

O depositário tem os direitos correspondentes às obrigações do depositante, referidas no art. 1199º e acima examinadas. Cabe, neste momento, por isso analisar apenas a questão da manutenção da detenção da coisa e o direito de retenção.

7.2. Manutenção e recuperação da detenção da coisa

A privação da detenção da coisa por facto não imputável ao depositário exonera-o das suas obrigações, nos termos do art. 1188º, nº 1, desde que dê conhecimento imediato dessa privação ao depositante. No entanto, o art. 1188º, nº 2, estabelece que, independentemente dessa obrigação, "o depositário que for privado da detenção da coisa ou perturbado no exercício dos seus direitos pode usar, mesmo contra do depositante, dos meios facultados ao possuidor nos artigos 1276º e seguintes". O depositário pode assim ainda usar as acções possessórias, mesmo contra o depositante, o que não deixa de ser uma solução estranha. Para MENEZES CORDEIRO, haverá que interpretar restritivamente o Código Civil, considerando que o depositário em princípio não tem a posse da coisa nem pode usar as acções possessórias, a não ser como representante do depositante, sendo por isso mero detentor da coisa, nos termos do art. 1253º *c)*. A utilização das acções possessórias em nome próprio, mesmo contra o depositante apenas poderia ocorrer no depósito com autorização de uso que, no entender do autor, não seria um verdadeiro depósito, mas antes uma locação ou comodato encapotados[1003]. Parece-nos, porém, que tendo o depositário direito de retenção da coisa (art. 755º, nº 1 *e)*) se pode eventualmente justificar que ele possa reagir contra o seu esbulho pelo depositante, que poderia prejudicar o futuro exercício desse direito (cfr. art. 757º). A utilização das acções possessórias contra o depositante tem, porém, natureza excepcional, até porque o depositário deve abrir mão da coisa, logo que o depositante o exija (arts. 1185º e 1194º), pelo que será principalmente contra terceiros que o seu exercício se justifica[1004].

7.3. Direito de retenção

Para garantia dos seus créditos, quer relativamente ao reembolso de despesas e indemnização (art. 1199º *b)* e *c)*, quer em relação à sua retribuição (art. 1199º *a)*) o depositário goza do direito de retenção, nos termos do art. 755º, nº 1 *e)*. Esse direito é invocável não apenas contra o depositante,

[1003] Cfr. MENEZES CORDEIRO, *Direitos Reais*, pp. 705-706.

[1004] Neste sentido, PIRES DE LIMA/ANTUNES VARELA, *op. cit*, II, sub art. 1188º, nº 2, p. 840.

mas também em relação ao terceiro que reivindique a coisa, nos termos do art. 1192º, nº 2[1005].

8. Obrigações do depositário

8.1. Obrigação de guarda e custódia da coisa depositada

As obrigações do depositário aparecem-nos referidas no art. 1187º, sendo a primeira obrigação, constante da alínea *a)*, a de "guardar a coisa depositada". O legislador não faz referência específica à diligência exigida para esta obrigação, pelo que parece que o depositário ficará sujeito à diligência de um bom pai de família, segundo as circunstâncias do caso, nos termos gerais (art. 487º, nº 2), sendo assim efectuada uma apreciação em abstracto da diligência do depositário[1006]. Entre essas circunstâncias do caso assumirá relevo especial o facto de se tratar de um depositário profissional, uma vez que nesse caso a diligência exigível será seguramente superior.

Refere o art. 1188º, nº 1, que "se o depositário for privado da detenção da coisa por facto que não lhe seja imputável fica exonerado das obrigações de guarda ou restituição, mas deve dar conhecimento imediato da privação ao depositante". No âmbito das situações objecto desta previsão, encontra-se o furto da coisa depositada. Conforme resulta desta disposição, a privação da detenção só exonera o depositário se não lhe for imputável, ou seja, se fosse inevitável, apesar da diligência que o depositário colocou na guarda da coisa[1007]. Na hipótese de ter sido devido a culpa do depositário que ocorreu a privação da detenção da coisa, naturalmente que ele responde

[1005] Neste sentido, Pires de Lima/Antunes Varela, *op. cit.*, II, sub art. 1199º, nº 2, p. 853.

[1006] Esta solução rompe com o entendimento tradicional, que era o da apreciação em concreto da diligência do depositário, ficando este apenas obrigado a adoptar no depósito a diligência que habitualmente colocava na guarda das suas próprias coisas (*diligentia quam in suis rebus adhibere solet*). Efectivamente, o art. 1927 do *Code Civil* obriga o depositário a adoptar os cuidados que coloca na guarda das suas próprias coisas, enquanto que o art. 1435 do nosso Código Civil de 1867 obrigava o depositário ao "cuidado e diligência de que é capaz, para o bom desempenho do depósito". Por influência do Código italiano de 1942 (art. 1768), esse critério foi abandonado, passando assim a prevalecer o critério geral da diligência do bom pai de família (art. 799º, nº 2 e 487º, nº 2). Neste sentido, cfr. Pires de Lima/Antunes Varela, *op. cit.*, II, sub art. 1187º, nº 2, pp. 837-838. Em sentido contrário, veja-se, porém, Menezes Cordeiro, *Direito Bancário*, p. 569, que entende que o depositário terá que provar que pôs na guarda da coisa o cuidado que em concreto lhe era exigível, podendo esse ser a diligência comum ou qualquer outra.

[1007] Conforme se defendeu no Ac. STJ 18/4/2006 (Nuno Cameira), em *CJ-ASTJ* 14 (2006), 2, pp. 48-49, em caso de depósito profissional, o furto da coisa pode não ser suficiente para

pelos danos causados ao depositante pela sua falta. Dado que se trata de responsabilidade obrigacional, a sua culpa presume-se (art. 799º, nº 1)[1008].

Demonstrando, porém, o depositário que não teve culpa do facto que originou a perda da detenção da coisa, será em princípio exonerado das obrigações de guarda ou restituição, uma vez que a sua responsabilidade não se estende ao caso fortuito. Há, porém, duas excepções, sendo a primeira respeitante a ele se ter comprometido a pagar uma indemnização também nesses casos, e a segunda referente ao facto de ele estar em mora quanto à restituição[1009]. Efectivamente, no caso de o depositário se comprometer a pagar uma indemnização em caso de privação não culposa da coisa, ele assume concomitantemente a responsabilidade pelo prejuízo daí resultante pelo que não lhe aproveita a norma do art. 1188º, nº 1. Já no caso de mora, esta produz a inversão do risco, pelo que o depositário passa a responder igualmente pela perda ou deterioração da coisa que deveria entregar, salvo provando que esta teria igualmente ocorrido se a coisa estivesse já em poder do depositante (art. 807º).

Verificada a privação da detenção da coisa por facto que não lhe seja imputável, o depositário fica ainda assim obrigado a dar imediato conhecimento da privação ao depositante. A omissão desse dever de aviso é sancionada com a responsabilidade civil por incumprimento nos termos gerais (art. 798º). Nos danos a indemnizar não se inclui, porém, o prejuízo resultante da perda da coisa, que resultou de caso fortuito, se esta não podia já ser evitada[1010].

A guarda da coisa deve ocorrer nos termos convencionados, não podendo o depositário alterar unilateralmente esses termos. Admite-se, no entanto, que o depositário possa guardar a coisa de modo diverso do convencionado se tivesse fundamento para pressupor que o depositante o aprovaria, conhecendo as circunstâncias que o determinaram. Tem, porém, um dever de lhe comunicar essa alteração, logo que tal seja possível (art. 1190º).

exonerar o depositário de responsabilidade, mas já o será se tiver sido consumado apesar da diligência colocada na guarda.

[1008] Cfr. neste sentido, Menezes Cordeiro, *Direito Bancário*, p. 569.

[1009] Neste sentido, Cunha Gonçalves, *Tratado*, VIII, p. 27.

[1010] Neste sentido, Pires de Lima/Antunes Varela, *op. cit.*, II, sub art. 1188º, nº 2, pp. 839-840.

8.2. Obrigação de se abster de usar a coisa e de a dar em depósito a outrem, se não houver autorização do depositante

Outra obrigação do depositário é a de se abster de usar a coisa ou de a dar em depósito a outrem, salvo autorização do depositante (art. 1189º). Efectivamente, o depositário não tem qualquer direito de uso da coisa, mas apenas uma obrigação de guarda, e sendo o contrato *intuitu personae*, não é admissível sequer a sua substituição no cumprimento dessa obrigação.

Admite-se, no entanto, a autorização do depositante para o uso da coisa. O depósito com autorização de uso é dificilmente distinguível do comodato, uma vez que neste contrato existe também, ainda que a título acessório, uma obrigação de guarda da coisa (art. 1135º *a)*)[1011]. No entanto, enquanto que no comodato se admite que o comodatário efectue as deteriorações inerentes a uma prudente utilização, em conformidade com o fim do contrato (art. 1043º, aplicável por força do art. 1137º, nº 3) no depósito com autorização de uso já não sucede assim, uma vez que qualquer deterioração resultante da utilização da coisa depositada violaria a obrigação de custódia que incide sobre o depositário[1012].

É também possível a realização de subdepósito, em caso de autorização do depositante (art. 1189º)[1013]. Neste caso, o subdepósito vem a ser objecto de regulação no art. 1197º, o qual dispõe que "se o depositário, devidamente autorizado, confiar por sua vez a coisa em depósito, é responsável por culpa sua na escolha dessa pessoa". Assim, em caso de subdepósito, o depositário não é responsável objectivamente pelos actos do subdepositário, mas apenas com base na *culpa in eligendo*.

A proibição do subdepósito não impede, porém, que o depositário recorra a auxiliares, o que lhe é permitido sempre que o contrário não resulte do conteúdo ou finalidade do depósito (art. 1198º). A responsabilidade do depositário por actos dos auxiliares é objectiva, nos termos gerais (art. 800º).

[1011] Menezes Cordeiro, *Direitos Reais*, p. 705, chega a defender que "*um depósito com faculdade de uso por parte do depositário não é senão uma locação ou um comodato encapotado de depósito. Será locação* se o uso funcionar como contrapartida da guarda da coisa, não sendo esta mais do que uma forma de pagar a renda: *será comodato*, se a pretexto do depósito o depositante estiver autenticamente a ceder o uso da coisa ao depositário, a título gratuito".

[1012] Cfr. Cunha Gonçalves, *Contratos*, p. 194.

[1013] Sobre o subdepósito, cfr. Romano Martinez, *O subcontrato*, pp. 42-43.

8.3. Obrigação de avisar imediatamente o depositante, quando saiba que algum perigo ameaça a coisa ou que terceiro se arroga direitos em relação a ela, desde que o facto seja desconhecido do depositante

Do depósito resulta igualmente um dever de aviso, em relação aos perigos que ameaçam a coisa, dever esse que não se confunde com o dever de defesa da coisa, dado que funciona sempre que o depositante desconheça esse perigo, e não apenas apenas quando o depositário não possa executar ele mesmo a sua defesa[1014].

O dever de aviso ocorre quer a coisa sofra um perigo material, correspondente a um risco de perda ou deterioração, quer ela se encontre a ser objecto de reclamação de terceiro, o que implica o risco de o depositante ver o seu direito passar a litigioso, com a inerente desvalorização que tal representa. Compreende-se que nessas situações se imponha o aviso ao depositante, até porque há certas providências que apenas ele poderá tomar. Esse aviso, porém, só se justifica em relação a factos desconhecidos pelo depositante, dado que não cabe ao depositário estimular uma actuação do depositante, quando ele não a julgava necessária.

Uma hipótese especial do dever de aviso encontra-se referida no art. 1188º, nº 1. A situação é, no entanto, algo distinta da prevista neste artigo 1187º *b)*, dado que neste caso o dever de aviso surge simultaneamente com a obrigação de guarda ou custódia, como um complemento da mesma, enquanto que no outro caso o dever de aviso surge em consequência da exoneração do depositário da obrigação de guarda e custódia, sendo assim um substituto da mesma.

8.4. Obrigação de restituir a coisa com os seus frutos

Outra obrigação do depositário é a de restituir a coisa, com os seus frutos (art. 1187º *c)*). Esta obrigação variará, porém, conforme a natureza do depósito em causa[1015]. Efectivamente, se o depósito for regular, o depositário terá que restituir as mesmas coisas entregues, as quais não são fungíveis. Se se tratar de depósito cerrado, tem que ser restituído intacto, sem violação do invólucro ou recipiente (art. 1191º). Se se tratar de depósito irregular (art. 1205º), o depositário restituirá outras coisas do mesmo género e qualidade.

[1014] Neste sentido, MENEZES CORDEIRO, *Direito bancário*, p. 517.
[1015] Cfr. CUNHA GONÇALVES, *Contratos*, pp. 195 e ss.

A restituição deve ocorrer com os frutos que a coisa produziu (art. 1187º *c)*). Esta disposição refere-se naturalmente apenas aos frutos produzidos espontaneamente pela coisa e não àqueles que um proprietário diligente poderia ter obtido, dado que salvo nalgumas excepções o depositário não tem o dever de fazer frutificar a coisa. Essa obrigação de frutificação ocorre, porém, no depósito regular, em relação ao depósito de coisa controvertida e no depósito em processo executivo, em que o depositário tem poderes de administração da coisa (art. 1204º e 760º CPC). Também no depósito irregular é possível convencionar a obrigação de pagamento de juros ao depositante, como sucede em certos depósitos bancários.

No caso de a coisa ter produzido frutos espontaneamente, o depositário é obrigado a percebê-los, passando estes a ser abrangidos pelo seu dever de custódia e restituição[1016].

Relativamente à pessoa a quem deve ser efectuada a restituição, quem tem legitimidade para receber de volta a coisa depositada é o depositante ou o seu representante, nos termos gerais (art. 769º), não sendo liberatória a restituição efectuada a terceiro, salvo nos casos referidos no art. 770º.

A restituição é um dever que resulta do próprio contrato de depósito, não dependendo da qualidade de proprietário do depositante, pelo que o art. 1192º, nº 1, estabelece que o depositário não pode recusar essa restituição com o fundamento de que o depositante não é o proprietário da coisa, nem tem sobre ela outro direito. Em certos casos, no entanto, o facto de o depositante não ser proprietário da coisa pode ser impeditivo da restituição, já que o art. 1192º, nº 2, estabelece que se for proposta por terceiro acção de reivindicação contra o depositário, este, enquanto não for julgada definitivamente a acção, só pode liberar-se da obrigação de restituir consignando em depósito a coisa, referindo ainda o nº 3 que se chegar ao conhecimento do depositário que a coisa provém de crime, ele deve participar imediatamente o depósito à pessoa a quem foi subtraída ou, não sabendo quem é, ao Ministério Público, e só poderá restituir a coisa ao depositante se dentro de quinze dias, contados da participação, ela não lhe for reclamada por quem de direito.

A obrigação de restituição do depositário constitui uma obrigação de colocação, pelo que deverá ser cumprida no lugar estipulado para a guarda (art. 1195º), correndo as despesas de restituição por conta do depositante

[1016] Cfr. Dalmartello/Portale, *ED* 12 (1964), p. 258.

(art. 1196º). Admite-se, porém, convenção em contrário, a qual pode inclusivamente ser estipulada após o depósito.

Em relação ao prazo da restituição, deve-se referir que as partes tanto podem estipular como não estipular prazo certo para o depósito. No caso de não terem estipulado prazo, a obrigação de restituição do depositário é considerada pura, pelo que o depositário apenas deve restituir a coisa quando interpelado para esse efeito, podendo, porém, estabelecer também ele mesmo essa restituição a todo o tempo (art. 1201º), o que equivalerá a uma denúncia do contrato. No caso de ter sido estipulado prazo, esse prazo considera-se estabelecido a *favor do depositante* (art. 1194º), o que implica não poder o depositário efectuar a restituição da coisa antes do fim do prazo, a menos que tenha justa causa para tal (art. 1201º), o que equivalerá a uma resolução do contrato. Já o depositante pode sempre exigir a restituição da coisa a todo o tempo, sem prejuízo de, sendo o depósito oneroso, ter que satisfazer integralmente a retribuição devida ao depositário, a menos que tenha justa causa para resolver o contrato (art. 1194º).

9. Modalidades especiais de depósito

9.1. O depósito de coisa controvertida

Constitui uma modalidade especial de depósito o depósito de coisa controvertida, regulado nos arts. 1202º e ss. A figura tem inspiração no *sequestre conventionnel* ou *sequestro convenzionale*, regulado quer nos arts. 1955 e ss. do *Code Civil* francês, quer nos arts. 1798 e ss. do *Codice Civile*, tendo sido devido a essa influência que se julgou conveniente efectuar a sua transposição para o direito português. A opção não parece ter sido, porém, muito correcta, dado que a figura não tinha tradições no nosso direito e parece revestir actualmente muito pouco interesse prático.

De acordo com o art. 1202º, "se duas ou mais pessoas disputam a propriedade de uma coisa ou outro direito sobre ela, podem por meio de depósito entregá-la a terceiro, para que este a guarde e, resolvida a controvérsia, a restitua à pessoa a quem se apurar que pertence". Este depósito seria assim estabelecido em ordem a permitir a guarda independente da coisa durante a resolução de uma controvérsia sobre a sua titularidade, sendo a restituição efectuada apenas após a demonstração dessa titularidade. É, no entanto, platónico esperar que duas partes em litígio entrem em acordo semelhante, até porque uma delas estará normalmente na posse da coisa, o que constitui meio caminho andado para ver reconhecida a sua propriedade (art. 1268º, nº 1).

O depósito de coisa controvertida depende apenas da existência de uma controvérsia sobre a titularidade da coisa ou outro direito sobre a mesma, não sendo necessário que já tinha sido interposta acção judicial ou arbitral. Essencial é ainda a estipulação de que a coisa só é restituída após a resolução da controvérsia e só é restituída a quem se apurar que a coisa pertence. Essa estipulação vai implicar a derrogação de várias importantes regras do depósito, como a de que a restituição toma por base o contrato de depósito e não a titularidade do direito sobre a coisa (art. 1192º, nº 1), e a de que o prazo se considera estipulado a favor do depositante (art. 1194º), sendo o depositário obrigado a efectuar a restituição da coisa logo que lhe seja exigida (art. 1185º). No depósito de coisa controvertida, a restituição da coisa só pode ser pedida após a resolução da controvérsia, pressupondo consequentemente a demonstração da sua titularidade[1017].

O depósito de coisa controvertida é ainda sujeito a duas regras especiais. A primeira diz respeito ao facto de este se presumir oneroso (art. 1203º), derrogando-se assim a presunção de gratuitidade do art. 1158º, nº 1, aplicável ao depósito por força do art. 1186º. Caso as partes não afastem essa presunção, o depositário terá ainda direito a uma remuneração, que se determinará, na ausência de estipulação expressa, através dos critérios do art. 1158º, nº 2 (cfr. art. 1186º).

A outra regra especial diz respeito ao facto de o depósito de coisa controvertida implicar para o depositário a obrigação de administrar a coisa (art. 1204º), o que extravasa das obrigações impostas ao depositário comum pelo art. 1187º. Compreende-se, porém, a solução face ao interesse de manter a frutificação normal da coisa durante o período em que durar a controvérsia.

9.2. O depósito irregular

É extremamente parca a regulação do Código relativa ao depósito irregular[1018], na medida em que se refere exclusivamente que "diz-se irregular o

[1017] Pires de Lima/Antunes Varela, *op. cit.*, II, sub art. 1202º, nº 4, p. 858 admitem, porém, que por acordo os depositantes possam exigir a restituição ao depositário antes da resolução da controvérsia, eventualmente para a entregar a outro depositário.

[1018] Cfr. na doutrina francesa Bénabent, *op. cit.*, pp. 431 e ss. Na doutrina italiana, veja-se principalmente Alfredo Galasso, *Mutuo e deposito irregulare*, I- *La costituzione del rapporto*, Milano, Giuffrè, 1968 e Ernesto Simonetto, "Deposito irregolare", no *NovissDI* 5 (1960), pp. 528-542, e "Deposito irregolare", em *Digesto delle discipline privatistiche. Sezione civile*,

depósito que tem por objecto coisas fungíveis" (art. 1205º) e que "consideram-se aplicáveis ao depósito irregular, na medida do possível, as normas relativas ao contrato de mútuo" (art. 1206º).

O depósito irregular é assim definido como aquele que tem por objecto coisas fungíveis, ou seja, aquelas que se determinam pelo seu género, quantidade e qualidade (cfr. art. 207º). O seu objecto não consiste por isso numa coisa certa mas antes uma quantidade de coisas não determinadas em espécie (uma quantia em dinheiro ou uma determinada quantidade de mercadorias), pressupondo as partes que a restituição corresponderá a outro tanto do mesmo género (*tantundem iusdem generis*)[1019].

Da remissão efectuada no art. 1206º para o regime do mútuo resulta a aplicação do art. 1142º, implicando assim o depósito irregular a entrega de dinheiro e outras coisas fungíveis, e ficando o depositário obrigado a restituir outro tanto do mesmo género e qualidade (*tantundem eiusdem generis*). É também em princípio aplicável ao depósito irregular a exigência de forma estabelecida no art. 1143º, dado que essa exigência é justificada pelo valor da obrigação de restituição, o qual é idêntico nos dois contratos. Para além disso, é aplicável ao depósito irregular a disposição do art. 1144º que determina que as coisas mutuadas se tornam propriedade do mutuário pelo facto da entrega, sendo assim o depósito irregular um contrato real *quoad effectum*, o que implica que o risco das coisas depositadas se transfere para o depositário (art. 796º, nº 1). Também é aplicável ao depósito irregular a disposição do art. 1149º, pelo que em caso de impossibilidade de restituição em espécie, o depositário deverá restituir o valor correspondente.

O regime do depósito irregular é assim essencialmente o regime do mútuo, ainda que pareça haver várias diferenças a salientar[1020]:

4ª ed., V, Torino, Utet, 1989, pp. 279-299. Entre nós, veja-se MENEZES CORDEIRO, *Manual de Direito Bancário*, pp. 570 e ss.

[1019] Conforme refere BÉNABENT, *op. cit.*, p. 432, para haver depósito irregular, é necessário que as coisas depositadas sejam fungíveis (condição material), e que se pressuponha apenas a restituição do *tantundem* (condição psicológica). Assim, se as partes estabelecerem a individualização das espécies dentro do género, acordando-se que serão restituídas as mesmas unidades entregues, o depósito será regular. Já se o depósito abranger uma coisa certa (uma jóia ou um animal), nunca é considerado irregular, mesmo que se estipule a restituição de outra coisa equivalente, ocorrendo nessa hipótese antes um contrato de troca.

[1020] Cfr. MORELLI, transcrito em NIVARRA/ROMAGNO, *op. cit.*, p. 424 e SIMONETTO, *Digesto*, V, pp. 293 e ss.

Assim, em primeiro lugar, não se deve considerar aplicável ao depósito irregular a presunção de onerosidade de mútuo, consistente no pagamento de juros, embora se possa admitir que nalguns casos, como no depósito bancário, as partes possam estipular essa obrigação. Antes se deve aplicar a presunção de gratuitidade do depósito, estabelecida no art. 1186º.

Depois, há que referir que, enquanto, o mútuo é normalmente um acto de administração extraordinária, o depósito irregular poderá ser qualificado como um acto de administração ordinária.

Por outro lado, é elemento essencial do mútuo a existência de um prazo para o mutuário utilizar o capital, enquanto que no depósito irregular a estipulação do prazo deve ser considerada como um elemento acidental do contrato.

No mútuo, o prazo considera-se estabelecido a favor do mutuário no mútuo gratuito ou a favor de ambas as partes no mútuo oneroso. Pelo contrário, no depósito irregular, o prazo considera-se sempre estabelecido a favor do depositante, pelo que ele poderá pedir a restituição a todo o tempo (art. 1194º)[1021].

A obrigação de restituição do mutuário constitui uma obrigação de entrega, pelo que deve ser cumprida no domicílio do credor (art. 774º), correndo por isso as despesas por conta do mutuário. Já a obrigação do depositário irregular constitui uma obrigação de colocação, pelo que deverá ser cumprida no lugar estipulado para a guarda (art. 1195º), correndo as despesas de restituição por conta do depositante (art. 1196º).

A disciplina do depósito irregular é assim construída exclusivamente com base numa remissão para o contrato de mútuo, sendo o seu regime muito próximo. Efectivamente, a proximidade do depósito irregular ao mútuo é tão grande que se torna difícil distinguir as duas figuras. Embora a função do mútuo seja o empréstimo, enquanto que a função do depósito irregular é a guarda, a verdade é que ambos os contratos têm por objecto coisas fungíveis, sendo constituídos em virtude de uma *datio* com esse objecto. Uma vez que a *datio* de coisas fungíveis põe sempre em causa a propriedade do seu autor sobre essas coisas, naturalmente que a sua realização produz a transmissão a propriedade nos dois contratos, e em ambos surge a obrigação de restituição do *tantundem eiusdem generis*. Existe assim

[1021] Considerando inconcebível um depósito irregular com prazo na mera discrição do depositário, cfr. SIMONETTO, *Digesto*, V, pp. 292-293.

uma identidade estrutural entre o depósito irregular e o mútuo, sendo apenas a perspectiva funcional que permite distinguir os dois contratos.

Perante estas características, não faltaram autores que procuraram reconduzir o depósito irregular a uma categoria de mútuo[1022] ou, pelo menos, incluí-lo entre os contratos de crédito[1023], havendo ainda quem considere tratar-se de um contrato misto, com elementos de mútuo e depósito[1024]. A posição maioritária da doutrina continua, porém, a integrá-lo no âmbito do depósito, com o fundamento de que a remissão para o regime do mútuo apenas se efectua na medida do possível[1025], e que a sua localização sistemática leva à sua qualificação como uma modalidade de depósito[1026]. Por outro lado, no depósito irregular verificar-se-ia uma função de custódia semelhante à do depósito regular, que não é afectada pela verificação da transmissão da propriedade. Efectivamente, apesar de essa transmissão permitir ao depositário alienar ou consumir as coisas entregues, a verdade é que o facto de assumir a obrigação de restituir coisas equivalentes permite subtrair ao depositante o risco de perecimento das coisas e o consequente ónus de proceder à sua vigilância, levando assim a que a transmissão da propriedade funcione como um instrumento para subtrair ao depositante o risco do perecimento das coisas[1027].

Esta formulação permite estabelecer com clareza a diferenciação entre o depósito irregular e o mútuo, que consiste na função dos dois contratos. Efectivamente, enquanto que o mútuo desempenha uma função creditícia, consistindo no modelo dos contratos creditícios, permitindo ao mutuário a disponibilidade de uma quantidade de coisas fungíveis por um período determinado, o depósito irregular visa garantir ao depositante a custódia das coisas fungíveis, sem assumir os custos e os riscos respectivos, ao mesmo tempo que lhe assegura a imediata restituição da quantia depositada. Assim, enquanto que no depósito irregular as coisas são dadas em custódia, com a possibilidade de ser pedida a sua restituição em qualquer momento, no mútuo se entende atribuir crédito ao mutuário, atribuindo-

[1022] Foi este o caso de UGO MAJELLO, *Custodia e deposito*, Napoli, Jovene, 1958, pp. 265 e ss.

[1023] Cfr. GALASSO, *Mutuo*, pp. 38 e ss. e 288 e ss.

[1024] Cfr., entre nós, MENEZES CORDEIRO, *Manual de Direito Bancário*, p. 572.

[1025] Cfr. SIMONETTO, *Digesto*, V, pp. 289 e ss., ID, *NovissDI* 5 (1960), p. 530.

[1026] Cfr. A. GALASSO/G. GALASSO, *Digesto*, V, p. 260.

[1027] Cfr. CARRESI, *op. cit.*, pp. 103-104, A. GALASSO/G. GALASSO, *Digesto*, V, p. 260 e NIVARRA/ ROMAGNO, *op. cit.*, p. 422

-lhe as coisas para serem aplicadas no seu interesse. Assim, enquanto que no mútuo a transmissão da propriedade ocorre para permitir a livre disponibilidade das coisas pelo mutuário, no depósito irregular essa transmissão constitui apenas uma consequência necessária da *commixtio* dessas coisas com outras pertencentes ao mesmo proprietário[1028].

9.3. O depósito mercantil

Constitui uma modalidade especial de depósito o denominado depósito mercantil[1029], referido nos arts. 403º e ss. CCom. Nos termos do art. 403º CCom, "para que o depósito seja considerado mercantil é necessário que seja de géneros ou de mercadorias destinados a qualquer acto de comércio". O depósito mercantil presume-se oneroso (art. 404º CCom) e, estando em causa papéis de crédito que vençam juros, o depositário é obrigado à sua cobrança e a todas as demais diligências necessárias para a conservação do seu valor e efeitos legais, sob pena de responsabilidade pessoal (art. 405º CCom). Para além disso, pode ocorrer no depósito mercantil a permissão para o depositário usar a coisa, seja para si próprio, seja em operações recomendadas pelo depositante. Nesse caso, aplicar-se as regras do empréstimo mercantil, da comissão ou de outro contrato que ao caso couber (art. 406º CCom).

9.4. O depósito bancário

O depósito bancário constitui igualmente uma modalidade de depósito irregular, cuja especificidade resulta apenas do facto de o depositário ser um banco[1030]. São assim aplicáveis ao depósito bancário, por força do art. 1206º, as disposições relativas ao mútuo, designadamente a obriga-

[1028] Cfr. GARDELLA TEDESCHI, em *Digesto*, XI, 1994, pp. 555-556. No mesmo sentido, GIUSEPPE SENA, "Contratti di credito, contratti di custodia, contratti di disponibilità", em *RTDPC* 10 (1956), pp. 488-541 (508 e ss. e 527 e ss.) e NIVARRA/ROMAGNO, *op. cit.*, p. 433.

[1029] Cfr. MENEZES CORDEIRO, *Manual de Direito Bancário*, pp. 573 e ss.

[1030] Cfr., neste sentido, PIRES DE LIMA/ANTUNES VARELA, *op. cit.*, II, sub art. 1206º, nºs 4 e 5, p. 863, MENEZES CORDEIRO, *Manual de Direito Bancário*, p. 578, CALVÃO DA SILVA, *Direito Bancário*, p. 349. Em sentido contrário, defendendo tratar-se de um mútuo, PAULA PONCES CAMANHO, *op. cit.*, pp. 145 e ss., maxime 208 e ss., e FERREIRA DE ALMEIDA, *Contratos*, II, p. 148. Já CARLOS LACERDA BARATA, "Contrato de depósito bancário", em ANTÓNIO MENEZES CORDEIRO/LUÍS MENEZES LEITÃO/JANUÁRIO DA COSTA GOMES, *Estudos em Homenagem ao Professor Doutor Inocêncio Galvão Telles*, II – *Direito Bancário*, Coimbra, Almedina, 2003, pp. 7-66 (49 e ss.), defende tratar-se de um depósito irregular sempre que

ção de restituição do *tantundem eiusdem generis* (art. 1142º), mais os juros, quando convencionados, e a transferência da propriedade sobre as espécies monetárias pelo facto da entrega (art. 1144º). Corre, por isso, por conta do banco o risco relativo à subtracção dessas espécies monetárias, a partir do momento em que são entregues, bem como o risco relativo à falsificação de cheques[1031].

Já não é, porém, aplicável ao depósito bancário o art. 1143º, relativo à forma do mútuo civil, valendo antes o art. 396º CCom, que sujeita o empréstimo mercantil entre comerciantes, seja qual for o seu valor, a qualquer meio de prova[1032].

Nos termos da lei comercial, "os depósitos feitos em bancos ou sociedades reger-se-ão pelos respectivos estatutos em tudo quanto não se achar prevenido neste capítulo e mais disposições legais aplicáveis" (art. 407º CCom), o que, segundo MENEZES CORDEIRO, implica a aplicação dos usos[1033]. O depósito bancário é, no entanto, genericamente regulado pelo D.L. 430/91, de 2 de Novembro, alterado pelo D.L. 88/2008, de 29 de Maio, cujo art. 1º, nº 1, nos indica as seguintes modalidades de depósito bancário:

a) Depósitos à ordem;
b) Depósitos com pré-aviso;
c) Depósitos a prazo;
d) Depósitos a prazo não mobilizáveis antecipadamente;
e) Depósitos constituídos em regime especial.

As diferenças entre estas modalidades reside no facto de os depósitos à ordem serem exigíveis a todo o tempo (art. 1º, nº 2, D.L. 430/91), enquanto que os depósitos com pré-aviso só são exigíveis depois de prevenido o depositário, por escrito, respeitando o prazo de pré-aviso estabelecido entre as partes (art. 1º, nº 3, D.L. 430/91). Já os depósitos a prazo apenas são exigíveis no fim do prazo em que foram constituídos, podendo, no entanto, as instituições de crédito conceder aos depositantes a faculdade de os mobilizar antecipadamente, normalmente mediante certas penali-

haja possibilidade de movimentar a todo o tempo o capital, com ou sem pré-aviso, ocorrendo antes um mútuo na hipótese contrária, como ocorre com os depósitos a prazo.

1031 Neste sentido MENEZES CORDEIRO, *Manual de Direito Bancário*, pp. 577-578 e CALVÃO DA SILVA, *Direito Bancário*, p. 348.

1032 Neste sentido, CALVÃO DA SILVA, *Direito Bancário*, p. 349.

1033 Cfr. MENEZES CORDEIRO, *Manual de Direito Bancário*, p. 573.

zações (art. 1º, nº 4, D.L. 430/91). Nos depósitos a prazo não mobilizáveis antecipadamente, essa faculdade de mobilização antecipada é totalmente excluída, só sendo a restituição do depósito exigível no fim do prazo convencionado (art. 1º, nº 5 D.L. 430/91). Os depósitos a prazo, sejam ou não mobilizáveis antecipadamente, dão origem a um título nominativo (art. 3º D.L. 430/91). Finalmente, os depósitos em regime especial são aqueles que não se enquadram nestas categorias ou se encontram previstos em normas legais ou regulamentares, sendo a sua criação livre, ainda que seja necessário dar conhecimento deles ao Banco de Portugal, no prazo de trinta dias após a sua criação (art. 2º D.L. 430/91).

Para além disso, o art. 4º do D.L. 430/91 faz referência aos depósitos constituídos ao abrigo de legislação especial. Entre estes encontram-se as contas poupança-habitação, reguladas pelo D.L. 27/2001, de 3 de Fevereiro, alterado pela Lei 107-B/2003, de 31 de Dezembro, pela Lei 55-B/2004, de 30 de Dezembro, e pelo D.L. 263-A/2007, de 23 de Julho; as contas poupança-reformados, reguladas pelo D.L. 138/86, de 14 de Junho, alterado pelo D.L. 158/87, de 2 de Abril, pela Lei 39_B/94, de 27 de Dezembro, e pela Lei 10-B/96, de 23 de Março; e as contas poupança-condomínio, reguladas pelo D.L. 269/94, de 25 de Outubro, alterado pela Lei 52-C/96, de 27 de Dezembro, pela Lei 30-G/2000, de 29 de Dezembro, e pelo D.L. 323/2001, de 17 de Dezembro[1034]. Estes depósitos são sujeitos a taxas de juro diferentes, sendo mais remunerados quanto menor for a disponibilidade do capital.

As condições de abertura da conta de depósito bancário são objecto de regulação pelo Aviso do Banco de Portugal nº 5/2013.

9.5. O depósito em processo executivo

O depósito em processo executivo constitui uma modalidade especial de depósito, que ocorre num processo de execução, após a penhora ou o arresto de bens, e variando o seu regime consoante abranja bens imóveis, móveis ou direitos. Trata-se de um depósito constituído por efeito do processo executivo, pelo que não pode ser considerado como um contrato[1035], ainda que os seus efeitos a ele correspondam.

[1034] Cfr. MENEZES CORDEIRO, *Manual de Direito Bancário*, pp. 574 e ss., CALVÃO DA SILVA, *Direito Bancário*, p. 347 e CARLOS BARATA, *op. cit.*, pp. 15 e ss.

[1035] Em sentido contrário, BÉNABENT, *op. cit.*, p. 435, considera existir aqui um contrato judiciariamente formado, cujas partes seriam o requerente do depósito e o próprio depositário.

Nos termos do art. 756º, nº 1, CPC estando em causa bens imóveis é constituído depositário dos bens o agente de execução ou, nos casos em que as diligências de execução são realizadas por oficial de justiça, pessoa por este designada, salvo se o exequente consentir que seja depositário o próprio executado ou outra pessoa designada pelo agente de execução ou ocorrer alguma das seguintes circunstâncias:

a) O bem penhorado ser a casa de habitação efectiva do executado, caso em que é este o depositário;
b) O bem estar arrendado, caso em que é depositário o arrendatário;
c) O bem ser objecto de direito de retenção, em consequência de incumprimento contratual judicialmente verificado, caso em que é depositário o retentor.

O depositário deve tomar posse efectiva dos imóveis em questão (art. 757º, nº 1, CPC), podendo o agente de execução solicitar para esse efeito o auxílio das autoridades policiais (art. 757º, nº 2, CPC).

O depositário tem neste caso, além dos deveres gerais, o dever de administrar a coisa depositada e de prestar contas da sua administração (art. 760º CPC). O depositário em processo executivo pode ser removido, a requerimento de qualquer interessado ou por iniciativa do agente de execução, no caso de não cumprir os deveres do cargo e ainda pode pode pedir escusa do cargo, ocorrendo motivo atendível (art. 761º CPC).

Estando em causa bens móveis não sujeitos a registo, o depositário é o próprio agente de execução incumbido de realizar a penhora (art. 764º, nº 1, CPC). Estando em causa dinheiro, papéis de crédito, pedras e metais preciosos, estes serão depositados em instituição de crédito, à ordem do agente de execução, ou, nos casos em que as diligências de execução são realizadas por oficial de justiça, da secretaria (art. 764º, nº 5, CPC). Já em relação às coisas móveis sujeitas a registo, as mesmas após o registo são imobilizadas (art. 768º CPC), podendo, no entanto, o depositário de navio penhorado fazê-lo navegar, após autorização judicial, se houver acordo do exequente e do executado nesse sentido (art. 769º CPC). Pode também qualquer credor requerer que o navio penhorado continue a navegar (art. 770º, nº 1, CPC), caso em que este lhe é entregue, assumindo a posição de depositário (art. 770º, nº 4, CPC).

Os deveres do depositário e as formas de extinção do depósito são idênticos aos que existem no depósito relativo a bens imóveis (art. 772º e 760º-761º CPC), mas existe um dever específico de o depositário apresentar os bens logo que lhe seja solicitado pelo agente de execução (art. 771º, nº 1 CPC). Se não o fizer dentro de cinco dias nem justificar a falta é imediatamente ordenado pelo juiz arresto nos seus próprios bens, sem prejuízo de procedimento criminal (art. 771º, nº 2, CPC), sendo logo executado no próprio processo para pagamento do valor do depósito e e das custas e despesas acrescidas (art. 771º, nº 3, CPC).

Em relação à penhora ou arresto de direitos, não há imediatamente lugar à constituição de depositário, efectuando-se apenas a notificação ao devedor feita com as formalidades da citação pessoal e sujeita ao regime desta, de que o crédito fica à ordem do agente de execução. (art. 773º, nº 1, CPC). Esta constituição ocorre, no entanto, nos mesmos termos dos móveis, em relação aos créditos garantidos por penhor, com apreensão do objecto deste (art. 773º, nº 7, CPC) e em relação aos títulos de crédito, depositados em instituição de crédito (art. 774º, nº 3 CPC). Após o vencimento dos créditos, a respectiva prestação é depositada na instituição de crédito (arts. 777º e 779º CPC), sendo igualmente efectuado o depósito das coisas adquiridas pelo executado, em caso da penhora de direitos ou expectativas de aquisição (art. 778º CPC).

No caso de a penhora recair sobre estabelecimento comercial, no caso de ele proesseguir a sua actividade, sob gestão do executado, o mesmo é considerado depositário (art. 782º, nº 2, CPC). Já no caso de o estabelecimento estar paralisado ou ser decidida a suspensão da sua actividade, é designado um depositário para a mera administração dos bens nele compreendidos (art. 782º, nº 4, CPC).

10. Extinção do depósito

10.1. Regime geral

A extinção do depósito ocorre naturalmente em virtude do cumprimento da obrigação de restituição, a qual, representando a realização do interesse contratual, extingue o contrato e libera o depositário, salvo quanto à sua eventual responsabilidade pelos danos resultantes do incumprimento ou deficiente cumprimento da obrigação de custódia.

A restituição, conforme se viu, tanto pode ocorrer no fim do prazo, como a qualquer momento em que o depositante assim o exija (art. 1194º). Esta exigência equivale à denúncia do contrato, a qual, sendo um contrato de execução continuada, se admite como livre e de exercício discricionário em relação ou depositante. Já em relação ao depositário, não lhe é conferido qualquer direito de denúncia do contrato, pelo que ele só pode entregar a coisa no fim do prazo, salvo ocorrendo justa causa (art. 1201º).

O depósito pode ainda extinguir-se por resolução com fundamento em justa causa, quer pelo depositante (art. 1194º), quer pelo depositário (art. 1201º). Constitui justa causa de resolução do depósito pelo depositante (art. 1194º) o incumprimento das obrigações do depositário, designadamente se este guardar a coisa de forma irregular, ou desrespeitar as proibições de uso ou de subdepósito. Mas parece que situações objectivas, como a perda de confiança no depositário ou a mudança de situação do depositante poderão igualmente integrar esse conceito. Também se admite em relação ao depositário a resolução do contrato com fundamento em justa causa, a que se refere o art. 1201º, a qual pode da mesma forma tanto resultar do incumprimento das obrigações do depositante, como de outros factores, ligados ao depositário[1036].

O depósito pode também extinguir-se por caducidade, como sucede se for ultrapassado o prazo de guarda da coisa, a que se referem os arts. 1194º e 1201º. Nessa hipótese, o contrato de depósito finda automaticamente, sem necessidade de declaração de qualquer das partes, ainda que o depositário fique com um dever pós-contratual de conservar a coisa, até que o depositante a venha buscar, podendo recorrer à consignação em depósito para extinguir essa obrigação (art. 841º), e tendo em qualquer caso direito ao reembolso das despesas e indemnização dos prejuízos causados pela mora do depositante (art. 816º)[1037].

Outra causa de extinção do depósito é a perda da detenção da coisa pelo depositário, a qual pode resultar do perecimento da mesma ou de qualquer outro facto que afecte a sua detenção. Essa perda libera o depositário se resultar de facto que lhe não seja imputável (art. 1188º, nº 1), de acordo com a doutrina geral da impossibilidade da prestação (art. 790º, nº 1). Tratando-se, porém, de causa que lhe seja imputável, o depositário não fica liberado, respondendo por incumprimento do contrato[1038].

[1036] Cfr. Romano Martinez, *Da cessação*, pp. 548-549.

[1037] Cfr. Romano Martinez, *Da cessação*, p. 546.

[1038] Cfr. De Martini, *NovissDI* 5 (1960), p. 517.

10.2. O regime particular de extinção do depósito também no interesse de terceiro

Um regime particular de extinção do depósito diz respeito ao depósito no interesse de terceiro, uma vez se estabelece no art. 1193º que "se a coisa foi depositada também no interesse de terceiro e este comunicou ao depositário a sua adesão, o depositário não pode exonerar-se restituindo a coisa ao depositante sem consentimento do terceiro". É estranha a solução desta norma, na medida em que não se vê como um terceiro estranho ao contrato poderia paralisar a obrigação de restituição a favor do depositário. Por outro lado, não se trata neste caso de um depósito a favor de terceiro, já que nesse caso o terceiro assumiria a posição de depositário, irrevogável após a sua adesão[1039]. Tem-se por isso sustentado constituir esta situação um depósito a favor de terceiro subordinado a uma condição suspensiva, acordando-se com o depositário que ele restituiria a coisa ao terceiro ou ao depositante, consoante a verificação ou não verificação da condição. Apenas nesse caso se justifica que o terceiro possa impedir a restituição ao depositante, durante o período de pendência da condição[1040].

[1039] Em sentido contrário, Romano Martinez, *Da cessação*, pp. 545-546, qualifica esta situação como um verdadeiro contrato a favor de terceiro.
[1040] Neste sentido, Dalmartello/Portale, *ED* 12 (1964), p. 267.

Secção 4
Do contrato de empreitada

1. Generalidades

O art. 1207º do Código Civil define a empreitada como o contrato mediante o qual alguém se compromete a realizar certa obra mediante um preço[1041]. A empreitada é considerada pelo nosso legislador como uma espécie do contrato de prestação de serviços (arts. 1154º e ss.), tendo, no entanto, por objecto especificamente uma obra, e não um serviço[1042].

No âmbito do Direito Romano, a empreitada constituía uma modalidade de locação (*locatio*). Efectivamente, esta figura caracterizava-se por atribuir o gozo de um bem mediante uma contrapartida pecuniária, podendo esse bem consistir numa coisa (*locatio rei*), ou num determinado trabalho (*locatio operarum* e *locatio operis*). Neste último caso, ainda se distinguia consoante o trabalho era prestado sob a direcção de outrem (*locatio operarum*) ou era apenas atribuído o resultado do trabalho (*locatio operis*).

A distinção romana ainda aparece subjacente ao Código Civil francês de 1804, bem como aos Códigos por este influenciados, como o Código italiano de 1865. O Código civil português de 1867 autonomizou, porém, a locação, que restringiu ao gozo de coisas, do contrato de prestação de

[1041] Sobre a empreitada, veja-se genericamente Vaz Serra, "Empreitada", no *BMJ* 145 (1965), pp. 19-190 e no *BMJ* 146 (1965), pp. 33-247, Pedro Romano Martinez, *Obrigações*, pp. 317 e ss., e *Comemorações*, pp. 235 e ss., António Pereira de Almeida, *Direito Privado II (Contrato de Empreitada)*, Lisboa, AAFDL, 1983, Ferreira de Almeida, *Contratos*, II, pp. 156 e ss., e Pedro de Albuquerque / Miguel Assis Raimundo, *Direito das Obrigações. Contratos em especial*, II, Coimbra, Almedina, 2012, passim.

[1042] Pelo contrário, no art. 1655 do *Codice Civile* italiano estabelece-se que não apenas a realização de uma obra, mas também a prestação de um serviço pode ser objecto da empreitada.

serviços e do contrato de trabalho, quebrando assim essa ligação histórica. A mesma coisa fez o actual Código Civil, limitando a locação ao gozo de coisas (art. 1022º), e separando os contratos de trabalho (art. 1152º), do contrato de prestação de serviços (art. 1154º), de que a empreitada constitui uma modalidade (art. 1155º).

Sendo uma modalidade do contrato de prestação de serviços (*locatio operis*), a empreitada distingue-se do contrato de trabalho (*locatio operarum*). De acordo com a delimitação tradicional, estabelecida nos arts. 1152º e 1154º, no contrato de trabalho existe a prestação do trabalho como actividade, sob autoridade e direcção de outrem, enquanto que na prestação de serviços se promete antes o resultado do trabalho, no caso da empreitada a realização de uma obra. O empreiteiro actua assim com autonomia em relação ao dono da obra, ainda que exista a possibilidade de este elaborar o projecto, determinar alterações ou fiscalizar a obra. O facto de o empreiteiro ser pago em função do tempo de trabalho não determina a qualificação do contrato como de trabalho, ainda que seja um índice nesse sentido[1043].

No âmbito do contrato de prestação de serviços, a empreitada distingue-se da prestação de serviços atípica pelo facto de o resultado do trabalho ter que consistir numa obra. Todo e qualquer resultado do trabalho intelectual ou manual, que não possa ser reconduzido a uma obra, já não corresponderá a uma empreitada, mas antes a uma prestação de serviços atípica, regulada pelo regime do mandato (art. 1156º). Em relação às outras modalidades típicas da prestação de serviços, a empreitada distingue-se do mandato pelo facto de o empreiteiro não realizar actos jurídicos, mas antes actos materiais, e actuar por conta própria e não por conta de outrem (cfr. art. 1157º). Já quanto ao depósito, este distingue-se da empreitada pelo facto de a obrigação do empreiteiro ser principalmente a realização da obra, tendo a sua guarda cariz meramente eventual, enquanto que a obrigação de guarda do depositário é exercida a título principal[1044].

Pode colocar-se alguma dificuldade relativamente à distinção entre a empreitada e o contrato de compra e venda[1045]. De acordo com a formulação mais comum o contrato será de empreitada quando as partes tiveram

[1043] Cfr. Pereira de Almeida, *op. cit.*, p. 14.

[1044] Cfr. Romano Martinez, *Obrigações*, pp. 328-329.

[1045] Cfr. especialmente Romano Martinez, *Obrigações*, pp. 333 e ss. e José Manuel Vilalonga, "Compra e venda e empreitada. Contributo para a distinção entre os dois contratos", na *ROA* 57 (1997), pp. 183-228.

fundamentalmente em conta o resultado do trabalho a prestar pelo empreiteiro, sendo de compra e venda sempre que o primeiro plano seja dado antes aos materiais fornecidos, para cuja transmissão o trabalho funciona apenas como um meio[1046]. O critério seria assim o da prevalência do trabalho ou dos materiais ou o facto de a prestação de serviço ter ou não carácter instrumental relativamente à produção do bem. Decisivo parece ser, no entanto, a avaliação económica da operação, por forma a averiguar se o preço aparece como o correspectivo da alienação do bem (considerado como produto acabado) ou visa antes o pagamento do serviço de produção do bem. De acordo com este critério, a alienação de edifícios a construir em solo pertencente ao alienante corresponderá primordialmente a uma venda e não a uma empreitada[1047]. Já, pelo contrário, a construção em terreno do adquirente deve ser primordialmente qualificada como uma empreitada, já que, não obstante o valor dos materiais a fornecer pelo empreiteiro, o princípio *superficies solo cedit* leva a considerar toda a construção como acessória do solo, sendo assim a actividade do empreiteiro o fundamental no contrato[1048].

Esta posição não é, no entanto, a que tem sido primordialmente seguida pela jurisprudência que tem considerado normalmente qualificáveis como empreitada todos os contratos em que o alienante se compromete a realizar qualquer actividade material, mesmo que em conexão com a transmissão dos bens[1049]. Tal ocorreu relativamente, quer relativamente à alienação

[1046] Cfr. VAZ SERRA, "Anotação Ac. STJ 14/6/1972", na *RLJ* 106 (1973-1974), pp. 191-192, 197-200 e 107 (1974-1975), p. 108 (106, pp. 197-198) e RIBEIRO DE FARIA, *Obrigações*, II, p. 380. Este critério consta expressamente do art. 2223 do *Codice Civile*, que refere que se está perante um *contratto d'opera*, mesmo que o prestador forneça os materiais, salvo se as partes tomarem em consideração prevalentemente a matéria, caso em que se aplica o regime da compra e venda. O critério é, no entanto, criticado por PEREIRA DE ALMEIDA, *op. cit.*, p. 14, que o considera demasiado subjectivo. Não nos parece ,porém, aceitável a proposta do autor de qualificar como empreitada os casos em que o prestador realiza a obra seguindo um plano alheio e como compra e venda quando o faz seguindo um plano próprio. Efectivamente, a elaboração do plano pelo empreiteiro não afasta a qualificação de empreitada.

[1047] Cfr. LUMINOSO, *op. cit.*, p. 7. Para ROMANO MARTINEZ, *Obrigações*, pp. 338 e ss. esta figura constitui um tipo contratual novo, o contrato de promoção imobiliária, ao qual se devem aplicar algumas das regras da empreitada. No entanto, e como resulta do art. 1225º, nº 4, o nosso legislador qualifica este contrato como venda de imóveis, à qual apenas estende o regime da garantia da empreitada de imóveis destinados a longa duração, constante do art. 1225º.

[1048] Cfr. VAZ SERRA, *RLJ* 106 (1973), p. 191.

[1049] Neste sentido, cfr. a recolha de jurisprudência efectuada por ROMANO MARTINEZ, *Obrigações*, pp. 336 e ss. e notas.

de casas pré-fabricadas, com obrigação de proceder à sua montagem[1050], quer relativamente à alienação de elevadores com obrigação de proceder à sua instalação no prédio[1051], quer ainda relativamente ao fornecimento e instalação de caldeiras[1052] ou de equipamento hoteleiro[1053].

O elemento distintivo do contrato de empreitada é a prestação característica do empreiteiro, que corresponde à realização de uma obra. A realização de uma obra pode abranger não apenas a construção, mas também a modificação, reparação ou demolição de uma coisa e refere-se tanto a coisas imóveis (edifícios, pontes, túneis), como móveis (automóveis, barcos, electrodomésticos, peças de mobília, vestuário, etc.). A realização da obra corresponde a uma prestação de facto material, sendo tradicionalmente qualificada como uma obrigação de resultado[1054].

Para além disso, a obra tem que ser realizada mediante um preço. A empreitada é assim um contrato essencialmente oneroso. Se alguém se obriga a realizar uma obra gratuitamente, poderemos ter um contrato de prestação de serviços gratuito, mas não um contrato de empreitada. O preço tem que corresponder a uma obrigação pecuniária, pelo que se a retribuição for estipulada em objecto diferente, também não se estará perante uma empreitada, mas eventualmente perante um contrato misto[1055].

[1050] Cfr. Ac. STJ de 16/3/1973 (José António Fernandes), no *BMJ* 225 (1973), pp. 210-215.

[1051] Assim foi qualificada a alienação de elevadores como empreitada nos Acs. STJ de 15/3/1974 (Ludovico da Costa), no *BMJ* 235 (1974), pp. 269-274, Ac. STJ de 6/7/1993 (Machado Soares) em *CJ-ASTJ* 1 (1993), 2, pp. 181-184, Ac. STJ de 17/11/1994 (Sequeira Sampaio), em *CJ-ASTJ* 2 (1994), 3, pp. 143-145, Ac. STJ de 14/2/1995 (Fernando Fabião), em *CJ-ASTJ* 3 (1995), 1, pp. 88-91, Ac. STJ de 6/4/1995 (Joaquim de Matos), em *CJ-ASTJ* 3 (1995), 2, pp. 33-37, Ac. RL de 12/5/1988 (Carvalho Pinheiro), sumarizado no *BMJ* 377 (1988), p. 542, Ac. RL de 7/12/1993 (Afonso de Melo), em *CJ* 18 (1993) 5, pp. 137-139 e Ac. RL 17/3/1994 (Pires Salpico), em *CJ* 19 (1994), 2, pp. 86-89, e Ac. RE de 26/9/1996 (Mário Manuel Pereira), em *CJ* 21 (1996), 4, pp. 282-285. Em sentido contrário, qualificando antes a situação como uma compra e venda, cfr. Ac. RL de 18/1/1990 (Ribeiro Coelho), em *CJ* 15 (1990), I, pp. 146-148, e Ac. RP de 12/1/1993 (Paz Dias), em *CJ* 18 (1993), 2, p. 175 e Ac. RL de 20/5/1993 (Eduardo Baptista) em *CJ* 18 (1993), 3, pp. 107-112.

[1052] Cfr. Ac. STJ de 14/6/1972 (Santos Carvalho Júnior), com voto de vencido de Correia Guedes, em *RLJ* 106 (1973-1974), pp. 185-190.

[1053] Cfr. o Ac. RE 4/10/2007 (Eduarda Branquinho), na *CJ* 32 (2007), 4, pp. 249-254.

[1054] Cfr. António Pereira de Almeida, *op. cit.*, p.8.

[1055] Cfr. António Pereira de Almeida, *op. cit.*, pp. 8-9

2. Empreitada de direito público e de direito privado

Por virtude da influência francesa, onde se subordinava ao Direito Administrativo a celebração de certos contratos entre a administração e os particulares, veio a ser tradicional entre nós a qualificação da empreitada de obras públicas como contrato administrativo. Essa qualificação constava logo do art. 815, § 2º, do Código Administrativo de 1940. Em consequência foram aprovados sucessivos regimes especiais para a empreitada de obras públicas, sendo de salientar o D.L. 48871, de 19 de Fevereiro de 1969. Esse diploma foi posteriormente substituído pelo D.L. 235/86, de 18 de Agosto, alterado pelo D.L. 320/90, de 15 de Outubro, os quais foram revogados pelo D.L. 405/93, de 10 de Dezembro. Este último diploma viria a ser revogado pelo D.L. 59/99, de 2 de Março, que instituiu o regime jurídico da empreitada de obras públicas (RJEOP), que entrou em vigor em 3 de Junho de 1999, o qual foi sucessivamente alterado pela Lei 163/99, de 14 de Setembro, e pelo Decreto-Lei 159/2000, de 27 de Julho. Actualmente, o respectivo regime consta dos arts. 343º e ss. do Código dos Contratos Públicos (CCP), aprovado pelo Decreto-Lei 18/2008, de 29 de Janeiro, tendo este diploma revogado o RJEOP (art. 14º, nº 1, *d*)) .

A empreitada de obras públicas é legalmente definida como "contrato oneroso que tenha por objecto quer a execução quer, conjuntamente, a concepção e a execução de uma obra pública que se enquadre nas subcategorias previstas no regime de ingresso e permanência na actividade de construção" (art. 343º, nº 1 CCP).

Por sua vez, o art. 343º, nº 2, CCP considera obra pública "o resultado de quaisquer trabalhos de construção, reconstrução, ampliação, alteração ou adaptação, conservação, restauro, reparação, reabilitação, beneficiação e demolição de bens imóveis executados por conta de um contraente público". A definição de contraentes públicos consta do art. 3º CCP, sendo assim o regime da empreitada de obras públicas aplicável sempre que o dono da obra seja alguma dessas entidades.

Caso o dono da obra não seja nenhuma das entidades referidas no art. 3º, nº 1, do CCP é aplicável à empreitada o regime dos arts. 1207º e ss. do Código Civil. Há, porém, que referir que múltiplas vezes, mesmo em empreitadas de Direito Privado, as partes efectuam remissões para o regime da empreitada de obras públicas, que pretendem ver aplicado a essa empreitada. Essa solução apenas será possível relativamente às normas supletivas do Código Civil, dado que as suas normas injuntivas não poderão ser derrogadas por essa via[1056]. No caso de a remissão ser efectuada através de cláusulas contratuais gerais, acrescem ainda as proibições de derrogação constantes da LCCG. Fora desses casos, parece possível as partes estabelecerem essa remissão, a qual, no entanto, não terá carácter absoluto, uma vez que certos preceitos do CCP apenas se justificam em função do regime de Direito Público, pelo que não se poderão aplicar a empreitadas de Direito Privado[1057].

3. Natureza civil ou comercial da empreitada de direito privado

Nos estudos preparatórios do Código Civil, GALVÃO TELLES viria a sustentar a natureza comercial da empreitada, defendendo que, por se tratar de um contrato economicamente produtivo e supor uma organização empresarial, não deveria figurar no Código Civil, mas antes no Código Comercial[1058]. Mesmo assim, o legislador optou por incluí-lo no Código Civil, para evitar o desaparecimento da disciplina deste contrato, com a revogação do Código anterior, solução que aliás corresponde à da maioria das legislações civis[1059]. Ficou, por isso, VAZ SERRA encarregado da elaboração do respectivo anteprojecto[1060].

No entanto, a empreitada revestirá natureza comercial, sempre que se realizar através de uma organização empresarial (art. 230, nº 6 CCom), adquirindo, pelo contrário, natureza civil, se o contrato for realizado no âmbito de uma actividade artesanal (art. 230, § 1º CCom)[1061].

4. Características qualificativas da empreitada

4.1. A empreitada como contrato nominado e típico

A empreitada é, antes de tudo, um contrato nominado e típico, uma vez que a lei reconhece a sua categoria e estabelece o seu regime nos arts. 1207º e ss. do Código Civil.

[1056] Assim, no Ac RP 17/11/1992 (ALMEIDA E SILVA), em *CJ* 17 (1992), 5, pp. 220-226 (222) se considerou que as partes não podem derrogar o regime do art. 1221º, optando antes pelo regime da empreitada de obras públicas.

[1057] Cfr. VAZ SERRA, no *BMJ* 145 (1965), p. 75 e ROMANO MARTINEZ, *Obrigações*, p. 322.

[1058] Cfr. GALVÃO TELLES, "Aspectos comuns aos vários contratos", na *RFDUL* 7 (1950), pp. 234-315 (270 e ss. e 305 e ss.).

[1059] Cfr. ANTUNES VARELA, "Anotação Ac. 3/11/1983", na *RLJ* 121 (1988-1989), pp. 183-192 e 216-224 (185 e ss.).

[1060] Cfr. VAZ SERRA, "Empreitada", no *BMJ* 145 (1965), pp. 19-190 e no *BMJ* 146 (1965), pp. 33-247.

[1061] Cfr. ANTÓNIO PEREIRA DE ALMEIDA, *op. cit.*, pp. 25-26.

4.2. A empreitada como contrato normalmente não formal

A empreitada é, por outro lado, um contrato não formal, uma vez que, dado que a lei não estabelece forma especial, o contrato é válido, independentemente da forma que venha a ser adoptada. Há, no entanto, certos casos especiais de empreitada, em que a lei sujeita o contrato à forma escrita, como a empreitada de obras públicas (art. 94º CCP), as empreitadas de obras particulares acima de € 16.600 (art. 26º da Lei 41/2015, de 3 de Junho) e o contrato de construção de navio (art. 12º do D.L. 201/98, de 10 de Julho).

4.3. A empreitada como contrato consensual

A empreitada é ainda um contrato consensual (por oposição a real *quoad constitutionem*), dado que a lei não exige para a sua constituição a entrega de uma coisa. Efectivamente, embora essa entrega possa vir a ser necessária para a execução do contrato – o dono da obra tem que proporcionar ao empreiteiro o solo nas empreitadas de construção de imóveis, ou a coisa a reparar ou a transformar nas empreitadas de construção e reparação – a verdade é que em lugar algum a lei exige essa entrega como pressuposto de constituição do contrato, o que leva a que a empreitada tenha que ser qualificada como contrato consensual.

4.4. A empreitada como contrato obrigacional, podendo ser também real *quoad effectum*

A empreitada é sempre um contrato obrigacional, na medida em que é fonte de obrigações, sendo a obrigação do empreiteiro a realização da obra, e a obrigação do dono da obra o pagamento do preço. A empreitada pode ser, porém, além disso um contrato real *quoad effectum*, quando a propriedade da obra seja atribuída ao empreiteiro, e esta venha a transmitir-se para o dono da obra. É o que acontece na empreitada de coisas móveis realizada com materiais pertencentes ao empreiteiro, em que é a aceitação da coisa que transmite a propriedade para o dono da obra (art. 1212º, nº 1), regime que aliás se afasta do regime geral quanto à transmissão de direitos reais sobre coisas futuras e por isso mesmo vem a ser a empreitada referida como excepção ao art. 408º, nº 2.

4.5. A empreitada como contrato oneroso

A empreitada é um contrato oneroso, uma vez que gera sacrifícios económicos para ambas as partes. Efectivamente, o dono da obra tem que pagar o preço, enquanto que o empreiteiro tem o sacrifício do valor do seu trabalho e dos materiais que eventualmente forneça.

4.6. A empreitada como contrato sinalagmático

Sendo um contrato oneroso, a empreitada é também um contrato sinalagmático, uma vez que faz surgir obrigações recíprocas para ambas as partes, sendo a do empreiteiro a de realizar a obra e a do dono da obra a de pagar o preço. Estas duas obrigações surgem ligadas entre si em termos causais no momento da constituição do contrato (sinalagma genético), permanecendo essa ligação durante a sua execução (sinalagma funcional).

4.7. A empreitada como contrato comutativo

A empreitada é um contrato comutativo e não aleatório, uma vez que tanto a atribuição patrimonial do dono da obra como a do empreiteiro se apresentam como certas quanto à sua existência (*an*) ou conteúdo (*quantum*), o que exclui a verificação de uma álea ou risco económico neste contrato.

4.8. A empreitada como contrato de execução instantânea, ainda que prolongada

Apesar de a execução da empreitada se poder prolongar perante um período considerável, a verdade é que a empreitada não pode ser qualificada como um contrato de execução continuada, sendo por isso um contrato de execução instantânea[1062]. Efectivamente, o tempo não influi no conteúdo e extensão da obrigação, dado que apenas interessa ao credor a execução da obra. Mesmo que essa execução se possa prolongar no tempo, este nunca é visto como relevante em termos de delimitação do conteúdo da obrigação, sendo apenas um prazo de execução da obrigação do empreiteiro, que é assim considerada de execução instantânea, ainda que prolongada[1063].

5. Objecto da empreitada

A empreitada tem por objecto a realização de uma obra. No entanto, a obra, para efeitos da empreitada, não se identifica com o sentido geral de ser-

[1062] Cfr. ROMANO MARTINEZ, *Obrigações*, pp. 362 e ss.

[1063] VAZ SERRA, *BMJ* 146 (1965), pp. 204 e 208, admite, porém, que em certas situações, como nas empreitadas de manutenção, a empreitada revista natureza de contrato de execução periódica ou, mais raro ainda, de execução continuada. Entendemos, no entanto, que mesmo nesses casos nunca é o tempo o factor relevante, mas antes a obra realizada.

viço, sendo antes uma modalidade específica de serviço que se traduz num resultado material, correspondente à criação, modificação ou reparação de uma coisa, como o fabrico, manufactura, construção, benfeitorias, etc[1064].

Existiu uma controvérsia na doutrina sobre se a obra teria que ser entendida em sentido material ou se a obra intelectual poderia igualmente ser objecto do contrato de empreitada[1065].

A posição que nos parece preferível é a de que a obra intelectual não pode ser objecto do contrato de empreitada, que se restringe a obras corpóreas, sendo antes objecto do contrato de encomenda de obra intelectual, nominado no art. 14º do CDADC. Efectivamente, a noção de obra constante do art. 1207º do Código Civil, ao contrário do que normalmente acontece nos Códigos civis estrangeiros[1066], é restringida às coisas corpó-

[1064] Cfr. VAZ SERRA, no *BMJ* 145 (1965), p. 21.

[1065] A questão surgiu essencialmente a propósito de um contrato pelo qual uma empresa se obrigara a realizar uma série de doze programas de televisão para a Rádio Televisão Portuguesa, resolvido pelo Ac. STJ de 3/11/1983 (SANTOS SILVEIRA, com votos de vencido de LOPES NEVES e ALMEIDA RIBEIRO), no *BMJ* 331 (1983), pp. 489-503 = *ROA* 45 (1985), pp. 113-125 = *RLJ* 121 (1988-1989), pp. 173-183. Este caso motivou o surgimento de pareceres contraditórios de FERRER CORREIA/HENRIQUE MESQUITA e de ANTUNES VARELA, sendo que o primeiro propugnava a qualificação da encomenda de obra intelectual como empreitada, enquanto que o segundo rejeitava essa qualificação (cfr. FERRER CORREIA/HENRIQUE MESQUITA, "Anotação Ac. STJ 3/11/1983. A obra intelectual como objecto do contrato de empreitada. Direito de o dono da obra desistir do contrato e efeitos da desistência", na *ROA* 45 (1985), pp. 129-158 e ANTUNES VARELA, "Parecer sobre a prestação de obra intelectual", na *ROA* 45 (1985), pp. 159-197). Numa decisão salomónica, o STJ sustentou que a empreitada exigiria uma obra corpórea, o que afastaria a obra intelectual do seu âmbito, mas considerou que no caso concreto se estava perante uma empreitada, dado que a materialização da obra intelectual nos filmes e fitas seria suficiente para caracterizar a prestação como de empreitada, por existir aí algo material, mesmo que a parte intelectual fosse consideravelmente superior.

A decisão do Supremo foi objecto de bastante crítica (cfr. PIRES DE LIMA/ANTUNES VARELA, *op. cit.*, II, sub art. 1207º, nº 3, p. 865, ANTUNES VARELA, "Anotação Ac. 3/11/1983", na *RLJ* 121 (1988-1989), pp. 183-192 e 216-224 e JOÃO CALVÃO DA SILVA, "Anotação Ac. STJ 3/11/1983. Direitos de autor, cláusula penal e sanção pecuniária compulsória", na *ROA* 47 (1987), pp. 129-156) e efectivamente não pode aceitar-se. Uma coisa é a realização da obra intelectual, e outra o suporte da mesma, sendo que o objecto do contrato de produção de filmes é o filme enquanto tal, e não o seu suporte.

[1066] Efectivamente, tanto no direito francês (art. 1710 C. C. fr.), como nos direitos alemão (§ 631 II BGB) e italiano (art. 1655 C. C. it.), a empreitada (*louage d'ouvrage, Werkvertrag, appalto*) pode ter por objecto quer a realização de uma obra (ex: construção de uma casa), quer a prestação de um serviço com vista a um resultado (ex: realização de uma cirurgia médica), pelo que a

reas, dado que o regime da fiscalização (art. 1209º), da transferência da propriedade (art. 1212º), das alterações (arts. 1214º e ss.), e dos defeitos da obra (arts. 1218º e ss.), é dificilmente compatível com a criação de obras intelectuais, uma vez que nestas tem que ser assegurada uma maior liberdade ao criador e a questão principal prende-se com a atribuição do direito de autor sobre a obra, questão que o regime da empreitada não resolve. Por último, se viesse a abranger as obras intelectuais, o contrato de empreitada passaria a ser uma figura demasiado ampla, esgotando quase completamente o regime da prestação de serviços[1067].

Não obstante, entendemos que algumas disposições da empreitada poderão ser aplicadas por analogia, atenta a parca regulação legal da encomenda de obra intelectual. A analogia não abrangerá, porém, as normas excepcionais pelo que manifestamente o art. 1229º não é aplicável à encomenda de obra intelectual[1068].

A obra objecto de empreitada tanto pode consistir na construção de uma coisa, como na sua alteração, modificação, ou reparação, podendo a coisa a construir, alterar ou reparar, ser móvel ou imóvel. As empreitadas de construção colocam, porém, o problema de atribuição da propriedade da coisa construída, o que não ocorre com as restantes empreitadas (cfr. art. 1212º).

Quando a empreitada tem por objecto a construção ou reparação de navios é sujeita a um regime especial constante dos art.s 12º e ss. e 32º do D.L. 201/98, de 10 de Julho. Nesse caso, o regime geral da empreitada só se aplica subsidiariamente (art. 13º D.L. 201/98, de 10 de Julho).

doutrina entende pacificamente que a realização de obras intelectuais, como escrever um livro ou criar um programa de computador, pode ser objecto de empreitada (cfr. GHESTIN/HUET, *op. cit.*, p. 1119, KARL LARENZ, *op. cit.*, II-1, § 53 I, p. 344, e FIKENTSCHER/HEINEMANN, *Schuldrecht.*, § 84 I 2, nº 1192, pp. 595-596). Entre nós, no entanto, o art. 1207º é expresso no sentido de que a empreitada abrange a realização de obras, mas não a prestação de serviços em geral (art. 1154º), o que leva a que o seu âmbito tenha que ser necessariamente mais restrito.

1067 Cfr. ANTUNES VARELA, *RLJ* 121 (1988-1989), pp. 183 e ss. e 216 e ss., JOÃO CALVÃO DA SILVA, *ROA* 47 (1987), pp. 129 e ss. e ROMANO MARTINEZ, *Obrigações*, pp. 386 e ss. Em sentido contrário, integrando a obra intelectual no contrato de empreitada, veja-se FERRER CORREIA/HENRIQUE MESQUITA, *ROA* 45 (1985), pp. 129 e ss., JORGE BRITO PEREIRA, "Do conceito de *obra* na empreitada", na *ROA* 54 (1994), pp. 569-622 (584 e ss.), FERREIRA DE ALMEIDA, *Contratos*, II, pp. 157-158 e PEDRO DE ALBUQUERQUE / MIGUEL ASSIS RAIMUNDO, *Obrigações*, II, pp. 154 e ss.

1068 Neste sentido, ANTUNES VARELA, *ROA* 45 (1985), p. 175. Em sentido contrário, CALVÃO DA SILVA, *ROA* 47 (1987), p. 145.

6. Forma do contrato de empreitada

Conforme acima se referiu, a empreitada é em princípio um contrato não formal, dado que a lei não a sujeita a forma especial, podendo assim ser celebrada consensualmente (art. 219º). Em certos casos, no entanto, a lei exige a adopção de determinada forma, como sucede no contrato de empreitada de obras públicas, que deve ser reduzido a escrito (art. 94º CCP). Da mesma forma, o contrato de empreitada de obras particulares é sujeito a escrito, que deve incluir uma série de menções obrigatórias sempre que o seu valor ultrapasse 10% do limite fixado para a classe 1 dos alvarás das empresas de construção (art. 26º da Lei 41/2015, de 3 de Junho)[1069].

Também o contrato de construção de navio é por lei sujeito à forma escrita (art. 12º, do D.L. 201/98, de 10 de Julho).

7. A formação do contrato de empreitada

7.1. O processo de formação do contrato de empreitada

A empreitada de direito privado obedece ao regime geral da formação do contrato, estabelecido nos arts. 224º e ss. do Código Civil. Já no caso de empreitada de obras públicas, a formação do contrato obedece a um procedimento complexo, que pode envolver o ajuste directo, o concurso público, o concurso limitado por prévia qualificação, o procedimento de negociação e o diálogo concorrencial (art. 16º nº 1, e nº 2 *a)* CCP). Mas, mesmo no âmbito da empreitada de direito privado, é normal a formação do contrato decorrer de forma mais complexa do que o que é habitual, uma vez que as negociações são mais demoradas, e durante as mesmas é comum ser solicitado ao empreiteiro a realização de um projecto da obra, o que constitui uma prestação de serviços autónoma, que por vezes é objecto de remuneração específica. Por vezes, o projecto é encomendado pelo dono da obra a terceiro, ficando em qualquer caso o empreiteiro encarregado de elaborar o orçamento da obra. Antes da celebração do contrato, é ainda comum a realização dos estudos de materiais e solo, bem como a solicitação às autoridades da competente licença ou autorização administrativa, quando exigíveis, obrigação que recai sobre o dono da obra, se nada for estipulado em contrário[1070].

[1069] Este limite foi fixado em €166.000 pela Portaria 119/2012, de 30 de Abril, com a rectificação constante da Decl. Rect. 27/2012, de 30 de Maio.

[1070] Cfr. Romano Martinez, *Obrigações*, p. 424. Nos termos do Regime Jurídico da Urbanização e Edificação (RJUE), aprovado pelo D.L. 555/99, de 16 de Dezembro, alterado

O projecto, com os desenhos, e a definição dos trabalhos a realizar e materiais empregues vêm a ser posteriormente objecto de um caderno de encargos, que deverá ser respeitado pelo empreiteiro. Apenas após a definição do caderno de encargos, é que o empreiteiro apresenta normalmente a respectiva proposta de empreitada, que inclui o mencionado caderno de encargos, só ficando o contrato concluído com a aceitação do dono da obra, sendo que, apesar de a lei não o exigir, normalmente esse mesmo contrato é reduzido a escrito[1071].

Para além disso, em várias ocasiões a contratação do empreiteiro de direito privado também decorre de concurso, através do denominado concurso para a celebração de contrato de direito privado[1072]. Neste caso, o dono da obra deve definir previamente as regras do concurso e adjudicar a empreitada ao concorrente que apresentar a melhor proposta[1073]. Neste caso, o projecto da obra e o respectivo caderno de encargos estão normalmente definidos pelo dono da obra antes do concurso, só tendo o empreiteiro que apresentar a proposta que, se escolhida pelo dono da obra, leva à formação do contrato, o qual é habitualmente depois reduzido a escrito.

7.2. Capacidade das partes

Relativamente à capacidade das partes, haverá que distinguir entre as empreitadas de reparação e as empreitadas de nova construção. As primeiras correspondem a actos de administração ordinária, pelo que podem ser celebradas por quem tenha capacidade para a prática de actos de mera administração, como é normalmente o caso dos inabilitados (art. 153º). Já

e republicado pelo D.L. 177/2001, de 4 de Junho, alterado pela Lei 15/2002, de 22 de Fevereiro, pela Lei 4-A/2003, de 19 de Fevereiro, pelo Decreto-Lei 157/2006, de 8 de Agosto, e pela Lei 60/2007, de 4 de Setembro, está normalmente sujeita a licença administrativa a realização de operações urbanísticas (art. 4º, nº 1 RJUE), especialmente as previstas no art. 4º, nº 2 RJUE. São isentas de licença as operações urbanísticas referidas no art. 6º, nº 1, RJUE exigindo, no entanto, algumas delas uma comunicação prévia (art. 6º, nº 3, RJUE). A regulamentação dos pedidos de licenciamento e de autorização de utilização consta da Portaria 216-/2008, de 3 de Março. Os modelos de alvará constam da Portaria 216-D/2008, de 3 de Março.

[1071] Cfr. Romano Martinez, *Obrigações*, p. 422.

[1072] Cfr. sobre esta figura, Menezes Cordeiro, "Da abertura de concurso para a celebração de um contrato no Direito Privado", no *BMJ* 369 (1987), pp. 5-59.

[1073] A melhor proposta não é necessariamente aquela de preço mais baixo, a menos que no concurso se declare que seria essa a escolhida. Cfr. Cunha Gonçalves, *Tratado*, VII, pp. 617-618, e Vaz Serra, no *BMJ* 145 (1965), p. 76.

as segundas correspondem a actos de administração extrordinária ou de disposição, pelo que só podem ser celebrados por quem tenha a capacidade para a sua prática[1074].

7.3. Legitimidade das partes

Podem colocar-se problemas de legitimidade na empreitada, quer em relação ao empreiteiro, quer em relação ao dono da obra[1075]. Assim, a parte que, de acordo com o contrato deva fornecer os materiais, apenas poderá fornecer materiais próprios e não materiais alheios, assim como a construção do imóvel dependerá da autorização do respectivo dono do solo (seja ele o dono da obra ou terceiro). A utilização de materiais alheios ou a construção em solo alheio não constitui, no entanto, causa de invalidade do contrato, embore determine a aplicação do regime da acessão, bem como a responsabilidade perante o respectivo proprietário.

Em caso de existência de direitos reais menores sobre o solo, terá legitimidade para contratar a execução da obra a parte a quem compita essa faculdade. Assim, no caso do usufruto, o art. 1471º determina que o usufrutuário é obrigado a consentir ao proprietário quaisquer obras ou melhoramentos de que seja susceptível a coisa usufruída, cabendo as reparações ordinárias ao usufrutuário (art. 1472º) e as reparações extraordinárias ao proprietário, salvo se resultarem de má administração do usufrutuário (art. 1473º). No caso de incidir sobre o prédio uma servidão ou um direito pessoal de gozo, que a execução das obras venha a impedir, quer o dono da obra, quer o empreiteiro, serão responsáveis pelos danos causados ao titular, o qual pode inclusivamente solicitar o embargo da obra (cfr. art. 397º CPC). A existência destes direitos não torna, porém, inválido o contrato de empreitada, ainda que possa determinar a necessidade de alterações ao plano convencionado (art. 1215º), ou mesmo a impossibilidade de execução da obra (art. 1227º).

[1074] Cfr. CUNHA GONÇALVES, *Contratos*, p. 152 e *Tratado*, VII, pp. 616-617.

[1075] Em sentido contrário, considerando que a questão apenas se coloca em relação ao dono da obra, cfr. ROMANO MARTINEZ, *Obrigações*, p. 366.

8. Efeitos do contrato de empreitada

8.1. Direitos do dono da obra

8.1.1. Aquisição e recepção da obra

O primeiro direito que resulta para o dono da obra do contrato de empreitada é que a obra venha a ser por ele adquirida e recebida. Face aos princípios vigentes em sede de cumprimento (arts. 762º e 406º, nº 1), a obra deve ser integralmente realizada, em conformidade com o contrato, no prazo convencionado, e sem vícios que excluam ou reduzam o valor dela, ou a sua aptidão para o uso ordinário ou previsto no contrato (art. 1208º).

8.1.2. Fiscalização da obra

O art. 1209º atribui ao dono da obra a faculdade de a fiscalizar, à sua custa, a execução dela, desde que não perturbe o andamento ordinário da empreitada. É assim permitido ao dono da obra controlar a forma como o empreiteiro a vem executando, designadamente quanto a materiais utilizados, respeito pelo plano acordado e ausência de vícios na construção. Através da fiscalização, o dono da obra pode inclusivamente aperceber-se de que se justifica efectuar alterações ao plano convencionado e exigir que sejam efectuadas (cfr. art. 1216º).

A maior parte da doutrina qualifica como injuntiva esta faculdade de fiscalização por parte do dono da obra, considerando nula a cláusula que lhe retire esse direito[1076]. A esta posição opõe-se, no entanto, ROMANO MARTINEZ, sustentando que "através da fiscalização poderia o comitente tomar conhecimento de certos dados técnicos que o empreiteiro não estaria interessado em revelar" como, por exemplo, "novas técnicas de tingir tecidos ou de perfuração de túneis", pelo que, havendo motivos plausíveis, nada impede as partes de afastar essa fiscalização[1077]. Parece-nos, no entanto, que a melhor posição é a que considera injuntiva a faculdade de fiscalização do dono da obra, uma vez que sem esta faculdade ele perderia todo e qualquer contrôle sobre a execução que contratou, sendo o contrato qualificável como venda de bens futuros e não como empreitada.

[1076] Cfr. VAZ SERRA, *BMJ* 145 (1965), p. 130, PIRES DE LIMA/ANTUNES VARELA, *op. cit.*, II, sub art. 1209, nº 1, p. 870, PEREIRA DE ALMEIDA, *op. cit.*, p. 44, AGOSTINHO CARDOSO GUEDES, "A responsabilidade do construtor no contrato de empreitada", em AAVV, *Contratos. Actualidade e evolução*, Porto, Universidade Católica, 1997, pp. 315-330 (317 e ss.) e PEDRO DE ALBUQUERQUE/MIGUEL ASSIS RAIMUNDO, *Obrigações*, II, pp. 269-270.

[1077] Cfr. ROMANO MARTINEZ, *Obrigações*, p. 370.

A fiscalização tem que ser realizada à custa do dono da obra, podendo ser efectuada por ele próprio ou por um comissário por si contratado[1078]. Sendo uma faculdade do dono da obra, naturalmente que ele pode deixar de exercê-la, sem incorrer em responsabilidade[1079]. O exercício da fiscalização não implica, no entanto, qualquer renúncia tácita do dono da obra aos direitos resultantes da sua má execução, mesmo que ele não se pronuncie sobre a mesma, podendo fazê-lo, dado que o art. 1209º, nº 2, determina que "a fiscalização feita pelo dono da obra, ou por comissário, não impede aquele, findo o contrato, de fazer valer os seus direitos contra o empreiteiro, embora sejam aparentes os vícios da coisa ou notória a má execução do contrato, excepto se tiver havido da sua parte concordância expressa com a obra efectuada"[1080].

No âmbito do contrato de construção de navio, o art. 15º, nº 1, do D.L. 201/98, de 10 de Julho, contempla igualmente a faculdade de fiscalização do dono da obra, desde que não perturbe o andamento ordinário da construção, estabelecendo ainda que o empreiteiro ou os subempreiteiros devem, durante a construção, conceder ao dono da obra e aos seus representantes as facilidades necessárias à fiscalização e dar-lhes a assistência de que razoavelmente careçam para o seu cabal desempenho (art. 15º, nºs 2 e 3 D.L. 201/98, de 10 de Julho).

8.2. Deveres do dono da obra

8.2.1. Pagamento do preço

O principal dever do dono da obra é o de pagar o preço. O preço na empreitada pode ser fixado de acordo com várias modalidades, distinguindo-se assim entre:

[1078] O comissário é normalmente designado por director dos trabalhos ou mestre de obra, sendo um técnico a quem compete fiscalizar os trabalhos e certificar-se do cumprimento do plano da obra. Não pode, porém, ordenar alterações, ainda que possa recomendar tal ao dono da obra. Cfr. José Carlos Moitinho de Almeida, "A responsabilidade civil do projectista e o seu seguro", no *BMJ* 228 (1973), pp. 5-59 (8-9).

[1079] Neste sentido, Vaz Serra, *BMJ* 145 (1965), p. 130, Pires de Lima/Antunes Varela, *op. cit.*, sub art. 1209º, nº 5, p. 871, e Romano Martinez, *Obrigações*, pp. 370-371.

[1080] Romano Martinez, *Obrigações*, p. 371, considera, no entanto, que existe um *venire contra factum proprium*, se o dono da obra descobre um defeito durante a fiscalização, e depois vem denunciá-lo ao empreiteiro. Parece-nos, porém, que o art. 1209º, nº 2, expressamente permite essa situação, apenas excepcionando a concordância expressa com a obra efectuada.

a) preço global;
b) preço por artigo;
c) preço por medida;
d) preço por tempo de trabalho;
e) preço por percentagem.

Na primeira categoria, denominada empreitada por preço global, a corpo, *a forfait* ou *per aversionem*, o preço é fixado no momento da celebração do contrato, globalmente para toda a obra. Trata-se de uma modalidade que oferece especiais garantias para o dono da obra, uma vez que vê o preço fixado de antemão, envolvendo, no entanto, alguns riscos para o empreiteiro, especialmente em caso de alteração do preço dos materiais ou da necessidade de realização de despesas não previstas. Nesta modalidade de empreitada, o empreiteiro não pode reclamar aumento do preço nem sequer perante alterações autorizadas pelo dono da obra, se a autorização não for dada por escrito, com fixação do aumento de preço, podendo apenas reclamar a indemnização por enriquecimento sem causa (art. 1214º, nº 3).

Na segunda categoria, denominada preço por artigo, ou *marché sur devis* o preço é fixado por artigo, pelo que o preço final variará em função do tipo e da quantidade dos artigos produzidos.

Na terceira categoria, denominada preço por medida, é estabelecida uma tarifa para determinada unidade de medição (ex. número de metros), resultando o preço final da medição que vier a ser realizada após a conclusão da obra.

Na quarta categoria, o preço é fixado em função do tempo de trabalho, podendo por exemplo ser estipulada uma remuneração diária para o empreiteiro, vindo ele a ser pago em função do número de dias que tiver demorado a realizar a obra.

Finalmente, na empreitada por percentagem ou por administração, o dono da obra fornece os materiais e paga a mão-de-obra, atribuindo simultaneamente ao empreiteiro uma percentagem sobre o valor dos materiais e do trabalho contratados[1081].

As partes podem estipular o preço da empreitada, utilizando apenas um ou uma combinação de vários dos critérios acima referidos. No caso de as

[1081] Cfr. VAZ SERRA, no *BMJ* 145 (1965), pp. 62 e ss., PIRES DE LIMA/ANTUNES VARELA, *op. cit.*, sub art. 1211º, nº 2, p. 874, ROMANO MARTINEZ, *Obrigações*, pp. 395 e ss., e PEREIRA DE ALMEIDA, *op. cit.*, p. 10.

partes não estipularem o preço, aplica-se por remissão do art. 1211º, o art. 883º. Assim, a menos que o preço esteja determinado por entidade pública, no caso de as partes não o determinarem, nem convencionarem o modo de ele ser determinado, vale como preço contratual o que o empreiteiro normalmente praticar à data da conclusão do contrato ou, na falta dele, o do mercado e bolsa no momento do contrato e no lugar em que o dono da obra deva cumprir, recorrendo-se em último caso aos juízos de equidade no caso de nenhum destes critérios poder ser aplicado. O processo judicial para a fixação do preço encontra-se previsto no art. 1004º CPC. Ao preço fixado acrescerá naturalmente o IVA que é devido nos termos legais[1082].

Uma vez fixado o preço, este pode vir a ser objecto de revisão. Em certos casos, é a própria lei que impõe essa revisão, como no caso de alterações necessárias (art. 1215º, nº 1) e de alterações exigidas pelo dono da obra (art. 1216º, nº 2). Por outro lado, nas empreitadas de longa duração é frequente as partes estipularem cláusulas de revisão de preços, destinadas a acautelar-se contra os riscos de alteração do valor dos materiais ou da mão de obra. Essa prática justifica-se já que, na ausência dessa estipulação, há apenas a possibilidade de aplicação do regime da alteração das circunstâncias (arts. 437º e ss.), o qual é bastante mais rigoroso[1083].

Estabelece o art. 1212º, nº 2 que, na falta de convenção ou uso em contrário, o preço deve ser pago no acto de aceitação da obra. Trata-se assim de uma norma supletiva, que admite derrogação por estipulação das partes ou por força dos usos. Deve efectivamente referir-se que nas empreitadas de grande dimensão não é comum estabelecer-se o pagamento apenas com a aceitação da obra, uma vez que tal obrigaria o empreiteiro a adiantar o custo geral da mesma. O pagamento nesses casos costuma ser estabelecido escalonadamente, em prazos determinados, por medição ou mediante a realização de partes especificadas da obra[1084].

8.2.2. Verificação, comunicação e aceitação da obra

Outro dever que incumbe sobre o dono da obra é o de verificação e de comunicação dos resultados desta ao empreteiro, tendo ainda o ónus de

[1082] Cfr. Ac. RG 19/6/2008 (Augusto Carvalho), em *CJ* 33 (2008), 3, pp. 281-284.

[1083] Diferentemente, na empreitada de obras públicas, o art. 314º CCP prevê uma aplicação mais dilatada do instituto da alteração das circunstâncias.

[1084] Cfr. Pereira de Almeida, *op. cit.*, p. 12.

aceitação da obra, o qual pode corresponder mesmo a um dever, quando dela dependa o vencimento da obrigação de pagamento do preço.

Relativamente à verificação da obra, esta é imposta ao dono da obra pelo art. 1218º, nº 1, destinando-se a certificar que a obra se encontra nas condições convencionadas e sem vícios, podendo qualquer das partes exigir que seja efectuada por peritos (art. 1218º, nº 3). A verificação está sujeita a prazo, que a lei fixa remetendo para os usos, ou na falta destes, para um período razoável, após o empreiteiro ter colocado o dono da obra em condições de a realizar (art. 1218º, nº 2). Em termos de lugar do cumprimento, a verificação deverá ser realizada no lugar onde são realizados os trabalhos[1085], o que, no caso das coisas imóveis, coincide necessariamente com o lugar onde se encontra a obra. Não é, por isso, o empreiteiro obrigado a entregar a coisa para verificação ao dono da obra, sendo este, ou o seu representante, que se deve deslocar ao lugar de execução dos trabalhos. As despesas da verificação constituem normalmente encargo do empreiteiro, salvo quando envolvam a contratação de peritos, cujo pagamento fica a cargo da parte que o solicitou (art. 1218º, nº 3)[1086]. Na ausência de verificação, a lei considera ter ocorrido a aceitação da obra (art. 1218º, nº 5).

Após a realização da verificação, os resultados desta devem ser comunicados ao empreiteiro (art. 1218º, nº 4). A comunicação é um acto jurídico simples, mediante o qual o dono da obra transmite ao empreiteiro o resultado da verificação, ou seja, se a obra se encontra nas condições convencionadas e sem vícios, ou se, pelo contrário, foi detectado algum vício ou desconformidade. A falta da comunicação importa, do mesmo modo que a falta de verificação, a aceitação da obra (art. 1218º, nº 5). Parece, no entanto, poder admitir-se uma comunicação provisória, como a de que se iniciou a verificação em determinada data, mas que esta não foi integralmente esclarecedora, sendo necessária a realização de exames complementares[1087].

A comunicação destina-se apenas a transmitir o resultado da verificação, e não a efectuar a aceitação da obra. Pode, porém, o dono da obra incluir na comunicação essa mesma aceitação, quer expressa, quer tacitamente, nos termos gerais (art. 217º). A comunicação envolverá uma aceitação tácita

[1085] Cfr. Vaz Serra, *BMJ* 145 (1965), p. 155, e Romano Martinez, *Obrigações*, p. 436.

[1086] Cfr. Vaz Serra, *BMJ* 145 (1965), p. 155, e Romano Martinez, *Obrigações*, p. 436.

[1087] Neste sentido, Romano Martinez, *Obrigações*, p. 436.

da obra no caso de o dono da obra confirmar a inteira conformidade da mesma com o plano convencionado e a ausência de vícios. Nesse caso, o dono da obra não poderá posteriormente efectuar uma recusa de aceitação da obra, uma vez que tal implicaria um *venire contra factum proprium*. No caso de existência de desconformidade ou vícios na obra, admite-se, no entanto, que o dono da obra deixe para momento posterior à comunicação dos mesmos a sua decisão sobre se recusa a obra ou a aceita, com ou sem reserva.

A aceitação da obra determina a transferência da propriedade sobre a mesma, no caso de empreitada construída com materiais pertencentes ao empreiteiro (art. 1212º, nº 1), pelo que passa a fazer correr por conta do dono da obra o risco que anteriormente competia ao empreiteiro (art. 1228º, nº 1). Para além disso, a aceitação determina a irresponsabilidade do empreiteiro por vícios aparentes ou conhecidos do dono da obra (art. 1218º, nºs 1 e 2), salvo se realizada com reserva, e faz iniciar o prazo de garantia legal ou convencionado relativamente ao outros defeitos. A aceitação da obra determina igualmente o vencimento da obrigação de pagamento do preço da mesma, salvo se tiver sido estipulado outro prazo (art. 1211º, nº 2). Finalmente, a aceitação da obra constitui o dono da obra no direito de exigir a sua entrega, salvo se esta estiver já na sua posse.

É, no entanto, de referir que, sendo a aceitação uma declaração negocial, ela poderá ser anulada por erro, dolo ou coacção, nos termos gerais (arts. 247º e ss.). Nesse caso, todos estes efeitos serão retroactivamente anulados[1088].

Conforme se referiu, a aceitação pode, nos termos gerais, ser expressa ou tácita (art. 217º). É expressa quando é directamente declarada pelo dono da obra e tácita quando resulta de factos que com toda a probabilidade a revelam, como no caso de o dono da obra a ir levantar sem fazer qualquer menção da existência de vícios. Tem-se admitido, no entanto, não corresponder a uma aceitação tácita a denominada *recepção provisória da obra*, a qual se destina apenas a permitir ao dono da obra verificar demoradamente o cumprimento do plano e das regras de construção, pelo que não determinará a aplicação dos efeitos acima descritos para a aceitação. Assim, se durante a recepção provisória se verificar que a obra tem defeitos, naturalmente que o dono da obra poderá exercer os direitos de

[1088] Cfr. PEREIRA DE ALMEIDA, *op. cit.*, p. 79.

reparação, exigência de nova construção, resolução do contrato, redução do preço e indemnização[1089].

A lei admite ainda um caso de aceitação ficta, resultante da omissão da verificação ou da comunicação (art. 1218º, nº 5). Conforme salienta ROMANO MARTINEZ, parece, porém, que essa falta da verificação ou comunicação terão que ocorrer a título de incumprimento definitivo (art. 808º) e não de simples mora, só naquele caso se verificando a transferência da propriedade da obra (art. 1212º, nº 1). Na verdade, a simples mora na verificação e aceitação não importam a transferência da propriedade sobre a obra, mas apenas a transmissão do risco pela sua perda ou deterioração (art. 1228º, nº 2)[1090].

Efectivamente, se o dono da obra, depois de avisado, recusar sem motivo justificado a verificação e aceitação da obra, constituir-se-á em mora do credor perante o empreiteiro (art. 813º), o que implica a inversão do risco em caso de perda ou deterioração da coisa (art. 1228º, nº 2), e permite ao empreiteiro efectuar a consignação em depósito, sempre que a natureza da prestação o permita (arts. 841º e ss.). Pode também a recusa implicar a constituição do dono da obra em mora do devedor (art. 805º, nº 2 *a)*), no caso em que a obrigação de pagamento do preço da empreitada se vença no momento da aceitação, como é regra geral (art. 1211º, nº 2)[1091].

Também no contrato de construção de navio se prevê um regime próximo, determinando o art. 19º do D.L. 201/98, de 10 de Julho a realização de experiências com o navio, das quais o dono da obra deve ser informado

[1089] Cfr. CUNHA GONÇALVES, *Contratos*, p. 156. Diferente é a figura da recepção provisória da obra no regime da empreitada de obras públicas (art. 394º e ss. CCP), uma vez que neste se estabelece que a recepção definitiva só ocorre no fim do prazo de garantia (art. 398º CCP). CUNHA GONÇALVES, *Tratado*, VII, pp. 631-632, chegou a defender a aplicação do mesmo sistema no âmbito da empreitada de construção de imóveis, por considerar que a existência da garantia impede a aceitação definitiva. Como bem salienta ROMANO MARTINEZ, *Obrigações*, p. 443, esta tese não pode, porém, ser aceite, pois no fim do prazo de garantia não há nova aceitação ocorrendo uma aceitação da obra definitiva com a entrega. O autor admite, porém, conforme defendemos no texto, a existência de uma recepção provisória, quando o comitente recebe a obra apenas para testá-la. Em sentido contrário, considerou-se no Ac RP 17/11/1992 (ALMEIDA E SILVA), em *CJ* 17 (1992), 5, pp. 220-226 (224-225), que a figura da recepção provisória da obra apenas existe no regime da empreitada de obras públicas, pelo que, se as partes a efectuam fora desse âmbito, esta vale como aceitação com carácter definitivo (art. 1218º, nº 5).

[1090] Cfr. ROMANO MARTINEZ, *Obrigações*, pp. 435-436.

[1091] Cfr. PEDRO ROMANO MARTINEZ, *Obrigações*, p. 375.

com a antecedência mínima de 30 dias, cabendo ao construtor reparar os defeitos detectados durante as experiências (art. 20º, D.L. 201/98, de 10 de Julho). Após a realização de todas as experiências, inspecções e aprovação dos competentes órgãos administrativos, deve o navio ser aceite pelo dono da obra (art. 21º, nº 1, D.L. 201/98, de 10 de Julho), incorrendo este em mora creditória se não o fizer no prazo devido (art. 21º, nº 3, D.L. 201/98). No prazo de 10 dias após a aceitação, deve o dono da obra retirar o navio do estaleiro, incorrendo da mesma forma em mora creditória, se o não fizer (art. 22º, D.L. 201/98).

A aceitação da obra não é sujeita a forma especial (art. 219º), mesmo quando a lei exija a forma escrita para efectuar alterações ao plano convencionado (art. 1214º, nº 3, ou para o próprio contrato de empreitada (cfr. art. 12º D.L. 201/98).

A aceitação da obra pode ser efectuada com ou sem reserva. Considera-se que existe uma aceitação com reserva sempre que, descoberta a existência de defeitos na obra, o dono da obra comunica ao empreiteiro que, embora recebendo a obra, não prescinde de exercer os direitos que a lei lhe confere nessa situação (arts. 1221º e ss.), para o que a lei lhe confere o prazo de um ano (art. 1224º, nº 1). Pelo contrário, a aceitação é realizada sem reserva quando, descoberta ou não a existência de defeitos na obra, o dono da obra comunica ao empreiteiro uma aceitação pura e simples da mesma, sem fazer qualquer referência a um eventual exercício dos direitos que a lei lhe confere face a esses defeitos. A sua omissão tem, aliás, consequências dado que a lei estabelece que nesse caso o empreiteiro deixa de responder perante o dono da obra pelos defeitos da obra que são dele conhecidos (art. 1219º, nº 1), presumindo-se ainda conhecidos os defeitos aparentes, tenha ou não havido a verificação da obra (art. 1219º, nº 2). Continua, porém, o dono da obra a poder, no prazo de dois anos após a aceitação, a reagir perante o empreiteiro pelos defeitos ocultos, de que só posteriormente se venha a aperceber (art. 1224º, nº 2).

8.3. Direitos do Empreiteiro

8.3.1. Recepção do preço

O principal direito do empreiteiro é o da recepção do preço.

O pagamento do preço encontra-se em nexo de correspectividade com a realização da obra, pelo que o dono da obra pode suspender o pagamento se o empreiteiro não realizar a obra ou o fizer defeituosamente. Da mesma forma, sendo convencionado o pagamento, total ou parcial, do preço antes da aceitação da obra, o empreiteiro pode invocar a excepção de não cumprimento do contrato em caso de não pagamento prévio do preço na altura convencionada. Assim, por exemplo, no caso de o empreiteiro estar a realizar a obra por fases, sendo convencionados pagamentos parciais em cada fase, poderá suspender a realização da obra, caso o dono da obra não lhe pague o preço correspondente à parte já executada (art. 428º)[1092].

Também por força do sinalagma, o empreiteiro poderá resolver o contrato, caso o dono da obra incorra em incumprimento definitivo relativamente à obrigação de pagamento do preço (arts. 801º, nº 2 e 808º).

8.3.2. Direito de retenção

Tem sido controvertida na doutrina a questão de determinar se o empreiteiro goza ou não de direito de retenção sobre a obra que constrói[1093], o qual, nos termos gerais, pode recair sobre coisa móvel (art. 758º) ou imóvel (art. 759º).

A proposta de Vaz Serra, no anteprojecto que esteve na base do Código Civil, contemplava expressamente a atribuição de direito de retenção ao empreiteiro[1094]. Essa proposta não passaria, no entanto, para a versão final do Código, o que leva Pires de Lima e Antunes Varela a sustentar a inexistência de direito de retenção do empreiteiro. Para estes autores, o direito de retenção constitui uma garantia excepcional, pelo que só se poderá aplicar nos casos previstos na lei, sendo que o direito de retenção do empreiteiro não se encontra previsto no art. 755º, nem se pode considerar incluído no art. 754º, uma vez que este artigo limita a atribuição do direito de retenção às despesas feitas por causa da coisa ou danos por ela causados, não abrangendo assim a situação do empreiteiro, que reclama antes o preço da empreitada, sendo este um crédito de natureza diferente dos créditos por despesas ou por danos causados[1095].

1092 Cfr. Romano Martinez, *Obrigações*, pp. 373 e 376. Na jurisprudência, veja-se Ac. RP 4/11/1991 (Miranda Gusmão), em *CJ* 16 (1991), 5, pp. 179-182.

1093 Cfr. sobre a questão Cláudia Alexandra dos Santos Silva, "Terá o empreiteiro direito de retenção no âmbito de um contrato de empreitada?", em *CDP* nº 56 (Outubro-Dezembro 2016), pp. 3-10.

1094 Cfr. Vaz Serra, *BMJ* 145 (1965), pp. 56 e 185. Esta atribuição resultava de se prever a extensão do direito de retenção aos casos em que ambos os créditos resultavam da mesma relação jurídica.

1095 Cfr. Pires de Lima/Antunes Varela, *op. cit.*, II, sub art. 1211º, nº 4, p. 875-876.

Esta posição é, no entanto, rejeitada pela maioria da doutrina que claramente se pronuncia no sentido da concessão de direito de retenção ao empreiteiro[1096]. Argumenta-se neste sentido que o pagamento do preço da empreitada não deixa de constituir uma despesa feita por causa da coisa, uma vez que o preço corresponde à contrapartida pela incorporação na obra de materiais, trabalho e serviços pelo empreiteiro, sendo que o empreiteiro suporta sempre gastos, que inclui na retribuição, para além da sua margem de lucro, não devendo esta, no entanto, ser excluída do direito de retenção, uma vez que não faria sentido autorizar o dono a pagar apenas parte do preço da mesma para receber a obra.

Parece-nos que é esta última posição a correcta, pelo que sustentamos igualmente a atribuição de direito de retenção ao empreiteiro. Deve, aliás, referir-se que no âmbito do contrato de construção de navio, que constitui uma modalidade especial de empreitada (art. 13º do D.L. 201/98, de 10 de Julho), prevê-se expressamente o direito de retenção do empreiteiro (art. 25º D.L. 201/98, de 10 de Julho), o que constitui mais um argumento no sentido da sua aplicação aos outros empreiteiros.

Poderá assim o empreiteiro, caso não lhe seja pago o preço, reter a coisa até que esse pagamento se concretize e ainda recorrer às acções de defesa da posse, em caso de perturbação e esbulho, ainda que contra o dono (art. 670º *a)* ex vi art.s 758º e 759º, nº 3), podendo executar a coisa retida (art. 675º, ex vi arts. 758º e 759º) e ainda ser pago com preferência sobre os demais credores do devedor (art. 666º, por força dos arts. 758º e 759º).

O direito de retenção do empreiteiro tanto pode ser exercido como coisas da propriedade do dono da obra, como coisas da propriedade de terceiro, desde que constituam objecto da empreitada. Assim, o subempreiteiro pode igualmente exercer o direito de retenção em relação à coisa propriedade do dono da obra, embora o seu crédito respeite antes ao empreiteiro[1097].

[1096] Cfr. Inocêncio Galvão Telles, "O direito de retenção no contrato de empreitada", em *Dir.* 106-119 (1974/1987), pp. 13-34, Ferrer Correia/Sousa Ribeiro, "Direito de retenção. Empreiteiro", em *CJ* 13 (1988), 1, pp. 17-23, Calvão da Silva, *Cumprimento*, pp. 342 e ss., Romano Martinez, *Obrigações*, pp. 376 e ss. e Luís Carvalho Fernandes, "Da subempreitada", em *DJ* 12 (1998), pp. 79-102 (100).

[1097] Neste sentido, Romano Martinez, *Obrigações*, pp. 378-379. Já Luís Carvalho Fernandes, *DJ* 12 (1988), p. 102, entende que falta neste caso um requisito geral do direito de retenção que é um débito do dono da obra em relação ao empreiteiro. Admite, porém, o

Alguma doutrina tem sustentado que o direito de retenção do empreiteiro não poderia ser exercido sobre coisas da propriedade deste, como acontecerá no caso de coisa móvel com materiais fornecidos pelo empreiteiro (art. 1212º, nº 1), com o argumento de que só há direito de retenção sobre coisa alheia e não sobre coisa própria[1098]. O argumento parece-nos conceptualista. Em primeiro lugar, no regime da construção de navios, a lei reconhece expressamente o direito de retenção ao construtor (art. 25º D.L. 201/98), sendo que o navio é regra geral sua propriedade (art. 16º, D.L. 201/98). Por outro lado, a lei admite expressamente a possibilidade de reunião na mesma pessoa das qualidades de credor e proprietário da coisa hipotecada e empenhada, se o credor nisso tiver interesse e na medida em que esse interesse se justifique (art. 871º, nº 4), pelo que não se vê por que razão haveria o regime de ser diferente para o direito de retenção, atenta a equiparação de situações que a lei realiza (arts. 758º e 759º). Finalmente, é de salientar que o direito de retenção não é apenas uma garantia legal mas também uma causa legítima de não cumprimento, a qual não se vê motivo para deixar de se aplicar, até por maioria de razão, em relação às coisas da propriedade do empreiteiro[1099].

8.4. Deveres do empreiteiro

8.4.1. Realização da obra

A obrigação principal do empreiteiro é a de realização da obra, referindo o art. 1208º que ela deve ser executada em conformidade com o que foi convencionado, e sem vícios que excluam ou reduzam o valor dela ou a sua aptidão para o uso ordinário ou previsto no contrato. Daqui resulta que a execução da obra deve antes de tudo respeitar o plano convencionado, incluindo as plantas, desenhos ou caderno de encargos, bem como

exercício desse direito pelo subempreiteiro quando ele exista em relação ao empreiteiro, e a obra objecto da subempreitada tenha autonomia em relação à obra geral da empreitada. Na jurisprudência, veja-se o Ac. STJ 28/5/1981 (Abel de Campos), no *BMJ* 307 (1981), pp. 266-271, o qual recusou a atribuição de direito de retenção ao subempreiteiro com argumento de que o dono da obra, proprietário da coisa, não era o seu devedor, dado que a empreitada e a subempreitada são contratos autónomos e diferentes.

1098 Cfr. Vaz Serra, no *BMJ* 145 (1965), p. 56, Galvão Telles, *Dir.* 106-119 (1974/1987), pp. 21-22, Romano Martinez, *Obrigações*, p. 379 e Luís Carvalho Fernandes, *DJ* 12 (1988), p. 101.

1099 Acolhendo esta nossa posição, cfr. Pedro de Albuquerque / Miguel Assis Raimundo, *Obrigações*, II, p. 299.

as regras de construção em ordem à obtenção da obra em condições de servir para os fins comuns ou para os expressamente convencionados. Em qualquer caso, se o plano convencionado contiver erros ou defeitos susceptíveis de comprometer a obra, não deve o empreiteiro executá-lo pura e simplesmente sem consideração pelo resultado final, uma vez que, por força da boa fé (art. 762º, nº 2), está obrigado a avisar dos defeitos o dono da obra e, ou recusar a empreitada, ou ressalvar expressamente que não se responsabiliza pelo resultado, caso o dono da obra continuar a pretender a sua execução naqueles termos[1100].

A realização da obra deve obedecer ao prazo estipulado pelas partes, incorrendo o empreiteiro em mora se desrespeitar esse prazo, independentemente de interpelação (art. 805º, nº 2, *a*)). No caso, porém, de as partes não terem fixado o prazo de realização da obra, seja no momento da celebração do contrato ou em momento posterior, a obrigação não pode considerar-se como pura, para efeitos do art. 777º, nº 1, pelo que ele não entrará em mora com a interpelação. Trata-se efectivamente de uma obrigação com prazo natural, pelo que, se as partes não chegarem a acordo quanto à sua fixação, caberá ao tribunal fazê-lo, a requerimento de qualquer delas, normalmente o dono da obra (art. 777º, nº 2)[1101].

No âmbito do regime especial da construção de navios, dispõe igualmente o art. 14º, nº 1, do D.L. 201/98, de 10 de Julho, que o construtor deve executar a construção do navio em conformidade com o projecto aprovado pelo dono e sem vícios que excluam ou reduzam o seu valor ou a sua aptidão para o uso previsto no contrato ou, na falta desta indicação, pra o uso comum do tipo de navio em causa. O construtor não é responsável pelo projecto elaborado pelo dono da obra ou por terceiro (art. 14º, nº 2, D.L. 201/98), ainda que deva avisar o dono da obra dos defeitos do projecto detectáveis por um técnico diligente e sugerir-lhe as necessárias alterações (art. 14º, nº 3, D.L. 201/98).

[1100] Neste sentido, cfr. Cunha Gonçalves, *Contratos*, p. 157. No Ac. STJ 12/11/2009 (Urbano Dias), em *CJ* 17 (2009), 3, pp. 145-148, considerou-se existir responsabilidade civil do empreiteiro que, tendo sido encarregado de colocar um soalho em determinado pavimento, não avisou o dono da obra de que a humidade existente no solo não permitia a fixação desse soalho.

[1101] Cfr. Romano Martinez, *Obrigações*, p. 364. Também no Ac. RC 23/4/2002 (Pires da Rosa) em *CJ* 27 (2002), 2, pp. 28-30, se defende que a obrigação do empreiteiro em reparar um automóvel não é pura, constituindo antes uma obrigação de prazo natural.

8.4.2. Fornecimento de materiais e utensílios

Um elemento natural do contrato de empreitada é a obrigação de fornecimento de materiais e utensílios por parte do empreiteiro (art. 1210º, nº 1). Normalmente, o contrato ou os seus anexos especificam o tipo de materiais a utilizar na obra. Na ausência de estipulação, a lei estabelece que os materiais devem corresponder às características da obra e não podem ser de qualidade inferior à média (art. 1210º, nº 2). Assim, se o empreiteiro utilizar materiais de qualidade inferior, a obra considerar-se-á defeituosa, independentemente de as partes invocarem qualquer outro vício. Se utilizar materiais de qualidade superior, não pode reclamar aumento do preço[1102].

8.4.3. Guarda e conservação da coisa

Se ao empreiteiro tiver sido confiada uma coisa por parte do dono da obra, como sucede nas empreitadas de reparação, ou a propriedade da coisa já se tiver transferido para o dono da obra, nas empreitadas de construção, sem que a coisa lhe tenha sido entregue (art. 1212º), o empreiteiro fica vinculado à guarda e conservação da coisa perante o dono da obra, exactamente nos mesmos termos do contrato de depósito (cfr. arts. 1185º e ss.).

Assim, o empreiteiro não pode usar e fruir a coisa, tendo que a aplicar exclusivamente aos fins da empreitada[1103]. Se a coisa perecer ou se deteriorar quando estava à sua guarda, o empreiteiro responde perante o dono da obra, exactamente como um depositário[1104].

A mesma obrigação de guarda e conservação recai sobre o empreiteiro, em relação aos materiais que lhe tenham sido entregues pelo dono da obra, no caso de se ter convencionado que seria este a fornecer os materiais[1105].

8.4.4. Entrega da coisa

A última obrigação que o empreiteiro tem é a da entrega da coisa, obrigação essa que naturalmente só surge após a conclusão da obra, salvo se o dono

[1102] Cfr. Pereira de Almeida, *op. cit.*, pp. 33-34.

[1103] Cfr. Pereira de Almeida, *op. cit.*, p. 34.

[1104] Nos Ac. RP 18/4/2000 (Oliveira Gonçalves) em *CJ* 27 (2002), 2, pp. 219-221 e Ac. RC 13/5/2008 (Henrique Antunes) em *CJ* 33 (2008), 3, pp. 10-14, considerou-se que na empreitada de reparação do automóvel há uma obrigação acessória de guarda e restituição da coisa, a que se aplicam as regras do depósito, pelo que se aplica a presunção de culpa do art. 799º, nº 1, no caso de o automóvel sofrer danos na oficina.

[1105] Cfr. Romano Martinez, *Obrigações*, p. 384.

da obra dela desistir. Em relação ao prazo, não havendo prazo estipulado para a obrigação, esta deverá considerar-se pura, pressupondo a interpelação do dono da obra para a entrega[1106]. Em princípio, essa interpelação só poderá ocorrer simultaneamente ou após a aceitação da obra, salvo se as partes tiverem convencionado a sua recepção provisória.

Já quanto ao local do cumprimento, a entrega constitui uma obrigação de colocação, cabendo ao dono da obra ir buscar a coisa ao lugar onde ela se encontre (cfr. art. 773º, nº 2). Esse mesmo regime é aplicável no caso da construção de navios, sendo ao dono da obra que compete retirar o navio do estaleiro (art. 22º, D.L. 201/98, de 10 de Julho).

A entrega pode, nos termos gerais, ser material ou simbólica, ocorrendo a entrega material se a coisa passa efectivamente das mãos do empreiteiro para as do dono da obra, e sendo a entrega simbólica se aquele se limitar a entregar um símbolo da disponibilidade da coisa, como as chaves do prédio construído ou a documentação respeitante ao navio (cfr. art. 23º, D.L. 201/98, de 10 de Julho).

8.5. Transferência da propriedade da obra

8.5.1. Generalidades

A transferência da propriedade no âmbito da empreitada apresenta um regime especial[1107], em relação ao nosso sistema de transferência dos direitos reais e, precisamente por isso, é excepcionada no art. 408º, nº 2. Esse regime encontra-se no art. 1212º que distingue consoante a empreitada abranja coisas móveis ou coisas imóveis. É manifesto, no entanto, que essa disposição apenas se aplica às empreitadas de construção, uma vez que, ocorrendo uma empreitada de modificação ou reparação de coisa pertencente ao dono da obra, não se colocam questões de transferência da propriedade, a qual permanece no dono da obra.

1106 Em sentido diferente, Pereira de Almeida, *op. cit.*, pp. 34-35, refere que, na falta de estipulação de prazo, a obrigação de entrega vence-se no momento da aceitação da obra. Essa solução implicaria, no entanto, que o risco se transferisse para o empreiteiro com a não entrega após a aceitação (cfr. art. 807º, nº 2), o que é incompatível com o art. 1228º. Pelo contrário, Romano Martinez, *Obrigações*, p. 385, sustenta a aplicação do art. 777º, nº 2, à obrigação de entrega, o que não nos parece correcto, pois apenas a realização da obra é uma obrigação de prazo natural, não acontecendo o mesmo com a sua entrega.

1107 Cfr. Fernando Silva, "Determinação e transferência da propriedade no contrato de empreitada (Análise interpretativa do art. 1212º do Código Civil)", em *Galileu. Revista de Economia e Direito*, vol. VIII, nº 2, 2003, pp. 93-100.

8.5.2. Empreitada de construção de coisa móvel

Assim, em relação à empreitada de construção de coisa móvel, se os materiais forem fornecidos no todo ou na sua maior parte pelo empreiteiro, é a este que é atribuída a propriedade da obra, a qual só se transmite para o dono da obra com a sua aceitação (art. 1212º, nº 1)[1108]. Se, nesta hipótese, o dono da obra fornecer alguma menor parte dos materiais, perde a propriedade dos mesmos, a qual se transfere para o empreiteiro com a sua incorporação na obra, continuando o dono da obra a adquirir a sua propriedade apenas com a aceitação.

Se os materiais forem fornecidos pelo dono da obra, são propriedade dele, tornando-se também sua propriedade a obra, logo que esteja concluída (art. 1212º, nº 1, *in fine*). Neste último caso, não é relevante a aceitação, uma vez que a coisa nunca deixa de ser propriedade do dono da obra, não se aplicando igualmente o regime da acessão relativo à especificação da coisa[1109]. Nesta situação, se o empreiteiro fornecer uma parte reduzida dos materiais, o dono da obra adquire a propriedade dos mesmos com a sua incorporação na obra, continuando esta a ser da sua propriedade, sem necessidade de aceitação.

No âmbito do contrato de construção de navio, o art. 16º do D.L. 201/98, de 10 de Julho, prevê um regime especial para a transmissão da propriedade, estabelecendo que, salvo acordo em contrário, o navio, durante a construção, é propriedade do construtor, exceptuados os materiais fornecidos pelo dono da obra, sendo que a transferência da propriedade se opera com a entrega do navio pelo construtor e a sua aceitação pelo dono da obra.

8.5.3. Empreitada de construção de coisa imóvel

Relativamente à empreitada de construção de imóveis, refere o art. 1212º, nº 2, que "sendo o solo ou superfície pertença do dono da obra, a coisa é propriedade deste, mesmo que seja o empreiteiro a fornecer os materiais; estes consideram-se adquiridos pelo dono da obra à medida que vão sendo incorporados no solo". Este regime derroga as regras da acessão (cfr. art.

1108 A solução distingue-se do regime da venda de coisa futura, em que a propriedade se transmite logo que a coisa é transmitida (art. 408º, nº 2), precisamente porque a vontade das partes não é a alienação de uma coisa futura, mas a sua construção e posterior transmissão para o dono da obra, a qual fica dependente da sua aceitação. Cfr. Vaz Serra, *BMJ* 145 (1965), p. 175.

1109 Neste sentido, Vaz Serra, *BMJ* 145 (1965), p. 177, e nota (266) e Romano Martinez, *Obrigações*, p. 445.

1340º) pelo que, mesmo que a parte fornecida pelo empreiteiro em termos de trabalho e materiais supere o valor do solo, a coisa considera-se sempre como propriedade do dono da obra. Essa propriedade vai sendo sucessivamente incrementada à medida que se realiza a incorporação da construção no solo. Neste caso, a aceitação pelo dono da obra é irrelevante para efeitos da transferência da propriedade, uma vez que, seja a obra aceite ou recusada, ela é sempre da propriedade do dono da obra, em virtude de a construção ter sido realizada em solo seu.

Há, porém, uma lacuna no art. 1212º, relativamente à hipótese de empreitada em terreno próprio do empreiteiro. Este negócio suscita dúvidas de qualificação, uma vez que tanto pode ser considerado uma empreitada como uma compra e venda de bens futuros. Sendo qualificado como empreitada, parece claro que neste caso a transferência da propriedade não ocorre com a aceitação da obra, pois esta não é acto idóneo à transmissão do solo ou da superfície[1110]. A solução correcta é considerar que neste caso existe, ao lado da empreitada uma promessa de venda do solo ou da superfície para o dono da obra (em união de contratos ou como contrato misto), ocorrendo a transmissão da propriedade com a celebração da compra e venda, antes ou após a realização da obra[1111]. Nessa situação, os mate-

[1110] Em sentido contrário, veja-se, porém, Romano Martinez, *Obrigações*, pp. 446-447, que admite que a aceitação possa implicar a transmissão do solo ou da superfície, desde que ela revista a forma necessária à transmissão da propriedade de imóveis. No entanto, revista a forma que revestir, a aceitação é uma declaração apenas do dono da obra, pelo que não pode implicar a transmissão da propriedade de imóveis do empreiteiro.

[1111] Cfr. Pires de Lima/Antunes Varela, *op. cit.*, II, sub art. 1212º, nº 5, p. 879, Luís Carvalho Fernandes, *DJ* 12 (1988), p. 101, Pereira de Almeida, *op. cit.*, pp. 47-48 e Fernando Silva, *Galileu*, vol. VIII, nº 2, 2003, p. 98. Na jurisprudência, cfr. Ac. STJ 1/4/2000 (Ribeiro Coelho) na *CJ-ASTJ* 8-2 (2000), pp. 15-23, onde se considerou que existiria nesse caso, uma união de contratos entre a empreitada e a promessa de venda, determinando a resolução do contrato-promessa uma impossibilidade de cumprimento da empreitada. Mas já no Ac. STJ 11/10/2001 (Silva Salazar) na *CJ-ASTJ* 9 (2001), 3, pp. 65-69, se considerou que a obrigação de realizar obras em imóvel próprio que se promete alienar, não implicava que a situação fosse algo mais que uma promessa de compra e venda.
Em França, no entanto, existe já prevista esta situação como contrato típico, que se denomina de "venda de imóveis a construir" (art. 1601-1 e ss. do *Code Civil*). O legislador distinguir neste caso consoante a venda é "a termo" (art. 1601-2) ou "em estado de acabamento futuro" da construção (art. 1601-3). No primeiro caso, o vendedor obriga-se a entregar o imóvel integralmente construído em data futura, e o comprador a pagar o preço na data da entrega, operando-se a transmissão da propriedade automaticamente mediante o reconhecimento em documento autêntico da construção do imóvel, a qual retroage à data da venda. No segundo

riais, independentemente de quem os forneça, vão sendo adquiridos pelo empreiteiro, à medida que vão sendo incorporados no solo, só passando para o dono da obra após a definitiva aquisição do imóvel construído.

9. Vicissitudes do contrato de empreitada
9.1. Alterações ao plano convencionado
9.1.1. Generalidades

Uma das vicissitudes que pode ocorrer no contrato de empreitada respeita à existência de alterações ao plano convencionado, de que se ocupam os arts. 1214º e ss. Neste âmbito, o regime legal distingue consoante se trate de alterações da iniciativa do empreiteiro (art. 1214º), alterações necessárias (art. 1215º), alterações exigidas pelo dono da obra (art. 1216º) e alterações posteriores à entrega e obras novas (art. 1217º).

Examinemos sucessivamente cada uma destas situações:

9.1.2. Alterações da iniciativa do empreiteiro

O regime das alterações da iniciativa do empreiteiro encontra-se previsto no art. 1214º, nº 1, variando esse regime consoante se trate de alterações autorizadas ou não autorizadas pelo dono da obra.

Em relação às alterações não autorizadas, estas são proibidas ao empreiteiro (art. 1214º, nº 1), o que se encontra em harmonia com o princípio da estabilidade dos contratos, previsto no art. 406º, nº 1. Caso o empreiteiro viole esta proibição, a lei considera a obra defeituosa (art. 1214º, nº 2), mesmo que efectivamente o não seja, sendo que essa ficção jurídica permite ao dono da obra exercer os direitos que lhe são reconhecidos pelos arts. 1218º e ss. em casos de defeitos da obra, reagindo assim nos mesmos termos contra a alteração não autorizada. Se, no entanto, o dono da obra decidir aceitar a obra tal como foi efectuada, não fica obrigado a qualquer suplemento de preço, nem a indemnização por enriquecimento sem causa (art. 1214º, nº 2, *in fine*). Efectivamente, o facto de se considerar a obra como defeituosa leva a que o legislador não determine qualquer revisão do preço, nem sequer admita a restituição dos benefícios suplementares que a alteração vem proporcionar ao dono da obra[1112].

caso, o vendedor transfere imediatamente o solo, adquirindo o comprador a propriedade das construções à medida que vão sendo incorporadas no solo, devendo pagar o seu preço à medida do avanço dos trabalhos. Cfr. GHESTIN/HUET, *op. cit.*, pp. 165-166.

[1112] Cfr. MENEZES LEITÃO, *O enriquecimento*, pp. 841-842, red., p. 812.

Relativamente às alterações autorizadas pelo dono da obra, há que distinguir consoante para a obra tenha sido fixado um preço global ou não.

Se para a obra foi fixado um preço global, a alteração tem que ser feita por escrito, com fixação do aumento do preço. Caso contrário, o empreiteiro só pode exigir do dono da obra uma indemnização correspondente ao enriquecimento deste (art. 1214º, nº 3). Esta solução aplica-se mesmo que o contrato de empreitada não tenha revestido forma escrita. O regime compreende-se, porque a empreitada por preço global pressupõe a prévia elaboração de um projecto completo[1113], o qual não deverá por isso ser objecto de alteração verbal. Por essa forma se evita que o dono da obra, que pode precipitadamente dar autorização ao empreiteiro para alterações, cuja repercussão no preço global não ponderou, venha a ser surpreendido com aumentos consideráveis desse mesmo preço. No entanto, o dono da obra pode vir a ter que restituir ao empreiteiro o enriquecimento que lhe proprocionou a alteração, dado que, uma vez que esta foi autorizada, não há motivo para excluir a aplicação geral do instituto do enriquecimento sem causa (art. 473º)[1114].

Se para a obra não foi fixado um preço global (como acontece nas empreitadas em que o preço é fixado por medida, por artigo, por tempo de trabalho ou por percentagem) a alteração pode ser autorizada por qualquer forma, mesmo que as partes tenham celebrado o contrato de empreitada por escrito (art. 222º, nº 2). Mas se as partes celebraram o contrato de empreitada por escrito, não se admite prova testemunhal relativamente à sua alteração (art. 394º, nº 1), o que restringe consideravelmente os meios de prova à disposição do empreiteiro[1115]. Em qualquer caso, a alteração autorizada, mesmo verbalmente, vai determinar um aumento do preço, o qual se não for estipulado pelas partes, terá que ser objecto de determinação nos termos gerais (arts. 1211º, nº 1, e 883º).

9.1.3. Alterações necessárias

O regime das alterações necessárias encontra-se previsto no art. 1215º e abrange as situações em que a execução da obra impõe, em consequência

[1113] Cfr. Pereira de Almeida, *op. cit.*, p. 9.

[1114] Para efeitos de atribuição do direito à restituição por enriquecimento sem causa, a autorização pode ser dada por um representante do dono da obra, com base em procuração verbal. Neste sentido, cfr. Ac. RC 25/9/2007 (Jorge Arcanjo), em *CJ* 32 (2007), 4, pp. 17-19.

[1115] Cfr. Pereira de Almeida, *op. cit.*, p. 57.

de direitos de terceiro ou de regras técnicas, que sejam efectuadas alterações ao plano convencionado.

Não se abrange aqui o facto de se ter tornado mais onerosa ou difícil a execução da obra, caso em que o empreiteiro apenas poderá suscitar a questão da alteração das circunstâncias (arts. 437º e ss.). Também não se abrangem situações devidas a factos imputáveis às partes, caso em que é aplicável o regime geral do incumprimento das obrigações[1116].

Perante uma situação de alterações necessárias, devem as partes estabelecer por acordo quais as alterações a efectuar e os termos em que estas ocorrerão. Na falta de acordo, caberá ao tribunal determinar essas alterações e fixar as correspondentes modificações quanto ao preço e prazo de execução da obra (art. 1215º, nº 1, *in fine*). O acordo quanto às alterações necessárias não está sujeito à forma escrita, exigida pelo art. 1214º, nº 3, para as alterações autorizadas da iniciativa do empreiteiro, podendo ser celebrado por qualquer forma (art. 219º)[1117].

Se o preço acordado pelas partes ou fixado pelo tribunal for superior em mais de 20% ao inicialmente contratado, o empreiteiro pode denunciar o contrato e exigir uma indemnização equitativa (art. 1215º, nº 2), o que se compreende pois o empreiteiro pode não ter condições de executar uma obra com esse acréscimo de valor. A indemnização equitativa a pagar ao empreiteiro deve tomar em consideração os custos suportados por este, quer em termos de trabalho e materiais, bem como a utilidade económica que a obra já realizada proporciona ao dono da obra. Não se abrange, no entanto, os lucros cessantes que o empreiteiro poderia obter com a obra, uma vez que tendo sido este a realizar a denúncia, não deve ter direito a esses lucros[1118].

1116 Neste sentido, Pereira de Almeida, *op. cit.*, p. 58. Em sentido contrário, Romano Martinez, *Obrigações*, p. 428, sustenta a aplicação do art. 1215º às alterações imputáveis às partes, entendendo, no entanto, que nesse caso a parte responsável suportará os danos resultantes da alteração.

1117 Cfr. Pereira de Almeida, *op. cit.*, p. 59.

1118 Cfr. Vaz Serra, *BMJ* 145 (1965), pp. 108 e ss. Parece assim que a indemnização equitativa referida no art. 1215º, nº 2, se situa a um meio termo entre a indemnização pela desistência da empreitada, referida no art. 1229º, que abrange os lucros cessantes do empreiteiro, e a indemnização em caso de impossibilidade de cumprimento, prevista no art. 1227º, que não toma em consideração os benefícios do dono da obra, mas apenas o trabalho e despesas suportadas pelo empreiteiro. Em sentido contrário, Romano Martinez, *Obrigações*, p. 430, considera que são os mesmos critérios presentes no art. 1227º, que vigoram no âmbito do art. 1215º, nº 2.

Ao contrário do que se prevê noutros ordenamentos (cfr. art. 1660º, III, do Código Italiano), não se prevê reciprocamente o direito de o dono da obra denunciar o contrato, face ao aumento do preço em consequência das alterações. O dono da obra pode, porém, sempre desistir da empreitada, nos termos do art. 1229º, ainda que a indemnização que nesse caso tenha que pagar ao empreiteiro seja consideravelmente superior.

9.1.4. Alterações exigidas pelo dono da obra

O regime das alterações exigidas pelo dono da obra consta do art. 1216º, cujo nº 1 nos refere que "o dono da obra pode exigir que sejam feitas alterações ao plano convencionado, desde que o seu valor não exceda a quinta parte do preço convencionado e não haja modificação da natureza da obra". Verifica-se assim, em sede de empreitada um desvio à regra de que o contrato não pode ser modificado por declaração unilateral de uma das partes (art. 406º, nº 1), o que se compreende, face às vantagens que pode conferir ao dono da obra o exercício desta faculdade, exigindo-se, no entanto, que não seja prejudicado o empreiteiro.

Um regime paralelo existe no âmbito da empreitada de obras públicas, onde o dono da obra tem a faculdade de exigir trabalhos a mais (art. 370º CCP), que o empreiteiro é obrigado a executar, se tal lhe for ordenado por escrito pelo dono da obra, e lhe forem entregues as alterações aos elementos da solução da obra necessárias à sua execução (art. 371º, nº 1, CCP). O empreiteiro não está, no entanto, sujeito a essa obrigação, quando opte por resolver o contrato ou quando, sendo os trabalhos a mais de espécie diferente dos previstos no contrato, ou da mesma espécie, mas a executar em condições diferentes, não disponha dos meios humanos ou ténicos indispensáveis para a sua execução (art. 371º, nº 2, CCP). O dono da obra pode ainda mandar suprimir certos trabalhos, sendo o empreiteiro obrigado a cumprir essa ordem (art. 379º CCP).

No âmbito da empreitada de direito civil, o dono da obra só pode exigir alterações ao plano convencionado se o seu valor não exceder a quinta parte do preço estipulado e não houver modificação da natureza da obra (art. 1216º, nº 1). Este constitui um limite global à faculdade de modificação do dono da obra, pelo que haverá que somar todas as alterações por este solicitadas, para averiguar se já foi ultrapassado esse limite, perdendo o dono da obra, após essa ultrapassagem, a faculdade de exigir novas alterações[1119]. Nada impede, no entanto, o empreiteiro de aceitar esse pedido, ao abrigo da faculdade geral de modificação do contrato por acordo das partes (art. 406º, nº 1).

Ao contrário do que sucede com as alterações da iniciativa pelo empreiteiro (art. 1214º, nº 3), mesmo que a empreitada esteja sujeita a um preço global, não estão sujeitas a forma escrita as alterações ordenadas pelo dono da obra. Cabe, porém, ao empreiteiro, nos termos gerais, a prova de que o dono da obra solicitou essas alterações (art. 342º, nº 2 e 799º)[1120].

O exercício pelo dono da obra da faculdade de exigir alterações ao plano convencionado vai implicar uma modificação na posição jurídica do empreiteiro, em ordem a evitar que ele seja prejudicado. Assim, se as alterações implicarem qualquer acréscimo de despesa e trabalho, o empreiteiro tem direito ao aumento do preço estipulado, em correspondência com esse acréscimo, e a um prolongamento do prazo para a execução da obra (art. 1216º, nº 2).

Pode, porém, ocorrer que, em lugar de haver um acréscimo, o volume da despesa e trabalho do empreiteiro venha a ser diminuído em consequência das alterações. Nesse caso, a lei prevê que "o empreiteiro tem direito ao preço estipulado, com dedução do que, em consequência das alterações, poupar em despesas ou adquirir por outras aplicações da sua actividade" (art. 1216º, nº 3). Ou seja, o empreiteiro mantém o direito ao preço, mas o dono da obra tem a faculdade de deduzir, com base no enriquecimento sem causa (art. 473º), os benefícios que proporcionou ao empreiteiro, em virtude das alterações que determinou.

9.1.5. Alterações posteriores à entrega e obras novas

Nos termos do art. 1217º, nº 1, não é aplicável o regime anteriormente exposto, nem às alterações que sejam realizadas depois da entrega, nem às obras que tenham autonomia em relação às previstas no contrato. Trata-se, em ambos os casos, de trabalhos que extravasam da relação de empreitada estabelecida entre as partes, ou porque essa relação se extinguiu definitivamente com a entrega da obra (alterações posteriores à entrega), ou porque a obra realizada não tem correspondência com o conteúdo do contrato vigente entre as partes (obras novas).

1119 Cfr. Vaz Serra, *BMJ* 145 (1965), p. 118, e Romano Martinez, *Obrigações*, p. 432.

1120 Cfr. Vaz Serra, *BMJ* 145 (1965), pp. 114 e ss., e Romano Martinez, *Obrigações*, pp. 432-433.

Nem sempre é fácil distinguir entre alterações e obras novas. Poderá referir-se que constituem alterações as modificações ao plano convencionado que não lhe alterem a sua natureza, nem revistam autonomia em relação às obras inicialmente previstas no contrato, como sejam as modificações quanto à estrutura e dimensões da obra, tipo de materiais, tempo ou lugar de execução. Já constituirão obras novas aquelas que, tendo embora alguma relação com a obra projectada, não só não são necessárias para a sua realização, como não podem considerar-se parte dela[1121].

As alterações posteriores à entrega constituem, pelo contrário, verdadeiras alterações, mas seguem o mesmo regime das obras novas, dado que a entrega encerrou definitivamente a relação de empreitada, tendo portanto que se considerar inexistir título contratual para a realização ou solicitação da alteração. Efectivamente, após a entrega da obra, o empreiteiro torna-se completamente estranho à mesma, não lhe devendo assim ser aplicado o regime das alterações da iniciativa do empreiteiro (art. 1214º), nem havendo lugar a alterações necessárias (art. 1215º) e muito menos pode o dono da obra continuar a exigir alterações à mesma, mesmo que ainda não tivesse ultrapassado os limites legais (art. 1216º)[1122].

O art. 1217º estabelece, por esse motivo, um regime especial para as obras novas e às alterações posteriores à entrega, havendo que distinguir consoante provêm da iniciativa do dono da obra ou do empreiteiro.

Se forem solicitadas por iniciativa do dono da obra, o empreiteiro não está vinculado a realizá-las, seja qual for o seu valor. Se o aceitar fazer, pode exigir um preço totalmente diferente do estabelecido no contrato inicial, uma vez que se trata de um contrato totalmente distinto do anterior.

Se provierem da iniciativa do empreiteiro, o dono da obra pode recusá-las ou exigir a sua eliminação, se esta for possível ou uma indemnização pelo prejuízo, nos termos gerais (art. 1217º, nº 2). Se, no entanto, o dono da obra decidir aceitá-las, terá que indemnizar o empreiteiro de acordo com as regras da acessão (arts. 1340º e 1341º), da gestão de negócios (art.s 464º e ss.), ou do enriquecimento sem causa (arts. 473º e ss.)[1123]. Não se aplica

[1121] Cfr. Pereira de Almeida, *op. cit.*, pp. 51-52. Para este autor, o aumento do número de divisões de um andar constituirá uma alteração, mas já será uma obra nova o aditamento de um novo piso ao prédio projectado.

[1122] Neste sentido, vide Moitinho de Almeida, *BMJ* 228 (1973), p. 12.

[1123] Cfr. Pires de Lima/Antunes Varela, *op. cit.*, II, sub art. 1217º, nº 4, p. 889, Romano Martinez, *Obrigações*, p. 434, e Pereira de Almeida, *op. cit.*, p. 69.

neste caso o disposto no art. 1214º, nº 2, uma vez que não se está perante meras alterações da iniciativa do empreiteiro e não existe idêntico regime em relação às alterações depois da entrega e obras novas.

9.2. Subempreitada

Nos termos do art. 1213º, nº 1, a subempreitada é o contrato pelo qual alguém se obriga perante o empreiteiro a executar a obra de que este está encarregado ou uma parte dela. Trata-se, assim de um sub-contrato de empreitada, em que o empreiteiro assume a posição de dono da obra perante um novo empreiteiro[1124]. A realização de subempreitadas é muito frequente na área da construção, não apenas porque o encargo de realização integral da obra é normalmente demasiado volumoso para ser executado exclusivamente pelo empreiteiro, mas também porque a construção é uma actividade muito especializada, o que implica que partes da obra tenham que ficar a cargo de entidades com mais perícia na matéria.

O art. 1213º, nº 2 remete a possibilidade de celebração de subempreitadas para o disposto no art. 264º, aplicando-se assim as mesmas regras do mandato, pelo que a subempreitada só será admissível se for autorizada pelo dono da obra ou a autorização resultar do conteúdo do contrato de empreitada ou da relação que o determina. A doutrina tem, no entanto, considerado que a autorização para a celebração de subempreitada não tem que constar especificamente do contrato, podendo resultar dos usos, sendo que considerar que, sempre que a empreitada envolva actividades de especial tecnicidade, fora do alcance do empreiteiro, existe uma autorização implícita para a subempreitada[1125]. No regime especial da empreitada de obras públicas é expressamente permitido ao empreiteiro (e ao próprio subempreiteiro) recorrer a subempreiteiros, desde que possuam as necessárias condições legais (arts. 383º e ss. CCP). As subempreitadas, de primeiro ou segundo grau, não podem, porém, exceder 75% do preço contratual (art. 383º, nº 2, CCP), o que naturalmente implica a proibição

[1124] Cfr. Vaz Serra, no *BMJ* 145 (1965), pp. 65 e ss., Romano Martinez, *O subcontrato*, pp. 36 e ss. e *Obrigações*, pp. 403 e ss., e Luís Carvalho Fernandes, "Da subempreitada", em *DJ* 12 (1998), pp. 79-102.

[1125] Cfr. Pereira de Almeida, *op. cit.*, pp. 19-20. No mesmo sentido, Romano Martinez, *Obrigações*, p. 409, e Luís Carvalho Fernandes, *DJ* 12 (1988), p. 84, que acrescentam ainda, como fundamento para a liberdade de celebração da subempreitada, o facto de a prestação do empreiteiro ter carácter fungível.

da subempreitada total. A subempreitada de obras públicas não depende de autorização do dono da obra (art. 385º, nº 1, CCP), salvo quando as particularidades da obra exigirem uma especial qualificação técnica do empreiteiro e a mesma tenha sido exigida na dase de formação do contrato (art. 385º, nº 2, CCP).

No caso de ser celebrada uma subempreitada sem a autorização do dono da obra, quando exigível, o contrato não será inválido mas apenas inoponível em relação ao dono da obra, gerando responsabilidade contratual para o empreiteiro a realização pelo subempreiteiro de qualquer parte da obra[1126].

O regime civil da empreitada não estabelece nenhuma relação directa entre o dono da obra e o subempreiteiro, apenas admitindo o exercício por aquele da acção sub-rogatória, nos termos gerais (arts. 606º e ss.)[1127]. Não parece, por isso, possível aceitar-se no âmbito civil uma acção directa do subempreiteiro contra o dono da obra, a qual violaria o regime da relatividade dos contratos (art. 406º, nº 2) e as regras do concurso de credores (art. 604º, nº 1)[1128]. Admite-se, no entanto, conforme acima referido que, em caso de não pagamento, o subempreiteiro possa exercer o direito de retenção, o qual é naturalmente oponível ao dono da obra.

Em virtude da ausência de relações directas entre o dono da obra e o subempreiteiro, se a obra apresentar vícios, o dono da obra apenas poderá reagir contra o empreiteiro, que por sua vez exercerá direito de regresso sobre o subempreiteiro, nos termos estabelecidos no art. 1226º[1129]. Exceptua-se, no entanto, a hipótese do art. 1225º, uma vez que, sendo o empreiteiro responsável pelo prejuízo causado a qualquer terceiro adquirente, naturalmente que também o subempreiteiro será nessa hipótese directamente responsável perante o dono da obra.

Uma vez que a relação do subempreiteiro se estabelece perante o empreiteiro é a este, e não ao dono da obra, que o subempreiteiro deve

[1126] Neste sentido, ROMANO MARTINEZ, *Obrigações*, p. 410.

[1127] Cfr. VAZ SERRA, no *BMJ* 145 (1965), p. 66, PEREIRA DE ALMEIDA, *op. cit.*, p. 20 e LUÍS CARVALHO FERNANDES, *DJ* 12 (1988), pp. 81-82 e 94 e ss.

[1128] Em sentido contrário, admitindo essa acção directa, veja-se, porém, ROMANO MARTINEZ, *O subcontrato*, pp. 40 e 176-177, e *Obrigações*, pp. 417 e ss.

[1129] Neste sentido, VAZ SERRA, *BMJ* 145 (1965), p. 66, LUÍS CARVALHO FERNANDES, *DJ* 12 (1988), pp. 81-82, e 94 e ss., e PEREIRA DE ALMEIDA, *op. cit.*, p. 20. Em sentido contrário, admitindo uma acção directa do dono da obra contra o subempreiteiro, veja-se ROMANO MARTINEZ, *O subcontrato*, p. 173 e *Obrigações*, p. 416.

pedir autorização para realizar alterações ao plano convencionado (art. 1214º, nº 1), não podendo a obra realizada pelo subempreiteiro ser considerada defeituosa perante o empreiteiro, se este obteve dele essa autorização (art. 1214º, nº 2). O empreiteiro deve, porém, obter do mesmo modo autorização do dono da obra para a alteração, sob pena de este poder considerar a obra como defeituosa na relação com ele, caso em que o empreiteiro nem sequer poderá exercer o direito de regresso sobre o subempreiteiro (art. 1226º)[1130]. No caso, porém, de o dono da obra fixada por preço global, autorizar verbalmente a alteração a realizar pelo subempreiteiro, a qual não foi, no entanto, autorizada pelo empreiteiro, questiona-se se o subempreiteiro poderá reclamar do dono da obra directamente a restituição do enriquecimento sem causa. CARVALHO FERNANDES responde afirmativamente, invocando que o enriquecimento sem causa coloca-se neste caso entre o dono da obra e o subempreiteiro[1131], posição que nos parece igualmente de sufragar.

Também relativamente às alterações necessárias na subempreitada (art. 1215º), o acordo para a sua realização deve ser celebrado entre empreiteiro e subempreiteiro, cabendo àquele obter a aprovação do dono da obra, podendo, no entanto, caso não o consiga recorrer ao tribunal para fixar na empreitada as modificações exigidas pelas alterações necessárias na subempreitada[1132]. Há, porém, toda a conveniência em que o acordo para as alterações ou a demanda judicial respectiva envolva as três partes, em ordem a evitar os problemas colocados pela separação dos dois contratos.

Relativamente às alterações exigidas pelo dono da obra (art. 1216º), entende CARVALHO FERNANDES, que as mesmas podem ser directamente exigidas por este ao subempreiteiro[1133]. Não podemos, no entanto, concordar com essa posição. Efectivamente, a parte no contrato é o empreiteiro, pelo que a exigência dever-lhe-á ser dirigida, cabendo ele escolher se recorre para as alterações ao subempreiteiro ou se as realiza por outra via. É, aliás, o empreiteiro que adquire o direito ao aumento do preço e do prazo para a realização da obra, e não o subempreiteiro, a menos que o próprio empreiteiro lhe exija a alteração.

1130 Cfr. LUÍS CARVALHO FERNANDES, *DJ* 12 (1988), p. 93.

1131 Cfr. LUÍS CARVALHO FERNANDES, *DJ* 12 (1988), pp. 96-97.

1132 Cfr. LUÍS CARVALHO FERNANDES, *DJ* 12 (1988), p. 93.

1133 Cfr. LUÍS CARVALHO FERNANDES, *DJ* 12 (1988), pp. 98-99.

Uma vez que a subempreitada é um contrato dependente da empreitada, a extinção desta por qualquer causa, nomeadamente a desistência do dono da obra (art. 1229º), faz extinguir o contrato de subempreitada, aplicando-se quanto a esta o regime do art. 1227º[1134]. Pode, porém, o empreiteiro desistir da mesma forma da subempreitada, ao abrigo do art. 1229º, mantendo-se em vigor a empreitada. Neste caso, porém, o empreiteiro continua vinculado perante o dono da obra a realizar os trabalhos que eram objecto da subempreitada, não podendo reclamar deste qualquer acréscimo de custos causado pela sua desistência[1135].

10. O regime das perturbações da prestação no contrato de empreitada

10.1. O regime geral das perturbações da prestação no contrato de empreitada

10.1.1. Generalidades

O regime geral das perturbações da prestação na empreitada consta dos arts. 1218º e ss., atribuindo ao dono da obra os direitos de eliminação dos defeitos, nova construção, redução do preço, resolução do contrato e indemnização[1136]. A existência de defeitos indicia um cumprimento defeituoso do contrato de empreitada, tendo a existência do defeito que ser provada pelo dono da obra (art. 342º, nº 1)[1137]. Pode, porém, o empreiteiro demonstrar que não teve culpa na verificação do defeito (art. 799º, nº 1), caso em que o dono da obra deixa de ter os direitos que lhe são conferidos pelos arts. 1221º e ss. É o que sucede no caso de o vício resultar do projecto ou do caderno de encargos fornecidos pelo dono da obra, que o empreiteiro não tivesse o dever de controlar[1138], ou das alterações por ele

[1134] Cfr. PEREIRA DE ALMEIDA, *op. cit.*, p. 21.

[1135] Cfr. LUÍS CARVALHO FERNANDES, *DJ* 12 (1988), p. 94.

[1136] Cfr. ROSENDO DIAS JOSÉ, *Responsabilidade civil do construtor e do vendedor pelos defeitos*, Lisboa, Petrony, 1984, pp. 46 e ss., PEDRO ROMANO MARTINEZ, *Obrigações*, pp. 468 e ss., RUI SÁ GOMES, "Breves notas sobre o cumprimento defeituoso no contrato de empreitada", em ANTUNES VARELA/DIOGO FREITAS DO AMARAL/JORGE MIRANDA/J. J. GOMES CANOTILHO (org.), *Ab Uno ad Omnes. 75 Anos da Coimbra Editora. 1920-1995*, Coimbra, Coimbra Editora, 1998, pp. 587-639, e JOÃO CURA MARIANO, *Responsabilidade contratual do empreiteiro pelos defeitos da obra*, 3ª ed., Coimbra, Almedina, 2008. No Direito italiano, veja-se MARIA CRISTINA CERVALE, *La responsabilità dell'appaltatore*, Milano, Giuffrè, 1999.

[1137] Cfr. PEDRO ROMANO MARTINEZ, *Obrigações*, p. 471, e RUI SÁ GOMES, *op. cit.*, pp. 605-606.

[1138] A ausência do dever de controlar o projecto e o caderno de encargos deve considerar-se excepcional, já que, por força das regras da boa fé (art. 762º, nº 2), o empreiteiro, como

exigidas, às quais tinha manifestado oposição, ou ser o defeito comum nas obras do mesmo género, não permitindo o estado da técnica impedir a sua verificação[1139].

Os direitos atribuídos ao dono da obra são colocados em alternativa. A lei estabelece unicamente uma limitação à escolha das alternativas relativas à eliminação dos defeitos ou exigência de nova construção as quais deixam de ser admissíveis quando as despesas se tornam desproporcionadas em relação ao proveito (art. 1221º, nº 2).

As cláusulas de exclusão de responsabilidade do empreiteiro são nulas, nos termos do art. 809º. Já as cláusulas de limitação de responsabilidade são válidas nos termos gerais, desde que não contrariem o regime da LCCG. Para PEREIRA DE ALMEIDA, as cláusulas de limitação de responsabilidade poderão ser estipuladas mesmo em relação à garantia estabelecida no art. 1225º, ainda que apenas produzam efeitos na relação entre o empreiteiro e o dono da obra e não perante terceiros[1140].

10.1.2. Modalidades de perturbações da prestação

Conforme acima se salientou, o empreiteiro tem o dever de "executar a obra em conformidade com o que foi convencionado, e sem vícios que excluam ou reduzam o valor dela ou a sua aptidão para o uso ordinário ou previsto no contrato" (art. 1208º). Desta norma é possível retirar essencialmente quatro situações de perturbações da prestação[1141]:

a) Desconformidade da obra em relação ao que foi convencionado;
b) Vícios que excluam ou reduzam o valor da obra;
c) Vícios que excluam ou reduzam a aptidão da obra para o seu uso ordinário;
d) Vícios que excluam ou reduzam o valor da obra para o uso previsto no contrato.

perito na realização da obra, deve comunicar ao dono da obra os vícios no projecto ou no caderno de encargos de que se aperceba, quer antes de iniciada a obra, quer durante a sua execução, podendo ainda responder pelos vícios que não descubra, mas que lhe competisse descobrir. Cfr. PIRES DE LIMA/ANTUNES VARELA, *op. cit.*, II, sub art. 1208º, nº 2, p. 869 e RUI SÁ GOMES, *op. cit.*, p. 600. Na jurisprudência, veja-se Ac. RC 15/5/2007 (BARATEIRO MARTINS), na *CJ* 32 (2007), 3, pp. 5-7.

1139 Cfr. MOITINHO DE ALMEIDA, *BMJ* 228 (1973), p. 19.

1140 Cfr. PEREIRA DE ALMEIDA, *op. cit.*, p. 81.

1141 Cfr. RUI SÁ GOMES, *op. cit.*, pp. 591 e ss.

Desta enumeração resulta uma primeira contraposição entre desconformidade e vício. Podemos dizer que a desconformidade não implica que a obra tenha necessariamente um valor negativo ou uma patologia, bastando apenas que se verifique uma falta de coincidência com o programa contratual, como na hipótese de se encomendar uma mobília de cor preta e o empreiteiro a fazer de cor castanha. Pelo contrário, a existência de um vício vai implicar a apreciação negativa da obra, seja em termos de valor, seja em termos de funcionalidade normal, seja em termos de funcionalidade para o fim contratualmente previsto. Ambas as situações constituem, no entanto, modalidades de perturbações da prestação, levando à aplicação dos remédios para o cumprimento defeituoso.

A desconformidade da obra consiste, conforme se referiu no desvio da mesma em relação ao programa contratual estipulado, independentemente de esse desvio permitir uma desvalorização ou uma valorização da obra. Quando a desconformidade é realizada intencionalmente, corresponde a uma alteração da obra da iniciativa do empreiteiro (art. 1214º, nº 1), a qual, se for realizada sem autorização, permite igualmente a aplicação dos remédios do cumprimento defeituoso (art. 1214º, nº 2).

Os vícios que excluam ou reduzam o valor dela correspondem a situações em que o valor de mercado da obra é afectado, face aos defeitos nela detectados, ainda que essa afectação não perturbe a utilização da obra para os seus fins ordinários ou contratualmente estipulados. Trata-se igualmente de uma situação de cumprimento defeituoso, uma vez que o dono da obra deve ter a faculdade de proceder à sua alienação posterior, a qual é prejudicada pelo defeito.

Já os vícios que excluam ou reduzam a aptidão da obra para o seu uso ordinário correspondem às situações em que as características da obra não lhe permitem desempenhar os seus fins normais ou socialmente típicos. Esta situação corresponde normalmente a um defeito da obra, uma vez que esta deve poder ser apta à sua utilização comum, independentemente do fim a que a destine o dono da obra. Pode, porém, o dono da obra exigir que esta seja apta à realização de fins diferentes do seu uso normal, mesmo que prejudiquem este, caso em que a obra não se poderá considerar defeituosa se permitir a realização dos fins solicitados pelo dono da obra.

Finalmente, constituem defeitos da obra os vícios que excluem a sua aptidão para o uso previsto no contrato. Efectivamente, a prestação do empreiteiro, como qualquer outra prestação destina-se a satisfazer o interesse do credor (art. 398º, nº 2), pelo que haverá vício sempre que a obra não permita a realização do fim pretendido pelo dono da obra, independentemente da sua aptidão para o uso ordinário. É, no entanto, necessário que a afectação da obra a esse fim tenha sido objecto da estipulação das partes pois, se tal não suceder, é exclusivamente o fim ordinário da obra que deve ser tomado em consideração, para efeitos de averiguação da existência de defeitos.

Em relação aos defeitos da obra admite-se ainda uma contraposição entre defeitos aparentes e ocultos. Defeitos aparentes são aqueles que se revelam por sinais visíveis e permanentes, podendo assim ser apercebidos por um observador que use da diligência exigível na verificação da obra. Defeitos ocultos são aqueles em relação aos quais não existem sinais visíveis ou, existindo, estes não têm carácter permanente, pelo que podem passar despercebidos ao observador. Assim, por exemplo, infiltrações no prédio que apenas sejam detectáveis na época das chuvas correspondem a um defeito oculto[1142].

10.1.3. Situações de irresponsabilidade do empreiteiro

Já acima se salientou que, nos termos do art. 1219º, nº 1, "o empreiteiro não responde pelos defeitos da obra, se o dono a aceitou sem reserva, com conhecimento deles", acrescentando o nº 2 que "presumem-se conhecidos os defeitos aparentes, tenha ou não havido verificação da obra". Existe assim uma exclusão da responsabilidade pelos defeitos conhecidos pelo dono da obra, sendo que em relação aos defeitos aparentes existe ainda uma presunção do conhecimento pelo dono da obra, que permite igualmente excluir a responsabilidade. A presunção de conhecimento dos defeitos, embora seja ilidível por prova em contrário nos termos gerais (art. 350º, nº 2), pode na prática tornar-se inilidível, se não tiver havido a verificação da obra. Efectivamente, se o conhecimento dos defeitos aparentes se continua a presumir, mesmo demonstrada a não verificação da obra (art. 1219º, nº 2 *in fine*), não se vê por que forma poderá o dono da obra ilidir nesse caso a presunção[1143].

A exclusão da responsabilidade pelos defeitos aparentes e conhecidos do dono da obra ocorre ainda se tiver ocorrido a omissão da verificação ou

[1142] Cfr. RUI SÁ GOMES, *op. cit.*, p. 602.

[1143] Neste sentido, já RUI SÁ GOMES, *op. cit.*, p. 612.

comunicação. Efectivamente, esta situação determina a aceitação da obra (art. 1218º, nº 5), a qual, por ser realizada sem reserva, desencadeia igualmente a exclusão da responsabilidade referida no art. 1219º, nº 1.

Pode-se questionar quando é que um defeito é aparente, parecendo que a aparência do defeito varia consoante a forma como for efectuada a verificação. Efectivamente, se esta for realizada apenas pelo dono da obra, aparente será o vício que seja facilmente descoberto por uma pessoa de comum diligência. Já se a fiscalização for realizada por perito, aparente será o vício que for descoberto por um perito de conhecimentos comuns. Não se justifica aplicar sempre o critério da verificação por perito, uma vez que nada obriga o dono da obra a solicitá-la, podendo igualmente o empreiteiro fazê-lo (art. 1218º, nº 2), pelo que não seria justo responsabilizar o dono da obra por uma escolha que cabe a ambas as partes, nem seria correcto fazer presumir na sua pessoa conhecimentos que o comum das pessoas normalmente não possui[1144].

10.1.4. O direito de eliminação dos defeitos

O primeiro direito do dono da obra, em caso de cumprimento defeituoso por parte do empreiteiro, é o da eliminação dos defeitos, através da qual se pretende a colocação da obra em conformidade com o respectivo contrato, através da reparação dos vícios nela detectados.

A reparação deve ser solicitada pelo dono da obra ao empreiteiro, que está obrigado a realizá-la, a menos que o defeito se encontre aqueles pelos quais não responde (art. 1218º, nºs 1 e 2). No caso de o empreiteiro se recusar a reparar o defeito, deve o dono da obra obter a condenação dele nessa prestação, podendo na execução requerer que a reparação seja efectuada por outrem à custa do empreiteiro (art. 828º). No caso de a prestação do empreiteiro corresponder a uma prestação infungível, o dono da obra pode solicitar a aplicação ao empreiteiro de uma sanção pecuniária compulsória, até que ele proceda à reparação integral dos defeitos (art. 829º-A, nº 1). Dado que a reparação dos defeitos pelo empreiteiro constitui a solução legal estabelecida para os defeitos da obra, não poderá o dono da obra proceder previamente à eliminação do defeito por iniciativa própria ou com recurso a terceiros, a qual, se for realizada, implica a perda do direito ao ressarci-

[1144] Neste sentido, cfr. Moitinho de Almeida, *BMJ* 228 (1973), p. 20.

mento das despesas com a eliminação do defeito[1145]. Parece, no entanto, de admitir com base no art. 336º, quando a urgência não consinta qualquer dilação e o empreiteiro não dê mostras de ir proceder à reparação dos defeitos, que o dono da obra proceda ele mesmo a essa reparação, com direito de reembolso sobre o empreiteiro[1146]. Da mesma forma, a recusa de eliminação dos efeitos ou o abandono da obra por parte do empreiteiro permite ao dono da obra desencadear a reparação dos defeitos com recurso a terceiro, com possibilidade de exigir o competente reembolso ao empreiteiro[1147].

O direito de eliminação dos defeitos cessa, nos termos do art. 1222º, nº 2, se as despesas forem desproporcionadas em relação ao proveito.

A eliminação dos defeitos da obra deve ser efectuada pelo empreiteiro à sua própria custa. Pode, porém, a eliminação dos defeitos pelo empreiteiro concorrer com a descoberta da necessidade de fazer alterações na obra (art. 1215º), ou o dono da obra venha exigir alterações por sua iniciativa (art. 1216º). Essas alterações já não correrão, porém, por conta do empreiteiro, aplicando-se antes o regime correspondente[1148].

10.1.5. O direito de exigir nova construção

Se os defeitos não puderem ser eliminados, o dono da obra tem a faculdade de exigir nova construção (art. 1222º, nº 1). Este direito do dono da

[1145] Cfr. PIRES DE LIMA/ANTUNES VARELA, *op. cit.*, II, sub art. 1221º, nº 2, p. 896, ROMANO MARTINEZ, *Obrigações*, p. 483, PEREIRA DE ALMEIDA, *op. cit.*, pp. 84-85, RUI SÁ GOMES, *op. cit.*, p. 619 e MOITINHO DE ALMEIDA, *BMJ* 228 (1973), p. 16. Na jurisprudência, veja-se, seguindo estes autores, o Ac. RE de 26/9/1996 (MÁRIO MANUEL PEREIRA), em *CJ* 21 (1996), 4, pp. 282-285 e o Ac. RC 9/10/2001 (HÉLDER ROQUE), na *CJ* 26 (2001), 4, pp. 24-28.

[1146] Neste sentido, ROMANO MARTINEZ, *Obrigações*, p. 483.

[1147] Admitindo o reembolso pelo empreiteiro da reparação feita pelo terceiro, no caso de o empreiteiro se ter recusado a realizá-la, cfr. Ac. RL 29/11/2001 (SALVADOR DA COSTA), na *CJ* 26 (2001), 5, pp. 95-98. Também no Ac. STJ 12/1/2008 (AZEVEDO RAMOS) em *CJ-ASTJ* 16 (2008), 1, pp. 102-104 se considerou que, em caso de abandono da obra, uma vez que tal constitui incumprimento definitivo do contrato, o dono da obra pode proceder à reperação dos defeitos por sua iniciativa, sem necessidade de interpelação ao empreiteiro. No mesmo sentido, vide ainda o Ac. RG 5/6/2008 (CARVALHO GUERRA), na *CJ* 33 (2008), 3, pp. 276-278.

[1148] Assim, no Ac. STJ 27/5/2004 (QUIRINO SOARES), em *CJ-ASTJ* 12 (2004), 2, pp. 74-75, considerou-se que no caso de levantamento de soalho de madeira colocado em piso térreo em consequência da humidade do piso, o dono da obra tinha direito de exigir à custa do empreiteiro a colocação de novo soalho ao abrigo do art. 1221º, uma vez que este deveria ter-se apercebido da situação, mas que a colocação do piso térreo em condições de suportar esse soalho constituía uma alteração necessária, regulada pelo art. 1215º, nº 1.

obra aparece assim como subsidiário em relação à eliminação dos defeitos, não sendo uma alternativa do dono da obra, mas antes uma consequência da impossibilidade de eliminação dos defeitos. Essa impossibilidade de eliminação dos defeitos tem que ser avaliada objectivamente, não ficando dependente da apreciação, quer do dono da obra, quer do empreiteiro[1149].

A pretensão de exigir nova construção não é excluída pelo facto de o dono da obra ter efectuado a aceitação da mesma, com ou sem reserva. Efectivamente, da aceitação sem reserva resulta apenas a exclusão da responsabilidade do empreiteiro pelos defeitos aparentes e conhecidos do dono da obra, nada impedindo este de exigir essa mesma responsabilidade em relação a defeitos ocultos, os quais podem perfeitamente justificar a pretensão a nova construção. E quanto à aceitação com reserva, dela não se pode inferir uma renúncia do dono da obra à exigência de nova construção, a pretexto de a obra ainda representar alguma utilidade para ele. Efectivamente, a exigência da nova construção aparece como um dos remédios que a lei atribui ao dono da obra perante os defeitos que nela se verificam, não tendo a aceitação efeito impeditivo de o dono da obra realizar essa mesma opção[1150].

A pretensão de exigir nova construção vem a ser, porém, excluída no caso de as despesas por ela provocadas serem superiores ao benefício que delas resulte (art. 1221º, nº 2).

10.1.6. O direito de redução do preço

Refere o art. 1222º, nº 1, que, não sendo eliminados os defeitos ou construída de novo a obra, o dono da obra tem o direito de exigir a redução do preço, acrescentando o nº 2, que esta é feita nos termos do art. 884º. A tradicional *actio quanti minoris* da compra e venda é assim também aplicável à empreitada, a partir do momento em que o empreiteiro incumpre a obrigação de reparação dos defeitos ou de efectuar nova construção. Como resulta da parte final do art. 1222º, nº 1, a redução do preço torna-se então, para além da indemnização (art. 1223º), o único remédio que a lei confere ao dono da obra, nos casos em que esta reveste alguma utilidade para ele, dado que a opção pela resolução do contrato apenas pode

[1149] Neste sentido, ROMANO MARTINEZ, *Obrigações*, p. 484. Em sentido contrário, sustentando que é ao empreiteiro, enquanto técnico, que deve caber a apreciação sobre se pode proceder à eliminação dos defeitos ou tem que realizar nova construção, cfr. RUI SÁ GOMES, *op. cit.*, p. 617.

[1150] Neste sentido, RUI SÁ GOMES, *op. cit.*, p. 618.

ser exercida no caso de os defeitos tornarem a obra inadequada aos fins a que esta se destina.

Ao contrário da indemnização, que não é excluída (art. 1223º), a redução do preço não se destina a permitir compensar os danos causados ao dono da obra por dedução no preço a pagar ao empreiteiro, mas apenas a estabelecer a adequada correspondência económica entre esse preço e o valor da obra realizada, abatendo-se a diferença entre o preço estipulado e o que o teria sido para a sua realização naqueles termos. Por esse motivo, se a parte afectada estiver discriminada no contrato, como parcela do preço global, procede-se à eliminação dessa parcela. Não existindo discriminação, a redução é feita por avaliação (arts. 1221º, nº 1, e 884º).

10.1.7. O direito de resolução do contrato

Nos termos do art. 1222º, nº 1, *in fine*, o dono da obra pode ainda pedir a resolução do contrato se os defeitos tornarem a obra inadequada ao fim a que esta se destina. Neste caso, parece que a inadequação ao fim tanto abrange situações de natureza objectiva, como a de a obra não permitir a realização dos fins normais à mesma, como de natureza subjectiva, como a de não permitir realizar os fins desejados pelo dono da obra. Se, no entanto, se do contrato ou das suas circunstâncias não resultar o fim a que a obra se destina, atender-se-á à função normal das obras da mesma categoria (art. 913º, nº 2, por analogia). No conceito de inadequação abrangem-se não apenas casos de falta de qualidades essenciais, mas também os casos em que a obra é totalmente distinta da encomendada (*aliud pro alio*)[1151]. No entanto, se a inadequação se limitar a parte da obra, parece que a resolução só deve ter lugar se essa parte for de particular importância, uma vez que, no caso contrário, os direitos do dono da obra devem limitar-se à eliminação dos defeitos ou à redução do preço[1152]

A resolução do contrato tem efeitos retroactivos (arts. 433º, 434º e 289º), pelo que dará lugar às seguintes consequências[1153]:

Em primeiro lugar, o dono da obra fica, em qualquer caso, desonerado da obrigação de pagar o preço, podendo exigir a sua restituição, já a tiver cumprido adiantadamente.

[1151] Em sentido contrário, veja-se, porém, Rui Sá Gomes, *op. cit.*, pp. 625-626.

[1152] Cfr. Moitinho de Almeida, *BMJ* 228 (1973), p. 17.

[1153] Cfr. Romano Martinez, *Obrigações*, pp. 488 e ss., Pereira de Almeida, *op. cit.*, pp. 87 e ss., e Rui Sá Gomes, *op. cit.*, pp. 628 e ss.

Nas empreitadas de construção de móveis, se os materiais forem fornecidos pelo empreiteiro a coisa fica propriedade deste, independentemente de já ter ocorrido ou não a aceitação. Se a aceitação ainda não tiver ocorrido, a propriedade da obra nunca deixa de ser do empreiteiro. Se a aceitação já tiver ocorrido, a resolução determina que reverta para o empreiteiro a propriedade anteriormente transferida para o dono da obra. A coisa deve ser, assim, restituída ao empreiteiro, se este já a tiver entregue.

Se, na empreitada de construção de coisa móvel, os materiais tiverem sido fornecidos pelo dono da obra, a doutrina tem discutido quais as consequências da resolução. Para uma posição, a resolução determina que a propriedade do dono da obra se transfira para o empreiteiro, adquirindo aquele concomitantemente o direito de exigir a restituição de materiais do mesmo género ou do valor despendido[1154]. Para outra posição, a propriedade nunca deixa de ser do dono da obra, nem a resolução pode determinar a reversão da propriedade ao empreiteiro, uma vez que esta nunca lhe pertenceu. O dono pode, no entanto, solicitar ao empreiteiro a destruição da obra e a devolução dos materiais entregues ou, sendo tal impossível, a entrega de outros equivalentes ou do seu valor[1155]. Por nossa parte, entendemos que a resolução do contrato de empreitada determina a aplicação do regime da especificação, previsto no art. 1336º, sendo a propriedade da obra atribuída ao dono da obra ou ao empreiteiro, de acordo com as regras desse artigo.

Nas empreitadas de construção de imóveis em solo ou superfície pertença do dono da obra, a propriedade é atribuída a este, independentemente de quem fornece os materiais. Em caso de resolução, poderá o dono da obra exigir a sua demolição a expensas do empreiteiro, devolvendo-lhe os materiais que este incorporou na obra e ficando com os que ele próprio forneceu. Se preferir ficar com a obra, aplicar-se-ão as regras da acessão (art. 1340º).

Se, na empreitada de construção de imóveis, o solo ou a superfície for pertença do empreiteiro, a resolução determina que a propriedade já não será transferida para o dono da obra, adquirindo este a faculdade de pedir a restituição dos materiais que eventualmente tenha fornecido ou do seu valor, caso essa restituição já não seja possível.

1154 Cfr. Pereira de Almeida, *loc. ult. cit.*

1155 Cfr. Pedro Romano Martinez, *Obrigações*, p. 488 e Da *cessação*, p. 573 e Rui Sá Gomes, *op. cit.*, p. 629.

10.1.8. O direito de indemnização

O art. 1223º vem determinar que o exercício dos direitos conferidos nos números anteriores não exclui o direito a ser indemnizado nos termos gerais. É assim atribuída uma indemnização que, apesar de a lei referir que o seu conteúdo não é prejudicado pelo exercício dos direitos anteriormente, é óbvio que se limita aos danos não eliminados pelo exercício dos direitos anteriormente referidos.

Pergunta-se, porém, se em lugar de exercer os direitos acima referidos, não poderá o dono da obra optar por uma grande indemnização que abranja todos os danos resultantes do cumprimento defeituoso nos termos gerais. A maioria da doutrina e da jurisprudência opõe-se a este entendimento, considerando que o direito à indemnização previsto no art. 1224º é de natureza subsidiária, pelo que só pode ser exercido quanto a danos não susceptíveis de ser reparados pelos direitos anteriormente referidos[1156]. Parece-nos também ser esta a melhor posição, já que a lei atribui efectivamente preponderância aos remédios da eliminação dos defeitos e da realização da nova construção, só depois aparecendo a redução do preço e a resolução do contrato, aparecendo a indemnização como um meio complementar destes quatro remédios.

A medida da indemnização variará consoante o direito que tiver sido exercido pelo dono da obra. Assim, se o dono da obra optar pela eliminação dos defeitos ou realização de nova construção, e estes puderem ser adequadamente realizados, a maioria dos danos resultantes da falta da prestação terá sido eliminada, abrangendo a indemnização apenas os danos resultantes da sua não entrega atempada ou de outros custos e despesas em que o dono da obra tenha incorrido. No caso de o dono da obra optar pela redução do preço, há uma parte da prestação do empreiteiro que deixa de ser tomada em consideração, uma vez que em relação a ela deixa de ser devido qualquer preço, o que terá igualmente que ser tomado em conta para efeitos de indemnização. Finalmente, se o dono da obra optar pela resolução do contrato, deixa de poder reclamar os danos relativos ao interesse de cumprimento do contrato de empreitada, passando a indemnização a abranger apenas o interesse contratual negativo.

[1156] Assim, veja-se PIRES DE LIMA/ANTUNES VARELA, *op. cit.*, II, sub art. 1223º, nº 3, p. 899, ROMANO MARTINEZ, *Obrigações*, p. 492 e PEREIRA DE ALMEIDA, *op. cit.*, pp. 88-89. Na jurisprudência, cfr. o Ac. RL 14/3/2006 (ABRANTES GERALDES), na *CJ* 31 (2006), 2, pp. 65-66.

10.1.9. A caducidade dos direitos do dono da obra

A lei estabelece um prazo curto para a denúncia dos defeitos do dono da obra, sendo que, se esse prazo for ultrapassado, caducam os seus direitos contra o empreiteiro. Relativamente aos defeitos aparentes ou conhecidos do dono da obra estes devem ser denunciados na comunicação do resultado da verificação (art. 1218º, nº 4). Nessa comunicação, o dono da obra deve recusar a obra ou aceitá-la com reserva, a qual implica a denúncia dos defeitos e exprime a intenção de exercer os direitos que a lei lhe confere perante os defeitos da obra. Se o dono da obra a aceitar sem reserva, o empreiteiro deixa de responder em relação a esses defeitos (art. 1219º).

A aceitação sem reserva não elimina, porém, a responsabilidade do empreiteiro em relação a defeitos ocultos, existindo, no entanto, o ónus de efectuar a denúncia dos mesmos no prazo de trinta dias após o seu descobrimento (art. 1220º, nº 1). Dispensa-se, no entanto, a denúncia se o empreiteiro reconhecer a existência do defeito (art. 1220º, nº 1), posteriormente à aceitação da obra[1157]. Nem a denúncia nem o reconhecimento são sujeitas a forma especial, valendo aqui o princípio da liberdade de forma (art. 219º), e podendo qualquer das declarações ser efectuada expressa ou tacitamente (art. 217º, nº 1).

Efectuada a denúncia do defeito dentro do prazo, o dono da obra dispõe de um ano para instaurar a acção correspondente, sob pena de caducidade dos seus direitos (art. 1224º, nº 1). Se, no entanto, tiver aceite a obra sem conhecimento da existência dos defeitos, o prazo de caducidade conta-se a partir da denúncia, ainda que em nenhum caso os direitos possam ser exercidos depois de decorrerem dois anos após a entrega da obra (art. 1224º, nº 2). Exceptua-se, no entanto, o regime especial para as empreitadas destinadas a longa duração (art. 1225º), a que nos referiremos de seguida. Em qualquer caso, se o empreiteiro vier a reconhecer a existência dos defeitos durante o prazo de caducidade, a mesma deverá considerar-se interrompida, nos termos do art. 331º, nº 2[1158].

[1157] Conforme salienta RUI SÁ GOMES, *op. cit.*, p. 633, se o reconhecimento do empreiteiro ocorresse antes da aceitação da obra, então tratar-se-ia de um defeito conhecido do dono da obra, pelo que a aceitação por este irresponsabilizaria o empreiteiro.

[1158] Cfr. ROMANO MARTINEZ, *Cumprimento defeituoso*, pp. 427-429, e na jurisprudência o Ac. STJ de 24/9/2009 (LOPES DO REGO), em *CDP*, nº 33 (Janeiro/Março 2011), pp. 40-46, com anotação favorável de ROMANO MARTINEZ, "Impedimento da caducidade em caso de

10.1.10. Os direitos do dono da obra em empreitadas de imóveis destinadas a longa duração

O art. 1225º estabelece uma garantia suplementar no caso de empreitadas destinadas a longa duração. Efectivamente, dispõe o art. 1225º, nº 1, que "sem prejuízo do disposto nos arts. 1219º e ss., se a empreitada tiver por objecto a construção, modificação ou reparação de edifícios ou outros imóveis destinados por sua natureza a longa duração e, no decurso de cinco anos a contar da entrega, ou no decurso do prazo de garantia convencionado, a obra, por vício do solo ou da construção, modificação ou reparação, ou por erros na execução dos trabalhos, ruir total ou parcialmente, ou apresentar defeitos, o empreiteiro é responsável pelo prejuízo causado ao dono da obra ou a terceiro adquirente". O nº 4 acrescenta que este regime é igualmente aplicável ao vendedor de imóvel que o tenha construído, modificado ou reparado". "A denúncia, em qualquer dos casos, deve ser feita dentro do prazo de um ano e a indemnização deve ser pedida no ano seguinte à denúncia" (art. 1225º, nº 2), sendo estes prazos "igualmente aplicáveis ao direito à eliminação dos defeitos, previsto no art. 1221º" (art. 1225º, nº 3). Resulta assim a lei atribui neste tipo de empreitadas um direito de indemnização autónomo que acresce aos direitos referidos nos arts. 1219º ss., não se limitando a dilatar os prazos de exercício desses direitos[1159].

A aplicação do regime do art. 1225º depende, em primeiro lugar, de a empreitada ter por objecto a construção, modificação ou reparação de edifícios ou outros imóveis, destinados por sua natureza a longa duração (nº 1), sendo o regime igualmente extensível aos casos de compra e venda de imóveis, que o vendedor tenha previamente sujeito a uma empreitada com estas características (nº 4)[1160]. Não está assim aqui em causa a extensão ou a duração da obra, nem o destino específico que lhe pretende atribuir o dono da obra, mas apenas o facto de esta incidir sobre coisas imóveis e objectivamente a obra realizada dever ter um prazo de utilização longo. Assim, este regime será aplicável à construção, reparação ou modificação

venda, pelo construtor, de imóvel com defeitos – Ac. do STJ de 24.9.2009, Proc. 2210/06", *ibid*, pp. 46-49, e Ac. RC 22/6/2010 (EMÍDIO FRANCISCO SANTOS), na *CJ* 35 (2010), 3, pp. 25-28.

[1159] Neste sentido, cfr. Ac. STJ 8/3/2001 (NORONHA NASCIMENTO) na *CJ-ASTJ* 9 (2001), I, pp. 159-161.

[1160] Ao contrário do que se sustenta no Ac. RC 7/6/2011 (TELES PEREIRA), na *CJ* 36 (2011), 3, pp. 41-44, não nos parece que se justifique uma interpretação restritiva desta disposição para restringir a sua aplicação aos contratos de promoção imobiliária.

de edifícios, pontes, túneis, minas, estacionamentos, etc., mas já não poderá abranger a construção de barracas, mesmo que o dono da obra nelas pretenda residir permanentemente[1161]. A garantia não se restringe, porém, às construções novas, abrangendo igualmente as modificações e reparações de um imóvel já existente[1162].

Em segundo lugar, a aplicação do regime do art. 1225º depende de se verificar a ruína total ou parcial da obra ou o surgimento de defeitos derivados de vício do solo ou da construção, modificação ou reparação ou de erros na execução dos trabalhos. Esta referência suscita vários problemas. O primeiro consiste em determinar se os defeitos surgidos têm que resultar de culpa do empreiteiro ou se ele responde independentemente de culpa pela verificação desses defeitos. Para ROMANO MARTINEZ, a responsabilidade prevista no art. 1225º é subjectiva, pelo que o empreiteiro não deve responder pela ruína do edifício resultante de qualquer vício do solo, mas apenas dos vícios do solo de que se deveria ter apercebido[1163]. Para DIAS JOSÉ e PEREIRA DE ALMEIDA, o defeito pode resultar de vício do solo, pois o empreiteiro deve certificar-se que o terreno tem as condições necessárias para implantar a construção[1164]. Para JOSÉ MANUEL VILALONGA, a lei refere-se a uma responsabilidade subjectiva ao referir os erros na execução dos trabalhos, mas já se estará perante uma responsabilidade objectiva ao referir os vícios do solo, construção, modificação ou reparação[1165]. Por nossa parte, entendemos estar em causa uma responsabilidade objectiva, resultante de uma garantia legalmente concedida ao dono da obra neste tipo de empreitadas, que lhe permite responsabilizar o empreiteiro pela ruína da obra ou pelos defeitos que ela apresenta, desde que resultem dos factos acima referidos. Assim, provando o dono da obra que a ruína ou dos defeitos resultaram destes factos, o empreiteiro é obrigado a indemnizá-lo, não podendo elidir a sua responsabilidade com fundamento na ausência da culpa. A sua responsabilidade já não ocorrerá, porém, se a ruína ou os defeitos resultarem de factores estranhos, como a existência de um tremor de terra.

[1161] Cfr. DIAS JOSÉ, *op. cit.*, p. 71, ROMANO MARTINEZ, *Obrigações*, p. 497, e RUI SÁ GOMES, *op. cit.*, p. 634.

[1162] Cfr. DIAS JOSÉ, *op. cit.*, p. 71.

[1163] Cfr. ROMANO MARTINEZ, *Obrigações*, pp. 463-464.

[1164] Cfr. DIAS JOSÉ, *op. cit.*, p. 72 e PEREIRA DE ALMEIDA, *op. cit.*, p. 97.

[1165] Cfr. JOSÈ MANUEL VILALONGA, *ROA* 57 (1997), pp. 220-221.

Outro problema consiste em esclarecer se a referência a defeitos abrange todo e qualquer vício da prestação do empreiteiro ou se se exigirá antes uma gravidade especial do defeito. Apesar de o D.L. 267/94, de 25 de Outubro ter substituido a expressão "defeitos graves" apenas por "defeitos", entendemos que não é todo e qualquer defeito que desencadeia a aplicação do art. 1225º, tendo-se que considerar que só defeitos graves da obra justificarão a aplicação desta garantia[1166].

Questiona-se ainda se, perante a aceitação da obra sem reserva, o empreiteiro pode elidir a sua responsabilidade ao abrigo do art. 1219º, provando que os defeitos eram aparentes ou conhecidos do dono da obra. Para Pereira de Almeida, o regime do art. 1225º não é aplicável aos casos de defeitos conhecidos pelo dono da obra no momento da aceitação, aos quais se aplica o regime geral[1167]. Por outro lado, entendemos que, estando em causa uma garantia de durabilidade da obra, o empreiteiro deve responder objectivamente pela mesma, independentemente do conhecimento que o dono da obra tenha da situação no momento em que a obra lhe é entregue. Só não será assim se a obra não for destinada a uma longa duração.

Para que se possa aplicar o regime do art. 1225º, exige-se que a ruína da obra ou os defeitos que se verifiquem no prazo de cinco anos ou no prazo de garantia convencionado. A formulação em alternativa faz pressupor a injuntividade mínima do prazo de cinco anos, que só poderá ser derrogado através do estabelecimento de um prazo de garantia superior[1168]. O referido prazo de cinco anos começa a correr a partir da entrega da obra, parecendo, no entanto, dever-se equiparar à entrega a situação em que o dono da obra se recusa a recebê-la. Uma vez descobertos os defeitos, o dono da obra deverá denunciar a sua existência no prazo de um ano e solicitar a indemnização no ano seguinte à denúncia (art. 1225º, nº 2). Uma vez que estamos perante prazos de caducidade e não de prescrição[1169], os referidos prazos não se suspendem nem se interrompem a não ser nos casos em que a lei o determine (art. 328º). Além da denúncia e da interposição da acção de indemnização, a caducidade será porém igualmente

[1166] Neste sentido, igualmente Romano Martinez, *Obrigações*, p. 498.

[1167] Cfr. Pereira de Almeida, *op. cit.*, p. 95.

[1168] Neste sentido, Rui Sá Gomes, *op. cit.*, p. 636.

[1169] Cfr. Cunha Gonçalves, *Contratos*, p. 159.

impedida em caso de reconhecimento da existência dos defeitos por parte do empreiteiro (art. 331º, nº 2)[1170].

10.2. O regime específico da empreitada de bens de consumo

O regime especial da venda de bens de consumo, instituído pelo D.L. 67/2003, de 8 de Abril, em transposição da Directiva 1999/44/CE, o qual foi depois alterado e republicado pelo D.L. 84/2008, de 21 de Maio, é igualmente aplicável ao contrato de empreitada, o que permite falar igualmente de um regime especial para a empreitada de bens de consumo[1171]. Efectivamente, o art. 1º-A, nº 2, D.L. 67/2003, aditado pelo D.L. 84/2008, declara expressamente a aplicação do diploma, "com as necessárias adaptações, aos bens de consumo fornecidos no âmbito de um contrato de empreitada ou outra prestação de serviços", o que permite incluir a empreitada, seja ela de construção, reparação ou modificação[1172]. Constituem precisamente referências à empreitada os nºs 3 e 4 do art. 2º, ao referirem a falta de conformidade resultante dos materiais fornecidos pelo consumidor ou resultante da má instalação do bem. Ao contrário do que fazia a Directiva, que restringia a definição de bens de consumo aos bens móveis corpóreos (art. 1º, nº 2 *b)*), o regime do Decreto-Lei 67/2003 não exclui os bens imóveis (cfr. art. 3º, nº 2, D.L. 67/2003), pelo que a empreitada de construção ou reparação de imóveis é igualmente abrangida por este regime. Essencial é apenas que esteja em causa uma relação de consumo, o que ocorre sempre que o empreiteiro seja um profissional e o dono da obra um consumidor, visando a obra para fins não profissionais (arts. 1º-A, nº 1, e 1º-B *a)*, D.L. 67/2003, na redacção do D.L. 84/2008, e art. 2º, nº 1, da Lei 24/96, de 31 de Julho).

[1170] Neste sentido, cfr. Ac. STJ 29/6/2010 (Hélder Roque), na *CJ-ASTJ* 18 (2010), 2, pp. 120-124.

[1171] Cfr. Romano Martinez, "Empreitada de bens de consumo. A transposição da Directiva nº 1999/44/CE pelo Decreto-Lei nº 67/2003", em Luís Menezes Leitão (org.), *Estudos do Instituto de Direito do Consumo*, II, Coimbra, Almedina, 2004, pp. 11-35 e João Cura Mariano, *op. cit.*, pp. 229 e ss. Anteriormente, sobre a Directiva 1999/44, veja-se, Romano Martinez, "Empreitada de consumo", em *Themis*, ano II, nº 4 (2001), pp. 155-171.

[1172] Efectivamente, a actual redacção deste diploma, ao contrário do que sucedia na redacção anterior, permite abranger não apenas a empreitada de construção, mas também a empreitada de reparação ou modificação. Defendendo a limitação à empreitada de construção no regime anterior, cfr. Romano Martinez, "Empreitada de bens de consumo", pp. 15 e 22.

Estando assim em causa uma empreitada de bens de consumo, o regime dos arts. 1218º e ss., é substituído pela aplicação, com as necessárias adaptações, do regime constante do D.L. 67/2003, de 8 de Abril, na redacção do D.L. 84/2008, de 21 de Maio. O empreiteiro tem consequentemente o dever de realizar a obra e de a entregar em conformidade com o contrato (art. 2º, nº 1, D.L. 67/2003), o que se presumirá não se verificar sempre que ocorra algum dos factos negativos referidos no art. 2º, nº 2, do D.L. 67/2003.

O momento relevante para a averiguação da falta de conformidade é a entrega da coisa pelo empreiteiro (art. 3º, nº 1, D.L. 67/2003). No entanto, a lei estabelece uma presunção de que as faltas de conformidade que se verifiquem no prazo de dois anos após a entrega, para os móveis, ou de cinco anos, para os imóveis, já existiam nessa data (art. 3º, nº 2, D.L. 67/2003). Para além disso, o regime da empreitada de bens de consumo não impõe ao dono da obra o dever de a verificar, apenas irresponsabilizando o empreiteiro se o dono da obra conhecia a falta de conformidade ou não podia razoavelmente ignorá-la ou se esta resultar dos materiais por este fornecidos (art. 2º, nº 3 D.L. 67/2003).

Caso se verifique essa não conformidade com o contrato, o dono da obra tem direito a que a conformidade seja reposta sem encargos, por meio de reparação ou substituição, a uma redução adequada do preço ou à resolução do contrato (art. 4º, nº 1, D.L. 67/2003). Tratando-se de um bem imóvel, a reparação ou a substituição têm que ser realizadas num prazo razoável, o qual é fixado expressamente em 30 dias nos bens móveis, e sem grave inconveniente para o dono da obra, tendo em conta a natureza do defeito (art. 4º, nº 2, D.L. 67/2003, na redacção do D.L. 84/2008). A resolução do contrato e a redução do preço podem ser exercidas, mesmo que o bem tenha perecido ou se deteriorado por motivo não imputável ao dono da obra (art. 4º, nº 4, D.L. 67/2003). Exclui-se, no entanto, o exercício de qualquer destes direitos quando tal seja impossível ou represente abuso de direito nos termos gerais (art. 4º, nº 5, D.L. 67/2003). Em qualquer caso, esses direitos transferem-se a terceiro adquirente do bem (art. 4º, nº 6, D.L. 67/2003, na redacção do D.L. 84/2008).

Os prazos para o exercício dos direitos e para a denúncia dos defeitos são estabelecidos pelo D.L. 67/2003, alterado pelo D.L. 84/2008, em termos diferentes do que os que resultam do Código Civil. Assim, o dono da obra consumidor pode exercer os direitos acima referidos quando a falta de conformidade se verifique no prazo de dois ou cinco anos após a entrega da coisa, consoante se trate de móveis ou imóveis (art. 5º, nº 1, D.L. 67/2003), podendo, por acordo das partes, esse prazo ser reduzido a um ano, no caso de bens móveis usados (art. 5º, nº 2, D.L. 67/2003). O dono da obra tem, no entanto, o ónus de denunciar os defeitos ao empreiteiro no prazo de dois meses ou de um ano após a sua descoberta, consoante se trate de coisa móvel ou imóvel (art. 5º-A, nº 2, D.L. 67/2003, aditado pelo D.L. 84/2008) e, caso tenha efectuado a denúncia, os seus direitos apenas caducam no prazo de dois ou três anos após a mesma, consoante se trate de bens móveis ou imóveis (art. 5º-A, nº 3, D.L. 67/2003, aditado pelo D.L. 84/2008). Esse prazo suspende-se, no entanto, durante o período em que o consumidor estiver privado do uso dos bens com o objectivo de realização das operações de reparação ou substituição, bem como durante o período em que durar a tentativa de resolução extrajudicial do conflito de consumo, com excepção da arbitragem (art. 5º-A, nº 4, D.L. 67/2003, aditado pelo D.L. 84/2008. O decurso dos prazos para o exercício dos direitos e a ausência de denúncia da desconformidade fazem caducar esses direitos (art. 5º-A, nº 1, D.L. 67/2003, aditado pelo D.L. 84/2008).

11. Extinção do contrato de empreitada

11.1. Generalidades

O contrato de empreitada extingue-se nos termos gerais dos contratos, contemplando-se nesta sede especificamente a questão da impossibilidade de cumprimento e risco, a desistência do dono da obra e a eventual caducidade do contrato por morte ou incapacidade do empreiteiro[1173].

11.2. A impossibilidade de cumprimento e o risco pela perda ou deterioração da obra

11.2.1. Impossibilidade de cumprimento

Uma das causas genéricas de extinção das obrigações é a impossibilidade superveniente da prestação, nos termos do art. 790º[1174], a qual nos termos gerais tem que ser objectiva, absoluta e definitiva[1175]. Essa causa de extinção é naturalmente também aplicável em sede de empreitada, pelo que se, por causa não imputável a qualquer das partes, a execução da obra se

[1173] Cfr. Romano Martinez, *Da cessação*, pp. 553 e ss.

[1174] Se a impossibilidade for originária, a obrigação nem sequer se chega a constituir por nulidade do contrato de empreitada (art. 401º, nº 1).

[1175] Cfr. o volume II desta obra, Parte II, Secção III, nº 1.

tornar impossível, naturalmente que o empreiteiro fica exonerado da sua obrigação de a realizar, em harmonia com o brocardo *ad impossibilia nemo tenetur.* O art. 1227º vem clarificar esta solução, através da remissão que efectua para o art. 790º mas, em rigor, essa remissão nem sequer seria necessária, dada a aplicabilidade genérica e inquestionável do regime do art. 790º em sede de empreitada.

A utilidade do art. 1227º reside, porém, na sua parte final, onde se derroga parcialmente a solução do art. 795º, que é aplicável à empreitada em virtude de esta constituir um contrato bilateral. Assim, a impossibilidade de execução da obra não apenas determina a liberação do empreiteiro em relação à obrigação de a realizar, mas também vai extinguir a obrigação do dono da obra em pagar o preço da empreitada. O art. 1227º admite, porém, que o empreiteiro, embora perdendo o direito ao pagamento do preço da empreitada, venha adquirir o direito a uma compensação pelo trabalho executado e pelas despesas realizadas. Trata-se de uma forma equitativa de repartir as consequências da impossibilidade de execução da obra, já que, embora o dono da obra possa não tirar qualquer proveito do trabalho e despesas realizadas pelo empreiteiro, na medida em que a execução da obra se tornou impossível, a verdade é que as despesas e trabalho foram realizadas no interesse do dono da obra, e este normalmente adquire a correspondente propriedade da parte já realizada da obra, pelo que é justo que ele as compense, até porque o empreiteiro também perde o direito à remuneração convencionada para a empreitada.

O art. 1227º não esclarece, no entanto, o que sucede em caso de impossibilidade parcial. Parece que nesta situação continua a aplicar-se o disposto no art. 793º, exonerando-se o empreiteiro com a prestação do que for possível, e sendo proporcionalmente reduzida a contraprestação a que a parte estiver vinculada, o que implica que o empreiteiro mantenha o direito a uma remuneração parcial da empreitada e não apenas o direito à compensação pelo trabalho executado e despesas realizadas. Essa compensação pode, porém, ser exigida no caso de o dono da obra optar por resolver o contrato, ao abrigo do art. 793º, nº 2, por não ter interesse no cumprimento parcial da obrigação[1176], parecendo ainda que essa compensação se manterá na medida em que a redução do preço deixar de compensar o trabalho e despesas na parte da obra cuja realização ficou impossibilitada.

1176 Cfr. ROMANO MARTINEZ, *Obrigações*, p. 450 e *Da cessação*, p. 556.

11.2.2. Risco pela perda ou deterioração da obra

Diferente da situação da impossibilidade de realização da obra é a questão do risco pela perda ou deterioração da mesma. Efectivamente, na primeira situação a obra impossibilita-se, já não sendo possível realizá-la, o que implica que o dono da obra perca o direito de exigir a sua realização. Pelo contrário, na segunda situação continua a ser possível efectuar a realização da obra, mas esta, ou a parte da mesma já realizada, vem a ser objecto de perda ou deterioração, havendo que determinar qual das partes deve suportar o correspondente prejuízo.

O regime do risco pela perda ou deterioração da coisa encontra-se referido no art. 1228º, e estabelece a tradicional regra *res perit domino*, ou seja, a de que o risco pelo perecimento ou deterioração da coisa corre por conta do seu proprietário. Assim, haverá que aplicar as regras do art. 1212º para determinação da propriedade da obra. Se ela perecer enquanto for propriedade do empreiteiro – o que sucederá se for ele a fornecer os materiais nas empreitadas de coisas móveis ou se for ele o dono do solo nas empreitadas de construção de imóveis – o risco correrá por conta do empreiteiro. Se a coisa perecer, sendo o dono da obra o seu proprietário – o que sucederá se for ele a fornecer os materiais nas empreitadas de construção de coisa móvel, ou se for ele o dono do solo nas empreitadas de construção de imóveis – já o risco correrá por conta do dono da obra.

Mesmo sendo o empreiteiro o proprietário da obra, o risco da empreitada pode correr por conta do dono da obra, no caso de este se encontrar em mora quanto à verificação ou aceitação da coisa, já que, nos termos do art. 1228º, nº 2, essa situação produz a inversão do risco por essa perda ou deterioração. Em relação à aceitação, a solução compreende-se pelo facto de que esta produzirá normalmente a transferência da propriedade para o dono da obra, com a consequente transmissão do risco, pelo que não deve a mora do dono da obra em aceitar a coisa beneficiá-lo em prejuízo do empreiteiro. Já em relação à mora na verificação, a solução é mais questionável, mas justifica-se pelo facto de que essa mora coloca o empreiteiro na dúvida quanto à aceitação, a qual poderia em qualquer caso ocorrer, não se justificando por isso que o risco se mantenha na esfera do empreiteiro[1177].

[1177] No nosso anterior Código Civil (art. 1397º), bem como nos Códigos Civis francês (art. 1788º) e alemão (§ 644 I), apenas a mora na aceitação importa a transferência do risco para o dono da obra, não a mora na verificação. Já o Código Italiano (art. 1673, I) estabelece a

11.3. Desistência do dono da obra

A lei vem prever ainda uma situação especial de extinção do contrato de empreitada, referida no art. 1229º, que se denomina de desistência do dono da obra. Esta disposição refere que "o dono da obra pode desistir da empreitada a todo o tempo, ainda que tenha sido iniciada a sua execução, contanto que indemnize o empreiteiro dos seus gastos e trabalho e do proveito que poderia tirar da obra". Trata-se de uma solução curiosa, uma vez que embora se admita a extinção do contrato por determinação apenas de uma das partes, em derrogação ao art. 406º, não deixa de existir uma obrigação de indemnizar a outra parte pelo interesse contratual positivo[1178], sendo assim o dono da obra responsabilizado como se tivesse incumprido o contrato, ainda que se trate de uma responsabilidade por factos lícitos ou pelo sacrifício. Esta faculdade existe, assim, apenas para evitar que, quando a obra deixa de interessar ao dono da obra, este se visse forçado a deixar o empreiteiro executá-la para depois ter custos suplementares com a sua demolição[1179].

A desistência da empreitada é uma faculdade que a lei coloca no arbítrio do dono da obra, pelo que é de exercício livre, não tendo este que apresentar qualquer motivo para a sua realização, nem sendo susceptível de apreciação judicial. A desistência pode realizar-se a todo o tempo, parecendo, no entanto, que ela fica precludida, a partir do momento em que, após a conclusão da obra, o empreiteiro coloca o dono da obra em condições de efectuar a sua verificação, uma vez que a partir dessa data incumbe sobre o dono da obra o dever de verificar e aceitar a obra, que ele não pode afastar mediante a desistência que, aliás, seria de nenhum efeito, uma vez que o seu fim é o de obstar à conclusão da obra[1180]. Por esse motivo, a desistência não destrói retroactivamente o contrato de empreitada, tendo efeitos apenas para o futuro, liberando o empreiteiro do dever de concluir a obra, mas atribuindo ao dono da obra o direito à parte já executada.

transferência do risco, quer em consequência da mora na aceitação, quer em virtude da mora na verificação. O legislador português de 1966 preferiu esta última solução, o que julgamos correcto, pelas razões expostas no texto. Cfr. Vaz Serra, *BMJ* 145 (1965), pp. 170-171.

1178 Cfr. Ac. STJ 30/6/1970 (Eduardo Correia Guedes), na *RLJ* 104 (1971), pp. 201-204, com anotação de Vaz Serra, a pp. 204-208.

1179 Neste sentido, também Pereira de Almeida, *op. cit.*, pp. 103-104.

1180 Em sentido contrário, admitindo uma desistência, após a conclusão da obra, embora defendendo que esta obrigaria o dono da obra a pagar ao empreiteiro integralmente o preço da empreitada, veja-se Romano Martinez, *Obrigações*, p. 454 e *Da cessação*, p. 565.

11.4. Morte ou incapacidade do empreiteiro

Resulta do art. 1230º, nº 1, que a empreitada de direito privado não é um contrato celebrado *intuitu personae*, nem em relação ao dono da obra, nem em relação ao empreiteiro. Consequentemente, em princípio a empreitada não se extingue por morte de nenhuma das partes, sendo os direitos e as obrigações resultantes do contrato objecto de sucessão, nos termos gerais (art. 2024º).

Pode, porém, ocorrer que, no momento da celebração do contrato tenham sido tomadas em conta as qualidades pessoais do empreiteiro, correspondendo assim a prestação deste a uma prestação infungível. Neste caso, a empreitada reveste, em relação ao empreiteiro, a natureza de um contrato celebrado *intuitu personae*, pelo que não pode ser objecto de sucessão (art. 2025º, nº 1). Neste caso, a morte ou incapacidade do empreiteiro determinará a extinção da empreitada (art. 1230º, nº 1, *in fine*).

Refere o art. 1230º, nº 2, que "extinto o contrato por morte ou incapacidade do empreiteiro, considera-se a execução da obra como impossível por causa não imputável a qualquer das partes". Nesta norma, o legislador ficciona a aplicação do art. 1227º, o que determina que o empreiteiro ou os seus herdeiros adquiram o direito à indemnização pelo trabalho executado e despesas realizadas, prevista neste artigo.

Parte XI
DOS CONTRATOS DE RENDA

Secção I
Generalidades

Nos seus arts. 1231º e ss. e 1238º e ss., o Código regula separadamente os contratos de renda perpétua e renda vitalícia, os quais constituem modalidades de uma mesma categoria que se poderá denominar de contratos de renda[1181]. Efectivamente, ambos estes contratos se caracterizam por estabelecerem uma prestação periódica de dinheiro ou outra coisa fungível como contrapartida da alienação de um bem ou da cessão de um capital, constituindo assim contratos onerosos de prestação duradoura periódica. O seu traço distintivo reside apenas na duração programada para o contrato, já que, enquanto na renda perpétua essa duração é estabelecida sem limite, ou seja indefinidamente, na renda vitalícia essa duração toma como ponto de referência a vida de um determinado sujeito, sendo assim vitalícia.

Ambos os institutos têm vindo, no entanto, a sofrer um declínio acentuado da sua utilização prática, uma vez que a evolução moderna vai no sentido contrário à criação de vínculos de duração indefinida ou muito prolongada. Mantêm, no entanto, algum interesse para fins de previdência, na medida em que permitem assegurar ao interessado determinado rendimento futuro como contrapartida da alienação de parte do seu património.

1181 Assim, LUMINOSO, *op. cit.*, pp. 323 e ss.

Secção 2
Do contrato de renda perpétua

1. Generalidades

Nos termos do art. 1231º, o contrato de renda perpétua "é aquele em que uma pessoa aliena em favor de outra certa soma de dinheiro, ou qualquer outra coisa móvel ou imóvel, ou um direito, e a segunda se obriga, sem limite de tempo, a pagar, como renda, determinada quantia em dinheiro ou outra coisa fungível"[1182]. A renda perpétua tem origem nas figuras do censo reservativo e do censo consignativo. O censo reservativo respeitava à alienação de coisas imóveis, criando um ónus real sobre o prédio, que onerava os seus posteriores adquirentes, os quais podiam no entanto liberar-se entregando o imóvel. Já o censo consignativo tinha por base a cessão de um capital, sendo habitualmente garantido através de uma hipoteca. O Código italiano unificou estas duas figuras no contrato de renda perpétua, mas não deixou de os distinguir qualificando a renda perpétua como *fundiária*, quando tem por base a alienação de um imóvel, e *simples*, quando se refere à cessão de um capital (art. 1863 CCiv. Italiano). O nosso Código Civil seguiu praticamente o Código italiano nesta matéria, mas não faz qualquer referência à distinção.

2. Características qualificativas do contrato de renda perpétua

A renda perpétua é um contrato formal, dado, sem prejuízo do disposto em lei especial, tem que ser celebrada por escritura pública ou por docu-

[1182] Cfr. LUMINOSO, *op. cit.*, pp. 327 e ss., CUNHA GONÇALVES, *Tratado*, IX, pp. 187 e ss. e PIRES DE LIMA/ANTUNES VARELA, *op. cit.*, II, sub art. 1231º e ss., pp. 911 e ss.

mento particular autenticado (art. 1232º, na redacção do D.L. 116/2008, de 4 de Julho). A exigência de escritura pública ou documento particular autenticado ocorre ainda que o bem alienado não seja um bem imóvel, o que se compreende em virtude da perpetuidade do vínculo obrigacional que se origina.

A renda perpétua constitui presentemente um contrato de natureza obrigacional e real *quoad effectum*, resultando a natureza real presentemente apenas da alienação do bem sobre que incide, uma vez que não é atribuído qualquer direito real ao beneficiário. Efectivamente, embora anteriormente se pudesse atribuir ao censo reservativo natureza real, resultando de uma reserva sobre os frutos produzidos pelo imóvel, a verdade é que a evolução do direito o transformou num mero direito autónomo a uma prestação periódica por parte do devedor. Actualmente a renda perpétua nem sequer institui um ónus real, uma vez que o subadquirente da coisa não responde pela prestação periódica nem o devedor pode extinguir a sua obrigação através do abandono liberatório da coisa[1183].

A renda perpétua constitui normalmente um contrato oneroso, uma vez que a prestação de renda aparece como contrapartida da alienação do bem ou da cessão do capital. Pode, porém, ser gratuito, caso essa prestação surja como mera restrição a uma liberalidade, com natureza de modo ou encargo. Não pode, no entanto, a renda perpétua ser estipulada sem contrapartida alguma, uma vez que nesse caso estaríamos antes perante uma doação de prestação periódicas (art. 943º).

Sendo oneroso, a renda perpétua é igualmente um contrato sinalagmático, na medida em que gera obrigações recíprocas para ambas as partes. Precisamente por esse motivo, admite-se a resolução do contrato pelo beneficiário por incumprimento das obrigações da outra parte (art. 1235º).

A renda perpétua constitui um contrato comutativo, na medida em que são certas as atribuições patrimoniais de ambas as partes.

A renda perpétua constitui um contrato de execução duradoura, mais precisamente periódica, tendendo neste caso o contrato mesmo para a perpetuidade, o que se apresenta como singular, face ao moderno Direito das Obrigações.

[1183] Neste sentido, Pires de Lima/Antunes Varela, *op. cit.*, II, sub art. 1231º, nº 1, p. 911.

3. Regime

O legislador é muito parco no regime que estabelece para a renda perpétua, parecendo no entanto aplicáveis, por força do art. 939º, as regras da compra e venda, uma vez que se trata de um contrato pelo qual se alienam bens. Parece assim de aplicar o regime da transferência de propriedade, referido no art. 408º e o regime das obrigações de entrega do bem e do pagamento do preço, referidas nos arts. 879º e ss., sendo que a última corresponderá ao pagamento da renda. Esta última, quando incida sobre dinheiro, constituirá uma obrigação pecuniária, a qual é por isso sujeita ao princípio nominalístico (art. 550º), salva a eventual aposição de cláusulas de actualização monetária (art. 551º). Pode, porém, a prestação consistir noutra coisa fungível, mas esta terá que ser quantitativamente determinada numa prestação uniforme, não sendo possível a sua fixação com base numa percentagem dos rendimentos da coisa alienada[1184].

Dado que a renda perpétua faz surgir prestações periódicas em dinheiro ou outra coisa fungível, as quais têm afinidade económica com os juros, o legislador entende que o regime destes lhe deve ser aplicável, com as necessárias adaptações (art. 1237º), sendo assim extensíveis à renda perpétua os arts. 559º e ss. Essa aplicação é, no entanto, limitada já que, tendo a renda perpétua que constar de escritura pública, a convenção de juros não está sujeita à forma referida no art. 559º, nº 2. Por outro lado, não é aplicável à renda perpétua o art. 561º, uma vez que não há um crédito principal de que a renda se possa autonomizar para efeitos de cessão. A aplicação parece limitar-se ao art. 559º-A, relativamente ao carácter usurário do juro acima dos limites referidos no art. 1146º, e que a renda igualmente não deverá ultrapassar e ao art. 560º, relativamente ao anatocismo[1185].

O art. 1233º refere que o devedor da renda é obrigado a caucionar o cumprimento da obrigação. Nos termos do art. 623º, nº 1, tal implica que a garantia possa ser prestada por meio de depósito de dinheiro, títulos de crédito, pedras ou metais preciosos, ou por penhor, hipoteca ou fiança bancária. Na impossibilidade de utilizar qualquer destes meios, admite-se qualquer fiança, desde que o fiador renuncie ao benefício da excussão (art. 623º, nº 2). Cabe ao tribunal averiguar a idoneidade da caução prestada[1186].

[1184] Assim, LUMINOSO, *op. cit.*, pp. 333-334.

[1185] Cfr. PIRES DE LIMA/ANTUNES VARELA, *op. cit.*, II, sub art. 1237º, nº 2, p. 919.

[1186] No *Codice Civile* italiano, a renda fundiária, dado que implica uma alienação sobre imóveis, atribui uma hipoteca legal ao alienante (art. 2817, I). Já em relação à renda simples, prevê-se

A renda perpétua, não sendo um contrato celebrado *intuitu personae*, é transmissível por morte, nos termos gerais (art. 2024º), razão por que não há direito de acrescer entre beneficiários (art. 1234º).

A renda perpétua pode extinguir-se por determinadas formas[1187]. Uma das causas de extinção é a remição, referida no art. 1236º, cujo nº 1 nos refere que "o devedor pode a todo o tempo remir a renda, mediante o pagamento da importância em dinheiro que represente a capitalização da mesma, à taxa legal de juros". O devedor pode assim remir a renda, efectuado a sua capitalização à taxa de juro legal de 4% (art. 559º e a Portaria 291/2003, de 8 de Abril). Esta faculdade atribuída ao devedor é uma consequência do cariz obrigacional actualmente atribuído à renda perpétua, já que o moderno Direito das Obrigações é hostil à criação de vínculos perpétuos. O carácter injuntivo da regra é expresso no nº 2 deste mesmo art. 1236º que nos refere que "o direito de remição é irrenunciável", embora seja "lícito estipular-se que não possa ser exercido em vida do primeiro beneficiário ou dentro de prazo não superior a vinte anos". Não é, no entanto, atribuída a mesma faculdade ao credor da renda, o que se apresentaria contrário aos fins do negócio[1188].

Outra causa de extinção da renda perpétua é a resolução do contrato. Ao contrário do que normalmente sucede na compra e venda em que, verificada a transmissão da propriedade e efectuada a entrega da coisa, se exclui a resolução do contrato por incumprimento do comprador (art. 886º), o legislador atribui ao beneficiário da renda o direito de "resolver o contrato, quando o devedor se constitua em mora quanto às prestações correspondentes a dois anos, ou se verifique algum dos casos previstos no art. 780º" (art. 1235º). Admite-se assim a resolução por incumprimento, não apenas quando ocorra uma mora respeitante a duas anualidades de renda, mas também quando se verifica a insolvência do devedor ou a insuficiência da caução prestada nos termos do art. 1233º por causa que lhe seja imputável. A resolução opera nos termos dos arts. 432º e ss., mas, tratando-se de um contrato de execução periódica, não determina a restituição das rendas já recebidas (art. 434º, nº 2), as quais correspondem a um período

que esta deve ser garantida por hipoteca sobre um imóvel (art. 1864), sob pena de poder ser exigida a restituição do capital.

1187 Cfr. Romano Martinez, *Da cessação*, pp. 591 e ss.

1188 Cfr. Romano Martinez, *Da cessação*, p. 592.

em que o vínculo é eficaz, e constituem contrapartida no gozo da coisa ou do capital obtido pela outra parte. A resolução, no entanto, a menos que tenha sido previamente registada não prejudica os direitos adquiridos por terceiro (art. 435º), pelo que se a coisa tiver sido entretanto alienada os direitos do adquirente prevalecerão, sendo então efectuada a restituição do valor correspondente (arts. 433º e 289º)[1189].

[1189] Cfr. Pires de Lima/Antunes Varela, *op. cit.*, II, sub art. 1235º, nº 3, p. 917.

Secção 3
Do contrato de renda vitalícia

1. Generalidades

O contrato de renda vitalícia encontra-se previsto nos arts. 1238º e ss.[1190], sendo definido como "aquele em que uma pessoa aliena em favor de outra certa soma de dinheiro, ou qualquer outra coisa móvel ou imóvel, ou um direito, e a segunda se obriga a pagar certa quantia em dinheiro ou outra coisa fungível durante a vida do alienante ou de terceiro" (art. 1238º). Trata-se de uma figura com origens longínquas, mantendo-se no actual ordenamento jurídico como forma de tutela do interesse de alguém em receber como contrapartida da alienação um rendimento que se mantenha durante a vida do beneficiário, tendo assim funções de previdência. Precisamente por esse motivo, a figura tem vindo a perder interesse prático, face ao advento dos modernos sistemas de segurança social e a outros contratos que desempenham essa função de forma mais adequada, como o seguro de vida.

2. Características qualificativas do contrato de renda vitalícia

A renda vitalícia constitui um negócio formal, já que, sem prejuízo do disposto em lei especial, pode ser necessária escritura pública ou documento particular autenticado sempre que tal seja exigido pela natureza da coisa ou direito a alienar, ou esta seja de valor igual ou superior a € 25.000, sendo sujeita a documento escrito nos restantes casos (art. 1239º, na redacção do D.L. 116/2008, de 4 de Julho).

[1190] Cfr. LUMINOSO, *op. cit.*, pp. 340 e ss., BÉNABENT, *op. cit.*, pp. 555 e ss., e PIRES DE LIMA/ANTUNES VARELA, *op. cit.*, II, sub art. 1238º e ss., pp. 918 e ss.

À semelhança da renda perpétua, também a renda vitalícia deve ser sujeita ao regime da compra e venda, enquanto contrato pelo qual se alienam bens (art. 939º). Neste sentido, é um contrato real *quoad effectum* em relação ao bem transmitido, sendo também um contrato obrigacional na medida em que faz nascer uma prestação periódica de dinheiro ou outras coisas fungíveis, que se mantém durante a vida do beneficiário.

A renda vitalícia constitui normalmente um contrato oneroso, uma vez que a prestação de renda aparece como contrapartida da alienação do bem ou da cessão do capital. Pode, porém, ser gratuito, caso essa prestação surja como mera restrição a uma liberalidade, com natureza de modo ou encargo. Não pode, no entanto, a renda vitalícia ser estipulada sem contrapartida alguma, uma vez que nesse caso estaríamos antes perante uma doação de prestação periódicas (art. 943º).

Sendo oneroso, a renda vitalícia é igualmente um contrato sinalagmático, na medida em que gera obrigações recíprocas para ambas as partes, sendo a prestação periódica correspectiva à alienação da coisa ou do capital. Precisamente por esse motivo, admite-se a resolução do contrato pelo beneficiário por incumprimento das obrigações da outra parte, nos mesmos termos da renda perpétua (art. 1242º).

A renda vitalícia constitui um contrato aleatório, na medida em que apenas uma das atribuições patrimoniais é certa, sendo incerta a duração da outra, atenta a sua ligação à vida do beneficiário, o que faz que o negócio envolva uma álea, apresentando-se como incerta a correspondência económica entre as prestações, e assumindo as partes esse risco[1191].

A renda vitalícia constitui um contrato de execução duradoura, mais precisamente periódica. Ao contrário da renda perpétua, na renda vitalícia é, porém, essencial o estabelecimento de um prazo máximo de duração, que pode ser uma ou duas vidas (art. 1240º), sendo assim o contrato sujeito a um termo final incerto, determinado *per relationem* à duração da vida de um ou de dois beneficiários.

3. Regime

Em relação ao regime da transferência da propriedade e entrega da coisa deve aplicar-se, por força do art. 939º, o regime da compra e venda, transmitindo-se assim a propriedade por mero efeito do contrato (arts. 879º *a)*

[1191] Neste sentido, Luminoso, *op. cit.*, p. 342 e Bénabent, *op. cit.*, p. 536.

e 408º) e ficando o alienante obrigado a proceder à entrega da coisa (art. 879º *b)* e 882º). Será igualmente aplicado o regime das obrigações pecuniárias em relação ao pagamento da renda que consiste em dinheiro, a qual é por isso sujeita ao princípio nominalístico (art. 550º), ainda que seja comum a introdução de cláusulas de actualização (art. 551º), em ordem a evitar a desvalorização monetária.

Ao contrário do que sucede na renda perpétua, não existe na renda vitalícia qualquer obrigação de o devedor caucionar o cumprimento da sua obrigação.

A renda vitalícia pode extinguir-se por várias formas[1192]. Uma delas é a caducidade em virtude da ocorrência do termo final, relacionado com a vida do alienante ou de terceiro, o qual constitui um elemento essencial do contrato. A lei refere-nos que, no caso de a renda ser convencionada por duas vidas, o contrato apenas caduca com a morte da última pessoa (art. 1240º) e que, no silêncio do contrato, se os beneficiários da renda forem dois ou mais, e falecer algum deles, a sua parte acresce à dos restantes (art. 1241º). Destas duas disposições resulta que a renda vitalícia tanto pode ser atribuída em termos sucessivos como conjuntos. Sendo atribuída em termos sucessivos, limita-se a atribuição incialmente a um beneficiário, passando a renda integralmente por sua morte para o outro, e não sendo admitida nova transmissão. Sendo atribuída em termos conjuntos, ambos os beneficiários recebem a sua parte da renda, acrescendo a outra parte em caso de falecimento ao beneficiários ou beneficiários supérstites[1193]. Podem ainda conjugar-se as duas formas de atribuição, sendo a renda conferida inicialmente a um conjunto de pessoas, passando depois sucessivamente para o outro conjunto de pessoas, mas já não se permitindo uma segunda transmissão[1194].

Se as prestações se vencem antecipadamente, a última é devida por inteiro, ainda que o beneficiário faleça antes de completado o período respectivo (art. 1244º).

Ao contrário do que sucede na renda perpétua, na renda vitalícia o devedor só pode remir a renda, com reembolso do que tiver recebido e perda

[1192] Cfr. Romano Martinez, *Da cessação*, pp. 595 e ss.

[1193] Como bem se salienta no Ac. RP 10/3/2011 (Deolinda Varão), em *CJ* 36 (2011), 2, pp. 181-184, o acrescer na renda conjunta não corresponde a qualquer forma de transmissão por morte da renda vitalícia.

[1194] Cfr. Pires de Lima/Antunes Varela, *op. cit.*, II, sub art. 1240º, nº 1, pp. 922-923.

das prestações já efectuadas, se assim se tiver convencionado (art. 1243º). Assim, a remição só é permitida se for convencionada, e não se efectua mediante a capitalização da renda, mas antes através do reembolso de tudo o que tiver sido recebido e perda das prestações anteriormente realizadas. Consequentemente, o devedor que pretende remir a renda deverá restituir o que recebeu, o que produz a sua liberação de rendas futuras, mas não implica qualquer devolução das rendas já pagas. Se o devedor não puder devolver o que recebeu, deixa de poder efectuar a remição[1195].

Outra causa de extinção da renda vitalícia é a resolução do contrato, que a lei admite "nos mesmos termos em que é permitida a resolução da renda perpétua ao respectivo beneficiário" (art. 1242º). O beneficiário da renda vitalícia tem assim o direito de "resolver o contrato, quando o devedor se constitua em mora quanto às prestações correspondentes a dois anos, ou se verifique algum dos casos previstos no art. 780º" (art. 1235º). A resolução opera nos termos dos arts. 432º e ss., mas, dado que se trata de um contrato de execução periódica, não determina a restituição das rendas já recebidas (art. 434º, nº 2), as quais correspondem a um período em que o vínculo é eficaz, e constituem contrapartida no gozo da coisa ou do capital obtido pela outra parte. A resolução, no entanto, a menos que tenha sido previamente registada não prejudica os direitos adquiridos por terceiro (art. 435º), pelo que se a coisa tiver sido entretanto alienada os direitos do adquirente prevalecerão, sendo então efectuada a restituição do valor correspondente (arts. 433º e 289º).

[1195] Cfr. Romano Martinez, *Da cessação*, p. 596.

Parte XII

DOS CONTRATOS DE JOGO E APOSTA

Secção única
Os contratos de jogo e aposta

1. Generalidades

O jogo e a aposta encontram-se regulados nos arts. 1245º e ss.[1196], sendo incerta a distinção entre as duas figuras, razão pela qual não foi realizada nem pelo Código de 1867 (cfr. arts. 1539º e 1543º), nem pelo Código actual (art. 1245º). Para BÉNABENT, existe um contrato de jogo, se as partes participam pessoalmente numa partida (como no póquer ou bridge), tratando-se antes de uma aposta se as partes permanecem exteriores ao evento (como na aposta em resultados desportivos, ou nos números do loto ou lotaria)[1197]. Já para PIRES DE LIMA e ANTUNES VARELA, o jogo em si consiste num passatempo que, em princípio, se encontra fora do direito. Já a aposta implica a assunção de uma obrigação de fazer ou prestar alguma coisa, que recairá sobre uma das partes, consoante a hipótese que futuramente se verificar. As duas figuras sobrepor-se-ão sempre que ao jogo seja atribuído algum interesse económico, como na hipótese de o perdedor pagar ao vencedor do jogo, mas a aposta pode ser convencionada sem jogo, tomando em consideração qualquer outro facto incerto e imprevisível[1198].

2. Características qualificativas dos contratos de jogo e aposta

O jogo e a aposta constituem contratos não formais, por não serem legalmente sujeitos a forma especial.

[1196] Cfr. BÉNABENT, *op. cit.*, pp. 547 e ss., e PIRES DE LIMA/ANTUNES VARELA, *op. cit.*, II, sub art. 1245º e ss., pp. 926 e ss.

[1197] Cfr. BÉNABENT, *op. cit.*, p. 547.

[1198] Cfr. PIRES DE LIMA/ANTUNES VARELA, *op. cit.*, II, sub art. 1245º, nº 3, p. 927.

O jogo e a aposta constituem contratos obrigacionais, podendo gerar obrigações civis, quando realizados legalmente em zonas concessionados, ou obrigações naturais, quando realizados licitamente fora desse enquadramento.

O jogo e a aposta são contratos onerosos, dado que ambas as partes suportam sacrifícios patrimoniais.

O jogo e a aposta são contratos aleatórios, dado que uma ou ambas as atribuições patrimoniais se apresentam como incertas.

3. Regime

O art. 1245º estabelece que "o jogo e a aposta não são contratos válidos nem constituem fonte de obrigações civis; porém, quando lícitos, são fonte de obrigações naturais, excepto se neles concorrer qualquer outro motivo de nulidade ou anulabilidade, nos termos gerais de direito, ou se houver fraude do credor na sua execução".

Desta regra resulta uma importante distinção, a estabelecer entre jogo e aposta lícito e ilícito. O jogo e aposta ilícito corresponde aos jogos de fortuna e azar, definidos no art. 1º da Lei do Jogo (D.L. 422/89, de 2 de Dezembro, sucessivamente alterado pelo D.L. 10/95, de 19 de Janeiro, pela Lei 28/2004, de 16 de Julho, pelo Decreto-Lei 40/2005, de 17 de Fevereiro, pela Lei 64-A/2008, de 31 de Dezembro, pelo Decreto-Lei 114/2001, de 30 de Novembro, e pelo Decreto-Lei 64/2015, de 29 de Abril), como aqueles "cujo resultado é contingente, por assentar exclusiva ou fundamentalmente na sorte". Esses jogos só são permitidos aos casinos em zonas de jogo (art. 3º), podendo ser ainda autorizada a exploração de jogos fora do território nacional em navios e aeronaves registadas em Portugal (art. 6º), e a exploração fora dos casinos de jogos não bancados e máquinas de jogo (art. 7º) e sendo ainda autorizada a exploração do jogo do bingo em salas próprias (art. 8º). A sua exploração fora dos locais autorizados é ilícita e constitui crime (art. 108º), sendo igualmente crime a prática desses jogos fora desses locais (art. 110º). Sendo realizados nos locais autorizados sob a exploração das entidades concessionárias esse jogos são, no entanto, lícitos e geram obrigações civis.

São ainda lícitos, quando autorizados pelo membro do Governo responsável pela administração interna as modalidades afins de jogos de fortuna e azar, como rifas, sorteios, tômbolas, concursos publicitários, concursos de conhecimentos e passatempos (art. 159º), sendo sancionada como contra-ordenação a sua realização não autorizada (art. 163º).

Outros jogos não proibidos por esse diploma podem ser lícitos, mas não são aptos a gerar obrigações civis, apenas possibilitando o surgimento de obrigações naturais, tutelando-se assim apenas o cumprimento expontâneo das dívidas de jogo através da *soluti retentio* (art. 403º). Para que tal ocorra, é, no entanto, necessário que não ocorra qualquer motivo de nulidade ou anulabilidades nos termos gerais de direito. Assim, por exemplo, se a realização do jogo resultou de coacção moral, ou de erro do participante sobre o seu cariz oneroso, o contrato de jogo pode ser anulável, não existindo então qualquer obrigação natural e podendo o participante exigir a restituição da prestação efectuada. A mesma situação ocorrerá se, tendo havido contrato de jogo válido, o ganho do credor tiver sido obtido através da violação das regras do jogo.

A lei estabelece, no entanto, no art. 1246º, uma excepção para as competições desportivas, com relação às pessoas que nelas tomarem parte. Efectivamente, considera-se que, se a aposta é realizada no âmbito de uma competição desportiva entre jogadores, deverá a mesma ser fonte de obrigações civis, atribuindo-se assim ao vencedor o prémio convencionado para a vitória, que ele poderá legalmente exigir.

A lei ressalva a legislação especial sobre a matéria de que trata o presente capítulo (art. 1247º), encontrando-se entre ela a já referida Lei do Jogo. No âmbito da legislação especial, o jogo e a aposta é normalmente fonte de obrigações civis, não dando consequentemente lugar à aplicação do art. 1245º.

Parte XIII
DOS CONTRATOS DE JUSTIÇA PRIVADA

Secção única
O contrato de transacção

1. Generalidades

O contrato de transacção encontra-se regulado nos arts. 1248º a 1250º do Código Civil, fazendo-lhe ainda referência os arts. 283º, e ss. do Código de Processo Civil[1199]. O art. 1248º define-o como "o contrato pelo qual as partes previnem ou terminam um lítigio mediante recíprocas concessões". Trata-se assim de um contrato destinado a impedir o surgimento ou a pôr termo a um litígio entre as partes, constituindo portanto um contrato de justiça privada.

A transacção pressupõe a existência de uma *situação litigiosa*, já verificada ou em curso de verificação. Esse litígio tanto pode dizer respeito à existência de um direito ou ao seu conteúdo, alcance, ou modo de exercício. Não é, prém, necessário que já tenha sido instaurada a acção correspodente, podendo a transacção ter lugar antes de qualquer processo.

A transacção destina-se a *eliminar* essa mesma situação litigiosa, prevenindo-a ou pondo-lhe termo. Não há, portanto, transacção, mas apenas compromisso, se as partes, em lugar de eliminarem o litígio, se limitarem a estabelecer a forma de ele ser resolvido, designadamente através de arbitragem. Pode, porém, a eliminação do litígio ser meramente parcial, como sucede se as partes transigirem em relação a um dos pedidos, prosseguindo a acção quanto aos restantes.

[1199] Cfr., sobre a transacção, BÉNABENT, *op. cit.*, pp. 571 e ss., e, entre nós, CUNHA GONÇALVES, *Tratado*, IX, pp. 338 e ss., e TIAGO SOARES DA FONSECA, *A Transação Civil – Na Litigância Extrajudicial e Judicial*, Lisboa, Gestlegal, 2018.

A transacção pressupõe a existência de *concessões recíprocas*. Faltando essa reciprocidade, não existe transacção, mas antes desistência ou confissão.

2. Características qualificativas do contrato de transacção

A transacção é um contrato formal, quer seja realizada preventiva ou extrajudicialmente (art. 1250º), quer judicialmente (art. 290º CPC).

A transacção é um contrato que tanto pode ser obrigacional como real *quoad effectum*, na medida em que as concessões efectuadas pelas partes tanto podem abranger a constituição, modificação ou extinção de direitos de crédito, como a de direitos reais.

A transacção é um contrato oneroso, uma vez que envolve sacrifícios patrimoniais para ambas as partes.

A transacção é um contrato sinalagmático uma vez que as concessões das partes surgem ligadas por um nexo de correspectividade durante a sua constituição e assim permanecem durante a execução do contrato.

A transacção é normalmente um contrato comutativo, dado que as concessões realizadas normalmente se apresentam certas em termos de existência ou conteúdo. Podem, porém, as partes atribuir-lhe carácter aleatório[1200].

3. Regime

A transacção tem necessariamente por objecto a prevenção de um litígio futuro ou a resolução de um já existente, efectuando as partes recíprocas concessões nesse objectivo (art. 1248º, nº 1). Para esse efeito, as partes têm ampla margem de estipulação dessas concessões, podendo não apenas reconhecer, constituir, modificar ou extinguir o direito em litígio, mas também determinar a constituição, modificação ou extinção do direito controvertido (art. 1248º, nº 2). Essa situação origina uma grande atipicidade dos efeitos da transacção, que ficam na disponibilidade das partes. As partes apenas não podem transigir sobre direitos que não lhes é lícito dispor, nem sobre questões respeitantes a negócios ilícitos (art. 1249º e 289º CPC). Não é assim admitida transacção sobre direitos em relação aos

[1200] Em sentido contrário, BÉNABENT, *op. cit.*, pp. 537 e 573, considera a transacção sempre como um contrato aleatório, face ao facto de incidir sempre sobre direitos litigiosos e ser realizada pelas partes no litígio, envolvendo assim um elemento de incerteza em relação ao que iria ser julgado.

quais falte legitimidade ao disponente[1201], coisas fora do comércio (art. 202º, nº 2), direitos de personalidade e direitos familiares, bem como relativamente a questões relativas a negócios em contrariedade com a lei, a ordem pública ou os bons costumes (cfr. art. 280º e 294º)[1202]. Os representantes legais das pessoas colectivas, sociedades, incapazes ou ausentes só podem transigir nos precisos limites das suas atribuições ou precedendo autorização especial (art. 287º CPC).

Conforme acima se referiu, a transacção é sempre sujeita a forma especial. Sendo realizada preventiva ou extrajudicialmente, terá necessariamente que constar de escritura pública ou de documento particular autenticado, quando dela possa resultar qualquer efeito para o qual uma daquelas fomas seja exigida, exigindo-se documento escrito nos casos restantes (art. 1250º, na redacção do D.L. 116/2008, de 4 de Julho). Sendo realizada judicialmente, a transacção pode fazer-se por documento autêntico ou particular, consoante as exigências de forma da lei substantiva, ou por termo no processo (art. 290º, nº 1 CPC), termo esse que é lavrado pela secretaria com base em pedido verbal dos interessados (art. 290º, nº 2 CPC)[1203]. A transacção judicial, para ser eficaz, necessita, no entanto, de ser homologada por sentença, a qual apreciará a validade da mesma, e em caso afirmativo, condenará e absolverá as partes nos seus precisos termos (art. 290º, nº 3 CPC). A transacção pode ainda fazer-se em acta, quando resulte de conciliação obtida pelo juiz, caso em que este limitar-se-á a homologá-la por sentença ditada para a acta, condenando nos seus precisos termos (art. 290º, nº 4 CPC).

A transacção tem como efeito principal a resolução do litígio entre as partes e como efeitos acessórios a constituição, modificação e extinção dos direitos que são instrumentais a essa resolução. Precisamente por

[1201] No Ac. RL 30/10/2007 (Pedro Mourão), em *CJ* 32 (2007), 4, pp. 132-133, considerou-se por isso inadmissível a transacção numa acção destinada a obter a declaração de nulidade de um testamento, pois a extinção deste não se encontra na disponibilidade das partes.

[1202] No Ac. RC 13/11/2007 (Távora Vítor), em *CJ* 32 (2007), 5, pp. 9-12, considerou-se por isso não poder ser objecto de homologação, sem prévio controlo administrativo, a transacção que implicasse a divisão de um prédio em lotes para fins de edificação urbana.

[1203] Neste caso, mesmo que a lei substantiva exija documento autêntico, a transacção por termo no processo dispensa a sua elaboração, dado que constitui acto processual, elaborado por oficial público, no exercício das suas competências (arts. 290º, nº 2, e 157º e ss. CPC). Cfr. Ac. STJ 23/10/2007 (Alves Velho), em *CJ-ASTJ* 15 (2007), 3, pp. 104-106.

isso, quando é realizada judicialmente, a transacção modifica o pedido e faz cessar a causa nos precisos termos em que se efectua (art. 284º CPC).

Um vez vez realizada a transacção, seja judicial seja extrajudicialmente, esta pode ser declarada ou anulada sempre que se verifique alguma situação que acarrete essa consequência, nos termos gerais (art. 291º, nº 1, CPC). A acção destinada à declaração de nulidade ou à anulação da transacção judicial não é prejudicada pelo trânsito em julgado da sentença proferida sobre a mesma, sem prejuízo de uma eventual caducidade do direito de anulação (art. 291º, nº 2). No entanto, quando a nulidade provenha unicamente da falta de poderes do mandatário judicial ou da irregularidade do mandato, a transacção é notificada ao mandante, valendo o seu silêncio como ratificação do processado (art. 291º, nº 3 CPC).

A transacção pode ainda extinguir-se nos termos gerais dos contratos, sendo que, se a extinção tiver eficácia retroactiva (como na hipótese de resolução por incumprimento), permite a reabertura da lide a que visou pôr termo[1204].

[1204] Cfr. Romano Martinez, *Da cessação*, pp. 601-602.

BIBLIOGRAFIA

AAVV, *Dicionário da Língua Portuguesa Contemporânea*, da Academia de Ciências de Lisboa, Verbo, 2001

Abreu, Eridano de, "Da doação de direitos obrigacionais" em *Dir* 84 (1952), pp. 217-235

Alarcão, Rui de, *A confirmação dos negócios anuláveis*, Coimbra, Almedina, 1971

Albertario, Emilio, "Appunti sul consorzio familiare romano", na *RDComm* 32 (1934), I, págs. 227-238

Albuquerque, Pedro de, "Contrato de compra e venda. Introdução, efeitos esenciais e modalidades", em António Menezes Cordeiro (org.), *Direito das Obrigações, 3º- contratos em especial*, 2ª ed., Lisboa, AAFDL, 1991, pp. 11-48

— *A representação voluntária em Direito Civil (Ensaio de reconstrução dogmática)*, Coimbra, Almedina, 2004

— *Direito das Obrigações. Contratos em especial*, I-1, Coimbra, Almedina, 2008

Albuquerque, Pedro de / Raimundo, Miguel Assis, *Direito das Obrigações. Contratos em especial*, II, Coimbra, Almedina, 2012,

Alcaro, Francesco (org.), *Il Mandato*, Milano, Giuffrè, 2000

— "Il mandato: profili di inquadramento", em ID (org.), *Il Mandato*, Milano, Giuffrè, 2000, pp. 3-13

— "Caratteri e oggetto del mandato", em ID (org.), *Il mandato*, Milano, Giuffrè, 2000, pp. 17-30

Almeida, António Pereira de, *Direito Privado II (Contrato de Empreitada)*, Lisboa, AAFDL, 1983

Almeida, Carlos Ferreira de, *Os Direitos dos consumidores*, Coimbra, Almedina, 1982

— *Texto e enunciado na teoria do negócio jurídico*, 2 vols., Coimbra, Almedina, 1992

— "Orientações de política legislativa adoptadas pela Directiva 1999/44/CE sobre venda de bens de consumo. Comparação com o Direito Português vigente" na *Themis*, ano II, nº4 (2001), pp. 109-120

— "Questões a resolver na transposição da Directiva e respostas dadas no colóquio", na *Themis*, ano II, nº4 (2001), pp. 219-222

— *Contratos*, II- *Conteúdo, Contratos de troca*, 4ª ed., Coimbra, Almedina, 2016

— "Determinação do preço por terceiro", em *CDP* nº 30 (Abril/Junho 2010), pp. 3-15

Almeida, José Carlos Moitinho de, "A responsabilidade civil do projectista e o seu seguro", no *BMJ* 228 (1973), pp. 5-59

Andrade, Manuel de, "Caducidade das doações aos esposados", no *BFD* 9 (1925-1926), pp. 300-378

ANTONMATTEI, PAUL-HENRI / RAYNARD, JACQUES, *Droit Civil. Contrats spéciaux*, 2ª ed., Paris, Litec, 2000

ARANGIO-RUIZ, VINCENZO, *Il mandato nel Diritto Romano*, Napoli, Jovene, 1949

— *La societá in Diritto Romano*, Napoli, Jovene, 1950

ARAÚJO, FERNANDO, *A hora dos direitos dos animais*, Coimbra, Almedina, 2003

ARIAS RAMOS, J., "Los origines del contrato de sociedad: "consortium" y "societas", na *RDP* 26 (1942), pp. 141-153

ASCENSÃO, JOSÉ DE OLIVEIRA, *Direito Civil – Reais*, 5ª ed., Coimbra, Coimbra Editora, 1993

— "Locação de bens dados em garantia (Natureza jurídica da locação)", na *ROA* 45 (1985), 2, pp. 345-390

— "Subarrendamento e direitos de preferência no novo regime do arrendamento urbano", na *ROA* 51 (1991), 1, pp. 45-73

— *Direito Civil. Sucessões*, 5ª ed., Coimbra, Coimbra Editora, 2000

— *Direito Civil. Teoria Geral*, I- *Introdução. As Pessoas. Os Bens*, 2ª ed., Coimbra, Coimbra Editora, 2000

— "Direito de preferência do arrendatário", em ANTÓNIO MENEZES CORDEIRO/ LUÍS MENEZES LEITÃO/JANUÁRIO DA COSTA GOMES, *Estudos em homenagem ao Prof. Doutor Inocêncio Galvão Telles*, III- *Direito do Arrendamento Urbano*, Coimbra, Almedina, 2002, pp. 249-273

ATAÍDE, RUI MASCARENHAS, "Crédito à habitação", em LUÍS MENEZES LEITÃO (org.), *Estudos do Instituto de Direito do Consumo*, Coimbra, Almedina, 2002, pp. 153-164

AURELIANO, NUNO, *O risco nos contratos de alienação. Contributo para o estudo do Direito Privado Português*, Coimbra, Almedina, 2009

BALBI, GIOVANNI, *La donazione*, em GIUSEPPE GROSSO/FRANCESCO SANTORO-PASSARELLI, *Tratatto di Diritto Civile*, Vol. II, t. 4, Milano, Francesco Vallardi, 1964

BARATA, CARLOS LACERDA, *Sobre o contrato de agência*, Coimbra, Almedina, 1991

— "Contrato de depósito bancário", em ANTÓNIO MENEZES CORDEIRO/ LUÍS MENEZES LEITÃO/JANUÁRIO DA COSTA GOMES, *Estudos em Homenagem ao Professor Doutor Inocêncio Galvão Telles*, II- *Direito Bancário*, Coimbra, Almedina, 2003, pp. 7-66

— "Formação do contrato de arrendamento urbano", em ANTÓNIO MENEZES CORDEIRO/LUÍS MENEZES LEITÃO/JANUÁRIO DA COSTA GOMES, *Estudos em homenagem ao Prof. Doutor Inocêncio Galvão Telles*, III- *Direito do Arrendamento Urbano*, Coimbra, Almedina, 2002, pp. 49-83

BARBOSA, PAULA, *Doações entre cônjuges. Enquadramento jus-sucessório*, Coimbra, Coimbra Editora, 2008

BARBOSA, PEDRO ASCENSÃO, *Do Contrato-Promessa*, 2ª ed., Coimbra, Coimbra Editora, 1957

BÁRTOLO, DIOGO, "Venda de bens alheios", em ANTÓNIO MENEZES CORDEIRO/ LUÍS MENEZES LEITÃO/JANUÁRIO DA COSTA GOMES, *Estudos em homenagem ao Prof. Doutor Inocêncio Galvão Telles*, IV- *Novos Estudos de Direito Privado*, Coimbra, Almedina, 2003, pp. 383-436

BÉNABENT, ALAIN, *Droit Civil. Les contrats spéciaux civiles et commerciaux*, 3ª ed., Paris, Montechrestien, 1997

BIANCA, C. MASSIMO, *La vendita e la permuta*, Vol. VII-1, da obra de FILIPPO VASSALLI (org.), *Trattato di Diritto Civile Italiano*, Torino, Utet, 1972

BIONDI, BIONDO, *Le Donazioni*, em FILIPPO VASSALLI, *Trattato di Diritto Civile Italiano*, v. 12, t. 4, Torino, Utet, 1961

BLOMEYER, ARWED, *Studien zur Bedigungslehre*, Berlin und Leipzig, Walter de Gruyter, 1939

— "Die Rechtsellung des Vorbehaltskaufer", em *AcP* 162 (1963), pp. 193-203

Bolaffi, *La Societá semplice*, Milano, Giuffrè, 1947

Bradgate, Robert, "Consumer Guarantees: the EC's draft Directive" em 1997 *Web Journal of Current Legal Issues*, 1, disponível em http://webjcli.ncl.ac.uk/1997/issue1/bradgate1.html

Bruggemeier, Gert, "Zur Reform des deutschen Kaufsrechts – Herausforderung durch die EG-Verbrauchsguterkaufrichtlinie", em *JZ* 2000, pp. 529-538

Brunetti, Antonio, *Trattato del Diritto delle Societá*, I- *Parte generale. Società personale. Societá di armamento*, 2ª ed., Milão, Giuffrè, 1948

Buonocore, Vincenzo / Castellano, Gaetano / Costi, Renzo, *Società di persone*, I, Milano, Giuffré, 1980

Camanho, Paula Ponces, *O contrato de depósito bancário*, reimp. Coimbra, Almedina, 2005

Campos, Isabel Menéres, "Algumas reflexões em torno da cláusula de reserva de propriedade a favor do financiador", em António Cândido de Oliveira (org.), *Estudos em comemoração do 10º aniversário da licenciatura em direito da Universidade do Minho*, Coimbra, Almedina, 2004, pp. 631-649

— "Cancelamento do registo de reserva de propriedade a favor do exequente – Ac. de Uniformização de Jurisprudência nº 10/2008, de 9.10.2009, Proc. 3965/07", em *CDP* nº 29 (Janeiro/Março 2010), pp. 37-40

Canaris, Claus-Wilhelm, "Wandlungen des Schuldvertragsrecht – Tendenzen zu seiner "Materialisierung"" em *AcP* 200 (2000), pp. 276-364

Cancelli, Filippo, "Societá (Diritto Romano)", *voce*, no *NssDI*, vol. 17

Carnevali, Ugo, *La responsabilità del produttore*, Milano, 1974

— Comentários, em Paolo Cendan (org.), *Commentario al Codice Civile*, 2-*artt. 456-809*, Torino, Utet, 1991

Carraro, Luigi, *Il mandato ad alienare*, Padova, Cedam, 1947

Carresi, Franco, *Il Comodato. Il mutuo*, Torino, Utet, 1957 (vol. VIII, t. 2, fasc. 5 e 6, do *Trattato di Diritto Civile Italiano*, dirigido por Filippo Vassalli)

Carusi, Pietro, *Il negozio giuridico notarile*, II, 5ª ed., Milano, Giuffrè, 1994

Cattaneo, Giovanni, "Riserva della proprietà e aspettativa reale", na *RTDPC* 19 (1965), pp. 945-1004

Cervale, Maria Cristina, *La responsabilità dell'appaltatore*, Milano, Giuffrè, 1999

Chianale, Angelo, *Obbligazzione di dare e transferimento della proprietá*, Milano, Giuffrè, 1990

Coco, Giovanni Silvio, *Sulla volontá colletiva in Diritto Privato*, Milano, Giuffrè, 1967

Coelho, Francisco Pereira *Direito das Sucessões*, Coimbra, J. Abrantes, 1992

Coelho, Francisco Pereira / Oliveira, Guilherme de, *Curso de Direito da Família*, I- *Introdução. Direito Matrimonial*, 2ª ed., Coimbra, Coimbra Editora, 2001,

Comporti, Marco, *Contributo allo studio del diritto reale*, Milano, Giuffrè, 1977

Cordeiro, António Menezes, *Direito das Obrigações*, II, reimpressão, Lisboa, AAFDL, 1987 (mas 1980)

— *Da natureza do direito do locatário*, Lisboa, Separata da ROA, 1980

— *Da Boa Fé no Direito Civil*, Coimbra, Almedina, 1984

— "Da pós eficácia das obrigações", recolhido em ID, *Estudos de Direito Civil*, Coimbra, Almedina, 1987

— "Concorrência laboral e justa causa de despedimento", na *ROA* 46 (1986),

— "Da abertura de concurso para a celebração de um contrato no Direito Privado", no *BMJ* 369 (1987), pp. 5-59
— *Da responsabilidade civil dos administradores das sociedades comerciais*, Lisboa, Lex, 1997
— *A posse: Perspectivas dogmáticas actuais*, 3ª ed., Coimbra, Almedina, 2000
— *Manual de Direito Comercial*, I, Coimbra, Almedina, 2001
— *Manual de Direito Bancário*, 4ª ed., Coimbra, Almedina, 2010
— "A aprovação do NRAU (Lei nº. 6/2006, de 27 de Fevereiro): primeiras notas", em *O Direito* 138 (2006), II, pp. 229-242
— CORDEIRO, *Tratado de Direito Civil*, II- *Parte Geral. Negócio jurídico. Formação, comteúdo e interpretação, vícios da vontade, ineficácia e invalidade*, 4ª ed., Coimbra, Almedina, 2014, III- *Parte Geral. Coisas*, 3ª ed., Coimbra, Almedina, 2016, , IV-*Parte geral. Pessoas*, 3ª ed., Coimbra, Almedina, 2017, V- *Parte Geral. Exercício Jurídico*, 2ª ed., Coimbra, Almedina, 2015, XI- *Contratos em especial (1ª Parte). Compra e venda. Doação. Sociedade. Locação*, Coimbra, Almedina, 2018
CORDEIRO, ANTÓNIO MENEZES, / FRAGA, FRANCISCO CASTRO, *Novo regime do arrendamento urbano*, com a colaboração de Ana Sousa Botelho e Maria Esperança Espadinha, Coimbra, Almedina, 1990
CORREIA, ANTÓNIO DE ARRUDA FERRER, *Sociedades Fictícias e Unipessoais*, Coimbra, 1948
— *Lições de Direito Comercial*, Vol. II, *Sociedades Comerciais*, Coimbra, Universidade de Coimbra, 1968
CORREIA, ANTÓNIO FERRER/MESQUITA, HENRIQUE, "Anotação Ac. STJ 3/11/1983. A obra intelectual como objecto do contrato de empreitada. Direito de o dono da obra desistir do contrato e efeitos da desistência", na *ROA* 45 (1985), pp. 129-158
CORREIA, ANTÓNIO FERRER/RIBEIRO, JOAQUIM SOUSA, "Direito de retenção. Empreiteiro", em *CJ* 13 (1988), 1, pp. 17-23
CORREIA, LUÍS BRITO, *Direito Comercial*, 2º Vol., Lisboa, AAFDL, 1989
CORTE-REAL, CARLOS PAMPLONA *Da imputação de liberalidades na sucessão legitimária*, Lisboa, CEF, 1989
— *Direito da Família e das Sucessões*, II- *Sucessões*, Lisboa, Lex, 1993
COSTA, MÁRIO JÚLIO DE ALMEIDA, *Direito das Obrigações*, 12ª ed., Coimbra, Almedina, 2009
COTTINO, GASTONE, *Riporto. Permuta, art. 1548-1555* da obra de ANTONIO SCIALOJA/GIUSEPPE BRANCA (org.), *Commentario del Codice Civile*, IV- *Delle Obbligazioni*, 2ª ed., Bologna/Roma, Nicola Zanichelli/ Soc. Ed. Del Foro Italino, 1970
CRISTAS, MARIA DE ASSUNÇÃO OLIVEIRA, "Dupla venda de um direito de crédito", em *O Direito* 132º (2000), I-II, pp. 197-254
— *Transmissão Contratual do Direito de Crédito (Do carácter real do direito de crédito)*, Coimbra, Almedina, 2005
CRISTAS, MARIA DA ASSUNÇÃO / GOUVEIA, MARIANA FRANÇA, "Transmissão da Propriedade de coisas móveis e contrato de compra e venda. Estudo Comparado dos Direitos Português, Espanhol e Inglês", em ASSUNÇÃO CRISTAS / MARIANA FRANÇA GOUVEIA /VÍTOR PEREIRA NEVES, *Transmissão da propriedade e contrato*, Coimbra, Almedina, 2001, pp. 15-137
CURA, ANTÓNIO A. VIEIRA, "Compra e venda e transferência da propriedade no Direito Romano Clássico e Justinianeu (A raiz do «sistema do título e modo»)", em *BFD* volume comemorativo 2003, pp. 68-112

DALMARTELLO, ARTURO, *L' esclusione dei soci dalle societá commerciali* , Padova, Cedam, 1937

DALMARTELLO, ARTURO/PORTALE, GIUSEPPE B., "Deposito", na *ED* 12 (1964), pp. 236-273

DE MARTINI, ANGELO, *Profili della vendita commerciale e del contratto estimatorio*, Milano, Giuffrè, 1950

— "Evizione (Diritto Civile)" no *NovissDI* VI, pp. 1049-1072

DE NOVA, GIORGIO, *Il tipo contrattuale*, Padova, Cedam, 1974

DEGNI, FRANCESCO, *La compravendita*, 3ª ed., Padova, CEDAM, 1939

DI GRAVIO, VALERIO, *Teoria del contratto reale e promessa di mutuo*, Milano, Giuffrè, 1989

DI SABATO, FRANCO, *Manuale delle Societá*, 3ª Edição, Torino, UTET, 1990

DIURNI, GIOVANNI, "Societá (Diritto Intermédio)", voce, no *NssDI* 17

DUARTE, RUI PINTO, "O direito de regresso do vendedor final na venda para consumo", na *Themis*, ano II, nº4, 2001, pp. 173-194

DUTILLEUL, FRANÇOIS COLLART / DELEBECQUE, PHILIPPE, *Contrats civils et commerciaux*, 3ª ed., Paris, Dalloz, 1996

EHMANN, HORST, / RUST, ULRICH, "Die Verbrauchsguterkaufrichtlinie", em *JZ* 1999, pp. 853-864

ESSER, JOSEF, / WEYERS, HANS-LEO, *Schuldrecht* II- *Besonderer Teil*, 1- *Verträge*, 8ª ed., Heidelberg, Müller, 1998

FABER, WOLFGANG, "Zur Richtlinie bezüglich Verbrauchsgüterkauf und Garantien für Verbrauchsgüter" em *JBl* 1999, pp. 413-433

FARIA, JORGE RIBEIRO DE, *Direito das Obrigações*, I e II, Coimbra, Almedina, s.d. (mas 1987)

FARINA, MARINELA RISPOLI, "Mutuo di scopo", em *Digesto delle discipline privatistiche. Sezione civile*, XI, Torino, Utet, 1994, pp. 558-579

FERNANDES, LUÍS CARVALHO, *A conversão dos negócios jurídicos civis*, Lisboa, Quid iuris, 1993

— "Da subempreitada", em *DJ* 12 (1998), pp. 79-102

— *Lições de Direitos* Reais, 3ª ed., Lisboa, Quid Juris, 2000

— *Lições de Direito das Sucessões*, 2ª ed., Lisboa, Quid iuris, 2001

— *Teoria Geral do Direito Civil*, I, 3ª ed., Lisboa, Universidade Católica, 2001

FERNANDES, LUÍS CARVALHO / LABAREDA, JOÃO, *Código da Insolvência e da Recuperação de Empresas Anotado*, Lisboa, Quid Juris, 2008

FERRANTE, UMBERTO, *Il problema della qualificazione delle societá*, Milano, Giuffrè, 1974

FERRÃO, ANTÓNIO ABRANCHES, *Das Doações segundo o Código Civil Português*, I-*Conceito e elementos da doação*, Coimbra, s.e, 1911, II-*Doações para casamento e entre casados. Colações*, Coimbra, s.e, 1912

FERREIRA, DURVAL, *Do mandato civil e comercial*, s.l., ed. autor, 1968

FERRI, GIUSEPPE, *Le Societá*, Vol. X, Tomo III, do *Trattato di Diritto Civile Italiano*, dirigido por FILIPPO VASSALI, Turim, Unione Tipografico, 1971

— "Societá (in generale)" , voce, no *NssDI* 17, pp. 532 e segs.

FIKENTSCHER, WOLFGANG / HEINEMANN, ANDREAS, *Schuldrecht*, 10ª ed., Berlin/New York, de Gruyter, 2006

FLUME, WERNER, "Der verlängerte und erweiterte Eigentumsvorbehalt", em *NJW* 1950, pp. 841-850

— "Die Rechtstellung des Vorbehaltskaufer", em *AcP* 161 (1962), pp. 385-408

FONSECA, TIAGO SOARES DA, *A Transação Civil – Na Litigância Extrajudicial e Judicial*, Lisboa, Gestlegal, 2018

FORNASIERO, GIORGIO, *Organizzazione e intuitus nelle societá*, Padova, Cedam, 1987

FRADA, MANUEL CARNEIRO DA, "Erro e incumprimento na não-conformidade da coisa com o interesse do comprador", em *Dir.* 121 (1989), pp. 461-484

— "Perturbações típicas do contrato de compra e venda", em ANTÓNIO MENEZES CORDEIRO (org.), *Direito das Obrigações, 3º- contratos em especial*, 2ª ed., Lisboa, AAFDL, 1991, pp. 49-96

FRANK, JERÔME, "Directive 1999/44 du 25 Mai 1999 sur certains aspects de la vente et des garanties des biens de consommation JOCE L 171, 7 Juillet 1999" em FACULDADE DE DIREITO DA UNIVERSIDADE DE COIMBRA, *Estudos de Direito do Consumidor*, nº2, 2000, pp. 159-180

FREITAS, PEDRO CARIDADE DE, "A compra e venda no Direito Romano: características gerais", em JORGE MIRANDA (org.), *Estudos em Honra de Ruy de Albuquerque*, II, Lisboa, Faculdade de Direito da Universidade de Lisboa/Coimbra Editora, 2006, pp. 431-497

FURTADO, JORGE HENRIQUE DA CRUZ PINTO, *Manual do Arrendamento Urbano*, 3ª ed., Coimbra, Almedina, 2001

— *Manual do Arrendamento Urbano*, 4ª ed., I, Coimbra, Almedina, 2007,

GALASSO, ALFREDO, *Mutuo e deposito irregulare*, I- *La costituzione del rapporto*, Milano, Giuffrè, 1968

GALASSO, ALFREDO/ GALASSO, GIUSEPPE, "Deposito", em *Digesto delle discipline privatistiche. Sezione civile*, 4ª ed., V, Torino, Utet, 1989, pp. 251-274

GALGANO, FRANCESCO, *Le societá de persone*, Vol. XXVIII, do *Tratatto di Diritto Civile e Commerciale*, dirigido por CICU e MESSINEO, Milano, Giuffrè, 1972

GARCIA, MARIA OLINDA, "Transmissão do direito ao arrendamento habitacional por morte do arrendatário (alterações introduzidas pelas Leis nºs 6/2001 e 7/2001, ambas de 11 de Maio)", no *BFD* 78 (2002), pp. 629-637

— *A nova disciplina do arrendamento urbano*, 2ª ed., Coimbra, Coimbra Editora, 2006,

— *Arrendamentos para comércio e* equiparados, Coimbra, Coimbra Editora, 2006

GATTI, SERAFINO, "Le situazioni soggetive attive del compratore nella vendita con riserva della proprietá" na *RDComm* 63 (1965), I, pp. 467-486

GAZZARA, GIACOMO, *La vendita obligatoria*, Milano, Giuffrè, 1957

GEMAS, LAURINDA/PEDROSO, ALBERTINA/JORGE, JOÃO CALDEIRA, *Arrendamento Urbano*, Lisboa, Quid Juris, 2006

GEORGIADES, APOSTOLOS, *Die Eigentumsanwartschaft beim Vorbehaltskauf*, Tübingen, Mohr, 1963

GHESTIN, JACQUES / HUET, JERÔME, *Traité de Droit Civil. Les principaux contrats spéciaux*, Paris, L.G.D.J., 1996

GHIDINI, GUSTAVO, *La responsabilità del produtore di beni di consumo*, I- *Profili precontrattuali*, Milano, Giuffrè, 1970

GHIDINI, MARIO, *Societá Personali*, Padova, Cedam, 1972

GIAMPICCOLO, GIORGIO, *Comodato e mutuo*, vol.V, fasc. VII, do *Trattato di Diritto Civile*, de GIUSEPPE GROSSO e FRANCESCO SANTORO-PASSARELLI, Milano, Vallardi, 1972

GIANNATTASIO, CARLO, *La permuta. Il contrato estimatorio. La somministrazione*, vol. XXIV, 1, da obra de ANTONIO CICU/ FRANCESCO MESSINEO (org.), *Trattato di Diritto Civile e* Commerciale, 2ª ed., Milano, Giuffrè, 1974

GOMES, JÚLIO MANUEL VIEIRA, *O conceito de enriquecimento, o enriquecimento forçado e os vários paradigmas do enriquecimento sem causa*, Porto, Universidade Católica, 1998

— "Do contrato de comodato", em *CDP* nº 17 (Janeiro/Março 2007), pp. 3-31

Gomes, Manuel Januário da Costa, *Constituição da relação de arrendamento urbano*, Coimbra, Almedina, 1980

— "Contrato de mandato comercial. Questões de tipologia e regime", em FACULDADE DE DIREITO DE LISBOA (org.), *As operações comerciais*, Coimbra, Almedina, 1988, pp. 465-564

— *Em tema de revogação do mandato civil*, Coimbra, Almedina, 1989

— "Contrato de mandato", em António Menezes Cordeiro (org.), *Direito das Obrigações, 3º- Contratos em especial*, 2ª ed., Lisboa, AAFDL, 1991, pp. 267-408

— *Arrendamentos para habitação*, 2ª ed., Coimbra, Almedina, 1996

— *Assunção fidejussória de dívida. Sobre o sentido e o alcance da vinculação como fiador*, Coimbra, Almedina, 2000

— "Cessão da posição de arrendatário e direito de preferência do senhorio", em António Menezes Cordeiro/ Luís Menezes Leitão/Januário da Costa Gomes, *Estudos em homenagem ao Prof. Doutor Inocêncio Galvão Telles*, III- *Direito do Arrendamento Urbano*, Coimbra, Almedina, 2002, pp. 493-536

Gomes, Rui Sá, "Breves notas sobre o cumprimento defeituoso no contrato de empreitada", em Antunes Varela/ Diogo Freitas do Amaral/Jorge Miranda/J. J. Gomes Canotilho (org.), *Ab Uno ad Omnes. 75 Anos da Coimbra Editora. 1920-1995*, Coimbra, Coimbra Editora, 1998, pp. 587-639

Gonçalves, A. Luís, "Anotação Ac. RC 30/3/1993" em *RDES* 40 (1999), nº1, pp. 95-101

Gonçalves, Luiz da Cunha, *Tratado de Direito Civil em Comentário ao Código Civil Português*, Coimbra, Coimbra Editora, IV, 1931, VI, 1932, VII, 1934, VIII, 1934, e IX, 1934

— *Dos contratos em especial*, Lisboa, Ática, 1953

Gorla, Gino, *La compravendita e la permuta*, Torino, UTET, 1937

Grave, Margarida, *Novo regime do arrendamento urbano. Anotações e comentários*, 3ª ed., Lisboa, ed. autor, 2006

Graziani, Alessandro, "Mandato e procura irrevocabile", em *Giur. Comp. Dir. comm.* 1941, recolhido em ID, *Studi di diritto civile e commerciale*, Napoli, Jovene, 1953, pp. 83-91

— "Il mandato senza rappresentanza", em *Giur. Comp. Dir. comm.* 1942, recolhido em ID, *Studi di diritto civile e commerciale*, Napoli, Jovene, 1953, pp. 101-108

Greco, Paolo / Cottino, Gastone, *Della vendita, art. 1470-1547* da obra de Antonio Scialoja/Giuseppe Branca (org.), *Commentario del Codice Civile*, IV- *Delle Obbligazioni*, 2ª ed., Bologna/Roma, Nicola Zanichelli/ Soc. Ed. Del Foro Italino, 1981

Grundmann, Stefan, "Zur Dogmatik der unentgeltlichen Rechtgeschäfte", em *AcP* 198 (1998), pp. 457-488

Guedes, Agostinho Cardoso, "A responsabilidade do construtor no contrato de empreitada", em AAVV, *Contratos. Actualidade e evolução*, Porto, Universidade Católica, 1997, pp. 315-330

Henriques, Paulo Alberto Videira, *A desvinculação unilateral ad nutum nos contratos civis de sociedade e mandato*, Coimbra, Universidade de Coimbra/Coimbra Editora, 2001

Hondius, Ewoud H., "Consumer Guarantees: Towards a European Sale of Goods Act" (1996), disponível em http://www.cnr.it/CRDCS/frames18.htm

Hörster, Heinrich Ewald "Sobre a formação do contrato segundo os arts. 217 e 218, 224 a 226 e 228 a 235 do Código Civil", na *RDE* 9 (1983), pp. 121-157

IACOVINO, CELESTE / TAVASSI, VINCENZO / CASSANDRO, TANIA, *La donazione*, Milano, Giuffrè, 1996

JAEGER, PIER GIUSTO, *L'interesse sociale*, Milano, Giuffrè, 1964

JORDANO, JOÃO-BAPTISTA, "Mandato para alienar", na *RDES* 6 (1950-1951), pp. 195-254

JORGE, FERNANDO PESSOA, *O mandato sem representação*, Lisboa, Ática, 1961, reimp., Coimbra, Almedina, 2001

— "Doações para casamento. Doações entre casados (Anteprojecto de dois capítulos do futuro Código Civil)" em *BMJ* 124 (1963), pp. 287-344

— *Direito das Obrigações*, 1º, Lisboa, AAFDL, 1975/1976

JOSÉ, ROSENDO DIAS, *Responsabilidade civil do construtor e do vendedor pelos defeitos*, Lisboa, Petrony, 1984

JUSTO, ANTÓNIO SANTOS, "Donatio et animus donandi", em *BFD* 58 (1982), pp. 901-991

— "A *locatio conductio rei* (Direito Romano)", no *BFD* 78 (2002), pp. 13-41

KASER, MAX, *Compraventa y transmission de la propriedad en el Derecho Romano y en la dogmatica moderna*, Valladolid, Universidad de Valladolid, 1962

KUNTZE, JOHANNES EMIL, *Der Gesamtakt, ein neuer Rechtsbegriff*, in *Festgabe der Leipziger JuristenFakultat für Dr. Jur, Otto Muller zum 14. Mai. 1892*, Leipzig, Veit, 1892, pp. 29-87

LABRIOLA, GUIDO, *Le donazioni*, Milano, Giuffrè, 1941

LARENZ, KARL, *Lehrbuch des Schuldrechts*, II- *Besonderer Teil*, 1, München, Beck, 1986

LASTIG, "Beiträge zur Geschichte des Handelsrechts", em *ZHR* 24 (1879), pp. 387-449

LEHMANN, MICHAEL, "Informationsverantwortung und Gewährleistung für Werbeangaben bei Verbrauchsgüterkauf", em *JZ* 2000, pp. 280-293

LEITÃO, ADELAIDE MENEZES, "«Revogação unilateral» do mandato, pós-eficácia e responsabilidade pela confiança", em ANTÓNIO MENEZES CORDEIRO/ LUÍS MENEZES LEITÃO/JANUÁRIO DA COSTA GOMES (org.), *Estudos em Homenagem ao Professor Doutor Inocêncio Galvão Telles*, I- *Direito Privado e Vária*, Coimbra, Almedina, 2002, pp. 305-346

LEITÃO, JOÃO MENEZES, *Da Revogação do Testamento e de Disposições Testamentárias*, tese de mestrado não publicada, Lisboa, 1992

— "Morte do arrendatário habitacional e sorte do contrato", em ANTÓNIO MENEZES CORDEIRO/LUÍS MENEZES LEITÃO/JANUÁRIO DA COSTA GOMES, *Estudos em homenagem ao Prof. Doutor Inocêncio Galvão Telles*, III- *Direito do Arrendamento Urbano*, Coimbra, Almedina, 2002, pp. 275-371

LEITÃO, LUÍS MENEZES, *Pressupostos da Exclusão de Sócio nas Sociedades Comerciais*, Lisboa, AAFDL, 1989

— *A responsabilidade do gestor perante o dono do negócio no Direito Civil Português*, Lisboa, CEF, 1991, reed., Coimbra, Almedina, 2005

— *O Enriquecimento sem causa no Direito Civil*, Lisboa, C.E.F., 1996, reed., Coimbra, Almedina, 2005.

— *Direito das Obrigações*, I, 15ª ed., Coimbra, Almedina, 2018 e II, 12ª ed., Coimbra, Almedina, 2018

— "*Caveat venditor?* A Directiva 1999/44/ CE do Conselho e do Parlamento Europeu sobre a venda de bens de consumo e garantias associadas e suas implicações no regime jurídico da compra e venda", destinado aos *Estudos em Homenagem ao*

Professor Doutor Inocêncio Galvão Telles e entretanto publicado na *RDConsum* 43 (Julho-Setembro 2002), pp. 21-56
— *Cessão de créditos*, Coimbra, Almedina, 2005
— *Arrendamento Urbano*, 5ª ed., Coimbra, Almedina, 2012
— *Código da Insolvência e da Recuperação de Empresas*, 9ª ed., Coimbra, Coimbra Editora, 2017
— *Garantias das Obrigações*, 5ª ed., Coimbra, Almedina, 2016
LIMA, FERNANDO ANDRADE PIRES DE, "Anotação Assento 20/12/1966", na *RLJ* 100 (1967-1968), pp. 227-235
LIMA, FERNANDO ANDRADE PIRES DE / CRUZ, GUILHERME BRAGA DA, *Direitos da Família*, II- *Efeitos jurídicos do casamento. Doações matrimoniais*, 3ª ed., Coimbra, Coimbra Editora, 1953
LIMA, FERNANDO ANDRADE PIRES DE / VARELA, JOÃO DE MATOS ANTUNES, *Código Civil Anotado*, I, 4ª ed., Coimbra, Coimbra Editora, 1987, II, 4ª ed., Coimbra, Coimbra Editora, 1997 e IV, 2ª ed., Coimbra, Coimbra Editora, 1992,
LOPES, MANUEL BAPTISTA, *Das doações*, Coimbra, Almedina, 1970
— *Do contrato de compra e venda no direito civil, comercial e fiscal*, Coimbra, Almedina, 1971
LOUREIRO, JOSÉ PINTO, *Tratado da locação*, 3 vols., Coimbra, Coimbra Editora, 1946
LUMINOSO, ANGELO, *I Contratti tipici e atipici. Contratti di alienazione, di godimento, di credito*, I, Milano Giuffrè, 1995
LUZZATO, RUGGERO, *La Compravendita*, Torino, UTET, 1961
MACDONALD, ELIZABETH, "'In the course of a business' – a fresh examination" em 1999 *Web Journal of Current Legal Issues*, disponível em http://webjcli.ncl.ac.uk/1999/issue3/macdonald3.html3
MACHADO, JOÃO BAPTISTA, "Acordo negocial e erro na venda de coisas defeituosas", no *BMJ* 215 (1972), pp. 5-95
— "Pressupostos da resolução por incumprimento", em AAVV *Estudos em Homenagem ao Prof. Doutor J. J. Teixeira Ribeiro*, II- *Iuridica*. Coimbra, 1979, pp. 343-411 e em ID, *Obra dispersa*, I, Braga, Scientia Iuridica, 1991, pp. 125-193
MAGNUS, ULRICH, "Der Stand der internationalen Überlegungen: Die Verbrauchsgüterkauf-Richtlinie und das UN-Kaufrecht", em STEFAN GRUNDMANN/DIETER MEDICUS/WALTER ROLLAND (org.), *Europäisches Kaufgewährleistungsrecht: Reform und Internationalisierung des deustchen Schuldrechts*, Köln/Berlin/Bonn/München, Heymanns, 2000, pp. 79-91
MAJELLO, UGO, *Custodia e deposito*, Napoli, Jovene, 1958
MARIANO, JOÃO CURA, *Responsabilidade contratual do empreiteiro pelos defeitos da obra*, 3ª ed., Coimbra, Almedina, 2008
MARTINEZ, PEDRO ROMANO, *O subcontrato*, Coimbra, Almedina, 1989
— *Cumprimento defeituoso em especial na compra e venda e na empreitada*, Coimbra, Almedina, 1994
— *Direito das Obrigações (Parte Especial). Contratos. Compra e venda. Locação. Empreitada.*, 2ª ed., Coimbra, Almedina, 2001
— "Empreitada de consumo", na *Themis*, ano II, nº4 (2001), pp. 155-171
— "Regime da locação civil e contrato de arrendamento urbano", em ANTÓNIO MENEZES CORDEIRO/LUÍS MENEZES LEITÃO/JANUÁRIO DA COSTA GOMES, *Estudos em homenagem ao Prof. Doutor Inocêncio Galvão Telles*, III- *Direito do Arrendamento Urbano*, Coimbra, Almedina, 2002, pp. 7-32
— "Subarrendamento", em ANTÓNIO MENEZES CORDEIRO/LUÍS MENEZES

Leitão/Januário da Costa Gomes, *Estudos em homenagem ao Prof. Doutor Inocêncio Galvão Telles, III- Direito do Arrendamento Urbano*, Coimbra, Almedina, 2002, pp. 237-247
— "Empreitada de bens de consumo. A transposição da Directiva nº 1999/44/CE pelo Decreto-Lei nº 67/2003", em Luís Menezes Leitão (org.), *Estudos do Instituto de Direito do Consumo*, II, Coimbra, Almedina, 2004, pp. 11-35
— *Da cessação do contrato*, 2ª ed., Coimbra, Almedina, 2006
— "Compra e venda e empreitada", em FACULDADE DE DIREITO DA UNIVERSIDADE DE COIMBRA (org.), *Comemorações dos 35 anos do Código Civil e dos 25 anos da Reforma de 1977, III- Direito das Obrigações*, Coimbra, Coimbra Editora, 2007, pp. 235-263
— "Impedimento da caducidade em caso de venda, pelo construtor, de imóvel com defeitos - Ac. do STJ de 24.9.2009, Proc. 2210/06", em *CDP*, nº 33 (Janeiro/Março 2011), pp. 46-49
Martínez de Aguirre, Carlos, *Las ventas a plazos de bienes muebles*, Madrid, Tecnos, 1988
Martini, Angelo de, "Deposito (Diritto Civile)", em *NovissDI* 5 (1960), pp. 497-517
Martins, Manteigas/Subtil, A. Raposo/Carvalho, Luís Filipe, *O novo regime do arrendamento urbano*, Lisboa, Vida Económica, 2006,
Matos, Isabel Andrade de, *O pacto comissório. Contributo para o estudo do âmbito da sua proibição*, Coimbra, Almedina, 2006
Matos, João de, *Manual do Arrendamento e do Aluguer*, 2 vols., Porto, Fernando Machado, 1968
Medina de Lemus, Manuel, *Cabida y calidad en la compraventa de inmuebles*, Madrid, Tecnos, 1989
Mendes, João de Castro, *Teoria Geral do Direito Civil*, I, e II, Lisboa, AAFDL, 1985 (mas 1979)
Menghi, Ilario, *La morte del socio nelle società di persone, La disciplina legale* , Milão, Giuffrè, 1984
Mesquita, Henrique, *Obrigações reais e ónus reais*, Coimbra, Almedina, 1990
— "Anotação Ac RP 20/2/1997", na *RLJ* 131 (1998), pp. 26-32
Messineo, Francesco, "Irrevocabilitá e revocabilità dell'offerta o dell'accettazione nella donazione" na *RTDPC* 9 (1955), pp. 24-36
— "Le strutture delle societá", artigo publicado em *Studi di Diritto delle Societá* , 2ª ed., Milano, Giuffrè, 1958
— "Controllo del socio sulla amministrazione di societá di persone e rappresentanza", nos *Studii di Diritto delle Societá* , 2º ed., Milão, Giuffrè, 1958, pág. 77-83
Miller, Rui Vieira, *Arrendamento Urbano. Breves notas às correspondentes disposições do Código Civil*, Coimbra, Almedina, 1967
Minervini, Gustavo, "Il transferimento nel mandato ad alienare in proprio nomine", na *RDComm* 48 (1950), I, pp. 484-496
Monteiro, António Pinto, "Venda de animal defeituoso", na *CJ* 19 (1994), 5, pp. 5-11
Monteiro, Jorge Sinde, "Proposta de Directiva do Parlamento Europeu e do Conselho relativa à venda e às garantias dos bens de consumo", *RJUM*, 1 (1998), pp. 461-479
Mora, Andrea, *Il comodato modale*, Milano, Giuffrè, 2001
Morais, Fernando de Gravato, "Do regime jurídico do crédito ao consumo", em *SI* 49 (2000), nºs 286/288, pp. 375-411
— *União de contratos de crédito e de venda para o consumo (Efeitos para o financiador do*

incumprimento pelo vendedor, Coimbra, Almedina, 2004
— "Anotação Ac. RL 21/2/2002", em *CDP* 6 (2004), pp. 49-53
— *Novo Regime do Arrendamento Comercial*, Coimbra, Almedina, 2006
— *Contratos de crédito ao consumo*, Coimbra, Almedina, 2007
— *Crédito aos consumidores. Anotação ao Decreto-Lei nº 133/2009*, Coimbra, Almedina, 2009

MOREIRA, GUILHERME, "Da personalidade collectiva", na *RLJ* 40 (1907), pp. 385-388, 401-403 e 433-436, *RLJ* 40 (1908), pp. 449-451, 465-467, 481-483, 513-515, 545-547, 577-579, 593-595, 609-611 e 641-644, *RLJ* 41 (1908), pp. 2-4, 15-19, 33-35, 49-51, 81-83, 97-99, 129-131, 145-147, 177-179, 193-195, 225-227, 241-243, 257-260, 289-291, 305-307, 321-323, 337-339, 353-355, 368-371,385-387 e 401-404, *RLJ* 41 (1909), pp. 433-435, 449-451, 465-467, 497-500, 513-515, 529-532, 545-547, 561-563, 577-579, 593-595 e 609-611 e *RLJ* 42 (1909), pp. 2-4, pp. 17-19, 33-35, 49-51, 65-68, 81-84, 97-99, 113-115, 129-131, 145-163, 193-195, 225-227 e 257-259
— *Instituições de Direito Civil*, II- *Das Obrigações*, Coimbra, França Amado, 1916

MORELLO, AURELIO, *Le società atipiche*, Milão, Giuffrè, 1983

NICOLÒ, ROSARIO, *L'adempimento dell'obbligo altrui*, Milano, Giuffrè, 1936

NIETZER, WOLF MICHAEL / STEIN, ANTONIA "Richtlinie zum Verbrauchersguterkauf – Auswirkungen in Deutschland und Frankreich" in *ZvglRWiss* 99 (2000), pp. 41-50

NIVARRA, LUCA / ROMAGNO, GIUSEPPE WERTHER, *Il mutuo*, Milano, Giuffrè, 2000

NUNES, ANTÓNIO JOSÉ AVELÃS, *O Direito de Exclusão de Sócios nas Sociedades Comerciais*, Coimbra, Almedina, 1968

OLIVEIRA, JOSÉ LAMARTINE CORRÊA DE, *A dupla crise do conceito de pessoa jurídica*, São Paulo, Saraiva, 1979

OLIVEIRA, NUNO MANUEL PINTO, *Contrato de compra e venda. Noções fundamentais*, Coimbra, Almedina, 2007

OPPO, GIORGIO, "Note sull'istituzione di non concepiti. I – La disposizione testamentaria", na *RTDPC* 2 (1948), pp. 66-111
— *Adempimento e liberalitá*, Milano, Giuffrè, 1947

OSTI, GIUSEPPE, "Contratto", em *NovissDI* IV (1959) pp. 462-535

PALAZZO, ANTONIO, *Le donazioni*, 2ª ed., em PIERO SCHLESINGER (org.), *Il Codice Civile. Commentario*, Artt. 769-809, Milano, Giuffrè, 2000

PASTORI, FRANCO, *IL contrato di comodato*, Bologna, Cisalpino, 1997

PELOSI, ANGELO CARLO, *La proprietá risolubile nella teoria del negozio condizionato*, Milano, Giuffrè, 1975

PERALTA, ANA, *A posição jurídica do comprador na venda com reserva de propriedade*, Coimbra, Almedina, 1990

PEREIRA, JORGE BRITO, "Do conceito de *obra* na empreitada", na *ROA* 54 (1994), pp. 569-622

PERISSINOTTO, GUSTAVO RAMOS, "Compra e venda com reserva de domínio/propriedade – Comparação dos direitos brasileiro e português", na *Themis*, ano VI (2005), nº 11, pp. 65-109

PERNICE, *Marcus Antistius Labeo. Das römische Privatrecht im ersten Jahrhunderte der Kaiserzeit*, I, Halle, Waisenhauses, 1873

PESCATORE, SALVATORE, *Attivitá e comunione nelle strutture societarie*, Milão, Giuffrè, 1974

PILZ, BURGHARD, "Neue Entwicklungen in UN-Kaufrecht", em *NJW* 2000, pp. 553-560

PINHEIRO, LUÍS DE LIMA, *A cláusula de reserva de propriedade*, Coimbra, Almedina, 1988

— "Arrendamentos de duração limitada", em ANTÓNIO MENEZES CORDEIRO/ LUÍS MENEZES LEITÃO/JANUÁRIO DA COSTA GOMES, *Estudos em homenagem ao Prof. Doutor Inocêncio Galvão Telles, III- Direito do Arrendamento Urbano*, Coimbra, Almedina, 2002, pp. 391-405

PINO, AUGUSTO, *Il contratto a prestazioni corrispettive*, Padova, Cedam, 1963

PINTO, CARLOS MOTA, *Cessão da posição contratual* (reimp.), Coimbra, Almedina, 1982

— *Teoria Geral do Direito Civil*, 3ª ed., Coimbra, Coimbra Editora, 1985

PINTO, PAULO MOTA, *Declaração tácita e comportamento concludente no negócio jurídico*, Coimbra, Almedina, 1995

— "Conformidade e garantias na venda de bens de consumo. A Directiva 1999/44/ CE e o direito português" em FACULDADE DE DIREITO DA UNIVERSIDADE DE COIMBRA, *Estudos de Direito do Consumidor*, nº2, 2000, pp. 197-331

— "Reflexões sobre a transposição da Directiva 1999/44/CE para o Direito Português", na *Themis*, ano II, nº4 (2001), pp. 195-218

— *Cumprimento defeituoso do contrato de compra e venda. Anteprojecto de transposição da Directiva 1999/44/CE para o Direito Português. Exposição de motivos e articulado*, Lisboa, Instituto do Consumidor, 2002

— "O direito de regresso do vendedor final de bens de consumo" na *ROA* 62 (2002), pp. 143-199, e em AAVV, *Estudos dedicados ao Prof. Doutor Mário Júlio de Almeida Costa*, Lisboa, 2002, pp. 1177-1225

— *Interesse contratual negativo e interesse contratual positivo*, I e II, Coimbra, Coimbra Editora, 2008

PISU, LUCIANA CABELLA, *Garanzia e responsabilitá nelle vendite commerciale*, Milano, Giuffrè, 1983

PRATA, ANA, *O contrato-promessa e o seu regime civil*, Coimbra, Almedina, 1995

— "Venda de bens usados no quadro da Directiva 1999/44/CE" na *Themis*, ano II, nº4 (2001), pp. 145-153

PROENÇA, JOSÉ CARLOS BRANDÃO, *A resolução do contrato no Direito Civil – Do Enquadramento e do Regime* , Coimbra, 1982

PROVERA, GIUSEPPE, "Mandato (storia)", na *ED* 25 (1975), pp. 311-321

PULEO, SALVATORE, *I diritti potestativi (individuazione delle fattispecie)*, Milano, Giuffrè, 1959

RAISER, LUDWIG, *Dingliche Anwartschaften*, Tübingen, Mohr, 1961

RAMALHO, MARIA DO ROSÁRIO, "Sobre a doação modal", em *Dir.* 122 (1990), pp. 673-744

REDINHA, JOÃO, "Contrato de mútuo", em MENEZES CORDEIRO (org.), *Direito das Obrigações*, III, 2ª ed., Lisboa, AAFDL, 1991, pp. 185-262

REIS, JOSÉ ALBERTO DOS, "Anotação Ac. STJ 20/12/1940", na *RLJ* 74 (1941), pp. 45-48

RESCIGNO, PIETRO, "Condizione (dir. vig.)" na *ED* VIII, pp. 762-801

RIBEIRO, ANTÓNIO SEQUEIRA, *Sobre a denúncia do contrato de arrendamento urbano para habitação*, Lisboa, Lex, 1996

— "Renda e encargos no contrato de arrendamento urbano", em ANTÓNIO MENEZES CORDEIRO/LUÍS MENEZES LEITÃO/JANUÁRIO DA COSTA GOMES, *Estudos em homenagem ao Prof. Doutor Inocêncio Galvão Telles, III- Direito do Arrendamento Urbano*, Coimbra, Almedina, 2002, pp. 87-157

RIBEIRO, JOAQUIM SOUSA, "O novo regime do arrendamento urbano: contributos para uma análise", em *CDP* nº 14 (Abril/Junho 2006), pp. 3-24

Ricca, Lucio, *Contrato e rapporto nella permuta atipica*, Milano, Giuffrè, 1974

Rivolta, Gian Carlo M., "La societá como rapporto di durata", na *RS* 7 (1962), pp. 34-52

Rizzieri, Alessandro, *La vendita obligatoria*, Milano, Giuffrè, 2000

Romagnoli, Umberto, *La prestazione di lavoro nel contratto di societá*, Milano, Giuffrè, 1967

Romano, Salvatore, *Vendita. Contrato estimatorio*, vol. V-1 da obra de Giuseppe Grosso / Francesco Santoro-Passarelli (org.), *Trattato di Diritto Civile*, Milano, Francesco Valardi, 1960

Rossi, Guido, "Diritto ali utili e diritto alla quota di liquidazione", na *RS* 2 (1957), pp. 272-293

Rubino, Domenico, *La Compravendita*, vol. XXIII da obra de Antonio Cicu/ Francesco Messineo (org.), *Trattato di Diritto Civile e* Commerciale, 2ª ed., Milano, Giuffrè, 1971

Rühl, Helmut, *Eigentumsvorbehalt und Abzahlungsgeschäft einschliesslich des Rechts der Teilzahlungsfinanzierung*, Berlin, Springer, 1930

Sá, Fernando Augusto Cunha de/ Coutinho, Leonor, *Arrendamento Urbano 2006*, Coimbra, Almedina, 2006

Sacco, Rodolfo, "Causa e consegna nella concessione del mutuo, del deposito e del comodato", em *BBTC* 34 (1971), I, pp. 502-556

Sacco, Rodolfo / De Nova, Giorgio, *Il contratto*, I, Torino, Utet, 1993

Salandre, Vittorio, "Il contrato plurilaterale e le societá di due soci" , na *RTDPC* 3 (1949), pp. 836 e ss.

Santagata, Carlo, "Crediti «ex mandato» e sostituzione del mandante", na *RDCiv* 9 (1963), I, pp. 628-664

Santamaria, Massimo Ferrara, *La vendita a rate con riserva di proprietá*, 2ª ed, Milano, Jovene, 1938

Schlesinger, Piero, "L' approvazione del rendiconto annuale nelle societá di persone", na *RS* 10 (1965), pp. 807-845

Schurr, Francesco A., "Die neue Richtlinie 99/44/EG über den Verbrauchsgüterkauf und ihre Umsetzung – Chancen und Gefahren für das deutsche Kaufrecht" em *ZfRV* 1999, 6, pp. 222-229

Scozzafava, Tommaso Oberdan, "Il comodato", em Pietro Rescigno (org) *Trattato di Diritto Privato*, XII, Torino, Utet, 1985, pp. 611-638

Sealy, L. S., "When is a sale made "in a course of a business"?", em *The Cambrigdge Law Journal* 1999, pp. 276-278

Seia, Jorge Alberto Aragão, *Arrendamento Urbano*, 6ª ed., Coimbra, Almedina, 2002

Sena, Giuseppe, "Contratti di credito, contratti di custodia, contratti di disponibilità", em *RTDPC* 10 (1956), pp. 488-541

Serra, Adriano Vaz, "Cessão de créditos ou de outros direitos", no *BMJ* número especial (1955), pp. 5-374 (46 e ss.) = *BFD* 30 (1954), pp. 191-399 e 31 (1955), pp. 190-365

— "Obrigações naturais", no *BMJ* 53 (1956), pp. 5-172

— "Notas acerca do contrato de mútuo", na *RLJ* 93 (1960), pp. 65-69, 81-83, 97-100, 129-131, 161-164 e 177- 180

— "Empreitada", no *BMJ* 145 (1965), pp. 19-190 e no *BMJ* 146 (1965), pp. 33-247

— "Anotação Assento 20/12/1966" na *RLJ* 100 (1967-1968), pp. 217-224

— "Anotação Ac. STJ 3/10/1967", na *RLJ* 101 (1968-1969), pp. 219-221

— "Anotação Ac. STJ 3/12/1968", na *RLJ* 103 (1969-1970), pp. 55-61

— "Anotação Ac. STJ 14/6/1972", na *RLJ* 106 (1973-1974), pp. 191-192, 197-200 e 107 (1974-1975), p. 108
— "Anotação Ac. STJ 19/2/1974", na *RLJ* 108 (1975-1976), pp. 83-94
— "Anotação Ac.STJ 18/4/1975" em *RLJ* 109 (1976-1977), pp. 124-127
— "Anotação Ac. STJ 18/5/1976" na *RLJ* 110 (1977-1978), pp. 207-208 e 211-214
— "Anotação Ac. STJ 16/2/1978", na *RLJ* 111 (1978-1979), p. 246-249

Settesoldi, Costanza, "Il mandato ad acquistare ed ad alienare", em Francesco Alcaro (org.), *Il mandato*, Milano, Giuffrè, 2000, pp. 101-247

Silva, Cláudia Alexandra dos Santos, "Terá o empreiteiro direito de retenção no âmbito de um contrato de empreitada?", em *CDP* nº56 (Outubro-Dezembro 2016), pp. 3-10

Silva, Fernando, "Determinação e transferência da propriedade no contrato de empreitada (Análise interpretativa do art. 1212º do Código Civil)", em *Galileu. Revista de Economia e Direito*, vol. VIII, nº2, 2003, pp. 93-100

Silva, João Calvão da, *Cumprimento e Sanção Pecuniária Compulsória*, Coimbra, Separata do *BFD* 30, 1987
— "Anotação Ac. STJ 3/11/1983. Direitos de autor, cláusula penal e sanção pecuniária compulsória", na *ROA* 47 (1987), pp. 129-156
— *Responsabilidade do produtor*, Coimbra, Almedina, 1990
— *Direito Bancário*, Coimbra, Almedina, 2001
— *Compra e venda de coisas defeituosas. Conformidade e segurança*, 5ª ed., Coimbra, Almedina, 2008

Silva, Luís Gonçalves da, "Cessação do contrato de arrendamento para aumento da capacidade do prédio", em António Menezes Cordeiro/Luís Menezes Leitão/Januário da Costa Gomes, *Estudos em homenagem ao Prof. Doutor Inocêncio Galvão Telles*, III-*Direito do Arrendamento Urbano*, Coimbra, Almedina, 2002, pp. 537-571

Silva, Paula Costa e, *A transmissão da coisa ou direito em litígio. Contributo para o Estudo da Substituição Processual*, Coimbra, Coimbra Editora, 1992
— *Repensando a transmissão e direito em litígio. Ainda um contributo para o estudo da substituição processual*, Coimbra, Coimbra Editora, 2009

Simonetto, Ernesto, "L' apporto nel contratto di societá", na *RDC* 4 (1958), I, pp. 1-68
— "Deposito irregolare", no *NovissDI* 5 (1960), pp. 528-542
— "Deposito irregolare", em *Digesto delle discipline privatistiche. Sezione civile*, 4ª ed., V, Torino, Utet, 1989, pp. 279-299

Soares, António, *As causas de dissolução das sociedades civis e o regresso à actividade*, Lisboa, não publicado, 1987

Sottomayor, Maria Clara, *Invalidade e registo. A protecção do Terceiro Adquirente de Boa Fé*, Coimbra, Almedina, 2010

Sousa, Miguel Teixeira de, *Acção executiva singular*, Lisboa, Lex, 1998
— "O cumprimento defeituoso e a venda de coisas defeituosas" em Antunes Varela/Diogo Freitas do Amaral/Jorge Miranda/J. J. Gomes Canotilho, *Ab Uno ad Omnes. 75 Anos da Coimbra Editora*, Coimbra, Coimbra Editora, 1998, pp. 567-585

Sousa, Rabindranath Capelo de, *Lições de Direito das Sucessões*, I, 4ª ed., Coimbra, Coimbra Editora, 2000

Staudenmayer, Dirk, "Die EG-Richtlinie über den Verbrauchsgüterkauf", na *NJW* 1999, pp. 2393-2397
— "EG-Richtlinie 1999/44/EG zur Vereinheilichung des Kaufgewährleistun-

gsrechts", em Stefan Grundmann/Dieter Medicus/Walter Rolland (org.), *Europäisches Kaufgewährleistungsrecht: Reform und Internationalisierung des deustchen Schuldrechts*, Köln/Berlin/Bonn/München, Heymanns, 2000, pp. 27-47

Stolfi, Giuseppe, "La donazione ai non concepiti" in *Giur. It.* 1925, I-2, pp. 625-639 e "I nascituri non concepiti" (Studi di Diritto Privato", em *Annali Macerata*, 6 (1930), pp. 109-188

Tamburrino, Giuseppe, "Comodato (diritto civile)", na *ED* VII, Milano, Giuffrè, 1960, pp. 994-1006

Tedeschi, Bianca Gardella, "Mutuo", em *Digesto delle discipline privatistiche. Sezione civile*, XI, Torino, Utet, 1994, pp. 537-558

— "Sintesi di informazione Deposito – Comodato – Mutuo", em *RDC* 41 (1995), 2, pp. 633-651

Teles, Miguel Galvão, *Obrigação de negociar (Esboço de um estudo)*, I, Lisboa, polic. 1963

Telles, Inocêncio Galvão, *Arrendamento. Lições ao Curso do 5º ano jurídico no ano lectivo de 1944/1945*, publicadas pelos alunos Bento Garcia Domingues e Manuel A. Ribeiro, Lisboa, Pro Domo, 1945/1946

— "Venda obrigatória e venda real", na *RFDUL* 5 (1948), pp. 76-87

— "Aspectos comuns aos vários contratos", na *RFDUL* 7 (1950), pp. 234-315

— "Contratos Civis (Projecto completo de um título do futuro Código Civil Português e respectiva exposição de motivos)", no *BMJ* 83 (1959), pp. 114-283

— "Venda a descendentes e o problema da superação da personalidade jurídica das sociedades" na *ROA* 39 (1979), pp. 513-562

— *Dos contratos em geral*, reprint 3ª ed. 1965, Lisboa, Lex, 1995

— "Mandato sem representação", em *CJ* 8 (1983), 3, pp. 7-17

— "O direito de retenção no contrato de empreitada", em *Dir.* 106-119 (1974/1987), pp. 13-34

— "Garantia bancária autónoma (Parecer)", em *Dir.* 120 (1988), III-IV, pp. 581-604

— *Direito das Obrigações*, 7ª ed., Coimbra Coimbra Editora, 1997

— *Direito das Sucessões. Noções Fundamentais*, 6ª ed., Coimbra, Coimbra Editora, 2001

— *Manual dos contratos em* geral, 4ª ed., Coimbra, Coimbra Editora, 2002

— *Sucessões. Parte Geral*, Coimbra, Coimbra Editora, 2004,

Teti, Raffaele, "Comodato", em *Digesto delle discipline privatistiche. Sezione civile*, III, Torino, Utet, 1988, pp. 37-48

— "Il mutuo", em Pietro Rescigno (org) *Trattato di Diritto Privato*, XII, Torino, Utet, 1985, pp. 639-687

Tomé, Maria João Tomão Carreiro Vaz, "Sobre o contrato de mandato sem representação e o *trust*", em *ROA* 67 (2007), 3, pp. 1091-1161

Tonner, Klaus, "Verbrauchsgüterkauf-Richtlinie und Europäisierung des Zivilrechts", em *BB* 1999, pp. 1769-1774

Torrente, Andrea, *La donazione*, em Antonio Cicu/Francesco Messineo, *Tratatto di Diritto Civile e Commerciale*, v. XXII, Milano, Giuffrè, 1956

Trimarchi, Pietro, *Istituzioni di Diritto Privato*, 7ª ed., Milão, Giuffré, 1986

Troplong, *Commentaire du Contrat de Societé*, Bruxelles, Meline, Cans et Compagnie, 1843

Twigg-Flesner, Christian, "The E.C. Directive on Certain Aspects of the Sale of Consumer Goods and Associated Guarantees", em *Consumer Law Journal*, 1999, pp. 177-192

Twigg-Flesner, Christian / Bradgate, Robert, "The E.C. Directive On

Certain Aspects of the Sale of Consumer Goods and Associated Guarantees – All Talk and No Do?", em 2000 *Web Journal of Current Legal Issues*, 2, disponível em http://webjcli.ncl.ac.uk/2000/issue2/flesner2.html

VAN VLIET, L. P. W., *Transfer of movables in German, French, English and Dutch Law*, Nijmagen, Ars Aequi Libri, 2000

VARELA, JOÃO DE MATOS ANTUNES, *Ensaio sobre o conceito do modo*, Lisboa, Atlântida, 1955

— ,"Anotação Ac. STJ 12/3/1968", na *RLJ* 102 (1969-1970), pp. 85-93

— "Anotação Ac. STJ 16/7/1981", em *RLJ* 116 (1983), pp. 30-32 e 57-64

— "Anotação Ac. STJ 7/10/1982" na *RLJ* 119 (1986), pp. 185-186 e 200-205

— "Cumprimento imperfeito do contrato de compra e venda. A excepção do contrato não cumprido", em *CJ* 12 (1987), 4, pp. 21-48

— "Parecer sobre a prestação de obra intelectual", na *ROA* 45 (1985), pp. 159-197

— "Anotação Ac. 3/11/1983", na *RLJ* 121 (1988-1989), pp. 183-192 e 216-224

— *Das Obrigações em Geral*, I, 10ª ed., Coimbra, Almedina, 2000

VASCONCELOS, LUÍS MIGUEL PESTANA DE, *Dos contratos de cessão financeira (factoring)*, Coimbra, Universidade de Coimbra/Coimbra Editora, 1999

— *A cessão de créditos em garantia e a insolvência. Em particular da posição do cessionário na insolvência do cedente*, Coimbra, Coimbra Editora, 2007

VASCONCELOS, PEDRO PAES DE, "Mandato bancário", em ANTÒNIO MENEZES CORDEIRO/LUÍS MENEZES LEITÃO/ JANUÁRIO DA COSTA GOMES, *Estudos em Homenagem ao Professor Doutor Inocêncio Galvão Telles*, II- *Direito Bancário*, Coimbra, Almedina, 2003, pp. 131-155

VASSALI, FRANCESCO, *Responsabilitá d' impresa e potere di amministrazione nelle societá personali* , Milano, Giuffrè, 1973

VAZ, TERESA ANSELMO, *Alguns aspectos do contrato de compra e venda a prestações e contratos análogos*, Coimbra, Almedina, 1995

VENTURA, RAUL, "O contrato de compra e venda no Código Civil", na *ROA* 43 (1983), pp. 261-318 e 587-643

— *Apontamentos sobre sociedade civis*, Coimbra, Almedina, 2006

VICENTE, DÁRIO MOURA, "Desconformidade e garantias na venda de bens de consumo: A Directiva 1999/44/CE e a Convenção de Viena de 1980" na *Themis*, ano II, nº4 (2001), pp. 121-144

VIEIRA, JOSÉ ALBERTO, *Direitos Reais*, Coimbra, Coimbra Editora, 2008,

VILALONGA, JOSÉ MANUEL, "Compra e venda e empreitada. Contributo para a distinção entre os dois contratos", na *ROA* 57 (1997), pp. 183-228

VISALLI, NICOLO, "La promessa di mutuo nell'ambito della teoria del contratto reale", em *RDC* 46 (2000), I, pp. 63-103

WEBER, HANSJÖRG, *Kreditsicherheiten. Recht der Sicherungsgeschäfte*, 7ª ed., München, Beck, 2002

WIEACKER, FRANZ, *Societas: Hausgemeinschaft und Erwerbsgesellschaft*, I-*Untersuchungenz zur Geschichte des romischen Gesellschaftsrechts*, Weimar, Böhlaus, 1936

WINDSCHEID, BERNHARD / KIPP, THEODOR, *Lehrbuch des Pandektenrechts*, I, 9ª ed., Frankfurt, Rütten & Loenig, 1906

XAVIER, RITA LOBO, *Limites à autonomia privada na disciplina das relações patrimoniais entre os cônjuges*, Coimbra, Almedina, 2000

XAVIER, VASCO DA GAMA LOBO, "Venda a prestações: algumas notas sobre os artigos 934º e 935º do Código Civil" na *RDES* 21 (1974), pp. 199-266

ÍNDICE

PARTE VI
DOS CONTRATOS DE ALIENAÇÃO

PARTE VIII
DOS CONTRATOS DE CONCESSÂO DE GOZO

PARTE X
DOS CONTRATOS DE PRESTAÇÃO DE SERVIÇOS